十三經注疏

注 王弼·韓康伯 疏 孔穎達

책임번역 成百曉 공동번역 申相厚

譯註 周易正義 1

주역정의

전통문화연구회

東洋古典現代化와 十三經注疏 譯註

본회가 東洋古典의 飜譯과 教育, 情報化 등 古典現代化 사업을 시작한 지 어느덧 25년이 되었다. 그간 우리나라의 고전국역 상황을 보면, 東洋古典에 대한 번역문제는 1960년 중반에 한국고전번역을 정부에서 추진하면서 우선 四書五經 등 기본고전을 모범 번역하자는 논의가 있었지만 우리 고전이 아니라고 무산되었다.

1980년대에 韓國學 연구와 한국고전번역의 先決課題는 물론, 國際政治 관계나 經濟상의 이유로도 필요하다는 논의가 제기되었다. 그 후 1988년 본회가 발족하면서 東洋古典 번역을 착수하여, 1990년대 말경 본회에서 소위 '新注'의 四書三經을 註까지 懸吐完譯함으로써 東洋學과 韓國學徒들의 袖珍本이 되고 教育界와 文化界까지 파급되었다.

그 후 본회 창립 20주년이 되면서 다시 대화의 과제와 목표를 논의하면서, 단순한 韓國學의 선결과제를 넘어 東洋文化에 대한 源泉的이며 體系的인 檢討의 필요성이 대두되었으니, 이제 우리는 東洋文化의 先導的 역할을 담당할 준비를 갖추고 21세기에 先進文化强國 건설로 새 歷史를 이루자는 것이었다.

일반적으로 十三經은 核心的 儒家經典의 總稱이지만, 이는 東洋文化의 뿌리라 하겠다. 우리 역사상으로 十三經은 저 멀리 삼국시대에 이미 高句麗의 太學에서 기본 교과로 채택하였고, 百濟에서는 五經博士 制度를 두었고, 新羅 薛聰은 九經을 方言으로 읽었고, 高麗에서는 國子監이나 九齋學堂에서 교육하였으며, 朝鮮朝 成均館과 鄕校, 書堂과 書院에서는 四書五經 등을 교육하여 人材 등용과 국가정책에 절대적 영향을 끼쳤다.

이 十三經의 代表的 註釋書는 漢・唐 시기의 '古注'라 일컬어지는 十三經注疏와, 그 후 宋代의 朱子的 世界觀이 반영된 '集註'와 '集傳' 등의 '新注'가 두 개의 軸이라 할 수 있다.

그런데 우리는 조선조에서부터 朱子學 일변도의 學風으로 경도되어, 그 偏向性이 오늘에까지 이르렀음은 심히 不幸이라 하겠다. 中國에서는 明・淸 시기에 訓詁學, 考證學이라는 學風이 일어 十三經注疏가 經學硏究의 標準이 되었고, 日本에서는 反朱子的 見解와 陽明學의 영향을 받아 明治維新 때 이미 漢文大系 등의 古典整理 사업으로 '古注' 연구가

一般化된 사실을 간과해서는 안 되겠다.

이에 東洋文化의 核心이라 할 수 있는 十三經注疏를 譯註하고, 이를 통해 우리 文化의 傳統에 대해 體系的으로 이해하고 復元함으로써, 그간 편협했던 학술 風土를 넘어 多様性과 客觀性을 모색하고, 아울러 古典現代化의 水準을 높이고 融合的이고 自生的인 韓國學을 진작시켜야 할 것이다.

오늘날 중국과 일본에서 번역하지 못한 십삼경주소를 본회에서 130여 책으로 10년 안에 完譯하고, 이와 이울러 韓中日 三國의 東洋古典語彙 情報網을 구축함으로써, 우리의 東洋學과 韓國學 연구에 礎石과 架橋가 되어 우리나라가 先進文化强國으로 昇華되고 世界文化 발전에까지 기여하기를 기대한다.

이 十三經注疏의 번역은 三經과 三禮와 春秋三傳과 《論語》, 《孟子》, 《孝經》, 《爾雅》 등의 十三經을 經은 물론이요 注와 疏까지 譯註하는 것으로, 原典의 傳統性과 번역의 現代性을 기본으로 하여 漢學元老와 新進學者의 協同硏究飜譯으로 추진하고자 한다.

또한 註釋은 宋代의 소위 '新注'와 비교하고, 明淸代의 注와 韓國 先賢의 注와 見解, 그리고 日本의 注를 가급적 반영하며, 深度 있는 硏究解題를 하기로 하였다. 한편 古典의 우리식 讀解文法인 懸吐를 經과 注에 달고 방대한 疏에는 편의상 構文을 이해할 수 있는 標點을 달며, 經·注·疏 전체에 대한 內容索引을 할 계획이다.

끝으로 오랫동안 飜譯과 校閱에 종사하여 오신 元老漢學者와 10여 년 이상 漢學을 연수한 新進學者로서, 이 십삼경주소의 연구번역에 참여하여 難解한 注疏의 譯註에 헌신하시는 모든 분들께 무한한 감사를 드린다.

또한 고전현대화에 대한 政府의 지대한 關心과 支援에 감사를 드리며, 그간 직간접으로 지도편달하여 주신 학계와 교육계 및 문화계 인사 여러분께 심심한 謝意를 표하며, 앞으로도 따뜻한 관심과 엄정한 叱正을 부탁드리며 내내 평강과 행복을 기원한다.

社團法人 傳統文化硏究會 會長 李啓晃

十三經注疏 解題

-經과 傳의 文明史的 意義-

田好根*)

1. 經·注·疏가 세상에 나타난 까닭

孔子의 弟子들은 왜 두 세대 동안이나 스승의 말씀을 기억하고 있었으며[1], 濟南의 伏生은 무엇 때문에 ≪尙書≫를 모조리 암기하고 있었을까? 또 前漢과 後漢의 博士들은 師法과 家法을 목숨보다 중시하면서 무엇을 지키려 했으며[2], 漢나라·唐나라·宋나라·淸나라의 학자들은 왜 돌에다 경전을 새기는 상상할 수 없는 수고를 마다하지 않았을까?[3] 모두 그 속에 담긴 聖人의 말씀을 보존하기 위한 노력이었을 것이다. 그들에게 성인의 말씀은 곧 영원한 가치를 지니는 것으로 이해되었기 때문이다.

그런데 성인의 말씀은 어디까지나 말로 전해졌다. 당연히 한번 내뱉은 말은 허공에 흩어지고 다시는 再現되지 않는다. 애초에 그 말을 포착하기 위해 인간은 記憶이라는 매체

---

*) 慶熙大學校 후마니타스 칼리지 敎授.

1) ≪論語≫를 언제 누가 기록했는지 아직 분명하게 밝혀지지 않았다. 다만 有若과 曾參을 각각 有子와 曾子라고 호칭하고 있는 것으로 보아 有若과 曾參의 문인들이 기록했을 가능성이 있다는 程頤의 견해가 유력하다. 그렇다면 공자의 말씀은 두 세대 뒤에 기록된 것이라고 추정할 수 있다. 또 혼다 시게유키(本田成之)의 ≪중국경학사≫에서도 ≪논어≫가 칠십자 이래로 책이 따로 없이 스승으로부터 제자에게 구전되다가 漢나라에 이르러 비로소 그때에 유행하던 隷書, 곧 今文으로 竹帛에 쓰인 것 같다고 추정했다. 또 鄭玄은 공자의 제자 仲弓과 子夏 등이 찬한 것이라고 추정하기도 했다.

2) 皮錫瑞의 ≪중국경학사≫에 따르면 전한시대에는 師法을 중시했고 후한시대에는 家法을 중시했다고 한다.

3) 돌에다 경전의 내용을 새기는 石經은 後漢 靈帝 때 태학의 강당에 ≪詩經≫과 ≪書經≫을 비롯한 七經의 碑를 세우게 하면서 시작되었는데 이것이 이른바 熹平石經이다. 이후 晉나라 唐나라 宋나라 때에도 석경이 조성되었고, 淸대에 이르러서도 乾隆 연간에 칙명으로 13경을 각석하여 太學에 세웠다.

를 활용하여 긴 세월 동안 忘却의 터널을 뚫어왔을 터이다. 그리고 그 기억을 되살려 세상에 성인의 말씀을 전한 이들이 이를 테면 공자의 제자들이었다. 經은 그렇게 세상에 나타났다. 그러니 그 경을 지키고 보존하기 위해 모든 것을 희생해야 했던 것은 그들에게는 義務를 넘어선 宿命에 가까운 것이었다. 그 숙명에 따라 어떤 이들은 대대로 暗誦을 하고, 어떤 이들은 수많은 제자들을 가르치고, 그리고 어떤 이들은 대나무 쪽이나 목판에 새기고, 어떤 이들은 심지어 돌에 새기기까지 했다.

그런데 암송하거나 돌에 새긴다고 해서 經이 반드시 세상에 전해질 수 있는 것은 아니다. 경이 보존되면 언젠가는 그 경에 담긴 뜻이 세상에 전해질 것이라는 희망이 있을 수는 있다. 하지만 當代의 사람들이 이해할 수 있는 언어로 변환되지 않으면 경이라는 텍스트가 보존된다 하더라도 그 뜻이 전해질 수는 없다.[4] 세상에 전해지려면 그 시대와 그 지역에 맞는 언어로 다시 쓰여져야 하기 때문이다. 이것이 賢人의 말씀을 기록한 傳이 세상에 나타난 까닭이다. 전은 그 자체로 중요한 것이 아니라 어디까지나 경을 세상에 전하기 위해서 나타난 것이다. 따라서 암송하는 일에서부터 석경에 새기는 일은 일정한 매체를 통해 경을 보존하기 위한 물리적인 방법이었다면, 경을 해설하는 전은 동시대의 사람들에게 경의 뜻을 전달하기 위한 文化的인 노력이었다고 할 수 있다. 이 傳은 시대에 따라 각기 다른 양상을 보이며 전개되어 왔다.

漢代의 經學者들은 사라진 경전을 복원하는 데 주력하는 한편 경전의 訓詁에 매진하여 이미 옛말이 되어버려 이해할 수 없게 된 경에 새로운 생명을 불어넣었다. 경전을 당대의 언어로 풀이하는 注는 이렇게 나타났다. 이어 시대가 바뀌면서 注를 정확하게 이해하기 위해 다시 疏가 나타나게 되었다. 이처럼 경을 보존하기 위해 각자가 선택한 방법은 달랐지만 경에 담긴 성인의 뜻을 보존하기 위한 분투에 참여했다는 점에서 이들의 노력은 모두 文明史的 가치를 지닌다.

하지만 모든 사람들이 경이 세상에 전해지기를 원했던 것은 아니다. 아니 오히려 전해지지 않기를 바란 자들이 더 많았을지 모른다.[5] 경에 대한 최초의 폭력적 탄압은 경이

---

4) 이탈리아의 소설가 이탈로 칼비노(Italo Calvino, 1923~1985)는 일찍이 '고전이란 해야 할 말을 아직 다 하지 못한 책'이라고 정의했다. 고전이 다하지 못한 말을 계속 이어갈 수 있게 노력하는 것은 고전을 읽는 당대의 사람들에게 주어진 몫으로 이해할 수 있을 것이다.

5) ≪孟子≫에는 권력자들이 자신에게 불리한 내용을 감추기 위해 전적을 없앴다는 이야기가 나온다. 北宮錡가 주나라 왕실의 제도를 묻자 맹자가 제후들이 자신들에게 불리할까 봐 그 전적을 없애버렸다고 이야기하는 대목이다. ≪孟子≫ 〈萬章 下〉

전해지는 것을 두려워한 자들이 누구였는지 알 수 있게 해준다.

2. 가장 오래된 冊, 가장 오래된 禁書

동아시아에서 가장 오래된 冊은 무엇일까? 두 말할 것도 없이 '詩書'다. 그렇다면 동아시아에서 가장 오래된 禁書는 무엇일까? 그 또한 '시서'다. 시서는 ≪詩經≫과 ≪書經≫을 합쳐서 일컫는 말인데, ≪시경≫은 기원전 1,000년 무렵부터 민간에 널리 암송되었던 詩를 모아놓은 책이고, ≪서경≫ 또한 그 무렵을 전후한 역사기록을 모아놓은 책이다. 이 둘은 동아시아 사회에서 가장 오래된 책이자 儒家를 대표하는 文獻이기도 하다.

가장 오래된 책과 가장 오래된 금서가 일치한다는 사실은 결국 모든 책은 누구에겐가 금지될 수밖에 없는 운명을 타고났음을 알려준다. 게다가 그 책들이 유가를 대표하는 문헌이라는 점은 유가의 지향이 어디에 있는지 시사해주는 바가 있다.6) 그런데 이 책들이 천하를 다스리는 데 방해가 된다고 생각해서 금지했던 자는 역설적이게도 시서의 전문가 荀子로부터 유가의 세례를 받았던 李斯였다. 화란의 씨앗은 유가의 내부에서 자라고 있었던 것이다. 이사는 秦始皇帝에게 詩書와 百家의 말을 기록한 책은 모두 불태우도록 진언했다. 불태우지 않을 책으로는 醫藥과 卜筮 그리고 농사일 따위를 기록한 실용서를 꼽았을 뿐이다.

이사의 말을 빌리면 이 두 책은 '옛 것을 가지고 지금을 비난〔以古非今 道古以害今〕'하기 때문에 제국의 통치에 방해가 된다. 맞는 말이다. 천하가 이미 秦나라로 통일된 마당에 이런 저런 말이 많은 유가는 환영받지 못하는 신세가 될 수밖에 없다. 게다가 이사는 본디 유가에 맺힌 원한이 있었다.

일찍이 스승 순자에게 유가의 仁義가 무용하다고 논쟁을 걸었다가 "근본은 팽개쳐두고

---

6) 儒家의 지향은 유가가 지키려고 한 텍스트에 근거하여 천하를 다스리는 이른바 文治에 있다. 文은 文德으로 인간의 외형적인 힘의 强弱에 따라 지배되는 현실을 극복하고 내면의 가치에 따라 통치하는 德治의 핵심이다. 이 같은 유가의 통치이념은 무력을 지양하고 내면의 가치에 주목하는 경향으로 나타났는데, 이 같은 경향은 노예민을 다스리는 방식과 농민을 다스리는 방식의 차이에서 기원한다. 노예민은 자발성이 박탈된 사람들이고, 농민은 1년을 단위로 자발적 생산활동에 참여하는 이들이다. 따라서 폭력적 방식의 지배가 농민들에게는 더 나은 생산력의 증가를 기대할 수 없게 되면서 그들을 대하는 통치계급의 관점 또한 달라진 것이다. 유가 문헌에 공통적으로 드러나는 폭력의 탈색은 유가의 출현이 긍정적 인간관의 대두와 맞물려 있다는 사실을 알려준다.

말단만 뒤지는 바로 너 같은 자들 때문에 천하가 어지러워지는 것"[7]이라고 인격적 모독을 받지 않았던가. 그는 秦나라로 떠나면서 순자에게 이렇게 하직 인사를 올렸다.

"부끄럽기는 卑賤보다 더한 게 없고 슬프기로는 가난보다 더 심한 게 없습니다. 오랫동안 곤궁하게 살면서 세상을 비난하고, 이익이 싫다고 하는 일 없이 몸을 맡기는 것은 선비의 본분이 아닙니다."[8]

스승 순자에게 선비답지 못하다고 비난하고 떠난 셈이다. 순자가 그에게 뭐라고 말해 주었는지는 전하지 않는다. 하지만 그는 진나라를 末世로 규정했던 스승 순자에게 보란 듯이 천하를 진의 제국으로 만들었다. 게다가 자신이 무용하다고 생각했던 인의의 무력함을 직접 보여주려고 작정이라도 한 듯 진시황제에게 '죽음을 무릅쓰고' 말했다.〔昧死言〕, 인의를 주장하는 자들이 떠받드는 책을 불태우고 그 추종자들을 생매장하라고.

죽음을 무릅쓰는 집요함은 아무래도 스승에게 버림받은 콤플렉스가 작용한 듯하다. 이른바 焚書坑儒는 이렇게 이사의 개인적 한풀이도 한몫해서 일어난 사건이다.

'焚書'는 책을 불태운다는 뜻이고, '坑儒'는 유학자들을 생매장한다는 뜻이다. 책만 불태우면 될 것을 왜 사람까지 생매장했을까? 文과 獻을 모두 없애기 위해서다. 흔히 文獻으로 붙여 쓰는 '문'과 '헌'은 본래 '전적'과 그 내용을 기억하고 있는 '사람'을 합쳐서 일컫는 말이다. 예나 지금이나 문자를 담는 가장 훌륭한 매체는 사람이 아닌가. 짐작컨대 함양에 묻힌 유학자 461명은 모두 시서를 비롯한 유가의 문헌을 암송하고 있었을 것이다.[9]

3. 經典의 복원과 經學의 시작

秦의 폭력적 탄압에 의해 유가의 경전은 영영 세상에서 사라지는 것처럼 보였다. 진을 이어 漢나라가 들어섰지만 한의 高祖는 본래 평민 출신으로 유학자를 혐오하는 자였기 때문에 사라진 유가의 경전이 복원될 가망은 없어보였다. 이를테면 고조가 유자를 싫어하여 그들을 보면 冠을 벗겨 오줌을 갈겼다든가, 천하를 말 위에서 차지했는데 유가의

---

7) ≪荀子≫ 〈議兵〉. "今女不求之於本 而索之於末 此世之所以亂也"

8) ≪史記≫ 〈李斯列傳〉. "詬莫大於卑賤 而悲莫甚於窮困 久處卑賤之位 困苦之地 非世而惡利 自託於無爲 此非士之情也"

9) 이때 생매장된 儒生은 유학자들보다는 方術士가 더 많았기 때문에 유학을 탄압한 것이 아니라는 주장이 있다. 그러나 ≪史記≫ 〈李斯列傳〉에 따르면 분서갱유 사건의 근본원인은 유가의 시서를 말살하려는 의도에서 비롯된 것이 분명하기 때문에 희생자들 가운데 방술사가 섞여 있었다 하더라도 여전히 유학을 탄압하였다는 사실에는 변함이 없다.

시서를 어디에 쓰겠느냐고 답했다는 일화는 유가의 경전이 마주한 험난한 조건을 암시하기에 충분했다.[10]

그러나 시간이 흐르면서 진나라의 폭력적 지배를 비판적으로 바라보는 정치적 견해뿐 아니라 유가 경전의 권위에 따라 천하를 다스리는 것이 권력의 절약을 도모할 수 있다는 극적인 전환이 일어나면서 유가의 경전은 기사회생의 기회를 만났다. 經學의 시대가 열린 것이다.

애초 진이 단행했던 금서정책은 한나라에서도 유지되다가 惠帝 때에 비로소 挾書律이 폐지되었지만 당시의 군신들은 유학의 문헌에는 관심이 없었다. 그러다가 文帝 시기에 이르러 흉노와 화친을 맺고 오랜 전쟁에 지친 백성들을 쉬게 하는 등 새로운 정치적 국면이 조성되면서 비로소 경전의 복원에 관심을 갖게 되었다. 당시 문제는 濟南의 伏生이 ≪尙書≫를 암송하고 있다는 소식을 듣고 晁錯를 보내 ≪상서≫를 배우게 하면서 경의 복원이 시작되었다.

司馬遷의 ≪史記≫ 〈孔子世家〉에 따르면 공자가 六經을 刪定했다고 했으므로 경학의 근원은 마땅히 공자로부터 비롯되었다 할 것이다. 하지만 공자 시대에는 경전이라는 뜻으로 쓰이는 經자를 찾아보기조차 어렵다. 詩・書・易에는 물론이고 ≪論語≫나 ≪孟子≫에도 경전이라는 뜻으로 쓰이는 경자는 보이지 않기 때문이다. 經이라는 글자가 경전이라는 뜻으로 쓰이는 첫 용례는 ≪莊子≫에 두 차례, 그리고 ≪荀子≫에 세 차례 보일 뿐이다.

≪莊子≫ 〈天運〉편에는 공자가 老聃에게 "저는 ≪詩≫, ≪書≫, ≪禮≫, ≪樂≫, ≪易≫, ≪春秋≫의 六經을 익힌 지 스스로 오래되었다고 여기고 있으며 그 내용을 잘 알고 있습니다."[11]라고 하여 六經을 익혔다고 했고, 〈天道〉편에 "공자가……가서 노담을 만나보았는데 노담이 허락하지 않았다. 이에 공자는 가지고 간 十二經을 펴놓고 설득하기 시작했다."[12]고 한 대목이 보인다. 하지만 〈천운〉편이나 〈천도〉편은 모두 장자의 저술이 아니라 장자 후학의 저술로 추정되므로 이들 기록을 秦漢 이전의 기록으로 간주하기는 어렵다.

---

10) ≪史記≫ 〈酈生陸賈列傳〉에 따르면 일찍이 유방은 유자의 관을 쓴 자가 오면 대뜸 관을 벗겨 거기에다 오줌을 눈 적이 있으며〔諸客冠儒冠來者 沛公輒解其冠 溲溺其中〕, 육가가 시서를 자주 이야기하자 "나는 말 위에서 천하를 얻은 사람인데, 시서 따위를 어디에 쓴단 말인가?"라고 말한 적이 있다.〔陸生時時前說稱詩書 高帝罵之曰 迺公居馬上而得之 安事詩書 陸生曰 居馬上得之 寧可以馬上治之乎 且湯武逆取而以順守之 文武竝用 長久之術也 昔者吳王夫差智伯極武而亡 秦任刑法不變 卒滅趙氏 鄕使秦已幷天下 行仁義 法先聖 陛下安得而有之〕

11) ≪莊子≫ 〈天運〉. "孔子 謂老聃曰 丘治詩書禮樂易春秋六經 自以爲久矣 孰知其故矣"

12) ≪莊子≫ 〈天道〉. "孔子……往見老聃 而老聃不許 於是 繙十二經以說"

따라서 이른바 유가의 문헌을 본격적으로 經이라고 일컬으며 經學으로서 학문적 체계를 세운 것은 漢代부터라고 해야 할 것이다. 劉歆이 〈移太常博士書〉에서 "천하에는 단지 ≪易≫과 卜만이 있었고 다른 책들은 없었다가 마침내 惠帝 시기에 이르러 挾書律이 廢止되었다."[13]고 말한 것처럼, 한대의 경학은 진의 焚書坑儒로 단절된 儒學의 주요 문헌, 곧 경을 복원하는 데서 시작하였다.

한대의 경학은 武帝 시기에 이르러 크게 번창했다. ≪史記≫ 〈儒林列傳〉에 따르면 ≪詩≫는 노나라의 申培公, 제나라의 轅固生, 연나라의 韓太傅가 전했고, ≪尙書≫는 제남의 伏生이 전했다. ≪禮≫는 노나라의 高堂生이 전했고, ≪易≫은 菑川의 田生이 전했으며, ≪春秋≫는 胡母生과 董仲舒가 전했다. 다만 ≪樂經≫은 전하는 이가 없어서 한대에는 다만 ≪시≫·≪서≫·≪역≫·≪예≫·≪춘추≫의 오경박사만을 설치했고 그 뒤에 ≪論語≫와 ≪孝經≫을 더하여 칠경을 중심으로 경학을 연구했다.

한대의 박사들은 경을 연구할 때 師法과 家法을 엄격하게 지켜 경을 전할 때 스승에게서 전수받은 것을 한 자도 더하거나 빼지 않았고, 경을 풀이할 때도 오직 一家의 說만 墨守하였다.[14]

한대의 경학은 今文과 古文의 구별이 있다. 금문은 한대의 문자 곧 隸書로 세상에 전해진 당시 통용된 문자로 기록된 경을 말한다. 물론 고문이 일어나기 전에는 따로 금문이라는 명칭이 없었을 것이다. 고문은 漢 武帝 시기에 우연한 일로 인해 세상에 나타났다. 魯 恭王이 자신의 집을 넓히기 위해 공자의 구택을 허물었는데 벽 안에서 고문으로 기록된 ≪尙書≫와 ≪孝經≫, ≪論語≫ 등이 나왔는데 이것이 바로 ≪古文尙書≫와 ≪古論語≫이다.

≪사기≫ 〈유림열전〉에는 "孔氏에게 ≪古文尙書≫가 있었는데 孔安國이 今文으로 읽었다."고 했고, 劉歆에 이르러 ≪古文尙書≫·≪毛詩≫·≪周官≫·≪左氏春秋≫를 學館에 두었는데 이 경들은 모두 고문에서 비롯된 것으로 후한의 衛宏·賈逵·馬融이 해설을 붙이면서 금문과 나란히 견주게 되었다. 따라서 한대의 경학은 전한시대에는 今文經學이 유행하였고, 후한시대에는 古文經學이 유행하였다고 할 수 있다.

漢의 경학은 鄭玄에 이르러 극성기를 맞이하였다. 정현은 금문과 고문에 모두 통달하

---

13) 劉歆, 〈移太常博士書〉. "天下但有易卜 未有他書 至孝惠之時 乃除挾書之律"

14) 피석서의 ≪中國經學史≫에 따르면, 前漢에서는 사법을 존중하였고 後漢에서는 가법을 중시하였다. 먼저 사법이 있어야 그 후에 일가의 말을 이룰 수가 있다. 사법은 그 근원으로 거슬러 올라가는 것이고, 가법은 그 유파를 넓히는 것이다.

였기 때문에 경을 공부하는 학자들은 다시 師法이나 家法을 따를 필요가 없이 그저 정현의 설을 따르기만 하면 되었다. 范曄은 ≪後漢書≫ 〈鄭玄傳〉에서 "경전을 통괄하고 衆家를 망라하였으며 번잡한 것을 깎아버리고 疏漏와 過失을 고쳤다. 이로부터 학자들이 대략 돌아갈 곳을 알게 되었다."[15]고 평가했다. 정현은 먼저 금문을 공부하고 뒤에 고문을 공부하여 경전을 주석할 때 금문과 고문을 함께 채택하였다. 이로 인해 학자들은 사법과 가법의 번잡함을 피하여 모두 정현의 가르침을 따르게 되었다. 그래서 결국 사법과 가법이 무너져 한의 경학은 정현에 의해 극성기에 도달했지만 역설적으로 정현 이후 쇠퇴의 길을 걷게 되었다.

4. 十三經注疏의 成立과 經傳의 統一

十三經이라는 명칭은 송나라 시대 王應麟이 ≪玉海≫ 〈藝文〉에서 처음 사용하였다. 본래 한대에는 ≪詩≫・≪書≫・≪易≫・≪禮記≫・≪春秋≫를 五經으로 중시했는데, 여기에 ≪論語≫와 ≪孝經≫을 추가하여 七經이라 부르기도 했다. 이후 오경에다 ≪주례≫와 ≪의례≫를 추가하고, ≪춘추≫의 해설서인 ≪左氏傳≫・≪公羊傳≫・≪穀梁傳≫의 삼전을 추가하여 九經이라 불렀다. 또 구경에다 ≪論語≫와 ≪孝經≫을 더하여 十一經이라는 명칭을 쓰기도 했다. 당대에 조성한 開成石經에서는 십일경에다 ≪爾雅≫를 추가하여 十二經이라고 하다가 송대에 ≪孟子≫를 추가하여 비로소 십삼경이 되었다. 남송 이전까지는 각 經과 注가 별도로 單行되다가 남송 紹熙 연간에 三山의 黃唐이 처음으로 注와 疏를 한데 모아 合刊하였는데, 이것이 ≪十三經注疏≫의 嚆矢이다.

십삼경의 주는 한대에 시작되어 위진시대에 이르러 거의 완성된다.[16] ≪효경≫을 제외한 주석을 살펴보면 한대와 위진인이 각각 절반씩 차지하고 있다. 정현은 ≪모시≫의 전을 지었고, ≪주례≫, ≪의례≫, ≪예기≫를 주해하였으며, 何休는 ≪공양전≫을, 趙岐는 ≪맹자≫를 주해하였는데 이 여섯 가지는 모두 漢代人들의 주석이다.

그리고 孔安國의 ≪尙書傳≫은 王肅의 注이고, 王弼의 ≪周易注≫와 何晏의 ≪論語集解≫는 모두 魏나라 사람들의 주이다. 또 杜預의 ≪左傳集解≫와 范寧의 ≪穀梁集解≫, 郭璞의 ≪爾雅注≫는 모두 晉代人의 注이다.

이후 南北朝를 거치면서 경학의 門戶가 복잡해지고 章句에 대한 해설이 난립하게 되

---

15) ≪後漢書≫ 〈張曹鄭列傳〉. "鄭玄括囊大典 網羅衆家 刪裁繁誣 刊改漏失 自是學者略知所歸"
16) 唐 玄宗이 주해한 ≪효경≫의 注만 유일하게 唐代에 성립되었다.

자, 隋나라 이후 경학을 통일하려는 시도가 여러 차례 일어나게 되지만 현실적으로 쉬운 일이 아니었다.

그러다가 唐나라가 들어서면서 太宗이 詔書를 내려 五經의 義疏를 찬하게 함으로써 거의 불가능한 것처럼 보였던 경설의 통일이 가능하게 되었다. 당 태종은 孔穎達과 유생들에게 조서를 내려 오경의 의소를 찬하게 한 뒤 永徽 4년에 반포하였는데 이것이 ≪五經正義≫이다.

공영달과 함께 ≪五經正義≫를 편찬한 이들은 ≪주역≫은 馬嘉運과 趙乾叶, ≪상서≫는 王德韶와 李子雲, ≪모시≫는 王德韶와 齊威, ≪춘추≫는 谷那律과 楊士勛, ≪예기≫는 朱子奢・李善信・賈公彦・柳士宣・范義頵・張權 등이다. 표제에 공영달 한 사람의 이름만 있는 것은 연배가 가장 높았기 때문이었을 뿐이다.

≪五經正義≫가 반포된 뒤 당나라는 물론 송나라에 이르기까지 경전으로 관리를 등용할 때는 모두 이를 따랐다. 경설이 통일된 것이다.

애초 오경의 의소를 짓게 한 것은 그 목적이 경전의 뜻을 소통시키고자 한 의도에 있었다고는 하지만, 실제로는 경설의 통일로 인한 학술의 부진이라는 부작용을 가져오기도 했다. 특히 ≪五經正義≫를 찬하면서 ≪易≫은 왕필의 주, ≪書≫는 공안국의 傳, ≪좌씨춘추≫는 두예의 집해를 주로 채택하고, 정현의 ≪易注≫와 ≪書注≫ 등은 모두 버리고 취하지 않았는데 이로 인해 옥석을 제대로 가리지 못했다고 비판받게 되었다.

하지만 ≪五經正義≫는 어디까지나 한대 경학을 정통으로 삼고 그 성과를 대체로 수용했을 뿐만 아니라, "疏가 注를 깨트리지 않는다."는 대원칙을 지키고 있기 때문에 당시의 경학을 살펴보고자 한다면 ≪五經正義≫를 빼놓고 이야기할 수 없다.[17)]

그러나 이 시대부터 漢唐의 경학은 거센 도전에 직면하였다. 한대의 경학은 경전의 전승이라는 점에서는 어느 시대보다 탁월했지만, 대체로 수동적 인간관[18)]에 기초하고 있

---

17) ≪五經正義≫ 외에 당대 경학의 업적을 말하자면 陸德明이 찬한 ≪經典釋文≫을 들 수 있다. 비록 ≪노자≫와 ≪장자≫가 포함되어 있어 순정하지 못하다는 비판이 없지 않으나 ≪五經正義≫보다 앞선 시기에 세상에 나와 모범이 되었다 할 만하다.

18) 수동적 인간관은 性善說의 퇴조와 함께 빚어진 修養論의 약화에 기인하였다. 한대의 揚雄은 인간에게는 善性과 惡性이 혼재되어 있다는 性善惡混論을 주장했고, 董仲舒와 당대의 韓愈는 性三品說을 주장했다. 인간을 차별적으로 바라보는 이 같은 관점은 결국 인간 본성에 관한 일관성 있는 해석을 하기 어렵게 만들었고, 무엇보다 본성의 차원에서 모든 인간을 동일한 도덕적 존재로 바라보는 형이상학적 근거가 무너졌다는 점에서 유가 수양론의 상당한 후퇴라고 할 수 있다.

었기 때문에 학술적 측면에서는 부진을 면치 못했다. 당시의 경학은 육경고문에 대한 훈고라는 좁은 틀 속에 갇힐 수밖에 없었으며 상대적으로 창조적인 학술의 발전이 어려웠다. 당나라 태종대에 완성된 ≪오경정의≫는 일체의 이설을 배제하고 경설을 통일하는 성과를 거두었지만 철학적 사색의 부진과 유가정신의 위축이라는 부작용을 가져왔다. 그 때문에 당말까지의 유가사상은 학술상의 주류에서 밀려나고 노장사상과 불교가 그 자리를 대신하였다. 노장사상과 불교가 인간의 生老病死와 우주의 본원을 사유하는 등 높은 수준의 철학적 사색을 전개할 때 유가학자들은 침묵할 수밖에 없었고, 심지어 많은 유가학자들이 불교나 도교의 문헌을 탐독하며 스스로 유가를 열등한 것으로 인정하기도 했다.

송대의 학자들은 훈고를 넘어선 창의적인 해석을 통해 유가의 문헌을 재해석함으로써 이와 같은 암흑기를 종식시키고 유가사상을 부흥시키는 성과를 이룩했다. 그중에서도 "伊尹이 가졌던 뜻에 뜻을 두고 顔子가 배웠던 것을 배운다.〔志伊尹之所志 學顔子之所學〕"는 혁명적인 선언으로 지나간 성현들에게 도전장을 던진 것이 宋學, 곧 朱子學이다.

北宋의 王安石과 司馬光에 의해 의문이 제기되었던 한당의 경학전통은 南宋의 朱熹에 이르러 완전히 새로운 경전주석으로 대체되기에 이르렀다. 주희는 ≪四書集註≫와 ≪詩集傳≫, ≪周易本義≫ 등을 저술함으로써 이른바 新注로 불리는 새로운 경학전통을 수립하였다. 이후 명나라를 거쳐 청조에서 한학이 부흥하기까지 한당의 경학전통은 주희가 수립한 새로운 경학전통에 주류 학술의 자리를 내주었다.

그러나 ≪십삼경주소≫가 완성된 시기는 송대이며, 朱子學이 官學으로 자리잡는 중국 明대까지 ≪십삼경주소≫는 경전 해석에 관한 한 거의 절대적인 지위를 누렸다. 명대 이후에도 '集注' 또는 '集傳'으로 명명되어 주자학적 세계관을 담았던 '新注 儒家文獻'과 함께 經學傳統의 두 축을 이루어왔다.

5. 十三經注疏의 意義

漢文으로 된 동양고전은 전통적으로 '經·史·子·集'의 네 가지 분야로 분류되어 왔다.[19] 맨 앞에 經部가 위치하는 까닭은 동아시아 전통사회의 지식인들이 '經'을 다른 모

---

19) 동아시아 역사에서 문헌을 가장 일찍 분류한 사람은 漢의 劉歆이다. 유흠이 저술한 ≪七略≫에는 모든 문헌을 六藝略·諸子略·詩賦略·兵書略·數術略·方技略으로 분류하고 여기에 총론격에 해당하는 輯略을 두었다. 총론을 제외하면 여섯 가지 방식으로 문헌을 분류한 것이다. 유흠의 원서는 이미 실전되어 전하지 않으며, 청나라의 洪頤煊이 찬한 輯本이 남아 있을

든 문헌의 母胎와 같은 역할을 한다고 인식하여 특별히 존중했기 때문이다. 이들 문헌은 가장 오랜 기간 동안 가장 광범위한 지역에 영향을 끼친 儒家의 경전으로 통틀어 '十三經'이라 일컫는다.

'十三經'은 이른바 '四書五經'을 비롯하여 경전으로 존중받는 주요 문헌의 총칭으로 중국 고대의 왕조 주나라 초기부터 기록되기 시작한 ≪詩經≫과 ≪書經≫을 필두로, ≪周易≫, ≪周禮≫, ≪儀禮≫, ≪禮記≫, ≪春秋公羊傳≫, ≪春秋穀梁傳≫, ≪春秋左氏傳≫, ≪論語≫, ≪爾雅≫, ≪孝經≫, ≪孟子≫를 포함하는 총 13종의 유가 문헌이다.

十三經注疏는 이들 문헌에 대한 가장 오래된 주석일 뿐더러 유례가 없을 정도로 방대하고 체계적인 주석으로 모두 416권에 이르는데, 漢대와 魏晉 시기의 학자들이 저술한 古注에다 唐대 孔穎達의 疏가 합쳐진 五經正義와 宋대 학자들의 疏가 추가되어 완성한 것으로 무려 천 년 이상의 학문적 蘊蓄이 빚어낸 결정체이다.

십삼경주소의 注와 疏를 저술한 학자들로는 漢대의 鄭玄, 何休, 孔安國, 趙岐를 비롯해, 魏晉시대의 何晏, 王弼, 韓康伯, 杜預, 范甯, 郭璞, 唐대의 孔穎達, 賈公彦, 徐彦, 楊士勛, 李隆基, 宋대의 邢昺, 孫奭 등 그야말로 한 시대를 대표하는 巨儒, 碩學들이 총망라되어 있다.

십삼경주소는 傳統 사회 지식인들의 經典에 대한 경외심과 학문적 淵源에 대한 존중, 그리고 그에 대한 完璧한 이해를 끝까지 추구하려는 치열한 학문적 熱情을 잘 보여주는 결과물로서 방대한 양의 註釋에는 어느 한 분야에 국한하지 않고 거의 모든 학문영역이 녹아들어 있다. 그러므로 수천 년 동아시아 사회의 學問的 根源이 이 십삼경주소에 뿌리하고 있다 해도 지나친 말이 아니다.

십삼경주소는 朱熹의 신주가 등장하면서 한때 경학의 중심 지위에서 밀려났으나, 淸대에 이르러 漢學이 부활하면서 中世的 思惟를 넘어 近代的 世界觀을 여는 데 크게 기여했다.

십삼경주소는 중국은 물론 우리나라에서도 전통사회 내내 '경전'으로 공인받아온 만큼 國學과 東洋學 연구를 위한 기본고전에 해당한다.

뿐이다. 그러나 班固의 ≪漢書≫ 〈藝文志〉가 유흠의 ≪칠략≫에 따라 문헌을 분류하고 있기 때문에 그 대략을 알 수 있다. 이후 晉의 荀勖이 찬한 ≪中經新簿≫에서 甲部·乙部·丙部·丁部의 4부로 나누고 각각 경·자·사·집을 그 대상으로 삼았다. 따라서 경전을 경·자·사·집의 사부로 분류하기 시작한 것은 진대부터였다고 할 수 있다. 이후 ≪隋書≫ 〈經籍志〉에서 '경·자·사·집'을 '경·사·자·집'으로 순서를 바꾸어 분류한 이래 청대까지 이 분류법을 따랐고 우리나라에서도 같은 방식으로 문헌을 분류하였다.

우리나라의 경우 멀리 三國時代 高句麗의 국가교육기관이었던 太學에서부터 '십삼경'에 해당하는 문헌이 基本教科書로 채택되었으며[20], 百濟 또한 五經博士 제도를 두어 십삼경 중 다섯 개의 문헌을 특별히 중시하는 국가정책을 시행했다. 新羅의 경우는 惠恭王 때에 태학을 세우고 박사에게 ≪尙書≫를 강의하게 했다는 기록과[21], 元聖王 때에는 讀書三品 제도를 확립하여 ≪春秋左氏傳≫, ≪禮記≫, ≪論語≫, ≪孝經≫ 등을 읽게 했다는 기록이[22] 있을 뿐만 아니라, 吏讀의 창안자인 薛聰이 方言으로 九經을 읽었다는 기록이[23] 있을 정도로 십삼경을 보다 많은 사람들에게 읽히기 위해 노력했음을 알 수 있다.

또 6세기의 유물인 壬申誓記石의 銘文에도 "3년 동안 ≪詩經≫·≪尙書≫·≪禮記≫·≪春秋傳≫을 차례로 익힐 것을 맹세한다."는 식으로 십삼경에 해당하는 書目이 나열되어 있을 정도로, 일찍부터 십삼경이 三國의 國家政策과 科擧試驗을 비롯한 人材登用에 절대적인 영향을 끼쳤음을 알 수 있다.

高麗時代에 이르러서도 崔沖의 九齋學堂을 비롯한 각종의 私學에서 십삼경의 일부인 九經을 중심 교과목으로 하는 교육정책이 시행되었다.

또 儒教를 國是로 하는 朝鮮時代에 이르러서는 成均館과 鄕校를 비롯한 각종 교육기관에서 이른바 四書五經을 비롯한 십삼경이 더욱 중시되었음은 말할 것도 없으며, 그간 십삼경을 주석하거나 引用한 경우는 이루 다 헤아릴 수 없을 정도로 풍부하다.

이처럼 십삼경은 우리나라 傳統社會에서는 시대를 막론하고 대부분의 지식인들이 수천 년에 이르는 장구한 기간 동안 필독해왔던 教養書였을 뿐만 아니라, 전 시대에 걸쳐 國家政策과 人材登用을 위한 기본 교과서로 인정받아 왔다.

아울러 십삼경의 내용을 독창적으로 이해하고 발전시켜 3,000만여 자에 이르는 방대한 經學 資料를 학문적 유산으로 남겼다. 이들 경학 자료는 우리의 學問傳統을 이해하는데 커다란 비중을 차지하고 있음은 말할 것도 없다.

---

20) ≪三國史記≫ 〈高句麗本紀〉. "立太學 教育子弟"

21) ≪三國史記≫ 〈新羅本紀〉. "立太學 命博士講尙書義"

22) ≪三國史記≫ 〈新羅本紀〉. "始定讀書三品 以出身 讀春秋左氏傳 若禮記 若文選 而能通基義兼明論語 孝經者爲上 讀曲禮 論語 孝經者爲中 讀曲禮 孝經者爲下 若博通五經 三史 諸子百家書者 超擁用之"

23) ≪三國史記≫ 〈薛聰列傳〉. "聰 性明銳 生知道術 以方言讀九經 訓導後生 至今學者宗之"

6. 十三經注疏 각 經別 解題

십삼경주소는 儒家의 주요 문헌인 십삼경의 古注에 다시 주석을 붙인 책의 통칭으로 모두 416권이다. 唐나라 孔穎達이 勅命으로 撰한 ≪五經正義≫와 여타 경전의 注疏本으로 구성되어 있다.

≪五經正義≫는 ≪周易正義≫ 10권(魏 王弼 注, 晉 韓康伯 注), ≪尙書正義≫ 20권(漢 孔安國 傳), ≪毛詩正義≫ 70권(漢 毛亨 傳, 鄭玄 箋), ≪禮記正義≫ 63권(漢 鄭玄 注), ≪春秋左傳正義≫ 60권(晉 杜預 集解)이다.

여기에 唐나라 賈公彦이 ≪周禮注疏≫ 42권(漢 鄭玄 注), ≪儀禮注疏≫ 50권(漢 鄭玄 注)을 찬술하였고, 徐彦은 ≪春秋公羊傳注疏≫ 28권(漢 何休 解詁)을 찬하였으며, 楊士勛은 ≪春秋穀梁傳注疏≫ 20권(晉 范甯 集解)을 찬함으로써 9경이 갖춰졌다.

宋나라 이르러 刑昺은 眞宗 咸平 3년(1000)에 ≪孝經注疏≫ 9권(唐 玄宗 御注), ≪論語注疏≫ 20권(魏 何晏 등의 集解), ≪爾雅注疏≫ 10권(晉 郭璞 注)을 찬하였으며, 마지막으로 孫奭이 ≪孟子注疏≫ 14권(漢 趙岐 注)을 찬함으로써 13경의 注疏가 완비되었다.

淸나라때 阮元은 諸刻本을 참조・교정하여 ≪十三經注疏校勘記≫를 만들었는데, 이 阮元 校刻本 十三經注疏는 가장 신뢰할 만한 板本으로 인정받고 있다.

(1) ≪周易正義≫

≪周易正義≫는 모두 10권이다. 魏나라의 王弼이 경문의 注를 달고, 晉나라의 韓康伯이 〈繫辭傳〉을 비롯한 十翼의 注를 붙여 ≪周易注≫를 지었는데, 이후 당나라 孔穎達이 疏를 붙여 완성하였다.

≪周易≫은 상고시대부터 오랜 기간에 걸쳐 서서히 형성된 문헌으로 한 사람이 지은 것도 아니고 한 시기에 완성된 것도 아니다. ≪주역≫의 작자에 대해서는 八卦를 伏犧氏가 만들었다는 설부터 시작하여, 주나라 文王과 周公이 卦辭와 爻辭를 만들었다는 설과, 孔子가 〈계사전〉을 비롯한 十翼을 지었다는 주장이 있으나 모두 확실한 근거가 있는 것은 아니다.

≪周易正義≫는 ≪五經正義≫ 중의 하나로 ≪周易注疏≫라고도 한다. 원래는 14권이었으나 후세에 10권으로 편집되었다. ≪周易正義≫는 孔穎達 외에 馬嘉運, 趙乾叶, 蘇德融 등이 참여하여 완성하였다.

孔穎達은 한대 이래 제가의 주석 중에서 王弼의 注가 고금에 가장 뛰어난 주석이라고 평가하여 魏나라 王弼과 왕필의 역학을 계승한 晉나라 韓康伯의 ≪周易注≫를 채택하고 아울러 한 구 한 구를 따라 소를 붙여 ≪周易正義≫를 완성하였다. 왕필과 한강백의 ≪주역주≫는 한대부터 전해오던 象數易學 전통을 버리고 이른바 道家의 貴無論을 중심으로 易을 풀이했기 때문에 후세에 道家易 계열로 비판받는 경우가 없지는 않았지만[24], 공영달에 의해 ≪周易正義≫의 注로 채택되었기 때문에 실로 송대 義理易學의 시발이 되었으며, 결과적으로 朱熹에 의해 象數易과 義理易이 통합되는 발전을 가져왔다고 할 수 있다.

(2) ≪尙書正義≫

≪尙書正義≫는 모두 20권으로 前漢의 孔安國이 주를 달고 唐나라 貞觀 16년에 孔穎達이 疏를 붙여 완성하였다. ≪尙書≫는 前漢의 孔安國이 전했다고 하여 ≪漢孔安國傳≫으로 불리다가 失傳된 뒤 東晉시대에 이르러 豫章內史였던 梅賾이 조정에 올림으로써 다시 세상에 나타났는데, 매색이 조정에 올린 ≪孔傳≫은 후세에 위작임이 밝혀져 ≪僞孔傳≫이라 불리기도 한다.

≪尙書≫는 중국 고대 왕조인 虞·夏·商·周 시대의 군주와 신하들이 나눈 대화와 역사적 사실을 기록한 책으로, 본래 ≪書≫라고만 불렸는데 漢대에 들어 숭상할 만한 가치가 있는 책 또는 상고시대의 기록이라고 하여 ≪尙書≫라 부르다가 宋대에 이르러 ≪書經≫으로 부르기 시작했다. ≪尙書≫에는 今文과 古文의 구별이 있다.

秦의 분서갱유로 유가의 문헌이 사라지자 前漢 文帝 때 濟南의 伏生이 ≪상서≫에 정통하다는 말을 듣고 晁錯를 보내 배워오게 했다. 이때 복생이 조조에게 29편의 ≪상서≫를 전해주었다고 하는데 조조가 한나라 당시의 문자로 기록했다고 해서 ≪今文尙書≫라고 한다.

≪古文尙書≫는 전한 武帝 시대에 魯恭王이 공자의 구택을 허물다가 벽 속에서 ≪論語≫와 ≪孝經≫을 비롯한 고문서를 발견했는데, 그때 함께 발견된 蝌蚪文으로 기록된 ≪尙書≫로 고대의 문자로 기록되어 있었다고 해서 ≪금문상서≫와 구별하여 ≪고문상서≫라 하였다.

그러나 梅賾이 이른바 ≪孔傳≫을 조정에 바친 뒤 한대부터 전해져오던 ≪금문상서≫와 ≪고문상서≫는 모두 실전되어 전하지 않는다. 현재 전해지는 58편의 ≪상서≫는 모

---

24) 예컨대 丁若鏞의 ≪易學緖言≫ 중에서 〈王輔嗣易注論〉이나 〈韓康伯玄談考〉 등은 모두 도가역 계열에 대한 비판적 견해가 담겨 있는 글이다.

두 매색이 전한 ≪僞孔傳≫에 근거한 것으로 이 또한 ≪금문상서≫와 ≪고문상서≫가 섞여 있지만, 남송의 朱熹가 의혹을 제기한 이후 청대 고증학자들에 의해 의심할 여지없이 위작임이 분명하게 밝혀졌다.[25] 그러나 위작이라 하더라도 전체가 모두 허위라 할 수는 없고, 천 년 이상 유가의 정치 이념으로 존중받아 왔으며 우리나라에서도 삼국시대부터 인재양성을 위한 교재로 쓰여왔기 때문에 그 중요성은 여전히 크다 할 수 있다.

(3) ≪毛詩正義≫

≪毛詩正義≫는 모두 70권이다. ≪毛詩≫는 중국 고대의 詩를 채록한 문헌으로 전국시대까지는 ≪詩≫라고만 불리다가, 한대부터 前漢의 毛亨이 세상에 전했다고 하여 ≪毛傳≫이라고 불렀는데, 후한 鄭玄의 箋을 注로 삼고 孔穎達이 疏를 붙여 완성하였다.

본래 고대 중국의 詩歌는 3,000여 편이 있었다고 전하나 공자가 교훈이 될 만하거나 경계로 삼을 만한 시 300여 편을 추려서 엮었다고 전한다.[26] 송대 이전까지는 ≪毛詩≫ 또는 ≪毛傳≫이라고 부르다가 송대부터 ≪詩經≫이라는 명칭이 일반화되었다. 三國時代 吳나라 陸璣가 찬한 ≪毛詩草木鳥獸蟲魚疏≫에 따르면 공자가 詩를 刪定한 뒤 제자 子夏(卜商)에게 전수했고 자하가 序를 지은 뒤 曾申에게 전하고, 증신이 다시 위나라 李克에게, 이극이 孟仲子에게, 맹중자가 根牟子에게, 근모자가 荀子에게, 순자가 毛亨에게 전했는데, 모형이 傳을 지어서 毛萇에게 전한 것으로 되어 있다.

현재 ≪詩經≫에 수록된 시는 모두 311편인데 그중 여섯 편은 제목만 남아 있기 때문에 305편이 전해진다. 詩의 중요성은 일찍이 공자가 제자를 가르칠 때 가장 중요한 과목으로 삼았다는 데서도 알 수 있다.[27] ≪論語≫에는 공자가 ≪시경≫ 300편을 한마디로 비평한 '思無邪'[28]라는 말이 전하는가 하면, 제자들이 시를 배우지 않는다고 질책하는 대

---

25) 매색의 ≪공전≫이 위작이라는 주장은 청대의 閻若璩가 ≪尙書古文疏證≫에서 자세히 변증한 이래 확증되었다고 할 수 있지만, 그 이전에 이미 남송의 朱熹가 수십 차례 제기해왔던 의문이기도 하다. 또 청대 朱彝尊의 ≪經義考≫와 조선의 丁若鏞이 지은 ≪梅氏書評≫ 등도 ≪공전≫이 위작임을 밝힌 저술이다. 이 외에 청대의 毛奇齡처럼 주희의 견해를 비판하며 ≪공전≫ 위작설을 부정한 학자들도 있었지만 근거가 박약하여 설득력이 없다.

26) ≪史記≫ 〈孔子世家〉에 의하면 옛날에는 시가 3,000여 편이 있었는데, 공자에 이르러 중복된 것을 제거하고 예의에 맞는 것만을 취했다고 한다.〔古者詩三千餘篇 及至孔子 去其重 取可施於禮義〕

27) ≪論語≫ 〈述而〉. "子所雅言 詩書執禮 皆雅言也"

28) ≪論語≫ 〈爲政〉. "子曰 詩三百 一言以蔽之 曰思無邪"

목도 나온다.[29] 또 공자는 제자들과 대화를 나눌 때 즐겨 시를 인용하기도 했다.

현재 전해지는 ≪시경≫의 체제는 風·雅·頌의 세 부분으로 나누어져 있는데, 風은 國風으로 주나라 시대 여러 제후국에서 채집된 민속가요에 해당한다. 농경민들의 소박한 꿈을 담은 시가 많지만 당시 각 제후국의 정치적 상황을 풍자하는 시도 적지 않기 때문에 시의 정치적 기능을 엿보는 데 중요한 자료이기도 하다. 雅는 大雅와 小雅로 구분되는데 당시 국가의 공식 음악을 연주할 때 붙인 가사에 해당한다. 궁궐에서 연주되는 곡조에 붙인 가사로 귀족풍을 띠고 있다. 頌은 국가의 선조들에게 올리는 일종의 찬송가로 周頌·魯頌·商頌이 있으며 종묘에서 제사를 올릴 때 연주한 음악에 붙인 가사에 해당한다.

風·雅·頌 이외에 文體에 따라 시를 분류하는 방식으로 興·賦·比가 있는데 이를 합쳐서 六義라 한다.

(4) ≪禮記正義≫

≪禮記正義≫는 모두 63권이다. 鄭玄의 注에 孔穎達이 疏를 붙여 완성하였다. ≪禮記≫의 성립은 이설이 분분하지만, ≪隋書≫ 〈經籍志〉에 따르면 전한 초기에 河間獻王이 공자의 제자와 후학들이 기록한 131편을 얻어서 바쳤는데 당시에는 전하는 이가 없었다가, 劉向이 문헌을 정리하여 130편을 얻었고, 다시 ≪明堂陰陽記≫ 7편, ≪樂記≫ 23편을 비롯한 총 214편의 예서를 수집했다. 그 뒤 戴德이 번거롭거나 중복되는 것을 제거하고 85편의 ≪大戴記≫를 편찬했다. 이후 다시 대덕의 조카 戴聖이 ≪大戴記≫를 刪削하여 46편으로 줄여서 ≪小戴記≫를 편찬했는데 이것이 현재 전해지는 ≪禮記≫이다. 대덕과 대성은 숙질간으로 두 사람 모두 한나라 宣帝 시기의 박사였던 后蒼의 학문을 전수받았다고 전해진다.

≪禮記注≫를 찬한 鄭玄은 ≪六藝論≫에서 "지금 세상에서 행해지고 있는 禮는 대덕과 대성의 學이다. 대덕은 ≪大戴記≫ 85편을 전했고, 대성은 ≪小戴記≫ 49편을 전했는데 이것이 바로 ≪禮記≫다."라고 했다. 鄭玄의 기록에 따르면 대덕과 대성이 85편과 49편을 각각 따로 전한 것이 된다.[30]

≪예기≫ 각 편의 작자는 밝혀진 것이 거의 없다. 陸德明의 ≪經典釋文敍錄≫에 따르

---

29) ≪論語≫ 〈陽貨〉. "子曰 小子何莫學夫詩 詩可以興 可以觀 可以群 可以怨 邇之事父 遠之事君 多識於鳥獸草木之名"

30) 鄭玄의 ≪六藝論≫ 원본은 이미 산일되어 전하지 않지만 ≪太平御覽≫·≪群書考索≫·≪困學紀聞≫을 비롯한 여러 문헌에서 수집한 판본이 있다.

면 〈中庸〉은 공자의 손자 子思가 지은 것이고, 〈緇衣〉는 公孫尼子가 지었다고 했다. 또 정현은 〈月令〉을 呂不韋가 지었다 했고 王肅은 周公이 지은 것이라고 했다. 하지만 모두 명확한 근거가 있는 것은 아니다.

이처럼 ≪예기≫는 여러 사람이 잡다하게 기록한 것을 수습한 문헌으로 각편의 작자가 확인된 것이 드물고 일정한 체계가 없어 송대에 이르러 漢儒의 雜說이라고 비판을 받기도 했다.

그러나 ≪예기≫는 일상의 자잘한 몸가짐을 규정한 曲禮부터 葬禮와 祭禮에 이르기까지 빠짐없이 기록하고 있을 뿐만 아니라, 예의 근본정신에 대한 깊이 있는 내용이 기술되어 있기 때문에 유가에서는 ≪儀禮≫·≪周禮≫와 함께 三禮로 일컬으며 수천 년 동안 경전으로 중시했다.

(5) ≪春秋左傳正義≫

≪春秋左傳正義≫는 모두 60권이다. 晉 杜預의 ≪春秋經傳集解≫에 孔穎達이 疏를 붙여 완성하였다. ≪춘추≫는 孔子가 魯나라 隱公 元年(B.C. 722)부터 哀公 14년(B.C. 481)까지 242년간의 노나라의 역사를 기록한 책으로 孟子에 따르면 당시 晉에는 ≪乘≫이 있었고, 楚에는 ≪檮杌≫이 있었고 魯에는 ≪春秋≫가 있었는데 모두 같은 종류의 역사서였으며,[31] 공자가 어지러운 시대를 두려워하여 ≪춘추≫를 지었다고 했다.[32]

아울러 그 문장은 사관이 기록한 것이고 의리는 공자가 취한 것이라고 한 것으로 보아, 본래 노나라의 사관이 기록한 역사서가 있었는데 공자가 그 내용을 바탕으로 저술한 것임을 알 수 있다.[33]

≪춘추≫라는 명칭의 유래는 4계절 春夏秋冬 중에서 春과 秋만 뽑아서 1년의 명칭으로 삼은 데서 기원한다. 晉의 杜預는 ≪春秋經傳集解≫의 서문에서 "역사를 기록할 때는 반드시 연대를 표시하여 사건 첫머리에 두는데, 1년에는 4계절이 있기 때문에 春과 秋를 섞어 드러내어 기록한 책의 이름으로 삼은 것이다."[34]라고 하였다.

≪춘추≫에는 ≪春秋左氏傳≫, ≪春秋公羊傳≫, ≪春秋穀梁傳≫ 세 종류의 해설서가

---

31) ≪孟子≫ 〈離婁 下〉. "晉之乘 楚之檮杌 魯之春秋 一也"

32) ≪孟子≫ 〈滕文公 下〉. "世衰道微 邪說暴行有作 臣弑其君者有之 子弑其父者有之 孔子懼 作春秋"

33) ≪孟子≫ 〈離婁 下〉. "其文則史 孔子曰 其義則丘竊取之矣"

34) ≪春秋左氏傳≫ 序. "史之所記 必表年以首事 年有四時 故錯擧以爲所記之名也"

전해지는데 이를 春秋三傳이라고 하며 ≪春秋左氏傳≫은 그중 가장 늦게 성립된 책이다. 그러나 삼전 중에서 후세에 가장 많이 읽힌 책은 ≪春秋左氏傳≫인데 그 이유는 무엇보다 ≪春秋公羊傳≫과 ≪春秋穀梁傳≫이 경문의 훈고를 중심으로 공자의 의도를 드러내 밝히는 데 치중한 반면, ≪春秋左氏傳≫은 역사적 사실에 대한 기술이 상세하기 때문이다. 이 때문에 ≪春秋左傳正義≫를 지은 孔穎達은 삼전 중 ≪春秋左氏傳≫을 가장 중시하는 한편, 한대 이래로 賈誼, 劉歆, 鄭衆, 賈逵 등이 ≪春秋左氏傳≫을 전했으나 대부분 ≪春秋公羊傳≫과 ≪春秋穀梁傳≫의 견해를 섞어서 ≪春秋左氏傳≫을 주석한 데 비해 晉의 杜預만은 좌전을 충실하게 주해하였다고 높이 평가하였다.

≪春秋左氏傳≫의 작자에 대해서는 이설이 분분하지만, ≪史記≫ 〈十二諸侯年表序〉나 ≪漢書≫ 〈藝文志〉, 그리고 ≪춘추경전집해≫를 찬한 두예와 ≪春秋左傳正義≫를 지은 공영달에 따르면 ≪春秋左氏傳≫은 노나라의 史官이었던 左丘明이 지은 것으로 되어 있다.[35)]

아울러 기록자의 출신에 대해서도 이설이 분분한데, 송대의 鄭樵는 晉나라와 楚나라의 역사적 사실이 상세히 기록되어 있는 것을 근거로 초나라 출신이라고 주장했다. 그 외에 衛人이라는 견해가 있는가 하면, 韓非子처럼 吳起의 저술이라고 한 주장도 있다.

그러나 '齊師伐我', '齊孝公伐我北鄙'와 같은 기사에서 볼 수 있듯이 노나라를 제외한 나라는 국호를 명기하고 있는 반면, 노나라를 '我'로 표기하는 경우가 많기 때문에 ≪春秋左氏傳≫의 작자를 노나라 사관으로 보는 것이 타당하다.

(6) ≪周禮注疏≫

≪周禮注疏≫는 모두 42권으로 後漢 鄭玄의 注에 唐나라 賈公彦이 疏를 붙여 완성하였다.

≪周禮≫는 ≪禮記≫·≪儀禮≫와 함께 三禮로 일컬어지며, 周나라 王室과 戰國時代 각 諸侯國의 관직과 제도를 기록한 책이다. 각 편의 제목에 '官'자가 붙어 있고, 周나라의 관직 제도를 기록하였다 해서 ≪周官≫ 또는 ≪周官經≫이라고 부르기도 한다.

≪周禮≫의 성립 시기에 대해서는 周公이 지은 것이라는 주장, 전국시대 유학자가 지은 것이라는 주장, 심지어 ≪맹자≫에 기술된 주나라의 관직 제도와 부합하지 않을 뿐

35) ≪四庫全書總目提要≫에 따르면 漢의 劉向, 劉歆, 桓譚, 班固 등이 ≪春秋左氏傳≫의 작자를 左丘明이라 기록하였고, 魏晉시대 이래 異說이 없다가 唐나라 趙匡이 처음으로 이를 의심하는 견해를 제시한 이래, 王安石을 비롯한 宋元의 여러 유학자들이 ≪春秋左氏傳≫의 작자는 좌구명이 아니라고 주장하였으나, 모두 명확한 근거가 있는 것은 아니기 때문에 좌구명의 저작으로 보는 것이 옳다고 하였다.

아니라[36], 한대에 增入된 기록이 있다는 점을[37] 근거로 前漢의 劉歆이 만든 僞作이라고 하는 주장이 있었으나, 최근의 학자들은 金石文과 발굴 문헌 연구 성과에 근거하여 전국 시대 유학자들의 손에 기록된 것으로 비정하고 있다.

≪周禮≫의 체제는 〈天官冢宰〉·〈地官司徒〉·〈春官宗伯〉·〈夏官司馬〉·〈秋官司寇〉·〈冬官考工記〉의 여섯 편으로 구성되어 있는데 이것이 이른바 周禮六官이다.

이 책은 수천 년 동안 중국은 물론 우리나라에서 국가 제도의 기준으로 존중받았는데, 이를테면 한대부터 관조직을 六曹로 나누기 시작한 이래 청대에 이르기까지 대부분의 국가 행정조직을 吏·戶·禮·兵·刑·工의 六部로 편제한 것은 모두 ≪周禮≫의 제도를 본 뜬 것이다.

≪周禮注疏≫는 三禮의 전문가인 後漢 鄭玄의 주석과 唐나라 賈公彦이 疏로 구성되어 있는데, 가공언의 疏는 일찍이 朱熹에 의해서 五經의 疏 중에서 가장 뛰어난 소로 평가받을 정도로 정평이 있다.

(7) ≪儀禮注疏≫

≪儀禮注疏≫는 모두 50권으로 ≪周禮注疏≫와 마찬가지로 後漢 鄭玄의 注에 唐나라 賈公彦이 疏를 붙여 완성하였다.

≪儀禮≫는 ≪周禮≫·≪禮記≫와 함께 三禮로 일컬어지는데, ≪周禮≫가 고대의 관직 제도를 기록한 책이라면, ≪儀禮≫는 관례나 혼례 등 각종 儀式의 절차를 기록한 책이다. 예를 들어 士冠禮·士昏禮·士相見禮 등에서 의식의 시작과 마침에 이르기까지의 절차를 자세히 기록하고 있다.

陸德明의 ≪經典釋文敍錄≫에 따르면 鄭玄이 ≪의례≫ 17권을 주석한 것으로 되어 있다. 그러나 ≪의례≫라는 명칭은 당나라 元度의 ≪九經字樣≫이라는 문헌에 처음 보이기 때문에 당나라 때 ≪주례≫·≪예기≫·≪의례≫를 합쳐서 三禮라고 일컫기 시작하면서 처음으로 사용된 것으로 보인다.

≪의례≫에는 高堂生이 전한 金文本이 있고, 孔壁에서 출토된 古文本이 있다. 정현은 두 본을 모두 참고하여 주를 붙였는데 금문을 따를 경우에는 금문을 큰 글자로 표기하고

---

36) ≪孟子≫ 〈萬章 下〉에는 北宮錡가 주나라의 관직제도에 대해 묻자 맹자가 대답하는 대목이 있다. "北宮錡問曰 周室班爵祿也 如之何 孟子曰 其詳不可得而聞也 諸侯惡其害已也 而皆去其籍 然而軻也嘗聞其略也 天子一位 公一位 侯一位 伯一位 子男同一位 凡五等也……"

37) 현재 전해지는 ≪周禮≫ 〈考工記〉는 前漢 成帝 시대에 增入된 것이다.

고문은 주로 붙였고, 고문을 따를 경우에는 고문을 큰 글자로 표기하고 금문은 주를 붙이는 방식으로 정리했다. 정현 이전에는 후한의 馬融이 《儀禮》〈喪服〉편을 주해한 것이 유일하고, 정현 이후에는 위나라 왕숙이 주해한 《의례》가 있었던 것으로 《수서》〈경적지〉에 전해지나, 당나라 시대에는 이미 실전되어 오직 정현의 주만 남게 되었다. 그 때문에 소를 붙인 가공언도 "《주례》는 여러 주석가가 있지만 《의례》를 주해한 사람은 오직 정현뿐이다."라고 하였다.

《의례》는 오경 중 가장 읽기 어려운 책으로 꼽히는데 명나라 이후 판본의 오탈이 심해 경문조차 부정확한 부분이 많아졌기 때문이다. 또 남송의 주희가 《儀禮經傳通解》를 지으면서 疏의 내용 중 文意가 통하지 않는 부분을 상당 분량 고쳤는데 따로 일가를 이룰 만큼 의미 있는 해설이라 평가받았지만, 명나라 이후 주소를 판각할 때 오로지 주희의 견해를 따랐기 때문에 마침내 이후의 《의례주소》는 가공언의 소와 크게 달라지게 되었다. 다만 청대의 阮元이 십삼경주소를 교감하면서 당나라 석경과 당시 전해지던 판본을 비교 대조하여 바로잡았기 때문에 현재 전해지는 《의례주소》는 정현 주와 가공언 소의 본래 面貌를 거의 회복한 것으로 평가받고 있다. 이는 1959년에 漢墓에서 출토된 漢簡 《儀禮》에서도 확인되는 사실이다.

《의례》의 작자가 누구인지는 정확하게 알 수 없다. 다만 17편 중 〈喪服〉편에 공자의 제자 子夏의 傳이 붙어 있기 때문에 경문은 공자가 제자들을 가르치면서 기록한 것이고, 그 외는 공자의 제자 자하가 기록한 것이라는 주장이 있고, 전을 기록한 자하는 공자의 제자가 아니라 한나라 시대 사람이라는 주장도 있다.

(8) 《春秋公羊傳注疏》

《春秋公羊傳注疏》는 모두 28권이다. 前漢 公羊壽의 傳과 後漢 何休의 《春秋公羊解詁》에 당나라 徐彦이 疏를 붙여 완성하였다.

《春秋公羊傳》은 공자가 지었다고 전해지는 노나라의 역사서 《춘추》의 해설서로 《春秋左氏傳》, 《春秋穀梁傳》과 함께 三傳으로 불린다.

《春秋公羊傳》의 저자에 대해서는 몇 가지 이설이 있다. 《한서》〈예문지〉에 따르면 공양자는 제나라 사람이라 되어 있고 이름은 밝히지 않고 있는데, 顔師古의 注에는 이름이 高라고 되어 있다. 당나라 서언은 소를 붙이면서 후한 戴宏의 말을 인용하여 공자의 제자 子夏가 公羊高에게 전수했고, 공양고는 아들이었던 公羊平에게 전하고 다시 公羊地, 公羊敢, 公羊壽에게 전해지는 식으로 부자상전해 오다가, 前漢 景帝 시대에 이르러 공양수가 제나라 사람 胡毋子都(胡毋生)와 함께 竹帛에 정리하여 董仲舒에게 전했다고 한다.

그러나 ≪사고전서총목제요≫에 따르면 ≪춘추공양전≫의 기록 중에 子沈子曰, 子司馬子曰, 子北宮子曰, 高子曰, 魯子曰 등의 표현이 나오는데 이런 기록은 모두 특정 스승에게 전수받은 내용임을 밝힌 것이라고 했다. 따라서 ≪春秋公羊傳≫이 전적으로 公羊氏 집안에서 전승된 것으로만 볼 수는 없다. 다만 胡毋生과 董仲舒가 ≪공양전≫을 전했다는 기록은 ≪史記≫〈儒林列傳〉에도 보이며, 董仲舒의 ≪春秋繁露≫가 ≪공양전≫에 근거한 것이기 때문에 신뢰할 만하다.38)

≪좌씨전≫이 사실의 기록에 중점을 둔 것과는 달리 ≪공양전≫은 ≪춘추≫ 경문을 한 글자 한 글자 따라가면서 철저하게 훈고함으로써 공자의 春秋筆法과 義理를 드러내 밝히는 데 주안을 두었다. 그 때문에 일찍이 주희는 ≪좌씨전≫은 史學이고 ≪공양전≫과 ≪곡량전≫은 經學이라고 규정한 적이 있다.

≪공양전≫은 춘추삼전 가운데 가장 먼저 성행한 경전으로 晉代에 이르러 杜預의 ≪春秋經傳集解≫가 나와 ≪좌씨전≫에 독점적 지위를 물려주기까지 ≪춘추≫ 해석의 기준이 되었으며, 청대에 이르러 康有爲를 비롯한 公羊學派가 등장하면서 다시 주목받게 되었다.

(9) ≪春秋穀梁傳注疏≫

≪春秋穀梁傳注疏≫는 모두 20권으로 晉 范甯의 ≪春秋穀梁傳集解≫의 주에 당의 楊子勛이 소를 붙여 완성하였다.

≪春秋穀梁傳≫ 또한 ≪春秋左氏傳≫, ≪春秋公羊傳≫과 마찬가지로 공자가 지었다고 전해지는 노나라의 역사서 ≪춘추≫의 해설서로 다른 두 경과 함께 春秋三傳으로 불린다. ≪春秋左氏傳≫이 역사적 사실을 서술체로 기록하고 있는 반면, ≪春秋穀梁傳≫은 ≪春秋公羊傳≫과 함께 문답체 형식으로 경문을 한 글자 한 글자 따라가면서 내포된 뜻을 중심으로 해설하는 데 주안을 두었다. 이 점에서 ≪穀梁傳≫은 ≪公羊傳≫과 같은 계열의 해설서라 할 수 있다. 그러나 ≪公羊傳≫이 주로 공자가 褒貶을 통해 역사를 평가한 춘추필법을 드러내 밝히는 데 주력한 것에 비해, ≪穀梁傳≫은 공자의 大義를 밝히는 데 중심을 두었다는 점에서 차이가 있다. 이 점은 일찍이 ≪胡氏春秋≫를 지은 胡安國도 "事實은 ≪좌씨전≫보다 갖추어진 책이 없고, 書例는 ≪공양전≫보다 분명한 책이 없고, 義

---

38) ≪史記≫〈儒林列傳〉. "言春秋於齊魯自胡毋生 於趙自董仲舒"

理는 ≪곡량전≫보다 정밀한 책이 없다."[39]고 지적한 바 있다. 호안국 또한 ≪공양전≫은 춘추필법을 드러내는 데 역점을 두었고, ≪穀梁傳≫은 의리를 드러내 밝히는 데 치중했다고 본 것이다. 실제로 ≪공양전≫에는 새로운 왕조의 설계와 관련된 과감한 주장이 있는 반면, ≪곡량전≫에는 기존 왕조의 질서를 강조하는 명분론적인 사유가 우세하다. 이 때문에 ≪곡량전≫을 法家思想의 영향을 받아 형성된 문헌으로 분류하기도 한다.

≪곡량전≫은 ≪공양전≫과 마찬가지로 전한 시기에 등장했지만 ≪공양전≫이 전한 경제 때 나온 데 비해, ≪곡량전≫은 宣帝 시대부터 유행하기 시작했고, ≪공양전≫만큼 성행하지는 못했다. 또 ≪곡량전≫ 안에 ≪공양전≫을 인용한 구절이 보이기 때문에 ≪공양전≫보다 나중에 성립된 것이 확실하다.

≪곡량전≫은 전국시대의 魯나라 사람 穀梁赤이 지은 것으로 전해지는데 정확한 시대나 전승 관계를 확인하기 어렵다. ≪공양전≫과 마찬가지로 공자의 제자 子夏가 穀梁赤에게 전한 것이라는 견해가 있지만 정확한 근거가 있는 것은 아니며, 최근에는 ≪공양전≫의 작자인 공양고와 ≪곡량전≫의 작자인 곡량적이 같은 사람이라는 주장이 있지만 역시 근거가 충분하지 않다.

(10) ≪孝經注疏≫

≪孝經注疏≫는 모두 9권으로 唐나라 玄宗(李隆基)의 注에 宋나라 刑昺이 소를 붙여 완성하였다. ≪효경≫은 ≪금문효경≫과 ≪고문효경≫이 있는데 眞僞 문제를 둘러싸고 오랫동안 논쟁이 진행되어 오다가 당나라 현종이 주석을 달면서 새로운 면모를 갖추게 되었다. ≪금문효경≫은 鄭玄의 주로 전해져왔고, ≪고문효경≫은 孔安國의 주로 전해져왔지만, ≪고문효경≫은 ≪수서≫ 〈경적지〉에서 이미 위작으로 판명하고 있다.

당나라 開元 7년에 당 현종이 유학자들을 불러 ≪효경≫의 진위 여부를 질정하게 했는데, 이때 右庶子였던 劉知幾는 ≪고문효경≫을 정통으로 보고 12개의 조항을 들어 ≪금문효경≫이 가짜라고 주장하였고, 國子祭酒였던 司馬貞은 ≪금문효경≫의 입장에서 〈閨門〉장의 문구가 졸렬하고 〈庶人〉장에 잘못 '子曰' 두 글자가 추가된 것 등을 근거로 ≪고문효경≫을 공박했다. 그 뒤 당 현종이 ≪금문효경≫을 기준으로 주를 붙이면서 ≪고문효경≫은 마침내 폐지되었고, ≪고문효경≫의 孔安國 注와 ≪금문효경≫의 鄭玄 注 또한 사라지게 되었다. 당 현종은 개원 10년에 注를 완성하고 元行沖에게 疏를 짓게 하여 국자학

39) 胡安國, ≪春秋胡氏傳≫. "事莫備於左氏 例莫明於公羊 義莫精於穀梁"

에 반포하였는데, 이것이 ≪御注孝經≫이다. 그 후 현종은 天寶 2년에 다시 ≪효경≫을 주석하여 천하에 반포하고, 천보 4년에 이 ≪御注孝經≫을 네 개의 비석에 새겨 太學에 세웠는데 이것이 이른바 ≪石臺孝經≫이다.

≪효경≫의 작자가 누구인지에 대해서는 이설이 분분하다. 우선 공자가 지었다는 주장이 있고, 공자의 제자 증자가 지었다는 주장, 70제자가 남긴 책이라는 주장, 증자의 문인이 지었다는 주장이 있지만, 어느 주장도 명확한 근거가 있는 것은 아니며 대체로 춘추시대 말 전국시대 초기의 유학자가 지은 것으로 추정된다.

그 후 宋나라 眞宗 시대에 이르러 邢昺이 원행충이 소를 붙였던 ≪御注孝經≫을 저본으로 ≪孝經注疏≫를 완성하여 지금까지 전해지고 있다.

(11) ≪論語注疏≫

≪論語注疏≫는 모두 20권으로 宋나라 邢昺이 魏나라 何晏의 ≪論語集解≫를 注로 삼고 疏를 붙여 완성하였다. ≪論語注疏≫는 ≪論語正義≫라고도 하는데 본래 형병이 ≪論語集解≫를 注로 삼아 소를 붙여 풀이한 책은 ≪論語正義≫라는 명칭이었는데, ≪論語集解≫와 ≪論語正義≫ 두 책을 합쳐서 ≪論語注疏解經≫이라는 명칭으로 간행한 뒤부터 ≪論語注疏≫라고 부르기 시작했다. 현재 각각 따로 편집되었던 ≪論語集解≫와 ≪論語正義≫의 원본은 전하지 않고, 십삼경주소에 수록된 판본만 전해지고 있다.

≪논어집해≫는 삼국시대 魏나라의 何晏이 荀顗・曹羲・鄭沖・孫邕과 함께 엮은 책으로 漢나라와 魏나라 시대의 孔安國・包咸・周氏・馬融・鄭玄・陳群・王肅・周生烈 등 이른바 8대가의 주석 중에서 뛰어난 견해를 집성하고 자신들의 견해를 덧붙여 지은 것이다. 후세에 노장 사상으로 ≪논어≫를 해석했다는 비판이 없지는 않으나, 이미 실전되어 전하지 않는 한나라・위나라 시대 고주의 면모를 엿볼 수 있기 때문에 ≪논어≫ 주석으로서의 가치뿐 아니라 자료가치 또한 높다.

≪論語注疏≫가 나오기 이전에 梁나라 皇侃이 지은 ≪論語義疏≫가 먼저 세상에 유행했는데, 형병이 咸平 2년에 황제의 칙명을 받고 皇侃의 ≪論語義疏≫를 참고하고 자신의 견해를 덧붙여 ≪論語注疏≫를 지었다. 형병은 대체로 황간이 채택했던 유학자들의 견해를 그대로 수록하는 한편, 漢學과 宋學을 부연하여 해설하는 방식으로 ≪論語注疏≫를 엮었다. 이 책이 간행되면서 황간의 ≪論語義疏≫는 점차 읽히지 않게 되었는데, 이후 주희의 ≪論語集註≫가 세상에 나오면서 이 책 또한 점차 읽히지 않게 되었다.

(12) ≪爾雅注疏≫

≪爾雅注疏≫는 모두 10권으로 晉나라 郭璞의 注에 宋나라 刑昺이 소를 붙여 완성하였다. ≪爾雅≫는 가장 오래된 한자 사전으로 ≪시경≫과 ≪서경≫에서 글자를 뽑아 19종으로 나눈 다음 풀이하고 있는데 4,300여 자에 이르는 어휘가 포함되어 있다.

≪爾雅≫는 책의 명칭이 어떤 뜻인지 불분명한데 한나라의 劉熙는 爾는 가깝다〔近〕는 뜻이고 雅는 바르다〔義〕는 뜻으로 풀이하고 글을 쓸 때 가깝고 바른 말 곧 표준어를 선택해야 한다는 뜻이라고 했는데 이 견해가 유력하다. 그 외에 명나라의 趙宧光은 爾는 꽃 이름이고 雅는 새 이름으로 경전을 가르칠 때 새나 짐승의 이름을 아는 것이 도움이 되기 때문에 이런 명칭을 붙인 것이라고 했는데 특이한 견해로 남겨둘 만하다.

≪爾雅≫의 작자 또한 확실히 알 수 없다. 陸德明은 周公이라 했고, 어떤 이는 孔子와 공자의 제자 子夏가 增益했다고 하고 또 어떤 이는 전한의 叔孫通이 보충했다 하고, 어떤 이는 梁文이 考成한 것이라고 했는데 모두 명확한 근거가 있는 것은 아니다. 다만 毛亨의 ≪毛詩≫에서 ≪이아≫의 풀이를 따르지 않는 부분이 많고, 정현의 주에서는 ≪이아≫의 풀이와 동일한 부분이 상당수 있는 것으로 보아, ≪이아≫는 모형 이후에 성립된 것으로 보는 것이 타당하다.

(13) ≪孟子注疏≫

≪孟子注疏≫는 모두 14권으로 송나라 孫奭이 後漢 趙岐의 注에 疏를 붙여 완성하였다. ≪孟子正義≫라고도 한다. 손석의 소는 이전까지의 ≪맹자≫가 훈고와 명물제도를 위주로 풀이한 것과는 달리 주로 경학의 대의를 드러내 밝히는 내용이 많은데, 본래 조기의 주가 한대의 일반적인 경전 해설 방식인 훈고와 명물을 해설하기보다는 대의를 밝히는 데 주안을 둔 데 따른 것이다. 이 때문에 남송의 주희는 ≪孟子集註≫를 저술하면서 조기의 견해를 버리지 않고 수용한 부분이 많았고 章句도 거의 고치지 않고 그대로 채용했다고 할 수 있다.

≪맹자≫는 전국시대 맹자의 저술이 확실하지만, 맹자가 직접 지은 것인지 맹자가 세상을 떠난 뒤에 제자들이 스승의 말씀을 기록한 것인지 확실치 않다. ≪史記≫ 〈孟軻荀卿列傳〉에 따르면 맹자가 물러나 萬章 등의 제자들과 함께 詩書를 차례 짓고 공자의 뜻을 전하여 ≪맹자≫ 7편을 지었다고 되어 있기 때문에[40] 맹자가 직접 저술에 참여했다고

---

40) ≪史記≫ 〈孟軻荀卿列傳〉. "退而與萬章之徒序詩書 述仲尼之意 作孟子七篇"

할 수 있다. 그러나 맹자가 스스로 자신을 맹자라고 호칭하지 않았을 것이기 때문에 맹자가 직접 저술한 것이 아니라는 주장, 맹자가 沒한 뒤까지 생존했던 魯나라 平公의 謚號가 ≪맹자≫에 나오는 점, 公都子와 樂正子는 모두 맹자의 제자들로 스승이 참여했다면 스스로 존칭을 쓰지 않았을 것인데 존칭이 붙어 있는 점 등을 들어 맹자가 직접 저술한 것이 아니라는 주장도 있다.

아울러 ≪맹자≫의 주는 후한의 조기가 지은 것이 거의 분명하지만, ≪맹자주소≫의 소를 손석이 직접 지은 것이 아니라고 주장하는 이들도 있다. 특히 ≪朱子語類≫에 따르면 朱熹는 ≪맹자주소≫가 남송 邵武 사람의 위작이며 손석이 직접 지은 것이 아니라고 했는데 유력한 견해로 참고할 만하다.

7. 十三經注疏 板本 概略

남송 이전에는 경전을 간행할 때 經, 注, 疏를 합쳐서 간행하지 않고 單注·單疏本으로 離經單行되다가 남송에 이르러 合刻本을 간행하기 시작했다. 현재 알려진 가장 오래된 十三經注疏의 판본은 南宋 岳珂의 ≪九經三傳沿革例≫에 실려 있는 建本附≪釋音注疏≫본으로 이를 宋十行本이라고 부른다. 목판인 이 판본은 한 면당 10줄의 문장을 기록하고 있기 때문에 十行本이라 했는데, 阮元의 〈重刻宋板注疏總目錄〉에 따르면 이 판본은 남송시대뿐 아니라 원대를 거쳐 명대에 이르러서도 경판이 남아 있었던 것으로 기록되어 있다. 완원은 이 판본을 저본으로 삼아 阮刻本 十三經注疏를 편찬했다.

이외에 송대의 판본으로는 慶元 6년에 간행한 八行本이 있는데 宋十行本보다 더 정확한 것으로 평가받고 있으며, 그 때문에 1992년부터 중국의 西北大學과 上海古籍出版社가 공동으로 편찬하고 있는 新版十三經注疏整理本의 저본으로 선정되었다.

十三經注疏는 명대에도 간행되었는데 嘉靖 연간에 중각한 것을 閩本이라 하고, 萬曆 연간에 민본을 중각한 것이 明監本이다. 또 崇禎 연간에 毛晉이 지은 藏書館인 汲古閣에서 명감본을 중각한 것을 毛本이라 한다. 이외에 南雍本이 있다.

청대에는 건륭제 때 간행한 武英殿本이 있고 그 외에도 다수의 판본이 존재하는데 그 중 가장 중요한 판본이 경학자 阮元이 교감한 완각본이다. 완각본은 阮元이 송십행본 십일경과 북송 단소본 ≪의례≫와 ≪이아≫에 근거하여 校勘하고 淸 嘉慶 연간에 刊行한 것이다. 완원은 당석경과 송십행본, 명대의 제본과 盧文弨 등이 교감한 청대의 여러 판본 등을 비교하여 제본의 오류를 바로잡았다. 이후 사부총간본과 사부비요본이 간행되었으나 모두 완각본에는 미치지 못한다. 정식명칭은 阮元重刊宋本十三經注疏이다. 嘉慶 20년(1815)에 시작하여 嘉慶 21년(1816)에 완성했는데, 실제로는 嘉慶 4년(1799)부터 段懋堂, 何元錫, 顧千里, 徐新田, 臧在東, 孫雨人, 李尙之, 嚴厚民 등과 함께 ≪십삼경교감기≫를 나누어 진행한 결과물이다.

하지만 완각본에 문제점이 전혀 없는 것은 아니다. 우선 宋十行本을 重刻했다고는 하지만 실제로는 明나라 때의 南雍本을 참고한 것이 많은데 이 판본에는 잘못된 곳이 많고 완각본도 따라서 잘못된 경우가 있다. 또 分卷에 일정한 체계가 없다는 지적도 있다. 예를 들어 ≪상서≫와 ≪의례≫는 정의에 의거하여 각각 20권과 50권으로 펴냈고, ≪주역≫은 16권으로 분권한 정의를 따르지 않고 經注本에 의거하여 9권으로 분권하기도 했다.

또 편찬에 참여했던 顧千里와 段懋堂, 臧在東과 何元錫 등의 견해가 크게 달라 顧千里가 편찬사업에서 이탈하는 등의 문제가 있었고, 간행 당시 책임자였던 완원이 兩廣의 총독으로 있었기 때문에 자세히 살필 겨를이 없었다는 점도 지적된다.

8. 十三經注疏 飜譯의 意義 - 經이 없는 時代의 古典 번역

비록 플라톤 자신은 단 한 번도 중요한 철학적 주제를 글로 쓴 적이 없었다고 기술하고 있지만, 그가 그렇게 생각했다는 사실조차 글로 쓰였기 때문에 지금까지 전해지고 있다는 역설적인 사실을 받아들인다면, 서양철학의 역사는 플라톤의 각주에 지나지 않는다는 화이트헤드의 말은 여전히 서양철학사를 이해하는 핵심어 중의 하나라 할 수 있을 것이다.

마찬가지로 동양철학, 그중에서 유가철학의 역사 또한 文과 獻이라는 두 가지 매체를 통해 지금까지 이어져왔다. 전자가 문자로 기록된 물리적인 매체라면 후자는 사람의 기억으로 존재하는 비물리적인 매체다. 기억이라는 매체는 물리적인 공간이나 질량을 가지지 않는다는 점에서 탁월함이 있지만 극히 제한된 양의 정보만 저장할 수 있다는 치명적인 약점이 있다. 유가철학의 전승자들은 그런 제한된 양의 대부분을 경전의 전수에 할당했다. 그들은 전승과정에서 경전의 내용을 암송하거나 주해를 통해 경전의 내용을 풀이함으로써 길고 긴 사유의 역사에 참여했다. 그런 점에서 서양철학의 역사가 플라톤의 각주라면 유가철학의 역사는 經典의 傳承과 註釋의 歷史라고 해도 크게 그른 말은 아닐 것이다.

아마도 공자의 제자들은 지금 우리가 ≪논어≫를 읽으면서 생각하는 것과는 사뭇 다른 방식으로 사유했을 것이다. 우선 그들에게는 우리가 지금 읽고 있는 ≪논어≫라는 책〔文〕

은 없었고 대신 ≪논어≫의 화자인 공자〔獻〕가 있었다. 공자라는 獻의 말은 독백이 아니라 제자들의 물음에 답한 것이거나 적어도 당시의 청중에게 전하고자 하는 말이었을 것이다. 따라서 그들 또한 공자와 함께 경이 생산되는 현장에 있었다고 할 수 있다.

經이란 그저 텍스트일 뿐만이 아니다. '注가 經을 깨트리지 않고 疏가 注를 깨트리지 않는다.〔注不破經 疏不破注〕'는 전통은 경의 無誤謬性을 확신한 데서 비롯된 전통시기 학자들의 자연스러운 태도였다. 그러나 동아시아의 현대사회는 더 이상 전통사회처럼 단일한 가치에 의해 지배받지 않는다. 따라서 당대부터 이어져 내려온 '注不破經 疏不破注'의 전통에 따른 경전의 무오류성은 더 이상 인정되지 않는다. 經이 古典으로 그 이름을 바꾼 이유다.

이 글의 冒頭에서 밝힌 것처럼 전통시대의 학자들이 성인의 말씀을 보존하기 위해 기울인 온갖 노력은 그것을 영원한 가치를 지니는 것으로 이해하였기 때문이다. 그런데 이미 오랜 시간이 흐른 현대를 사는 우리의 경우 그 영원한 가치를 알려면 반드시 고대의 漢語를 현대의 우리말로 옮기는, 결국 이른바 '飜譯'이라는 작업을 거쳐야 한다. 지금의 우리가 고전을 읽는다는 것은 결국 번역을 통해서만 가능하다는 말이다. 그렇기에 번역은 우리가 새로운 시공간으로 넘어가고 새로운 사람과 사상을 만나는 데 없어서는 안 될, 중요한 다리와도 같다.

이제 전통문화연구회에서 수천 년간 집적된 유학 경전의 총화라고 할 수 있는 十三經注疏 전체를 飜譯하는 장도에 올랐다. 十三經注疏 전체를 번역하는 일은 지금까지 어떤 기관도 시도하지 못했을 만큼 방대한 분량과 난해한 내용으로 오랜 시간과 노력이 필요할 뿐 아니라, 무엇보다 뛰어난 번역 역량이 요구되는 일이다. 따라서 十三經注疏의 번역은 우리 고전 번역의 현주소를 보여주는 일이며 동시에 우리 사회의 지적 역량을 가늠하는 척도가 될 것이다. 전통문화연구회에서 그간 보여준 동양고전 번역 분야에서의 탁월한 성취를 감안할 때 우리 고전 번역사에 길이 남을 획기적인 성과를 낼 것으로 기대된다. 부디 이 장도가 커다란 성취로 이어져 훗날 경전 전승의 역사에 한 페이지를 장식할 것을 바라마지 않는다.

參考文獻

≪周易正義≫, 阮元 校刻, 十三經注疏, 中華書局, 2009.
≪尙書正義≫, 阮元 校刻, 十三經注疏, 中華書局, 2009.

≪毛詩正義≫, 阮元 校刻, 十三經注疏, 中華書局, 2009.
≪禮記正義≫, 阮元 校刻, 十三經注疏, 中華書局, 2009.
≪春秋左傳正義≫, 阮元 校刻, 十三經注疏, 中華書局, 2009.
≪周禮注疏≫, 阮元 校刻, 十三經注疏, 中華書局, 2009.
≪儀禮注疏≫, 阮元 校刻, 十三經注疏, 中華書局, 2009.
≪春秋公羊傳注疏≫, 阮元 校刻, 十三經注疏, 中華書局, 2009.
≪春秋穀梁傳注疏≫, 阮元 校刻, 十三經注疏, 中華書局, 2009.
≪孝經注疏≫, 阮元 校刻, 十三經注疏, 中華書局, 2009.
≪論語注疏≫, 阮元 校刻, 十三經注疏, 中華書局, 2009.
≪爾雅注疏≫, 阮元 校刻, 十三經注疏, 中華書局, 2009.
≪孟子注疏≫, 阮元 校刻, 十三經注疏, 中華書局, 2009.
≪大學章句大全≫, 成均館大學校 大東文化研究院, 1981.
≪論語集註大全≫, 成均館大學校 大東文化研究院, 1981.
≪孟子集註大全≫, 成均館大學校 大東文化研究院, 1981.
≪中庸章句大全≫, 成均館大學校 大東文化研究院, 1981.

≪經典釋文≫, 陸德明, 上海古籍出版社, 1985.
≪高麗史節要≫, 민족문화추진회 역, 신서원, 2004.
≪群經評議≫, 兪樾, 上海古籍出版社, 1995.
≪論語集解義疏≫, 皇侃, 商務印書館, 民國26年.
≪史記≫, 中華書局, 1997.
≪三國史記≫, 이병도 역, 을유문화사, 1996.
≪三國遺事≫, 이민수 역, 을유문화사, 2013.
≪說文解字注≫, 段玉裁, 上海古籍出版社, 1981.
≪隋書≫, 中華書局, 1997.
≪荀子集解≫, 上海書店, 1981.
≪與猶堂全書≫, 丁若鏞, 다산학술문화재단, 사암, 2013.
≪莊子集釋≫, 中華書局, 1961.
≪漢書≫, 中華書局, 1997.
≪漢晉學術編年≫, 劉汝林, 上海書店, 1992.
≪後漢書≫, 中華書局, 1997.

郭在貽 著, 이홍진 외역, ≪훈고학 입문≫, 이화여자대학교 출판부, 2012.
靳極蒼, ≪古籍注釋改革研究文集≫, 山西人民出版社, 1989.
董洪利, ≪故籍的闡釋≫, 遼寧教育出版社, 1993.
潘樹廣, ≪中國文學史料學(全二冊)≫, 華東師範大學, 2012.
本田成之 著, 서경요 역, ≪中國經學史≫, 문사철, 2011.
徐復觀 著, 고재욱 외역, ≪中國經學史의 기초≫, 강원대학교 출판부, 2007.
徐有富, ≪中國古典文學史料學≫, 北京大學出版社, 2008.
汪耀楠, ≪注釋學綱要≫, 語文出版社, 1986.
劉 琳, 吳洪澤, ≪古籍整理學≫, 四川大學, 2003.
李國祥, ≪故籍整理研究(八種)≫, 武漢工業大學, 1989.
李紅霞, ≪注釋學與詩文注釋研究≫, 中國大地出版社, 2008.
張可禮, ≪中國古代文學史料學≫, 鳳凰出版社, 2011.
張岱年, ≪中國哲學史史料學≫, 삼련서점, 1982.
錢 穆, ≪經學大要≫, 蘭臺出版社, 2000.
周桂鈿, ≪中國哲學研究方法論≫,山西教育, 2006.
周大璞 著, 정명수 외역, ≪훈고학의 이해≫, 동과서, 1997.
馮友蘭, ≪中國哲學史史料學≫, 江蘇教育, 2006.
馮浩非, ≪中國故籍整理體式研究≫, 北京圖書館出版社, 1997.
皮錫瑞 著, 이홍진 역, ≪中國經學史≫, 형설출판사, 1995.
何忠禮, ≪中國古代史史料學(增訂本)≫, 上海古籍出版社, 2012.
黃亞平, ≪古籍注釋學基礎≫, 甘肅教育出版社, 1995.
黃愛平, ≪中國歷史文獻學≫, 中國人民大學出版社, 2010.
黃永年, ≪故籍整理概論≫, 上海書店, 2001.

≪周易正義≫ 解題

申相厚*)

1. ≪周易正義≫에 대하여

(1) ≪周易≫ 연구의 略史

伏羲氏로부터 시작되었다고 하는 ≪周易≫은 十三經 중에서 가장 오래된 經으로서, 宋代에 十三經注疏를 편찬할 때에도 ≪周易≫을 가장 앞에 배치하였다. 또 秦나라가 焚書했을 때에 모든 經이 焚書의 대상이 되었으나, ≪周易≫은 占筮하는 책이라 하여 금지되지 않았기에 다른 經들과 달리 그 전승과 연구가 끊긴 적이 없었다.

이러한 까닭에 ≪周易≫에 대한 연구는 그 양이 매우 방대하다. 비단 연구의 분량이 방대할 뿐만 아니라 연구의 방향과 관점도 다양하다. 연구의 양상을 그 내용에 따라 크게 두 가지로 분류할 수 있는데, 바로 象數派와 義理派이다. 象數派가 ≪周易≫의 象과 數를 통해 그 뜻을 구명하려 하였다면, 義理派는 ≪周易≫의 글을 통해 그 철학의 大義를 밝히려 노력했다 할 수 있을 것이다.

시대적으로는 크게 다섯 시기로 구분해볼 수 있다.

첫째는 先秦 시기로 易學의 기초가 세워진 시기이다. ≪春秋左氏傳≫・≪國語≫ 등에서는 ≪周易≫이 占書로 이용되는 양상을 볼 수 있다. 이때 지어진 것으로 보이는 十翼은 곧 先秦 易學의 집대성이자 義理派 易學의 토대이다.

둘째는 漢나라 시기로, 象數學으로서의 易學이 발전한 시기이다. 漢易의 대표 인물은 孟喜와 京房으로, 이들은 卦氣說을 중심으로 하는 象數學 체계를 형성하였다. 東漢 시기의 鄭玄, 荀爽, 虞翻 또한 이러한 象數學에 영향을 받아 爻辰說, 五行說, 卦變說, 互體說 등의 다양한 象數學을 전개시켰다.

세 번째 시기는 魏・晉・隋・唐 시기이다. 이때의 易學은 象數學에서 義理學으로 그

*) 誠信女子大學校 고전연구소 연구원.

방향을 전회하였다 할 수 있을 것이다. 이때의 대표 학자는 王弼과 孔穎達이다. 魏나라 王弼은 漢代의 象數學을 계승하지 않고 자신만의 義理易學을 제창하였는데, 특히 老莊의 사상을 易學에 적용시킴으로써 玄學의 길로 易學을 인도하였다. 당시에는 老莊思想이 성행하였기 때문에 王弼의 易學도 많은 사람들의 지지를 받을 수 있었다. 이후 唐代의 孔穎達은 ≪五經正義≫의 하나인 ≪周易正義≫를 撰하면서 王弼의 注를 채용하여 王弼의 玄學易을 계승하였고, ≪周易正義≫가 明經考試의 표준과 근거가 됨으로써 王弼의 義理學은 易學의 主流로 자리매김하게 되었다.

네 번째 시기는 宋・元 시기인데, 易學의 연구는 宋代로 오면서 새로운 양상을 띠게 된다. 이때에는 易學과 理學의 융합이 이루어지고 理學易의 체계가 공고해진다. 易學이 理學的 관점으로 해석됨으로써 ≪周易≫에 대한 윤리도덕적 해석체계가 정립된 것이다. 이 철학의 대표자가 바로 程伊川(程頤)이다.

그러나 易學과 理學의 융합이 단지 義理易의 발전만을 의미하는 것은 아니다. 한편으로는 象數學적 접근을 통하여 易理를 설명하려는 시도가 있었다. 宋代 象數學의 대표자는 康節 邵雍인데 특히 그는 數에 특기가 있어 수리학 방면을 더욱 심화시켰다. 宋代에는 다른 시기와 달리 易理를 설명하는 여러 象數圖式이 제출되었는데 이것을 일러 圖書之學이라 한다.

南宋의 朱子에 이르러 理易學의 두 길이 비로소 만나게 된다. 朱子는 程伊川의 義理易學을 계승하면서도 象數派의 학문적 성과를 수용함으로써 易學의 체계를 더욱 풍부하고 방대한 것으로 만들었다. 사실 ≪周易≫ 안에 象과 數와 文이 모두 담겨 있기 때문에 ≪周易≫을 해석함에 있어서 어느 하나도 소홀히 할 수 없는 것이다. 해석의 경향에 따라 ≪周易≫ 연구의 관점이 크게 象數와 義理로 구분되지만 한쪽만을 강조하는 ≪周易≫ 연구는 절름발이 연구가 될 수밖에 없다. 文은 象數를 통해 더욱 깊이 있게 이해할 수 있고, 象數는 文을 통해 더욱 구체적으로 이해할 수 있다. ≪周易≫ 연구에 있어서 象數와 文은 相補的 관계이므로 어느 하나도 소홀히 할 수 없다. 그렇기 때문에 이 두 가지를 모두 수용한 朱子의 易學이 ≪周易≫ 연구의 집대성이 될 수 있었던 것이다.

마지막 시기는 明淸 시기인데, 이 시기의 특징적 易學은 樸學易이다. 樸學易은 漢魏시대의 易學 문헌을 고증하고 정리하는 것이 특징으로, 淸初에 시작되어 淸末까지 계속되었다. 易哲學 연구 자체로서는 宋易을 뛰어넘을 수 없지만, 옛사람들의 易學을 연구한 공적은 전에 없던 것이라 할 수 있을 것이다.

(2) ≪周易正義≫의 編著 과정

經學史에서 손꼽히는 큰 사건 중의 하나는 唐代에 ≪五經正義≫를 撰定한 일이다. 이를 ≪舊唐書≫에서는 다음과 같이 기술하였다.

> 太宗이 '經籍이 聖人의 시대로부터 멀리 떨어져 文字에 오류가 많다.' 하여, 前中書侍郎 顔師古에게 詔勅을 내려 五經을 考定하게 하고, 이를 天下에 반포하여 學者들에게 익히게 하였다. 또 '儒學에 학파가 많아 章句가 번잡하다.' 하여, 國子監祭酒 孔穎達과 여러 학자들에게 詔勅을 내려 ≪五經義疏≫를 撰定하게 하니, 모두 170권이었다. 이를 ≪五經正義≫라 이름하고 天下 사람들로 하여금 익히게 하였다.[1)]

≪五經正義≫는 삼국시대 이후의 義疏學을 집대성한 것으로, 東漢・魏・晉・南北朝의 주석을 처음으로 총집결하여 각 학파의 說을 통일함으로써 후세의 경학 발전에 중대한 영향을 끼쳤다. ≪五經正義≫에 채용된 경서와 주석의 종류는, ≪周易≫은 王弼과 韓康伯의 注, ≪尙書≫는 孔安國의 傳, ≪毛詩≫는 毛亨・毛萇의 傳과 鄭玄의 箋, ≪禮記≫는 鄭玄의 注, ≪春秋左氏傳≫은 杜預의 注이다.

≪周易正義≫는 이처럼 ≪五經正義≫의 하나로, 孔穎達이 王弼과 韓康伯의 注를 채용하여 疏를 만들었는데, 孔穎達이 〈周易正義序〉에서 밝혔듯이 疏는 孔穎達 단독 저작은 아니다. 〈周易正義序〉에서 밝힌 編著 과정은 다음과 같다.

> 이제 이미 勅命을 받들어 刪定하면서, 일을 고찰함은 반드시 仲尼를 宗主로 삼고 義理를 밝힘은 먼저 王輔嗣(王弼)를 근본으로 삼았으니, 이는 화려함을 제거하고 실제를 취해서 진실하여 증거를 갖추고자 해서이다. 문장이 간략하고 이치가 요약되니, 적으면서도 많은 것을 制裁하고, 변하여 능히 통할 수 있을 것이다.
>
> 다만 나의 재주가 비루하고 식견이 짧아서 뜻을 두루 다하지 못할까 염려되었다. 그리하여 朝散大夫 行大學博士 臣 馬嘉運과 守大學助敎 臣 趙乾마 등과 마주대하여 함께 의논해서 可否를 자세히 살폈으며, 貞觀 16년(642)에 이르러 또다시

---

1) ≪舊唐書≫ 〈列傳 第139 儒學上〉. "太宗又以經籍去聖久遠 文字多訛謬 詔前中書侍郎顔師古考定五經 頒於天下 命學者習焉 又以儒學多門 章句繁雜 詔國子祭酒孔穎達 與諸儒撰定五經義疏 凡一百七十卷 名曰五經正義 令天下傳習"

> 勅命을 받들어서 예전에 疏를 만들었던 사람과 給事郞 守四門博士 上騎都尉 臣 蘇德融 등과 함께 勅使인 趙弘智를 마주 대하여 다시 자세히 살펴서 ≪正義≫를 만드니, 모두 14권이다.[2)]

이 과정을 ≪新唐書≫ 〈孔穎達傳〉에서는 다음과 같이 기록하였다.

> 孔穎達이 顔師古, 司馬才章, 王恭, 王琰 등과 詔勅을 받들어 ≪五經義訓≫을 편찬하니, 모두 100여 편이었다. 이를 '義贊'이라 이름하였는데, 詔勅에 의해 '正義'라고 고쳤다. 이 책이 비록 다른 학파의 說을 포괄하여 상세하고 넓었으나 이 가운데에 잘못과 군더더기가 없지 못하였다. 이에 博士 馬嘉運이 그 잘못을 駮正하여 서로 비방하기에 이르자, 太宗이 詔勅을 내려 다시 裁定할 것을 명하였는데 일을 마치지 못하였다. 그리하여 永徽 2년(651)에 中書・門下・國子 三館의 博士와 弘文館의 學士에게 詔勅을 내려 考正하게 하니, 이때에 尙書左僕射 于志寧, 右僕射 張行成, 侍中 高季輔가 이를 增補하고 刪削하여 책이 비로소 반포되었다.[3)]

孔穎達의 沒年이 648년인 것을 고려하면 ≪周易正義≫는 孔穎達의 생전에 편찬 작업이 완수되지 못한 것이다. 위의 기록으로 알 수 있듯이 ≪周易正義≫는 孔穎達 외에도 당시 여러 학자들의 손을 거쳐 완성된 책이다. 다만 孔穎達이 제1의 撰定者이고 일을 주관한 사람이었기에 그의 이름을 대표로 하여 ≪周易正義≫의 疏를 孔穎達의 저작으로 삼은 것이다.

---

2) 孔穎達, 〈周易正義序〉. "今旣奉勅刪定 考察其事 必以仲尼爲宗 義理可詮 先以輔嗣爲本 去其華而取其實 欲使信而有徵 其文簡 其理約 寡而制衆 變而能通 仍恐鄙才短見 意未周盡 謹與朝散大夫行大學博士臣馬嘉運 守大學助教臣趙乾叶等 對共參議 詳其可否 至十六年 又奉勅 與前修疏人及給事郞守四門博士上騎都尉臣蘇德融等 對勅使趙弘智 覆更詳審 爲之正義 凡十有四卷"

3) ≪新唐書≫ 〈列傳 第123 儒學上 孔穎達傳〉. "穎達與顔師古 司馬才章 王恭 王琰 受詔 譔五經義訓 凡百餘篇 號義贊 詔改爲正義云 雖包貫異家 爲詳博 然其中不能無謬冗 博士馬嘉運駮正其失 至相譏詆 有詔更令裁定 功未就 永徽二年 詔中書門下與國子三館博士 弘文館學士 考正之 於是 尙書左僕射于志寧 右僕射張行成 侍中高季輔 就加增損 書始布下"

(3) ≪周易正義≫의 체제와 내용적 특징

◇ ≪周易正義≫의 체제

≪周易≫의 체제는 크게 古易과 今易으로 구분된다. ≪周易≫은 본래 64卦와 卦辭 및 爻辭로 구성된 것이고, 十翼은 이에 대한 傳으로서 후대에 지어진 것이므로, 애초에 ≪周易≫과 十翼은 각각의 책으로 통용되었다.[4] 이렇게 經과 傳이 분리되어 있는 편집 체제를 古易이라 한다.

明나라 永樂年間(1403~1424)에 찬술된 ≪周易大全≫의 凡例에 따르면, ≪周易≫의 이러한 편집 체제는 西漢의 費直에 의해 처음으로 바뀌었다. 費直은 〈彖傳〉과 〈象傳〉으로 經文을 해석하여 처음으로 두 傳을 經文 뒤에 붙였고, 이후 鄭玄과 王弼이 이를 따라 아예 卦辭와 爻辭 아래에 〈彖傳〉과 〈象傳〉을 잘라 붙이고 乾·坤卦의 〈文言傳〉도 각각의 卦 밑에 붙이고서 '彖曰', '象曰', '文言曰'을 덧붙여 經文과 傳文을 구별하였다. 이러한 방식의 편집본을 今易이라 하는데, ≪周易正義≫가 王弼의 注를 채용하여 이러한 편집 방식을 따름으로써 이후로는 今易의 방식이 주류를 이루었다.

今易과 古易이 보이는 차이는 단순한 편집의 차이가 아니다. ≪周易≫의 기본 성격 등을 어떻게 규정하는가에 따라 서로 다른 편집 체제를 선호하게 되는 것이다. ≪周易≫과 十翼을 분리하여 편집하면 十翼을 가지고 ≪周易≫을 해석하지 않고 ≪周易≫을 占書로서 대하게 된다. 따라서 占書로서의 ≪周易≫의 면모를 드러내고자 할 때에는 經文과 傳文을 별개로 편집하는 방식을 선호하게 되는 것이다.

예컨대 朱子는 卦辭·爻辭를 지은 文王·周公의 뜻과 十翼을 지은 孔子의 뜻을 분명히 구분해야 한다고 보았다. 經文을 해석할 때 十翼의 내용을 따르게 되면, 文王과 周公의 본뜻을 그르치게 된다고 생각한 것이다. 朱子에 따르면, 文王과 孔子의 말씀이 양립 가능하기는 하지만, 즉 둘 다 옳은 것이지만, 서로 다른 체계를 이루고 있는 것들이기 때문에 혼동하거나 호환해서는 안 된다. 이러한 판단 하에 朱子는 ≪周易本義≫를 저술할 때에 古易의 편집방식을 채택하였다.

반면 傳文을 經文과 함께 수록하는 今易의 편집방식은 經文을 해석할 때에 傳文을 적극적으로 이용하게 한다. 이러한 해석은 經文에 대한 도덕적 이해를 가능하게 하는 것으로, ≪周易≫의 義理書적 성격을 부각시키는 일이다. 義理易學의 창시자라 할 수 있는 王弼이 費直의 易을 채택한 것은 費直이 古文을 이용하였기 때문만은 아니다. 費直의 '傳

---

4) 자세한 내용은 본고 2-(3) 참조.

을 가지고 經을 해석〔以傳解經〕'하는 방식이 ≪周易≫ 안에 담겨 있는 철학적 의미를 잘 드러낼 수 있기 때문이었다.

앞에서 약술하였듯이, ≪周易正義≫는 王弼・韓康伯의 注와 孔穎達의 疏로 이루어져 있다. 王弼이 〈繫辭傳〉, 〈說卦傳〉, 〈序卦傳〉, 〈雜卦傳〉에는 注를 내지 않았기 때문에 이 네 傳에 있어서는 韓康伯의 注를 채용한 것이다.

현재 통용되는 ≪周易正義≫는 모두 10권인데, 孔穎達의 〈周易正義序〉에는 14권이라 하였다. 이에 대하여 ≪四庫全書總目提要≫에서는 다음과 같이 설명하고 있다.

> 孔穎達의 序文에는 14권이라고 칭하였으나 ≪舊唐書≫ 〈經籍志〉에는 18권이라 하였고, ≪直齋書錄解題≫에는 13권이라 하였는데, 이 板本은 10권으로 王輔嗣(王弼)와 韓康伯의 注本과 같으니, 아마도 後人이 注本을 따라 합병한 것인 듯하다.[5]

◇ 王弼 注의 내용적 특징

王弼은 字가 輔嗣이며, 삼국시대 魏나라 山陽 高平 사람이다. 魏 文帝 黃初 7년(226)에 태어나서 齊王 嘉平 원년(249)에 죽었다. 王弼의 부친 王業은 尙書郎을 역임하였고, 조부 王凱는 建安七子의 한 사람인 王粲과 친형제였다. 何劭의 〈王弼傳〉[6]에 따르면, 王弼은 어려서부터 지혜로웠고 10여 세에 ≪老子≫를 좋아하였으며 言辯에 능통하였다. 裴徽와 何晏 등에게 깊은 인정을 받아 尙書郎에 등용되기도 하였으나 曹爽이 司馬懿에게 패함으로써 그도 면직되었다. 24세에 병으로 早死하였으며 後嗣가 없다.

저작에는 ≪老子注≫, ≪周易注≫, ≪周易略例≫, ≪論語釋義≫가 있었다. 그중 ≪論語釋義≫는 전하지 않고 皇侃의 ≪論語義疏≫ 및 邢昺의 ≪論語注疏≫에 단편적으로 보일 뿐이다.

王弼은 何晏과 함께 魏・晉 玄學의 시조로 일컬어진다. ≪老子≫와 ≪莊子≫의 철학을 연구하여 玄理를 중심으로 하는 사변적이고 분석적 학풍을 일으켰는데, ≪周易≫도 이러한 관점으로 해석하여 義理易의 전통을 창시하였다.

王弼 이전의 易學은 取象, 卦氣, 卦變, 爻變, 互體, 納甲 등을 사용하여 ≪周易≫을 해

---

5) ≪四庫全書總目提要≫ 〈周易正義〉. "序稱十四卷 唐志作十八卷 書錄解題作十三卷 此本十卷 乃與王韓注本同 殆後人從注本合併歟"

6) ≪三國志≫ 〈魏志 鍾會傳〉의 注에 인용.

석하는 象數易이었다. 取象, 卦變 등의 이론적 장치를 ≪周易≫의 해석에 적용하면, 이에 대한 다양한 해석이 가능해진다. 이 때문에 漢代의 象數易은 ≪周易≫에 대한 풍부한 해석을 남길 수 있었다.

그러나 문제는, 이러한 이론적 장치들이 ≪周易≫ 안에서 나온 것이 아니라 밖에서 끌어들인 것이라는 점이다. 또 이 장치들을 적용함에 있어 어떤 규칙이나 엄밀성을 찾아보기 힘들다는 점도 문제이다. 어떤 경우에는 互體說을 적용하고 어떤 경우에는 卦變說을 적용하였는데, 이 적용은 어떤 규칙도 없이 주석자가 임의로 행하는 것일 뿐이었다.

王弼은 기존 象數易의 전통을 따르지 않았다. 그는 漢代 象數易의 방법을 일소하고 義理를 중심으로 ≪周易≫을 해석하였다. 이를 ≪四庫全書總目提要≫에서는 다음과 같이 서술하였다.

> 易은 본래 卜筮하던 책이다. 그러므로 末流가 점점 讖緯說(圖讖說)로 흘렀는데, 王弼이 이에 따른 지극한 병폐를 공격해서 마침내 漢나라 학자들을 배격하고 스스로 새로운 학문을 표출해내었다.[7)]

義理를 중시하고 象數를 경시한 王弼의 견해는 ≪周易略例≫ 〈明象〉에 분명하게 제시되어 있다.

> 象이란 뜻을 나타내는 것이고, 말은 象을 밝히는 것이다. 뜻을 다하는 데에는 象만 한 것이 없고, 象을 다하는 데에는 말만 한 것이 없다. 말은 象에서 생기므로 말을 연구해서 象을 관찰할 수 있고, 象은 뜻에서 생기므로 象을 연구해서 뜻을 관찰할 수 있다. 뜻은 象으로 다하고 象은 말로 드러난다. 그러므로 말이란 象을 밝히는 것이니 象을 얻으면 말을 잊고, 象이란 뜻을 보존하는 것이니 뜻을 얻으면 象을 잊는다. 이는 마치 올가미는 토끼를 잡는 것이니 토끼를 얻으면 올가미를 잊고, 통발은 물고기를 잡는 것이니 물고기를 얻으면 통발을 잊는 것과 같다. 그렇다면 말은 象의 올가미이고, 象은 뜻의 통발이다. 이 때문에 말을 보존한 자는 象을 얻은 자가 아니고, 象을 보존한 자는 뜻을 얻은 자가 아닌 것이다.[8)]

---

7) ≪四庫全書總目提要≫ 〈周易正義〉. "易 本卜筮之書 故末派寖流於讖緯 王弼乘其極敝而攻之 遂能排擊漢儒 自標新學"

8) ≪周易略例≫ 〈明象〉. "夫象者 出意者也 言者 明象者也 盡意 莫若象 盡象 莫若言 言生於象 故

위의 비유는 ≪莊子≫ 〈外物篇〉의 '得意而忘言'의 비유를 차용한 것이다. 王弼은 義理를 가장 본질적인 것으로 보고, 말이나 象은 이를 드러내기 위한 도구로 보았다. 따라서 본질을 얻으면 도구는 버릴 수 있다는 의미로 '得意忘象'을 주장한 것이다. 물론 王弼이 象을 불필요한 것이라고 한 것은 아니다. 다만 象에 집착하면 本末이 전도되어 뜻을 얻는 데에 장애가 될 수 있으므로 象에 구애되어서는 안 됨을 말한 것이다. 여기에는 象을 중시하는 象數易에 대한 비판도 담겨 있다. 象數家들은 번쇄한 象에 구애되어 근본을 잃었다는 것이다.

王弼의 ≪周易注≫에는 이러한 得意忘象의 철학이 투철하게 반영되어 있다. 예컨대 震卦䷲의 卦辭 "震來虩虩"에 대하여 注를 내기를, "震의 뜻은 위엄이 지극한 후에 비로소 두려워하는 것이다. 그러므로 '震來'라고 한 것이다."라고 하여 우레〔雷〕는 전혀 언급하지 않았다. 또 渙卦䷺의 〈彖傳〉 "大川을 건넘이 이로움은 나무를 타서 功이 있는 것이다.〔利涉大川 乘木 有功也〕"에 대하여 注를 내기를, "乘木은 바로 어려움을 건너는 것이다. 나무는 오직 물을 건너는 수단이다. 어려움을 건너면서 항상 渙의 방도를 사용하면 반드시 功이 있는 것이다.〔乘木卽涉難也 木者 專所以涉川也 涉難而常用渙道 必有功也〕"라고 하여, '乘木'을 나무배를 탄 象이 아닌 '어려움을 건넘'의 意로 해석하였다. 이에 대해서는 오히려 孔穎達이,

> 先儒들은 모두 이 卦가 坎이 아래이고 巽이 위여서 물 위에 나무를 타고 川을 건너는 象이 되므로 '乘木有功'이라고 말한 것이라고 하였는데, 王輔嗣는 象을 쓰지 않고 오로지 비유의 뜻을 취하였다. 그러므로 이것을 말하여 기록한다.9)

하여, 王弼이 象을 말하지 않은 것을 보충하였다.

王弼 ≪周易注≫의 또 다른 특징은 簡易함을 추구한 점이다. 老莊을 중심으로 하는 玄學은 본래 無爲를 강조하고 簡易함을 숭상한다. 王弼의 이러한 학문적 경향은 ≪周易≫을 해석하는 데에도 그대로 적용되었다. 그가 번쇄한 象數를 배척하고 簡明한 義理를 추구한 것이 이러한 특징을 반영하는 것이다. ≪老子注≫와 마찬가지로 ≪周易注≫도 주석

可尋言以觀象 象生於意 故可尋象以觀意 意以象盡 象以言著 故言者所以明象 得象而忘言 象者所以存意 得意而忘象 猶蹄者所以在兔 得兔而忘蹄 筌者所以在魚 得魚而忘筌也 然則言者象之蹄也 象者意之筌也 是故 存言者 非得象者也 存象者 非得意者也"

9) ≪周易正義≫ 渙卦 孔穎達 疏. "先儒皆以此卦坎下巽上 以爲乘木水上 涉川之象 故言乘木有功 王不用象 直取況喩之義 故言此以序之也"

의 양이 적은데, 이 역시 簡易함을 추구하는 王弼의 학문적 성향이 반영된 것이라 할 수 있다.

王弼은 복잡한 象數로부터 벗어나 ≪周易≫을 통해 사물의 보편적 법칙을 발견하고자 하였다. 기존의 易學이 象數에 얽매여 간이한 원리를 소홀히 했던 경향을 뒤집어 의리를 가지고 의리를 탐구하는 새로운 易學을 창시한 것이다. 王弼의 이러한 새로운 易學은 讖緯說과 미신에 빠져들던 易學을 보편적 학문으로 자리하게 하는 원동력을 제공하고, 번쇄한 象數에 가려져 있던 易의 義理를 발양하였다는 의의를 갖는다.

그러나 의리만을 중시한 王弼의 易學 역시 비판을 면치 못하는 점이 있는데, 먼저 지적할 수 있는 것은 象을 단순히 비유나 도구 정도로 경시하였다는 점이다. 朱子는 王弼이 ≪周易略例≫ 〈明象〉에서 "爻가 만일 順이어야 한다면 하필 坤이어야 소가 되겠는가. 뜻이 만약 健이어야 한다면 하필 乾이어야 말이 되겠는가."라고 한 것에 대하여 이렇게 말하였다.

> 그 뜻을 관찰하면, 또 다만 易에서 象을 취한 것을 다시는 유래한 바가 없어서 다만 詩의 比·興과 孟子의 비유와 같이 여길 뿐인 듯하니, 이와 같다면 〈說卦傳〉을 지은 것이 易과 관계되는 바가 없고, 〈繫辭傳〉의 '가까이는 몸에서 취하고 멀리는 물건에서 취했다.'는 것도 쓸데없는 말이 된다. 그러므로 그 말이 또한 미진함이 있는 듯하다.……진실로 굳이 그 象의 유래를 깊이 찾을 것이 없으나 또한 假設했다고 생각하여 대번에 잊고자 해서도 안 될 것이다.[10)]

〈繫辭傳〉에 "聖人이 象을 세워 뜻을 다하였다." 하였는바, 王弼의 말처럼 象이 뜻을 드러내는 것임은 맞다. 그러나 뜻을 얻었다 하여 象을 버려야 하는 것은 아니다. 易에 있어서 象은 詩의 비유처럼 우연적인 것이 아니라 유래가 있는 것이므로 경시할 수 없기 때문이다. 王弼의 得意忘象說도 치우친 바가 없다고 할 수 없을 것이다.

茶山은 그 자신이 推移(卦變), 爻變, 互體, 物象을 ≪周易≫ 해석의 4대 방법론으로 제시하고 있는 만큼, 이를 모두 사용하지 않은 王弼을 '孟浪하다'고 비판하였으며,[11)] 玄學

---

10) ≪周易傳義≫ 〈易說綱領〉. "觀其意 又似直以易之取象 無復有所自來 但如詩之比興 孟子之譬喩而已 如此 則是說卦之作 爲无所與於易 而近取諸身 遠取諸物者 亦剩語矣 故疑其說亦若有未盡者……固不必深求其象之所自來 然亦不可謂假設而遽欲忘之也"

11) ≪與猶堂全書≫ 〈易學緖言 鄭康成易註論 鄭康成易〉. "鄭王二家 皆不言卦變爻變 將無同矣 然

으로 ≪周易≫을 해석한 것에 대해서도 "진실로 異端을 물리칠 생각을 가진 자는 반드시 王弼의 ≪周易注≫로부터 시작해야 한다."12)고 강하게 비판하였다.

◇ 韓康伯 注의 내용적 특징

韓康伯은 이름이 伯이고 字가 康伯인데, 字로 행세하였으며, 潁川 長社 사람이다. ≪晉書≫에 〈韓伯傳〉이 있으나 기록이 자세하지 않다. 생몰년 또한 미상인데, 余嘉錫이 ≪建康實錄≫을 가지고, 韓康伯이 東晉 成帝 咸和 7년(332)에 태어나서 孝武帝 太元 5년(380)에 죽었다고 고증한 바 있다.13)

韓康伯은 王弼이 注解하지 않은 〈繫辭傳〉, 〈說卦傳〉, 〈序卦傳〉, 〈雜卦傳〉에 注를 내었고, 이것이 ≪周易正義≫에 注로 채택되었다. 韓康伯의 注는 王弼의 易學을 충실히 계승하고 있는데, 이 때문인지 韓康伯이 王弼의 親傳弟子라고 주장한 이들이 많다. 이러한 주장은 아마도 孔穎達이 ≪周易正義≫ 疏에서 "韓氏는 王弼에게 직접 受業하여 王弼의 뜻을 계승하였다.〔韓氏親受業於王弼 承王弼之旨〕"라고 한 것에 기인한 듯하다. 그러나 생몰년의 차이로 볼 때, 韓康伯이 王弼에게 직접 수학했을 가능성은 없다. 다만 韓康伯의 易學이 王弼을 충실히 계승한 것임은 분명하다.

韓康伯은 王弼과 마찬가지로 義理를 중심으로 ≪周易≫을 해석하였다. 그가 義理를 표방하고 象數를 폐기한 곳은 한두 군데가 아니다. 예컨대 그는 取象說의 근거가 되는 〈說卦傳〉의 "乾은 말이 되고, 坤은 소가 된다……."고 한 부분은 注를 내지 않았다. 반면 取意를 말한 〈序卦傳〉에는 빠짐없이 注를 내었다.

玄學의 논리를 가지고 ≪周易≫을 해석하였다는 점도 韓康伯이 王弼을 계승한 점의 하나이다. 오히려 이 점에 있어서는 王弼보다 더욱 적극적이었다고 평가할 수 있을 것이다. 그는 坐忘이나 無欲以觀其妙 등 老莊의 원문을 차용하기도 하고 '老子曰'이라고 직접 인용하기까지 하였으며, 玄學의 有無本末論을 더욱 분명히 천명하였다. 이는 〈繫辭傳〉의 "一陰一陽之謂道"의 注에 분명히 드러나는바, 그 내용은 다음과 같다.

鄭氏猶用物象互體 王氏竝二者而廢之 益孟浪矣"

≪與猶堂全書≫〈易學緖言 王輔嗣易注論 王輔嗣易注〉. "王氏之易 不唯卦象全缺 竝與字句詁訓 絶無可攷 訓柅曰柅者制動之主 訓杞曰杞者生於肥地 訓莧陸曰莧陸柔脆之草 自有箋注以來無此孟浪"

12) ≪與猶堂全書≫〈易學緖言 韓康伯玄談考 百姓日用而不知〉. "誠有闢異之意者 必自易注始也"

13) 廖名春·康學偉·梁韋弦 著, 심경호 역, ≪周易哲學史≫(예문서원, 1994), 303쪽.

> 道란 무엇인가? 无의 칭호이다. 통하지 않는 것이 없고 말미암지 않는 것이 없으니, 이를 비유하여 道라고 하는 것이다. 寂然히 形體가 없어 형용할 수 없다. 有의 작용이 極에 이르면 无의 공효가 드러난다. 그러므로 '神은 일정한 方所가 없고 易은 정해진 體가 없음'에 이르러 道를 볼 수 있는 것이다. 그러므로 변화를 궁구하여 神의 妙理를 다하고, 神의 妙理를 인하여 道를 밝히는 것이다. 陰과 陽이 비록 다르지만 无는 하나로서 陰과 陽을 상대하니, 陰에 있어서는 无陰이 되어 陰이 이것을 통해 생기고, 陽에 있어서는 无陽이 되어 陽이 이것을 통해 이루어진다. 그러므로 '一陰一陽'이라고 한 것이다.14)

韓康伯은 '一陰一陽'을 '한 번 陰하고 한 번 陽하는 것'으로 보지 않고 '一陰과 一陽'으로 본 것이며, 이 一이 곧 无이고 道라고 주장한 것인바, 无를 모든 존재의 근원으로 보는 玄學의 사유를 여기에서 읽을 수 있다. 문제는, 과연 이러한 玄學의 형이상학이 ≪周易≫의 본뜻과 세계관을 제대로 해설하는 것인가 하는 점이다.

≪周易≫에서 존재의 근원으로 상정한 太極은 상대가 없는 一者이기는 하지만 无라고 칭할 수는 없다. 韓康伯의 易學이 王弼의 義理易을 계승하고 심화한 측면은 있으나, 과연 ≪周易≫의 본뜻을 드러내는 해설서로서 적절한가 하는 점에 있어서는 문제를 제기할 수 있다. 王弼과 韓康伯은 象數學의 자의성을 제거하고 ≪周易≫으로부터 보편적 법칙을 도출해내고자 義理를 중시하였으나, ≪周易≫을 해석하는 데에 적용한 玄學의 義理가 ≪周易≫의 본뜻에 부합하는 것인지는 논란의 여지가 있기 때문에, 王弼과 韓康伯 역시 해석의 자의성에 대한 지적을 면치 못하였다.

◇ 孔穎達 疏의 내용적 특징

孔穎達은 字가 沖遠으로, 冀州 衡水 사람이다. 孔子의 32대손으로, 北周 武帝 建德 3년(574)에 태어나서 唐 太宗 貞觀 22년(648)에 죽었다. 어린 나이에 학문에 뜻을 두고 劉灼에게서 수학하였으며, 특히 五經에 밝았다. 唐代에 國子司業・國子祭酒 등을 역임하였고 죽은 뒤에 太常卿에 추증되었다. 唐代의 가장 저명한 經學家로서, ≪五經正義≫를 편찬하였으며 ≪隋史≫의 修撰에 참여하였다.

---

14) ≪周易正義≫〈繫辭傳〉韓康伯 注. "道者何 无之稱也 无不通也 无不由也 況之曰道 寂然无體 不可爲象 必有之用極 而无之功顯 故至乎神无方而易无體 而道可見矣 故窮變以盡神 因神以明道 陰陽雖殊 无一以待之 在陰爲无陰 陰以之生 在陽爲无陽 陽以之成 故曰一陰一陽也"

≪周易正義≫의 疏는 철저히 '疏는 注를 깨뜨리지 않는다.〔疏不破注〕'는 원칙을 지켜 王弼과 韓康伯의 注를 疏通하고 해석하였다. 이 과정에서 漢代의 緯書나 ≪子夏易傳≫의 말, 鄭玄 등 先儒의 說을 선택적으로 채용하기도 하였으나, 이 역시 王弼의 注를 기준으로 是非를 판단하였다.

孔穎達의 疏가 王弼과 韓康伯의 注를 충실하게 따르고 있다는 것은 의심의 여지가 없지만, 여기에 매몰되지도 않았다는 점 역시 주목할 만하다. 孔穎達은 注에서 충분히 발명하지 못한 뜻이 있으면 疏에서 그것을 보충하는 방법을 택하였다. 이는 주로 注가 象을 홀시하여 象에 대하여 전혀 언급하지 않은 것에 대한 보충이었다. 위에서 언급한 渙卦의 〈象傳〉이 그 예이다.

坤卦의 初六 爻辭에 대한 疏에서는 "무릇 易은 象이니, 物象을 가지고 사람의 일을 밝힌 것은 詩의 비유와 같다.……聖人의 뜻은 象을 취할 수 있는 것은 象을 취하고, 사람의 일을 취할 수 있는 것은 사람의 일을 취하였다."라고 하여 取象도 경시하지 않는 태도를 취하였다. 이는 분명히 取意만을 중시한 王弼과 韓康伯을 뛰어넘는 견해이다. 孔穎達은 取意와 取象을 병행함으로써 새로운 易學의 길을 연 것이다.

그러나 이 역시 실책이 없는 것은 아니다. '疏不破注'의 원칙을 따르다 보니 王弼과 韓康伯의 注가 가진 문제, 예컨대 ≪周易≫의 본뜻을 살리지 못하고 자의적으로 해석한다는 문제를 답습한 면이 있다. 또 '疏不破注'의 원칙을 따르면서도 取象說을 병용하여 전체적으로 논리가 통일되지 못하는 문제가 생기기도 하였다.

易學史의 측면에서 보면, ≪周易正義≫에 王弼의 注가 채택됨으로써 王弼 외의 주석은 대부분 폐기되고 말았다는 점이 아쉬움으로 지적될 수 있을 것이다. 특히 鄭玄의 易學은 ≪周易正義≫가 편찬되기 전에는 王弼의 易學과 대등한 권위를 유지하고 있었는데, ≪周易正義≫ 편찬 후에 힘을 잃고 그 책마저 逸失되었다. 唐의 학자들이 과거에 급제하기 위해서는 반드시 ≪周易正義≫를 표준으로 하여 공부해야 했기에 그 밖의 說이 폐해지게 된 것이니, 이를 孔穎達의 책임으로 돌릴 수는 없는 일이다. 唐 이전 易學家들의 글은 현재 남아 있는 것이 거의 없어, 孔穎達이 ≪周易正義≫에서 인용한 逸文들이 唐 이전의 易學을 연구하는 데 더없이 귀중한 자료로 활용되고 있다.

(4) ≪周易正義≫가 우리나라에 전래된 시기와 끼친 영향

≪周易正義≫가 우리나라에 전래된 정확한 경로나 시기에 대한 기록은 없다. 다만 唐나라와 빈번한 교류를 하던 삼국시대에 ≪周易正義≫를 비롯한 ≪五經正義≫가 전래되

었을 것이라고 짐작할 수 있을 뿐이다. ≪太平廣記≫에, 王弼의 ≪周易略例≫에 注를 단 邢璹가 사신으로 신라에 다녀간 사실이 기록되어 있는 것은 매우 흥미롭다.

고려 말부터는 성리학이 부동의 권위를 누리게 되었고, 易學 역시 程朱의 易學이 학계를 주도하였다. ≪周易≫의 주석서라면 당연히 程朱의 ≪周易傳義≫를 칭하는 것이었고, ≪周易≫을 연구하거나 새로운 주석을 쓸 때에도 ≪周易傳義≫를 기본으로 하는 것이 당연했다. ≪周易≫을 깊이 있게 연구하는 사람이라면 ≪周易正義≫를 참고할 수도 있겠으나, 그것 자체가 연구의 대상이 되거나 학습의 교재가 되지는 못하였다. 숙종, 영조 때의 학자인 陶谷 李宜顯은 ≪周易正義≫를 포함한 十三經注疏에 대하여 다음과 같이 평가한 바 있다.

> 朱子가 傳과 註를 지은 이후로 여러 說들이 모두 폐기되었다. 지금 보건대, 舊註(十三經注疏)가 비록 엉성하고 잘못되고 잡박한 부분이 많지만 옛날과의 거리가 가깝고 그 해석한 내용이 또한 자못 經에 근거한 것이 많으니, 전부 쓸어버려서는 안 된다. 나의 집에 이 책을 보관하고 있어 經書를 읽을 때에 간간이 가져다가 참고해보니, 朱子의 註說이 깨뜨려도 깨뜨려지지 않는 것임을 더욱 믿겠고, 또 多聞에 보탬이 되고 식견을 넓힐 수 있다.[15)]

이 말이 조선 학자들이 ≪周易正義≫를 대했던 일반적 입장을 대변하는 것이라 하겠다. ≪周易正義≫에 대해서 적극적으로 비판을 가한 사람은 茶山이다. 그는 漢代까지의 象數易學을 추존하여 ≪周易正義≫가 담고 있는 義理易을 거세게 비판하였다. 그의 비판은 ≪易學緖言≫의 〈漢魏遺義論〉, 〈王輔嗣易注論〉, 〈韓康伯玄談考〉 세 편에서 볼 수 있다. 비판은 대체로 ≪周易≫ 해석에 象數를 사용하지 않은 점, 異端인 老莊 사상으로 ≪周易≫을 해석한 점에 초점이 맞추어져 있고, 字句의 오류와 訓詁의 자의성 등도 지적하고 있다. ≪周易正義≫에 대한 茶山의 평가는 다음의 말로 정리할 수 있을 것이다.

> 斯文이 불행하여 王弼이란 자가 나와서, 사사로운 생각과 작은 지혜로 百家를 소탕해버렸다. 이에 商瞿 이래로 서로 계승하고 서로 전하던 학설이 모두 없어졌다.

---

15) ≪陶谷集≫ 〈陶峽叢說〉. "自朱子作傳註以後 諸說盡廢 以今見之 舊註雖多疎謬踳駁 而去古爲近 其所解釋 亦頗有經據要 不可一切掃去之也 余家藏此書 讀經書時 間取而參驗之 益信朱子註說之攧撲不破 而亦可以資多聞而廣知見矣"

卦變과 爻變, 互體와 物象, 交易과 變易, 反對와 牉合을 모두 없애 여러 갈래의 묘한 길을 막고, 탁한 원천을 열어 은밀히 玄虛沖漠의 학설을 세상에 퍼뜨리니, 온 세상이 혼탁해져서 이를 받들어 지극한 학설이라고 여긴다. 어찌 탄식하지 않겠는가.[16]

孔穎達의 깊은 학식은 王弼의 비루함을 충분히 알 수 있었는데, 이제 이를 撰定하여 疏를 지은 까닭으로 王弼을 추존하여 "유독 고금에 으뜸이다."[17]라고까지 하였으니, 어찌 그리도 잘못되었는가. ≪周易集解≫에 나열된 36家가 비록 서로 得失은 있겠지만 王弼의 易에 비교한다면 모두 높이 받들 만한 것들이다. 아, 어찌하여 이렇게 된 것인가.[18]

2. ≪周易≫에 대하여

(1) 易의 명칭과 뜻

◇ 簡易(이)·變易·不易

≪周易≫은 易經 혹은 易이라고도 한다. 易에는 簡易·變易·不易의 세 가지 뜻이 있다고 하는바, 이는 ≪乾鑿度≫ 등의 緯書와 鄭玄, 孔穎達 등의 경학가에 의해 천명되었다.

첫째, 簡易란 알기 쉽고 따르기 쉽다는 것이다. 〈繫辭傳〉에 "乾은 쉬움으로써 만물을 냄을 주관하고 坤은 간략함으로써 만물을 이룬다. 쉬우면 알기 쉽고 간략하면 따르기 쉽다."[19] 하였다. 易의 중심이 되는 乾·坤 두 卦는 자연으로 보면 하늘과 땅을 상징하고, 人事로 보면 아버지와 어머니를 상징하며, 추상적 성질로 보면 陽과 陰을 상징한다. 易은 이 두 축을 기본으로 하여 천지 만물을 설명하기 때문에 그 설명이 이해하기 쉽고 또 실천하기 쉽다. 복잡한 세계를 乾·坤 두 개의 범주로써 풀어낸 易 철학은 그 簡易함이 특

---

16) ≪與猶堂全書≫〈易學緖言 李鼎祚集解論〉. "斯文不幸 有所謂王弼者起 以私意小智 埽蕩百家 凡自商瞿以來相承相傳之說 盡行殄滅 滅卦變 滅爻變 滅互體 滅物象 滅交易變易 滅反對牉合 塞衆妙之竇 開純濁之源 以陰售其玄虛沖漠之學 而擧世混混 奉爲至言 豈不嗟哉"

17) 孔穎達, 〈周易正義序〉.

18) ≪與猶堂全書≫〈易學緖言 漢魏遺義論 漢魏諸家說〉. "孔氏邃學 足知王氏之陋 而今以撰疏之故 推尊王氏 至謂之獨冠古今 何其謬也 集解所列三十六家 雖胥有得失 而較諸王氏之易 皆足以臥於樓上 嗚呼 是何說也"

19) ≪周易≫〈繫辭傳〉. "乾以易知 坤以簡能 易則易知 簡則易從"

징이자 장점이라 하겠다.

둘째, 變易이란 잠시도 변화를 멈추지 않는 삼라만상의 세계를 말한 것이다. 日月은 한순간도 쉬지 않고 운행하며 뭇 생명들도 쉼 없이 生死 두 점 사이를 유행한다. 우주의 모든 것이 잠시도 멈춰 있지 않은 것, 이것이 易이 담고 있는 우주의 象이다. 이를 〈繫辭傳〉에서는 "≪周易≫의 道는 자주 옮기니, 변동하여 머물지 않아 여섯 빈 자리에 두루 흐른다. 그리하여 오르내림이 無常하고 剛柔가 서로 交易하여 典要(일정한 법칙)로 삼을 수 없고 오직 변화하여 나아가는 바대로 한다."[20]라고 표현하였다.

셋째, 不易이란, 그럼에도 불구하고 바뀌지 않는 眞理(太極)가 있다는 말이다. 日月이 운행하고 四時가 流行하는 사실 자체는 변하지 않는다. 다시 말해 만상은 변화하지만 그 변화의 법칙은 변하지 않는다는 것이다. 이것이 易 속에 담겨 있는 不易의 이치이다.

◇ 易字의 뜻

易字의 구성과 뜻에 대해서 여러 가지 說이 있는데, 그중 가장 일반적인 것은 蜥蜴說(석척설)과 日月說이다.

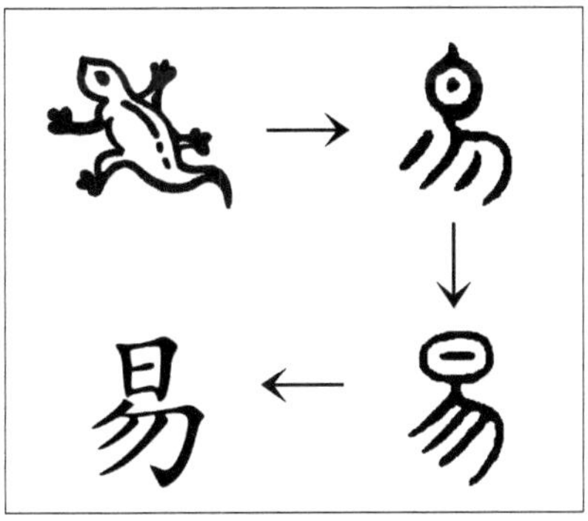

〈蜥蜴說〉

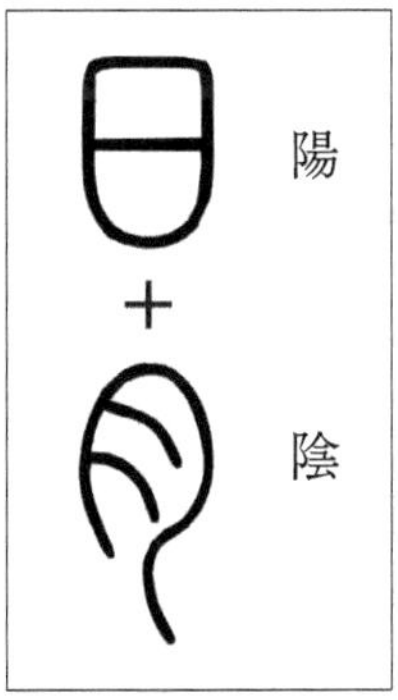

〈日月說〉

≪說文解字≫에 "易은 蜥蜴, 蝘蜓(언전), 守宮으로, 상형자이다. 秘書에 '해와 달을 합하여 이루어진 글자가 易이니 陰陽을 형상한 것이다.' 했다."[21] 하였다. 蜥蜴은 일명 蝘蜓, 守宮으로, 도마뱀이라 訓하지만 정확히 표현하면 카멜레온이다. 易字의 윗부분 日은 카멜레온의 머리이고 口안의 점은 눈을 상징하며, 아랫부분 勿은 카멜레온의 몸체와 발

20) ≪周易≫ 〈繫辭傳〉. "爲道也屢遷 變動不居 周流六虛 上下无常 剛柔相易 不可爲典要 唯變所適"

21) ≪說文解字≫. "易 蜥蜴蝘蜓守宮也 象形 秘書說日月爲易 象陰陽也"

을 상형한다는 것이다. 카멜레온이 주위환경에 따라 자신의 피부색깔을 수시로 변화시키는 것에 착안한 것이다.

日月說은 '易'字가 '日'자와 '月'자의 會意文字라고 본 것이다. 易은 陽을 상징하는 日과 陰을 상징하는 月이 상하로 결합한 會意文字라는 것인데, 易을 變易, 交易, 博易의 뜻으로 볼 때 日月說은 ≪周易≫에서 理想으로 여기는 것을 가장 바르게 표명한 설명이라고 할 수 있다.

(2) ≪周易≫의 명칭과 뜻

≪周易≫은 ≪易經≫ 또는 ≪易≫이라 약칭하는데, 그 작자에 대해서는 여러 異說이 있지만 일반적으로 周나라 때 만들어진 것으로 보는 견해가 많으며, ≪周易≫의 '周' 역시 왕조의 이름을 가리키는 것으로 보는 견해가 많다.

고대 중국에는 몇 종류의 易이 있었던 것으로 알려져 있다. ≪周禮≫ 〈春官 太卜〉에 "太卜의 직책은 三易의 법을 주관한다."라고 하였는데, 이 三易은 連山·歸藏·周易을 가리킨다. 일반적으로 連山은 夏나라의 易, 歸藏은 殷나라의 易이라 하는데 모두 전하지 않아서 그 내용을 알 수 없다. 다만 그 명칭으로 보아 ≪周易≫이 乾卦를 首卦로 함에 비하여, 連山은 산을 의미하는 艮卦를, 歸藏은 坤卦를 첫 번째로 하였을 것으로 추측할 뿐이다.

鄭玄은 "夏나라의 易을 連山이라 하고, 殷나라의 易을 歸藏이라 하고, 周나라의 易을 周易이라 한다. 連山은 山에서 구름이 나옴이 계속 이어져서 끊어지지 않음을 형상한 것이고, 歸藏은 萬物이 그 가운데로 돌아가 감추지 않음이 없는 것이고, 周易은 易의 道가 두루 넓어서 구비하지 않음이 없음을 말한 것이다."[22] 하여, ≪周易≫을 周나라의 易이라고 하면서도 '周'를 왕조의 이름으로 보지 않고 周普(두루 함)의 의미로 보았다. 이에 대하여 孔穎達은 〈周易正義序〉에서,

> 살펴보건대, ≪世譜≫ 등의 여러 책에 神農을 한편으로는 連山氏라 하고 또한 列山氏라 하였으며, 黃帝를 한편으로는 歸藏氏라 하였으니, 이미 連山과 歸藏이 모두 왕조의 칭호이면 ≪周易≫에 周를 칭함은 周나라 岐陽(岐山의 남쪽)의 지명을 취한 것으로, ≪毛詩≫에 '周나라 언덕이 아름답다.'는 것이 이것이다.[23]

22) ≪周易鄭康成注≫ 〈易贊 易論〉. "夏曰連山 殷曰歸藏 周曰周易 連山者 象山之出雲 連連不絶 歸藏者 莫不歸藏于其中 周易者 言易道周普 无所不備"

23) 孔穎達, 〈周易正義序〉. "案世譜等群書 神農 一曰連山氏 亦曰列山氏 黃帝 一曰歸藏氏 旣連山

하여 반박하였다. 朱子 역시 "周는 왕조의 이름이고 易은 책의 이름이다.〔周 代名也 易 書名也〕" 하였다.

(3) ≪周易≫의 구성 및 작자

◇ 經과 傳

≪周易≫은 卦·卦辭·爻辭 및 十翼으로 구성되어 있다. 그중 卦·卦辭·爻辭는 經에 해당하고, 十翼은 이것들을 부연설명한 해석서로서 傳에 해당한다.

卦에 나타나는 象을 따라 각각의 卦에는 卦名이 있는데, 卦辭는 이러한 卦象과 卦名을 해석하여 한 卦의 吉凶禍福을 단정한 것이다. 주로 陰陽의 消長과 剛柔의 德을 가지고 人事에 견주어 吉凶을 서술하였다. 卦辭는 彖辭라고도 하는데, 彖이라는 글자는 돼지가 돌진하는 형상을 나타낸 것으로 결정·결단의 의미가 있기 때문이다. ≪春秋左氏傳≫에서는 繇辭(주사)라 하기도 하였다.

卦를 구성하는 6개의 爻에는 각각 爻辭가 달려 있는데 爻辭는 각 爻가 갖는 剛柔의 才質뿐만 아니라 점유하고 있는 위치 및 시간적 개념, 다른 爻와의 상관성 등과 관련하여 한 爻의 吉凶을 서술하고 있다.

孔子의 저작으로 알려진 十翼은 ≪周易≫의 經을 해설한 주석서이다. 漢代에는 ≪易傳≫이라 칭하였는데, 다른 주석서와의 차이를 두기 위하여 十翼이라는 이름이 붙여졌다. 十翼의 명칭은 漢代의 緯書인 ≪乾鑿度≫로부터 비롯되었다. 翼은 羽翼한다는 뜻으로, 經의 내용을 부연설명함을 의미한다. 이때에 벌써 經文 上·下篇과 十翼을 합하여 12篇으로 구성된 ≪易經≫이 통행되었으니, 十翼이 經의 지위를 차지한 역사도 상당히 오래된 것이다.

◇ 十翼

十翼은 〈彖傳〉 上·下, 〈象傳〉 上·下, 〈繫辭傳〉 上·下 및 〈文言傳〉, 〈說卦傳〉, 〈序卦傳〉, 〈雜卦傳〉의 7종 10편으로 이루어져 있다.

〈彖傳〉은 卦象을 통해 卦名과 卦辭, 한 卦의 전체적 의의를 해석한 것으로 64卦 모두에 있다. 經文에 따라 上·下篇으로 나뉘어져 있다.

〈象傳〉은 卦 전체의 의의를 해설한 大象과 爻辭를 해설한 小象으로 이루어져 있다. 마

歸藏 竝是代號 則周易稱周 取岐陽地名 毛詩云 周原膴膴 是也"

찬가지로 64卦 모두에 달려 있으며, 經文에 따라 上·下篇으로 나뉘어져 있다. 大象은, 대체로, 먼저 그 卦를 이루고 있는 上卦와 下卦의 象을 설명하고 이것으로부터 도덕 정치상의 의리를 서술하고 있다. 예를 들어 履卦☰를 보면, "위는 하늘이고 아래는 못인 것이 履卦이니, 君子가 이것을 보고서 上下를 분별하여 백성들의 마음을 안정시킨다.〔上天下澤履 君子以 辯上下 定民志〕" 하였다. 여기에서도 먼저 乾卦와 兌卦로 이루어져 있는 卦象을 설명하고, 뒤에 이를 통해 도출할 수 있는 도덕적 실천에 대하여 서술하였는바, 大象의 글은 대부분 이러한 구조로 이루어져 있다. 小象은 爻辭가 성립하는 근거나 원인을 밝힌 것이 대부분이다.

〈文言傳〉은 오직 乾卦와 坤卦에만 있는데, 文言이란 문식하여 해설한다는 뜻이다. 乾·坤 두 卦의 卦辭와 爻辭를 풀이하면서 도덕적인 실천의 의의를 강조하였는데, 특히 乾卦에 그 내용이 자세하다.

十翼 가운데 철학성이 가장 돋보이는 〈繫辭傳〉은 ≪易經≫의 성립 근거와 그 기능, 經文의 해석법, 우주발생론, 존재론 등을 담고 있는바, 그 성격이 총론서에 가깝다고 할 수 있다. 孔穎達은 上篇을 12장, 下篇을 9장으로 나누었는데, 朱子는 上·下篇 모두를 12장으로 나누었다.

〈說卦傳〉은 내용상 두 부분으로 나눌 수 있는데, 전반부에서는 ≪周易≫의 구성 원리를 총론하고 있고, 후반부에서는 八卦의 象 131종을 서술하고 있다. 이러한 차이로 인해 전반부를 〈繫辭傳〉의 글로 보는 견해도 있다.

〈序卦傳〉은 64卦의 배열 순서를 설명한 글이다. ≪周易≫의 卦 배열은 일정한 법칙을 찾기가 어려운데, 〈序卦傳〉에서는 이를 만물의 생성과 인간의 삶에 연관하여 설명하고 있다.

〈雜卦傳〉의 雜卦는 64卦의 순서를 잡다하게 뒤섞어 설명한다는 의미이다. 64卦의 배열순서와 상관없이 의미상 상반되는 두 卦 혹은 세 卦씩을 짝지어 그 의미를 논하고 있다. 짝을 이루고 있는 구절은 같은 韻이어서 암송하기 편하게 되어 있다. 〈彖傳〉과 〈象傳〉도 대체로 韻이 맞다.

◇ ≪周易≫의 작자

모든 고전이 그렇듯, ≪周易≫의 작자에 대해서도 異說이 분분하다. 그러나 일반적으로 伏羲氏의 畫易, 文王·周公의 作易, 孔子의 贊易 단계, 즉 네 聖人의 세 단계를 거쳐 ≪周易≫이 이루어졌을 것으로 본다. 伏羲氏가 八卦와 64卦를 긋고, 文王이 卦辭를 짓고, 周公이 爻辭를 짓고, 孔子가 十翼을 지었다는 것이다. 孔穎達은 ≪周易正義≫ 卷第一

(首卷)의 〈論重卦之人〉, 〈論卦辭爻辭誰作〉, 〈論夫子十翼〉에서 ≪周易≫의 작자에 대한 위와 같은 견해를 표명하였는바, 이는 程伊川・朱子와도 일치한다.

伏羲氏 文王 周公 孔子

≪周易≫의 작자에 대한 논쟁은 특히 十翼과 孔子 사이의 관계를 중심으로 전개되었는데, 그 관점은 대략 네 가지이다.

첫째, 十翼을 모두 孔子의 저작으로 보는 견해이다. 그 대표자는 班固, 鄭玄, 孔穎達, 朱子 등이다. 孔穎達은 〈論夫子十翼〉에서 "〈彖傳〉과 〈象傳〉 등 十翼의 글은 孔子가 지은 것이라 하여 先儒들이 다시 異論이 없다."[24]라고 하였는바, 孔穎達 당시까지만 해도 十翼을 孔子의 저작으로 여기는 견해가 지배적이었던 것이다.

둘째, 十翼 중 〈彖傳〉과 〈象傳〉만 孔子가 지었고 나머지는 제자나 후학들이 지었다고 보는 견해이다. 대표자로는 宋의 歐陽脩 등이 있다.

셋째, 十翼은 결코 孔子의 저작이 아니며 戰國 중기나 말기 혹은 西漢 昭帝・宣帝 때, 심지어 그 뒤에 나왔다고 보는 견해이다.

넷째, 十翼이 기본적으로 孔子의 저작이기는 하나 이 가운데는 門人들이 孔子의 강술을 기록한 부분도 있고 후대 사람이 함부로 끼워놓은 부분도 있다고 보는 견해이다. 근래의 학자들은 이 네 번째 說을 많이 취하고 있다.

3. ≪周易≫의 원리와 용어

(1) 卦의 생성과 太極

〈繫辭傳〉에 "易에는 太極이 있으니, 이것이 兩儀를 낳고 兩儀가 四象을 낳고 四象이 八

24) 孔穎達, 〈第六 論夫子十翼〉. "彖象等十翼之辭 以爲孔子所作 先儒更无異論"

卦를 낳았다."[25] 하였다. 이는 우주 생성에 대한 설명이자 易의 원리에 대한 설명이다. 이 설명에 따르면, 태초의 우주는 太極으로부터 발생하여 兩儀, 四象, 八卦로 분화되고 이러한 분화과정이 진행됨에 따라 만물이 생성된다. 太極 → 兩儀 → 四象 → 八卦로의 분화과정은 다음과 같다.

순서	1	2	3	4	5	6	7	8
八卦	乾	兌	離	震	巽	坎	艮	坤
	☰	☱	☲	☳	☴	☵	☶	☷
四象	老陽		少陰		少陽		老陰	
	⚌		⚍		⚎		⚏	
兩儀	陽				陰			
	⚊				⚋			
太極	☯							

太極은 철학적으로 매우 깊은 뜻을 지니고 있는 용어이다. 우주 발생의 측면에서 보면 太極은 우주의 始原이며, 개별 존재들의 측면에서 보면 太極은 제1원리이다. 太極은 性理學의 理에 해당하는 개념으로서 만물의 本性이자 인간이 행하여야 할 도덕적 원리이다. 앞서 설명한 易의 변하지 않는 진리가 바로 이 太極이다.

(2) 兩儀·四象·八卦·64卦

◇ 兩儀

이 太極에서 분화된 것이 兩儀인데, 양의는 단적으로 말하면 陰과 陽이라 할 수 있다. 미분화상태였던 하나의 太極, 즉 一理가 陰과 陽의 두 氣로 나뉜 것이다. 陽과 陰은 待對

25) ≪周易≫ 〈繫辭傳〉. "易有太極 是生兩儀 兩儀生四象 四象生八卦"

관계를 이루고 있는 두 개의 성질 범주로서, 대표적으로 動과 靜, 明과 暗, 淸과 濁 등이 陽과 陰의 범주에 각각 배속된다. 이 陰과 陽을 기호화하면, 陽은 '—', 陰은 '--'가 되는데, 우주의 생성 순서에 하늘이 땅보다 먼저 형성되므로 하늘을 상징하는 陽이 한 획이 되고 땅을 상징하는 陰이 두 획이 된 것이다. 이 陽爻와 陰爻가 易의 여러 기호를 구성하는 기본 요소이다.

◇ 四象

이 陽爻와 陰爻에 각각 陽爻와 陰爻를 더하면 총 네 개의 象이 이루어지는데 이것이 四象이다. 陽에 陽을 더한 것을 陽中之陽이라 하여 老陽(太陽), 陽에 陰을 더한 것을 陽中之陰이라 하여 少陰, 陰에 陽을 더한 것을 陰中之陽이라 하여 少陽, 陰에 陰을 더한 것을 陰中之陰이라 하여 老陰(太陰)이라 하는데, 陰陽의 생성 순서에 따라 四象의 생성 순서도 老陽 → 少陰 → 少陽 → 老陰이 된다.

	老陽 ⚌	少陰 ⚍	少陽 ⚎	老陰 ⚏
생성순서	1	2	3	4
고유숫자	9	8	7	6

두 爻로 이루어진 四象은 下爻가 體가 되고 上爻가 用이 된다. 따라서 그 이름은 겉으로 드러나는 用을 주로 하여 上爻를 따라 붙여진다. 때문에 陽爻 위에 陰爻가 있는 것은 少陰이 되고 陰爻 위에 陽爻가 있는 것은 少陽이 되는 것이다.

四象에 부여되는 고유숫자는 三天兩地法과 下爻의 중첩성을 말미암아 산출된다. 三天兩地法이란 하늘에서 3을 가져오고 땅에서 2를 가져오는 계산법이다. 둥근 하늘은 지름을 세 배하여 둘레의 값을 얻고, 모난 땅은 가로와 세로 두 길이를 통해 둘레의 값을 얻으므로, 하늘의 고유숫자를 3으로 땅의 고유숫자를 2로 보는 것이다. 三天兩地法에 따라 陽爻의 고유숫자는 3이 되고 陰爻의 고유숫자는 2가 된다. 四象의 고유숫자는 그것을 구성하는 두 爻의 고유숫자를 더하여 얻어지는데, 단 下爻는 중첩의 의미를 갖고 있다 하여 下爻의 숫자에는 2를 곱한 후 계산한다. 老陽은 $3 \times 2 + 3$을 하여 9가 되고, 少陰은 $3 \times 2 + 2 = 8$, 少陽은 $2 \times 2 + 3 = 7$, 老陰은 $2 \times 2 + 2 = 6$이 되는 것이다. 四象의 고유숫자와 생성번호를 더하면 항상 10이 된다.

그중에서도 老陽의 숫자 9는 陽을 대표하는 숫자가 되고 老陰의 숫자 6은 陰을 대표하는 숫자가 되는데, 이는 易이 변화를 위주로 하기 때문이다. 陽의 수가 9가 되고 陰의 수가 6이 되는 것에 대해서는 또 다른 설명이 가능한데, 바로 五行의 生數 1·2·3·4·5 중 陽數에 해당하는 1·3·5를 더한 수가 陽數 9를 만들고, 陰數에 해당하는 2·4를 더한 수가 陰數 6을 만든다는 설명이다.

◇ 八卦

兩儀에서 四象을 만들어낸 것과 동일한 방법으로 四象에 각각 陽爻와 陰爻를 가하면 八卦가 만들어진다. 八卦는 세 개의 爻로 이루어지는데, 이는 三才, 즉 天·地·人을 상징한다. 맨 아래 初爻는 地位, 두 번째 中爻는 人位, 세 번째 上爻는 天位가 되는 것이다. 八卦의 순서와 상징은 다음 표와 같다.

	乾	兌	離	震	巽	坎	艮	坤
순서 및 상징	一乾天	二兌澤	三離火	四震雷	五巽風	六坎水	七艮山	八坤地
卦	☰ 乾三連	☱ 兌上絶	☲ 離虛中	☳ 震下連	☴ 巽下絶	☵ 坎中連	☶ 艮上連	☷ 坤三絶
卦德	健 강건함	說 기쁨	麗 붙음	動 움직임	入 들어감	陷 빠짐	止 그침	順 순종함
人間	父	少女	中女	長男	長女	中男	少男	母
동물	馬 말	羊 양	雉 꿩	龍 용	鷄 닭	豕 돼지	狗 개	牛 소
신체	首 머리	口 입	目 눈	足 발	股 허벅지	耳 귀	手 손	腹 배
先天 방위	南	東南	東	東北	西南	西	西北	北
後天 방위	西北	西	南	東	東南	北	東北	西南

八卦의 생성에서 가장 기본이 되는 것은 乾卦와 坤卦이다. 이 두 卦는 자연물로는 하늘과 땅, 사람으로는 아버지와 어머니에 해당된다. 象數學에서 제시된 卦變說은 卦가 다른 卦로부터 변하여 이루어진 것이라고 설명하는데, 卦變說 중에는 모든 卦의 시작을 乾・坤 두 卦로 상정하는 경우가 있는바, 이 說에 따르면 모든 卦는 乾卦와 坤卦가 변하여 이루어진 것이다. 예를 들어 兌卦☱는 乾卦☰가 坤卦☷의 上爻를 얻어서 이루어진 것이고, 震卦☳는 坤卦☷가 乾卦☰의 初爻를 얻어서 이루어진 것이다.

이러한 설명으로 볼 때, 乾卦와 坤卦를 제외한 나머지 卦에서 중심이 되는 爻는 卦 안에서 홀로 陰이거나 홀로 陽인 爻이다. 홀로 陰 혹은 홀로 陽인 爻가 바로 乾・坤卦에서 변한 爻인데, 易은 변화를 위주로 하므로 변한 爻가 중심이 되는 것이다. 따라서 兌卦☱의 중심은 上爻, 離卦☲의 중심은 中爻, 巽卦☴의 중심은 初爻가 된다. 이 세 卦의 중심은 모두 陰爻이므로 인간으로 따지면 여성이 되고, 爻의 생성은 아래로부터 시작되므로 初爻가 陰爻인 巽卦☴가 長女, 中爻가 陰爻인 離卦☲가 中女, 上爻가 陰爻인 兌卦☱가 少女가 되는 것이다. 震卦☳가 長男, 坎卦☵가 中男, 艮卦☶가 少男이 되는 것도 마찬가지 원리이다.

◇ 64卦

八卦에 각각 八卦를 가하면 총 64개의 卦가 만들어진다. 이 卦는 6개의 爻로 이루어진 것이므로 六畫卦라 하는데, 卦가 크게 이루어졌다 하여 大成卦라고도 하며, 八卦를 중첩하여 만들었다 하여 重卦라고도 한다. 三畫卦인 八卦는 小成卦라 한다.

八卦의 순서에 따라 乾卦로부터 각각의 八卦 위에 八卦를 순서대로 가하여 64卦를 만드는 방법을 一貞八悔法이라 하는데, 이때 下卦가 貞이 되고 上卦가 悔가 된다. 一貞八悔法으로 64卦를 그릴 때, 下卦는 고정해둔 채 上卦를 8번 바꾸어 그리기 때문에 下卦를 貞이라고 하는 것이다. 貞은 貞固不變의 뜻이 있고 悔는 후회한 후 잘못을 고치는 것이므로 變化의 뜻이 있다. 마찬가지 맥락으로 처음 점을 쳐서 얻은 本卦를 貞이라 하고, 爻가 변하여 바뀐 之卦를 悔라 하는 경우도 있다. 또한 卦는 아래에서부터 긋기 때문에 下卦를 內卦, 上卦를 外卦라고도 한다.

一貞八悔法으로 그린 64卦

上卦 下卦	☰ 天(乾)	☱ 澤(兌)	☲ 火(離)	☳ 雷(震)	☴ 風(巽)	☵ 水(坎)	☶ 山(艮)	☷ 地(坤)
☰ 天	䷀ 重天 乾	䷪ 澤天 夬	䷍ 火天 大有	䷡ 雷天 大壯	䷈ 風天 小畜	䷄ 水天 需	䷙ 山天 大畜	䷊ 地天 泰
☱ 澤	䷉ 天澤 履	䷹ 重澤 兌	䷥ 火澤 睽	䷵ 雷澤 歸妹	䷼ 風澤 中孚	䷻ 水澤 節	䷨ 山澤 損	䷒ 地澤 臨
☲ 火	䷌ 天火 同人	䷰ 澤火 革	䷝ 重火 離	䷶ 雷火 豐	䷤ 風火 家人	䷾ 水火 旣濟	䷕ 山火 賁	䷣ 地火 明夷
☳ 雷	䷘ 天雷 无妄	䷐ 澤雷 隨	䷔ 火雷 噬嗑	䷲ 重雷 震	䷩ 風雷 益	䷂ 水雷 屯	䷚ 山雷 頤	䷗ 地雷 復
☴ 風	䷫ 天風 姤	䷛ 澤風 大過	䷱ 火風 鼎	䷟ 雷風 恒	䷸ 重風 巽	䷯ 水風 井	䷑ 山風 蠱	䷭ 地風 升
☵ 水	䷅ 天水 訟	䷮ 澤水 困	䷿ 火水 未濟	䷧ 雷水 解	䷺ 風水 渙	䷜ 重水 坎	䷃ 山水 蒙	䷆ 地水 師
☶ 山	䷠ 天山 遯	䷞ 澤山 咸	䷷ 火山 旅	䷽ 雷山 小過	䷴ 風山 漸	䷦ 水山 蹇	䷳ 重山 艮	䷎ 地山 謙
☷ 地	䷋ 天地 否	䷬ 澤地 萃	䷢ 火地 晉	䷏ 雷地 豫	䷓ 風地 觀	䷇ 水地 比	䷖ 山地 剝	䷁ 重地 坤

(3) ≪周易≫의 용어

◇ 卦爻의 명칭

≪周易≫의 64卦에는 모두 卦名이 있는데, 卦를 읽을 때에는 卦名 앞에 그 卦를 이루고 있는 두 小成卦의 卦象을 붙여 읽는다. 예를 들어, 師卦䷆는 地水師, 小畜卦䷈는 風天小畜이라고 읽는다. 주의할 점은 卦를 그릴 때에는 아래부터 시작하지만, 卦를 읽을 때에는 위부터 읽는다는 점이다. 乾卦나 坤卦 같은 重疊卦들은 重天乾䷀, 重地坤䷁, 重澤兌䷹, 重火離䷝ 등의 방식으로 읽는다.

爻의 명칭은 그것의 才質과 위치에 따라 붙여진다. 먼저 위치에 따른 명칭은 아래로부터 初, 二, 三, 四, 五, 上이 되고, 才質에 따라서는 陽爻가 九, 陰爻가 六이 된다. 陽爻와 陰爻의 이름이 이렇게 매겨지는 것은 이 두 숫자가 陽과 陰의 대표숫자이기 때문이다.

예를 들어, 噬嗑卦를 보자. 噬嗑卦의 爻는 다음과 같이 읽는다.

初爻와 上爻를 제외한 二・三・四・五爻는 재질→위치 순으로 읽고, 初爻와 上爻는 위치→재질 순으로 읽는다.

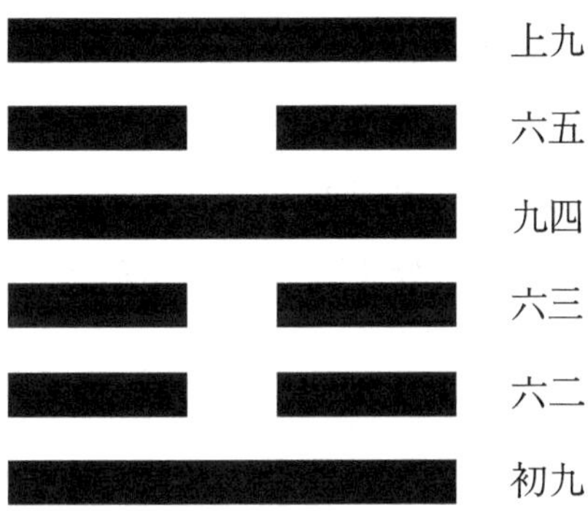

여섯 爻의 위치에는 여러 가지 의미가 있다. 크게는 먼저 陰의 자리와 陽의 자리로 나눌 수 있는데, 奇數(홀수)에 해당하는 初・三・五는 陽의 자리이고 偶數(짝수)에 해당하는 二・四・上은 陰의 자리이다. 다만 王弼의 경우, 初爻와 上爻는 陰과 陽의 정해진 자리가 없다고 하였으며, 이를 韓康伯과 孔穎達도 따랐다.

또 小成卦와 마찬가지로 六位를 三才로 나눌 수 있는데 初・二는 地, 三・四는 人, 五・上은 天에 해당한다. 三才로의 분류가 공간적인 것이라면 시간적 분류도 가능한데, 다음은 六位를 시간과 尊卑貴賤 등의 관점으로 나누어 그 상징을 나타낸 표이다.

	사건	개인	지위
上爻	결말	60대	은퇴한 군주
五爻	절정	50대	帝王
四爻	위기	40대	卿
三爻	위기	30대	大夫
二爻	전개	20대	士
初爻	발단	10대	庶人

◇ 剛柔와 中正

易에 있어서 陰은 柔이고 陽은 剛이다. 따라서 陰爻와 陰位(二·四·上)는 柔에 해당하고, 陽爻와 陽位(初·三·五)는 剛에 해당한다.

正은 陽爻가 陽位에, 陰爻가 陰位에 위치한 것을 의미한다. 따라서 初九, 六二, 九三, 六四, 九五, 上六爻가 正이 된다.

中은 卦의 가운데 자리를 의미하는데 六畫卦에는 二爻와 五爻, 두 개의 中이 있다. 二爻는 下卦의 中이고 五爻는 上卦의 中이기 때문이다. 六二爻와 九五爻는 中과 正을 겸하는 것으로 각각 柔順中正, 剛健中正이라 한다. 예컨대 既濟卦䷾는 모든 爻가 正하고 그 가운데 六二爻와 九五爻는 中正을 겸하였으며, 未濟卦䷿는 모든 爻가 不正하다.

易에서 中과 正은 대체로 길함이 되지만 正보다는 中이 더 중시된다. 九三爻의 경우, 陽爻가 陽位에 있는 正이지만 이는 重剛으로서 너무 지나친 강함이 된다. 初九爻와 九五爻도 重剛이지만 初爻와 上爻는 지위가 없는 자리이기 때문에 初九爻의 重剛은 문제가 되지 않고 九五爻는 中을 겸하기 때문에 지나침이 되지 않는다.

◇ 應·比·承(履)·乘

應은 上卦의 初爻와 下卦의 初爻, 上卦의 中爻와 下卦의 中爻, 上卦의 上爻와 下卦의 上爻가 서로 응하는 것으로, 陰陽이 서로 다를 경우 應 또는 正應·應與라 하고, 陰陽이 서로 같을 경우 敵應 또는 不應이라고 한다. 易은 陰陽의 호응을 중시하기 때문이다. 그중에서도 六二와 九五의 상응이 가장 좋은데, 二는 신하이고 五는 군주이며 모두 中正을 얻었기 때문이다. 益卦䷩, 泰卦䷊는 여섯 爻가 모두 正應이 있고, 巽卦䷸, 離卦䷝, 震卦䷲는 여섯 爻가 모두 不應이다.

比는 상하로 이웃하는 두 爻를 말한다. 즉 初와 二, 二와 三, 三과 四, 四와 五, 五와 上이 그것이다.

承·履와 乘은 서로 접한 두 爻 사이의 관계를 나타낸 말인데, 서로 접한 爻의 陰과 陽이 다를 때만 성립한다. 承과 履는 陽爻가 陰爻 위에 있을 때, 乘은 陰爻가 陽爻 위에 있을 때를 말한다. 承이란 陰이 陽을 받들고 있다는 말이고 履는 陽이 陰을 밟고 있다는 말이며, 乘은 陰이 陽을 타고 있다는 말이다. 易에서 陰은 낮고 陽은 높은 것이어서 陰 위에 陽이 있는 承과 履는 좋은 것이 되지만 陰이 陽 위에 있는 乘은 불길한 것이 된다. 다음은 噬嗑卦를 통해 본 應·比·承(履)·乘의 예이다.

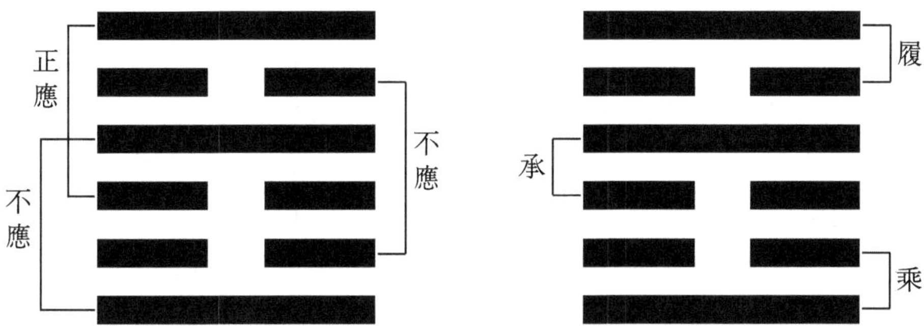

凡 例

1. 본서는 十三經注疏 중 ≪譯註 周易正義≫의 제1책이다.
2. 본서의 底本은 阮元 校刻本 ≪周易正義≫(淸 嘉慶 21년(1816) 阮元 校刻 十三經注疏, 中華書局, 2009, 이하 '阮刻本'으로 약칭)로 하되, 北京大 整理本 ≪周易正義≫(十三經注疏整理委員會 整理, 北京大學出版社, 2000, 이하 '北京大本'으로 약칭)를 참고하였다.
3. 본서의 書名은 底本인 阮刻本의 〈重刻宋板注疏總目錄〉에는 '周易正義'로, 卷次名에는 '周易兼義'로 되어 있다. 그런데 阮刻本의 〈重刻宋板注疏總目錄〉과 ≪四庫全書總目提要≫ 등에는 '周易正義'로 되어 있고, 국내외 학자들의 견해도 '周易正義'가 적정하다고 밝히고 있어, 본서의 書名은 '周易正義'로 하고, 卷次名은 저본대로 '周易兼義'로 하였다. 그리고 '兼義'라는 명칭에 대해서는 ≪四庫全書總目提要≫에서도 그 이유를 알 수 없다 했고, 이를 밝혀낸 현대의 연구도 없다.
4. 저본인 阮刻本에서 ≪周易正義≫가 맨 앞에 실려 있으므로 〈十三經注疏 解題〉(田好根)를 ≪周易正義≫ 앞에 실었으며, 저본에 실려 있는 〈重刻宋板注疏總目錄〉과 〈重栞宋本十三經注疏後記〉도 저본에 따라 ≪周易正義≫ 앞에 실었다.
5. 본서는 원전의 傳統性과 번역의 現代性을 구현하기 위해 노력하였다.
6. 原文의 經과 注는 우리나라 전통 방식으로 懸吐하였다. 전통적으로 懸吐는 經에만 하고 小註나 疏에는 하지 않았으며, 또한 疏는 經과 注의 字句 해석이 중심이므로, 본서에서도 간략하게 標點만 하였다.
7. 原文은 저본의 體制에 따라 經, 注, 疏를 구분하고, 經은 大字로 표기하고, 注와 疏는 【注】와 【疏】로 표시하여 구분하였다.
8. 原文의 分節은, 經과 注는 저본의 분절을 따르고, 疏는 단락이 길 경우 의미 단락에 따라 역자 재량으로 분절하였다.
9. 저본의 反切 注는 생략하되, 문맥을 이해하기 위해 필요한 경우에만 살리고, 讀音이 특수하거나 僻字인 경우에는 ( ) 속에 한글로 音을 달아주었다.

10. 疏에서 설명 대상으로 인용한 經과 注의 단어나 구절은 번역하지 않고 원문 그대로〔 〕 속에 넣어주었다.

예〔飛龍在天 上治〕聖人이 윗자리에 거하여 다스림을 말한 것이다.

11. 飜譯은 原義에 충실하게 하되, 이해가 어려운 부분은 意譯 또는 補充譯을 하였다.
12. 飜譯文은 한글과 漢字를 混用하였으며, 맞춤법과 띄어쓰기는 한글 맞춤법과 표준어 규정을 따르는 것을 원칙으로 하였다.
13. 譯註는 故事, 官職, 校勘, 難解語, 역사적 사건, 人物, 인용문의 出典, 전문용어, 制度, 異說 등에 관한 사항을 밝혔다.
14. 校勘은 원문의 誤字, 脫字, 衍字, 倒文 등을 대상으로 하였다.
15. 校勘은 저본인 阮刻本의 校勘記 중 꼭 필요한 것만 선택하여 譯註에 반영하였다. 그 외에도 北京大本을 비롯한 여러 原典 자료를 참고하였으며, 이를 譯註에 밝혔다.
16. 阮刻本에서 校勘에 참고한 書目의 略稱은 다음과 같으며, 본서의 校勘註에도 약칭으로 표기하였다.
    - 古本 : 唐나라 이전 本으로 日本 足利學校에 所藏된 書寫本
    - 石經 : 唐나라 開成(836~840) 연간의 石刻本
    - 十行本 : 南宋(1127~1279) 시기 刊行本
    - 宋本 : 南宋 紹興(1131~1162) 연간의 石刻本으로 日本 足利學校 所藏本
    - 毛本 : 明나라 崇禎(1628~1644) 연간 毛晉의 汲古閣 校刊本
    - 閩本 : 明나라 嘉靖(1522~1566) 연간 閩中禦史 李元陽의 校刊本
    - 監本 : 明나라 萬曆(1573~1620) 연간 閩本의 重刻本
    - 岳本 : 廖氏의 世綵堂本에 대한 岳珂(1183~1243)의 校勘本
    - 錢本 : 明나라 錢孫保의 校本을 淸나라 盧文弨(1717~1795)가 傳校한 本
    - 錢交本 : 淸나라 錢曾(1629~1701)의 校勘本
    - 足利本 : 日本 足利學校 所藏本
    - 釋文 : 唐나라 陸德明(?~630)의 ≪經傳釋文≫
17. 본서의 校勘에 사용된 符號는 다음과 같다.

    ( )〔 〕: (저본의 誤字)〔교감한 正字〕

    〔 〕: 저본의 脫字 보충

    ( ) : 저본의 衍字 삭제

18. 본서에 사용된 주요 符號는 다음과 같다.

“ ” : 對話, 각종 引用

‘ ’ : “ ” 안에서 再引用, 强調

「 」 : ‘ ’ 안에서 再引用, 强調

( ) : 원문에서는 讀音이 특수한 글자나 僻字의 音
번역문에서는 간단한 譯註

〔 〕 : 번역문과 뜻은 같으나 音이 다른 漢字나 句節, 譯註에서 인용한 原文, 疏에서 설명 대상으로 제시한 經이나 傳의 단어나 구절

≪ ≫ : 書名이나 典據

〈 〉 : 篇章名, 作品名, 補充譯

【 】 : 注와 疏의 표시

○ : 저본에 사용된 단락 구분 표시 遵用

19. 본서의 疏에 사용한 標點符號는 中國의 출판본에 이미 상세하므로, 한국에서 재래로 사용해오던 표점방식을 보완하여, 文理의 이해를 돕는 정도로 간략히 하였다. 본서에 사용한 標點符號는 다음과 같다.

. : 문장의 종결

, : 한 문장 안에서 句나 節의 구분이 필요한 곳

· : 대등한 명사나 구절의 병렬

“ ” : 1차 인용, 대화

‘ ’ : 2차 인용, 대화, 강조, 經과 傳의 단어나 구절을 인용한 부분

「 」 : 3차 인용, 2차 인용 안에서 대화·강조

: : 疏 내용을 포괄하는 ‘正義曰’ 뒤에 사용

參考文獻

◇ 底本 및 주요 참고도서

- ≪周易正義≫, 阮元(淸) 校刻, 十三經注疏(淸 嘉慶刊本), 中華書局, 2009.
- ≪周易正義≫, 十三經注疏整理委員會 整理, 北京大學出版社, 2000.

◇ 十三經注疏

- ≪論語注疏≫, 阮元(淸) 校刻, 十三經注疏(淸 嘉慶刊本), 中華書局, 2009.
- ≪孟子注疏≫, 阮元(淸) 校刻, 十三經注疏(淸 嘉慶刊本), 中華書局, 2009.
- ≪毛詩正義≫, 阮元(淸) 校刻, 十三經注疏(淸 嘉慶刊本), 中華書局, 2009.
- ≪尙書正義≫, 阮元(淸) 校刻, 十三經注疏(淸 嘉慶刊本), 中華書局, 2009.
- ≪禮記正義≫, 阮元(淸) 校刻, 十三經注疏(淸 嘉慶刊本), 中華書局, 2009.
- ≪儀禮注疏≫, 阮元(淸) 校刻, 十三經注疏(淸 嘉慶刊本), 中華書局, 2009.
- ≪爾雅注疏≫, 阮元(淸) 校刻, 十三經注疏(淸 嘉慶刊本), 中華書局, 2009.
- ≪周禮注疏≫, 阮元(淸) 校刻, 十三經注疏(淸 嘉慶刊本), 中華書局, 2009.
- ≪春秋穀梁傳注疏≫, 阮元(淸) 校刻, 十三經注疏(淸 嘉慶刊本), 中華書局, 2009.
- ≪春秋公羊傳注疏≫, 阮元(淸) 校刻, 十三經注疏(淸 嘉慶刊本), 中華書局, 2009.
- ≪春秋左傳正義≫, 阮元(淸) 校刻, 十三經注疏(淸 嘉慶刊本), 中華書局, 2009.
- ≪孝經注疏≫, 阮元(淸) 校刻, 十三經注疏(淸 嘉慶刊本), 中華書局, 2009.

◇ 기타 원전자료

- ≪舊唐書≫, 劉昫(後晉) 等 撰, 標點校勘本, 中華書局, 1975.
- ≪陶谷集≫, 李宜顯(朝鮮), 韓國文集叢刊 제180-181집, 民族文化推進會 刊, 1996.
- ≪沙溪全書≫, 金長生(朝鮮), 遁巖書院, 1932.
- ≪四庫全書總目提要≫, 永瑢(淸) 外撰, 影印本, 臺灣商務印書館, 1983.

- ≪三國志≫, 陳壽(西晉) 撰, 裴松之(東晉) 注, 標點校勘本, 中華書局, 1990.
- ≪說文解字句讀≫, 王筠(淸) 注, 標點校勘本, 中華書局, 1988.
- ≪新唐書≫, 歐陽脩(宋)・宋祁(宋) 撰, 標點校勘本, 中華書局, 1975.
- ≪玉函山房輯佚書≫, 馬國翰(淸) 編, 影印本, 中和堂, 1974.
- ≪與猶堂全書≫, 丁若鏞(朝鮮), 茶山學術文化財團, 俟菴, 2013.
- ≪易緯乾鑿度≫, 鄭玄(漢) 注, 文淵閣四庫全書 제53책, 影印本, 臺灣商務印書館, 1983.
- ≪子夏易傳≫, 卜商(周) 撰, 影印本, 中華書局, 1991.
- ≪朱子大全≫, 朱熹(宋) 撰, 影印本, 學民文化社, 2004.
- ≪朱子語類≫, 黎靖德(宋) 編, 標點校勘本, 中文出版社, 1970.
- ≪周易略例≫, 王弼(晉) 撰, 邢璹(唐) 注, 范欽(明) 訂, 標點校勘本, 藝文印書館, 1965.
- ≪周易傳義大全≫, 程頤(宋) 傳, 朱熹(宋) 本義, 胡廣(明) 等 編, 朝鮮 內閣本, 影印本, 學民文化社.
- ≪周易折中≫, 李光地(淸) 撰, 文淵閣四庫全書 제28책, 影印本, 臺灣商務印書館, 1983.
- ≪周易鄭康成注≫, 鄭玄(漢) 注, 王應麟(宋) 撰, 嚴靈峰 編, 成文出版有限公社, 1976.
- ≪周易正義≫, 王弼(晉) 注, 孔穎達(唐) 疏, 標點校勘本, 北京大學出版社, 2000.
- ≪周易集解≫, 李鼎祚(唐) 輯, 影印本, 中華書局, 1985.
- ≪春秋經傳集解≫, 左丘明(周) 傳, 杜預(晉) 註, 林堯叟(宋)・朱申(宋・元) 附註, 朝鮮 金屬活字本(戊申字), 影印本, 保景文化社.
- ≪華西集≫, 李恒老(朝鮮), 韓國文集叢刊 제304-305집, 民族文化推進會 刊, 2003.

◇ 飜譯書・硏究書・論文類

- 구미숙, 〈왕필의 得意忘象에 관한 연구〉, ≪大同哲學≫, 42집, 2008.
- 金碩鎭, ≪대산 주역강의≫, 한길사, 1999.
- 김주창, 〈王弼 周易의 言象意 知識體系 理論 考察〉, ≪中國學論叢≫, 16집, 2003.
- 樓宇烈 校釋, ≪老子周易王弼注校釋≫, 華正書局, 1983.
- 방 인, 〈茶山의 道家易學비판〉, ≪哲學硏究≫, 108집, 2008.
- 방 인・장정욱 공역, ≪역주 주역사전≫ 1-8, 소명출판, 2007.
- 成百曉 譯註, ≪周易傳義≫, 傳統文化硏究會, 1999.
- 신동준, ≪주역론≫, 인간사랑, 2007.
- 廖名春・康學偉・梁韋弦 著, 심경호 역, ≪周易哲學史≫, 예문서원, 1994.

- 임채우 역, ≪주역 : 왕필주≫, 길, 2006.
- ———, 〈王弼 易 哲學 硏究 : 以簡御繁사상을 중심으로〉, 연세대학교 박사논문, 1996.
- ———, 〈왕필 역 철학의 도가역학적 위상〉, ≪원불교사상과 종교문화≫, 40집, 2008.
- 주백곤, ≪역학철학사≫, 김학권 외 역, 소명출판, 2012.
- 한규성, ≪易學原理講話≫, 예문지, 1957.
- 황병기, 〈茶山 丁若鏞의 易象學〉, 연세대학교 박사논문, 2004.

◇ 電子文獻 및 Web DB

- 한국고전종합DB (http://db.itkc.or.kr)
- 동양고전종합DB (http://db.cyberseodang.or.kr)
- 상우천고 (http://www.s-sangwoo.kr)
- 電子版 文淵閣四庫全書, 上海古籍出版社.

目 次

重刻宋板注疏總目錄

周易正義十卷, 魏王弼・韓康伯注, 唐孔穎達等正義.

≪周易正義≫ 10권 : 魏나라 王弼과 韓康伯의 注, 唐나라 孔穎達 등의 正義.

尙書正義二十卷, 漢孔安國傳, 唐孔穎達等正義.

≪尙書正義≫ 20권 : 漢나라 孔安國의 傳, 唐나라 孔穎達 등의 正義.

毛詩正義七十卷, 漢毛公傳, 鄭玄箋, 唐孔穎達等正義.

≪毛詩正義≫ 70권 : 漢나라 毛公의 傳, 鄭玄의 箋, 唐나라 孔穎達 등의 正義.

周禮注疏四十二卷, 漢鄭玄注, 唐賈公彦疏.

≪周禮注疏≫ 42권 : 漢나라 鄭玄의 注, 唐나라 賈公彦의 疏.

儀禮注疏五十卷, 漢鄭玄注, 唐賈公彦疏.

≪儀禮注疏≫ 50권 : 漢나라 鄭玄의 注, 唐나라 賈公彦의 疏.

禮記正義六十三卷, 漢鄭玄注, 唐孔穎達等正義.

≪禮記正義≫ 63권 : 漢나라 鄭玄의 注, 唐나라 孔穎達 등의 正義.

春秋左傳正義六十卷, 晉杜預注, 唐孔穎達等正義.

≪春秋左傳正義≫ 60권 : 晉나라 杜預의 注, 唐나라 孔穎達 등의 正義.

春秋公羊傳注疏二十八卷, 漢何休注, 唐徐彦疏.

≪春秋公羊傳注疏≫ 28권 : 漢나라 何休의 注, 唐나라 徐彦의 疏.

春秋穀梁傳注疏二十卷, 晉范甯注, 唐楊士勛疏.

《春秋穀梁傳注疏》 20권 : 晉나라 范甯의 注, 唐나라 楊士勛의 疏.

論語注疏二十卷, 魏何晏等注, 宋邢昺疏.

《論語注疏》 20권 : 魏나라 何晏 등의 注, 宋나라 邢昺의 疏.

孝經注疏九卷, 唐玄宗明皇帝御注, 宋邢昺疏.

《孝經注疏》 9권 : 唐나라 玄宗明皇帝의 御注, 宋나라 邢昺의 疏.

爾雅注疏十卷, 晉郭璞注, 宋邢昺疏.

《爾雅注疏》 10권 : 晉나라 郭璞의 注, 宋나라 邢昺의 疏.

孟子注疏十四卷, 漢趙岐注, 宋孫奭疏.

《孟子注疏》 14권 : 漢나라 趙岐의 注, 宋나라 孫奭의 疏.

右十三經注疏는 共四百六十卷이라 謹案五代會要에 後唐長興三年에 始依石經文字하여 刻九經印板[1)]이라하니 經書之刻木板은 實始於此라 逮兩宋하여 刻本浸多라 有宋十行本注疏者하니 即南宋岳珂九經三傳沿革例에 所載建本附釋音注疏也라 其書刻于宋南渡之後러니 由元入明하여 遞有修補하니 至明正德中하여 其板猶存이라 是以로 十行本이 爲諸本最古之冊이라 此後有閩板하니 乃明嘉靖中에 用十行本重刻者요 有明監板하니 乃明萬曆中에 用閩本重刻者요 有汲古閣毛氏板하니 乃明崇禎中에 用明監本重刻者라 輾轉翻刻하여 訛謬百出이라 明監板已燬하니 今各省書坊通行者는 唯有汲古閣毛本이로되 此本漫漶하여 不可識讀이요 近人修補에 更多訛舛이라 元家所藏十行宋本은 有十一經하여 雖無儀禮爾雅나 但有蘇州北宋所刻之單疏板本하니 爲賈公彦邢昺之原書로되 此二經은 更在十行本之前이라

1) 謹案五代會要……刻九經印板 : 《五代會要》는 北宋의 王溥가 지은 것으로 모두 30권인데, 《唐會要》의 體例를 따라 帝系, 禮, 樂, 學校, 宗敎, 選擧, 職官, 刑法, 食貨, 輿服, 曆數, 災異, 四裔 등 13문항으로 구분되어 있다. 《五代會要》의 원문은 다음과 같다. "後唐 長興 3년 2월에 中書門下에서 石經의 文字에 의거하여 九經을 판각할 것을 주청하였다.〔後唐長興三年二月 中書門下奏請 依石經文字 刻九經印板〕"

이상 十三經注疏는 모두 460권이다. 삼가 살펴보건대, ≪五代會要≫에 "後唐 長興 3년(932)에 처음으로 石經의 文字에 의거하여 九經을 판각했다." 하였으니, 經書의 목판을 판각한 것은 실로 이때에 시작되었다.

兩宋(北宋과 南宋)에 이르러서는 판각본이 점점 많아졌다. 宋나라 때에는 十行本 注疏가 있었으니, 바로 南宋 岳珂의 ≪九經三傳沿革例≫에 실려 있는 音釋이 붙은 建本(建陽 板刻本) 注疏이다. 이 책은 宋나라가 南遷한 뒤에 판각하였는데 元나라를 거쳐 明나라에 들어와서 번갈아 修補함이 있었는바, 明나라 正德 연간(1506~1521)까지도 이 판각본이 여전히 남아 있었다. 이 때문에 十行本이 여러 本들 중에 가장 오래된 책이 된 것이다.

이 뒤에 閩板이 있었으니, 바로 明나라 嘉靖 연간(1522~1566)에 十行本을 사용하여 重刻한 것이고, 明나라 監板(國子監 板)이 있었으니, 바로 明나라 萬曆 연간(1573~1619)에 閩本을 사용하여 중각한 것이고, 汲古閣 毛氏(毛晉)의 板本이 있었으니, 바로 明나라 崇禎 연간(1628~1643)에 明나라 監本을 사용하여 重刻한 것인바, 이곳저곳에서 이리저리 판각하여 여러 가지 오류가 많이 나왔다.

明나라 監板은 이미 불타 없어졌으니, 지금 각 省의 서점에서 통행되는 것으로는 오직 汲古閣의 毛本이 있는데, 이 판본은 흐려서 판독할 수가 없고 근래 사람들이 修補한 것은 또 오류가 많다. 나의 집에 소장된 宋나라 때의 十行本은 十一經만 있어 비록 ≪儀禮≫와 ≪爾雅≫가 없으나 다만 蘇州에서 北宋 때 판각한 單疏本(疏만 있는 本)이 있으니, 이는 賈公彦과 邢昺의 원 책인데 이 두 經書는 또 十行本 이전에 있었던 것이다.

元이 舊作十三經注疏校勘記할새 雖不專主十行本單疏本이나 而大端은 實在此二本이라 嘉慶二十年에 元至江西하니 武寧盧氏宣旬이 讀余校勘記하고 而有慕于宋本이요 南昌給事中黃氏中傑도 亦苦毛板之朽하여 因以元所藏十一經으로 至南昌學堂重刻之하고 且借校蘇州黃氏丕烈所藏單疏二經重刻之하며 近鹽巡道胡氏稷도 亦從吳中하여 購得十一經하니 其中에 有可補元藏本中所殘缺者라 於是에 宋本注疏 可以復行於世하니 豈獨江西學中所私哉아 刻書者 最患以臆見改古書라 今重刻宋板에 凡有明知宋板之誤字라도 亦不使輕改하고 但加圈於誤字之旁하고 而別據校勘記하여 擇其說하여 附載於每卷之末하여 俾後之學者로 不疑于古籍之不可據하니 愼之至也라 其經文注文은 有與明本不同하니 恐後人習讀明本하여 而反臆疑宋本之誤라 故로 盧氏亦引校勘記하여 載於卷後하니 愼之至也라

내가 예전에 ≪十三經注疏校勘記≫를 지을 적에 오로지 十行本과 單疏本만을 주장하지는 않았으나 대체는 실로 이 두 本에 있었다.

嘉慶 20년(1815)에 내가 江西에 이르니, 武寧에 있는 盧宣旬 씨가 나의 ≪校勘記≫를 읽고서 宋本을 흠모하였고, 南昌의 給事中으로 있는 黃中傑 씨도 毛板이 老朽한 것을 애통하게 여기고는 인하여 내가 소장한 十一經을 가지고 南昌의 학당에서 重刻하고, 또 蘇州의 黃丕烈 씨가 소장한 單疏本 두 經(≪儀禮≫와 ≪爾雅≫)을 빌려다가 교정하여 重刻하였다. 근래에 鹽巡道 胡稷 씨도 吳中에서 十一經을 구입하였는데, 이 가운데에는 나의 所藏本 중에 빠진 것을 보충할 만한 것들이 있었다. 이에 宋本의 注疏가 다시 세상에 통행하게 되었으니, 어찌 다만 江西의 학당 안에서만 사사로이 간직할 수 있겠는가.

책을 판각하는 자의 가장 큰 병통은 자기의 억견으로 옛 책을 고치는 것이다. 지금 宋板을 重刻하면서 무릇 宋板의 誤字를 분명히 알더라도 곧바로 고치지 않고, 다만 誤字의 옆에 圈點을 가하고서 별도로 ≪校勘記≫에 의거하여 그 말을 가려 뽑은 뒤에 매권의 끝에 수록하여 후세의 배우는 자들이 옛 전적을 의거할 수 없다고 의심하지 않게 하였으니, 신중함이 지극한 것이다.

그리고 經文과 注文은 明本과 똑같지 않은 것이 있는데, 후인들이 明本을 익숙히 읽어서 도리어 宋本이 잘못되었다고 억측할까 염려되었다. 그러므로 盧氏가 또한 ≪校勘記≫를 인용하여 책 뒤에 실었으니, 신중함이 지극한 것이다.

竊謂士人讀書는 當從經學始요 經學은 當從注疏始라 空疏之士와 高明之徒로 讀注疏에 不終卷而思臥者는 是不能潛心揅[1]索하여 終生不知有聖賢諸儒經傳之學矣라 至於注疏諸義하여는 亦有是有非라 我朝經學最盛하여 諸儒論之甚詳하니 是又在好學深思實事求是之士 由注疏而推求尋覽之也라 二十一年秋에 刻板初成이어늘 藏其板於南昌學하여 使士林書坊으로 皆可就而印之라 學中因書成에 請序於元하니 元謂聖賢之經은 如日月經天하고 江河行地하니 安敢以小言冠玆卷首리오 惟記刻書始末於目錄之後하고 復敬錄欽定四庫全書十三經注疏各提要於各注疏之前하여 俾束身修行之士로 知我大淸儒學이 遠軼前代하니 由此로 潛心敦品하고 博學篤行하여 以求古聖賢經傳之本源이요 不爲虛浮孤陋兩途所誤云爾라

1) 揅 : 硏(연구하다)과 같다.

내 삼가 생각하건대 士人들이 책을 읽음은 마땅히 經學으로부터 시작해야 하고, 經學

은 마땅히 注疏로부터 시작해야 한다. 浮薄한 선비와 高明한 무리들은 注疏를 읽으면 한 권을 다 읽기도 전에 염증을 내어 누울 것을 생각하니, 이는 潛心하여 깊이 연구하지 못해서 종신토록 여러 聖賢과 학자들의 經傳의 學이 있음을 알지 못하는 것이다.

注疏의 여러 뜻에 있어서는 또한 옳고 그름이 있다. 우리 조정은 經學이 가장 성하여 여러 학자들이 매우 자세히 논하였으니, 이는 또 학문을 좋아하고 깊이 생각하며 實事求是하는 선비들이 注疏를 통하여 미루어 찾고 연구해서 찾아봄에 달려 있는 것이다.

嘉慶 21년(1816) 가을에 판각이 처음 이루어졌는데, 이 판각을 南昌의 학당에 보관하고 있으면서 士林과 書店으로 하여금 모두 가져다가 인쇄하게 하였다.

학당에서는 책이 이루어지자 나에게 序文을 청하였는데, 내가 생각건대 聖賢의 경전은 해와 달이 하늘을 순행하고 江河가 땅에 흘러가는 것과 같으니, 어찌 감히 하찮은 말을 책머리에 쓸 수 있겠는가.

다만 이 책을 판각한 始末을 목록의 뒤에 기록하고, 다시 欽定四庫全書 十三經注疏의 각 提要를 각 注疏의 앞에 공경히 기록해서 몸을 단속하여 행실을 닦는 선비들로 하여금 우리 大淸의 유학이 이전 세대를 크게 뛰어넘음을 알게 하였으니, 이로 말미암아 잠심하여 품행을 돈독히 하며 널리 배우고 행실을 돈독히 해서 옛 聖賢의 경전의 本源을 찾아야 할 것이요, 허황됨과 고루함의 두 길에 그릇되는 바가 되지 않아야 할 것이다.

太子少保光祿大夫江西巡撫兼提督 揚州阮元은 謹記하노라

太子少保 光祿大夫 江西巡撫兼提督 揚州 阮元은 삼가 기록하다.

重栞宋本十三經注疏後記

嘉慶二十有一年秋八月에 南昌學堂에 重栞宋本十三經注疏하여 成卷四百十六하니 幷附錄校勘記하여 爲書萬一千八百一十葉이라 距始事於二十年仲春하여 歷時十有九月하니 蓋官於斯土與生是邦者 合其心力而爲之者也라 稷은 竊心慰焉하노라

嘉慶 21년(1816) 가을 8월에 南昌의 학당에서 '宋本十三經注疏'를 重刊해서 416권의 책을 완성하니, 부록인 校勘記까지 아울러서 책이 11,810장이었다.

嘉慶 20년 仲春에 일을 시작하여 19개월이 지났으니, 이 지역에서 지방관으로 있는 분과 이 고을에서 생장한 자들이 마음과 힘을 합쳐 만든 것이다. 나는 마음속으로 매우 위로되는 바이다.

曩歲癸酉에 稷이 承乏江寧鹽法道하니 適浙閩制府桐城方公維甸이 予告在籍이라 相與過從하여 講求政事之餘에 究研經義라 時以各注疏本異同得失로 參差互見하니 近日坊間重刻汲古閣毛氏本은 舛誤滋多일새 計欲重栞之나 而稷調任江西하여 厥議遂寢이라 越明年甲戌에 宮保[1]阮公元이 來撫江右하니 稷이 向讀其所著十三經注疏校勘記하여 心知其所藏宋本之善하고 欲請觀之나 而涖政之初에 公事旁午하여 踰歲初春에 始獲所願이라 稷이 昔欲重栞而志未逮者 又怦然動矣라

1) 宮保 : 太子少保를 가리킨다. 宋나라 이후 太子에게는 太師·太傅·太保와 少師·少傅·少保의 六輔가 있었는데, 太子를 東宮이라 하므로 '太子' 대신 '宮'자를 붙여 太子太師 등은 宮太師·宮太傅·宮太保라 하고, 少師 등은 '少'자를 빼고 곧바로 宮師·宮傅·宮保라 칭하였다.

지난 癸酉年(1813)에 내가 江寧鹽法道로 부임하였을 때, 마침 浙閩制府로 있던 桐城 方維甸 公이 휴가를 받아 本籍에 있었으므로 서로 방문하여 政事를 강구하고 난 여가에 經傳의 뜻을 연구하였다. 이때 각 注疏本의 異同과 得失을 가지고 참고하여 서로 비교해보니, 근래 책방에서 重刻한 汲古閣 毛氏本은 오류가 더욱 많았기 때문에 이를 重刊하려고 생각하였으나, 내가 마침 江西로 부임하게 되어 이 의논이 마침내 중지되었다.

다음해 甲戌年(1814)에 宮保인 阮元 公이 江右(江西)巡撫로 부임해 왔다. 나는 전에 그가 지은 ≪十三經注疏校勘記≫를 읽고서 마음속으로 그분이 소장한 宋本이 좋다는 것을 알고 있었다. 그리하여 이것을 청하여 보고자 하였으나 부임한 초기에 公務가 많아 이듬해 초봄에 처음으로 소원을 이루었다. 그러자 나는 전에 重刊하고자 하였으나 뜻을 이루지 못했던 것을 또다시 이루려는 마음이 동하였다.

武寧貢生盧宣旬은 宮保門下士니 於稷에 夙有文字契러니 至是來謁이어늘 屬董厥事하여 以宋本으로 召工剞劂하니 而一時賢士大夫樂與觀成者 咸鼓舞而贊襄之라 於官엔 則有今江南蘇松督糧道요 前九江府知府方體와 今江西督糧道요 前廣信府知府王賡(갱)言과 今南昌府知府張敦仁과 墅南昌縣知縣陳煦와 新建縣知縣鄭祖琛과 署鄱陽縣知縣이요 候補知州周澍와 浮梁縣知縣劉丙과 廣豐縣知縣阿應麟과 會昌縣知縣이요 候補知州曾暉春과 二品蔭生儀徵阮常生이요 於紳엔 則有給事中黃中傑과 御史盧浙과 編修黃中模와 員外黃中栻과 擧人余成教와 貢生趙儀吉과 袁泰開와 李楨하니 或輸廉以助하고 或分經以校하여 續殘補闕하고 證是存疑하며 而宮保於退食餘閒에 詳加勘定하고 且令庋其版於學中하여 俾四方讀者로 皆可就而印之하니 誠西江之盛事요 而宮保嘉惠士林之至意也라 宮保旣記刻書始末於序目之後하니 稷亦喜夙願之旣副하여 爲記其重栞日月與校栞諸名氏於全書之末云이라

武寧의 貢生인 盧宣旬은 宮保 門下의 선비로 나와 일찍부터 문자로 친분이 있었는데, 이때 나를 찾아와 만나게 되었다. 이에 이 일을 부탁하여 목공들을 불러 宋本을 판각하게 하니, 동시대의 어진 사대부들로서 이 일에 기꺼이 참여하여 완성을 보려는 자들이 모두 고무되어 찬조하였다.

지방관으로는, 지금 江南蘇松督糧道이고 前 九江府知府였던 方體, 지금 江西督糧道이고 前 廣信府知府였던 王賡言, 지금 南昌府知府인 張敦仁과 南昌縣知縣인 陳煦, 新建縣知縣인 鄭祖琛, 署鄱陽縣知縣으로 候補知州인 周澍, 浮梁縣知縣인 劉丙, 廣豐縣知縣인 阿應麟, 會昌縣知縣으로 候補知州인 曾暉春, 二品蔭生儀徵인 阮常生이 있고, 사대부로는, 給事中 黃中傑, 御史 盧浙, 編修 黃中模, 員外 黃中栻, 擧人 余成教, 貢生인 趙儀吉・袁泰開・李楨이 있었는데, 혹은 돈을 내어 협조하고 혹은 經書를 나누어 교정해서, 殘缺된 것을 이어 빠진 부분을 보충하고 옳은 것을 증명하되 의심스러운 것은 그대로 남겨두었다.

또 宮保가 공무를 마친 한가로운 시간에 校勘을 자세히 가하였고, 그 판본을 학당 안

에 보관하여 사방의 독자들로 하여금 모두 와서 인쇄하게 하니, 참으로 西江의 훌륭한 일이요, 宮保가 사림들에게 은혜를 베푼 지극한 뜻이다.

宮保가 이미 책을 판각한 始末을 序目의 뒤에 기록하니, 나 또한 숙원이 이미 이루어진 것을 기뻐하여 그 重刊한 날짜와, 교정하고 간행한 여러분들의 姓氏와 이름을 全書의 끝에 기록하는 바이다.

江西鹽法道 分巡瑞袁臨等處地方 廬江胡稷[1)]謹記하노라

1) 胡稷 : 1765~1823. 字는 公望, 號는 夢湘이다. 四川川東兵備道, 江西鹽法道 등을 역임하였으며 善政으로 이름을 날렸다. 글씨와 詩文에 능하였으며 저서로 ≪律詩≫ 4권, ≪詩餘≫ 1권, ≪鹽政利弊書≫ 4권이 있다.

江西鹽法道 分巡瑞袁臨等處地方 廬江 胡稷은 삼가 기록하다.

欽定四庫全書總目 周易正義十卷

魏王弼晉韓康伯注하고 唐孔穎達疏라 易은 本卜筮之書라 故로 末派寖流於讖緯하니 王弼이 乘其極敝而攻之하여 遂能排擊漢儒하고 自標新學이라 然이나 隋書經籍志에 載晉揚州刺史顧夷等有周易難王輔嗣義一卷하고 冊府元龜에 又載顧悅之－案悅之는 卽顧夷之字라－難王弼易義四十餘條한대 京口(閔)〔關〕[1]康之 又申王難顧[2]하니 是在當日에 已有異同이라 王儉顏延年以後로 此揚彼抑하여 互詰不休라가 至穎達等奉詔作疏하여 始專崇王注하여 而衆說皆廢라 故隋志易類에 稱鄭學寖微하여 今殆絶矣라하니 蓋長孫無忌等作志之時 在正義旣行之後也라

1) (閔)〔關〕: 저본에는 '閔'으로 되어 있으나, ≪冊府元龜≫에 의거하여 '關'으로 바로잡았다.

2) 冊府元龜……又申王難顧 : ≪冊府元龜≫는 ≪太平廣記≫, ≪太平御覽≫, ≪文苑英華≫와 함께 宋四大書로 불리는 類書의 하나로, 원래의 명칭은 ≪歷代君臣事蹟≫이다. 北宋 眞宗 때 王欽若과 楊億 등이 上古시대부터 五代에 이르는 歷代 君臣 및 정치에 관한 사적을 광범위하게 채집, 정리하여 31部 천 권으로 완성하였다. ≪冊府元龜≫의 원문은 다음과 같다. "顧悅之가 王弼의 ≪易義≫를 힐난한 40여 조항이 있는데, 關康之가 王弼을 해명하고 顧悅之를 힐난하니 매우 情理가 있다.〔顧悅之難王弼易義四十餘條 康之申王難顧 遠有情理〕"

魏나라 王弼과 晉나라 韓康伯이 注를 내고, 唐나라 孔穎達이 疏를 냈다.

≪易≫은 본래 卜筮하던 책이다. 그러므로 末流가 점점 讖緯說(圖讖說)로 흘렀는데, 王弼이 그 지극한 병폐를 틈타 공격하여 마침내 漢나라 학자들을 배격하고 스스로 새로운 학문을 표출해내었다. 그러나 ≪隋書≫ 〈經籍志〉에 晉나라 揚州刺史 顧夷 등이 지은 ≪周易難王輔嗣義≫ 1권이 있다고 기재하였고, ≪冊府元龜≫에는 또 顧悅之가－살펴보건대 悅之는 바로 顧夷의 字이다.－王弼의 ≪易義≫를 힐난한 40여 조항이 있는데, 京口의 關康之는 또 王弼을 해명하고 顧悅之를 힐난했다고 기재하였으니, 이는 당시에 이미 異同이 있었던 것이다.

王儉과 顏延年(顏延之) 이후로 이것을 드날리고 저것을 억제해서 서로 힐난하여 그치

지 않다가, 孔穎達 등이 詔勅을 받들어 疏를 지으면서 처음으로 오로지 王弼의 注만을 높임으로 인해 여러 학설이 모두 폐지되었다. 이 때문에 ≪隋書≫ 〈經籍志〉의 易類에 "鄭玄의 學이 점점 쇠미해져서 지금에는 거의 끊겼다."고 말하였으니, 長孫無忌 등이 ≪隋書≫ 〈經籍志〉를 지은 시기는 ≪正義≫가 이미 통행된 뒤에 있었던 것이다.

今觀其書하면 如復彖에 七日來復을 王偶用六日七分之說하니 則推明鄭義之善[1]하고 乾九二利見大人을 王不用利見九五之說하니 則駁詰鄭義之非[2]라 於見龍在田時舍也엔 則曰經但云時舍어늘 注曰 必以時之通舍者는 則輔嗣以通解舍하니 舍是通義也라하고 而不疏舍之何以訓通하며 於天玄而地黃엔 則曰恐莊氏之言이 非王本意니 今所不取라하고 而不言莊說之何以未允하니 如斯之類는 皆顯然偏袒이라 至說卦傳之分陰分陽하여는 韓注에 二四爲陰이요 三五爲陽이라한대 則曰 輔嗣以爲初上은 無陰陽定位라하니 此注用王之說이라하고 帝出乎震엔 韓氏無注어늘 則曰 益卦六二에 王用享于帝吉이라한대 輔嗣注云 帝者는 生物之主요 興益之宗이니 出震而齊巽者也라하니 則輔嗣之意는 以此帝로 爲天帝也라하니라 是雖弼所未注者나 亦委曲旁引以就之라 然疏家之體는 主於詮解注文하여 不欲有所出入이라 故로 皇侃禮疏 或乖鄭義한대 穎達이 至斥爲狐不首丘하고 葉不歸根이라하니 其墨守專門은 固通例然也라

1) 如復彖……則推明鄭義之善 : 復卦의 〈彖傳〉에 "그 道를 반복하여 7일 만에 와서 회복함은 하늘의 운행이다.〔反復其道 七日來復 天行也〕"라고 한 것에 대하여, 王弼은 "陽氣가 처음 깎여〔剝〕 다하였다가 와서 회복하는 때까지가 모두 7일이다.〔陽氣始剝盡 至來復時 凡七日〕"라고 注를 내었다.

復卦의 '七日來復'에 대한 해석은 크게 두 가지로 나눌 수 있다. 하나는 程伊川과 朱子가 따랐던 說로, 12辟卦說에 의거하여 '七日'을 陰氣가 처음 생긴 姤卦(5월)로부터 陽氣가 처음 생긴 復卦(11월)까지의 7개월을 말하는 것으로 보는 해석이다. 또 하나는 王弼과 孔穎達이 따랐던 6日 7分의 說로, 이는 剝卦와 復卦 사이에 坤卦 하나가 끼어 있는데 한 卦는 총 6日 7分을 점유하므로 큰 수를 들어 7일이라고 말했다고 보는 해석이다.

한 卦가 6日 7分을 점유한다는 것은 易緯의 說로 다음과 같이 계산된다. 卦의 氣는 中孚卦로부터 시작되므로 離卦, 坎卦, 震卦, 兌卦가 각각 하나의 正方을 주관한다. 이 네 卦를 뺀 60卦에는 6개의 爻가 있는데, 이를 모두 합하면 360爻이므로 각각의 爻가 하루씩을 점유한다. 1년에서 360일을 빼면 5와 4분의 1일이 남는데, 하루는 80分으로 나뉘므로 곧 420分이 남는다. 이를 60卦로 나누면 한 卦당 7分을 점유하게 되어 卦마다 총 6일(6爻에 해당)과 7分을 점유하게 되는 것이다.

孔穎達은 王弼의 注에 疏를 달면서 '七月'을 7개월로 보는 說을 비판하고 "만약 姤卦의 5월부터 말한다면 注에서 어떻게 '始盡'이라고 말할 수 있겠는가. 또 臨卦 역시 陽이 자라는데 卦辭에 '八月'이라고 말하였으니, 지금 復卦 역시 陽이 자라는바, 어찌 유독 月을 바꾸어 '七日'이라고 칭하였겠는가. 注의 뜻을 보면 분명히 그렇게 생각하지 않은 것이요, 또한 易緯의 6日 7分의 뜻을 사용한 것이니, 鄭康成(鄭玄)의 說과 같다.〔若從五月言之 何得云始盡也 又臨卦亦是陽長 而言八月 今復卦亦是陽長 何以獨變月而稱七日 觀注之意 必謂不然 亦用易緯六日七分之義 同鄭康成之說〕" 하였다. '始盡'이라고 말할 수 없다는 것은 姤卦䷫는 겨우 陽爻 하나가 사라진 것이기 때문에 '盡'이라는 말을 쓸 수 없다는 의미이다.

2) 乾九二利見大人……則駁詰鄭義之非 : 乾卦 九二 爻辭에 "나타난 龍이 밭에 있으니, 大人을 만나봄이 이롭다.〔見龍在田 利見大人〕"라고 한 것에 대하여, 王弼은 "德의 베풂이 두루 하여 넓고, 中에 거하여 편벽되지 않으니, 비록 人君의 자리가 아니나 人君의 德이다. 初爻는 드러나지 못하였고 三爻는 부지런히 힘쓰며, 四爻는 혹 뛰어오르고 上爻는 지나치게 높으니, '利見大人'은 오직 二爻와 五爻뿐이다.〔德施周普 居中不偏 雖非君位 君之德也 初則不彰 三則乾乾 四則或躍 上則過亢 利見大人 唯二五焉〕"라고 하였으니, '利見大人'의 大人을 九二로 본 것이다.

이에 대하여 孔穎達은 "王輔嗣(王弼)는 또 말하기를 '利見大人은 오직 二爻와 五爻뿐이다.' 하였으니, 이는 二爻와 五爻가 모두 大人으로 천하 사람들이 그를 만나봄이 이로움이 되는 것이다. 그런데 褚氏(褚仲都)와 張氏(張譏)는 鄭康成의 說과 똑같이 모두 '九二가 九五의 大人을 만나보는 것이 이롭다.' 하였으니, 그 뜻이 잘못되었다.〔輔嗣又云 利見大人 唯二五焉 是二之與五 俱是大人 爲天下所利見也 而褚氏張氏同鄭康成之說 皆以爲九二利見九五之大人 其義非也〕"라고 하여 鄭玄의 說을 반박하였다. 한편 程伊川과 朱子는 모두 鄭玄과 마찬가지로 九二가 九五의 大人을 만나봄이 이롭다는 의미로 해석하였다.

지금 이 책을 보면, 復卦〈彖傳〉의 "七日來復"에 대하여 王輔嗣(王弼)가 우연히 6日 7分의 說을 따랐는데 여기에서는 鄭玄의 뜻이 좋음을 미루어 밝혔고, 乾卦 九二 爻辭의 "利見大人"에 대하여 王輔嗣가 九五를 보는 것이 이롭다는 說을 따르지 않았는데 여기에서는 鄭玄의 뜻이 잘못됨을 논박하여 힐난하였다.

"'나타난 龍이 밭에 있음'은 때가 통함이다.〔見龍在田 時舍也〕"라고 한 것에 대해서는 "經에는 오직 '時舍'라고 말하였는데 注에 '必以時之通舍'라고 말한 것은 王輔嗣가 通으로 舍를 해석한 것이니, 舍가 바로 通의 뜻이다." 하고는 舍가 어찌하여 通의 뜻이 되는지는 疏를 내지 않았으며, "하늘은 검고 땅은 누르다."라고 한 것에 대해서는 "莊氏의 말은 王輔嗣의 본뜻이 아닐 듯하므로 이제 취하지 않는다." 하고는 莊氏의 說이 어찌하여 합당하지 않은지는 말하지 않았으니, 이와 같은 따위는 모두 드러나게 한쪽만을 주장한 것이다.

〈說卦傳〉의 "分陰分陽"에 이르러서는 韓康伯의 注에 "二와 四는 陰이 되고 三과 五는 陽이 된다." 하였는데, 疏에 이르기를 "王輔嗣가 '初와 上은 陰陽의 定位가 없다.'고 하였으니, 이 注는 王輔嗣의 說을 따른 것이다." 하였으며, "帝出乎震"에 대하여 韓氏는 注가 없는데, 〈疏에서 또〉 이르기를 "益卦의 六二에 '王이 上帝에게 제향하면 길하다.' 하였는데, 王輔嗣의 注에 '帝는 물건을 낳는 주체이고 유익함을 일으키는 宗主이니, 震에서 나와 巽에서 가지런히 한 자이다.' 하였으니, 王輔嗣의 뜻은 이 帝를 天帝로 여긴 것이다." 하였다. 이것은 비록 王弼이 注를 달지 않은 것이나 또한 곡진히 넓게 인용하여 완성한 것이다.

그러나 疏家의 본체는 注의 글을 해석하는 것을 위주로 하여 출입하는 바가 있고자 하지 않는다. 그러므로 皇侃의 《禮記義疏》가 간혹 鄭玄의 뜻에 어긋나자, 孔穎達은 "여우가 머리를 언덕에 두지 않고 잎이 뿌리로 돌아가지 않는다."고 배척하기까지 하였으니, 하나의 專門을 굳게 지키는 것은 진실로 通例가 그러한 것이다.

至於詮釋文句하여는 多用空言하여 不能如諸經正義의 根據典籍하여 源委粲然하니 則由王注하여 掃棄舊文하여 無古義之可引하니 亦非考證之疏矣라 此書初名義贊이러니 後詔改正義라 然이나 卷端又題曰兼義라하니 未喩其故라 序稱十四卷이로되 唐志엔 作十八卷하고 書錄解題엔 作十三卷이어늘 此本十卷이니 乃與王韓注本同하니 殆後人從注本合併歟아

文句를 해석함에 이르러서는 대부분 공허한 말을 사용하여, 다른 여러 經의 《正義》가 典籍에 근거하여 本末이 찬란한 것만 못하니, 이는 王輔嗣의 注만을 따르고 옛글을 쓸어버려서 인용할 만한 옛 뜻이 없어진 것이니, 또한 고증한 疏가 아니다.

이 책이 처음에는 '義贊'이라고 이름하였는데 뒤에는 조칙에 따라 '正義'라고 고쳤다. 그러나 책머리에는 또 '兼義'라고 썼으니, 그 연고를 알 수 없다.

孔穎達의 序文에는 14권이라고 칭하였으나, 《唐書》〈經籍志〉에는 18권이라 하였고, 《直齋書錄解題》에는 13권이라 하였는데, 이 板本은 10권으로 王輔嗣와 韓康伯의 注本과 같으니, 아마도 後人이 注本을 따라 합병한 것인 듯하다.

周易正義序

國子祭酒上護軍曲阜縣開國子 臣孔穎達이 奉勅撰定이라
國子祭酒上護軍曲阜縣開國子 臣 孔穎達이 勅令을 받들어 撰定하다.

夫易者는 象也요 爻者는 效也라 聖人이 有以仰觀俯察하여 象天地而育群品하고 雲行雨施하여 效四時以生萬物하시니 若用之以順이면 則兩儀序而百物和하고 若行之以逆이면 則六位傾[1] 而五行亂이라 故로 王者는 動必則天地之道하여 不使一物失其性하고 行必協陰陽之宜하여 不使一物受其害라 故로 能彌綸宇宙하고 酬酢神明하여 宗社所以无窮이요 風聲所以不朽니 非夫道極玄妙면 孰能與於此乎아

1) 六位傾 : 六位는 여섯 爻의 자리를 말한다. 〈說卦傳〉에 "陰으로 나뉘고 陽으로 나뉘며 柔와 剛을 번갈아 쓰기 때문에 易이 六位에 文章을 이룬 것이다.〔分陰分陽 迭用柔剛 故易 六位而成章〕" 하였는데, 韓康伯의 注에 "六位는 爻가 처한 자리이다. 二와 四가 陰이 되고 三과 五가 陽이 되므로 '陰으로 나뉘고 陽으로 나뉜다.'고 한 것이요, 여섯 爻가 오르고 내려서 柔하기도 하고 剛하기도 하므로 '柔와 剛을 번갈아 쓴다.'고 한 것이다.〔六位 爻所處之位也 二四爲陰 三五爲陽 故曰分陰分陽 六爻升降 或柔或剛 故曰迭用柔剛也〕" 하였다.

易은 象이고 爻는 效(나타냄)이다. 聖人이 天文을 우러러 관찰하고 地理를 굽어 살펴서 天地를 형상하여 여러 물건을 기르고, 구름이 흘러가고 비가 내리듯 하여 四時를 본받아 만물을 낳으시니, 만약 이것을 순히 따르면 兩儀가 차례대로 운행하여 온갖 물건이 和하고, 만약 거슬러 행하면 六位가 기울고 五行이 혼란해진다.

그러므로 王者는 동할 적에 반드시 天地의 道를 본받아서 한 물건이라도 본성을 잃지 않게 하고, 행할 적에 반드시 陰陽의 마땅함에 화합하게 하여 한 물건이라도 폐해를 받지 않게 하였다. 그러므로 宇宙를 彌綸(두루 다스림)하고 神明과 酬酌할 수 있어서, 종묘와 사직이 이 때문에 무궁하고 風教가 이 때문에 없어지지 않는 것이니, 道가 지극히 현묘한 자가 아니면 누가 여기에 능히 참여하겠는가.

斯乃乾坤之大造요 生靈之所益也라 若夫龍出於河면 則八卦宣其象[1]하고 麟傷於澤이면 則十翼彰其用[2]하여 業資凡聖하고 時歷三古[3]라 及秦亡金鏡[4]이나 未墜斯文하고 漢理珠囊하여 重興儒雅[5]라 其傳易者는 西都則有丁, 孟, 京, 田하고 東都[6]則有荀, 劉, 馬, 鄭하니 大體更相祖述이요 非有絶倫이라 唯魏世王輔嗣之注는 獨冠古今하니 所以江左諸儒 竝傳其學이요 河北學者 罕能及之라 其江南義疏는 十有餘家니 皆辭尙虛玄하고 義多浮誕이라 原夫易理難窮하여 雖復玄之又玄이나 至於垂範作則하여는 便是有而教有라 若論住內住外之空[7]과 就能就所之說[8]은 斯乃義涉於釋氏요 非爲教於孔門也니 既背其本이요 又違於注라

1) 若夫龍出於河 則八卦宣其象 : 伏羲氏는 黃河에서 나온 龍馬의 등에 그려진 그림을 보고 이것을 근거로 八卦를 그었다 하며, 이것을 河圖라 한다. 〈繫辭傳〉에 "河水에서 圖가 나오고 洛水에서 書가 나오자 聖人이 이것을 법받았다.〔河出圖 洛出書 聖人則之〕"라고 보인다.

2) 麟傷於澤 則十翼彰其用 : 孔子가 十翼을 지은 것을 말한다. '麟傷於澤'은 魯 哀公 14년 봄에 서쪽 大野에서 사냥을 하다가 麒麟을 잡은 일을 말하는데, ≪春秋左氏傳≫에 기록되어 있다. ≪史記≫에는 "서쪽에서 麒麟을 잡으니, 仲尼가 말씀하기를 '내 道가 끝났다.' 하였다. 그러므로 史官의 기록을 인습하여 ≪春秋≫를 지었다.〔西狩獲麟 曰 吾道窮矣 故因史記作春秋〕" 하였다. 麒麟이 부상을 당함은 때를 만나지 못했기 때문이고, 孔子가 十翼 등의 책을 지은 것도 때를 만나지 못하여 정치를 하지 못했기 때문이므로 이렇게 말한 것이다.

3) 時歷三古 : 三古는 上古, 中古, 下古를 합친 이름으로, 문맥에 따라 가리키는 시대가 조금씩 다르다. 孟康은 "〈繫辭傳〉에 '易이 일어남은 中古일 것이다.' 하였으니, 그렇다면 伏羲가 上古가 되고 文王은 中古가 되고 孔子는 下古가 될 것이다.〔易之興 其於中古乎 然則伏羲爲上古 文王爲中古 孔子爲下古〕" 하였다.

4) 及秦亡金鏡 : ≪太平御覽≫에 "≪尙書考靈耀≫에 이르기를 '秦나라가 金鏡을 잃었다.〔秦失金鏡〕' 했다." 하였는데, 宋均의 注에 "金鏡은 밝은 道를 가리킨다.〔金鏡 喩明道也〕" 하였다.

5) 漢理珠囊 重興儒雅 : 珠囊은 五星의 궤도로, 漢나라가 天道를 따라 다스려서 儒學을 중흥시켰음을 말한다. ≪尙書考靈耀≫에 "하늘이 해와 달을 잃어서 珠囊을 잃어버렸다.〔天失日月 遺其珠囊〕" 하였는데, 鄭玄의 注에 "珠는 五星을 이른다. 囊을 잃었다는 것은 차고 기욺에 궤도를 잃은 것이다.〔珠 謂五星也 遺其囊者 盈縮失度也〕" 하였다.

6) 西都……東都 : 西都는 서쪽에 있는 都城이란 뜻으로 長安을 가리키고, 東都는 동쪽에 있는 都城이란 뜻으로 洛陽을 가리킨다. 高祖인 劉邦이 일으킨 前漢은 서쪽인 長安에 도읍하였고, 光武帝 劉秀가 中興한 後漢은 洛陽에 도읍하였다. 이 때문에 前漢을 西漢, 後漢을 東漢이라 하는바, 西都는 西漢을, 東都는 東漢을 가리킨 것이다.

7) 論住內住外之空 : 內空과 外空은 불교에서 말하는 十八空에 속한 것으로, 內空은 眼, 耳, 鼻, 舌, 身, 意의 六根이 自性이 없고 實體가 아닌 空이라는 것이고, 外空은 六根의 對境인 色, 聲, 香, 味, 觸, 法의 六境이 自性이 없고 實體가 아닌 空이라는 것이다.
8) 就能就所之說 : 能은 주관이고 所는 객관으로, 불교에서는 空을 깨달으면 能과 所가 함께 泯滅한다고 한다. 儒家에서는 能은 氣, 所는 理로 본다.

이것은 바로 乾坤의 큰 조화요 백성의 유익한 바이다. 龍馬가 黃河에서 나옴에 八卦가 그 象을 펴고, 麒麟이 들에서 부상을 당함에 十翼이 그 用을 드러내서, 사업은 凡人과 聖人이 모두 이용하고 때는 三古를 지났다. 秦나라에 이르러 金鏡(밝은 道)을 잃었으나 斯文이 실추되지는 않았고, 漢나라가 珠囊을 다스려서 儒雅(儒學)를 중흥시켰다.

≪周易≫을 전한 자로는 西都에는 丁寬, 孟喜, 京房, 田王孫이 있었고, 東都에는 荀爽, 劉表, 馬融, 鄭玄이 있었으니, 대체로 번갈아 서로 祖述한 것이요, 뛰어난 자는 없었다. 오직 魏나라 王輔嗣(王弼)의 注는 유독 古今에 으뜸이니, 이 때문에 江左(江東)의 여러 학자들이 모두 그의 학문을 전하였고, 河北 지방의 학자 중에 그에게 미칠 수 있는 자가 적었던 것이다. 江南 지방에서 만든 義疏는 10여 家가 있는데, 모두 내용은 玄虛를 숭상하고 뜻은 浮誕한 것이 많다.

근원을 따져보면, ≪周易≫의 이치는 다 알기가 어려워서 비록 玄妙하고 또 玄妙하나, 규범을 남기고 법칙을 만듦에 이르러서는 바로 有를 가지고 有를 가르친 것이다. 內空과 外空에 머무름을 논한 것과 能과 所에 나아간 說로 말하면, 바로 뜻이 釋氏(佛教)와 관련된 것이요 孔門(儒學)에서 가르친 것이 아니니, 이미 근본을 위배한 것이며 注와도 어긋난다.

至若復卦云七日來復하여는 竝解云 七日은 當爲七月이니 謂陽氣從五月建午而消하여 至十一月建子始復이니 所歷七辰이라 故로 云七月[1)]이라하니라 今案 輔嗣注云 陽氣始剝盡이라가 至來復時 凡七日이라하니 則是陽氣剝盡之後에 凡經七日始復이라 但陽氣雖建午始消나 至建戌之月하여도 陽氣猶在[2)]하니 何得稱七月來復이리오 故로 鄭康成이 引易緯之說하여 建戌之月은 以陽氣旣盡이요 建亥之月은 純陰用事요 至建子之月하여 陽氣始生하니 隔此純陰一卦니 卦主六日七分이어늘 擧其成數言之하여 而云七日來復[3)]이라하니라 仲尼之緯分明하고 輔嗣之注若此하고 康成之說은 遺跡可尋이라 輔嗣注之於前이어늘 諸儒背之於後하니 考其義理하면 其可通乎아

1) 至若復卦云七日來復……云七月 : 復卦의 '七日來復'은 일반적으로 12辟卦說에 의거하여 七日을 七月로 해석한다. 이는 七日을 陰氣가 처음 생긴 姤卦䷫(5월)로부터 陽氣가 처음 생긴 復卦䷗(11월)까지의 기간인 7개월을 가리킨 것으로 보는 해석이다.

建午月은 北斗星의 자루가 초저녁에 午方을 가리키는 달을 말한 것으로 지금의 음력 5월, 즉 夏至의 姤卦에 해당하는 달이며, 建子月은 北斗星의 자루가 초저녁에 子方을 가리키는 달을 말한 것으로 지금의 음력 11월, 즉 冬至의 復卦에 해당하는 달이다.

2) 至建戌之月 陽氣猶在 : 建戌月은 음력 9월로, 剝卦䷖에 해당하는 달이다. 上位의 한 爻가 아직 陽爻이므로 이렇게 말한 것이다.

3) 鄭康成引易緯之說……而云七日來復 : 建戌月은 음력 9월(剝卦에 해당), 建亥月은 음력 10월(坤卦에 해당), 建子月은 음력 11월(復卦에 해당)이다. 鄭玄은 '七日來復'을 陽氣가 모두 없어졌다가 처음 다시 생긴 시기까지의 사이에 坤卦 한 卦가 있는데, 한 卦가 6日 7分을 점유하므로 成數를 들어 七日이라고 한 것이라고 해석하였다.

한 卦가 6日 7分을 점유한다고 하는 것은 易緯의 說로 다음과 같이 계산된다. 卦의 氣는 中孚卦로부터 시작되므로 離卦, 坎卦, 震卦, 兌卦가 각각 하나의 正方을 주관한다. 이 네 卦를 뺀 60개의 卦에는 6개의 爻가 있는바, 모두 360爻여서 각각의 爻가 하루씩을 점유한다. 1년에서 360일을 빼면 5와 4분의 1일이 남는데, 하루는 80分으로 나뉘므로 곧 420分이 남는다. 이를 60卦로 나누면 한 卦당 7分을 점유하게 되어 卦마다 총 6日(6爻에 해당) 7分을 점유하게 되는 것이다.

復卦에 "七日來復"이라고 한 것에 있어서는 모두 해석하기를 "七日은 마땅히 七月이 되어야 하니, 陽氣가 建午月인 5月로부터 사라져서 建子月인 11月에 이르러 처음 회복되는 것이다. 지나간 것이 일곱 地支이기 때문에 七月이라 한 것이다."라고 하였다.

이제 살펴보건대 王輔嗣의 注에는 "陽氣가 처음 깎여〔剝〕 다하였다가 와서 회복하는 때〔復〕까지가 모두 七日이다." 하였으니, 이는 陽氣가 깎여 다한 뒤에 무릇 七日을 지나 처음으로 회복된 것이다. 다만 陽氣가 비록 建午月에 처음 사라지나 建戌月에 이르러도 陽氣가 아직 남아 있으니, 어떻게 七月에 와서 회복한다고 말할 수 있겠는가. 그러므로 鄭康成(鄭玄)은 易緯의 說을 인용하여 "建戌月은 陽氣가 이미 다하였고 建亥月은 純陰이 用事하며 建子月에 이르러 陽氣가 처음 생겨나니, 이 純陰 한 卦(十月의 坤卦)와 떨어져 있는데 卦는 6日 7分을 주관하므로 그 成數를 들어 말하여 '七日來復'이라 한 것이다." 하였다.

仲尼의 緯書에 분명히 밝혔고 王輔嗣의 注가 이와 같으며 鄭康成의 說에서는 남은 자취를 찾을 수 있다. 王輔嗣가 앞에서 注를 냈는데 여러 학자들이 뒤에서 이를 위배하니,

그 義理를 고찰해보면 어찌 통할 수 있겠는가.

又蠱卦云 先甲三日이요 後甲三日이라한대 輔嗣注云 甲者는 創制之令이라하니 又若漢世之時甲令乙令也라 輔嗣又云 令洽乃誅라 故로 後之三日이라하니라 又巽卦云 先庚三日이요 後庚三日이라한대 輔嗣注云 申命令을 謂之庚이라하고 輔嗣又云 甲庚은 皆申命之謂也라하니라 諸儒同於鄭氏之說하여 以爲甲者는 宣令之日이니 先之三日而用辛也는 欲取改新之義요 後之三日而用丁也는 取其丁寧之義라하니 王氏注意는 本不如此어늘 而又不顧其注하고 妄作異端[1)]하니라

1) 又蠱卦云……妄作異端 : 孔穎達은 王弼의 注를 따라 蠱卦의 卦辭에 다음과 같이 疏를 냈다. "甲은 처음 만든 명령이니, 이미 훌륭한 일을 하는 때에 있으므로 옛 명령을 그대로 따를 수 없다. 이제 처음 명령을 만들어서 백성을 다스리니, 백성이 만약 이를 어기더라도 즉시 형벌을 가할 수 없다. 백성들이 새 명령에 익숙하지 않으므로 이 명령을 선포하기 3일 전에 은근(간곡)히 말해주고, 또 이 명령을 선포한 3일 후에 다시 丁寧히 말해주어서 백성들이 따르지 않으면 비로소 형벌하는 것이다.

褚氏, 何氏, 周氏 등은 모두 鄭玄과 똑같이 '甲은 새로운 명령을 만드는 날이니, 甲의 3일 전에 하여 改過自新의 뜻을 취하였으므로 辛(新)을 쓰는 것이고, 甲의 3일 뒤에 하여 丁寧의 뜻을 취하였으므로 丁을 쓰는 것이다.' 하였다.

지금 王輔嗣의 注를 살펴보면 '甲은 처음 만든 명령이다.' 하였고 '처음 만든 날이다.' 하지 않았으며, 또 巽卦 九五의 爻辭에 '先庚三日이요 後庚三日이다.' 하였는데, 王輔嗣의 注에 '거듭 명령을 내리는 것을 庚이라고 한다.' 하였고, 王輔嗣가 또 말하기를 '甲과 庚은 모두 거듭 명령을 내림을 말한다.' 하였으니, 王輔嗣는 甲을 처음 만든 날로 보지 않은 것인데, 여러 학자들이 王輔嗣가 注를 낸 뜻을 돌아보지 않고서 함부로 異端의 說을 만들어내었으니, 잘못이다.〔甲者 創制之令 旣在有爲之時 不可因仍舊令 今用創制之令以治於人 人若犯者 未可卽加刑罰 以民未習 故先此宣令之前三日 殷勤而語之 又如此宣令之後三日 更丁寧而語之 其人不從 乃加刑罰也 其褚氏何氏周氏等竝同鄭義 以爲甲者 造作新令之日 甲前三日 取改過自新 故用辛也 甲後三日 取丁寧之義 故用丁也 今案輔嗣注 甲者 創制之令 不云創制之日 又巽卦九五 先庚三日 後庚三日 輔嗣注 申命令 謂之庚 輔嗣又云 甲庚皆申命之謂 則輔嗣不以甲爲創制之日 而諸儒不顧輔嗣注旨 妄作異端 非也〕"

天干에 있어 丁은 甲으로부터 뒤로 세 번째이고 辛은 甲으로부터 거슬러 세 번째이며, 辛은 改新의 뜻이고 丁은 丁寧의 뜻이 있다 하여 鄭玄 등이 주장한 것이다.

한편 程伊川은 "制作과 政教의 따위를 甲이라고 한다." 하여 王弼과 상통하며, 朱子는 鄭玄의 說을 따랐다.

또 蠱卦 卦辭에 "先甲三日이요 後甲三日이다." 하였는데, 王輔嗣의 注에 "甲은 처음으로 만든 명령이다." 하였으니, 또 漢나라 때의 甲令, 乙令과 같다. 王輔嗣는 또 말하기를 "명령이 충분히 젖어들어야 처벌할 수 있다. 그러므로 3일 뒤에 한 것이다." 하였다.

또 巽卦 九五 爻辭에 "先庚三日이요 後庚三日이다." 하였는데, 王輔嗣의 注에 "거듭 명령함을 庚이라 이른다." 하였고, 王輔嗣가 또 말하기를 "甲과 庚은 모두 거듭 명령하는 것을 이른다." 하였다.

그런데 여러 학자들은 鄭康成의 설에 附和雷同하여 말하기를 "甲은 명령을 선포하는 날이니, 3일 전에 辛을 쓰는 것은 改新의 뜻을 취하고자 하는 것이요, 3일 뒤에 丁을 쓰는 것은 丁寧의 뜻을 취한 것이다." 하였다. 王氏가 注를 낸 뜻은 본래 이와 같지 않은데, 또 그 注를 돌아보지 않고 함부로 異端의 설을 만들어낸 것이다.

今旣奉勅刪定하여 考察其事는 必以仲尼爲宗이요 義理可詮은 先以輔嗣爲本하니 去其華而取其實하여 欲使信而有徵이라 其文簡하고 其理約하니 寡而制衆이요 變而能通이라 仍恐鄙才短見하여 意未周盡이라 謹與朝散大夫行大學博士臣馬嘉運과 守大學助教臣趙乾叶等으로 對共參議하여 詳其可否하고 至十六年하여 又奉勅하여 與前修疏人及給事郎守四門博士上騎都尉臣蘇德融等으로 對勅使趙弘智하여 覆更詳審하여 爲之正義하니 凡十有四卷이라 庶望上裨聖道하고 下益將來라 故로 序其大略하여 附之卷首爾로라

이제 이미 勅命을 받들어 刪定하면서, 일을 고찰함은 반드시 仲尼를 宗主로 삼고 義理를 밝힘은 먼저 王輔嗣를 근본으로 삼았으니, 이는 화려함을 제거하고 실제를 취해서 진실하여 증거를 갖추고자 해서이다. 문장이 간략하고 이치가 요약되니, 적으면서도 많은 것을 制裁하고, 변하여 능히 통할 수 있을 것이다.

다만 나의 재주가 비루하고 식견이 짧아서 뜻을 두루 다하지 못할까 염려되었다. 그리하여 朝散大夫 行大學博士 臣 馬嘉運과 守大學助教 臣 趙乾叶 등과 마주 대하여 함께 의논해서 可否를 자세히 살폈으며, 貞觀 16년(642)에 이르러 또다시 勅命을 받들어서 예전에 疏를 만들었던 사람과 給事郎 守四門博士 上騎都尉 臣 蘇德融 등과 함께 勅使인 趙弘智를 마주 대하여 다시 자세히 살펴서 ≪正義≫를 만드니, 모두 14권이다. 행여라도 위로 聖人의 道를 돕고 아래로 장래에 유익하기를 바란다. 그러므로 그 대략을 서술하여 책머리에 붙이는 바이다.

周易正義 卷第一(卷首)

自此下分爲八段

이로부터 아래는 나누어 여덟 段이 된다.

第一 論易之三名

제1 易의 세 가지 이름을 논함

第二 論重卦之人

제2 重卦를 만든 사람을 논함

第三 論三代易名

제3 三代의 易의 이름을 논함

第四 論卦辭爻辭誰作

제4 卦辭와 爻辭를 누가 지었는가를 논함

第五 論分上下二篇

제5 上·下 두 篇으로 나눔을 논함

第六 論夫子十翼

제6 夫子의 十翼을 논함

第七 論傳易之人

제7 易을 傳한 사람을 논함

第八 論誰加經字

제8 누가 經자를 가했는가를 논함

第一 論易之三名 제1 易의 세 가지 이름을 논함

正義曰 夫易者는 變化之總名이요 改換之殊稱이니 自天地開闢하여 陰陽運行으로 寒暑迭來하고 日月更(경)出하여 孚萌庶類하고 亭毒群品하여 新新不停하여 生生相續이 莫非資變化之力, 換代之功이라 然이나 變化運行은 在陰陽二氣라 故로 聖人이 初畫八卦하여 設剛柔兩畫은 象二氣也요 布以三位는 象三才也요 謂之爲易은 取變化之義라 既義摠變化로되 而獨以易爲名者는 易緯乾鑿度云 易은 一名而含三義하니 所謂易(이)也, 變易也, 不易也라하고 又云 易(이)者는 其德也니 光明四通하고 簡易立節하여 天以爛明하고 日月星辰이 布設張列하며 通精無門하고 藏神無穴하여 不煩不擾하여 澹泊不失하니 此其易也라 變易者는 其氣也니 天地不變하여 不能通氣하면 五行迭終하고 四時更廢하며 君臣取象이 變節相移하여 能消者息하고 必專者敗하니 此其變易也라 不易者는 其位也니 天在上하고 地在下하며 君南面하고 臣北面하며 父坐子伏하니 此其不易也라하니라

正義曰 : 易은 변화의 총체적인 이름이고 바뀜의 다른 명칭이니, 天地가 開闢하여 陰과 陽이 운행함으로부터 추위와 더위가 번갈아 오고 해와 달이 번갈아 나와서 여러 종류를 싹트게 하고 여러 물건을 亭毒(化育)하여 새롭고 새로워 멈추지 않아서 낳고 낳아 서로 이어가는 것이 변화의 힘과 바뀜의 功에 의뢰하지 않음이 없다.

그러나 변화가 운행함은 陰과 陽 두 기운에 달려 있다. 그러므로 聖人이 처음 八卦를 그어서 剛과 柔 두 획을 만든 것은 〈陰과 陽의〉 두 기운을 형상한 것이요, 세 자리를 나열함은 三才(天, 地, 人)를 형상한 것이요, 易이라고 부른 것은 변화의 뜻을 취한 것이다. 이미 의미상 변화의 뜻을 모두 취하였는데 유독 易이라고 이름한 것은, 易의 緯書인 《乾鑿度》에 이르기를 "易은 한 이름에 세 가지 뜻을 포함하였으니, 이른바 易와 變易과 不易이다." 하였다. 또 다음과 같이 말하였다.

"易(簡易)란 그 德이니, 光明하여 사방으로 통하고 簡易하게 절도를 세워서 하늘이 이로써 찬란하여 밝고 해와 달과 별이 하늘에 펼쳐져 있으며, 精을 통함에 일정한 門이 없고 神을 감춤에 일정한 구멍이 없어서 번거롭지 않고 소요하지 않아서 담박하여 잃지 않으니, 이것이 易이다.

變易이란 그 기운이니, 하늘과 땅이 변화하지 않아서 기운을 통하지 못하면 五行이 차례로 끝나고 四時가 번갈아 폐해지며, 君臣의 象을 취한 것이 시절이 변하여 서로 바뀌어서 능히 사라지는 것은 자라나고 반드시 專斷하는 자는 패하니, 이것이 바로 變易이다.

不易이란 그 자리(위치)이니, 하늘은 위에 있고 땅은 아래에 있으며 人君은 南向을 하고 신하는 北向을 하며 아비는 앉아 있고 자식은 엎드려 있으니, 이것이 바로 不易이다."

鄭玄依此義하여 作易贊及易論云 易은 一名而含三義하니 易(이)簡이 一也요 變易이 二也요 不易이 三也라 故로 繫辭云 乾坤은 其易之蘊邪인저하고 又云 易之門戶邪인저하고 又云 夫乾은 確然하여 示人易矣요 夫坤은 隤(퇴)然하여 示人簡矣니 易則易知요 簡則易從[1]이라하니 此言其易簡之法則也라 又云 爲道也屢遷하니 變動不居하여 周流六虛하여 上下無常하고 剛柔相易하여 不可爲典要요 唯變所適이라하니 此는 言順時變易하여 出入移動者也라 又云 天尊地卑하니 乾坤定矣요 卑高以陳하니 貴賤位矣요 動靜有常하니 剛柔斷矣라하니 此는 言其張設布列하여 不易者也라하니라

1) 夫乾確然……簡則易從 : "夫乾確然 示人易矣 夫坤隤然 示人簡矣"는 〈繫辭下傳〉에 보이고, "易則易知 簡則易從"은 〈繫辭上傳〉에 보이나, 鄭玄이 한데 묶어 인용하였으므로 아래와 같이 번역하였다.

鄭玄이 이 뜻을 따라 〈易贊〉과 〈易論〉을 지으면서 말하였다.

"易은 한 이름에 세 가지 뜻을 포함하였으니, 易簡이 첫 번째이고, 變易이 두 번째이고, 不易이 세 번째이다. 그러므로 〈繫辭傳〉에 이르기를 '乾, 坤은 易의 심오한 내용일 것이다.' 하였고, 또 말하기를 '易의 門戶일 것이다.' 하였고, 또 말하기를 '乾은 굳세어 사람들에게 쉬움〔易〕을 보여주고 坤은 순하여 사람들에게 간략함〔簡〕을 보여주니, 쉬우면 알기 쉽고 간략하면 따르기 쉽다.' 하였으니, 이는 易簡의 법칙을 말한 것이다.

또 〈繫辭傳〉에 이르기를 '易의 道가 자주 바뀌니, 변동하여 〈한 곳에〉 머물지 않아서 여섯 자리에 두루 흐른다. 그리하여 오르내림이 無常하고 剛과 柔가 서로 바뀌어서 典要(일정한 법칙)로 삼을 수 없고, 오직 변화하여 나간다.' 하였으니, 이는 때에 따라 變易하여 출입하고 이동함을 말한 것이다.

또 〈繫辭傳〉에 이르기를 '하늘은 높고 땅은 낮으니 乾과 坤이 정해졌고, 낮음과 높음이 진열되니 貴와 賤이 자리하고, 動과 靜이 일정함이 있으니 剛과 柔가 결단되었다.' 하였으니, 이는 자리가 사방으로 펼쳐져 있어서 바뀌지 않음〔不易〕을 말한 것이다."

崔覲, 劉貞簡等이 竝用此義하여 云 易(이)者는 謂生生之德이 有易簡之義요 不易者는 言天地定位하여 不可相易이요 變易者는 謂生生之道 變而相續이라하니 皆以緯稱不煩不擾하여 澹泊不失하니 此는 明是易簡之義요 無爲之道라 故로 易者는 易也니 作難易之音이로되 而周簡子云 易者는 易-音亦-也니 不易者는 變易也요 易者는 易代之名이라 凡有無相代하고 彼此相易이 皆是易義라 不易者는 常體之名이니 有常有體하고 無常無體는 是不易之義요 變易者는 相變改之名이니 兩有相變이 此爲變易이라하니라

崔覲과 劉貞簡 등은 모두 이 뜻을 따라 말하기를 "易는 낳고 낳는 德이 易簡의 뜻이 있음을 말한 것이요, 不易은 하늘과 땅이 자리를 정해서 서로 뒤바뀔 수 없음을 말한 것이요, 變易은 낳고 낳는 道가 변하여 서로 이어짐을 말한 것이다." 하였다. 이는 모두 緯書(≪建鑿度≫)에서 "번거롭지 않고 소요하지 않아서 담박하여 잃지 않는다."고 한 것을 쓴 것이니, 이는 분명히 易簡의 뜻이요 無爲의 道이다. 그러므로 易는 쉬움이니, 難易의 音으로 읽는다.

그런데 周簡子(周弘正)는 말하기를 "易은 바뀜 - 音이 亦이다. - 이니, 不易은 變易하는 것이요 易은 바꾸어 교대하는 것을 이르는 명칭이다. 무릇 有와 無가 서로 교대하고 彼와 此가 서로 바뀌는 것이 모두 易의 뜻이다. 不易이란 常體의 이름이니, 떳떳함〔常〕이 있고 體가 있으며 떳떳함이 없고 體가 없음은 바로 不易의 뜻이다. 變易이란 서로 변하여 바뀌는 것을 이르는 명칭이니, 두 有가 서로 변하는 것, 이것이 變易이 된다." 하였다.

張氏, 何氏는 竝用此義하여 云 易者는 換代之名이요 待奪之義라하니라 因於乾鑿度云 易者는 其德也라한대 或沒而不論하고 或云 德者는 得也니 萬法相形하여 皆得相易이라하여 不顧緯文不煩不擾之言하니 所謂用其文而背其義니 何不思之甚고 故로 今之所用은 同鄭康成等의 易者는 易也니 音爲難易之音이요 義爲簡易之義가 得緯文之本實也라

張氏(張譏)와 何氏(何妥)는 모두 이 뜻을 따라 말하기를 "易은 교대하는 것을 이르는 명칭이요, 상대를 기다려 빼앗는 뜻이다." 하였다. 이로 인하여 ≪乾鑿度≫에 "易란 그 德이다." 한 것을 혹자는 묻어두고 논하지 않고, 혹자는 "德은 얻음이니, 萬法이 서로 나타나서 모두 얻어 서로 바뀌는 것이다."라고 하여, 緯書의 "번거롭지 않고 소요하지 않는다."는 말을 돌아보지 않았으니, 이른바 그 글은 따르면서 그 뜻은 배반한다는 것이다. 깊이 생각하지 않음이 어찌 이리도 심한가.

그러므로 지금 따른 것은 鄭康成 등의 '易란 쉬움이니, 音은 難易의 音이 되고 뜻은 簡易의 뜻이 된다.'고 한 해석인바, 이것이 緯書의 본래 실재를 얻은 것이다.

蓋易之三義는 唯在於有라 然이나 有從无出하니 理則包无라 故로 乾鑿度云 夫有形者는 生於无形하니 則乾坤安從而生이리오 故有太易하고 有太初하고 有太始하고 有太素하니 太易者는 未見氣也요 太初者는 氣之始也요 太始者는 形之始也요 太素者는 質之始也라 氣, 形, 質具而未相離를 謂之渾沌이니 渾沌者는 言萬物相渾沌而未相離也라 視之不見하고 聽之不聞하고 循之不得이라 故曰易也라하니라 是知易理備包有无나 而易象唯在於有者는 蓋以聖人作易은 本以垂教요 教之所備는 本備於有라 故로 繫辭云 形而上者를 謂之道라하니 道卽无也요 形而下者를 謂之器라하니 器卽有也라 故로 以无言之하면 存乎道體하고 以有言之하면 存乎器用하고 以變化言之하면 存乎其神하고 以生成言之하면 存乎其易하고 以眞言之하면 存乎其性하고 以邪言之하면 存乎其情하고 以氣言之하면 存乎陰陽하고 以質言之하면 存乎爻象하고 以教言之하면 存乎精義하고 以人言之하면 存乎景行하니 此等이 是也라

易의 세 뜻은 오직 有에 달려 있다. 그러나 有는 无에서 나왔으니 이치는 无를 포함한다. 그러므로 ≪乾鑿度≫에 이르기를 "형체가 있는 것은 형체가 없는 것에서 생겼으니, 乾과 坤이 어디로부터 생겼겠는가. 그러므로 太易이 있고 太初가 있고 太始가 있고 太素가 있으니, 太易은 아직 기운이 나타나지 않은 것이요, 太初는 기운의 시작이요, 太始는 형체의 시작이요, 太素는 質의 시작이다. 기운과 형체와 質이 모두 갖추어져서 서로 떠나지 않음을 渾沌이라 이르니, 渾沌이란 萬物이 서로 뒤섞여 있어서 서로 떠나지 않음을 말한 것이다. 보아도 보이지 않고 들어도 들리지 않고 좇아도 얻을 수가 없다. 그러므로 易이라고 말한 것이다." 하였으니, 이로써 易의 이치가 有와 无를 골고루 포괄함을 알 수 있다.

그러나 易象이 오직 有에 있는 까닭은, 聖人이 易을 지은 것은 본래 후세에 가르침을 남기기 위한 것이요, 가르침이 갖추어진 것은 본래 有에 갖추어져 있기 때문이다.

그러므로 〈繫辭傳〉에 이르기를 "形而上인 것을 道라 이른다." 하였으니, 道란 바로 无이고, "形而下인 것을 器라 이른다." 하였으니, 器는 바로 有이다. 그러므로 无를 가지고 말하면 道體에 보존되어 있고, 有를 가지고 말하면 器用에 보존되어 있으며, 변화를 가지고 말하면 神에 보존되어 있고, 생성을 가지고 말하면 易에 보존되어 있으며, 진실을 가지고 말하면 性에 보존되어 있고, 간사함을 가지고 말하면 情에 보존되어 있으며, 氣

를 가지고 말하면 陰陽에 보존되어 있고, 質을 가지고 말하면 爻象에 보존되어 있으며, 가르침을 가지고 말하면 精義에 보존되어 있고, 사람을 가지고 말하면 景行(훌륭한 행실)에 보존되어 있으니, 이런 것들이 바로 有와 无를 포괄한 것이다.

且易者는 象也니 物无不可象也라 作易은 所以垂教者니 即乾鑿度云 孔子曰 上古之時에 人民無別하고 群物未殊하여 未有衣食器用之利러니 伏犧乃仰觀象於天하고 俯觀法於地하고 中觀萬物之宜하여 於是에 始作八卦하여 以通神明之德하고 以類萬物之情이라 故易者는 所以斷天地하고 理人倫而明王道라 是以로 畫八卦하고 建五氣하여 以立五常之行[1]하며 象法乾坤하고 順陰陽하여 以正君臣, 父子, 夫婦之義하며 度(탁)時制宜하여 作爲罔罟하여 以佃以漁하여 以贍民用이라 於是에 人民乃治하여 君親以尊하고 臣子以順하여 群生和洽하여 各安其性이라하니 此其作易垂教之本意也라

1) 建五氣 以立五常之行 : '五氣'는 五行 즉 金·木·水·火·土의 기운을 이르며, '五常之行'은 인간이 떳떳하게 행해야 할 다섯 가지 행실로 五倫 즉 父子有親·君臣有義·夫婦有別·長幼有序·朋友有信을 이른다.

또 易이라는 것은 象이니, 물건은 형상할 수 없는 것이 없다. 易을 지은 것은 후세에 가르침을 남기기 위한 것이니, 바로 ≪乾鑿度≫에 다음과 같이 말하였다.

"孔子가 말씀하였다. '上古 시대에는 人民이 구별 없고 여러 물건이 다르지 않아서 의복과 음식과 器用의 편리함이 있지 않았는데, 伏羲氏가 마침내 우러러 하늘에서 象을 보고 굽어 땅에서 法을 보고 중간으로 萬物의 마땅함을 살펴보아서, 이에 처음으로 八卦를 만들어 神明의 德을 통하고 萬物의 情을 분류하였다.

그러므로 易이란 天地를 결단하고 人倫을 다스리고 王道를 밝힌 것이다. 이 때문에 八卦를 긋고 五行의 기운을 세워서 五常의 행실을 세우며, 乾坤을 법받고 陰陽을 순히 하여 君臣과 父子와 夫婦의 의리를 바루며, 때를 헤아려 마땅하게 만들어서 그물을 만들어 사냥하고 물고기를 잡아 백성들의 쓰임을 풍족하게 하였다. 이에 人民이 마침내 다스려져서 君主와 어버이가 높아지고 신하와 자식이 순해져서 여러 생명이 화합하여 각기 자신의 性을 편안히 했다.'"

이것이 바로 易을 지어 후세에 가르침을 남긴 本意이다.

第二 論重卦之人[1] 제2 重卦를 만든 사람을 논함

1) 論重卦之人 : 重卦는 三畫卦인 八卦를 중첩하여 만든 六畫卦를 말한다. 아래의 글에서 孔穎達은 伏羲氏가 八卦를 처음 만들었을 뿐만 아니라 重卦인 64卦 역시 만들었음을 논하였다. 이러한 견해는 程伊川과 朱子도 같다.

繫辭云 河出圖하고 洛出書어늘 聖人則(칙)之라하고 又禮緯含文嘉曰 伏犧德合上下하사 天應以鳥獸文章하고 地應以河圖洛書어늘 伏犧則而象之하여 乃作八卦라하니라 故로 孔安國, 馬融, 王肅, 姚信等이 竝云 伏犧得河圖而作易이라하니 是則伏羲 雖得河圖나 復須仰觀俯察하여 以相參正然後에 畫卦라 伏犧初畫八卦하니 萬物之象이 皆在其中이라 故로 繫辭曰 八卦成列에 象在其中矣 是也라 雖有萬物之象이나 其萬物變通之理는 猶自未備라 故로 因其八卦而更重之하니 卦有六爻하여 遂重爲六十四卦也라 繫辭曰 因而重之하니 爻在其中矣 是也라

〈繫辭傳〉에 "黃河에서 그림이 나오고 洛水에서 글이 나오자 聖人이 이것을 본받았다." 하였고, 또 禮의 緯書인 ≪含文嘉≫에 이르기를 "伏羲氏의 德이 上下의 天地에 합하시어, 하늘은 새와 짐승의 文章으로 응하고 땅은 河圖와 洛書로 응하였다. 이에 伏羲氏가 이것을 본받아 형상해서 마침내 八卦를 지었다." 하였다.

그러므로 孔安國, 馬融, 王肅, 姚信 등이 모두 말하기를 "伏羲氏가 河圖를 얻어 易을 지었다." 하였으니, 이는 伏羲氏가 비록 河圖를 얻었으나 다시 위로 天文을 관찰하고 아래로 地理를 살펴서 서로 참고하여 바로잡은 뒤에 卦를 그은 것이다.

伏羲氏가 처음 八卦를 그으니, 萬物의 象이 모두 이 가운데 들어 있었다. 그러므로 〈繫辭傳〉에 이르기를 "八卦가 列을 이루니 象이 이 가운데 들어 있다." 한 것이 이것이다.

비록 萬物의 象이 있으나 만물의 변통하는 이치는 아직 여전히 미비하였다. 그러므로 八卦를 인하여 다시 거듭하였으니, 卦에 여섯 爻가 있어서 마침내 거듭하여 64卦가 된 것으로, 〈繫辭傳〉에 이르기를 "인하여 거듭하니 爻가 이 가운데 들어 있다."는 것이 이것이다.

然重卦之人은 諸儒不同하여 凡有四說이라 王輔嗣等은 以爲伏犧畫卦라하고 鄭玄之徒는 以爲神農重卦라하고 孫盛은 以爲夏禹重卦라하고 史遷等은 以爲文王重卦라하니라 其言夏禹及文王重卦者는 案繫辭는 神農之時已有하니 蓋取益與噬嗑[1]이니 以此論之하면 不攻自破라

1) 案繫辭……蓋取益與噬嗑 : 〈繫辭傳〉에 "包犧(伏羲)氏가 별세하자, 神農氏가 나와서 나

무를 깎아 쟁기를 만들고 나무를 휘어 쟁기자루를 만들어서 쟁기와 호미의 이로움으로 天下를 가르쳤으니 益卦에서 취하였고, 한낮에 시장을 만들어 天下의 백성들을 오게 하고 天下의 財貨를 모아서 交易하고 물러가 각각 제 살 곳을 얻게 하였으니 噬嗑卦에서 취하였다.〔包犧氏沒 神農氏作 斲木爲耜 揉木爲耒 耒耨之利 以敎天下 蓋取諸益 日中爲市 致天下之民 聚天下之貨 交易而退 各得其所 蓋取諸噬嗑〕" 한 것을 가리킨다.

그러나 重卦를 만든 사람은 여러 학자들의 說이 똑같지 않아서 모두 네 가지의 說이 있다. 王輔嗣 등은 '伏義氏가 重卦를 만들었다.' 하였고, 鄭玄의 무리는 '神農氏가 重卦를 만들었다.' 하였고, 孫盛은 '夏나라 禹王이 重卦를 만들었다.' 하였고, 司馬遷 등은 '文王이 重卦를 만들었다.' 하였다.

夏나라 禹王과 周나라 文王이 重卦를 만들었다고 주장하는 말은, 〈繫辭傳〉을 살펴보건대, 神農 때에 이미 64卦가 있어서 益卦와 噬嗑卦에서 취하였으니, 이것을 가지고 논해보면 굳이 공격하지 않아도 그 說이 저절로 깨뜨려진다.

其言神農重卦도 亦未爲得이니 今以諸文驗之호리라 案說卦云 昔者聖人之作易也에 幽贊於神明而生蓍[1]라하니 凡言作者는 創造之謂也라 神農以後는 便是述修니 不可謂之作也니 則幽贊用蓍는 謂伏犧矣라 故로 乾鑿度云 垂皇策[2]者犧라하니라 上繫論用蓍云 四營而成易하고 十有八變而成卦라하니 旣言聖人作易하고 十八變成卦하니 明用蓍在六爻之後요 非三畫之時라 伏犧用蓍하니 卽伏犧已重卦矣라 說卦又云 昔者聖人之作易也는 將以順性命之理라 是以로 立天之道曰陰與陽이요 立地之道曰柔與剛이요 立人之道曰仁與義니 兼三才而兩之라 故로 易이 六畫而成卦라하니라 旣言聖人作易에 兼三才而兩之라하니 又非神農始重卦矣라

1) 昔者聖人之作易也 幽贊於神明而生蓍 : 王弼이 이에 대하여 "幽는 깊음〔深〕이고, 贊은 밝힘〔明〕이다."라고 注를 내었으므로, 이를 따라 번역하였다.
2) 皇策 : 八卦를 말한 것이다. ≪易乾鑿度≫에 "皇策(蓍策)을 남긴 것은 伏犧氏이고, 卦의 道로 德을 넓힌 것은 文王이고, 命을 이룬 것은 孔子이다.〔垂皇策者犧 卦道演德者文 成命者孔〕"라고 하였는데, 伏義氏가 八卦를 긋고, 文王이 卦辭를 짓고, 孔子가 十翼을 지은 것을 이렇게 표현한 것이다.

그리고 神農氏가 重卦를 만들었다는 것도 옳지 못하니, 이제 여러 글을 가지고 징험해 보겠다. 살펴보건대, 〈說卦傳〉에 "옛날 聖人이 易을 지을〔作〕 적에 神明의 道를 깊이 밝혀 蓍草를 만들어내었다." 하였으니, 무릇 '作'이라고 말하는 것은 創作을 이른다. 神農氏

이후는 바로 傳述하여 닦은 것으로 '作'이라고 말할 수 없으니, 그렇다면 '神明의 道를 깊이 밝혀 蓍草를 사용함'은 伏羲氏를 이른 것이다. 그러므로 ≪乾鑿度≫에 이르기를 "皇策을 드리운 자는 伏羲氏이다." 한 것이다.

〈繫辭上傳〉에 蓍草를 사용하는 법을 논하면서 말하기를 "4번 경영하여 易을 이루고 18번 변하여 卦를 이룬다." 하였다. 이미 聖人이 易을 짓고 18번 변하여 卦를 이루었다고 말하였으니, 蓍草를 사용함이 6爻의 뒤에 있었고 3畫의 때가 아님을 밝힌 것이다. 그런데 伏羲氏가 蓍草를 사용하였으니, 그렇다면 伏羲氏가 이미 重卦를 만든 것이다.

〈說卦傳〉에 또 이르기를 "옛날에 聖人이 易을 지음은 장차 性命의 이치를 순히 하려고 해서였다. 이 때문에 하늘의 道를 세우는 것은 陰과 陽이요, 땅의 道를 세우는 것은 柔와 剛이요, 사람의 道를 세우는 것은 仁과 義이니, 三才를 겸하여 두 번 하였다. 그러므로 易이 여섯 번 그어서 卦를 이루었다." 하였다.

이미 '聖人이 易을 지음에 三才를 겸하여 두 번 하였다.' 하였으니, 또 神農氏가 처음 重卦를 만든 것이 아니다.

又上繫云 易有聖人之道四焉하니 以言者尙其辭하고 以動者尙其變하고 以制器者尙其象하고 以卜筮者尙其占이라하니 此之四事는 皆在六爻之後라 何者오 三畫之時엔 未有彖繇(주)하여 不得有尙其辭요 因而重之라야 始有變動하니 三畫은 不動하여 不得有尙其變이며 揲蓍布爻라야 方用之卜筮하여 蓍起六爻之後하니 三畫은 不得有尙其占이라 自然中間以制器者尙其象도 亦非三畫之時라 今伏犧結繩而爲罔罟면 則是制器니 明伏犧已重卦矣라

또 〈繫辭上傳〉에 이르기를 "易에 聖人의 道 네 가지가 있으니, 易을 가지고 말하는 자는 그 글을 숭상하고, 易을 가지고 動하는 자는 그 變을 숭상하고, 易을 가지고 器物을 만드는 자는 그 象을 숭상하고, 易을 가지고 卜筮하는 자는 그 占을 숭상한다." 하였으니, 이 네 가지 일은 모두 六爻가 있은 뒤에 있는 것이다.

어째서인가? 세 번 그은 〈八卦의〉 때에는 彖繇(卦辭)가 있지 않아서 그 글을 숭상함이 있을 수 없고, 〈八卦를〉 인하여 거듭하여야 비로소 변동이 있으니, 三畫에서는 변동하지 않으므로 그 變을 숭상함이 있을 수 없다. 또 蓍草를 떼어 여섯 爻를 펼쳐놓아야 비로소 卜筮에 사용할 수 있어서 蓍草가 六爻의 뒤에 시작되니, 三畫에서는 그 占을 숭상함이 있을 수 없는 것이다. 자연히 중간에 '〈易을 가지고〉 器物을 만드는 자는 그 象을 숭상한다.'고 한 것도 三畫의 때가 아니다. 이제 伏羲氏가 노끈을 묶어 그물을 만들었다면 이것

은 기물을 만든 것이니, 伏羲氏가 이미 重卦를 만들었음을 밝힌 것이다.

又周禮에 (小史)〔外史〕[1)]掌三皇五帝之書[2)]라하니 明三皇已有書也라 下繫云 上古엔 結繩而治러니 後世聖人이 易之以書契하니 蓋取諸夬라하니 既象夬卦而造書契하니 伏犧有書契면 則有夬卦矣라 故로 孔安國書序云 古者伏犧氏之王天下也에 始畫八卦하여 造書契하여 以代結繩之政이라하고 又曰 伏犧, 神農, 黃帝之書를 謂之三墳이 是也라

1) (小史)〔外史〕: 저본에는 '小史'로 되어 있으나, ≪周禮≫에 의거하여 '外史'로 바로잡았다.
2) 掌三皇五帝之書 : 三皇五帝는 여러 說이 있으나, 일반적으로 三皇은 伏羲·神農·黃帝를 이르고, 五帝는 少昊·顓頊·帝嚳·帝堯·帝舜을 이른다.

또 ≪周禮≫에 "外史가 三皇·五帝의 글을 관장한다." 하였으니, 三皇 때에 이미 글이 있었음을 밝힌 것이다. 〈繫辭下傳〉에 "上古에는 노끈을 묶어 다스렸는데 후세에 聖人이 書契(文字)로 바꾸었으니, 이는 夬卦에서 취한 것이다." 하였으니, 이미 夬卦를 형상하여 書契를 만든 것으로, 伏羲氏가 書契가 있었다면 夬卦가 있었던 것이다.

그러므로 孔安國의 ≪尙書傳≫ 序文에 이르기를 "옛날 伏羲氏가 천하에 왕 노릇할 적에 처음으로 八卦를 긋고 書契를 만들어서 노끈으로 묶던 政事를 대신했다." 하였고, 또 이르기를 "伏羲, 神農, 黃帝의 글을 '三墳'이라 한다." 한 것이 이것이다.

又八卦小成엔 爻象未備하고 重三成六이라야 能事畢矣[1)]라 若言重卦起自神農이면 其爲功也 豈比繫辭而已哉아 何因易緯等數所歷三聖에 但云伏犧, 文王, 孔子하고 竟不及神農고 明神農但有蓋取諸益이요 不重卦矣라 故로 今依王輔嗣하여 以伏犧既畫八卦하고 即自重爲六十四卦로 爲得其實이라 其重卦之意는 備在說卦하니 此不具敍하노라 伏犧之時에 道尙質素하여 畫卦重爻 足以垂法이러니 後代澆訛하여 德不如古하여 爻象不足以爲教라 故作繫辭以明之하니라

1) 又八卦小成……能事畢矣 : 세 爻로 이루어진 八卦를 小成卦라 하고, 八卦를 거듭하여 여섯 爻로 이루어진 64卦를 大成卦라 한다.

또 八卦의 小成에는 爻象이 미비하고, 三畫을 거듭하여 六畫을 만들어야 能事가 끝나니, 만약 重卦가 神農氏로부터 시작되었다고 말한다면 그 功이 어찌 〈文王과 周公의〉 繫辭(卦辭와 爻辭를 단 것)에 견줄 뿐이겠는가. 그런데 어찌하여 易緯 등에서 세 聖人을 거

친 것을 말할 적에 다만 伏羲, 文王, 孔子를 말하고 끝내 神農을 언급하지 않은 것인가. 이는 神農氏는 다만 益卦에서 취함이 있을 뿐이요 重卦를 만들지 않았음을 밝힌 것이다.

그러므로 지금 王輔嗣의 說을 따라 伏羲氏가 이미 八卦를 긋고 곧 스스로 거듭하여 64卦를 만든 것을, 실제를 얻은 것으로 삼는 것이다.

重卦의 뜻은 〈說卦傳〉에 자세히 나와 있으니, 여기서는 자세히 서술하지 않는다. 伏羲氏 때에는 道가 질박함과 검소함을 숭상하여 卦를 긋고 爻를 거듭한 것으로 충분히 후세에 法을 남길 수 있었는데, 후대에는 민심이 浮薄하고 거짓되어 德이 예전만 못해서 爻象만으로는 가르침이 될 수 없었다. 그러므로 繫辭를 지어서 밝힌 것이다.

第三 論三代易名 제3 三代의 易의 이름을 논함

案周禮大卜三易에 云 一曰連山이요 二曰歸藏이요 三曰周易이라한대 杜子春云에 連山은 伏犧요 歸藏은 黃帝라하고 鄭玄易贊及易論云 夏曰連山이요 殷曰歸藏이요 周曰周易이라하고 鄭玄又釋云 連山者는 象山之出雲이 連連不絶이요 歸藏者는 萬物莫不歸藏於其中이요 周易者는 言易道周普하여 无所不備라하니라 鄭玄雖有此釋이나 更无所據之文이라 先儒因此하여 遂爲文質之義[1]하니 皆煩而无用하니 今所不取하노라

1) 遂爲文質之義 : 文은 문채로 변함을 이르고, 質은 본바탕으로 변하지 않음을 이른다. 시초를 사용하여 ≪周易≫ 점을 칠 적에 49개의 시초를 4개씩 3번 떼어내서 13개가 남으면 이것을 老陽(太陽)이라 하여 ▭로 표기하고, 17개가 남으면 이것을 少陰이라 하여 --로 표기하고, 21개가 남으면 이것을 少陽이라 하여 —로 표기하고, 25개가 남으면 이것을 老陰(太陰)이라 하여 ✕로 표기하는데, 老陽과 老陰은 변하므로 이것을 文이라 하고 少陽과 少陰은 변하지 않으므로 이것을 質이라 한 것이다.

살펴보건대, ≪周禮≫ 〈春官 太卜〉에 三易을 일러 "첫 번째는 ≪連山≫이요, 두 번째는 ≪歸藏≫이요, 세 번째는 ≪周易≫이다." 하였는데, 杜子春이 이르기를 "≪連山≫은 伏羲의 易이고, ≪歸藏≫은 黃帝의 易이다." 하였고, 鄭玄의 ≪易贊≫과 ≪易論≫에는 "夏나라의 易을 ≪連山≫이라 하고, 殷나라의 易을 ≪歸藏≫이라 하고, 周나라의 易을 ≪周易≫이라 한다." 하였다.

鄭玄은 또 해석하기를 "'連山'은 山에서 구름이 나옴이 계속 이어져서 끊어지지 않음을

형상한 것이고, '歸藏'은 萬物이 그 가운데로 돌아가 숨지 않음이 없는 것이고, '周易'은 易의 道가 두루 넓어서 구비하지 않음이 없음을 말한 것이다." 하였다.

비록 鄭玄의 이러한 해석이 있으나 다시 근거할 만한 글이 없다. 先儒들이 이 때문에 마침내 文과 質의 뜻으로 삼았으니, 이는 모두 번거로워 쓸모가 없으니, 이제 취하지 않는다.

案世譜等群書에 神農을 一曰連山氏라하고 亦曰列山氏라하며 黃帝를 一曰歸藏氏라하니 旣連山, 歸藏이 竝是代號면 則周易稱周는 取岐陽地名이니 毛詩云 周原膴膴 是也라 又文王作易之時에 正在羑(유)里하시니 周德未興하여 猶是殷世也라 故題周하여 別於殷이라 以此文王所演이라 故로 謂之周易하니 其猶周書, 周禮에 題周以別餘代라 故로 易緯云 因代以題周라하니 是也라

살펴보건대, ≪世譜≫ 등의 여러 책에 神農을 한편으로는 連山氏라 하고 또한 列山氏라 하였으며 黃帝를 한편으로는 歸藏氏라 하였으니, 이미 '連山'과 '歸藏'이 모두 왕조의 칭호이면 ≪周易≫에 周를 칭함은 周나라 岐陽(岐山의 남쪽)의 지명을 취한 것으로, ≪毛詩≫에 "주나라 언덕이 아름답다."는 것이 이것이다.

또 文王이 ≪周易≫을 지을 적에 바로 羑里에 갇혀 있었으니, 周나라의 德이 아직 일어나지 않아서 아직도 殷나라 때였다. 그러므로 周라고 써서 殷나라와 구별한 것이다. 이 易은 文王이 부연한 것이므로 ≪周易≫이라고 말하였으니, 이는 〈周書〉와 ≪周禮≫에 周라고 써서 다른 시대와 구별한 것과 같다. 그러므로 易緯에 이르기를 "왕조를 따라 周라고 썼다." 하였으니, 이것이 옳다.

先儒又兼取鄭說云 旣指周代之名이요 亦是普徧之義라하니 雖欲无所遐棄나 亦恐未可盡通이라 其易題周는 因代以稱周 是先儒更不別解요 唯皇甫謐云 文王在羑里에 演六十四卦하여 著七八九六之爻하고 謂之周易이라하여 以此文王安周字라 其繫辭之文에 連山, 歸藏은 无以言也하니라

先儒는 또 鄭玄의 說을 겸해 취하여 이르기를 "이미 周나라 왕조의 이름을 가리키고, 또 두루 한다는 뜻을 취한 것이다." 하였으니, 비록 한 가지도 버리지 않으려 하였으나 또한 다 통하지 못할 듯하다.

易에 周라고 쓴 것은 왕조를 인하여 周를 칭한 것이니, 이는 先儒들이 다시 구별하여 해석하지 않았고, 오직 皇甫謐이 이르기를 "文王이 羑里에 갇혀 있을 적에 64卦를 부연하

여 七(少陽), 八(少陰), 九(老陽), 六(老陰)의 爻를 드러내고 ≪周易≫이라 했다." 하여, 이 文王을 가지고 '周'자에 안착시켰다. 〈繫辭傳〉의 글에는 連山과 歸藏을 말한 것이 없다.

第四 論卦辭爻辭誰作　제4 卦辭와 爻辭를 누가 지었는가를 논함

其周易繫辭는 凡有二說하니 一說은 所以卦辭爻辭를 竝是文王所作이라 知者는 案繫辭云 易之興也는 其於中古乎인저 作易者其有憂患乎인저하고 又曰 易之興也는 其當殷之末世와 周之盛德邪인저 當文王與紂之事邪인저하니라 又乾鑿度云 垂皇策者는 犧요 卦道演德者는 文이요 成命者는 孔이라하니라 通卦驗에 又云 蒼牙通靈하고 昌之成하고 孔演命明道經이라하니 準此諸文하면 伏犧制卦하고 文王繫辭하고 孔子作十翼하시니 易歷三聖은 只謂此也라 故로 史遷云 文王囚而演易이라하니 卽是作易者其有憂患乎니 鄭學之徒 竝依此說也라

≪周易≫의 卦辭와 爻辭를 단 것에는 모두 두 가지 說이 있으니, 한 說은 卦辭와 爻辭를 모두 文王이 지었다고 하는 것이다. 이를 알 수 있는 것은, 살펴보건대 〈繫辭傳〉에 "易이 일어남은 中古시대에 있었을 것이다. 易을 지은 분은 우환이 있었을 것이다." 하였고, 또 이르기를 "易이 일어남은 殷나라 말기와 周나라의 盛德인 때에 해당할 것이다. 文王과 紂의 일에 해당할 것이다." 하였다.

또 ≪乾鑿度≫에 이르기를 "皇策을 드리운 사람은 伏羲氏이고, 卦의 道를 가지고 德을 부연한 사람은 文王이고, 命을 이룬 사람은 孔子이다." 하였다. 〈易의 緯書인〉 ≪通卦驗≫에 또 이르기를 "蒼牙(伏羲)가 신령함을 통하고 昌(文王)이 완성하고 孔子가 부연해서 道經을 명명하여 밝혔다." 하였다.

이 여러 글을 기준으로 보면 伏羲氏가 卦를 만들고 文王이 卦辭와 爻辭를 달고 孔子가 十翼을 지은 것이니, 易이 세 聖人을 거쳤다는 것은 다만 이것을 말한 것이다. 그러므로 司馬遷이 이르기를 "文王이 羑里에 갇혀 있으면서 易을 부연하였다." 하였으니, 바로 이것이 '易을 지은 분이 우환이 있었을 것이다.'라는 것인바, 鄭玄의 무리들이 모두 이 說을 따랐다.

二는 以爲驗爻辭하면 多是文王後事라 案升卦六四에 王用亨于岐山이라한대 武王克殷之後에

始追號文王爲王하니 若爻辭是文王所制면 不應云 王用亨于岐山이라 又明夷六五에 箕子之明夷라한대 武王觀兵之後에 箕子始被囚奴하니 文王不宜豫言箕子之明夷라 又旣濟九五에 東隣殺牛 不如西隣之禴(약)祭라한대 說者皆云 西隣은 謂文王이요 東隣은 謂紂라하니 文王之時에 紂尙南面하니 豈容自言己德受福勝殷이며 又欲抗君之國하여 遂言東西相隣而已리오 又左傳에 韓宣子適魯라가 見易象하고 云 吾乃知周公之德이라하니 周公被流言之謗도 亦得爲憂患也라 驗此諸說하면 以爲卦辭文王이요 爻辭周公이니 馬融, 陸績等이 竝同此說하니 今依而用之하노라 所以只言三聖하고 不數周公者는 以父統子業故也라 案禮稽命徵曰 文王見禮壞樂崩하여 道孤無主라 故로 設禮經三百과 威儀三千이라하니 其三百, 三千은 卽周公所制周官, 儀禮라 明文王本有此意어시늘 周公述而成之라 故로 繫之文王이라 然則易之爻辭도 蓋亦是文王本意라 故로 易緯但言文王也라

두 번째 說은, 爻辭를 징험해보면 文王 이후의 일이 많다고 여긴 것이다. 살펴보건대, 升卦 六四 爻辭에 "왕이 岐山에서 형통할 것이다.〔王用亨于岐山〕"라 하였는데, 武王이 殷나라를 이긴 뒤에 처음으로 文王을 追號하여 王이라 하였으니, 만약 爻辭가 文王이 지은 것이라면 응당 "王用亨于岐山"이라고 말할 수가 없는 것이다.

또 明夷卦 六五 爻辭에 "箕子의 밝음을 감춤〔箕子之明夷〕"이라 하였는데, 武王이 〈孟津(盟津)에서〉 閱兵한 뒤에 箕子가 처음으로 갇혀서 노예가 되었으므로, 文王이 미리 '箕子의 明夷'를 말씀하지는 못했을 것이다.

또 旣濟卦 九五 爻辭에 "동쪽 이웃〔東隣〕의 소를 잡아 성대히 제사함이 서쪽 이웃〔西隣〕의 검소한 제사가 〈福을 받는〉 것만 못하다." 하였는데, 해설하는 자들이 모두 말하기를 "西隣은 文王을 이르고, 東隣은 紂를 이른다." 하였으니, 文王 때에 紂가 아직도 天子의 지위에 있어 南面하고 있었는바, 어찌 文王이 스스로 자기의 德이 福을 받아 殷나라를 이긴다고 말할 수 있었겠으며, 또 군주의 나라와 맞서고자 하여 마침내 동쪽과 서쪽으로 서로 이웃하고 있을 뿐이라고 말하였겠는가.

또 ≪春秋左氏傳≫에 韓宣子(韓起)가 魯나라에 갔다가 易象을 보고 말하기를 "나는 이제야 비로소 周公의 德을 알았다." 하였으니, 周公이 유언비어의 비방을 받은 것도 〈易을 지은 분의〉 우환이 될 수 있는 것이다.

이 여러 說을 징험해보면 卦辭는 文王이 지었고 爻辭는 周公이 지었다고 할 수 있다. 馬融과 陸績 등이 모두 이 說에 찬동하였는데, 지금 이것을 따라 사용한다. 다만 세 聖人을 말하고 周公을 넣지 않은 까닭은 아버지가 자식의 사업을 통합하기 때문이다.

禮의 緯書인 ≪稽命徵≫을 살펴보면, "文王이 禮樂이 붕괴됨에 道가 고립되어 주장함이 없음을 보았기 때문에 禮의 經禮 三百과 威儀 三千을 만들었다." 하였으니, 經禮 三百과 威儀 三千은 바로 周公이 제정한 ≪周官(周禮)≫과 ≪儀禮≫이다. 文王이 본래 이러한 뜻을 가지고 계셨는데 周公이 전술하여 이룬 것임을 밝혔기 때문에 文王에게 단 것이다. 그렇다면 ≪周易≫의 爻辭도 文王의 본래 뜻이기 때문에 易緯에서 다만 文王이라고 말한 것이다.

第五 論分上下二篇　제5 上·下 두 篇으로 나눔을 논함

案乾鑿度云 孔子曰 陽三陰四는 位之正也라 故로 易卦六十四를 分爲上下而象陰陽也라 夫陽道는 純而奇라 故上篇三十은 所以象陽也요 陰道는 不純而偶라 故下篇三十四는 所以法陰也라 乾, 坤者는 陰陽之本始요 萬物之祖宗이라 故로 爲上篇之始而尊之也며 離爲日이요 坎爲月이니 日月之道는 陰陽之經이니 所以始終萬物이라 故로 以坎, 離爲上篇之終也라 咸, 恒者는 男女之始요 夫婦之道也라 人道之興은 必由夫婦하니 所以奉承祖宗하여 爲天地之主라 故로 爲下篇之始而貴之也며 旣濟, 未濟爲最終者는 所以明戒愼而全王道也라하니라 以此言之하면 則上下二篇은 文王所定이요 夫子作緯以釋其義也니라

≪乾鑿度≫에 다음과 같이 말하였다.

"孔子가 말씀하였다. '陽이 三이고 陰이 四인 것은 자리의 바름이다. 그러므로 ≪周易≫의 64卦를 나누어 上·下로 만들어서 陰과 陽을 형상하였다. 陽의 道는 순수한 奇數이므로 上篇 30篇은 陽을 형상한 것이요, 陰의 道는 순수한 偶數가 아니므로 下篇 34篇은 陰을 본받은 것이다.

乾과 坤은 陰과 陽의 本始이고 萬物의 祖宗이다. 그러므로 上篇의 시작으로 삼아 높인 것이요, 離는 해가 되고 坎은 달이 되는데 해와 달의 道는 陰과 陽의 큰 법으로 萬物을 시작하고 끝마치는 것이므로 坎과 離를 上篇의 끝으로 삼은 것이다.

咸과 恒은 男女의 시작이고 夫婦의 道인데, 人道가 일어남은 반드시 부부에게서 말미암으니, 祖宗을 받들어 天地의 주체가 된다. 그러므로 下篇의 시작으로 삼아 귀하게 여긴 것이다. 旣濟와 未濟가 가장 끝이 된 것은 경계하고 삼감을 밝혀서 王道를 온전히 하

려 한 것이다.'"

이것을 가지고 말하면 上·下 두 篇은 文王이 정한 것이고, 夫子(孔子)가 易緯를 지어서 그 뜻을 해석한 것이다.

第六 論夫子十翼　제6 夫子의 十翼을 논함

其彖, 象等十翼之辭는 以爲孔子所作이라하여 先儒更无異論이나 但數十翼엔 亦有多家라 旣文王易經本分爲上下二篇이면 則區域各別하니 彖, 象釋卦도 亦當隨經而分이라 故로 一家數十翼云 上彖一이요 下彖二요 上象三이요 下象四요 上繫五요 下繫六이요 文言七이요 說卦八이요 序卦九요 雜卦十[1]이라하니 鄭學之徒 竝同此說이라 故로 今亦依之하노라

1) 一家數十翼云……雜卦十 : 일반적으로 十翼의 구성은 이와 같이 계산한다. 다만 〈象傳〉의 경우는 이처럼 經의 上·下 편 체제에 맞추어 둘로 나누기도 하고, 卦 전체의 義意를 해석한 大象과 爻辭를 해설한 小象의 둘로 나누기도 한다.

〈彖傳〉과 〈象傳〉 등 十翼의 글은 孔子가 지은 것이라 하여 先儒들이 다시 異論이 없다. 다만 十翼을 셀 때에는 또한 여러 학자들의 說이 있다. 이미 文王의 ≪易經≫을 나누어 上·下 두 篇으로 만들었으면 구역이 각각 다르니, 〈彖傳〉과 〈象傳〉으로 卦를 해석한 것도 마땅히 經에 따라 나누어야 할 것이다.

그러므로 한 학자는 十翼을 세기를 "〈彖上傳〉이 하나, 〈彖下傳〉이 둘, 〈象上傳〉이 셋, 〈象下傳〉이 넷, 〈繫辭上傳〉이 다섯, 〈繫辭下傳〉이 여섯, 〈文言傳〉이 일곱, 〈說卦傳〉이 여덟, 〈序卦傳〉이 아홉, 〈雜卦傳〉이 열이다." 하였는데, 鄭玄의 무리들이 모두 이 說에 찬동하였다. 그러므로 지금 또한 이것을 따른다.

第七 論傳易之人　제7 易을 傳한 사람을 논함

孔子旣作十翼에 易道大明하니 自商瞿已後로 傳授不絶이라 案儒林傳云 商瞿子木은 本受

易於孔子하여 以授魯橋庇子庸하고 子庸은 授江東馯臂子弓하고 子弓은 授燕周醜子家하고 子家는 授東武孫虞子乘하고 子乘은 授齊田何子莊이라 及秦燔書하여 易爲卜筮之書라하여 獨得不禁이라 故로 傳授者不絶이라 漢興에 田何는 授東武王同子中及雒陽周王孫, 梁人丁寬, 齊服生하여 皆著易傳數篇하며 同授菑川楊何字叔元하고 叔元은 傳京房하고 京房은 傳梁丘賀하고 賀는 授子臨하고 臨은 授御史大夫王駿이라 其後에 丁寬은 又別授田王孫하고 孫은 授施犨(주)하고 犨는 授張禹하고 禹는 授彭宣이라하니 此前漢大略傳授之人也라 其後漢엔 則有馬融, 荀爽, 鄭玄, 劉表, 虞翻, 陸績等及王輔嗣也하니라

孔子가 이미 十翼을 지음에 ≪周易≫의 道가 크게 밝혀지니, 商瞿(字 子木) 이후로 전수하여 끊이지 않았다. 살펴보건대 ≪漢書≫ 〈儒林傳〉에 다음과 같이 말하였다.

"商瞿 子木은 본래 孔子에게서 ≪周易≫을 전수받아 魯나라 橋庇 子庸에게 전수하였고, 子庸은 江東의 馯臂 子弓에게 전수하였고, 子弓은 燕나라의 周醜 子家에게 전수하였고, 子家는 東武의 孫虞 子乘에게 전수하였고, 子乘은 齊나라의 田何 子莊에게 전수하였다. 秦나라가 서적을 불태울 때에 이르러 ≪周易≫은 卜筮하는 책이라 하여 홀로 금지하지 않았다. 그러므로 전수하는 자가 끊이지 않았다.

漢나라가 일어나자, 田何 子莊은 東武의 王同 子中과 雒陽의 周王孫, 梁나라 사람 丁寬, 齊나라 사람 服生에게 전수하여 모두 ≪易傳≫ 몇 편을 지었으며, 함께 菑川의 字가 叔元인 楊何에게 전수하였고, 叔元은 京房에게 전수하였고, 京房은 梁丘賀에게 전수하였고, 梁丘賀는 아들 臨에게 전수하였고, 梁丘臨은 御史大夫 王駿에게 전수하였다. 그 뒤에 丁寬이 또 별도로 田王孫에게 전수하였고, 田王孫은 施犨에게 전수하였고, 施犨는 張禹에게 전수하였고, 張禹는 彭宣에게 전수하였다."

이것은 前漢시대에 대략 전수한 사람이다. 後漢에는 馬融, 荀爽, 鄭玄, 劉表, 虞翻, 陸績 등과 王輔嗣가 있다.

第八 論誰加經字　제8 누가 經자를 가했는가를 논함

但子夏傳(云)[1]에 雖分爲上下二篇이나 未有經字하니 經字는 是後人所加로되 不知起自誰始라 案前漢孟喜易本云 分上下二經이라하니 是孟喜之前에 已題經字라 其篇題經字는 雖

起於後[2]나 其稱經之理는 則久在於前이라 故禮記經解云 絜[3]靜精微는 易敎也라하니 旣在經解之篇이면 是易有稱經之理라 案經解之篇에 備論六藝하니 則詩, 書, 禮, 樂을 竝合稱經이어늘 而孝經緯에 稱易建八卦하고 序六十四卦하고 轉成三百八十四爻하여 運機布度하여 其氣轉易이라 故稱經也라하니 但緯文鄙僞하여 不可全信이라 其八卦方位之所와 六爻上下之次와 七八九六之數와 內外承乘[4]之象은 入經別釋일새 此未具論也하니라

1) (云) : 저본에는 '云'이 있으나, 글 뜻에 의거하여 衍文으로 처리하였다. ≪十三經注疏正字≫ 참조.
2) 其篇題經字 雖起於後 : 上篇을 上經, 下篇을 下經이라고 표제한 것이 후세에서 나왔음을 말한 것이다.
3) 絜 : 潔(깨끗하다)과 같다.
4) 內外承乘 : 64卦의 重卦에서, 아래에 있는 三畫卦를 內卦라 하고, 위에 있는 三畫卦를 外卦라 한다. 또 陰爻가 陽爻의 아래에 있는 것을 承(받듦)이라 하고 陰爻가 陽爻의 위에 있는 것을 乘(올라탐)이라 하는데, 承은 順이어서 대체로 吉하고 乘은 逆이어서 대체로 凶하다.

다만 ≪子夏傳≫에는 비록 나누어 上·下 두 篇으로 만들었으나 '經'자가 있지 않으니, '經'자는 바로 後人이 가한 것이나 누구로부터 시작되었는지는 알지 못한다. 살펴보건대 前漢 孟喜의 易本에 "上·下 두 經을 나누었다." 하였으니, 이는 孟喜 이전에 이미 '經'자를 쓴 것이다.

篇에 '經'자를 쓴 것은 비록 후세에 시작되었으나 經이라고 칭한 이치는 오래 전에 있었다. 그러므로 ≪禮記≫ 〈經解〉에 "깨끗하고 고요하고 정미함은 ≪周易≫의 가르침이다." 하였으니, 이미 ≪周易≫이 〈經解〉편에 나와 있다면 이는 ≪周易≫을 經이라고 칭하는 이치가 있는 것이다.

살펴보건대, 〈經解〉편에 六經을 골고루 논하였으니, 그렇다면 詩, 書, 禮, 樂을 모두 마땅히 經이라고 칭해야 하는 것이다. 그런데 ≪孝經≫ 緯書에 "易은 八卦를 세우고 64卦를 차례하며 轉轉하여 384爻를 이루어서 機를 운용하고 法度를 펴서 그 氣가 轉易하기 때문에 經이라고 칭하였다."고 말하였다. 다만 緯書의 글은 비루하고 거짓되어서 온전히 믿을 수가 없다.

八卦 방위의 장소와 六爻 상하의 차례와 七, 八, 九, 六의 數와 內·外, 承·乘의 象은 經文에 들어가 별도로 해석하였으므로 여기에서는 자세히 논하지 않는다.

1. 乾☰ 乾下乾上

乾은 元, 亨, 利, 貞하니라

乾은 元하고 亨하고 利하고 貞하다.

【疏】正義曰：'乾'者, 此卦之名. 謂之卦者, 易緯云"卦者, 掛也. 言縣掛物象, 以示於人, 故謂之卦." 但二畫之體, 雖象陰陽之氣, 未成萬物之象, 未得成卦, 必三畫以象三才, 寫天·地·雷·風·水·火·山·澤之象, 乃謂之卦也. 故繫辭云"八卦成列, 象在其中矣." 是也. 但初有三畫, 雖有萬物之象, 於萬物變通之理, 猶有未盡, 故更重之而有六畫, 備萬物之形象, 窮天下之能事, 故六畫成卦也.

正義曰：〔乾〕이 卦의 이름이다. '卦'라고 말한 것은 ≪易緯≫에 "卦는 '걸어놓다〔掛〕'의 뜻이니, 물건의 象을 걸어놓아서 사람에게 보여주므로 卦라고 말했다." 하였다.

다만 두 획의 體는 비록 陰·陽의 기운을 형상하였으나 萬物의 象을 이루지 못하여 卦를 이룰 수가 없고, 반드시 세 번 그어서 三才를 형상하여 하늘과 땅, 우레와 바람, 물과 불, 산과 못의 象을 표시하여야 비로소 卦라고 말한다. 그러므로 〈繫辭傳〉에 "八卦가 列을 이루니 象이 이 안에 들어 있다."는 것이 이것이다.

다만 처음에 세 획이 있어 비록 萬物의 象이 있으나 萬物이 변통하는 이치에 있어서는 아직도 미진한 바가 있다. 그러므로 다시 이것을 거듭해서 여섯 획을 그어 萬物의 형상을 구비하고 천하의 능한 일을 다하기 때문에 6획에 卦를 이룬 것이다.

【疏】此乾卦, 本以象天, 天乃積諸陽氣而成天, 故此卦六爻皆陽畫成卦也. 此既象天, 何不謂之天而謂之乾者. 天者, 定體之名, 乾者, 體用之稱. 故說卦云"乾, 健也." 言天之體以健爲用. 聖人作易, 本以教人, 欲使人法天之用, 不法天之體, 故名乾, 不名天也. 天以健爲用者, 運行不息, 應化无窮, 此天之自然之理, 故聖人當法此自然之象而施人事, 亦當應物成務, 云爲不已, 終日乾乾, 无時懈倦, 所以因天象以教人事. 於物象言之, 則純陽也, 天也, 於人事言之, 則君也, 父也, 以其居尊, 故在諸卦之首, 爲易理之初.

이 乾卦는 본래 하늘을 형상하였으니, 하늘은 바로 여러 陽氣가 쌓여 하늘을 이룬 것이다. 그러므로 이 卦의 여섯 爻가 모두 陽획으로 卦를 이룬 것이다.

이 卦가 이미 하늘을 형상하였는데, 어찌하여 天이라고 말하지 않고 乾이라고 말하였는가? 天이란 정해진 形體의 이름이고, 乾이란 體와 用을 말한 것이다. 그러므로 〈說卦傳〉에 "乾은 굳셈〔健〕이다." 하였으니, 하늘의 體가 健을 用으로 삼음을 말한 것이다. 聖人이 ≪周易≫을 지음은 본래 사람들을 가르쳐서 사람들로 하여금 하늘의 用을 본받게 하고자 한 것이고, 하늘의 體를 본받게 한 것은 아니다. 그러므로 乾이라 이름하고 天이라 이름하지 않은 것이다.

'하늘이 健을 用으로 삼는다.'는 것은, 〈하늘이〉 운행하여 그치지 않고 變化에 응하여 무궁무진하니, 이것이 하늘의 자연한 이치이다. 그러므로 聖人이 마땅히 이 자연의 형상을 본받아서 사람의 일에 시행하고, 또한 마땅히 물건에 응하여 일을 이루어서 말하고 행하는 것이 그치지 아니하여 종일토록 부지런히 힘써서 한때도 게으름이 없는 것이니, 이것은 하늘의 象을 인하여 사람의 일을 가르치신 것이다.

물건의 象으로 말하면 純陽이고 하늘이며, 사람의 일로 말하면 人君이고 아버지이다. 높은 자리에 있기 때문에 여러 卦의 머리(첫 번째)에 있고 易理의 시초가 되는 것이다.

【疏】 但聖人名卦, 體例不同. 或則以物象而爲卦名者, 若否·泰·剝·頤·鼎之屬是也. 或以象之所用而爲卦名者, 卽乾·坤之屬是也, 如此之類多矣. 雖取物象, 乃以人事而爲卦名者, 卽家人·歸妹·謙·履之屬是也. 所以如此不同者, 但物有萬象, 人有萬事, 若執一事, 不可包萬物之象, 若限局一象, 不可總萬有之事. 故名有隱顯, 辭有踳駁(준박), 不可一例求之, 不可一類取之. 故繫辭云"上下无常, 剛柔相易, 不可爲典要." 韓康伯注云"不可立定準." 是也.

다만 聖人이 卦 이름을 지을 적에 體例가 똑같지 아니하여 혹은 물건의 象을 가지고 卦의 이름으로 삼은 경우가 있으니, 否와 泰, 剝과 頤, 鼎과 같은 등속이 이것이고, 혹은 象에서 사용하는 것을 가지고 卦의 이름으로 삼은 경우가 있으니, 바로 乾과 坤의 등속이 이것이니, 이와 같은 類가 많다. 비록 물건의 象을 취하였으나 마침내 사람의 일을 가지고 卦의 이름으로 삼은 것은 바로 家人, 歸妹, 謙, 履의 등속이 이것이다.

이와 같이 똑같지 않은 이유는 다만 물건은 만 가지 형상이 있고 사람은 만 가지 일이 있으니, 만약 한 가지 일을 고집하면 萬物의 象을 포함할 수 없고, 만약 하나의 象에 국한하면 만 가지 일을 총괄할 수 없다. 그러므로 이름(명칭)에 숨고 드러남이 있고, 말에 순수하고 잡됨이 있는 것이니, 한 例로 구할 수가 없고 한 類로 취할 수가 없다. 그러므로 〈繫辭傳〉에 "오르내림이 일정함이 없고 剛과 柔가 서로 뒤바뀌어 떳떳한 要諦가 될 수 없다." 하였는데, 韓康伯(韓伯)의 注에 "일정한 기준을 세울 수 없다." 한 것이 이것이다.

【疏】 '元·亨·利·貞'者, 是乾之四德也[1]. 子夏傳云"元, 始也. 亨, 通也. 利, 和也. 貞, 正也." 言此卦之德, 有純陽之性, 自然能以陽氣始生萬物, 而得元始亨通, 能使物性和諧, 各有其利, 又能使物堅固貞正得終. 此卦自然令物有此四種, 使得其所, 故謂之四德. 言聖人亦當法此卦, 而行善道, 以長萬物, 物得生存而爲元也, 又當以嘉美之事, 會合萬物, 令使開通而爲亨也, 又當以義協和萬物, 使物各得其理而爲利也, 又當以貞固幹事, 使物各得其正而爲貞也. 是以聖人法乾而行此四德, 故曰元·亨·利·貞, 其委曲條例, 備在文言.

1) 元亨利貞者 是乾之四德也 : 乾卦의 卦辭를 四德으로 해석하는 것은 〈彖傳〉과 〈象傳〉의 풀이를 따르는 것인데, 程伊川도 孔穎達과 마찬가지로 이를 四德으로 해석하였다. 반면 朱子는 이를 四德으로 보지 않고 '크게 형통하고 貞함이 이롭다.'로 해석하였는데, 이 해석을 따르면 經文은 '元亨하고 利貞하니라'로 懸吐하여야 할 것이다. '元亨利貞'은 屯卦·臨卦·隨卦·无妄卦·革卦에도 그대로 보이고 坤卦에는 '元亨利牝馬之貞'으로 되어 있는데, 〈彖傳〉과 〈象傳〉에서는 앞의 다섯 卦는 朱子와 같이 '元亨하고 利貞하다.'로 해석하고, 坤卦는 '元 亨 利 牝馬之貞'이라 하여 乾卦와 마찬가지로 四德으로 나누어 해석하였다.

朱子가 乾卦의 卦辭를 해석하면서 〈彖傳〉과 〈象傳〉을 따르지 않은 것은 그가 ≪周易≫을 占筮의 책으로 보았기 때문이다. 만약 乾卦의 卦辭를 四德으로 해석하면 이것을 占辭로 사용할 수 없게 된다. 그래서 '크게 형통하고 貞함이 이롭다.'고 해석한 것이다.

朱子는 元亨利貞을 四德으로 풀이한 〈彖傳〉에 대해 "孔子의 뜻은 아마도 이 卦를 聖人이 天位를 얻어 天道를 행해서 태평성대를 이루는 점괘로 보신 듯하니, 비록 글 뜻은 文王의 옛 것이 아님이 있으나 독자가 각각의 뜻을 가지고 찾는다면 함께 행해지고 모순되지 않을 것이다.〔孔子之意 蓋以此卦爲聖人得天位行天道 而致太平之占也 雖其文義 有非文王之舊者 然讀者各以其意求之 則竝行而不悖也〕"라고 하였다.

朱子는 ≪周易≫의 작자에 대하여 卦辭는 文王이, 爻辭는 周公이, 十翼은 孔子가 지었다는 說을 따랐다. 즉 卦辭를 지은 文王의 본뜻은 '元亨하고 利貞하다.'라고 한 것인데, 孔子가 〈彖傳〉과 〈象傳〉을 지으면서 이를 四德으로 해석한 것이라고 본 것이다. 朱子는 ≪周易≫이 본래 占筮의 책이었는데, 후세의 학자들이 너무 義理에 치중하였다고 비판하고, ≪本義≫를 지어 卦辭와 爻辭의 본래 뜻을 밝히는 것에 치중하였다.

〔元·亨·利·貞〕 乾의 네 가지 德이다. ≪子夏傳≫에 이르기를 "元은 시작이요, 亨은 통함이요, 利는 和함이요, 貞은 바름이다." 하였으니, 이 卦의 德이 純陽의 성질이 있어서 자연히 陽氣를 가지고 萬物을 처음 낳게 해서, 元始와 亨通을 얻어서 물건의 성질을 和하게 하여 각각 그 이로움이 있게 하고, 또 물건으로 하여금 堅固하고 貞正하여 좋은 끝마침을 얻게 함을 말한 것이다.

이 卦는 자연히 물건으로 하여금 이 네 가지를 소유하여 각각 제자리를 얻게 하였다. 그러므로 네 가지 德이라 하였으니, '聖人 또한 마땅히 이 卦를 본받아서, 善한 道를 행하여 萬物을 자라게 해서 물건이 생존함을 얻어 元이 되게 해야 하고, 또 마땅히 아름다운 일을 가지고 萬物을 會合하여 물건으로 하여금 開通해서 亨이 되게 해야 하고, 또 마땅히 義로써 萬物을 화합하게 하여 물건으로 하여금 각기 그 條理를 얻어서 利가 되게 해야 하고, 또 마땅히 貞固함으로 일을 주관하여 물건으로 하여금 각각 그 바름을 얻어서 貞이 되게 해야 함'을 말한 것이다. 이 때문에 聖人이 乾을 본받아서 이 네 가지 德을 행한다. 그러므로 '元·亨·利·貞'이라 말한 것이다. 그 자세한 條例는 〈文言傳〉에 구비되어 있다.

初九는 潛龍이니 勿用이라

初九는 잠긴 龍이니, 쓰지 말아야 한다.

【注】 文言에 備矣라

〈文言傳〉에 구비하였다.

【疏】 正義曰：居第一之位, 故稱'初'. 以其陽爻, 故稱'九'. '潛'者, 隱伏之名. '龍'者, 變化之物. 言天之自然之氣, 起於建子之月[1], 陰氣始盛, 陽氣潛在地下, 故言初九潛龍也. 此自然之象, 聖人作法, 言於此潛龍之時, 小人道盛, 聖人雖有龍德, 於此時, 唯宜潛藏, 勿可施用, 故言勿用. 張氏云"以道未可行, 故稱'勿用'以誡之." 於此小人道盛之時, 若其施用, 則爲小人所害, 寡不敵衆, 弱不勝强, 禍害斯及, 故誡勿用. 若漢高祖生於暴秦之世, 唯隱居爲泗水亭長[2], 是勿用也. 諸儒皆以爲"舜始漁於雷澤[3]." 舜之時, 當堯之世, 堯君在上, 不得爲小人道盛. 此潛龍始起, 在建子之月, 於義恐非也.

1) 天之自然之氣 起於建子之月 : 建子月은 北斗星의 자루가 초저녁에 子方을 가리키는 달을 말한 것으로 지금의 음력 11월이다. 이달에 冬至가 들어서 동짓달이라고도 하는데, 陽氣가 처음으로 일어나는 때로, 64卦 중에는 地雷復卦䷗에 해당한다. '하늘의 자연스런 기운이 建子의 달에서 시작한다.'는 것은 10월의 重地坤卦䷁에서 이 冬至에 처음으로 하나의 陽爻가 생겨남을 말한 것이다.

2) 若漢高祖生於暴秦之世 唯隱居爲泗水亭長 : 亭은 여행자가 숙식을 제공받아 머무는 곳으로 후대의 驛館과 같은데, 秦나라 때에는 10리에 長을 두고 도적을 막게 하였는바, 泗水 가의 亭은 徐州 동쪽 沛縣 100보 지점에 있었다.

劉邦은 사람됨이 높은 코에 龍의 이마이고 왼쪽 다리에 72개의 검은 사마귀가 있어 相貌가 비범하였다. 사람을 사랑하고 베풀기를 좋아하여 뜻이 활달하였으며, 항상 큰 도량이 있어서 집안 식구의 생업을 일삼지 않았다. 始皇帝가 일찍이 '동쪽 지방에 天子의 기운이 있다.' 하여, 동쪽 지방을 유람하여 이 기운을 누르려 하였다. 劉邦은 자신이 天子의 기운이 있는가 의심하고 깊이 숨었으며, 처음에 泗水 가의 亭長이 되었다가 二世皇帝가 즉위한 뒤에 천하가 혼란에 빠지자, 추종하는 자들을 모아 起兵하여 결국 皇帝가 되었다. ≪史記 권8 高祖本紀≫

3) 舜始漁於雷澤 : ≪史記≫ 〈五帝本紀〉에 "舜은 冀州 사람이다. 舜은 歷山에서 농사를 짓고 雷澤에서 물고기를 잡고 河濱에서 질그릇을 굽고 壽丘에서 여러 기물을 만들어 負夏에서 때에 따라 장사를 했다.〔舜耕歷山 漁雷澤 陶河濱 作什器於壽丘 就時於負夏〕" 하였는데, ≪史記集解≫에 鄭玄의 說을 인용하여 "雷夏는 兗州에 있는 못이니, 지금은 濟陰에 소속되었다." 하였고, ≪史記正義≫에는 ≪括地志≫를 인용하여 "雷夏澤은 濮州 雷澤縣 성곽 밖 서북쪽에 있다." 하였다.

正義曰 : 첫 번째의 지위에 거하였으므로 '初'라 칭하고, 陽의 爻이므로 '九'라 칭한 것이다. '潛'은 숨고 엎드리는 이름이고, '龍'은 變化하는 물건이다.

이는 '하늘의 자연스런 기운이 建子의 달에서 시작하여 陰氣가 처음 盛하고 陽氣가 잠겨 地下에 있음'을 말한 것이다. 그러므로 '初九 潛龍'이라고 말한 것이다. 이는 자연의 형상이니, 聖人이 법을 만들어서 말씀하기를 '이 잠겨 있는 龍의 때에 小人의 道가 盛하니 聖人이 비록 龍의 德을 가지고 있으나, 이때에는 오직 마땅히 잠겨 숨어야 하고 시행해서는 안 된다.'고 한 것이다. 그러므로 '勿用'이라고 말한 것이다. 張氏(張譏)는 이르기를 "道를 아직 행할 수 없기 때문에 '쓰지 말라'고 하여 경계하였다." 하였다.

小人의 道가 성한 이때에 만약 시행하여 쓰게 되면 小人에게 害를 받게 되니, 적은 숫자는 많은 숫자를 대적하지 못하고 약한 자는 강한 자를 이기지 못하여 禍와 害가 미치게 된다. 그러므로 '勿用'이라고 경계한 것이다. 예컨대 漢 高祖가 포학한 秦나라의 세상에서 태어나 오직 은거하여 泗水의 亭長이 되었으니, 이것이 '勿用'이다.

여러 학자들은 모두 '舜 임금이 처음 雷澤에서 물고기를 잡은 것'이라 하였으나, 舜 임금의 때는 堯 임금의 세상을 만나서 聖君인 堯 임금이 윗자리에 있었으니, 小人의 道가 성하다고 말할 수 없다. 이 潛龍이 처음 일어난 것이 建子의 달에 있으니, 뜻에 맞지 않을 듯하다.

【疏】 第一位, 言初, 第六位, 當言終. 第六位, 言上, 第一位, 當言下. 所以文不同者, 莊氏云"下言初, 則上有末義, 故大過彖云'棟橈, 本末弱.' 是上有末義[1]. 六言上, 則初當言下, 故小象云'潛龍勿用, 陽在下也.' 則是初有下義, 互文相通[2]." 義或然也. 且第一言初者, 欲明萬物積漸, 從无入有. 所以言初, 不言一與下也. 六言上者, 欲見位居卦上, 故不言六與末也. 此初九之等, 是乾之六爻之辭, 但乾卦是陽生之世, 故六爻所述, 皆以聖人出處託之. 其餘卦六爻, 各因象明義, 隨義而發, 不必皆論聖人, 他皆倣此.

1) 大過彖云……是上有末義 : 大過卦䷛ 〈彖傳〉의 말이란 이 卦의 初爻와 上爻가 陰爻인 것을 두고 말한 것이다. 여기에서는 初爻를 本으로, 上爻를 末로 지칭하고 있다.
2) 互文相通 : 互文이란 두 개 이상의 문장이 서로 내용상 보완될 수 있으면 한쪽에 한 가지씩만 써서 뜻을 통하게 하는 것이다. 初爻, 上爻가 互文이라는 말은 初爻는 初下爻, 上爻는 末上爻의 뜻으로 쓰인 것임을 의미한다.

첫 번째 자리를 初라고 말하였으면 여섯 번째 자리를 마땅히 終이라고 말해야 하고, 여섯 번째 자리를 上이라고 말하였으면 첫 번째 자리를 마땅히 下라고 말하여야 하는데, 글이 똑같지 않은 이유는, 莊氏가 설명하기를 "아래에서 初를 말하였으면 위에는 末의 뜻이 있다. 그러므로 大過卦의 〈彖傳〉에 '기둥이 흔들리는 것은 本과 末이 약하기 때문이다.' 하였으니, 이것은 上에 末의 뜻이 있는 것이다. 六을 上이라고 말했으면 初를 마땅히 下라고 말해야 한다. 그러므로 小象에 '潛龍이니 쓰지 말라는 것은 陽이 아래에 있기 때문이다.' 하였으니, 이것은 初에 下의 뜻이 있는 것이다. 互文으로 서로 통한다." 하였으니, 뜻이 혹 옳을 듯하다.

또 첫 번째에 初라고 말한 것은 萬物이 점점 쌓여서 無로부터 有로 들어감을 밝히고자 한 것이니, 이 때문에 初라 말하고 一과 下라고 말하지 않은 것이다. 六을 上이라고 말한 것은 자리가 卦의 위쪽에 있음을 나타내고자 하였으므로 六과 末이라고 말하지 않은 것이다.

이 '初九'의 등속은 바로 乾의 여섯 爻의 爻辭인데, 다만 乾卦는 陽이 생겨나는 세상이므로 여섯 爻에서 말한 것이 모두 聖人의 出處를 가지고 假託하였고, 다른 卦의 여섯 爻는 각각 象을 인하여 뜻을 밝혀서 뜻을 따라 발명하여 굳이 다 聖人을 논하지는 않았으니, 다른 것도 모두 이와 같다.

【疏】 謂之爻者, 繫辭云"爻也者, 效此者也." 聖人畫爻, 以倣效萬物之象. 先儒云"後代聖人以易占事之時, 先用蓍以求數, 得數以定爻, 累爻而成卦, 因卦以生辭, 則蓍爲爻卦之本, 爻卦爲蓍之末." 今案, 說卦云"聖人之作易也, 幽贊於神明而生蓍, 三天兩地而倚數, 觀變於陰陽而立卦, 發揮於剛柔而生爻." 繫辭云"成天下之亹亹者, 莫大乎蓍龜. 是故天生神物, 聖人則(칙)之." 又易乾鑿度云"垂皇策者犧." 據此諸文, 皆是用蓍以求卦, 先儒之說, 理當然矣.

'爻'라고 말한 것은 〈繫辭傳〉에 "爻라는 것은 이것을 본받는 것〔效此者〕이다." 하였으니, 聖人이 卦를 그어서 萬物의 象을 따라 본받은 것이다. 先儒가 이르기를 "후대 聖人이 ≪周易≫을 가지고 일을 점칠 때에 먼저 蓍草를 사용하여 數를 구하고, 數를 얻어 爻를 정하고, 爻를 여러 개 모아 卦를 이루고, 卦를 인하여 卦辭와 爻辭를 만들어내었으니, 그렇다면 蓍草는 爻와 卦의 本이 되고 爻와 卦는 蓍草의 末이 된다." 하였다.

이제 살펴보건대 〈說卦傳〉에 "聖人이 易을 지을 적에 은연중에 神明의 도움을 받아 蓍草를 만들어내었고, 하늘에서 셋을 취하고 땅에서 둘을 취하여 數를 의지하였고, 陰・陽에서 變化를 관찰하여 卦를 세웠고, 剛・柔를 발휘하여 爻를 만들어내었다." 하였으며, 〈繫辭傳〉에 "天下에 부지런히 힘써야 할 것을 이룸은 蓍草와 거북점보다 더 큰 것이 없다. 이 때문에 하늘이 신성한 물건을 내시자 聖人이 이것을 본받았다." 하였다.

또 ≪易乾鑿度≫에는 "皇策을 남긴 것은 伏犧(伏羲)이다." 하였으니, 이 여러 글에 근거해보면 모두 蓍草를 사용하여 卦를 구한 것이니, 先儒의 말이 이치에 당연한 것이다.

【疏】 然陽爻稱九, 陰爻稱六, 其說有二. 一者, 乾體有三畫, 坤體有六畫[1], 陽得兼陰, 故其數九, 陰不得兼陽, 故其數六. 二者, 老陽數九, 老陰數六, 老陰·老陽皆變, 周易

以變者爲占. 故杜元凱注襄九年傳"遇艮之八"[2], 及鄭康成注易, 皆稱"周易以變者爲占, 故稱九稱六." 所以老陽數九, 老陰數六者, 以揲蓍之數, 九遇揲則得老陽, 六遇揲則得老陰[3]. 其少陽稱七, 少陰稱八, 義亦準此. 張氏以爲"陽數有七有九, 陰數有八有六. 但七爲少陽, 八爲少陰, 質而不變, 爲爻之本體. 九爲老陽, 六爲老陰, 文而從變, 故爲爻之別名. 且七既爲陽爻, 其畫已長, 今有九之老陽, 不可復畫爲陽, 所以重錢[4], 避少陽七數, 故稱九也. 八爲陰數而畫陰爻, 今六爲老陰, 不可復畫陰爻, 故交其錢[5], 避八而稱六. 但易含萬象, 所託多塗." 義或然也.

1) 乾體有三畫 坤體有六畫 : 乾은 ☰이어서 3획이 되고 坤은 ☷이어서 6획이 되는 것이다. 다만 爻를 그릴 때에는 대체로 陽爻인 ―와 陰爻인 --를 한 획이라 하는데, 여기서는 특별히 陰爻를 두 획으로 나눈 것이다.

2) 杜元凱注襄九年傳遇艮之八 : 杜元凱는 ≪春秋左氏傳≫에 처음 註解를 단 杜預로, 元凱는 그의 字이다.

이 내용은 ≪春秋左氏傳≫ 襄公 9년에 "穆姜이 처음 東宮으로 갔을 때 蓍草占을 치니 艮卦가 8로 변한 것을 만났다. 太史가 말하기를 '이것은 艮卦가 隨卦로 변한 것입니다.' 하였다.〔始往而筮之 遇艮之八 史曰 是謂艮之隨〕"라고 보인다.

艮之隨는 艮卦䷳가 隨卦䷐로 간 것, 즉 변한 것을 말하는데, 艮卦의 二爻만 少陰을 얻어 변하지 않은 것이다. 蓍草占을 칠 때, 다섯 爻가 변했을 경우에는 之卦의 不變爻의 爻辭를 본다. 따라서 이 경우, 隨卦의 二爻의 爻辭를 보아야 하고 二爻가 少陰, 즉 8이었으므로 "艮卦가 8로 변한 것을 만났다."고 말한 것이다.

杜預는 여기에 注를 달면서 "≪連山易≫과 ≪歸藏易≫은 모두 7과 8로 占을 치기 때문에 '艮이 8로 변한 것을 만났다.'고 한 것이다." 하였다. 그의 이러한 주석은 ≪周易≫이 6과 9로 占을 친다는 것을 반증하는 것이기 때문에 여기에서 예로 든 것이다.

≪連山≫은 夏나라 때의 易이고 ≪歸藏≫은 商나라 때의 易이라 하여 ≪周易≫과 함께 三易이라 칭한다. ≪連山≫과 ≪歸藏≫은 현재 남아 있지 않으며, 다만 ≪連山≫은 山을 상징하는 艮卦䷳가 앞에 있고, ≪歸藏≫은 땅을 상징하는 坤卦䷁가 앞에 있어서 ≪周易≫의 乾卦䷀가 첫 번째에 있는 것과 다름을 알 뿐이다.

3) 以揲蓍之數……六遇揲則得老陰 : 揲蓍는 蓍草占을 칠 때 蓍草를 4개씩 떼어놓는 것을 말한다. 蓍草占은 총 50개의 蓍草를 가지고 占을 치는데, 처음에 太極을 상징하는 蓍草 하나를 별도로 뽑아두고 사용하지 않으므로 총 49개의 蓍草를 가지고 占을 치는 셈이다.

한 爻를 얻기 위해서는 총 3變을 거쳐야 하는데, 1變을 끝내기 위해서는 왼쪽과 오른쪽에 나누어놓은 蓍草를 4개씩 떼어서 그 나머지를 합해야 한다. 나머지의 수가 많으면 陰, 적으면 陽이 되는데, 陰은 多 혹은 偶라고도 하며, 陽은 少 혹은 奇라고도 한다. 3變에 모두 陽이 나오면 老陽, 모두 陰이 나오면 老陰이 되며, 陽 하나에 陰 둘이면 少陽, 陰 하나에 陽 둘이면 少陰이 된다.

老陽의 남은 숫자는 13(5・4・4)인데, 4개씩 떼어내기 시작할 때 蓍草의 수가 49였으므로 4개씩 떼어낸 蓍草는 총 36개가 된다. 그러므로 4개씩 떼어내는 揲을 9번(4×9=36) 하면 老陽을 얻는 것이다. 마찬가지로 老陰의 나머지 숫자는 25(9・8・8)이니 4개씩 떼어내는 蓍草는 총 24개가 된다. 그러므로 4개씩 떼는 揲을 6번(4×6=24) 하면 老陰을 얻는 것이다. 蓍草를 4개씩 떼어내는 이유는 老陽・老陰・少陽・少陰의 四象을 나타낸 것이다.

4) 重錢 : 賈公彦의 ≪儀禮≫ 注에 "지금은 동전을 사용하여 占을 치니, 三少가 重錢이 되니 重錢은 9이고, 三多가 交錢이 되니 交錢은 6이고, 兩多一少가 單錢이 되니 單錢은 7이고, 兩少一多가 拆錢이 되니 拆錢은 8이다." 하였다.

동전점은 동전 3개를 던져서 결과를 얻는 것인데, 앞면은 陽(少)이고 뒷면은 陰(多)이 된다. 동전 세 개 모두 앞면이 나오면 老陽으로 重錢▭이라 하고, 모두 뒷면이 나오면 老陰으로 交錢✕이라 하며, 앞면 하나에 뒷면 둘이 나오면 少陽으로 單錢—이라 하고, 앞면 둘에 뒷면 하나가 나오면 少陰으로 拆錢--이라 한다. 重・交・單・拆의 명칭은 四象을 나타내는 기호의 모양에서 연유한 것으로, '▭'은 —이 중복되었으므로 重이라 하고, '✕'은 左와 右 두 획이 교차하였으므로 交라 하고, '—'은 한 획이므로 單이라 하고, '--'은 가운데가 갈라져 있으므로 拆이라 하는 것이다. 이 기호는 동전을 사용하지 않고 시초를 사용할 때에도 똑같이 적용된다.

5) 交其錢 : 동전점에서 老陰을 의미하는 交錢을 가리켜 이렇게 말한 것이다.

그러나 陽爻를 九라 칭하고 陰爻를 六이라 칭하는 것은 그 설명이 두 가지가 있다. 하나는 乾의 體에는 3획이 있고 坤의 體에는 6획이 있는데, 陽은 陰을 겸할 수 있으므로 그 數가 9이고 陰은 그 數를 겸할 수 없으므로 그 數가 6이라는 것이다.

두 번째는 老陽의 數가 9이고 老陰의 數가 6인데 老陰과 老陽은 모두 변하니, ≪周易≫은 변하는 것을 가지고 占을 친다. 그러므로 杜元凱(杜預)가 ≪春秋左氏傳≫ 襄公 9년의 "艮이 8로 변한 것을 만났다."고 한 것에 注를 내고, 鄭康成(鄭玄)이 ≪周易≫에 注를 낼 적에 모두 "≪周易≫은 변하는 것을 가지고 占을 친다. 그러므로 9라 칭하고 6이라 칭하는 것이다." 하였다.

老陽의 數가 9이고 老陰의 數가 6인 이유는, 蓍草를 세는 數에 9번 떼어내는 것을 만나면 老陽을 얻고, 6번 떼어내는 것을 만나면 老陰을 얻어서이니, 少陽을 7이라 칭하고 少陰을 8이라 칭하는 것도 뜻이 이를 기준으로 한 것이다.

張氏가 말하기를 "陽의 數는 7이 있고 9가 있고 陰의 數는 8이 있고 6이 있는데, 다만 7은 少陽이 되고 8은 少陰이 되니 少陽과 少陰은 질박하여 변치 않아서 爻의 本體가 되고, 9는 老陽이 되고 6은 老陰이 되니 文彩가 나서 變化를 따르므로 爻의 別名이 되었다. 다만 7이 이미 陽爻가 되어서 그 획이 이미 자랐으나 이제 9의 老陽이 있으니 다시 그어서 陽을 만들 수가 없다. 이 때문에 重錢에 少陽의 7數를 피한 것이다. 그러므로 9라고 칭하였다. 8은 陰의 數라서 陰의 爻를 그었으나 이제 6이 老陰이 되었으니 다시 陰爻를 그을 수가 없다. 그러므로 그 동전을 交할 때에 8을 피하고 6이라고 칭한 것이다. 다만 ≪周易≫은 만 가지 象을 포함하여 의탁한 것이 여러 가지이다." 하였으니, 뜻이 혹 옳을 듯하다.

九二는 見(현)龍在田이니 利見大人하니라

九二는 나타난 龍이 밭에 있으니, 大人을 만나봄이 이롭다.

【注】 出潛離隱이라 故로 曰見龍이요 處於地上이라 故로 曰在田이라 德施周普하고 居中不偏하니 雖非君位나 君之德也라 初則不彰하고 三則乾乾하고 四則或躍하고 上則過亢하니 利見大人은 唯二五焉이라

잠긴 곳에서 나오고 숨은 곳에서 떠났으므로 '見龍'이라 하였고, 地上에 처하였으므로 '在田'이라 한 것이다. 德을 베풀기를 두루 하여 넓고, 中에 거하여 편벽되지 않으니, 비록 人君의 자리가 아니나 人君의 德이다. 初爻는 드러나지 못하였고 三爻는 부지런히 힘쓰고 四爻는 혹 뛰어오르고 上爻는 지나치게 높으니, '利見大人'은 오직 二爻와 五爻뿐이다.

【疏】 '九二'至'利見大人' ○ 正義曰：陽處二位, 故曰'九二'. 陽氣發見, 故曰'見龍'. 田是地上, 可營爲有益之處, 陽氣發在地上, 故曰在田. 且一之與二, 俱爲地道[1], 二在一上, 所以稱田. '見龍在田', 是自然之象. '利見大人', 以人事託之. 言龍見在田之時, 猶似聖人久潛稍出, 雖非君位, 而有君德, 故天下衆庶利見九二之大人. 故先儒云"若夫子教於洙泗, 利益天下, 有人君之德[2], 故稱大人."

1) 且一之與二 俱爲地道 : 卦를 획수에 따라 天・地・人의 三才로 나누는데, 3획인 경우, 아래 획은 地位, 가운데 획은 人位, 위 획은 天位가 되며, 6획卦(重卦)에 있어서는 1과 2는 地位, 3과 4는 人位, 5와 6은 天位가 되므로 이렇게 말한 것이다.

2) 夫子敎於洙泗……有人君之德 : 夫子는 스승이란 뜻으로 孔子를 가리키며, 洙와 泗는 두 물의 이름으로 孔子가 生長하고 제자들을 가르친 魯나라 曲阜 지역을 말한 것이다.

經의 〔九二〕에서 〔利見大人〕까지

○ 正義曰 : 陽이 二의 자리에 처하였으므로 '九二'라 하였고, 陽氣가 발현되었으므로 '見龍'이라 한 것이다. '田'은 바로 地上으로, 유익함을 경영할 수 있는 곳이니, 陽氣가 발현하여 지상에 있으므로 '在田'이라 한 것이다. 또 一과 二는 모두 땅의 道가 되는데 二가 一의 위에 있으니, 이 때문에 '田'이라 칭한 것이다.

'見龍在田'은 자연의 象이요, '利見大人'은 사람의 일을 가지고 假託한 것이니, 龍이 나타나 밭에 있을 때는 聖人이 오랫동안 잠겼다가 잠시 나온 것과 같으니, 비록 人君의 자리(지위)는 아니나 人君의 德을 가지고 있으므로 천하의 여러 사람들이 九二의 大人을 만나봄이 이로움을 말한 것이다.

그러므로 先儒가 이르기를 "예컨대 夫子가 洙泗에서 제자들을 가르칠 적에 천하를 이롭게 하여 人君의 德을 가지고 있었던 것과 같다. 그러므로 大人이라 칭한 것이다." 하였다.

【疏】 案, 文言云"九二德博而化." 又云"君德也." 王輔嗣注云"雖非君位, 君之德也." 是九二有人君之德, 所以稱'大人'也. 輔嗣又云"利見大人, 唯二五焉." 是二之與五, 俱是大人, 爲天下所利見也. 而褚氏·張氏同鄭康成之說, 皆以爲"九二利見九五之大人." 其義非也. 且大人之云, 不專在九五與九二. 故訟卦云"利見大人." 又蹇卦"利見大人." 此大人之文, 施處廣矣. 故輔嗣注, 謂九二也, 是大人非專九五.

살펴보건대, 〈文言傳〉에 "九二는 德이 넓어 교화한다." 하였고, 또 이르기를 "〈九二는〉 군주의 德이다." 하였고, 王輔嗣(王弼)의 注에는 "비록 人君의 지위는 아니나 人君의 德이다." 하였으니, 이는 九二가 人君의 德을 가지고 있으므로 이 때문에 '大人'이라고 칭한 것이다.

王輔嗣는 또 말하기를 "'利見大人'은 오직 二爻와 五爻뿐이다." 하였으니, 이는 二爻와 五爻가 모두 大人으로, 천하 사람들이 그를 만나봄이 이로움이 되는 것이다. 그런데 褚氏(褚仲都)와 張氏는 鄭康成의 說과 똑같이 모두 "九二가 九五의 大人을 보는 것이 이롭다." 하였으니, 그 뜻이 잘못되었다.

또 大人이라고 말한 것이 오로지 九五와 九二에만 있지는 않다. 그러므로 訟卦에 "大

人을 만나봄이 이롭다." 하였고, 蹇卦에도 "大人을 만나봄이 이롭다." 하였으니, 이는 大人이란 글을 쓰는 곳이 넓은 것이다. 그러므로 王輔嗣의 注에 〈大人에 해당하는 것으로〉 九二를 말한 것이니, 이 大人은 오로지 九五만을 가리키는 것이 아니다.

【疏】 ○ 注'處於地上'至'唯二五焉' ○ 正義曰 : '處於地上 故曰在田'者, 先儒以爲"重卦之時, 重於上下兩體. 故初與四相應, 二與五相應, 三與上相應[1], (矣)〔是〕[2] 上下兩體, 論天地人各別[3]. 但易含萬象, 爲例非一. 及其六位, 則一二爲地道, 三四爲人道, 五上爲天道[4]. 二在一上, 是九二處其地上, 所田食之處, 唯在地上, 所以稱田也." 觀輔嗣之注(焉)〔意〕[5], 唯取地上稱田. 諸儒更廣而稱之, 言"田之耕稼利益, 及於萬物盈滿, 有益於人, 猶若聖人益於萬物, 故稱田也."

1) 重卦之時……三與上相應 : 重卦는 일반적으로 上卦(위의 3획卦)와 下卦(아래의 3획卦)가 같은 卦를 말하는데, 여기에서는 모든 6획卦를 말한 것으로, 3획卦가 겹쳐진 卦라는 의미이다.

 上卦와 下卦를 두 개의 體로 나누어 보면 下卦의 아래 爻(6획卦의 初爻)와 上卦의 아래 爻(6획卦의 四爻), 下卦의 가운데 爻(6획卦의 二爻)와 上卦의 가운데 爻(6획卦의 五爻), 下卦의 위 爻(6획卦의 三爻)와 上卦의 위 爻(6획卦의 上爻)가 각각의 3획卦에서 점유하는 자리가 같으므로 서로 應하는 관계가 된다. 또한 小成卦를 기준으로 보면 初爻와 四爻는 地, 二爻와 五爻는 人, 三爻와 上爻는 天을 상징하는 자리가 된다.

2) (矣)〔是〕: 저본에는 '矣'로 되어 있으나, 宋本에 의거하여 '是'로 바로잡았다.〔阮刻本 참조〕

3) 上下兩體 論天地人各別 : 3획卦인 八卦를 小成卦라 하는데, 이때에는 아래 爻를 地, 가운데 爻를 人, 위 爻를 天으로 보며, 6획卦인 64괘를 大成卦라 하는데, 이때에는 初爻와 二爻를 地, 三爻와 四爻를 人, 五爻와 上爻를 天으로 본다.

4) 上下兩體……五上爲天道 : 上卦와 下卦를 각각의 體로 보면 天·人·地를 상징하는 자리는 上卦와 下卦 각각의 아래 爻·가운데 爻·위 爻가 된다. 그러나 ≪周易≫의 해석과 상징은 다양하므로, 上卦와 下卦를 합쳐 하나의 體로 보면, 6획卦의 初爻와 二爻는 地의 자리에, 三爻와 四爻는 人의 자리에, 五爻와 上爻는 天의 자리에 해당하는 것으로 볼 수 있다. 乾卦의 九二는 上卦와 下卦를 각각의 體로 나누어 보면 人의 자리이지만, 합쳐서 보면 地의 자리이다. 九二의 爻辭에 "밭에 있다."고 하였으므로 上卦와 下卦를 합친 6획卦의 설명을 적용하여 九二를 地의 자리로 보아야 하는 것이다.

5) (焉)〔意〕: 저본에는 '焉'으로 되어 있으나, 錢本·宋本에 의거하여 '意'로 바로잡았다.〔阮刻本 참조〕

○ 注의 〔處於地上〕에서 〔唯二五焉〕까지

○ 正義曰 : 〔處於地上 故曰在田〕 先儒가 이르기를 "重卦의 때에는 위아래 두 體를 중하게 여긴다. 그러므로 初爻는 四爻와 서로 응하고, 二爻는 五爻와 서로 응하고, 三爻는 上爻와 서로 응하니, 이는 위아래 두 體에 天·地·人을 논하는 것이 각기 다를 것이다. 다만 ≪周易≫은 만 가지 象을 포함하여 例로 삼은 것이 한 가지가 아니다. 그 여섯 자리에 있어서는 一과 二는 地道가 되고 三과 四는 人道가 되고 五와 上은 天道가 된다. 二가 一의 위에 있으니, 이는 九二가 地上에 처한 것이다. 농사지어 먹는 곳이 오직 地上에 있으니 이 때문에 밭이라고 칭한 것이다." 하였다.

王輔嗣의 注의 뜻을 보면 오직 地上을 취하여 밭이라고 칭하였는데, 여러 학자들은 다시 넓혀 말하여 "밭의 갈고 심는 이익이 萬物에 미쳐 가득하여 사람에게 유익하니, 마치 聖人이 萬物에게 유익한 것과 같으므로 밭이라고 칭하였다." 하였다.

【疏】 '德施周普'者, 下小象文謂"周而普(獨)〔徧〕[1]." '居中不偏'者, 九二居在下卦之中, 而於上於下, 其心一等, 是居中不偏也, 不偏則周普也. '雖非君位'者, 二爲大人, 已居二位, 是非君位也. '君之德'者, 以德施周普也. 文言云"德博而化." 又云"君德也." 是九二有人君之德也. '初則不彰'者, 謂潛隱不彰顯也. '三則乾乾'者, 危懼不安也. '四則或躍'者, 謂進退懷疑也. '上則過亢', 過謂過甚, 亢謂亢極, '利見大人 唯二五焉'者, 言範模乾之一卦, 故云唯二五焉. 於別卦言之, 非唯二五而已. 故訟卦·蹇卦竝云"利見大人." 所以施處廣, 非唯二五也.

1) 下小象文謂周而普(獨)〔徧〕 : 아래 〈象傳〉에 "'나타난 龍이 밭에 있음'은 德의 베풂이 넓은 것이다.〔見龍在田 德施普也〕" 한 것을 가리켜 말한 것이다.
저본에는 '獨'으로 되어 있으나, 錢本·宋本에 의거하여 '徧'으로 바로잡았다.〔阮刻本 참조〕

〔德施周普〕 아래 小象의 글에 "두루 하여 넓다." 하였다.

〔居中不偏〕 九二가 下卦의 가운데에 있어서 위와 아래가 그 마음이 똑같으니, 이는 中에 거하여 편벽되지 않은 것이니 편벽되지 않으면 두루 하여 넓은 것이다.

〔雖非君位〕 二가 大人이 되었으나 자신이 二의 자리에 거하였으니, 이는 人君의 지위가 아닌 것이다.

〔君之德〕 德의 베풂이 두루 하고 넓기 때문이다. 〈文言傳〉에 "德이 넓어 교화된다." 하였고, 또 이르기를 "人君의 德이다." 하였으니, 이는 九二가 人君의 德을 가지고 있는 것

이다.

〔初則不彰〕 잠기고 숨어서 드러나지 못함을 말한 것이다.

〔三則乾乾〕 위태롭고 두려워 편안하지 못한 것이다.

〔四則或躍〕 나가고 물러남에 의심이 있음을 말한 것이다.

〔上則過亢〕 '過'는 지나침이 심함을 이르고, '亢'은 亢極을 이른다.

〔利見大人 唯二五焉〕 乾의 한 卦를 모범으로 하였으므로 오직 二爻와 五爻라고 말하였으나 다른 卦에서 말할 적에는 단지 二爻와 五爻뿐만이 아니다. 그러므로 訟卦와 蹇卦에 모두 "大人을 만나봄이 이롭다."고 말하였으니, 이 때문에 〈大人이란 글을〉 쓰는 곳이 넓어서 오직 二爻와 五爻뿐만이 아닌 것이다.

【疏】 諸儒以爲"九二當太蔟之月, 陽氣發見." 則九三爲建辰之月, 九四爲建午之月, 九五爲建申之月, 爲陰氣始殺, 不宜稱飛龍在天. 上九爲建戌之月, 群陰旣盛, 上九不得言與時偕極. 於此時, 陽氣僅存, 何極之有[1]. 諸儒此說, 於理稍乖. 此乾之陽氣漸生, 似聖人漸出, 宜據十一月之後至建巳之月已來, 此九二當據建丑建寅之間[2]. 於時, 地之萌牙[3]初有出者, 卽是陽氣發見之義, 乾卦之象, 其應然也. 但陰陽二氣共成歲功, 故陰興之時, 仍有陽在, 陽生之月, 尙有陰存, 所以六律·六呂陰陽相間[4]. 取象論義, 與此不殊.

1) 九二當太蔟之月……何極之有 : 太蔟(簇)는 6律의 하나이다. 12律呂는 전통적인 음률 체계인데, 그 안에 陰陽 消長의 이치를 담고 있으므로 그 성격에 따라 1년 12달에 배속시켜 짝을 지운바, 太簇의 경우 寅月(음력 정월)에 해당한다.

卦 역시 12달에 배속시킨 12辟卦가 있는데, 子月(11월)은 復卦䷗, 丑月(12월)은 臨卦䷒, 寅月(正月)은 泰卦䷊, 卯月(2월)은 大壯卦䷡, 辰月(3월)은 夬卦䷪, 巳月(4월)은 乾卦䷀, 午月(5월)은 姤卦䷫, 未月(6월)은 遯卦䷠, 申月(7월)은 否卦䷋, 酉月(8월)은 觀卦䷓, 戌月(9월)은 剝卦䷖, 亥月(10월)은 坤卦䷁에 해당한다.

諸儒들은 한 卦의 여섯 爻를 12달에 해당시켜 설명하여 한 爻가 두 달을 차지하는 것으로 생각한다. 그래서 九二가 정월이면, 九三은 3월, 九四는 5월이 되는 것이다. 이런 방식으로 보면 九五는 7월이 되는데, 7월의 卦는 否卦䷋이며 陽曆의 8월이니, 이때는 陰氣가 나오는 달이므로 "飛龍在天"이라는 九五의 爻辭가 맞지 않게 된다. 또한 上九는 9월이 되는데, 9월의 卦는 剝卦䷖인바, 여러 陰이 성하여 陽이 겨우 하나 남아 있으므로 "與時偕極"이란 〈文言傳〉의 말이 맞지 않게 된다. 이 때문에 九二를 寅月에 해당하는 것으로 보는 諸儒들의 견해를 疏에서 비판한 것이다.

2) 乾之陽氣漸生……此九二當據建丑建寅之間 : 乾卦는 여섯 爻가 모두 陽爻이기 때문에 陽이 자라나는 모양을 卦象을 통해서는 볼 수 없지만, 初爻부터 上爻까지 각각의 자리가 의미하는 시간과 지위가 있기 때문에, 初爻에서 上爻로의 흐름을 陽氣가 점차 생겨나는 것으로 볼 수 있다. 疏에서는 乾卦의 初爻부터 上爻로의 흐름을 陽氣가 생겨났다가 사라지는 과정으로 보지 않고, 처음 생겨나 성해져서 極에 다다르는 과정으로 보아, 1년 중 6개의 달에만 해당한다고 하였는데, 이를 12辟卦로 풀어보면 子月(11월)의 復卦䷗부터 巳月(4월)의 乾卦䷀에 해당한다. 따라서 九二는 丑月(12월, 臨卦䷒)로부터 寅月(정월, 泰卦䷊) 이전까지에 해당하는 것이다.

3) 牙 : 芽의 뜻이다.

4) 所以六律六呂陰陽相間 : 전통의 음률 체계인 12律呂는 6개의 律과 6개의 呂로 구성되어 있는바, 律은 陽, 呂는 陰의 소리이다. 12律呂는 6律과 6呂를 서로 교차하여 배열하니, 표로 나타내면 다음과 같다.

	1월	2월	3월	4월	5월	6월	7월	8월	9월	10월	11월	12월
陽(律)	太簇(蔟)		姑洗		蕤賓		夷則		無射		黃鐘	
陰(呂)		夾鐘		仲呂		林鐘		南呂		應鐘		大呂
12辟卦	泰卦 ䷊	大壯卦 ䷡	夬卦 ䷪	乾卦 ䷀	姤卦 ䷫	遯卦 ䷠	否卦 ䷋	觀卦 ䷓	剝卦 ䷖	坤卦 ䷁	復卦 ䷗	臨卦 ䷒

여러 학자들은 "九二가 太簇의 달(정월)에 해당하여 陽氣가 발현했다." 하였으니, 그렇다면 九三은 建辰의 달(3월)이 되고 九四는 建午의 달(5월)이 되므로, 九五는 建申의 달(7월)이 되는데, 陰氣가 처음 나와 물건을 죽이는 때가 되므로, "나는 龍이 하늘에 있다."고 칭할 수가 없다. 또 上九는 建戌의 달(9월)이 되니, 여러 陰이 이미 성하므로, 上九에서 "때와 함께 지극하다."고 말할 수 없는 것이다. 이때에는 陽氣가 겨우 보존되어 있으니, 무슨 지극함이 있겠는가. 여러 학자들의 이 말은 이치에 다소 어긋난다.

여기에 乾의 陽氣가 점점 생겨난다는 것은 聖人이 점점 나오는 것과 같아서 마땅히 11월의 이후로 建巳의 달(4월)까지에 해당해야 하니, 이는 九二가 建丑(12월)과 建寅(정월)의 사이에 해당해야 하는 것이다. 이때에 땅속에 있는 초목의 싹이 처음 나오는 것이 있으니, 이는 陽氣가 발현하는 뜻이니, 乾卦의 象이 그러함이 당연한 것이다.

다만 陰과 陽 두 기운이 함께 1년의 功을 이루기 때문에 陰이 일어날 때에 그대로 陽이 남아 있는 경우가 있고, 陽이 생겨나는 달에 아직도 陰이 존재하는 경우가 있는 것이다. 이 때문에 六律과 六呂는 陰과 陽이 서로 사이하여(교차해) 있는 것이니, 象을 취하여 義를 논하는 것이 이와 다르지 않다.

【疏】乾之初九, 則與復卦不殊, 乾之九二, 又與臨卦无別, 何以復·臨二卦, 與此不同者[1). 但易論象, 復臨二卦, 旣有群陰見象於上, 卽須論卦之象義, 各自爲文. 此乾卦初九·九二, 只論居位一爻, 无群陰見象, 故但自明當爻之地, 爲此與臨·復不同.

1) 乾之初九……與此不同者 : 乾卦의 여섯 爻를 初九爻로부터 점차 陽爻가 생겨나는 것으로 보고 이것을 12辟卦와 연결시킬 경우, 乾卦의 初九는 復卦의 卦象인 ䷗에 해당하고, 九二는 臨卦의 卦象인 ䷒에 해당한다. 그러나 復卦와 臨卦에는 潛龍과 見龍의 글이 보이지 않으므로 '臨卦와 復卦가 이와 같지 않다.'고 말한 것이다.

乾卦의 初九는 復卦와 다르지 않고, 乾卦의 九二는 臨卦와 분별이 없는데, 어찌하여 復卦와 臨卦 두 卦가 이와 같지 않은가? 다만 ≪周易≫은 象을 논하였는데, 復卦와 臨卦 두 卦는 이미 여러 陰이 위에서 나타난 象이 있으니 모름지기 卦의 象과 뜻을 논해야 하는바, 이는 각자 따로 글이 되는 것이다.

이 乾卦의 初九와 九二는 다만 자리에 처한 한 爻만을 논하였고, 여러 陰이 나타난 象이 없으므로 다만 爻에 해당하는 자리만을 각각 밝힌 것이니, 이 때문에 臨卦・復卦와 똑같지 않은 것이다.

九三은 君子終日乾乾하여 夕惕이나 若厲라야 无咎리라

九三은 君子가 종일토록 부지런히 힘써서 저녁까지도 두려워하나 위태로운 듯하여야 허물이 없으리라.

【注】處下體之極하고 居上體之下하여 在不中之位하고 履重剛之險이라 上不在天하여 未可以安其尊也요 下不在田하여 未可以寧其居也라 純脩下道면 則居上之德廢하고 純脩上道면 則處下之禮曠이라 故로 終日乾乾하여 至于夕惕하여도 猶若厲也라 居上不驕하고 在下不憂하여 因時而惕하여 不失其幾면 雖危而勞나 可以無咎라 處下卦之極하여 愈於上九之亢이라 故로 竭知[1]力而後에 免於咎也라 乾三은 以處下卦之上이라 故로 免亢龍之悔요 坤三은 以處下卦之上이라 故로 免龍戰之災[2]라

1) 知 : 智와 같다.

2) 乾三……免龍戰之災：乾卦 三爻의 爻辭는 "夕惕若厲"이고, 上九의 爻辭는 "亢極의 龍이니 뉘우침이 있다.〔亢龍有悔〕"이며, 坤卦 三爻의 爻辭는 "아름다움을 머금어 貞할 수 있으니, 혹 王事를 따라서 이룸은 없으나 종말은 있을 것이다.〔含章可貞 或從王事 无成有終〕"이고, 上六의 爻辭는 "龍이 들에서 싸우니, 그 피가 검고 누렇다.〔龍戰于野 其血玄黃〕"이다. '龍이 싸우는 재앙'은 坤卦 上六의 爻辭인 '龍戰于野'를 가리킨 것으로, 上六은 亢極에 처하여 이러한 재앙이 있는 반면, 九三과 六三은 다만 下卦의 윗자리에 있을 뿐이므로 이러한 재앙을 피할 수 있음을 말한 것이다.

下體의 極에 처하고 上體의 아래에 거하여, 中하지 못한 자리에 있고 重剛의 험함을 밟고 있다. 위로는 하늘에 있지 아니하여 그 높음을 편안히 할 수 없고, 아래로는 밭에 있지 아니하여 그 거처를 편안히 할 수 없다. 순수하게 아래(아랫사람)의 道를 닦으면 위에 거한(윗사람의) 德이 폐해지고, 순수하게 위의 道를 닦으면 아래에 처한 禮가 비게 된다. 그러므로 종일토록 부지런히 힘써서 저녁에 이르도록 두려워하나 오히려 위태로운 듯한 것이다.

위에 있으면서도 교만하지 않고 아래에 있으면서도 근심하지 아니하여 때에 따라 두려워해서 그 기미를 잃지 않으면 비록 위태롭고 수고로우나 허물이 없을 수 있는 것이다.

下卦의 極에 처하여 上九의 亢極보다는 낫다. 그러므로 지혜와 힘을 다한 이후에 허물을 면할 수 있는 것이다. 乾卦의 三爻는 下卦의 위에 처하였으므로 亢龍의 후회를 면하고, 坤卦의 三爻는 下卦의 위에 처하였으므로 龍이 싸우는 재앙을 면한 것이다.

【疏】'九三君子'至'夕惕若厲无咎' ○正義曰：以陽居三位, 故稱'九三'. 以居不得中, 故不稱'大人'. 陽而得位, 故稱'君子'. 在憂危之地, 故'終日乾乾', 言每恒終竟此日, 健健自强勉力, 不有止息. '夕惕'者, 謂終竟此日後, 至向夕之時, 猶懷憂惕. '若厲'者, 若, 如也, 厲, 危也, 言尋常憂懼, 恒如傾危, 乃得无咎, 謂既能如此戒愼, 則无罪咎, 如其不然, 則有咎. 故繫辭云"无咎者, 善補過也." 此一爻因陽居九三之位, 皆以人事明其象.

經의〔九三君子〕부터〔夕惕若厲无咎〕까지

○正義曰：陽으로서 三의 자리에 거하였으므로 '九三'이라 칭하였고, 거한 자리가 中을 얻지 못하였으므로 '大人'이라 칭하지 않았고, 陽으로서 正位를 얻었으므로 '君子'라 칭한 것이다.

근심스럽고 위태로운 자리에 있으므로 '終日乾乾'하는 것이니, 항상 이 날을 마치도록 부지런히 스스로 힘써서 힘쓰고 노력하여 그치지 않음을 말한 것이다.

〔夕惕〕 이 날을 끝마친 뒤에 저녁을 향할 때에 이르러도 오히려 근심과 두려움을 품음을 말한 것이다.

〔若厲〕 '若'은 같음이요 '厲'는 위태로움이니, 평소 근심하고 두려워하여 항상 기울고 위태로운 것처럼 하여야 비로소 허물이 없을 수 있음을 말한 것이니, 이미 이와 같이 경계하고 삼가면 罪와 허물이 없을 것이요, 만일 그렇지 않으면 허물이 있음을 말한 것이다. 그러므로 〈繫辭傳〉에 "허물이 없다는 것은 허물을 잘 補塡한 것이다." 하였다.

이 한 爻는 陽이 九三의 자리에 거함을 인하여 모두 사람의 일을 가지고 그 象을 밝혔다.

【疏】 ○ 注'處下體之極'至'免龍戰之災' ○ 正義曰 : '處下體之極'者, 極, 終也, 三是上卦之下, 下體之極, 故云極也. 又云'居上體之下'者, 四五與上是上體, 三居四下, 未入上體, 但居上體之下, 四則已入上體, 但居其上體之下, 故九四注云"居上體之下." 與此別也[1]. 云'履重剛之險'者, 上下皆有陽爻[2], 剛强好爲險難, 故云"履重剛之險". 云'上不在天 未可以安其尊'者, 若在天位, 其尊自然安處, 在上卦之下, 雖在下卦之上, 其尊未安, 故云"未可以安其尊"也. '下不在田 未可以寧其居'者, 田是所居之處, 又是中和之所, 旣不在田, 故不得安其居.

1) 居上體之下者……與此別也 : 九三의 注에서도 "上體의 아래에 거했다."고 하고, 九四의 注에서도 "上體의 아래에 거했다."고 하였으나, 九三의 爻辭에는 "夕惕若厲"라 하고 九四의 爻辭에는 "或躍在淵 無咎"라 하여 占辭가 다른 이유를 설명한 것으로, 九三은 下體의 極에 처하였으나 九四는 下體의 極을 떠났기 때문에 占辭가 다른 것이다. 九三의 注에서 말한 '上體之下'의 '下'는 '미만'의 개념으로 上體에서 내려온 아래쪽을 의미하고, 九四의 注에서 말한 '下'는 '이하'의 개념으로 上體의 맨 처음 자리를 의미한다. 九四의 注의 '下'는 '初'로 바꾸어 읽을 수 있다.

2) 云履重剛之險者 上下皆有陽爻 : 乾卦 〈文言傳〉에 九三과 九四를 모두 '重剛而不中'이라 하였는데, 朱子는 "重剛은 陽爻가 陽位에 있음을 이른다."고 하여 "九四는 重剛이 아니니, '重'자는 衍文인 듯하다."고 注를 내었다. 王弼은 〈文言傳〉의 말을 따라 九三과 九四의 注에 모두 "重剛의 험함을 밟고 있다." 하였는데, 孔穎達은 이를 "위아래에 모두 陽爻가 있다."고 하여 '重剛'의 의미를 '위아래에 모두 陽爻가 있는 것'으로 보았으며, 程伊川 역시 重剛이라 하였으나 특별히 이유를 밝히지는 않았다.

○ 注의 〔處下體之極〕에서 〔免龍戰之災〕까지

○ 正義曰 : 〔處下體之極〕 '極'은 終이니, 三爻는 바로 上卦의 아래이고 下體의 極이다. 그러므로 '極'이라고 말한 것이다.

〔居上體之下〕 四爻와 五爻와 上爻가 바로 上體이니, 三爻는 四爻의 아래에 거하여 아직 上體에 들어가지 않고 다만 上體의 아래에 거하였으며, 四爻는 이미 上體에 들어갔는데 다만 上體의 아래에 거하였다. 그러므로 九四의 注에 "上體의 아래에 거했다." 한 것이 이와 다른 것이다.

〔履重剛之險〕 위아래에 모두 陽爻가 있으니, 剛强하여 험난한 것을 하기를 좋아한다. 그러므로 "重剛의 험함을 밟고 있다.〔履重剛之險〕"라고 말한 것이다.

〔上不在天 未可以安其尊〕 만약 하늘의 지위에 있으면 그 높음이 자연 편안히 거처할 수 있으나, 上卦의 아래에 있어서 비록 下卦의 위에 있지만 그 높음이 아직 편안하지 못하다. 그러므로 "그 높음을 편안히 할 수 없다.〔未可以安其尊〕"라고 말한 것이다.

〔下不在田 未可以寧其居〕 '田'은 바로 거처한 바의 곳이요 中和의 자리인데, 이미 밭에 있지 않기 때문에 그 거처를 편안히 할 수 없는 것이다.

【疏】 '純脩下道 則居上之德廢'者, 言若純脩下道以事上卦, 則己居下卦之上, 其德廢壞, 言其太卑柔也. '純脩上道 則處下之禮曠'者, 曠謂空曠, 言己純脩居下卦之上道, 以自驕矜, 則處上卦之下, 其(相)〔禮〕[1]終竟空曠. '夕惕猶若厲也'者, 言雖至於夕, 恒懷惕懼, 猶如未夕之前, (當)〔常〕[2]若厲也. 案, 此卦九三所居之處, 實有危厲, 又文言云 "雖危无咎." 是實有危也. 據其上下文勢, 若字宜爲語辭, 但諸儒竝以若爲如, "如似有厲, 是實无厲也." 理恐未盡, 今且依如解之.

1) (相)〔禮〕 : 저본에는 '相'으로 되어 있으나, 錢本·宋本에 의거하여 '禮'로 바로잡았다. 〔阮刻本 참조〕

2) (當)〔常〕 : 저본에는 '當'으로 되어 있으나, 宋本에 의거하여 '常'으로 바로잡았다.〔阮刻本 참조〕

〔純脩下道 則居上之德廢〕 만약 순수하게 아래의 道를 닦아서 上卦를 섬기면 자기가 下卦의 위에 거하여 그 德이 폐하고 무너짐을 말한 것이니, 너무 낮추고 유순함을 말한 것이다.

〔純脩上道 則處下之禮曠〕 '曠'은 빔을 이르니, 자기가 순수하게 下卦의 위에 거한 道를 닦아서 스스로 교만하고 자랑하면 上卦의 아래에 처하여 그 禮를 끝마침이 끝내 비게

됨을 말한 것이다.

〔夕惕猶若厲也〕 비록 저녁에 이르러도 항상 조심하고 두려워하는 마음을 품어서 마치 저녁이 되기 전과 같이 하여 항상 위태로운 것처럼 여김을 말한 것이다.

살펴보건대, 이 卦의 九三이 처한 위치는 실로 위태로움이 있고, 또 〈文言傳〉에 이르기를 "비록 위태로우나 허물이 없다." 하였으니, 이는 실제로 위태로움이 있는 것이다.

上下의 文勢를 상고해보면 '若'자는 마땅히 어조사가 되어야 할 것이나, 다만 여러 학자들이 모두 '若'을 '如'라 하여 "위태로움이 있는 듯하나 이는 실제로 위태로움이 없는 것이다." 하였으니, 이치(문리)가 혹 미진한 듯하지만 지금 우선 이와 같이 해석한다.

【疏】 '因時而惕 不失其幾'者, 因時謂因可憂之時. 故文言云"因時而惕." 又云"知至至之, 可與幾也." 是因時而惕, 不失其幾也. '雖危而勞'者, 若厲是雖危, 終日乾乾, 是而勞也. '故竭知力而後免於咎'者, (王)〔正〕[1]以九三與上九相竝, 九三處下卦之極, 其位猶卑, 故竭知力而得免咎也. 上九在上卦之上, 其位極尊, 雖竭知力, 不免亢極, 言下勝於上, 卑勝於尊.

1) (王)〔正〕: 저본에는 '王'으로 되어 있으나, 閩本·監本·毛本에 의거하여 '正'으로 바로잡았다.〔阮刻本 참조〕

〔因時而惕 不失其幾〕 '因時'는 두려워할 만한 때를 따름을 이른다. 그러므로 〈文言傳〉에 "때를 따라 두려워한다."고 하였고, 또 "이를 데를 알아 이르므로 더불어 기미를 알 수 있다." 하였으니, 이는 때를 따라 두려워하여 그 기미를 잃지 않는 것이다.

〔雖危而勞〕 〈經文의〉 '若厲'는 바로 〈注의〉 '雖危'이고, 〈經文의〉 '終日乾乾'은 바로 〈注의〉 '而勞'이다.

〔故竭知力而後免於咎〕 바로 九三이 上九와 서로 아우르니, 九三은 下卦의 極에 처하여 그 지위가 아직 낮기 때문에 지혜와 힘을 다하면 허물을 면할 수 있는 것이요, 上九는 上卦의 위에 있어서 그 지위가 매우 높으니 비록 지혜와 힘을 다하나 亢極을 면치 못하니, 이는 아래가 위보다 낫고 낮은 것이 높은 것보다 나음을 말한 것이다.

九四는 或躍在淵하면 无咎리라

九四는 혹 뛰어올라 연못에 있으면 허물이 없으리라.

【注】 去下體之極하고 居上體之下하니 乾道革之時也라 上不在天하고 下不在田하고 中不在人하여 履重剛之險하여 而无定位所處하니 斯誠進退无常之時也라 近乎尊位하여 欲進其道면 迫乎在下하여 非躍所及이요 欲靜其居면 居非所安하여 持疑猶豫하여 未敢決志로되 用心存公하여 進不在私하고 疑以爲慮하여 不謬於果라 故로 无咎也라

下體의 極을 떠나고 上體의 아래에 거하였으니, 乾道가 변혁하는 시기이다. 위로는 하늘에 있지 않고 아래로는 밭에 있지 않고 가운데로는 사람에 있지 아니하여 重剛의 험함을 밟아서 일정한 자리로 처한 바가 없으니, 이는 진실로 나아가고 물러남이 일정함이 없는 때이다.

높은 지위에 가까워서 그 道를 진전시키려 하면 아랫자리에게 핍박을 받아 도약하여 미칠 바가 아니요, 그 거처를 고요히 하고자 하면 거처가 편안한 것이 아니어서 의심을 품고 猶豫하여 감히 뜻을 결정하지 못한다. 그러나 마음 씀이 공정함을 보존하여 나아감이 사사로움에 있지 않고, 의심하고 염려해서 과감함에 잘못되지 않으므로 허물이 없는 것이다.

【疏】 '九四或躍在淵无咎' ○ 正義曰：'或', 疑也. '躍', 跳躍也. 言九四陽氣漸進, 似若龍體欲飛, 猶疑或也. 躍於在淵, 未卽飛也. 此自然之象, 猶若聖人位漸尊高, 欲進於王位, 猶豫(遲)〔持〕[1]疑, 在於故位, 未卽進也. 云'无咎'者, 以其(遲)〔持〕疑, 進退不卽果敢以取尊位, 故无咎也. 若其貪利務進, 時未可行而行, 則物所不與, 故有咎也. 若周西伯, 內執王心, 外率諸侯, 以事紂也[2].

1) (遲)〔持〕: 저본에는 '遲'로 되어 있으나, 宋本에 의거하여 '持'로 바로잡았다.〔阮刻本 참조〕

2) 若周西伯……以事紂也 : 西伯은 서쪽 지역 제후의 우두머리란 뜻으로, 周 文王을 가리키며, 紂는 殷나라의 마지막 군주로 夏 桀王과 함께 중국 역대 최악의 暴君으로 알려져 있다.

文王은 姓이 姬이고 이름이 昌으로, 殷 紂王으로부터 西伯에 임명되어 征伐을 마음대로 하였으나 紂王을 정성껏 섬겼다. 그리하여 ≪論語≫ 〈泰伯〉에서 "천하를 셋으로 나눌 적에 그 둘을 소유하고도 복종하여 殷나라를 섬기셨으니, 周 文王의 德은 지극한 德이라고 이를 만하다.〔三分天下 有其二 以服事殷 周之德 其可謂至德也已矣〕"라는 孔子의 찬사를 받았다.

이에 대해 朱子는 ≪集註≫에서 ≪春秋左氏傳≫을 인용하여 "文王이 商나라를 배반한 나라를 거느려 紂王을 섬기시니, 천하에 文王에게 귀의한 것이 6개 州이니, 荊州・

梁州・雍州・豫州・徐州・揚州이고, 오직 靑州・兗州・冀州가 아직도 紂王에게 속해 있었다." 하였다.

文王이 죽은 뒤에 武王이 즉위하여 마침내 紂王과 牧野에서 一戰을 벌여 殷나라를 멸망시켰다.

經의 〔九四或躍在淵无咎〕

○ 正義曰 : '或'은 의심함이요 '躍'은 뛰는 것이니, 九四의 陽氣가 점점 나아가니, 龍體가 날고자 하나 오히려 혹 의심하는 것과 같음을 말한 것이다. 뛰어올라 못에 있는 것은 즉시 날지 않는 것이니, 이는 자연의 象이니, 聖人이 지위가 점점 높아져서 왕의 지위에 나아가고자 하나 猶豫하고 의심을 품어 옛날 자리에 남아 있어서 즉시 나아가지 않는 것과 같다.

〔无咎〕 의심을 품어서 나아가고 물러감을 즉시 과감히 결정하여 높은 지위를 취하지 않았으므로 허물이 없는 것이다. 만약 이익을 탐하고 나아감에 힘써서 때가 아직 행할 수 없는데 행하면, 남들이 함께 따르지 않는다. 그러므로 허물이 있는 것이다. 예를 들면 周나라 西伯이 안으로는 王者의 마음을 간직하고 밖으로는 제후를 거느려서 紂王을 섬긴 것과 같다.

【疏】 ○ 注 '去下體之極' 至 '无咎也' ○ 正義曰 : '去下體之極'者, 離下體, 入上體, 但在下體之上, 故云去下體之極. 注九三云"處下體之極." 彼仍處九三, 與此別也. 云'乾道革之時'者, 革, 變也, 九四去下體, 入上體, 是乾道革之時. 云'上不在天 下不在田 中不在人'者, 易之爲體, 三與四爲人道, 人近在下, 不近於上, 故九四云"中不在人." 異於九三也[1]. 云'而无定位所處'者, 九四以陽居陰, 上旣不在於天, 下復不在於地, 中又不當於人, 上下皆无定位所處也. '斯誠進退无常之時'者, 文言云"上下无常", "進退无恒"[2], 是也. '欲進其道 迫乎在下 非躍所及'者, 謂欲進己聖道而居王位, 但逼迫於下, 群衆未許, 非己獨躍所能進及也. '欲靜其居 居非所安 持疑猶豫 未敢決志'者, 謂志欲靜其居處, 百姓旣未離禍患, 須當拯救, 所以不得安居, 故遲疑猶豫, 未敢決斷其志而苟進也. '用心存公 進不在私'者, 本爲救亂除患, 不爲於己, 是進不在私也. '疑以爲慮 不謬於果'者, 謬謂謬錯, 果謂果敢, 若不思慮, 苟欲求進, 當錯謬於果敢之事, 而致敗亡, 若疑惑以爲思慮, 則不錯謬於果敢之事. 其錯謬者, 若宋襄公與楚人戰而致敗亡[3], 是也.

1) 上不在天……異於九三也 : 乾卦 〈文言傳〉에 "九四는 重剛이고 中이 되지 못하여 위로는 하늘에 있지 않고 아래로는 밭에 있지 않고 가운데로는 인간에 있지 않다.〔九四 重剛而不中 上不在天 下不在田 中不在人〕"고 하였는데, 이 말을 王弼이 注에 借用하였다.

　6획卦로 보면 사람의 자리에 해당하는 九四를, 注에서는 사람의 자리가 아니라고 하였으므로 疏에서 이를 해명한 것이다. 四爻는 사람의 자리이면서 하늘의 자리인 五爻에 가깝고, 三爻는 사람의 자리이면서 땅의 자리인 二爻에 가깝다. 사람은 지상을 걸어 다녀 하늘보다는 땅에 가까우므로 사람의 자리는 四爻보다는 三爻에 해당한다고 할 수 있는 것이다. 이 때문에 九四가 사람의 자리가 아니라고 한 것이다.

2) 上下无常 進退无恒 : 乾卦 〈文言傳〉에 "오르내림에 일정함이 없는 것이 간사함이 되지 않으며, 나아가고 물러남에 항상함이 없는 것이 同類를 떠남이 아니다.〔上下无常 非爲邪也 進退无恒 非離群也〕"라고 하였다.

3) 若宋襄公與楚人戰而致敗亡 : 宋 襄公은 춘추시대 宋나라 군주로 이름이 玆父인데, 楚나라와 泓水에서 싸울 적에, 宋나라는 이미 戰列을 이루었고 楚나라는 아직 물을 건너지 못한 상태였다. 宋나라의 司馬인 子魚가 "저들은 數가 많고 우리는 적으니, 물을 건너기 전에 공격하십시오."라고 청하였으나, 襄公은 듣지 않았다. 楚나라 군대가 물을 건너와 아직 戰列을 이루지 못했을 때, 子魚가 또다시 공격할 것을 청했으나 襄公은 또 듣지 않았다. 결국 襄公은 楚나라 군대가 戰列을 이룬 후에 공격하여 패배하고 말았다. 國人이 모두 그를 탓하자, 襄公은 "君子는 상처 입은 敵을 거듭 상해하지 않고 半白의 노인을 사로잡지 않는다. 옛날의 전쟁에서는 험한 지형을 이용하지 않았으니, 내가 비록 亡國의 후손이지만 戰列을 이루지 못한 敵을 공격하라는 북을 울리지는 않겠다." 하였다. 宋나라는, 周 武王이 殷나라를 멸망시킨 뒤에 殷나라 微子 啓를 봉해준 나라이므로 '亡國의 후손'이라고 말한 것이다. 후세에는 이것을 宋襄之仁이라고 비웃었다. ≪春秋左氏傳 僖公 22년≫

○ 注의 〔去下體之極〕에서 〔无咎也〕까지

○ 正義曰 : 〔去下體之極〕 下體를 떠나서 上體에 들어간 것인데 다만 下體의 위에 있기 때문에 '去下體之極'이라고 말한 것이다. 九三의 注에 "下體의 極에 처하였다." 하였으니, 저것은 그대로 九三의 자리에 처하고 있으므로 이와 다른 것이다.

〔乾道革之時〕 '革'은 변함이니, 九四가 下體를 떠나 上體로 들어갔으니, 이는 乾道가 변혁하는 시기인 것이다.

〔上不在天 下不在田 中不在人〕 ≪周易≫의 體가 三爻와 四爻는 사람의 道(자리)가 되지만, 사람은 가까이 아래(三爻)에 있어서 위(四爻)에 가깝지 않으므로 九四에는 "가운데로는 인간에 있지 않다.〔中不在人〕"라고 하여 九三과 다른 것이다.

〔而无定位所處〕 九四가 陽爻로서 陰의 자리에 거하여, 위로는 이미 하늘에 있지 않고 아래로는 다시 땅에 있지 않고 가운데로는 또 사람의 자리에 해당되지 않아서 위와 아래에 모두 일정한 자리로 처한 바가 없는 것이다.

〔斯誠進退无常之時〕 〈文言傳〉에 "오르내림이 일정함이 없다."는 것과 "나아가고 물러남에 항상함이 없다."고 말한 것이 이것이다.

〔欲進其道 迫乎在下 非躍所及〕 자기의 聖人의 道를 진전하여 왕의 지위에 거하고자 하나 다만 아랫자리에게 핍박을 받아 여러 사람들이 허여하지 않아서, 자기가 홀로 도약하여 미칠 수 있는 바가 아님을 말한 것이다.

〔欲靜其居 居非所安 持疑猶豫 未敢決志〕 뜻은 그 거처를 고요히 하고자 하나 백성들이 아직 禍患을 떠나지 못했으니 모름지기 백성들을 구제해야 한다. 이 때문에 편안히 거처할 수가 없으므로 머뭇거리고 의심하고 猶豫해서 감히 그 뜻을 결단하여 구차히 나아가지 않는 것이다.

〔用心存公 進不在私〕 〈九四의 나아감이〉 본래 亂을 구제하고 患亂을 제거하기 위해서요, 자기를 위하는 것이 아니니, 이는 나아감이 사사로움에 있지 않는 것이다.

〔疑以爲慮 不謬於果〕 '謬'는 잘못됨을 이르고 '果'는 과감함을 이르니, 만약 깊이 사려하지 않고 구차히 나아가기를 구하고자 하면 필시 과감한 일에 잘못되어 패망을 불러들일 것이요, 만약 의혹하여 思慮하면 과감한 일에 잘못되지 않을 것이다. 잘못되는 것은 宋 襄公이 楚나라 사람과 싸워서 패망을 불러들인 일과 같은 것이 이것이다.

九五는 飛龍在天이니 利見大人하니라

九五는 나는 龍이 하늘에 있는 것이니, 大人을 봄이 이롭다.

【注】 不行不躍而在乎天하니 非飛而何오 故로 曰飛龍也라 龍德在天이면 則大人之路亨也라 夫位以德興하고 德以位敍어늘 以至德而處盛位하니 萬物之覩 不亦宜乎아

가지도 않고 뛰지도 않으면서 하늘에 있으니, 나는 것이 아니고 무엇이겠는가. 그러므로 '飛龍'이라 한 것이다. 龍의 德이 하늘에 있으면 大人의 길이 형통한 것이다. 지위는 德으로 인하여 일어나고 德은 지위로 인하여 펴지는데, 지극한 德을 가지고 높은 지위에 처하였으니, 萬物이 우러러보는 것이 당연하지 않은가.

【疏】'九五'至'利見大人' ○ 正義曰：言九五陽氣, 盛至於天. 故云"飛龍在天". 此, 自然之象, 猶若聖人有龍德飛騰而居天位, 德備天下, 爲萬物所瞻覩, 故天下利見此居王位之大人.

經의 〔九五〕에서 〔利見大人〕까지

○ 正義曰：九五의 陽氣가 성하여 하늘에 이름을 말하였다. 그러므로 "나는 龍이 하늘에 있다.〔飛龍在天〕"라 한 것이다. 이는 자연의 象이니, 聖人이 龍의 德을 지니고 날아올라 天位(天子의 지위)에 거하여, 德이 천하에 구비되어서 萬物이 우러러보는 바가 되는 것과 같다. 그러므로 천하 사람들이 이 王位에 거한 大人을 봄이 이로운 것이다.

【疏】○ 注'龍德在天' ○ 正義曰：'龍德在天 則大人之路亨', 謂若聖人有龍德, 居在天位, 則大人道路得亨通, 猶若文王拘在羑(유)里[1], 是大人道路未亨也. '夫位以德興'者, 位謂王位, 以聖德之人, 能興王位也. '德以位敍'者, 謂有聖德之人, 得居王位, 乃能敍其聖德, 若孔子雖有聖德, 而无其位, 是德不能以位敍也.

1) 猶若文王拘在羑(유)里：周 文王은 당시 西伯으로서, 殷 紂王의 밑에서 九侯·鄂侯와 함께 三公을 맡고 있었다. 당시 九侯에게 아름다운 딸이 있어 紂王에게 바쳤는데, 紂王은 九侯의 딸이 음란한 짓을 좋아하지 않는다는 이유로 노하여 마침내 九侯의 딸을 죽이고 九侯를 醢(사람을 죽여 뼈를 바르고 젓갈로 담그는 형벌)하였으며, 鄂侯가 이를 간쟁하자 그를 脯(사람을 죽여 포를 뜨는 형벌)하였다. 文王은 이 말을 듣고 몰래 한탄하였는데, 崇侯 虎가 이 일을 紂王에게 일러바치니, 紂王이 文王을 羑里의 獄에 가두었다. 文王은 羑里의 獄에 갇혀 있으면서 ≪易≫의 64卦를 推演하였다고 한다. ≪史記 권3 殷本紀, 권4 周本紀≫

○ 注의 〔龍德在天〕

○ 正義曰：〔龍德在天 則大人之路亨〕 聖人이 龍의 德을 지니고 天位에 있으면 大人의 道路가 형통함을 얻는 것과 같음을 말한 것이니, 예를 들면 文王이 구류되어 羑里의 獄에 있는 것과 같음은, 이는 大人의 道路가 형통하지 못한 것이다.

〔夫位以德興〕 '位'는 王位를 이르니 聖德의 사람으로서 능히 王位를 일으키는 것이다.

〔德以位敍〕 聖德이 있는 사람이 王位에 거하여야 비로소 聖德을 펼칠 수 있음을 말한 것이니, 孔子와 같은 분은 비록 聖德을 지니고 있었으나 그 지위가 없었으니, 이는 德이 지위로 인하여 펴지지 못한 것이다.

上九는 亢龍이니 有悔리라

上九는 亢極의 龍이니, 뉘우침이 있으리라.

【疏】正義曰：上九亢陽之至大而極盛, 故曰'亢龍'. 此自然之象, 以人事言之, 似聖人有龍德, 上居天位, 久而亢極, 物極則反, 故有悔也. 純陽雖極, 未至大凶, 但有悔吝而已. 繫辭云"悔吝者, 言乎其小疵也." 故鄭引堯之末年, 四凶在朝[1), 是以有悔, 未大凶也. 凡'悔'之爲文, 旣是小疵, 不單稱悔也, 必以餘字配之. 其悔若在, 則言有悔, 謂當有此悔, 則此經是也. 其悔若无, 則言悔亡, 言其悔已亡也, 若恒卦九二"悔亡"是也. 其悔雖亡, 或是更取他文結之, 若復卦初九"不遠復, 无祇悔"之類是也. 但聖人至極, 終始无虧, 故文言云"知進退存亡而不失其正者, 其唯聖人乎." 是知大聖之人, 本無此悔. 但九五天位, 有大聖而居者, 亦有非大聖而居者, 不能不有驕亢, 故聖人設法以戒之也.

1) 堯之末年 四凶在朝：四凶은 共工과 驩兜(환두), 三苗의 군주와 鯀(곤)을 이른다. 堯 임금이 늙어 舜 임금이 攝政을 하면서 이들을 추방하였는데, ≪書經≫ 〈舜典〉에 "共工을 幽洲로 유배 보내고 驩兜를 崇山으로 추방하고 三苗를 三危로 멀리 축출하고 鯀을 羽山에 圍籬安置하였다.〔流共工于幽洲 放驩兜于崇山 竄三苗于三危 殛鯀于羽山〕"라고 보인다. 共工은 官名인데 이름은 전하지 않으며, 鯀은 夏 禹王의 아버지인데 고집이 세어서 남의 말을 받아들이지 않다가 洪水를 다스리는 功을 이루지 못하였다.

正義曰：上九는 亢陽이 지극히 커서 너무 성하다. 그러므로 '亢龍'이라 한 것이다. 이는 자연의 象이니, 사람의 일을 가지고 말하면 聖人이 龍의 德을 지니고서 위로 天位에 거하여 오래되어 亢極한 것과 같으니, 물건이 지극하면 뒤집어진다. 그러므로 뉘우침이 있는 것이다.

純陽이 비록 지극하나 아직 大凶에는 이르지 않았고, 다만 뉘우침과 부끄러움이 있을 뿐이다. 〈繫辭傳〉에 이르기를 "뉘우침과 부끄러움은 작은 하자를 말한다." 하였다. 그러므로 鄭玄은 堯 임금의 말년에 四凶이 조정에 있었던 것을 인용하여 "이 때문에 뉘우침이 있는 것이요, 크게 흉하지는 않은 것이다."라고 말하였다.

무릇 '悔'란 글자는, 이미 작은 하자이면 '悔〔뉘우침〕' 한 글자로만 칭하지 않고 반드시 남은 글자로 배합하였다. 그리하여 그 뉘우침이 아직 남아 있으면 '뉘우침이 있다.〔有悔〕'라고 말하였으니, 마땅히 이 뉘우침이 있음을 말한 것이니, 이 〈上九爻의〉 經文이 이것이요, 그 뉘우침이 만약 없어지면 '뉘우침이 없어졌다.〔悔亡〕'고 말하였으니, 그 뉘우침이 이미 없어졌음을 말한 것이니, 恒卦 九二에 "뉘우침이 없어졌다."는 것이 이것이다. 그 뉘우침이 비록 없어졌으나 혹 다시 다른 글자를 취하여 결합하는 경우가 있으니, 復卦 初九에 "멀리 가지 아니하여 돌아오면 뉘우침에 이르지 않는다.〔不遠復 无祗悔〕"는 것과 같은 따위가 이것이다.

다만 聖人은 지극하여 시종 이지러짐이 없다. 그러므로 〈文言傳〉에 "進退와 存亡의 이치를 알아서 그 바름을 잃지 않는 자는 오직 聖人일 것이다."라고 한 것이니, 이는 大聖人은 본래 이 뉘우침이 없음을 알 수 있는 것이다. 다만 九五의 天位를 大聖人으로서 거한 자가 있고, 또한 大聖人이 아니면서 거한 자가 있어서 교만함과 높음이 없을 수 없다. 그러므로 聖人이 法을 만들어서 경계하신 것이다.

用九는 見群龍이니 无首면 吉하리라

用九는 여러 龍을 보는 것이니, 앞장섬이 없으면 길하리라.

【注】 九는 天之德也니 能用天德이면 乃見群龍之義焉이라 夫以剛健而居人之首면 則物之所不與也요 以柔順而爲不正이면 則佞邪之道也라 故로 乾은 吉在无首[1)]하고 坤은 利在永貞[2)]하니라

1) 乾 吉在无首 : 王弼이 乾의 강건함을 근거로 들어 經文을 '앞장섬이 없으면 길할 것이다.'라고 해석한 것처럼, 程伊川도 "앞장서지 않으면 길하니, 강함으로써 천하의 먼저가 되는 것은 흉한 道이다.〔无爲首則吉也 以剛爲天下先 凶之道也〕"라고 하였다.

반면 朱子는 經文을 '여러 龍이 머리가 없음을 봄이니, 길하다.〔見群龍无首 吉〕'로 풀이하였는데, 이 해석에서도 ≪周易≫을 占筮의 책으로 보는 朱子의 견해를 볼 수 있다. ≪周易≫을 占筮의 책으로 보면, 卦辭와 爻辭 안에는 모두 象에 해당하는 부분과 占에 해당하는 부분이 있어야 한다. 이 때문에 朱子는 用九의 爻辭를 '見群龍无首'의 象과 '吉'의 占으로 나눈 것이다. ≪周易≫으로 점을 칠 때, 老陽이나 老陰이 나오면 陽은 陰으로, 陰은 陽으로 바꾸어 그어서 새로운 卦를 만드는데, 이를 之卦라 한다. 여섯 爻가 모두 변하였으면 이 之卦의 卦辭로 점을 치는데, 乾卦와 坤卦만은 用九와 用六의 爻辭로 점을 친다.

2) 坤 利在永貞 : 坤卦 上六의 爻辭에 "用六 利永貞"이라 한 것을 가리킨 것이다.

九는 하늘의 德이니, 능히 하늘의 德을 쓰면 이에 여러 龍의 뜻을 볼 수 있는 것이다. 剛健으로서 남의 앞에 거하면 물건(사람)이 더불지 않는 것이요, 柔順함으로서 바르지

못함을 하면 간사한 道이다. 그러므로 乾卦는 길함이 앞장서지 않음에 있고, 坤卦는 이로움이 영원하고 貞固함에 있는 것이다.

【疏】用九見群龍无首吉 ○ 正義曰 : '用九見群龍'者, 此一句, 說乾元能用天德也. 九, 天德也. 若體乾元, 聖人能用天德, 則見群龍之義. 群龍之義, 以无首爲吉, 故曰"用九見群龍, 无首, 吉"也.

經의 〔用九見群龍无首吉〕

○ 正義曰 : 〔用九見群龍〕 이 한 句는 乾元이 능히 하늘의 德을 사용함을 말한 것이니, 九는 하늘의 德이다. 만약 乾元을 體行해서 聖人이 능히 하늘의 德을 사용하면 여러 龍의 뜻을 볼 수 있는 것이다. 여러 龍의 뜻은 앞장섬이 없는 것을 길함으로 삼는다. 그러므로 "用九는 여러 龍을 보는 것이니, 앞장섬이 없으면 길하리라." 한 것이다.

【疏】 ○ 注'九天之德' ○ 正義曰 : '九 天之德'者, 言六爻俱九, 乃共成天德, 非是一爻之九則爲天德也.

○ 注의 〔九天之德〕

○ 正義曰 : 〔九 天之德〕 여섯 爻가 모두 九여서 이에 함께 하늘의 德을 이룬 것이요, 이 한 爻의 九가 하늘의 德이 되는 것이 아님을 말한 것이다.

彖曰 大哉라 乾元이여 萬物資始하나니 乃統天이로다 雲行雨施하니 品物流形하나니라 大明終始하여 六位時成하면 時乘六龍하여 以御天하나니라 乾道變化 各正性命이니라

〈彖傳〉에 말하였다.

"위대하다, 乾의 元이여. 萬物이 자뢰(의뢰)하여 시작하니, 마침내 하늘을 統領(통솔)하도다. 구름이 가고 비가 내리니, 品物이 流布되어 形體를 이룬다. 終과 始를 크게 밝혀서 여섯 자리가 제때에 이루어지면 때에 따라 여섯 龍을 타고서 하늘을 제어한다. 乾道가 變함과 化함이 각각 〈萬物의〉 性命을 바룬다.

【注】 天也者는 形之名也요 健也者는 用形者也라 夫形也者는 物之累也니 有天之形이요 而

能永保无虧하여 爲物之首하니 統之者 豈非至健哉아 大明乎終始之道라 故로 六位不失其時而成이라 升降无常하여 隨時而用하여 處則乘潛龍하고 出則乘飛龍이라 故로 曰時乘六龍也라하니 乘變化而御大器라 靜專動直하여 不失大和하니 豈非正性命之情者邪아

'天'이란 形體의 이름이요, '健'이란 形體를 쓰는 것이다. 形體라는 것은 물건의 累이니, 하늘의 形體를 가지고 있으면서 능히 길이 보존하고 이지러짐이 없어서 물건의 머리가 되니, 통솔하는 것이 어찌 지극히 굳세지 않겠는가.

終과 始의 道를 크게 밝힌다. 그러므로 여섯 자리가 제때를 잃지 않고서 이루어지는 것이다. 오르내림이 일정함이 없어서 때에 따라 운용하여, 처하면(머물러 있으면) 잠긴 龍을 타고, 나가면 나는 龍을 탄다. 그러므로 '時乘六龍'이라 하였으니, 變化를 타서 大器(하늘)를 제어하는 것이다. 靜하면 專一하고 動하면 정직하여 大和를 잃지 않으니, 어찌 性命의 情을 바루는 것이 아니겠는가.

【疏】 '彖曰大哉乾元' 至 '各正性命' ○正義曰：夫子所作彖辭, 統論一卦之義, 或說其卦之德, 或說其卦之義, 或說其卦之名. 故略例云"彖者何也. 統論一卦之體, 明其所由之主." 案, 褚氏·莊氏竝云"彖, 斷也, 斷定一卦之義, 所以名爲彖也." 但此彖釋乾與元亨利貞之德. 但諸儒所說此彖, 分解四德, 意各不同. 今案, 莊氏之說, 於理稍密, 依而用之.

經의 〔彖曰大哉乾元〕에서 〔各正性命〕까지

○正義曰：夫子가 지으신 彖辭는 한 卦의 뜻을 統論하고, 혹은 그 卦의 德을 말하고, 혹은 그 卦의 뜻을 말하고, 혹은 그 卦의 이름을 말씀하였다. 그러므로 ≪周易略例≫에 "彖이란 무엇인가? 한 卦의 體를 통론하여 그 연유한 바의 주체를 밝힌 것이다." 한 것이다.

살펴보건대, 褚氏와 莊氏는 모두 "彖은 결단(단정)함이니, 한 卦의 뜻을 단정한 것이니, 이 때문에 彖이라 이름한 것이다." 하였다. 다만 이 〈彖傳〉은 乾과 元·亨·利·貞을 해석한 것이다.

다만 여러 학자들이 말한 이 〈彖傳〉은 네 德을 나누어 해석하여 뜻이 각각 똑같지 않다. 지금 살펴보건대 莊氏의 說이 이치에 다소 치밀하니, 이것을 따라 쓰노라.

【疏】 '大哉乾元 萬物資始 乃統天'者, 此三句, 總釋乾與元也. '乾'是卦名, '元'是乾德之首, 故以元德配乾, 釋之. '大哉乾元'者, 陽氣昊大, 乾體廣遠, 又以元大始生萬物, 故曰大哉乾元. '萬物資始'者, 釋其乾元稱大之義, 以萬象之物, 皆資取乾元, 而各得始生, 不失其宜, 所以稱大也. '乃統天'者, 以其至健而爲物始, 以此乃能統領於天. 天是有形之物, 以其至健, 能總統有形, 是乾元之德也. '雲行雨施 品物流形'者, 此二句, 釋亨之德也. 言乾能用天之德, 使雲氣流行, 雨澤施布, 故品類之物, 流布成形, 各得亨通, 无所壅蔽, 是其亨也. '大明終始 六位時成'者, 此二句, 總結乾卦之德也. 以乾之爲德, 大明曉乎萬物終始之道, 始則潛伏, 終則飛躍, 可潛則潛, 可飛則飛, 是明達乎始終之道, 故六爻之位, 依時而成. 若其不明終始之道, 應潛而飛, 應飛而潛, 應生而殺, 應殺而生, 六位不以時而成也.

〔大哉乾元 萬物資始 乃統天〕 이 세 句는 乾과 元을 총괄하여 해석한 것이다. '乾'은 바로 卦의 이름이고, '元'은 바로 乾의 德의 첫 번째이다. 그러므로 元의 德을 가지고 乾에 짝하여 해석한 것이다.

〔大哉乾元〕 陽의 기운이 크고 乾의 體가 넓고 원대하며, 또 元의 큼이 萬物을 처음 낳기 때문에 "大哉乾元"이라고 말한 것이다.

〔萬物資始〕 乾元이 위대함을 칭찬한 뜻을 해석한 것이니, 萬象의 물건이 모두 乾의 元을 자뢰하고 취하여 각각 처음으로 태어나 그 마땅함을 잃지 않으니, 이 때문에 '大'라고 칭한 것이다.

〔乃統天〕 지극히 굳셈으로서 물건의 시작이 되니, 이로써 마침내 하늘을 統領한 것이다. 하늘은 바로 形體가 있는 물건인데 지극히 굳세기 때문에 능히 形體가 있는 것을 統領하는 것이니, 이것이 바로 乾元의 德이다.

〔雲行雨施 品物流形〕 이 두 句는 亨의 德을 해석한 것이다. 乾이 능히 하늘의 德을 사용해서 구름 기운을 운행하게 하여 비의 恩澤이 베풀어지고 펴지므로 品類의 물건이 流布되어 形體를 이루어서 각각 형통함을 얻어 가려진 바가 없음을 말한 것이니, 이것이 바로 亨이다.

〔大明終始 六位時成〕 이 두 句는 乾卦의 德을 총괄하여 맺은 것이다. 乾의 德을 가지고 萬物의 始와 終의 道를 크게 밝혀서 처음에는 潛伏하고 끝에는 飛躍하여, 잠길 만하면 잠기고 비약할 만하면 비약하니, 이는 始와 終의 道에 밝게 통달한 것이다. 그러므로 여섯 爻의 자리가 때에 맞춰 이루어진 것이다. 만약 始와 終의 道에 밝지 못하여 마땅히 잠겨야 할 때에 날고 마땅히 날아야 할 때에 잠기며, 마땅히 살려야 할 때에 죽이고 마땅

히 죽여야 할 때 살리면, 여섯 자리가 제때에 이루어지지 못할 것이다.

【疏】 '時乘六龍 以御天'者, 此二句, 申明乾元乃統天之義, 言乾之爲德, 以依時乘駕六爻之陽氣, 以控御於天體. 六龍卽六位之龍也, 以所居上下言之, 謂之六位也, 陽氣升降, 謂之六龍也. 上文以至健元始總明乾德, 故云'乃統天'也. 此(名)〔明〕[1]乘駕六龍, 各分其事, 故云'以御天'也. '乾道變化 各正性命'者, 此二句, 更申明乾元資始之義. 道體无形, 自然使物開通, 謂之爲道. 言乾卦之德, 自然通物, 故云'乾道'也. '變'謂後來改前, 以漸移改, 謂之變也. '化'謂一有一无, 忽然而改, 謂之爲化, 言乾之爲道, 使物漸變者, 使物卒化者, 各能正定物之性命. '性'者, 天生之質, 若剛柔遲速之別, '命'者, 人所稟受, 若貴賤夭壽之屬, 是也.

1) (名)〔明〕: 저본에는 '名'으로 되어 있으나, 宋本에 의거하여 '明'으로 바로잡았다.〔阮刻本 참조〕

〔時乘六龍 以御天〕 이 두 句는 乾의 元이 마침내 하늘을 통솔하는 뜻을 거듭 밝힌 것이니, 乾의 德이 때에 맞춰 여섯 爻의 陽氣를 타고서 天體를 제어함을 말한 것이다. 여섯 龍은 바로 여섯 자리의 龍이니, 거한 바의 위와 아래를 가지고 말하면 여섯 자리라 말하고, 陽氣가 오르내림을 가지고 말하면 여섯 龍이라 말한다. 위 글은 지극히 굳세어 처음 시작하는 것으로 乾의 德을 총괄하여 밝혔다. 그러므로 '乃統天'이라고 말하였고, 여기서는 여섯 龍을 타고서 각각 그 일을 나눔을 밝혔다. 그러므로 '以御天'이라고 말한 것이다.

〔乾道變化 各正性命〕 이 두 句는 다시 〈萬物이〉 乾元을 자뢰하여 시작하는 뜻을 거듭 밝힌 것이다. 道의 體가 形體가 없으나 자연히 물건으로 하여금 開通하게 함을 일러 道라 하니, 乾卦의 德이 자연히 물건을 開通하게 함을 말하였으므로 '乾道'라고 말한 것이다. '變'은 후래에 앞의 것을 바꾸어서 점점 옮기고 고치는 것을 變이라 이르고, '化'는 한 번은 있고 한 번은 없어서 갑자기 바뀌는 것을 化라 이르니, 乾의 道가 물건으로 하여금 점점 變하게 하는 것과 물건으로 하여금 갑자기 化하게 하는 것이 각각 능히 물건의 性命을 바루고 定함을 말한 것이다. '性'이란 하늘이 낸 자질이니 剛과 柔, 遲와 速의 분별과 같고, '命'이란 사람이 받은 것이니 貴와 賤, 夭와 壽의 등속이 이것이다.

【疏】 ○ 注 '天也者形之名也' 至 '豈非正性命之情者邪' ○ 正義曰 : '夫形也者 物之累

也'. 凡有形之物, 以形爲累, 是含生之屬, 各憂性命. 而天地雖復有形, 常能永保无虧, 爲物之首, 豈非統用之者, 至極健哉. 若非至健, 何能使天形无累. 見其无累, 則知至健也. '乘變化而御大器'者, '乘變化'則乘潛龍飛龍之屬是也. '而御大器', 大器謂天也, 乘此潛龍飛龍, 而控御天體, 所以運動不息, 故云'而御大器'也.

○ 注의 〔天也者形之名也〕에서 〔豈非正性命之情者邪〕까지

○ 正義曰 : 〔夫形也者 物之累也〕 무릇 形體를 가지고 있는 물건은 形體 때문에 累가 되니, 이는 생명을 품고 있는 등속이 각각 性命을 근심하는 것이다. 그러나 하늘과 땅은 비록 다시 形體를 가지고 있지만 항상 능히 길이 보존하고 이지러짐이 없어서 물건의 머리가 되니, 어찌 통령하여 쓰는 것이 지극히 굳셈이 아니겠는가. 만약 지극히 굳셈이 아니면 어찌 하늘의 形體로 하여금 累가 없게 할 수 있겠는가. 그 累가 없음을 보면 지극히 굳셈을 알 수 있는 것이다.

〔乘變化而御大器〕 '乘變化'는 잠긴 龍과 나는 龍을 타는 등속이 이것이다. '而御大器'의 경우, '大器'는 하늘을 이르니 이 잠긴 龍과 나는 龍을 타고서 天體를 제어하는 것이니, 이 때문에 운동하여 그치지 않는다. 그러므로 '而御大器'라고 말한 것이다.

【疏】 '靜專動直 不失大和'者, 謂乾之爲體, 其靜住之時, 則專一不轉移也, 其運動之時, 正直不傾邪也. 故上繫辭云"夫乾, 其靜也專, 其動也直. 是以大生焉." 韓康伯注云"專, 專一也. 直, 剛正也." '不失大和', 則下文"保合大和", 是也. '豈非正性命之情者邪', 以乾能正定物之性命, 故云"豈非正性命之情者邪", 謂物之性命, 各有情, 非天之情也. 天本无情, 何情之有, 而物之性命, 各有情也. 所稟生者, 謂之'性', 隨時念慮, 謂之'情'. 无識无情, 今據有識而言, 故稱曰'情'也.

〔靜專動直 不失大和〕 乾의 體가 고요히 멈춰 있을 때에는 專一하여 轉移하지 않고, 운동할 때에는 정직하여 기울거나 간사하지 않음을 말한 것이다. 그러므로 〈繫辭上傳〉에 이르기를 "乾은 그 고요함이 專一하고 그 동함이 정직하다. 이 때문에 大가 생겨난 것이다." 하였는데, 韓康伯의 注에 "專은 專一함이요, 直은 剛하고 바름이다." 하였다.

〔不失大和〕 아래 글에 "大和를 보존하고 합한다."는 것이 이것이다.

〔豈非正性命之情者邪〕 乾이 능히 물건의 性命을 바루고 定하게 하기 때문에 "어찌 性命의 情을 바루는 것이 아니겠는가.〔豈非正性命之情者邪〕"라고 한 것이니, 물건의 性命이 각각 情이 있음을 말한 것이요, 하늘의 情이 아니다. 하늘은 본래 情이 없으니, 무슨 情

이 있겠는가. 물건의 性命은 각각 情이 있는 것이다. 받고 태어난 것을 '性'이라 이르고, 때에 따라 생각하는 것을 '情'이라 이르니, 〈性命은〉 意識도 없고 情도 없으나 이제 意識이 있음을 근거로 하여 말하였으므로 '情'이라고 말한 것이다.

【疏】夫子爲彖之體, 斷明一卦之義, 體例不同. 莊氏以爲"凡有一十二體." 今則略擧大綱, 不可事事繁說. 莊氏云"彖者, 發首則歎美卦者, 則此乾彖云'大哉乾元', 坤卦彖云'至哉坤元', 以乾·坤德大, 故先歎美之, 乃後詳說其義. 或有先疊文解義而後歎者, 則豫卦(歎)〔彖〕[1]云'豫之時義大矣哉'之類, 是也. 或有先釋卦名之義, 後以卦名結之者, 則同人彖云'柔得位得中而應乎乾, 曰「同人」', 大有彖云'柔得尊位大中而上下應之, 曰「大有」'之例, 是也. 或有特疊卦名而稱其卦者, 則同人彖云'同人曰, 「同人於野, 亨.」' 注云'「同人於野, 亨. 利涉大川.」非二之所能也, 是乾之所行, 故特曰「同人曰」[2].'" 此等之屬, 爲文不同, 唯同人之彖, 特稱'同人曰.' 注又別釋. 其餘諸卦之彖, 或詳或略, 或先或後, 故上下參差(치), 體例不同, 或難(其)〔具〕[3]解, 或易略解. 若一一比竝, 曲生節例, 非聖人之本趣, 恐學者之徒勞心不曉也. 今皆略而不言, 必有其義, 於卦下而具說.

1) (歎)〔彖〕: 저본에는 '歎'으로 되어 있으나, 錢本에 의거하여 '彖'으로 바로잡았다.〔阮刻本 참조〕
2) 或有特疊卦名而稱其卦者……故特曰同人曰 : 程子와 朱子는 모두 '同人曰'을 衍文이라 하였는데, 孔穎達은 莊氏의 說을 따라 이를 衍文으로 보지 않고 특별히 하나의 例로 삼았다.
3) (其)〔具〕: 저본에는 '其'로 되어 있으나, 宋本에 의거하여 '具'로 바로잡았다.〔阮刻本 참조〕

夫子(孔子)가 〈彖傳〉을 만든 體는 한 卦의 뜻을 단정하여 밝혀서 體例가 똑같지 않다. 莊氏가 말하기를 "모두 12體가 있다." 하였으니, 지금 그 대강만을 간략히 열거하고 일마다 번거롭게 말할 수가 없다.

莊氏가 말하였다.

"彖이라는 것은 첫 번째로 말하면 卦를 탄미한 것이니, 이 乾卦의 〈彖傳〉에 '위대하다, 乾의 元이여.'라고 한 것과, 坤卦의 〈彖傳〉에 '지극하다, 坤의 元이여.'라고 말한 경우이니, 乾과 坤의 德이 크기 때문에 먼저 감탄하여 찬미하고 그런 뒤에 그 뜻을 상세히 말한 것이다.

혹은 먼저 중첩된 글로 뜻을 해석하고 뒤에 감탄한 경우가 있으니, 豫卦의 〈彖傳〉에

'豫의 때와 뜻이 크다.'라고 한 따위가 이것이다.

혹은 먼저 卦名의 뜻을 해석하고 뒤에 卦名을 가지고 맺은 경우가 있으니, 同人卦의 〈彖傳〉에 '柔가 正位를 얻고 中을 얻어 乾에 응하므로 「同人」이라 하였다.'는 것과, 大有卦의 〈彖傳〉에 '柔가 높은 지위를 얻고 크게 中하여 상하가 응하므로 「大有」라 하였다.'는 예가 이것이다.

혹은 특별히 卦의 이름을 중첩하여 卦를 칭한 경우가 있으니, 同人卦의 〈彖傳〉에 '同人에 이르기를 「들에서 사람과 함께하니 형통하다.」 했다.' 하였는데, 注에 이르기를 '「들에서 사람과 함께하니 형통하다. 大川을 건넘이 이롭다.」는 것은, 二爻가 능한 바가 아니요 이는 乾이 행하는 바이다. 그러므로 특별히 「同人曰」이라고 말했다.' 하였다."

이러한 등속은 글을 지은 것이 똑같지 않고, 오직 同人卦의 〈彖傳〉에 특별히 '同人曰'을 칭하고 注에 또다시 별도로 해석한 것이다.

그 나머지 여러 卦의 〈彖傳〉은 혹 상세하고 혹 간략하고, 혹 먼저하고 혹 뒤에 하였다. 그러므로 위아래가 서로 어긋나서 體例가 똑같지 아니하여 혹 자세히 해석하기가 어렵고 혹 간략히 해석하기가 쉽다. 만약 하나하나 나란히 나열하여 간곡하게 節의 例를 만들면 이는 聖人의 본래 취지가 아니니, 배우는 자들이 공연히 마음을 수고롭게 하고 깨닫지 못할까 염려된다. 그리하여 이제 모두 생략하고 말하지 않았으며, 반드시 그 意義가 있으면 卦 아래에 자세히 말하였다.

保合大和라야 乃利貞이니라

大和를 보존하고 합하여야 이에 利貞하다.

【注】 不和而剛暴[1]라

1) 不和而剛暴 : 文法에 맞지 않아 '和而不剛暴'로 바꾸어 해석하여야 의미가 통한다. 古本과 足利本, 漢文大系本에는 "不和而剛則暴也"라고 되어 있는데, 이 경우에는 "和하지 않고 剛하면 포악한 것이다."라고 해석하여야 할 것이다.〔阮刻本 참조〕

和順하여 剛暴하지 않은 것이다.

【疏】 正義曰 : 此二句, 釋利·貞也. 純陽剛暴, 若无和順, 則物不得利, 又失其正. 以能保安合會大(利)〔和〕[1]之道, 乃能利貞於萬物, 言萬物得利而貞正也.

1) (利)〔和〕: 저본에는 '利'로 되어 있으나, 錢本・宋本에 의거하여 '和'로 바로잡았다.〔阮刻本 참조〕

正義曰 : 이 두 句는 '利・貞'을 해석한 것이다. 純陽이 剛暴하니, 만약 和順함이 없으면 물건이 이로움을 얻지 못하고 또 그 바름을 잃는다. 大和의 道를 보존하여 편안히 하고 합하여 모아야 비로소 萬物을 이롭게 하고 바르게 할 수 있으니, 萬物이 이로움을 얻어서 貞正함을 말한 것이다.

首出庶物에 萬國咸寧하나니라

萬物에서 첫 번째로 나옴에 萬國이 모두 편안하다."

【注】 萬國所以寧은 各以有君也라

만국이 편안함은 각각 군주가 있기 때문이다.

【疏】 正義曰 : 自上已來, 皆論乾德自然養萬物之道. 此二句, 論聖人上法乾德, 生養萬物. 言聖人爲君, 在衆物之上, 最尊高於物, 以頭首出於衆物之上, 各置君長, 以領萬國, 故萬國皆得寧也. 人君位實尊高, 故於此云首出於庶物者也. 志須卑下, 故前經云"无首, 吉"也. 但前文說乾用天德, 其事旣詳, 故此文聖人以人事象乾, 於文略也. 以此言之, 聖人亦當令萬物資始, 統領於天位, 而雲行雨施, 布散恩澤, 使兆庶衆物, 各流布其形. 又大明乎盛衰終始之道, 使天地四時貴賤高下, 各以時而成. 又任用群賢, 以奉行聖化, 使物各正性命. 此聖人所以象乾而立化.

正義曰 : 위로부터 이하는 모두 乾德이 자연히 萬物을 길러주는 방도를 논하였고, 이 두 句는 聖人이 위로 乾德을 본받아서 萬物을 낳고 기름을 말하였다. 이는 聖人이 군주가 되어서 여러 물건의 위에 있어 물건 중에 가장 높으니, 머리가 여러 물건의 첫 번째로 나와서 각각 君長을 설치하여 만국을 통령하므로 만국이 모두 편안하다는 말이다.

人君의 지위가 실로 높으므로 여기에 "萬物에서 첫 번째로 나온다."고 말하였고, 뜻은 모름지기 낮추어야 하므로 앞의 經文에 "머리가 없는 것이 吉하다."고 말한 것이다. 다만 앞의 글은 乾이 天德을 사용함을 말하여 그 일이 이미 자세하다. 그러므로 이 글은 聖人이 사람의 일을 가지고 乾을 형상하여 글에 간략하게 한 것이다.

이것을 가지고 말하면 聖人 또한 마땅히 萬物로 하여금 자뢰하여 시작하게 하고 天位

에서 統領하여 구름이 가고 비가 내리게 하여 은택을 펴서 여러 백성과 물건들로 하여금 각각 그 형체를 流布하게 해야 한다. 또 盛衰와 終始의 道에 크게 밝아서 天地와 四時, 貴賤과 高下로 하여금 각각 때에 따라 이루어지게 해야 하고, 또 여러 賢者들을 임용하여 聖人의 교화를 받들어 행해서 萬物로 하여금 각각 性命을 바루게 하여야 하니, 이는 聖人이 乾을 형상하여 교화를 세우는 것이다.

象曰 天行이 健하니 君子以自强不息[1)]하나니라

1) 君子以自强不息 : 以는 '이 象을 보고서 응용(사용)하는 것'으로, 諺解에는 '以하야'로 懸吐하였으나, 中國本에는 모두 句를 떼지 않고 연결하였다. 아래 해석에서는 때로는 '보고서' 또는 '응용하여'로 요약하였음을 밝혀둔다.

〈象傳〉에 말하였다.

"하늘의 운행이 굳세니, 君子가 이것을 응용하여 스스로 힘쓰고 쉬지 않는다.

【疏】 '象曰天行健' 至 '自强不息' ○ 正義曰 : 此大象也, 十翼之中第三翼[1)], 總象一卦, 故謂之大象. 但萬物之體, 自然各有形象, 聖人設卦, 以寫萬物之象, 今夫子釋此卦之所象, 故言'象曰'. 天有純剛, 故有健用, 今畫純陽之卦, 以比擬之, 故謂之'象'. 象在彖後者, 彖詳而象略也. 是以過半之義思, 在彖而不在象[2)], 有由而然也.

1) 此大象也 十翼之中第三翼 : 孔子의 저작으로 알려져 있는 十翼은 ≪周易≫을 해설한 주석서인데, '翼'은 羽翼한다는 뜻으로 經의 내용을 부연설명한 것임을 의미하며, '十'은 十翼이 〈彖傳〉 上·下, 〈象傳〉 上·下, 〈繫辭傳〉 上·下, 〈文言傳〉, 〈說卦傳〉, 〈序卦傳〉, 〈雜卦傳〉의 7종 10편으로 이루어져 있어 붙여진 것이다. 특히 〈象傳〉은 卦 전체의 의의를 해설한 大象과 각각의 爻辭를 해설한 小象으로 구성되어 있는데, 위는 乾卦의 卦辭를 해설하고 있는 大象이다. 다만 〈彖傳〉과 〈象傳〉의 上·下篇은 ≪周易≫의 經文이 上·下篇으로 나누어져 있기 때문에 그 편제에 맞추어 上·下로 나눈 것인데, 이 말대로 보면 孔穎達은 〈象傳〉을 上·下篇으로 나누지 않고 大象과 小象으로 나눈 것으로 보인다. 앞 首卷의 易八論 중 '第六 論夫子十翼'에서는, 여기와 달리, 經文의 上·下篇에 맞추어 〈象傳〉을 〈象上傳〉과 〈象下傳〉으로 나눈 체제를 따른다고 하였다.
2) 過半之義思 在彖而不在象 : 〈繫辭傳〉에 "지혜로운 자가 彖辭를 보면 생각이 반을 넘는다.〔知者觀其彖辭 則思過半矣〕"라고 보인다.

經의 〔象曰天行健〕에서 〔自强不息〕까지

○ 正義曰 : 이는 大象이니, 十翼 가운데 3번째 翼이니, 한 卦를 총괄하여 형상하였다. 그러므로 大象이라 말한 것이다. 다만 萬物의 體가 자연히 각각의 형상이 있는데 聖人이 卦를 만들어서 萬物의 象을 그렸으니, 지금 夫子가 이 卦가 형상한 바를 해석하였다. 그러므로 '象曰'이라고 말한 것이다.

하늘은 순수한 강함이 있으므로 굳셈의 쓰임이 있으니, 이제 純陽의 卦를 그어서 여기에 견주었다. 그러므로 '象'이라 말한 것이다. 〈象傳〉이 〈彖傳〉의 뒤에 있는 것은 〈彖傳〉이 자세하고 〈象傳〉이 소략하기 때문이다. 그러므로 반을 넘는 뜻과 생각이 〈彖傳〉에 있고 〈象傳〉에 있지 않은 것이니, 이유가 있어 그러한 것이다.

【疏】'天行健'者, '行'者運動之稱, '健'者强壯之名, 乾是衆健之訓. 今大象不取餘健爲釋, 偏說天者, 萬物壯健, 皆有衰怠, 唯天運動, 日過一度[1], 蓋運轉混沒, 未曾休息, 故云"天行健". 健是乾之訓也, 順者坤之訓也. 坤則云"地勢坤", 此不言"天行乾", 而言健者, 劉表云"詳其名也." 然則天是體名, 乾則用名, 健是其訓. 三者竝見, 最爲詳悉, 所以尊乾, 異於他卦.

1) 唯天運動 日過一度 : 하늘의 별자리가 1년이면 한 바퀴를 도는데 이것을 天體라 하며, 1년의 365일을 나누어 天體를 365度로 하고 하루에 1度를 운행하는 것으로 보기 때문에 이렇게 말한 것이다.

〔天行健〕'行'은 運動(運行)을 일컫고, '健'은 강하고 건장함의 명칭이니, 乾은 바로 여러 굳셈의 訓이다. 지금 大象에 다른 健을 취하여 해석하지 않고 오직 天만을 말한 것은 萬物이 건장한 것은 모두 쇠하고 태만함이 있으나 오직 하늘의 운동은 하루에 한 度數를 지나가니, 운행함이 混全하여 일찍이 쉬거나 그치지 않는다. 그러므로 "天行健"이라고 말한 것이다.

健은 乾의 訓이고, 順은 坤의 訓이다. 坤卦에서는 "地勢가 坤이다."라고 말하였으나, 여기서는 "하늘의 운행이 乾이다."라고 말하지 않고 '健'이라고 말한 것은, 劉表가 말하기를 "그 이름을 자세히 한 것이다." 하였으니, 그렇다면 天은 體의 이름이고 乾은 用의 이름이고 健은 바로 그 訓이다. 세 가지가 함께 나타나서 가장 자세하니, 乾을 높이기를 다른 卦와 달리한 것이다.

【疏】凡六十四卦, 說象不同[1], 或總擧象之所由, 不論象之實體, 又總包六爻, 不顯上體下體, 則乾·坤二卦, 是也[2]. 或直擧上下二體者, 若"雲雷, 屯"也, "天地交, 泰"也, "天地不交, 否"也, "雷電, 噬嗑"也, "雷風, 恒"也, "雷雨作, 解"也, "風雷, 益"也, "雷電皆至, 豐"也, "洊雷, 震"也, "隨風, 巽"也, "習坎, 坎"也, "明兩作, 離"也, "兼山, 艮"也, "麗澤, 兌"也, 凡此一十四卦, 皆總擧兩體而結義也[3]. 取兩體俱成, 或有直擧兩體上下相對者, "天與水違行, 訟"也, "上天下澤, 履"也, "天與火, 同人"也, "上火下澤, 睽"也, 凡此四卦, 或取兩體相違, 或取兩體相合, 或取兩體上下相承而爲卦也, 故兩體相對而俱言也[4].

1) 凡六十四卦 說象不同 : 아래는 〈象傳〉을 내용상 7가지로 분류하여 나열한 것이다. 〈象傳〉은 상·하 3획卦의 象을 가지고 卦를 설명한 것이므로 아래 번역에서는 각 卦마다 卦象을 덧붙여 내용의 이해를 도왔다.
2) 或總擧象之所由……是也 : 乾卦䷀는 3획卦인 ☰가 중첩된 卦이고, 坤卦䷁는 3획卦인 ☷가 중첩된 卦인데, 〈象傳〉에서는 이를 언급하지 않고 '天行建', '地勢坤'이라 하여, 6획卦인 乾卦와 坤卦가 연유한 바를 총괄하여 설명하였다.
3) 或直擧上下二體者……皆總擧兩體而結義也 : 위아래 3획卦의 象을 나란히 들어 설명한 것으로, 예컨대 屯卦䷂는 上卦가 坎☵으로서 그 象은 물이고 下卦가 震☳으로서 그 象은 우레이기 때문에 '구름과 우레가 屯'이라고 한 것이니, 구름은 물의 다른 象이다.
4) 取兩體俱成……故兩體相對而俱言也 : 위아래 3획卦의 象을 들되, 上과 下, 與 등의 말을 덧붙여 상대한 것으로, 예컨대 履卦䷉는 上卦가 乾☰으로서 그 象은 하늘이고 下卦가 兌☱로서 그 象은 못이기 때문에 '위는 하늘이고 아래는 못'이라고 한 것이다. '두 體가 서로 어김을 취한 것'은 訟卦䷅이고, '두 體가 서로 합함을 취한 것'은 同人卦䷌이며, '위아래 두 體가 서로 받들어 卦가 된 것을 취한 것'은 履卦䷉와 睽卦䷥이다.

무릇 64卦에 象을 말한 것이 똑같지 않아서 혹은 象이 연유한 바를 총괄하여 들고 象의 實體를 논하지 않았으며, 또 6爻를 모두 포괄하고 上體와 下體를 드러내지 않았으니, 乾卦와 坤卦 두 卦가 이것이다.

혹은 곧바로 위아래 두 體를 든 경우는, "구름과 우레가 屯䷂"이라는 것과, "하늘과 땅이 사귐이 泰䷊"라는 것과, "하늘과 땅이 사귀지 않음이 否䷋"라는 것과, "우레와 번개가 噬嗑䷔"이라는 것과, "우레와 바람이 恒䷟"이라는 것과, "우레와 비가 일어남이 解䷧"라는 것과, "바람과 우레가 益䷩"이라는 것과, "우레와 번개가 모두 이르름이 豐䷶"이라는 것과, "거듭된 우레가 震䷲"이라는 것과, "바람을 따름이 巽䷸"이라는 것과, "거듭된 坎〔習坎〕이 坎䷜"이라는 것과, "밝음이 두 개가 일어남이 離䷝"라는 것과, "산을 겸함이 艮䷳"

이라는 것과, "못이 붙어있음이 兌☱"라는 경우와 같은 것이니, 무릇 이 14卦는 모두 두 體를 다 들어서 뜻을 맺은 것이다.

두 體를 취하여 함께 이루고 혹은 곧바로 두 體를 들어서 상하로 상대한 경우가 있으니, "하늘과 물이 어긋나게 가는 것이 訟䷅"이라는 것과, "위는 하늘이고 아래는 못인 것이 履䷉"라는 것과, "하늘과 불이 同人䷌"이라는 것과, "위는 불이고 아래는 못인 것이 睽䷥"라는 것이니, 무릇 이 네 卦는 혹 두 體가 서로 어김을 취하였고, 혹은 두 體가 서로 합함을 취하였고, 혹은 위아래 두 體가 서로 받들어 卦가 된 것을 취하였다. 그러므로 두 體를 상대하여 함께 말한 것이다.

【疏】雖上下二體共成一卦, 或直指上體而爲文者, 若"雲上於天, 需"也, "風行天上, 小畜"也, "火在天上, 大有"也, "雷出地奮, 豫"也, "風行地上, 觀"也, "山附於地, 剝"也, "澤滅木, 大過"也, "雷在天上, 大壯"也, "明出地上, 晉"也, "風自火出, 家人"也, "澤上於天, 夬"也, "澤上於地, 萃"也, "風行水上, 渙"也, "水在火上, 旣濟"也, "火在水上, 未濟"也, 凡此十五卦, 皆先擧上象而連於下, 亦意取上象以立卦名也[1]. 亦有雖意在上象, 而先擧下象, 以出上象者, "地上有水, 比"也, "澤上有地, 臨"也, "山上有澤, 咸"也, "山上有火, 旅"也, "木上有水, 井"也, "木上有火, 鼎"也, "山上有木, 漸"也, "澤上有雷, 歸妹"也, "山上有水, 蹇"也, "澤上有水, 節"也, "澤上有風, 中孚"也, "山上有雷, 小過"也, 凡此十二卦, 皆先擧下象以出上象, 亦意取上象, 共下象而成卦也[2].

1) 雖上下二體共成一卦……亦意取上象以立卦名也 : 위아래 3획卦의 象을 들되, 上卦를 중심으로 하여 주체로 삼고 下卦를 이어 말한 것으로, 예컨대 大有卦䷍는 上卦가 離☲로서 그 象은 불이고 下卦가 乾☰으로서 그 象은 하늘이므로, '불이 하늘 위에 있는 것이 大有'라고 한 것이다. 이 卦의 뜻이 上卦의 象을 취한 것이므로 上卦를 중심으로 말하였으며, 卦의 이름도 上卦의 象을 취하여 만들어졌다. 예를 들어 大有卦는 불이 높은 곳에 있는 象을 취해 이름을 세운 것으로, 밝음이 먼 곳까지 미쳐 萬物이 모두 환히 보이므로 大有라 한 것이다.

2) 亦有雖意在上象……共下象而成卦也 : 卦의 주요한 뜻은 上卦에 있으나 下卦를 먼저 언급한 뒤에 上卦를 말한 것으로, 예컨대 比卦䷇는 上卦가 坎☵으로서 그 象이 물이고 下卦가 坤☷으로서 그 象이 땅인데, 比卦의 主爻는 五爻이므로 그 중심은 上卦인 坎에 있지만 '땅 위에 물이 있는 것이 比'라 하여 下卦인 坤을 먼저 언급하였다. 比卦의 '比'는 물이 땅 위에 있어 서로 지극히 가까움을 의미하는 것이므로 '뜻이 위의 象을 취하였으나 아래의 象을 함께하여 卦를 이룬 것'이라고 한 것이다.

비록 위아래 두 體가 함께 한 卦를 이루었으나 혹은 곧바로 上體를 가리켜 글로 삼은 것은, "구름이 하늘로 올라가는 것이 需䷄"라는 것과, "바람이 하늘 위로 다니는 것이 小畜䷈"이라는 것과, 불이 하늘 위에 있는 것이 大有䷍"라는 것과, "우레가 땅에서 나와 奮發하는 것이 豫䷏"라는 것과, "바람이 地上으로 다니는 것이 觀䷓"이라는 것과, "산이 땅에 붙어 있는 것이 剝䷖"이라는 것과, "못이 나무를 멸하는(없애는) 것이 大過䷛"라는 것과, "우레가 하늘 위에 있는 것이 大壯䷡"이라는 것과, "밝음이 지상에 나오는 것이 晉䷢"이라는 것과, "바람이 불에서 나오는 것이 家人䷤"이라는 것과, "못이 하늘로 올라가는 것이 夬䷪"라는 것과, "못이 땅으로 올라가는 것이 萃䷬"라는 것과, "바람이 물 위로 다니는 것이 渙䷺"이라는 것과, "물이 불 위에 있는 것이 旣濟䷾"라는 것과, "불이 물 위에 있는 것이 未濟䷿"라는 것과 같은 것이니, 무릇 이 15卦는 모두 먼저 위의 象을 들고 아래를 이었으니, 또한 뜻이 위의 象을 취하여 卦의 이름을 세운 것이다.

또한 비록 뜻이 위의 象에 있으나 먼저 아래의 象을 들어서 위의 象을 드러낸 경우가 있으니, "땅 위에 물이 있는 것이 比䷇"라는 것과, "못 위에 땅이 있는 것이 臨䷒"이라는 것과, "산 위에 못이 있는 것이 咸䷞"이라는 것과, "산 위에 불이 있는 것이 旅䷷"라는 것과, "나무 위에 물이 있는 것이 井䷯"이라는 것과, "나무 위에 불이 있는 것이 鼎䷱"이라는 것과, "산 위에 나무가 있는 것이 漸䷴"이라는 것과, "못 위에 우레가 있는 것이 歸妹䷵"라는 것과, "산 위에 물이 있는 것이 蹇䷦"이라는 것과, "못 위에 물이 있는 것이 節䷻"이라는 것과, "못 위에 바람이 있는 것이 中孚䷼"라는 것과, "산 위에 우레가 있는 것이 小過䷽"라는 것이니, 무릇 이 12卦는 모두 먼저 아래의 象을 들어서 위의 象을 드러내었으니, 또한 뜻이 위의 象을 취하였으나 아래의 象을 함께하여 卦를 이룬 것이다.

【疏】 或先擧上象而出下象, 義取下象以成卦義者, "山下出泉, 蒙"也, "地中有水, 師"也, "山下有風, 蠱"也, "山下有火, 賁"也, "天下雷行, 无妄"也, "山下有雷, 頤"也, "天下有山, 遯"也, "山下有澤, 損"也, "天下有風, 姤"也, "地中有山, 謙"也, "澤中有雷, 隨"也, "地中生木, 升"也, "澤中有火, 革"也, 凡此十三卦, 皆先擧上體, 後明下體也, 其上體是天, 天與山則稱下也, 若上體是地, 地與澤則稱中也[1]. 或有雖先擧下象, 稱在上象之下者, 若"雷在地中, 復"也, "天在山中, 大畜"也, "明入地中, 明夷"也, "澤无水, 困"也, 是先擧下象而稱在上象之下, 亦義取下象以立卦也[2]. 所論之例者, 皆大判而言之, 其間委曲, 各於卦下, 別更詳之.

1) 或先擧上象而出下象……地與澤則稱中也 : 卦의 주요한 뜻은 下卦에 있으나 上卦를 먼저 언급한 뒤에 下卦를 말한 것으로, 예컨대 蒙卦䷃는 上卦가 艮☶으로서 그 象이 산이고, 下卦가 坎☵으로서 그 象이 물인데, 蒙卦는 坎☵의 험함을 취하여 뜻을 세운 것이므로 그 중심은 下卦인 坎에 있지만, "산 아래 샘물이 나오는 것이 蒙"이라 하여 上卦인 艮을 먼저 언급하였다. 다만 上卦가 乾☰과 艮☶인 경우에는 '天下', '山下'라 하여 '下'자를 쓰고, 上卦가 坤☷과 兌☱인 경우에는 '地中', '澤中'이라 하여 '中'자를 썼다.

2) 或有雖先擧下象……亦義取下象以立卦也 : 下卦를 먼저 언급하되 上卦가 아래에 있다고 말한 것으로, 예컨대 復卦䷗는 上卦가 坤☷으로서 그 象이 땅이고, 下卦가 震☳으로서 그 象이 우레인데, "우레가 땅 가운데 있는 것이 復"이라 하여 下卦인 震이 上卦인 坤 속에 있는 것처럼 설명하였다. 復卦의 主爻는 初爻이므로 卦의 주요한 뜻이 下卦에 있는 것이다.

혹 먼저 위의 象을 들어서 아래의 象을 드러내었으나 뜻은 아래의 象을 취하여 卦의 뜻을 이룬 것은, "산 아래 샘물이 나오는 것이 蒙䷃"이라는 것과, "땅 가운데 물이 있는 것이 師䷆"라는 것과, "산 아래 바람이 있는 것이 蠱䷑"라는 것과, "산 아래 불이 있는 것이 賁䷕"라는 것과, "하늘 아래 우레가 다니는 것이 无妄䷘"이라는 것과, "산 아래 우레가 있는 것이 頤䷚"라는 것과, "하늘 아래 산이 있는 것이 遯䷠"이라는 것과, "산 아래 못이 있는 것이 損䷨"이라는 것과, "하늘 아래 바람이 있는 것이 姤䷫"라는 것과, "땅 가운데 산이 있는 것이 謙䷎"이라는 것과, "못 가운데 우레가 있는 것이 隨䷐"라는 것과, "땅 가운데 나무가 생기는 것이 升䷭"이라는 것과, "못 가운데 불이 있는 것이 革䷰"이라는 것이니, 무릇 이 13卦는 모두 먼저 위의 體를 들고 뒤에 아래 體를 밝힌 것인데, 위의 體가 하늘이면 하늘과 산인 경우에는 下라고 칭하고, 만약 위의 體가 땅이면 땅과 못인 경우에는 中이라고 칭하였다.

혹은 비록 먼저 아래의 象을 들었으나 위의 象의 아래에 있는 것처럼 칭한 것이 있으니, "우레가 땅 가운데 있는 것이 復䷗"이라는 것과, "하늘이 산 가운데 있는 것이 大畜䷙"이라는 것과, "밝음이 땅속으로 들어가는 것이 明夷䷣"라는 것과, "못에 물이 없는 것이 困䷮"이라는 것과 같으니, 이는 먼저 아래의 象을 들었으나 위의 象의 아래에 있는 것처럼 칭한 것이니, 또한 뜻이 아래의 象을 취하여 卦를 세운 것이다.

논한 바의 예는 모두 크게 판별하여 말한 것이요, 그 사이의 자세한 내용은 각각 卦 아래에 따로 자세히 말하였다.

【疏】 先儒所云"此等象辭, 或有實象, 或有假象." 實象者, 若"地上有水, 比"也, "地中生木, 升"也, 皆非虛, 故言實也. 假象者, 若"天在山中", "風自火出", 如此之類, 實无此象, 假而爲義, 故謂之假也. 雖有實象假象, 皆以義示人, 總謂之象也.

先儒가 말하기를 "이러한 〈象傳〉의 말은 혹 實象이 있고 혹은 假象이 있다." 하였다. 實象이라는 것은 "땅 위에 물이 있는 것이 比䷇"라는 것과, "땅 가운데 나무가 나는 것이 升䷭"이라는 것과 같은 것이니, 이는 헛된 것이 아니므로 '實'이라고 말하였다. 假象이라는 것은 "하늘이 산 가운데 있다."는 것과, "바람이 불에서 나왔다."는 것과 같은 것이니, 이와 같은 따위는 실제로 이러한 象이 없으나 빌려서 뜻을 삼았으므로 '假'라고 말한 것이다.

비록 實象이 있고 假象이 있으나 모두 뜻을 가지고 사람에게 보여주었으니, 총괄하여 '象'이라 말한 것이다.

【疏】 '天行健'者, 謂天體之行, 晝夜不息, 周而復始, 无時虧退, 故云"天行健". 此謂天之自然之象. '君子以自强不息', 此以人事法天所行言. 君子之人, 用此卦象, 自彊勉力, 不有止息.

〔天行健〕 천체의 운행이 밤낮으로 쉬지 아니하여 두루 하면 다시 시작해서 한때도 이지러지거나 물러남이 없음을 말하였다. 그러므로 "하늘의 운행이 굳세다.〔天行健〕"라고 말한 것이다. 이는 하늘의 자연의 象을 말한 것이다.

〔君子以自强不息〕 이는 사람의 일로서 하늘의 운행을 본받음을 가지고 말한 것이니, 君子인 사람이 이 卦象을 응용하여 스스로 힘쓰고 노력하여 그침이 있지 않는 것이다.

【疏】 言'君子'者, 謂君臨上位, 子愛下民. 通天子·諸侯, 兼公卿·大夫有地者, 凡言君子, 義皆然也. 但位尊者, 象卦之義多也, 位卑者, 象卦之義少也. 但須量力而行, 各法其卦也, 所以諸卦竝稱君子. 若卦體之義, 唯施於天子, 不兼包在下者, 則言先王也, 若比卦稱"先王以建萬國", 豫卦稱"先王以作樂崇德", 觀卦稱"先王以省方觀民設敎", 噬嗑稱"先王以明罰勑法", 復卦稱"先王以至日閉關", 无妄稱"先王以茂對時育萬物", 渙卦稱"先王以享于帝立廟", 泰卦稱"后以財成天地之道", 姤卦稱"后以施命誥四方". 稱后, 兼諸侯也, 自外卦, 竝稱君子.

〔君子〕 높은 지위에 군림하여 아래 백성들을 자식처럼 사랑함을 말한 것이다. 天子와 諸侯를 통하고 公卿과 大夫 중에 采邑(食邑)이 있는 자를 겸하였으니, 무릇 君子라고 말

한 것은 뜻이 모두 그러하다. 다만 지위가 높은 자는 卦를 형상한 뜻이 많고, 지위가 낮은 자는 卦를 형상한 뜻이 적다. 다만 모름지기 자신의 힘을 헤아려 행해서 각각 그 卦를 본받아야 하니, 이 때문에 여러 卦에 모두 君子라고 칭한 것이다.

만약 卦體의 뜻이 오직 天子에게만 시행되어서 아래에 있는 자를 겸하여 포괄하지 않은 경우에는 '先王'이라고 말하였으니, 比卦에 "先王이 보고서 만국을 세운다."는 것과, 豫卦에 "先王이 보고서 음악을 만들어 德을 높인다."는 것과, 觀卦에 "先王이 보고서 지방을 살펴보고 백성을 살펴보아 가르침을 베푼다."는 것과, 噬嗑卦에 "先王이 보고서 형벌을 밝히고 법을 신칙한다."는 것과, 復卦에 "先王이 보고서 동짓날에 관문을 닫는다."는 것과, 无妄卦에 "先王이 보고서 크게 때를 대하여 萬物을 기른다."는 것과, 渙卦에 "先王이 보고서 상제에게 제향하고 사당을 세운다."는 것과, 泰卦에 "임금〔后〕이 보고서 천지의 道를 財成한다."는 것과, 姤卦에 "임금이 보고서 命을 베풀어 사방을 가르친다."는 것과 같은 것이다.

'后'라고 칭한 것은 諸侯를 겸한 것이고, 이 밖의 卦에는 모두 君子라고 칭하였다.

潛龍勿用은 **陽在下也**요 **見龍在田**은 **德施普也**요 **終日乾乾**은 **反復道也**라

'잠긴 龍이니 쓰지 말라.'는 것은 陽이 아래에 있기 때문이요, '나타난 龍이 밭에 있다.'는 것은 德의 베풂이 넓은 것이요, '종일토록 부지런히 힘쓴다.'는 것은 反復함이 道에 맞는 것이다.

【注】 以上言之則不驕요 以下言之則不憂[1)]니 反覆이 皆道也라

1) 以上言之則不驕 以下言之則不憂 : '上'은 九三爻가 下卦의 맨 윗자리에 있기 때문에 한 말이고, '下'는 九三爻가 上卦의 아래에 있기 때문에 한 말이다.

위를 가지고 말하면 교만하지 않고 아래를 가지고 말하면 근심하지 않으니, 反과 復이 모두 道인 것이다.

【疏】 '潛龍勿用' 至 '反覆道也' ○ 正義曰 : 自此以下至'盈不可久', 是夫子釋六爻之象辭, 謂之小象. 以初九陽潛地中, 故云"陽在下也." 經言龍而象言陽者, 明經之稱龍, 則陽氣也. 此一爻之象, 專明天之自然之氣也. '見龍在田 德施普'者, 此以人事言之. 用龍德在田, 似聖人已出在世, 道德恩施, 能普徧也, 比初九勿用, 是其周普也, 若比九五,則猶狹也. '終日乾乾 反復道'者, 此亦以人事言之. 君子終日乾乾, 自彊不息, 故反之與覆, 皆合其道. 反謂進反在上也, 處下卦之上, 能不驕逸, 是反能合道也. 覆謂從上倒覆而下, 居上卦之下, 能不憂懼, 是覆能合道也.

經의 〔潛龍勿用〕에서 〔反覆道也〕까지

○ 正義曰 : 이로부터 이하로 '盈不可久'까지는 바로 夫子가 여섯 爻를 해석한 〈象傳〉의 말이니, 이를 小象이라 이른다.

初九의 陽이 땅 가운데 잠겨 있다. 그러므로 "陽이 아래에 있다."고 말한 것이다. 經에서는 龍을 말하였는데 〈象傳〉에서는 陽이라고 말한 것은, 經文에 龍이라고 말한 것이 바로 陽氣임을 밝힌 것이다. 이는 한 爻의 象이니, 오로지 하늘의 자연의 氣를 밝힌 것이다.

〔見龍在田 德施普〕 이는 사람의 일을 가지고 말한 것이다. 龍의 德이 밭에 있음을 사용함은 聖人이 이미 나와 세상에 있어서 道德과 恩惠의 베풂이 넓고 두루 함과 같으니, 初九의 '쓰지 말라'는 것에 비하면 이는 두루 하고 넓은 것이나 만약 九五에 비하면 아직도 좁다.

〔終日乾乾 反復道〕 이 또한 사람의 일을 가지고 말한 것이다. 君子가 종일토록 부지런히 힘써서 스스로 힘쓰고 쉬지 않으므로 '反'과 '覆'이 모두 그 道에 부합하는 것이다. '反'은 나아갔다가 돌아와서 위에 있음을 이르니, 下卦의 위에 처하여 능히 교만하고 안일하지 않는 이것은 反이 능히 道에 합한 것이다. '覆'은 위로부터 거꾸로 내려옴을 이르니, 上卦의 아래에 거하여 능히 근심하고 두려워하지 않는 이것은 覆이 능히 道에 합한 것이다.

或躍在淵은 **進无咎也**요 **飛龍在天**은 **大人造也**요 **亢龍有悔**는 **盈不可久也**라

'혹 뛰어올라 연못에 있다.'는 것은 나아감에 허물이 없는 것이요, '나는 龍이 하늘에 있다.'는 것은 大人의 함이요, '亢極의 龍이니 뉘우침이 있다.'는 것은 가득함을 오래해서는 안 되는 것이다."

【疏】 '或躍在淵' 至 '盈不可久也' ○ 正義曰 : '或躍在淵 進无咎'者, 此亦人事言之. 進則跳躍在上, 退在潛處在淵, 猶聖人疑或, 而在於貴位也. 心所欲進, 意在於公, 非是爲私, 故進无咎也. '飛龍在天 大人造'者, 此亦人事言之. '飛龍在天', 猶聖人之在王位.

'造', 爲也, 唯大人能爲之而成就也. 姚信·陸績之屬, 皆以造爲造至之造. 今案, 象辭皆上下爲韻, 則姚信之義, 其讀非也[1). '亢龍有悔 盈不可久'者, 此亦人事言之. 九五是盈也, 盈而不已, 則至上九, 地致亢極, 有悔恨也, 故云"盈不可久也." 但此六爻象辭, 第一爻言"陽在下", 是擧自然之象, 明其餘五爻皆有自然之象, 擧初以見(현)末, 五爻竝論人事, 則知初爻亦有人事, 互文相通也.

1) 象辭皆上下爲韻……其讀非也 : '進无咎'의 '咎'와 아래 '盈不可久'의 '久'는 모두 上聲인 有韻이며, '造至'의 '造'는 去聲의 號韻이고 '造爲'의 '造'는 上聲의 皓韻이어서 서로 맞지 않는다. 造爲의 造에 또 다른 有韻이 있는 것으로 보인다.

經의 〔或躍在淵〕에서 〔盈不可久也〕까지

○ 正義曰 : 〔或躍在淵 進无咎〕 이 또한 사람의 일을 가지고 말한 것이다. 나아가면 뛰어서 위에 있고 물러나면 깊이 숨어 연못 속에 있으니, 聖人이 의혹하면서 귀한 지위에 있는 것과 같다. 마음에 나아가고자 하는 것은 뜻이 공정함에 있고, 사사로움을 하려는 것이 아니다. 그러므로 나아감에 허물이 없는 것이다.

〔飛龍在天 大人造〕 이 또한 사람의 일을 가지고 말한 것이다. '飛龍在天'은 聖人이 왕의 지위에 있는 것과 같다. '造'는 함이니, 오직 大人이라야 능히 이 일을 하여 성취하는 것이다. 姚信과 陸績의 무리는 모두 '造'자를 '造至(나아감)의 造'라 하였다. 이제 살펴보건대 〈象傳〉의 글은 모두 상하가 韻으로 되어 있으니, 姚信의 뜻은 그 讀音이 잘못되었다.

〔亢龍有悔 盈不可久〕 이 또한 사람의 일을 가지고 말한 것이다. 九五는 바로 가득함이니, 가득하고 그치지 않으면 上九에 이르러서 자리가 亢極을 이루게 되니, 뉘우침과 恨이 있는 것이다. 그러므로 "가득함을 오래해서는 안 된다.〔盈不可久〕"라고 말한 것이다.

다만 이 여섯 爻의 〈象傳〉의 글의 첫 번째 爻에서 "陽이 아래에 있다."고 말한 것은 자연의 象을 들어서 그 나머지 다섯 爻가 모두 자연의 象이 있음을 밝혔으니, 처음을 들어서 끝을 나타낸 것이요, 다섯 爻는 모두 사람의 일을 논하였으니, 初爻에도 사람의 일이 있음을 알 수 있는바, 互文으로 서로 통한다.

用九는 天德은 不可爲首也라

用九는 하늘의 德은 머리가 되어서는 안 되는 것이다.

【疏】正義曰：此一節，釋經之用九之象辭．經稱用九，故象更疊云'用九'．云'天德不可爲首'者，此夫子釋辭也．九是天之德也，天德剛健，當以柔和接待於下，不可更懷尊剛，爲物之首，故云"天德不可爲首也."

正義曰：이 한 節은 經의 用九를 해석한 〈象傳〉의 글이니, 經에 '用九'라고 칭하였으므로 〈象傳〉에 다시 중첩하여 '用九'라고 말한 것이다.

〔天德不可爲首〕 이는 夫子가 해석한 글이다. 九는 하늘의 德이니, 하늘의 德은 강건하니 마땅히 유순함과 온화함으로써 아랫사람을 접대해야 하고, 다시 높음과 강함을 품어서 물건의 머리가 되어서는 안 된다. 그러므로 "하늘의 德은 머리가 되어서는 안 된다.〔天德不可爲首〕"라고 말한 것이다.

文言曰 元者는 善之長也요 亨者는 嘉之會也요 利者는 義之和也요 貞者는 事之幹也니 君子體仁이 足以長人이며 嘉會 足以合禮며 利物이 足以和義며 貞固 足以幹事니 君子行此四德者라 故로 曰 乾은 元亨利貞이라하니라

〈文言傳〉에 말하였다.

元은 善의 으뜸이요, 亨은 아름다움의 모임이요, 利는 義의 화합함이요, 貞은 일의 根幹이다. 君子가 仁을 체행하는 것이 충분히 사람의 우두머리가 될 수 있으며, 모임을 아름답게 하는 것이 禮에 합할 수 있으며, 물건을 이롭게 하는 것이 義에 화합할 수 있으며, 貞固함이 일의 根幹이 될 수 있으니, 君子는 이 네 가지 德을 행하는 자이다. 그러므로 '乾은 元・亨・利・貞'이라고 말한 것이다.

【疏】'文言曰'至'乾元亨利貞' ○正義曰：'文言'者，是夫子第七翼也[1]．以"乾·坤其易之門戶邪."[2] 其餘諸卦及爻，皆從乾·坤而出，義理深奧，故特作文言以開釋之．莊氏云"文謂文飾．以乾·坤德大，故特文飾，以爲文言." 今謂"夫子但贊明易道，申說義理." 非是文飾華彩，當謂"釋二卦之經文，故稱文言."

1) 文言者 是夫子第七翼也：夫子는 孔子를 가리키는 것으로, 孔子의 저작으로 알려져 있는 十翼은 〈彖傳〉 上・下, 〈象傳〉 上・下, 〈繫辭傳〉 上・下, 〈文言傳〉, 〈說卦傳〉, 〈序卦傳〉, 〈雜卦傳〉의 7종 10편으로 이루어져 있으므로 〈文言傳〉을 7번째 翼이라고 한 것이다.

2) 以乾坤其易之門戶邪 : 〈繫辭傳〉에 "孔子께서 말씀하였다. '乾과 坤은 易의 門일 것이다.〔子曰 乾坤 其易之門邪〕'"라고 보인다.

經의 〔文言曰〕에서 〔乾元亨利貞〕까지

○ 正義曰 : 〔文言〕 이는 夫子의 7번째 翼이다. "乾과 坤은 그 易의 門戶일 것이다." 하였으니, 그 나머지 여러 卦와 爻는 모두 乾·坤으로부터 나와서 乾·坤의 의리가 심오하기 때문에 특별히 〈文言傳〉을 지어서 해석한 것이다.

莊氏는 "文은 文飾을 이르니, 乾과 坤의 德이 크기 때문에 특별히 文飾하여 〈文言傳〉을 만들었다." 하였으나, 지금 "夫子가 다만 ≪周易≫의 道를 贊明하여 의리를 거듭 말씀했다."고 한다면, 이는 文飾하여 화려한 채색을 한 것이 아니니, 마땅히 "乾·坤 두 卦의 經文을 해석하였으므로 文言이라 칭하였다."라고 하여야 할 것이다.

【疏】 從此至'元亨利貞', 明乾之四德, 爲第一節, 從'初九曰潛龍勿用', 至'動而有悔', 明六爻之義, 爲第二節, 自'潛龍勿用', 下至'天下治也', 論六爻之人事, 爲第三節, 自'潛龍勿用, 陽氣潛藏', 至'乃見天則', 論六爻自然之氣, 爲第四節, 自'乾元者', 至'天下平也', 此一節, 復說乾元之四德之義, 爲第五節, 自'君子以成德爲行', 至'其唯聖人乎', 此一節, 更廣明六爻之義, 爲第六節, 今各依文解之.

이로부터 '元亨利貞'까지는 乾의 네 가지 德을 밝힌 것이니 첫 번째 節이 되고, '初九曰潛龍勿用'으로부터 '動而有悔'까지는 여섯 爻의 뜻을 밝힌 것이니 두 번째 節이 되고, '潛龍勿用'으로부터 아래로 '天下治也'까지는 여섯 爻의 人事를 논한 것이니 세 번째 節이 되고, '潛龍勿用 陽氣潛藏'으로부터 '乃見天則'까지는 여섯 爻의 자연스러운 氣를 논한 것이니 네 번째 節이 되고, '乾元者'로부터 '天下平也'까지의 이 한 節은 乾元의 네 가지 德의 뜻을 다시 말하였으니 다섯 번째 節이 되고, '君子以成德爲行'으로부터 '其唯聖人乎'까지의 이 한 節은 다시 여섯 爻의 뜻을 넓혀 밝힌 것이니 여섯 번째 節이 되는데, 이제 각각 글에 따라 해석한다.

【疏】 此第一節, 論乾之四德也. '元者善之長也'此已下, 論乾之四德. 但乾之爲體, 是天之用, 凡天地運化, 自然而爾, 因无而生有也, 无爲而自爲. 天本无心, 豈造元亨利貞之德也. 天本无名, 豈造元亨利貞之名也. 但聖人以人事託之, 謂此自然之功, 爲天之四德, 垂教於下, 使後代聖人法天之所爲, 故立天四德以設教也.

이는 첫 번째 節이니, 乾의 네 가지 德을 논한 것인데, '元者善之長也' 이 이하는 乾의 네 가지 德을 논한 것이다. 다만 乾의 體는 바로 하늘의 用이니, 무릇 천지의 운행과 조화가 자연히 그러하여 無로 인해 有가 생겨나서 함이 없이 자연히 그러하다. 하늘은 본래 마음이 없으니 어찌 元亨利貞의 德을 만들 것이며, 하늘은 본래 이름이 없으니 어찌 元亨利貞의 이름을 만들겠는가.

다만 聖人이 사람의 일을 가지고 여기에 의탁해서 "이 자연의 功이 하늘의 네 가지 德이 된다." 하여, 아래에 가르침을 드리워서 후대의 聖人들로 하여금 하늘이 하는 바를 본받게 하였다. 그러므로 하늘의 네 가지 德을 세워서 가르침을 베푼 것이다.

【疏】 莊氏云"第一節'元者善之長'者, 謂天之體性, 生養萬物. 善之大者, 莫善施生, 元爲施生之宗, 故言'元者善之長'也. '亨者嘉之會'者, 嘉, 美也, 言天能通暢萬物, 使物嘉美之會聚, 故云'嘉之會'也. '利者義之和'者, 言天能利益庶物, 使物各得其宜而和同也. '貞者事之幹'者, 言天能以中正之氣成就萬物, 使物皆得幹濟." 莊氏之意, 以此四句, 明天之德也, 而配四時.

莊氏가 말하기를 "첫 번째 節의 '元者善之長'은, 하늘의 본체와 性이 萬物을 낳고 기르는데, 善의 큰 것이 만물을 생육시키는 것보다 더 좋은 것이 없으니, '元'은 만물을 생육시키는 宗主가 되므로 '元者善之長'이라고 말한 것임을 이른다. '亨者嘉之會'는, '嘉'는 아름다움이니 '하늘이 萬物을 通暢하게 하여 물건의 아름다움을 모이게 하였으므로 '嘉之會'라 한 것임을 말한다. '利者義之和'는, 하늘이 능히 여러 물건을 이롭게 하여 물건으로 하여금 각각 그 마땅함을 얻어 화합하고 함께하게 함을 말한 것이다. '貞者事之幹'은, 하늘이 능히 中正한 기운을 가지고 萬物을 성취시켜 물건으로 하여금 모두 根幹이 되어 이루게 함을 말한 것이다." 하였다.

莊氏의 뜻은 이 네 句를 가지고 하늘의 德을 밝혀 四時에 배합한 것이다.

【疏】 元是物始, 於時配春, 春爲發生[1], 故下云"體仁", 仁則春也. 亨是通暢萬物, 於時配夏, 故下云"合禮", 禮則夏也. 利爲和義, 於時配秋, 秋旣物成, 各合其宜. 貞爲事幹, 於時配冬, 冬旣收藏, 事皆幹了也. 於五行之氣, 唯少土也, 土則分王(旺)四季, 四氣之行, 非土, 不載, 故不言也.

1) 春爲發生 : ≪爾雅≫ 〈釋天〉에 "봄은 發生, 여름은 長贏, 가을은 收成, 겨울은 安寧이

라고 한다.〔春爲發生 夏爲長嬴 秋爲收成 冬爲安寧〕"고 하였다.

元은 물건의 시작이고 철에는 봄에 배합하니, 봄은 發生(생명을 발함)이라고 한다. 그러므로 아래에 "仁을 체행한다." 하였으니, 仁은 바로 봄이다.

亨은 萬物을 通暢하게 하고 철에는 여름에 배합한다. 그러므로 아래에 "禮에 합한다." 하였으니, 禮는 바로 여름이다.

利는 義에 화합함이 되고 철에는 가을에 배합하니, 가을에는 이미 물건이 이루어져서 각각 그 마땅함에 합한다.

貞은 일의 根幹이 되고 철에는 겨울에 배합하니, 겨울에는 이미 거두어 갈무리해서 일을 모두 主幹하여 끝낸다.

五行의 기운에 오직 土가 없으니, 土는 四季에 나누어 왕성하여, 〈木·火·金·水〉 네 기운의 운행이 土가 아니면 실리지 못한다. 그러므로 말하지 않은 것이다.

【疏】'君子體仁 足以長人'者, 自此已下, 明人法天之行此四德, 言君子之人, 體包仁道, 汎愛施生, 足以尊長於人也. 仁則善也, 謂行仁德, 法天之元德也. '嘉會 足以合禮'者, 言君子能使萬物嘉美集會, 足以配合於禮, 謂法天之亨也. '利物 足以和義'者, 言君子利益萬物, 使物各得其宜, 足以和合於義, 法天之利也. '貞固 足以幹事'者, 言君子能堅固貞正, 令物得成, 使事皆幹濟, 此法天之貞也. 施於王事言之, 元則仁也, 亨則禮也, 利則義也, 貞則信也. 不論智者, 行此四事, 竝須資於知. 且乾鑿度云"水土二行, 兼信與知也." 故略而不言也[1].

1) 施於王事言之……故略而不言也 : 朱子는, 元은 사람에게는 仁, 철에 있어서는 봄이 되며, 亨은 禮가 되고 여름이 되며, 利는 義가 되고 가을이 되며, 貞은 智가 되고 겨울이 된다고 하였다. 이를 五行과 배합하면, 봄·仁·元은 木, 여름·禮·亨은 火, 가을·義·利는 金, 겨울·智·貞은 水에 해당하며, 土는 信에 해당하고 四時에 골고루 작용한다. 이러한 배합은 孟子가 四德으로 仁·義·禮·智를 말씀하였으므로, 그에 맞게 信을 四德에서 제외하여 土에 배합한 것이다. 그러나 孔穎達은 貞을 信에 배합하였으므로, 智가 四德과 四時에 해당하지 않게 된 것이다. 이를 부연하기 위해 ≪乾鑿度≫를 인용하였는데, 이에 따르면 貞은 水에 해당하고 水는 信과 智를 겸하므로 貞에서 信만을 언급하고 智는 생략한 것이다.

〔君子體仁 足以長人〕 이로부터 이하는 하늘이 이 네 가지 德을 행함을 사람이 본받음을 밝힌 것이니, 君子인 사람이 體가 仁의 道를 포괄하여 널리 사랑하고 만물을 생육시

키면 충분히 사람에게 높은 우두머리가 될 수 있음을 말한 것이다. 仁은 곧 善이니, 仁德을 행한다고 말한 것은 하늘의 元德을 본받는 것이다.

〔嘉會 足以合禮〕 君子가 능히 萬物로 하여금 모임을 아름답게 하면 충분히 禮에 배합됨을 말한 것이니, 하늘의 亨을 본받음을 말한 것이다.

〔利物 足以和義〕 君子가 萬物을 이롭게 하여 물건으로 하여금 각각 그 마땅함을 얻게 하면 충분히 義에 화합함을 말한 것이니, 하늘의 利를 본받는 것이다.

〔貞固 足以幹事〕 君子가 능히 견고하고 貞正하여 물건으로 하여금 이루어지게 해서 일마다 모두 根幹이 되어 이루어지게 함을 말한 것이니, 이는 하늘의 貞을 본받는 것이다.

왕의 일에 베푸는 것을 가지고 말하면, 元은 仁이고 亨은 禮이고 利는 義이고 貞은 信이다. 智를 논하지 않은 것은 이 네 가지 일을 행할 적에 모두 모름지기 智慧에 의뢰하기 때문이다. 또 ≪乾鑿度≫에 이르기를 "水와 土 두 行은 信과 智를 겸하였다." 하였으니, 이 때문에 생략하고 말하지 않은 것이다.

【疏】 '君子行此四德者 故曰乾元亨利貞', 以君子之人, 當行此四種之德. 是以文王作易, 稱元亨利貞之德, 欲使君子法之. 但行此四德, 則與天同功, 非聖人, 不可, 唯云君子者, 但易之爲道, 廣爲垂法, 若限(尙)〔局〕[1]聖人, 恐不逮餘下, 故總云君子, 使諸侯·公卿之等, 悉皆行之. 但聖人行此四德, 能盡其極也, 君子行此四德, 各量力而爲, 多少各有其分. 但乾卦象天, 故以此四德, 皆爲天德.

1) (尙)〔局〕: 저본에는 '尙'으로 되어 있으나, 錢本·宋本에 의거하여 '局'으로 바로잡았다.〔阮刻本 참조〕

〔君子行此四德者 故曰乾元亨利貞〕 君子인 사람은 마땅히 네 가지의 德을 행하여야 한다. 그러므로 文王이 ≪易≫을 지을 적에 元·亨·利·貞의 德을 말씀하여 君子로 하여금 본받게 하고자 한 것이다.

다만 이 네 가지 德을 행하면 하늘과 功이 같게 되니, 聖人이 아니면 할 수 없는데 오직 君子라고만 말한 것은, 다만 ≪易≫의 道가 넓게 법을 드리웠으니, 만약 聖人에 국한하면 나머지 아래에 미치지 못할까 염려되어서이다. 그러므로 총괄하여 君子라고 말해서 諸侯와 公卿의 무리들로 하여금 모두 다 행하게 한 것이다.

다만 聖人은 이 네 가지 德을 행하여 능히 그 極을 다하고, 君子는 이 네 가지 德을 행하나 각기 그 힘을 헤아려 행하여 많고 적음이 각기 그 분수가 있는 것이다. 다만 乾卦

는 하늘을 형상하였으므로 이 네 가지 德을 모두 하늘의 德이라 한 것이다.

【疏】但陰陽合會, 二象相成, 皆能有德, 非獨乾之一卦. 是以諸卦之中, 亦有四德, 但餘卦四德, 有劣於乾. 故乾卦直云四德, 更无所言, 欲見乾之四德, 无所不包. 其餘卦, 四德之下, 則更有餘事, 以四德狹劣, 故以餘事繫之, 卽坤卦之類是也. 亦有四德之上, 卽論餘事, 若革卦云"巳日乃孚, 元亨利貞, 悔亡"也, 由乃孚之後, 有元亨利貞, 乃得悔亡也.

다만 陰과 陽이 모여서 두 象이 서로 이루어지면 모두 德이 있는 것이요, 비단 乾의 한 卦만 그런 것이 아니다. 이 때문에 여러 卦의 가운데에도 네 가지 德이 있으나 다만 나머지 卦의 네 가지 德은 乾보다 못하다. 그러므로 乾卦에만 곧바로 네 가지 德을 말하여 다시 말한 바가 없으니, 이는 乾의 네 가지 德이 포함하지 않는 바가 없음을 나타내고자 한 것이다.

그 나머지 卦는 네 가지 德의 아래에 다시 다른 일이 있으니, 네 가지 德이 좁고 부족하기 때문에 다른 일을 가지고 단 것인바, 바로 坤卦의 따위가 이것이다.

또한 네 가지 德 위에 즉시 나머지 일을 논한 경우가 있으니, 革卦에 "하루가 끝나야 비로소 믿으니, 元亨利貞하여 후회가 없다."는 것과 같으니, 믿은 뒤에 元亨利貞이 있음으로 말미암아야 비로소 후회가 없는 것이다.

【疏】有四德者, 卽乾·坤·屯·臨·隨·无妄·革七卦, 是也. 亦有其卦非善, 而有四德者, 以其卦凶, 故有四德, 乃可也. 故隨卦"有元亨利貞, 乃得无咎." 是也, 四德具者, 其卦未必善也.

네 가지 德을 가지고 있는 것은 바로 乾, 坤, 屯, 臨, 隨, 无妄, 革의 7卦가 이것이다.

또한 그 卦가 善하지 않으나 네 가지 德을 가지고 있는 경우가 있으니, 그 卦가 흉하기 때문에 네 가지 德을 가지고 있어야 비로소 괜찮은 것이다. 그러므로 隨卦에 "元亨利貞이 있어야 비로소 허물이 없을 수 있다."는 것이 이것이니, 네 가지 德을 갖추고 있는 것이 그 卦가 반드시 善하지만은 않은 것이다.

【疏】亦有三德者, 卽離·咸·萃·兌·渙·小過凡六卦, 就三德之中, 爲文不一, 或總稱三德於上, 更別陳餘事於下, 若離·咸之屬, 是也. 就三德之中, 上下不一, 離則云"利貞, 亨", 由利貞, 乃得亨也. 亦有先云亨, 更陳餘事, 乃始云利貞者, 以有餘事, 乃得利貞故也.

또한 세 가지 德을 가지고 있는 경우가 있으니, 바로 離, 咸, 萃, 兌, 渙, 小過의 모두 6卦는 세 가지 德 가운데 나아가서 글을 만든 것이 똑같지 아니하여, 혹은 세 가지 德을 위에서 총괄하여 말하고 다시 나머지 일을 아래에서 별도로 말하였으니, 예컨대 離와 咸과 같은 등속이 이것이다.

세 가지 德 가운데 나아가서 위아래가 똑같지 않으니, "離는 利貞하여야 亨하다."라고 말한 것은, 利貞을 말미암아야 비로소 형통함을 얻을 수 있다는 것이다. 또한 먼저 亨을 말하고 다시 나머지 일을 말하여 비로소 利貞하다고 말한 경우가 있으니, 이는 나머지 일이 있어야 비로소 利貞할 수 있기 때문이다.

【疏】 有二德者, 大有·蠱·漸·大畜·升·困·中孚凡七卦, 此二德, 或在事上言之, 或在事後言之, 由後有事, 乃致此二德故也.

두 가지 德을 가지고 있는 것은 大有, 蠱, 漸, 大畜, 升, 困, 中孚의 모두 7卦이니, 이 두 가지 德은 혹은 일에서 말하고 혹은 일 뒤에서 말하였으니, 이는 뒤에 일이 있어야 비로소 두 가지 德을 이룰 수 있기 때문이다.

【疏】 亦有一德者, 若蒙·師·小畜·履·泰·謙·噬嗑·賁·復·大過·震·豐·節·旣濟·未濟凡十五卦, 皆一德也, 竝是亨也. 或多在事上言之, 或在事後言, 履卦云"履虎尾, 不咥人, 亨", 由有事, 乃得亨.

또한 한 가지 德만을 가지고 있는 것이 있으니, 蒙, 師, 小畜, 履, 泰, 謙, 噬嗑, 賁, 復, 大過, 震, 豐, 節, 旣濟, 未濟와 같은 모두 15卦는 다 한 가지 德만 있으니, 모두 亨이다. 혹은 대부분 일에서 말하였고 혹은 일 뒤에서 말하였으니, 履卦에 "범의 꼬리를 밟더라도 사람을 물지 않으니, 형통하다."는 것은 일이 있음을 말미암아야 비로소 형통할 수 있는 것이다.

【疏】 以前所論德者, 皆於經文, 挺然特明德者, 乃言之也. 其有因事相連而言德者, 則不數之也. 若需卦云"需, 有孚, 光亨貞吉", 雖有亨貞二德, 連事起文, 故不數也. 遯卦云"亨, 小利貞", 雖有三德, 亦不數也. 旅卦云"旅, 小亨, 旅貞, 吉", 雖有亨貞二德,亦連他事, 不數也. 比卦云"原筮, 元永貞, 无咎", 否卦云"否之匪人, 不利君子貞", 雖有貞字, 亦連他文言之, 又非本卦德, 亦不數之. 同人云"同人於野, 亨", 坎卦云"有孚, 維心亨", 損卦云"无咎可貞", 此等雖有一德, 皆連事而言之, 故亦不數. 所以然者, 但易含萬象, 事義非一, 隨時曲變, 不可爲典要故也. 其有意義, 各於卦下詳之.

앞에서 논한 德은 모두 經文에서 두드러지게 특별히 德을 밝힌 경우라야 비로소 말한 것이다. 일을 인해 서로 이어서 德을 말한 것은 세지(들지) 않았으니, 예컨대 需卦에 "需는 믿음이 있어서 광명하여 형통하고 貞하여 吉하다."고 한 것은 비록 亨과 貞의 두 가지 德을 가지고 있으나 일을 이어서 글을 썼으므로 세지 않았다.

遯卦에 "형통하니 조금 貞함이 利롭다."는 것은 비록 세 가지 德을 가지고 있으나 또한 세지 않았다. 旅卦에 "旅는 조금 형통하니 旅가 貞하여 吉하다."고 한 것은 비록 亨과 貞의 두 가지 德을 가지고 있으나 또한 다른 일을 이은 것이어서 세지 않았다.

比卦에 "근원하여 점치되 元・永・貞하면 허물이 없다."는 것과, 否卦에 "否는 人道가 아니니, 君子의 貞에 이롭지 않다."는 것은 비록 '貞'자가 있으나, 이 또한 다른 글을 이어서 말하였고, 또 본래 卦의 德이 아니므로 또한 세지 않았다.

同人卦에 "들에서 남과 함께하니 형통하다."는 것과, 坎卦에 "믿음이 있어서 마음 때문에 형통하다."는 것과, 損卦에 "허물이 없어서 貞할 수 있다."는 것, 이러한 따위는 비록 한 가지 德을 가지고 있으나 모두 일을 이어서 말하였으므로 또한 세지 않았다.

이렇게 한 이유는 다만 ≪易≫은 만 가지 象을 포함하여 일의 뜻이 똑같지 않으니, 때에 따라 곡진히 변하여 일정한 要諦로 삼을 수 없기 때문이다. 그것에 意義가 있으면 각각 卦 아래에서 자세히 말하였다.

【疏】 亦有卦善而德少者, 若泰與謙·復之類, 雖善, 唯一德也. 亦有全无德者, 若豫·觀·剝·晉·蹇·解·夬·姤·井·艮·歸妹凡十一卦也. 大略唯有凶卦无德者, 若剝·蹇·夬·姤之屬, 是也, 亦有卦善而无德者, 晉·解之屬, 是也, 各於卦下詳之.

또한 卦는 善한데 德이 적은 것이 있으니, 泰와 謙, 復과 같은 따위는 비록 卦가 善하나 오직 한 가지 德뿐이다. 또한 전혀 德이 없는 경우가 있으니, 豫, 觀, 剝, 晉, 蹇, 解, 夬, 姤, 井, 艮, 歸妹와 같은 모두 11卦이다.

대체로 오직 흉한 卦에 德이 없는 경우가 있으니, 剝, 蹇, 夬, 姤와 같은 것이 이것이요, 또한 卦는 善하나 德이 없는 경우도 있으니, 晉, 解의 등속이 이것이니, 각각 卦 아래에 자세히 말하였다.

【疏】凡四德者, 亨之與貞, 其德特行, 若元之與利, 則配連他事. 其意以元配亨, 以利配貞[1], 雖配他事爲文, 元是元大也, 始首也, 利是利益也, 合和也, 以當分言之, 各是其一德也, 唯配亨貞, 俱爲四德. 元雖配亨, 亦配他事. 故比卦云"元永貞", 坤六五"黃裳元吉", 是也. 利亦非獨利貞, 亦所利餘事多矣. 若"利涉大川", "利建侯", "利見大人", "利君子貞", 如此之屬, 是利字所施處廣, 故諸卦謂他事之利, 不數以爲德也. 此四德, 非唯卦下有之, 亦於爻下(有)〔言〕[2]之, 但爻下, 其事稍少. 故"黃裳元吉"及"何天之衢亨", "小貞吉", "大貞凶", 此皆於爻下言之, 其利則諸爻皆有.

1) 凡四德者……以利配貞 : '元亨利貞'을 乾卦에서는 특별히 四德으로 해석하였으나, 다른 곳에서는 "크게 형통하고 貞함이 이롭다."고 해석하는바, 이 해석에서는 元을 亨에, 利를 貞에 배합한 것이다. 일반적으로 亨과 貞은 독립적인 占辭로 사용되지만, 元과 利의 경우는 다른 占辭를 수식하는 말('元亨'이 '크게 형통하다'로 해석되는 경우)로 쓰이거나 다른 일을 수식하는 말('利牝馬之貞'의 경우)로 쓰인다.

2) (有)〔言〕: 저본에는 '有'로 되어 있으나, 宋本에 의거하여 '言'으로 바로잡았다.〔阮刻本 참조〕

무릇 네 가지 德은, 亨과 貞은 그 德이 따로 행하고, 元과 利는 다른 일에 배합하여 이어진다. 그 뜻은 元을 亨에 배합하고 利를 貞에 배합하였으니, 비록 다른 일에 배합하여 글을 썼으나 元은 元大함(큼)이요 始首(처음)이며, 利는 이익이요 화합이니, 마땅히 나누어 말해야 하면 각각 이 한 가지 德이나, 오직 亨과 貞에 배합하면 모두 네 가지 德이 된다.

元이 비록 亨에 배합되나 또한 다른 일에도 배합된다. 그러므로 比卦에서 "元・永・貞하다."고 말한 것과, 坤卦 六五에서 "황색 치마이니, 元吉하다."는 것이 이것이다.

利 또한 비단 利貞만이 아니요, 또한 이로운 바의 다른 일이 많으니, 예컨대 '利涉大川'과 '利建侯'와 '利見大人'과 '利君子貞'과 같은 것이니, 이와 같은 등속은 이 '利'자를 쓰는 곳이 넓다. 그러므로 여러 卦에서 다른 일의 이로움을 말한 것은 세어서 德으로 삼지 않았다.

이 네 가지 德은 비단 卦 아래에만 있는 것이 아니요, 또한 爻 아래에서도 말했으나, 다만 爻 아래는 그 일이 다소 적다. 그러므로 '黃裳元吉'과 '何天之衢亨'과 '小貞吉', '大貞凶', 이는 모두 爻 아래에서 말했으니, 그 이로움은 여러 爻에도 모두 있다.

初九曰 潛龍勿用은 **何謂也**오 **子曰 龍德而隱者也**니 **不易乎世**하며

初九에 "잠겨 있는 龍이니 쓰지 말라."고 한 것은 무슨 말인가? 孔子가 말씀하셨다. "龍德을 가지고 은둔한 자이니, 세상에 따라 변하지 아니하며,

【注】 不爲世俗所移易也라

세속에 의하여 옮기고 바꾸지 않는 것이다.

【疏】 '初九曰'至'不易乎世' ○ 正義曰：(此第二節釋初九爻辭也)〔此文言第二節, 此釋初九爻辭也〕[1]. '初九曰潛龍勿用 何謂也'者, 此夫子疊經初九爻辭, 故言'初九曰'. 方釋其義, 假設問辭, 故言'潛龍勿用, 何謂也.' '子曰龍德而隱者也', 此夫子以人事釋潛龍之義, 聖人有龍德隱居者也. '不易乎世'者, 不移易其心, 在於世俗, 雖逢險難, 不易本志也.

1) (此第二節釋初九爻辭也)〔此文言第二節 此釋初九爻辭也〕: 저본에는 '此第二節釋初九爻辭也'로 되어 있으나, 盧文弨가 "마땅히 '此文言第二節 此釋初九爻辭也'라고 해야 하니, 아래의 疏를 보면 진실로 명백하다."라고 한 것에 의거하여 바로잡았다.〔北京大本 참조〕

經의 〔初九曰〕에서 〔不易乎世〕까지

○ 正義曰：이는 〈文言傳〉의 두 번째 節이니, 이는 初九의 爻辭를 해석한 것이다.

〔初九曰潛龍勿用 何謂也〕 이는 夫子가 經文의 初九爻의 글을 거듭 해석한 것이므로 '初九曰'이라 한 것이다. 그 뜻을 해석하려 하면서 묻는 말을 假設하였으므로 '潛龍勿用 何謂也'라고 한 것이다.

〔子曰龍德而隱者也〕 이는 夫子가 사람의 일을 가지고 潛龍의 뜻을 해석한 것이니, 聖人은 龍德을 가지고 숨어 사는 자이다.

〔不易乎世〕 그 마음을 옮기고 바꾸지 않아, 세속에 있으면서 비록 험난함을 만나더라도 본래의 뜻을 바꾸지 않는 것이다.

不成乎名하여 **遯世无悶**하며 **不見是而无悶**하여 **樂則行之**하고 **憂則違之**하여 **確乎其不可拔**이 **潛龍也**라

이름을 이루려 하지 아니하여 세상에 은둔하여도 근심함이 없으며 이것(善)을 보

지 못하여도 근심함이 없어서 즐거우면 행하고 근심스러우면 떠나가서 확고하여 뽑을 수 없는 것이 잠긴 龍이다."

【疏】'不成乎名'至'潛龍也' ○正義曰：'不成乎名'者，言自隱默，不成就於令名，使人知也．'遯世无悶'者，謂逃遯避世，雖逢无道，心无所悶．'不見是而无悶'者，言擧世皆非，雖不見善，而心亦无悶[1)]．上云'遯世无悶'，心處僻陋，'不見是而无悶'，此因見世俗行惡，是亦无悶，故再起无悶之文．'樂則行之 憂則違之'者，心以爲樂，已則行之，心以爲憂，已則違之．'確乎其不可拔'者，身雖逐物推移，隱潛避世，心志守道，確乎堅實，其不可拔，此是潛龍之義也．

1) 不見是而无悶者……而心亦无悶：孔穎達은 '不見是而无悶'의 '是'를 善으로 보았으나, 程伊川과 朱子는 모두 '不見是'를 '옳게 여김을 받지 못함'의 뜻으로 해석하였는데, 이 經文의 내용을 ≪論語≫〈學而〉의 "사람들이 알아주지 않더라도 서운해하지 않는다면 君子가 아니겠는가.〔人不知而不慍 不亦君子乎〕"라는 孔子의 말씀과 같은 맥락으로 이해한 것이다. 朱子는 ≪論語集註≫에서 孔子의 이 말씀 아래에, 程伊川의 "옳게 여김을 받지 못하더라도 서운함이 없어야 비로소 이른바 君子라는 것이다.〔不見是而無悶 乃所謂君子〕"라는 말을 채록하였다.

經의〔不成乎名〕에서〔潛龍也〕까지

○正義曰：〔不成乎名〕스스로 숨고 침묵하여 좋은 이름을 이루어 남들로 하여금 알게 하지 않음을 말한 것이다.

〔遯世无悶〕은둔하여 세상을 피해서 비록 無道한 때를 만나나 마음에 근심하는 바가 없음을 이른다.

〔不見是而无悶〕온 세상이 모두 나빠서 비록 善을 보지 못하더라도 마음에 또한 근심함이 없음을 말한 것이다.

위에서 '遯世无悶'이라고 한 것은 마음이 궁벽하고 누추한 곳에 처한 것이요, '不見是而无悶'은 이는 세속이 惡을 행하는 것을 봄으로 인한 것이니, 이 또한 근심함이 없다. 그러므로 근심함이 없다는 글을 다시 쓴 것이다.

〔樂則行之 憂則違之〕마음에 즐거우면 자기가 행하고, 마음에 근심하면 자기가 떠나가는 것이다.

〔確乎其不可拔〕몸이 비록 물건에 따라 옮겨가고 은둔하여 세상을 피하나 마음과 뜻이 道를 지켜서 확고하고 진실해서 뽑을 수 없는 것이니, 이것이 바로 潛龍의 뜻이다.

九二曰 見龍在田利見大人은 **何謂也**오 **子曰 龍德而正中者也**니 **庸言之信**하며 **庸行之謹**하여 **閑邪存其誠**하며 **善世而不伐**하며 **德博而化**니 **易曰見龍在田利見大人**이라하니 **君德也**라

九二에 "나타난 龍이 밭에 있으니, 大人을 만나봄이 이롭다."고 한 것은 무슨 말인가? 孔子가 말씀하셨다. "龍德으로 正中한 자이니, 평상시의 말을 信實하게 하고 평상시의 행동을 삼가서, 邪를 막아 성실함을 보존하며, 세상을 좋게 하고도 자랑하지 않으며, 德이 넓어 교화된 것이니, ≪周易≫에 이르기를 '나타난 龍이 밭에 있으니, 大人을 만나봄이 이롭다.'고 하였으니, 이는 군주의 德이다."

【疏】'九二曰'至'君德也' ○ 正義曰：此釋九二爻辭. '子曰龍德而正中者', 九二居中不偏, 然不如九五居尊得位, 故但云"龍德而正中者"也. '庸言之信 庸行之謹'者, 庸謂中庸, 庸, 常也, 從始至末, 常言之信實, 常行之謹愼. '閑邪存其誠'者, 言防閑邪惡, 當自存其誠實也. '善世而不伐'者, 謂爲善於世, 而不自伐其功. '德博而化'者, 言德能廣博, 而變化於世俗. 初爻則全隱遯避世, 二爻則漸見德行以化於俗也. 若舜漁於雷澤, 陶於河濱, 以器不窳(유), 民漸化之, 是也[1]. '易曰見龍在田 利見大人 君德'者, 以其異於諸爻, 故特稱易曰. '見龍在田', 未是君位, 但云君德也.

1) 若舜漁於雷澤……是也：≪史記≫〈五帝本紀〉에 "舜은 冀州 사람이다. 舜은 歷山에서 농사를 짓고 雷澤에서 물고기를 잡고 河濱에서 질그릇을 굽고 壽丘에서 여러 기물을 만들어 負夏에서 때에 따라 장사를 했다.……舜이 歷山에서 농사를 지을 때에는 歷山 사람들이 모두 밭두둑을 양보하였고, 雷澤에서 물고기를 잡을 때에는 雷澤 가의 사람들이 모두 거처를 양보하였으며, 河濱에서 질그릇을 구울 때에는 河濱의 그릇이 모두 粗惡하지 않았다."라고 보인다.

經의 〔九二曰〕에서 〔君德也〕까지

○ 正義曰：이는 九二의 爻辭를 해석한 것이다.

〔子曰龍德而正中者〕 九二가 中에 거하고 편벽되지 않으나, 九五가 높은 자리에 거하면서 正位를 얻은 것만 못하다. 그러므로 다만 "龍德으로 正中한 자이다.〔龍德而正中者〕"라고 말씀한 것이다.

〔庸言之信 庸行之謹〕 庸은 中庸을 이르며, 庸은 평상이니, 처음부터 끝까지 평상시의

말을 信實하게 하고 평상시의 행실을 삼가는 것이다.

〔閑邪存其誠〕 사악함을 막아서 마땅히 스스로 그 성실함을 보존해야 함을 말한 것이다.

〔善世而不伐〕 세상에 좋은 일을 하나 스스로 자기 功을 자랑하지 않음을 말한 것이다.

〔德博而化〕 德이 능히 넓어서 세속을 변화시킴을 말한 것이다.

初爻는 완전히 은둔하여 세상을 피하는 것이고, 二爻는 점점 德行을 드러내어 세속을 교화하는 것이니, 舜 임금이 雷澤에서 물고기를 잡고 河濱에서 질그릇을 구울 적에 그릇이 조악하지 아니하고 백성들이 점점 교화된 것 같은 것이 이것이다.

〔易曰見龍在田 利見大人 君德〕 다른 爻와 다르기 때문에 특별히 '易曰'이라고 칭한 것이다. '見龍在田'은 아직 군주의 지위가 아니요 다만 군주의 德을 말한 것이다.

九三曰 君子終日乾乾하여 **夕惕**이나 **若厲**라야 **无咎**는 **何謂也**오 **子曰 君子進德脩業**하나니 **忠信**은 **所以進德也**요 **脩辭立其誠**은 **所以居業也**라 **知至至之**라 **可與幾也**며 **知終終之**라 **可與存義也**라

九三에 "君子가 종일토록 부지런히 힘써서 저녁까지도 두려워하나 위태로운 듯하여야 허물이 없으리라."고 한 것은 무슨 말인가? 孔子가 말씀하셨다. "君子가 德을 進益하고 業을 닦으니, 忠信은 德을 進益하는 것이요, 말을 닦고 성실함을 세움은 業을 쌓는 것이다. 이를 줄을 알아 이르므로 幾微를 경영함을 허여할 수 있으며, 끝마칠 줄을 알아 끝마치므로 義를 보존함을 허여할 수 있는 것이다."

【注】 處一體之極은 是至也요 居一卦之盡은 是終也라 處事之至而不犯咎는 知至者也라 故로 可與成務矣요 處終而能全其終은 知終者也라 夫進物之速者는 義不若利하고 存物之終(若)〔者〕[1]는 利不及義라 故로 靡不有初나 鮮克有終이니 夫可與存義者는 其唯知終者乎인저

1) (若)〔者〕 : 저본에는 '若'으로 되어 있으나, 阮元의 按說에 의거하여 '者'로 바로잡았다. 〔阮刻本 참조〕

한 體(下體)의 極에 처함은 바로 이름〔至〕이요, 한 卦(下卦)의 다함에 거함은 바로 끝마침〔終〕이다. 일이 이르러 옴에 처하여 허물을 범하지 않는 것은 이름〔至〕을 아는 자이므로 事務를 이룰 수 있고, 끝에 처하여 그 끝을 온전히 할 수 있는 것은 끝마침을 아는

자이다.

물건이 나아가기를 신속하게 하는 것은 義가 利만 못하고, 물건의 끝마침을 보존하는 것은 利가 義에 미치지 못한다. 그러므로 처음이 있지 않은 이가 없으나 능히 끝마침이 있는 이는 적으니, 義를 보존함을 허여할 수 있는 것은 오직 끝마침을 아는 자일 것이다.

【疏】'九三曰'至'可與存義也' ○ 正義曰：此釋九三爻辭也. '子曰君子進德脩業'者, 德謂德行, 業謂功業, 九三所以終日乾乾者, 欲進益道德, 脩營功業, 故終日乾乾, 匪懈也. 進德則知至, 將進也, 脩業則知終, 存義也. '忠信所以進德'者, 復解進德之事, 推忠於人, 以信待物, 人則親而尊之, 其德日進, 是進德也. '修辭立其誠 所以居業'者, 辭謂文教, 誠謂誠實也, 外則脩理文教, 內則立其誠實, 內外相成, 則有功業可居, 故云居業也. 上云進德, 下復云進德, 上云脩業, 下變云居業者, 以其間有脩辭之文, 故避其脩文而云居業, 且功業宜云居也.

經의 〔九三曰〕에서 〔可與存義也〕까지

○ 正義曰：이는 九三의 爻辭를 해석한 것이다.

〔子曰君子進德脩業〕 '德'은 德行을 이르고 '業'은 功業을 이르니, 九三이 종일토록 부지런히 힘쓰는 까닭은 道德을 進益하고 功業을 닦고자 해서이다. 그러므로 종일토록 부지런히 힘써서 게을리하지 않는 것이다. 德을 進益하면 이를 줄을 아는 것은 장차 나아가는 것이요, 業을 닦으면 끝마침을 아는 것은 義를 보존하는 것이다.

〔忠信所以進德〕 다시 德을 進益하는 일을 해석하였으니, 忠을 남에게 미루어서 성실함으로써 남을 대하면 남들이 친애하고 높여서 그 德이 날로 進益되니, 이것이 德을 進益하는 것이다.

〔修辭立其誠 所以居業〕 '辭'는 文教를 이르고 '誠'은 성실을 이르니, 밖으로는 文教를 닦고 다스리며 안으로는 그 성실을 세워서 안과 밖이 서로 이루어지면 쌓을 수 있는 功業이 있게 된다. 그러므로 '居業'이라고 말한 것이다.

〈德은〉 위에서 進德이라고 말하고 아래에서도 다시 進德이라고 말하였는데, 〈業은〉 위에서 脩業이라고 말하고 아래에서는 변하여 居業이라고 말한 것은, 그 사이에 '말을 닦는다〔脩辭〕'는 글이 있기 때문에 '닦는다〔脩〕'는 글을 피하여 居業이라 말한 것이요, 또 功業은 마땅히 '쌓는다〔居〕'고 말해야 하기 때문이다.

【疏】'知至至之 可與幾'者, 九三處一體之極, 方至上卦之下, 是至也, 旣居上卦之下, 而不凶咎, 是知至也. 旣能知是將至, 則是識幾知理, 可與共論幾事, 幾者, 去无入有, 有理而未形之時. 此九三旣知時節將至, 知理欲到, 可與共營幾也. '知終終之 可與存義'者, 居一體之盡, 而全其終竟, 是知終也. 旣能知此終竟, 是終盡之時, 可與保存其義. 義者, 宜也, 保全其位, 不有失喪, 於事得宜. 九三旣能知其自全, 故可存義. 然九三唯是一爻, 或使之欲進知幾也, 或使之欲退存義也. 一進一退, 其意不同, 以九三處進退之時, 若可進則進, 可退則退, 兩意竝行.

〔知至至之 可與幾〕 九三이 한 體의 極에 처하여 막 上卦의 아래에 이르렀으니 이것이 이름〔至〕이니, 이미 上卦의 아래에 거하였으나 흉함과 허물이 없는 것, 이것이 바로 '知至'이다. 이미 능히 장차 이를 줄을 알면 기미를 알고 이치를 알아서 함께 기미의 일을 논함을 허여할 수 있으니, '幾'라는 것은 無를 떠나 有로 들어가서 이치는 있으나 아직 나타나지는 않은 때이다. 이는 九三이 이미 시절이 장차 이를 줄을 알고 이치가 이르려 함을 알고서 함께 기미를 경영함을 허여할 수 있는 것이다.

〔知終終之 可與存義〕 한 體가 다하는 곳에 거하여 그 끝마침을 온전히 하는 것이니, 이는 끝마침을 아는 것이다. 이미 능히 끝마칠 줄을 알면 끝마쳐 다할 때에 그 義를 보존함을 허여할 수 있다. '義'라는 것은 마땅함이니, 그 지위를 保全하여 상실함이 있지 않으면 일에 마땅함을 얻는 것이다. 九三이 이미 스스로 온전할 줄을 안다. 그러므로 義를 보존할 수 있는 것이다.

그러나 九三의 오직 이 한 爻는 혹 나아가서 기미를 알게 하고자 하고, 혹 물러나서 義를 보존하게 하고자 한다. 한 번 나아가고 한 번 물러나서 그 뜻이 똑같지 않음은, 九三이 나아가고 물러나는 때에 처하여 만약 나아갈 수 있으면 나아가고 물러날 수 있으면 물러나서 두 가지 뜻이 병행하기 때문이다.

【疏】○ 注'處一體之極'至'其唯知終者乎' ○ 正義曰 : '處一體之極 是至也'者, 莊氏云"極卽至也, 三在下卦之上, 是至極." 褚氏云"'一體之極, 是至'者, 是下卦已極, 將至上卦之下, 至謂至上卦也." 下云"在下位而不憂", 注云"知夫至至, 故不憂." 此以人事言之. 旣云下位, 明知在上卦之下, 欲至上卦, '故不憂', 是知將至上卦. 若莊氏之說, 直云下卦上極, 是至極, 儻无上卦之體, 何可至也, 何須與幾也. 是知至者據上卦爲文, 莊說非也. '處事之至而不犯咎 是知至'者, 謂三近上卦, 事之將至, 能以禮知屈, 而不觸犯上卦之咎, 則是知事之將至. '故可與成務'者, 務謂事務, 旣識事之先幾, 可與以成其事務. 與猶許也, 言可許之事, 不謂此人共彼相與也. '進物之速者 義不若利'者, 利則隨幾而發, 見利則行也, 義者, 依分而動, 不妄求進. 故進物速疾, 義不如利, 由義靜而利動故也. '存物之終者 利不及義'者, 保全已成之物, 不妄興動, 故利不及義也. '故靡不有初 鮮克有終'者, 見利則行, 不顧在後, 是靡不有初, 不能守成其業, 是鮮克有終.

○ 注의 〔處一體之極〕에서 〔其唯知終者乎〕까지

○ 正義曰 : 〔處一體之極 是至也〕 莊氏는 "極은 바로 지극함이니, 九三이 下卦의 위에 있으니 이것이 지극함이다." 하였고, 褚氏(褚仲都)는 "'一體之極 是至'라는 것은 下卦가 이미 지극하여 장차 上卦의 아래에 이르게 되었으니, '至'는 上卦에 이름을 말한 것이다." 하였다.

아래에 "아랫자리에 있으면서도 근심하지 않는다." 하였는데, 注에 이르기를 "이름〔至〕이 이를〔至〕 줄을 알기 때문에 근심하지 않는다." 하였으니, 이는 사람의 일을 가지고 말한 것이다. 이미 아랫자리라고 말했으면 上卦의 아래에 있어서 上卦에 이르고자 함을 분명히 알 수 있고, '그러므로 근심하지 않음〔故不憂〕'은 장차 上卦에 이를 줄을 알아서이다.

莊氏의 說과 같이 하여 곧바로 '下卦가 위로 지극하다.'고 말하면 이는 지극한 것이니, 만약 上卦의 體가 없다면 어찌 이를 수가 있으며, 어찌 굳이 기미를 경영함을 허여하겠는가. 이는 바로 '至'가 上卦를 근거로 하여 글을 썼음을 알 수 있는 것이니, 莊氏의 說은 잘못되었다.

〔處事之至而不犯咎 是知至〕 九三이 上卦에 가까우니, 일이 장차 이를 때에 禮로써 굽힐 줄을 알아서 上卦의 허물을 저촉하고 범하지 않으면 이는 일이 장차 이를 줄을 아는 것임을 말한 것이다.

〔故可與成務〕 '務'는 事務를 이르니, 일이 미리 나타나는 기미를 알면 그 사무를 이룸을 허여할 수 있는 것이다. '與'는 許와 같으니, 허여할 수 있는 일임을 말한 것이요, 이 사람이 저 사람과 함께 서로 더불어 함을 말한 것은 아니다.

〔進物之速者 義不若利〕 利는 기미에 따라 나타나서 이로움을 발견하면 행하고, 義는 분수에 따라 동하여 망령되이 나아가기를 구하지 않는다. 그러므로 물건이 나아가는 빠름은 義가 利만 못하니, 義는 고요하고 利는 동하기 때문이다.

〔存物之終者 利不及義〕 이미 이룬 물건을 보전함은 망령되이 일으키고 동하지 않는

다. 그러므로 利가 義에 미치지 못하는 것이다.

〔故靡不有初 鮮克有終〕 이로움을 발견하면 행하여 뒤에 있는 것을 돌아보지 않는 것이 '靡不有初'요, 능히 그 業을 지켜 이루지 못하는 것이 '鮮克有終'이다.

是故로 居上位而不驕하며 在下位而不憂라

이 때문에 윗자리에 거하여도 교만하지 않으며, 아랫자리에 있으면서도 근심하지 않는 것이다.

【注】 居下體之上하고 在上體之下하니 明夫終敝故로 不驕也요 知夫至至故로 不憂也라

下體의 위에 거하고 上體의 아래에 있으니, 끝내 피폐해짐을 알기 때문에 교만하지 않는 것이요, 이름〔至〕이 이를〔至〕 줄을 알기 때문에 근심하지 않는 것이다.

【疏】 '是故居上位而不驕在下位而不憂' ○ 正義曰 : '是故居上位而不驕'者, 謂居下體之上位而不驕也, 以其知終, 故不敢懷驕慢. '在下位而不憂'者, 處上卦之下, 故稱下位, 以其知事將至, 務幾欲進, 故不可憂也.

經의 〔是故居上位而不驕在下位而不憂〕

○ 正義曰 : 〔是故居上位而不驕〕 下體의 윗자리에 거하여도 거만하지 않음을 말한 것이니, 끝마침을 알기 때문에 감히 교만한 마음을 품지 않는 것이다.

〔在下位而不憂〕 上卦의 아래에 처하였으므로 아랫자리라고 한 것이니, 일이 장차 이를 줄을 알아서 事務의 기미가 나아가려고 하기 때문에 근심하지 않는 것이다.

【疏】 ○ 注 '明夫終敝故不驕也' 至 '故不憂也' ○ 正義曰 : '明夫終敝 故不驕'者, 解知終也. '知夫至至 故不憂'者, 解知至也. 前經, 知至在前, 知終在後, 此經, 先解知終, 後解知至者, 隨文便而言之也.

○ 注의 〔明夫終敝故不驕也〕에서 〔故不憂也〕까지

○ 正義曰 : 〔明夫終敝 故不驕〕 '知終'을 해석한 것이다.

〔知夫至至 故不憂〕 '知至'를 해석한 것이다.

앞의 經文은 知至가 앞에 있고 知終이 뒤에 있는데, 이 經文은 知終을 먼저 해석하고 知至를 뒤에 해석하였으니, 이는 글의 편리함을 따라 말한 것이다.

故로 **乾乾因其時而惕**하면 **雖危**나 **无咎矣**리라

그러므로 부지런히 힘써서 때를 따라 조심하면 비록 위태로우나 허물이 없을 것이다.

【注】 惕은 怵(출)惕之謂也라 處事之極하니 失時則廢요 懈怠則曠이라 故로 因其時而惕하면 雖危나 无咎라

惕은 怵惕(두려워함)을 이른다. 일의 極에 처하였으니, 때를 잃으면 폐하고 게으르면 비게 된다. 그러므로 때를 따라 조심하면 비록 위태로우나 허물이 없는 것이다.

【疏】 '故乾乾'至'无咎矣' ○正義曰：九三以此之故, 恒乾乾也. 因其已終已至之時, 而心懷惕懼, 雖危不寧, 以其知終知至, 故无咎.

經의 〔故乾乾〕에서 〔无咎矣〕까지

○ 正義曰：九三은 이 때문에 항상 부지런히 힘쓰는 것이다. 이미 끝마치고 이미 이르는 때를 인하여 마음에 두려움을 품으면 비록 위태로워 편안하지 못하나, 끝마침을 알고 이름을 알기 때문에 허물이 없는 것이다.

【疏】 ○注'處事之極'至'解怠則曠' ○正義曰：'處事之極 失時則廢'者, 謂三在下卦之上體, 是處事之極至也, (至)〔若〕[1]失時不進, 則幾務廢闕, 所以乾乾須進也. '懈怠則曠'者, 旣處事極, 極則終也, 當保守已終之業. 若懈怠驕逸, 則功業空曠, 所以乾乾也. 失時則廢, 解知至也, 懈怠則曠, 解知終也.

1) (至)〔若〕: 저본에는 '至'로 되어 있으나, 錢本·宋本에 의거하여 '若'으로 바로잡았다. 〔阮刻本 참조〕

○ 注의 〔處事之極〕에서 〔解怠則曠〕까지

○ 正義曰：〔處事之極 失時則廢〕 九三이 下卦의 上體에 있음은 바로 일의 지극함에 처한 것이니, 만약 때를 잃고 나아가지 않으면 기미와 사무가 폐해지고 누락됨을 말한 것이다. 이 때문에 부지런히 힘써 모름지기 나아가야 하는 것이다.

〔懈怠則曠〕 이미 일의 지극함에 처하였으니 지극하면 끝마치니, 마땅히 이미 끝마친 業을 보존하여 지켜야 한다. 만약 게으르고 교만하고 안일하면 功業이 비게 되니, 이 때문에 부지런히 힘쓰는 것이다.

'失時則廢'는 '知至'를 해석한 것이고, '懈怠則曠'은 '知終'을 해석한 것이다.

九四曰 或躍在淵이면 **无咎**는 **何謂也**오 **子曰 上下无常**이 **非爲邪也**요 **進退无恒**이 **非離群也**라 **君子進德脩業**은 **欲及時也**니 **故**로 **无咎**니라

九四에 "혹 뛰어오르거나 연못에 있으면 허물이 없다."고 한 것은 무슨 말인가? 孔子가 말씀하셨다. "오르고 내림에 일정함이 없는 것이 간사함이 되지 않으며, 나아가고 물러감에 항상 함이 없는 것이 同類를 떠남이 아니다. 君子가 德을 進益하고 業을 닦음은 때에 미처 행하고자 함이니, 그러므로 허물이 없는 것이다."

【疏】'九四曰'至'故无咎' ○正義曰：此明九四爻辭也. '子曰上下无常 非爲邪'者, 上而欲躍, 下而欲退, 是无常也, 意在於公, 非是爲邪也. '進退无恒 非離群'者, 何氏云"所以進退无恒者, 時使之然, 非苟欲離群也." 何氏又云"言上下者, 據位也, 進退者, 據爻也, 所謂非離群者, 言雖進退无恒, 猶(非)〔依〕[1]群衆而行, 和光俯仰[2], 竝同於衆, 非是卓絶獨離群也."

1) (非)〔依〕: 저본에는 '非'로 되어 있으나, 錢本·宋本에 의거하여 '依'로 바로잡았다.〔阮刻本 참조〕

2) 和光俯仰 : '和光'은 재주와 지혜를 내면에 감추고 드러내지 않는 것이고, '俯仰'은 세상에 따라 높이고 낮추어 스스로 특이한 행실을 하지 않는 것이다.

經의 〔九四曰〕에서 〔故无咎〕까지

○正義曰 : 이는 九四의 爻辭를 밝힌 것이다.

〔子曰上下无常 非爲邪〕 위로 올라가서 뛰고자 하고 아래로 내려가서 물러가고자 하니, 이는 일정함이 없는 것이나 뜻이 공정함에 있고 간사함을 하는 것이 아니다.

〔進退无恒 非離群〕 何氏(何妥)가 이르기를 "나아가고 물러감에 일정함이 없는 것은 때가 그렇게 만드는 것이요, 구차히 同類를 떠나고자 한 것이 아니다." 하였고, 何氏가 또 이르기를 "上下를 말한 것은 지위를 근거로 한 것이고, 進退는 爻를 근거로 한 것이니, 이른바 '同類를 떠남이 아니라는 것'은 비록 나아가고 물러감에 일정함이 없으나 오히려 무리를 의지하여 행해서 광채를 내면에 감추고 낮추거나 높여 여러 사람과 함께하는 것이요, 세속을 초월하여 홀로 同類를 떠남이 아님을 말한 것이다." 하였다.

【疏】 '君子進德脩業 欲及時'者, 進德則欲上欲進也, 脩業則欲下欲退也. 進者, 棄位欲躍, 是進德之謂也, 退者, 仍退在淵, 是脩業之謂也. 其意與九三同, 但九四欲前進, 多於九三, 故云欲及時也. 九三則不云及時, 但可與言幾而已.

〔君子進德脩業 欲及時〕 '德을 進益함'은 위로 올라가고자 하고 나아가고자 하는 것이요, '業을 닦음'은 아래로 내려가고자 하고 물러가고자 하는 것이다. 나아감은 자기 자리를 버리고 뛰어오르고자 하는 것이니 바로 '德을 進益함'을 이르고, 물러감은 그대로 물러나서 못에 있는 것이니 바로 '業을 닦음'을 이른다.

그 뜻이 九三과 같으나 다만 九四는 앞으로 나아가고자 하는 것이 九三보다 많으므로 '때에 미치고자 한다.〔欲及時〕'라고 한 것이요, 九三은 '때에 미침〔及時〕'을 말하지 않고, 다만 기미를 말함을 허여할 수 있을 뿐이다.

九五曰 飛龍在天하니 **利見大人**은 **何謂也**오 **子曰 同聲相應**하며 **同氣相求**하나니 **水流濕**하고 **火就燥**하며 **雲從龍**하고 **風從虎**라 **聖人作而萬物覩**하나니 **本乎天者**는 **親上**하고 **本乎地者**는 **親下**하니 **則各從其類也**니라

九五에 "나는 龍이 하늘에 있으니, 大人을 만나봄이 이롭다."고 한 것은 무슨 말인가? 孔子가 말씀하셨다. "같은 소리는 서로 응하고 같은 기운은 서로 구하니, 물은 습한 데로 흐르고 불은 건조한 데로 나아가며, 구름은 龍을 따르고 바람은 범을 따른다. 聖人이 나옴에 萬物(萬人)이 우러러보니, 하늘에 근본한 것은 위를 가까이하고 땅에 근본한 것은 아래를 가까이하니, 각기 그 類를 따르는 것이다."

【疏】 '九五曰'至'各從其類也' ○ 正義曰 : 此明九五爻之義. '飛龍在天'者, 言天能廣感衆物, 衆物應之, 所以利見大人. 因大人與衆物感應, 故廣陳衆物相感應, 以明聖人之作而萬物瞻覩以結之也. '同聲相應'者, 若彈宮而宮應, 彈角而角動, 是也. 同氣相求者, 若天欲雨而(礎柱)〔柱礎〕[1]潤是也, 此二者聲氣相感也.

1) (礎柱)〔柱礎〕: 저본에는 '礎柱'로 되어 있으나, 宋本에 의거하여 '柱礎'로 바로잡았다. 〔阮刻本 참조〕

經의 〔九五曰〕에서 〔各從其類也〕까지

○ 正義曰 : 이는 九五爻의 뜻을 밝힌 것이다.

〔飛龍在天〕하늘이 능히 여러 물건을 크게 感動시켜서 여러 물건이 응함을 말하였으니, 이 때문에 大人을 만나봄이 이로운 것이다. 大人이 여러 물건과 감응함을 인하였기 때문에 여러 물건이 서로 감응함을 넓게 말하여, 聖人이 나오면 萬物이 우러러봄을 밝혀 끝맺은 것이다.

〔同聲相應〕宮聲을 타면(연주하면) 宮聲이 응하고 角聲을 타면 角聲이 동하는 것과 같은 것이 이것이다.

〔同氣相求〕하늘이 비를 내리고자 하면 주춧돌이 축축한 것과 같은 것이 이것이다.

이 두 가지는 소리와 기운이 서로 감응하는 것이다.

【疏】'水流濕 火就燥'者, 此二者, 以形象相感. 水流於地, 先就濕處, 火焚其薪, 先就燥處, 此同氣水火, 皆无識而相感. 先明自然之物, 故發初言之也. '雲從龍 風從虎'者, 龍是水畜, 雲是水氣, 故龍吟則景雲出, 是雲從龍也. 虎是威猛之獸, 風是震動之氣, 此亦是同類相感, 故虎嘯則谷風生, 是風從虎也. 此二句, 明有識之物感无識, 故以次言之, 漸就有識而言也.

〔水流濕 火就燥〕이 두 가지는 形과 象을 가지고 서로 감응하는 것이다. 물이 땅으로 흐를 적에 먼저 습한 곳으로 나아가고, 불이 섶을 태울 적에 먼저 건조한 곳으로 나아가니, 이는 물·불과 기운이 같아서 모두 知覺이 없으나 서로 감응하는 것이다. 먼저 자연의 물건을 밝혔으므로 말하는 초기에 이것을 말한 것이다.

〔雲從龍 風從虎〕龍은 水族이고 구름은 물 기운이다. 그러므로 용이 읊으면 상서로운 구름이 나오니, 이는 구름이 龍을 따르는 것이다. 범은 위엄 있고 사나운 짐승이요 바람은 震動하는 기운이니, 이 또한 同類가 서로 감응하는 것이다. 그러므로 범이 으르렁거리면 골짝에서 바람이 생겨나니, 이는 바람이 범을 따르는 것이다. 이 두 句는 지각이 있는 물건이 지각이 없는 것을 감응함을 밝혔다. 그러므로 다음에 말하여 점차 지각이 있는 것에 나아가 말한 것이다.

【疏】'聖人作 而萬物覩'者, 此二句, 正釋"飛龍在天, 利見大人"之義. 聖人作則飛龍在天也, 萬物覩則利見大人也. 陳上數事之名, 本明於此, 是有識感有識也. 此亦同類相感, 聖人有生養之德, 萬物有生養之情, 故相感應也.

〔聖人作 而萬物覩〕이 두 句는 바로 "나는 龍이 하늘에 있으니 大人을 만나봄이 이롭

다."는 뜻을 해석한 것이다. '聖人作'은 나는 龍이 하늘에 있는 것이요, '萬物覩'는 大人을 만나봄이 이로운 것이다.

위의 몇 가지 일의 명칭을 나열한 것은 본래 이것을 밝히려고 한 것이니, 이는 지각이 있는 것이 지각이 있는 것을 감응하는 것이다. 이 또한 同類가 서로 감응하는 것이니, 聖人은 낳고 기르는 德이 있고 萬物은 낳고 기르는 情이 있다. 그러므로 서로 감응하는 것이다.

【疏】'本乎天者親上 本乎地者親下'者, 在上雖陳感應, 唯明數事而已, 此則廣解天地之間共相感應之義. 莊氏云"天地絪縕, 和合二氣, 共生萬物." 然萬物之體, 有感於天氣偏多者, 有感於地氣偏多者. 故周禮大宗伯, 有天産地産, 大司徒云"動物植物". 本受氣於天者, 是動物含靈之屬, 天體運動, 含靈之物亦運動, 是親附於上也, 本受氣於地者, 是植物无識之屬, 地體凝滯, 植物亦不移動, 是親附於下也.

〔本乎天者親上 本乎地者親下〕 위에서 비록 감응하는 것을 나열하였으나 오직 몇 가지 일을 밝혔을 뿐이요, 이것은 하늘과 땅 사이에 서로 함께 감응하는 뜻을 넓게 해석한 것이다.

莊氏가 말하기를 "天地의 기운이 뭉침에 陰과 陽 두 기운이 화합하여 함께 萬物을 낳는다." 하였다. 그러나 萬物의 體가 하늘의 기운에 편향되어 감응함이 많은 것이 있고, 땅의 기운에 편향되어 감응함이 많은 것이 있다. 그러므로 ≪周禮≫ 〈大宗伯〉에 天産과 地産이 있고, 〈大司徒〉에 動物과 植物을 말하였다. 본래 하늘에서 기운을 받은 것은 동물로 신령스러움을 머금은 등속이니, 天體가 운동하므로 신령스러움을 머금은 물건도 운동하는바, 이는 위에 가까이 붙는 것이요, 본래 땅에서 기운을 받은 것은 식물로 지각이 없는 등속이니, 地體가 凝滯하여 식물도 움직이지 않는바, 이는 아래에 가까이 붙는 것이다.

【疏】則'各從其類'者, 言天地之間, 共相感應, 各從其氣類. 此類因聖人感萬物以同類, 故以同類言之. 其造化之性, 陶甄(견)之器, 非唯同類相感, 亦有異類相感者. 若磁石引針, 琥珀拾芥[1], 蠶吐絲而商弦絶[2], 銅山崩而洛鍾應[3], 其類煩多, 難一一言也, 皆冥理自然, 不知其所以然也. 感者, 動也, 應者, 報也, 皆先者爲感, 後者爲應. 非唯近事則相感, 亦有遠事遙相感者. 若周時獲麟, 乃爲漢高之應[4], 漢時黃星, 後爲曹公

之兆[5]. 感應之事(應)〔廣〕[6], 非片言可悉, 今意在釋理, 故略擧大綱而已.

1) 磁石引針 琥珀拾芥 : ≪論衡≫ 〈亂龍〉에 "頓牟掇芥 磁石引針"이라 하였다. 頓牟는 琥珀을 가리키고, 掇芥는 호박을 마찰시켜 그때 발생한 靜電氣로 지푸라기를 끌어당긴다는 말이다. 磁石引針은 磁石으로 바늘을 끌어당김을 이른다.

2) 蠶吐絲而商弦絶 : ≪淮南子≫에 "누에가 실을 토하면 商聲의 줄이 끊기니, 혹 감응한 것이다.〔蠶咡絲而商弦絶 或感之也〕" 하였는데, 高誘의 註에 "商은 西方 金의 音이고, 누에는 午火이다. 火가 壯盛하면 金은 갇히니, 商에 응하여 끊어짐은 혹 새 것과 옛 것이 서로 감응함이 있는 것이다.〔商西方金音也 蠶午火也 火壯金囚 應商而絶 或有新古相感者也〕" 하였다.

누에와 商聲은 火와 金에 해당하는바, 서로 상반되는 성질을 가지고 있으므로 감응한다. 따라서 異類끼리 상응하는 例에 해당하는 것이다. 五行에서 서로 克하는 성질(木克土, 土克水, 水克火, 火克金, 金克木)끼리 응하는 것이 모두 이러한 예에 속한다.

3) 銅山崩而洛鍾應 : ≪葬書≫에 "漢나라 未央宮에 하루는 까닭 없이 鍾이 저절로 울렸다. 東方朔이 '반드시 銅山이 무너짐에 응한 것일 것이다.' 하였다. 얼마 뒤 西蜀에서 과연 銅山이 무너졌다고 아뢰었는데, 날짜를 따져보니 바로 未央宮의 鍾이 울렸던 날이었다. 황제가 동방삭에게 어떻게 알았냐고 물으니, 답하기를 '銅은 산에서 나오니, 氣가 서로 감응한 것입니다. 이는 사람이 부모에게 신체를 받은 것과 같습니다.' 하였다."라고 보인다. 산과 鍾은 서로 다른 종류이지만 鍾의 재료인 銅이 銅山에서 나온 것이기 때문에 서로 감응한 것이다.

4) 若周時獲麟 乃爲漢高之應 : 麒麟이 나타남은 聖君의 출연을 예고하는 것인바, 孔子 때 麒麟이 잡힌 일이 뒤에 漢 高祖를 나오게 하였음을 말한다.

5) 漢時黃星 後爲曹公之兆 : 曹公은 曹操를 가리키니, 曹操가 袁紹를 官渡에서 격파한 일의 조짐이 漢 桓帝 때 黃星으로 나타났었다고 한다. 陳壽의 ≪三國志≫에 "처음 桓帝 때에 黃星이 楚와 宋의 分野에 나타났다. 遼東의 殷馗(규)가 天文을 잘 알았는데, 말하기를 '50년이 지난 뒤에 眞人이 나타나 梁과 沛의 사이에서 일어날 것이니, 그의 銳鋒은 당할 수가 없을 것이다.' 하였다. 이때에 이르러 모두 50년이 되었는데, 公(曹操)이 袁紹를 격파하여 천하에 대적할 자가 없었다."라고 보인다.

6) (應)〔廣〕 : 저본에는 '應'으로 되어 있으나, 宋本에 의거하여 '廣'으로 바로잡았다.〔阮刻本 참조〕

〔各從其類〕 하늘과 땅 사이에 함께 서로 감응하여 각각 그 氣類를 따름을 말한 것이다. 이 類는 聖人이 萬物을 感動시키기를 同類로써 함을 인하였다. 그러므로 同類를 가지고 말한 것이다.

造化의 性과 陶冶의 기물은 비단 同類가 서로 감응할 뿐만 아니요, 또한 다른 종류가 서로 감응하는 것이 있다. 예컨대 자석이 바늘을 끌어오고 琥珀이 지푸라기를 달라붙게 하며, 누에가 실을 토하면 商聲의 줄이 끊기고 銅山이 무너지면 洛陽의 鍾이 응함과 같은 것이어서 그 종류가 매우 많아 일일이 다 말하기가 어려우니, 이는 다 그윽한 이치가 절로 그러한 것이요, 그 所以然을 알 수는 없다.

感이란 動함이요 應이란 보답이니, 모두 먼저 하는 것이 感이 되고 뒤에 하는 것이 應이 된다. 비단 가까운 일만 서로 감응하는 것이 아니요 또한 먼 일이 멀리 서로 감응하는 것이 있으니, 예컨대 周나라 때 기린을 잡은 것은 바로 漢 高祖의 應이 되고, 漢나라 때의 黃星은 뒤에 曹公(曹操)의 조짐이 되는 것과 같은 것이다. 감응하는 일이 넓어서 한마디 말로 다할 수 있는 것이 아니나, 지금 뜻이 이치를 해석함에 있으므로 대략 대강만을 들었을 뿐이다.

上九曰 亢龍有悔는 何謂也오 子曰 貴而无位하고 高而无民하며

上九에 "亢極의 龍이니 뉘우침이 있다."고 한 것은 무슨 말인가? 孔子가 말씀하셨다. "귀하나 지위가 없고 높으나 백성이 없으며,

【注】 下无陰也라

아래에 陰이 없는 것이다.

【疏】 正義曰 : 此明上九爻辭也. '子曰貴而无位'者, 以上九非位而上九居之[1), 是无位也. '高而无民'者, 六爻皆无陰, 是无民也.

1) 上九非位而上九居之 : 盧文弨는 이를 "上은 九의 자리가 아닌데 九가 거하였다.〔上非九位而九居之〕"로 교감해야 한다고 하였는데, 이 句를 '上은 陰位이므로 九(陽)의 자리가 아닌데, 九가 거하였다.'의 뜻으로 본 것이다. 그러나 王弼은 ≪周易略例≫에서 "初爻와 上效는 體의 始와 終이고, 일의 先과 後이다. 그러므로 자리에 일정한 직분이 없고 일에 일정한 처소가 없어서 陰과 陽으로 정할 수 없다.〔初上者 體之始終 事之先後也 故位无常分 事无常所 非可以陰陽定也〕"라고 하여, 上爻를 陰位로 보지 않고 담당한 지위가 없는 자리로 보았다. 따라서 이 말은 '上爻가 지위가 없는 자리인데 九가 여기에 거했다.〔上非位而九居之〕'의 뜻으로 보아야 할 것이다.

正義曰 : 이는 上九의 爻辭를 밝힌 것이다.

〔子曰貴而无位〕 上九가 자리가 아닌데 上九가 거하였으니, 이는 지위가 없는 것이다.
〔高而无民〕 여섯 爻에 모두 陰이 없으니, 이는 백성이 없는 것이다.

賢人在下位而无輔라

賢人이 아랫자리에 있으나 도와주는 이가 없다.

【注】 賢人雖在下而當位나 不爲之助라

賢人이 비록 아랫자리에 있으면서 지위를 담당하였으나 上九를 위하여 도와주지 않는 것이다.

【疏】 正義曰 : 賢人雖在下位, 不爲之輔助也.

正義曰 : 賢人이 비록 아래 지위에 있으나 上九를 위하여 도와주지 않는 것이다.

是以動而有悔也니라

이 때문에 動하면 뉘우침이 있는 것이다."

【注】 處上卦之極而不當位라 故로 盡陳其闕也라 獨立而動이면 物莫之與矣라 乾文言에 首不論乾而先說元하고 下乃曰乾은 何也오 夫乾者는 統行四事者也니 君子以自强不息하여 行此四者라 故로 首不論乾하고 而下曰乾元亨利貞이라 餘爻皆說龍이로되 至於九三하여 獨以君子爲目은 何也오 夫易者는 象也라 象之所生은 生於義也하니 有斯義然後에 明之以其物이라 故로 以龍敍乾하고 以馬明坤하여 隨其事義而取象焉이라 是故로 初九, 九二는 龍德이 皆應其義라 故로 可論龍以明之也요 至於九三乾乾夕惕하여는 非龍德也니 明以君子當其象矣라 統而擧之하면 乾體皆龍이요 別而敍之하면 各隨其義니라

上卦의 極에 처하여 지위를 담당하지 않았다. 그러므로 그 결함을 모두 말한 것이다. 홀로 서서 動하면 남이 함께하는 이가 없다.

乾卦의 〈文言傳〉에 첫 번째로 乾을 논하지 않고, 먼저 元을 말하고 아래에 비로소 乾을 말한 것은 어째서인가? 乾은 네 가지 일을 통합하여 행하는 것이니, 君子가 이것을 보고서 스스로 힘써 쉬지 아니하여 이 네 가지를 행한다. 그러므로 첫 번째로 乾을 논하지 않고, 아래에 "乾은 元亨利貞"이라고 말한 것이다.

나머지 爻는 모두 龍을 말하였는데 九三에 이르러는 유독 君子를 가지고 지목한 것은 어째서인가? 易은 象이다. 象이 생겨난 것은 뜻에서 생겨났으니, 이 뜻이 있은 뒤에야 그 물건을 가지고 밝혔다. 그러므로 龍으로 乾을 밝히고 말〔馬〕로 坤을 밝혀서 그 일의 뜻에 따라 象을 취하였다. 이 때문에 初九와 九二는 龍德이 모두 그 뜻에 응하므로 龍을 논하여 밝힐 수가 있고, 九三의 '부지런히 힘써서 저녁까지도 두려워함'에 이르러서는 龍德이 아니니, 君子를 가지고 그 象에 해당시킴을 밝힌 것이다. 통합하여 거론하면 乾의 體는 모두 龍이고, 따로 서술하면 각각 그 뜻에 따르는 것이다.

【疏】 '是以動而有悔也' ○ 正義曰 : 聖人設戒, 居此之時, 不可動作也.

經의〔是以動而有悔也〕

○ 正義曰 : 聖人이 이때에 거하면 동작해서는 안 된다고 경계를 베푼 것이다.

【疏】 ○ 注'夫乾者統行四事者也' ○ 正義(取)〔曰〕[1] : '夫乾者 統行四事者也 君子以自强不息 行此四者', 注意以乾爲四德之主, 文言之首, 不先說乾而先說四德者, 故自發問而釋之, 以乾體當分无功, 唯統行此四德之事, 行此四德, 乃是乾之功. 故文言先說'君子以自强不息, 行此四德'者. 故先言之, 發首不論乾也. 但能四德旣備, 乾功自成, 故下始云"乾元亨利貞."

1) (取)〔曰〕: 저본에는 '取'로 되어 있으나, 毛本에 의거하여 '曰'로 바로잡았다.〔阮刻本 참조〕

○ 注의〔夫乾者統行四事者也〕

○ 正義曰 :〔夫乾者 統行四事者也 君子以自强不息 行此四者〕注의 뜻이 乾을 四德의 주체로 삼았는데, 〈文言傳〉의 첫머리에 먼저 乾을 말하지 않고 四德을 말하였다. 그러므로 스스로 물어서 해석하여, 功이 없고 오직 이 四德의 일을 통합하여 행하는 것에 乾의 體를 해당시켜 구분한 것이니, 이 四德을 행하는 것은 바로 乾의 功이다. 그러므로 〈文言傳〉에 먼저 '君子가 이것을 보고서 스스로 힘써 쉬지 아니하여 이 四德을 행함'을 말한 것이다. 그래서 四德을 먼저 말하고 첫머리에 乾을 논하지 않은 것이다. 다만 四德이 이미 갖추어지면 乾의 功이 절로 이루어진다. 그러므로 아래에 비로소 "乾은 元亨利貞"이라고 한 것이다.

潛龍勿用은 下也요 見龍在田은 時舍也요 終日乾乾은 行事也요 或躍在淵은

自試也요 飛龍在天은 上治也요 亢龍有悔는 窮之災也라 乾元用九는 天下治也라

'잠긴 龍이니 쓰지 말라.'는 것은 아래에 있기 때문이요, '나타난 龍이 밭에 있음'은 때가 통함이요, '종일토록 부지런히 힘씀'은 일을 행하는 것이요, '혹 뛰어오르거나 연못에 있음'은 스스로 시험하는 것이요, '나는 龍이 하늘에 있음'은 위에서 다스림이요, '亢極의 龍이니 뉘우침이 있음'은 궁극의 재앙이다. 乾元의 用九는 천하가 다스려지는 것이다.

【注】此一章은 全以人事明之也라 九는 陽也니 陽은 剛直之物也라 夫能全用剛直하여 放遠善柔는 非天下至理면 未之能也라 故로 乾元用九면 則天下治也라 夫識物之動이면 則其所以然之理를 皆可知也라 龍之爲德이 不爲妄者也어늘 潛而勿用은 何乎아 必窮處於下也일새라 見而在田은 必以時之通舍也니 以爻爲人하고 以位爲時하여 人不妄動이면 則時皆可知也라 文王明夷면 則主可知矣요 仲尼旅人이면 則國可知矣니라

이 한 章은 온전히 사람의 일을 가지고 밝혔다. 九는 陽이니 陽은 강하고 곧은 물건이다. 강하고 곧음을 온전히 써서 유순히 하기를 잘하는 것을 추방하고 멀리함은 천하의 지극한 이치를 간직한 자가 아니면 능하지 못하다. 그러므로 乾元이 九를 쓰면 천하가 다스려지는 것이다. 물건의 동함을 알면 그 所以然의 이치를 다 알 수 있는 것이다.

龍의 德은 망령된 짓을 하지 않는 자인데 잠기고 쓰지 않음은 어째서인가? 반드시 곤궁하여 아래에 처해 있기 때문이다. 나타나 밭에 있음은 반드시 때가 통하기 때문이니, 爻를 사람으로 삼고 자리(위치)를 때로 삼아서 사람이 망령되이 동하지 않으면 때를 모두 알 수 있는 것이다. 文王이 밝음이 상했으면 군주를 알 수 있고, 仲尼가 나그네가 되었으면 그 나라를 알 수 있는 것이다.

【疏】'潛龍勿用' 至 '天下治也' ○正義曰：此一節, 是文言第三節, 說六爻人事所治之義. '潛龍勿用 下也'者, 言聖人於此潛龍之時, 在卑下也. '見龍在田 時舍'者, 舍謂通舍, 九二以見龍在田, 是時之通舍也. '終日乾乾 行事'者, 言行此知至知終之事也. '或躍在淵 自試'者, 言聖人逼近五位, 不敢果決而進, 唯漸漸自試, 意欲前進, 遲疑不定, 故云自試也. '飛龍在天 上治'者, 言聖人居上位而治理也. '亢龍有悔 窮之災'者, 言位窮而致災, 災則悔也, 非爲大禍災也. '乾元用九 天下治'者, 易經上稱用九, 用九之文, 總是乾德, 又乾字不可獨言, 故擧元德以配乾也, 言此乾元用九德而天下治. 九五止是一爻, 觀見事狹, 但云'上治'. 乾元總包六爻, 觀見事闊, 故云'天下治也'.

經의 〔潛龍勿用〕에서 〔天下治也〕까지

○ 正義曰 : 이 한 節은 〈文言傳〉의 세 번째 節이니, 여섯 爻에 사람의 일을 가지고 다스리는 바의 뜻을 말하였다.

〔潛龍勿用 下也〕 聖人이 이 潛龍의 때에 낮은 지위에 있음을 말한 것이다.

〔見龍在田 時舍〕 '舍'는 통함〔通舍〕을 이른다. 九二가 나타난 龍으로 밭에 있으니, 이는 때가 통하는 것이다.

〔終日乾乾 行事〕 이 '이름을 알고 끝마칠 줄을 아는〔知至知終〕' 일을 행함을 말한 것이다.

〔或躍在淵 自試〕 聖人이 五位와 매우 가까우니, 감히 과단성 있게 결단하여 나아가지 않고 오직 점점 스스로 시험하여, 마음은 앞으로 나아가고자 하나 지체하고 의심하여 결정하지 못한다. 그러므로 '自試'라고 말한 것이다.

〔飛龍在天 上治〕 聖人이 윗자리에 거하여 다스림을 말한 것이다.

〔亢龍有悔 窮之災〕 지위가 궁극하여 재앙이 이르게 됨을 말한 것이니, 재앙은 바로 뉘우침이요, 큰 災禍가 아니다.

〔乾元用九 天下治〕 ≪易經≫에 上(上九)을 用九라 칭하였으니, 用九의 글은 乾의 德을 총괄한 것이다. 또 '乾'자를 홀로 말할 수 없으므로 元의 德을 들어서 乾에 배합하였으니, 이 乾元이 九의 德을 써서 천하가 다스려짐을 말한 것이다.

九五는 다만 한 爻일 뿐이니 보는 일이 좁아서 다만 '上治'라고 말하였고, 乾元은 六爻를 다 포괄하므로 보는 일이 넓기 때문에 '天下治也'라고 말한 것이다.

【疏】 ○ 注'此一章全以人事'至'國可知矣' ○ 正義曰 : '此一章全以人事明之'者, 下云"陽氣潛藏", 又云"乃位乎天德", 又云"乃見天則", 此一章, 但云"天下治", 是皆以人事說之也. '夫能全用剛直 放遠善柔 非天下至理 未之能也'者, 以乾元用九, 六爻皆陽, 是全用剛直. 放遠善柔, 謂放棄善柔之人. 善能柔諂, 貌恭心狠, 使人不知其惡, 識之爲難. 此用九純陽者, 是全用剛直, 更无餘陰, 柔善之人, 堯尙病之[1)], 故云"非天下之至理, 未之能也." '夫識物之動 則其所以然之理 皆可知'者, 此欲明在下龍潛見之義. 故張氏云"識物之動, 謂龍之動也, 則其所以然之理, 皆可知者, 謂識龍之所以潛, 所以見然, 此之理皆可知也."

1) 柔善之人 堯尙病之 : 柔善은 유순하기를 잘하는 것으로, 상대방의 비위를 잘 맞춤을 이른다. ≪書經≫ 〈皐陶謨〉에 "皐陶가 말하기를 '아! 훌륭합니다. 사람을 알아봄에 있으며 백성을 편안히 함에 있습니다.' 하니, 禹 임금이 '아! 모두 이와 같이 하는 것은 帝堯께서도 어렵게 여기셨으니, 사람을 잘 알아보면 명철하여 훌륭한 사람을 관직에 임용할 수 있으며, 백성을 편안히 하면 은혜로워 백성들이 그리워할 것이다. 군주가 명철하고 은혜로우면 어찌 驩兜(환두)를 근심하며, 어찌 有苗(三苗)를 귀양보낼 것이 있으며, 말을 좋게 하고 얼굴빛을 곱게 하면서 크게 간사한 마음을 품은 자를 두려워할 것이 있겠는가.' 하였다."라고 보인다.

○ 注의 〔此一章全以人事〕에서 〔國可知矣〕까지

○ 正義曰 : 〔此一章全以人事明之〕 아래에는 "陽氣가 잠기고 감춘다."고 말하였고, 또 "비로소 天德에 자리한다."고 말하였고, 또 "비로소 하늘의 법칙을 본다."고 말하였는데, 이 한 章은 다만 "천하가 다스려진다."고만 말하였으니, 이는 모두 사람의 일을 가지고 말한 것이다.

〔夫能全用剛直 放遠善柔 非天下至理 未之能也〕 乾元이 九를 써서 여섯 爻가 모두 陽이니, 이는 강함과 곧음을 온전히 쓴 것이다. '放遠善柔'는 유순하기를 잘하는 사람을 추방하고 버림을 이른다. 유순하고 아첨하는 것을 잘하여 모습은 공손하나 마음이 모질어서 사람들로 하여금 자기의 악함을 알지 못하게 하니, 이것을 아는 것이 어렵다. 이는 九의 純陽을 쓰는 자이니, 강함과 곧음을 온전히 쓰고 다시 남은 陰이 없다. 유순하기를 잘하는 사람은 堯 임금도 오히려 병으로 여겼다. 그러므로 "천하의 지극한 이치를 간직한 자가 아니면 능하지 못하다."라고 한 것이다.

〔夫識物之動 則其所以然之理 皆可知〕 이는 아래에 있는 龍이 잠기고 나타나는 뜻을 밝히고자 하였다. 그러므로 張氏가 말하기를 "'識物之動'은 龍의 동함을 말한 것이요, '則其所以然之理 皆可知'는 龍이 잠기는 이유와 나타나는 이유를 알면 이 이치를 모두 알 수 있음을 말한 것이다." 하였다.

【疏】 '龍之爲德, 不爲妄者', 言龍靈異於他獸, 不妄擧動, 可潛則潛, 可見則見, 是不虛妄也. '見而在田, 必以時之通舍'者, 經唯云時舍也, 注云必以時之通舍者, 則輔嗣以通解舍, 舍是通義也. 初九潛藏不見, 九二旣見而在田, 是時之通舍之義也[1]. '以爻爲人 以位爲時'者, 爻居其位, 猶若人遇其時. 故'文王明夷 則主可知矣', 主則時也, 謂當時无道, 故明傷也. '仲尼旅人 則國可知矣', 國亦時也, 若見仲尼羈旅於人, 則知國君无道, 令其羈旅出外[2]. 引文王仲尼者, 明龍潛龍見之義.

1) 見而在田……是時之通舍之義也 : 經文의 '時舍'를 注에 '時之通舍'라고 하여 舍를 '통함'의 뜻으로 해석하였는데, 孔穎達은 이 해석을 따르면서 그에 대한 근거를 밝히지 않았는바, ≪四庫全書總目提要≫에서는 이를 孔穎達이 王弼의 注만을 지나치게 존숭한 一例로 삼아 소개하였다. 한편 程伊川은 '時舍'를 '때에 따라 멈춤〔隨時而止也〕'으로, 朱子는 '때가 버림'으로 해석하였다.

2) 文王明夷……令其羈旅出外 : 明夷는 밝음이 상한다는 뜻으로 卦의 이름인데, 明夷卦 〈彖傳〉에 "밝음이 땅속으로 들어감이 明夷이다. 안에는 文明하고 밖에는 柔順하여 大難을 받았으니, 文王이 사용하였다.〔明入地中 明夷 內文明而外柔順 以蒙大難 文王以之〕"라고 보인다. 主는 군주로 당시 天子인 紂王을 가리킨다. 大難은 文王이 紂王의 포악한 행위를 보고 탄식하다가 紂王의 미움을 받아 羑里의 감옥에 갇혔던 일을 가리킨다. 仲尼는 孔子의 字인데, 당시 등용하는 군주가 없어 天下를 周遊하였다.

〔龍之爲德 不爲妄者〕 龍은 다른 짐승보다 영특하여 거동을 함부로 하지 않아서 잠길 만하면 잠기고 나타날 만하면 나타나니, 이는 헛되고 망령되지 않음을 말한 것이다.

〔見而在田 必以時之通舍〕 經에 오직 '時舍'라고 말하였는데 注에는 '必以時之通舍'라고 말한 것은 王輔嗣가 通으로 舍를 해석한 것이니, 舍가 바로 通의 뜻이다. 初九는 잠기고 감추어 나타나지 않고 九二는 이미 나타나 밭에 있으니, 이는 때가 통한 뜻이다.

'以爻爲人 以位爲時'는 爻가 제자리에 있으니 이는 사람이 그때를 만난 것과 같은 것이다. 그러므로 '文王明夷 則主可知矣'는 군주는 바로 때이니 당시에 無道하였으므로 밝음이 상함을 말한 것이요, '仲尼旅人 則國可知矣'는 나라 또한 때이니 만약 仲尼가 남에게 나그네가 된 것을 보면 그 나라 군주가 無道해서 孔子로 하여금 나그네가 되어 밖에 나가게 했음을 앎을 말한 것이다. 文王과 仲尼를 인용한 것은 龍이 잠기는 것과 龍이 나타나는 뜻을 밝힌 것이다.

潛龍勿用은 **陽氣潛藏**이요 **見龍在田**은 **天下文明**이요 **終日乾乾**은 **與時偕行**이라

'잠긴 龍은 쓰지 말라는 것'은 陽氣가 잠겨 있고 감춰 있기 때문이요, '나타난 龍이 밭에 있음'은 천하가 文明한 것이요, '종일토록 부지런함'은 때와 함께 행하는 것이다.

【注】 與天時俱不息이라

天時와 함께 모두 쉬지 않는 것이다.

【疏】'潛龍勿用'至'與時偕行' ○正義曰：此一節，是文言第四節，明六爻天氣之義. '天下文明'者，陽氣在田，始生萬物，故天下有文章而光明也. '與時偕行'者，此以天道釋爻象也. 所以九三乾乾不息，終日自戒者，同於天時生物不息，言與時偕行也，偕，俱也. 諸儒以爲"建辰之月，萬物生長，不有止息，與天時而俱行." 若以不息言之，是建寅之月，三陽用事. 三當生物之初，生物不息，同於天時生物不息，故言與時偕行也.

經의 〔潛龍勿用〕에서 〔與時偕行〕까지

○正義曰：이 한 節은 바로 〈文言傳〉의 네 번째 節이니, 六爻의 天氣의 뜻을 밝힌 것이다.

〔天下文明〕 陽氣가 밭에 있어서 처음으로 만물을 낳기 때문에 천하에 文章이 있어서 光明한 것이다.

〔與時偕行〕 이는 天道를 가지고 爻의 象을 해석한 것이다. 九三이 부지런히 힘쓰고 쉬지 아니하여 종일토록 스스로 경계하는 까닭은 天時가 물건을 낳음을 쉬지 않는 것과 같기 때문에 '與時偕行'이라고 말한 것이니, '偕'는 '함께'의 뜻이다. 여러 학자들은 "建辰의 달(3월)에 만물이 생장하여 그침이 없어서 天時와 함께 행한다."고 하였으나, 만일 쉬지 않는 것을 가지고 말하면 이는 建寅의 달(정월)이니 세 陽이 用事를 한다. 三陽이 물건을 낳는 초기를 당하여 물건을 낳음을 쉬지 않으니, 天時가 물건을 낳음을 쉬지 않는 것과 같다. 그러므로 "때와 함께 행한다."라고 말한 것이다.

或躍在淵은 **乾道乃革**이요 **飛龍在天**은 **乃位乎天德**이요 **亢龍有悔**는 **與時偕極**이라

'혹 뛰어오르거나 연못에 있음'은 乾道가 마침내 변한 것이요, '나는 龍이 하늘에 있음'은 마침내 天德에 자리한 것이요, '亢極의 龍이니 뉘우침이 있음'은 때와 함께 궁극한 것이다.

【注】與時運俱終極이라

時運과 함께 끝내 궁극한 것이다.

【疏】 '或躍在淵' 至 '與時偕極' ○ 正義曰：'乾道乃革'者，去下體，入上體，故云乃革也. '乃位乎天德'者，位當天德之位，言九五陽居於天，照臨廣大，故云天德也.

經의〔或躍在淵〕에서〔與時偕極〕까지

○ 正義曰：〔乾道乃革〕 下體를 떠나 上體로 들어갔으므로 '乃革'이라고 말한 것이다. 〔乃位乎天德〕 자리가 天德의 자리에 해당하니, 九五의 陽이 하늘에 거하여 비추고 임함이 광대함을 말하였다. 그러므로 '天德'이라고 말한 것이다.

乾元用九는 乃見天則이라

乾元이 九를 씀은 마침내 하늘의 법칙을 본 것이다.

【注】 此一章은 全說天氣以明之也라 九는 剛直之物이니 唯乾體能用之하니 用純剛以觀天이면 天則을 可見矣라

이 한 章은 온전히 天氣를 말하여 밝혔다. 九는 강하고 곧은 물건이다. 오직 乾體가 이것을 쓸 수 있으니, 純剛을 써서 하늘을 보면 하늘의 법칙을 볼 수 있다.

【疏】 正義曰：'乃見天則'者，陽是剛亢之物，能用此純剛，唯天乃然，故云乃見天則.

正義曰：〔乃見天則〕 陽은 바로 강하고 지극한 물건이니, 능히 이 純剛을 씀은 오직 하늘이어야 그러할 수 있다. 그러므로 "마침내 하늘의 법칙을 본다."라고 말한 것이다.

乾元者는 始而亨者也요 利貞者는 性情也라

乾元은 시작하여 형통하는 것이요, 利貞은 性情이다.

【注】 不爲乾元이면 何能通物之始며 不性其情이면 何能久行其正이리오 是故로 始而亨者는 必乾元也요 利而正者는 必性情也라

乾의 元을 하지 않으면 어찌 물건의 시작을 통할 수 있으며, 情을 性대로 하지 않으면 어찌 그 바름을 오랫동안 행할 수 있겠는가. 이 때문에 시작하여 형통한 것은 반드시 乾元이요, 이롭고 바른 것은 반드시 性情인 것이다.

【疏】 '乾元者' 至 '性情也' ○ 正義曰：此一節，是第五節，復明上初章及乾四德之義也.

'乾元者, 始而亨者也', 以乾非自當分有德, 以元亨利貞爲德. 元是四德之首, 故夫子恒以元配乾而言之, 欲見乾元相將之義也. 以有乾之元德, 故能爲物之始而亨通也, 此解元亨二德也. '利貞者, 性情也'者, 所以能利益於物而得正者, 由性制於情也.

經의 〔乾元者〕에서 〔性情也〕까지

○ 正義曰 : 이 한 節은 다섯 번째 節이니, 위의 첫 번째 章과 乾의 네 가지 德의 뜻을 다시 밝힌 것이다.

〔乾元者 始而亨者也〕 乾이 본래 자기의 분수에 德이 있는 것이 아니요, 元・亨・利・貞을 德으로 삼는다. 元은 四德의 첫 번째이므로 夫子가 항상 元을 乾에 배합하여 말씀하셨으니, 乾과 元이 서로 함께하는 뜻을 나타내고자 하신 것이다. 乾의 元德이 있기 때문에 능히 물건의 시작이 되어 형통할 수 있는 것이니, 이는 元과 亨의 두 가지 德을 해석한 것이다.

〔利貞者 性情也〕 능히 물건을 이롭게 하여 바름을 얻을 수 있는 것은 性이 情을 제재하기 때문이다.

【疏】 ○ 注'不爲乾元'至'必性情也' ○ 正義曰 : 乾之元氣, 其德廣大, 故能徧通諸物之始. 若餘卦元德, 雖能始生萬物, 德不周普, 故云"不爲乾元, 何能通物之始." 其實坤元亦能通諸物之始, 以此文言論乾元之德, 故注連言乾元也. '不性其情 何能久行其正'者, 性者, 天生之質, 正而不邪, 情者, 性之欲也. 言若不能以性制情, 使其情如性, 則不能久行其正. 其六爻發揮之義, 案略例云"爻者, 言乎變者也. 故合散屈伸, 與體相乖, 形躁好靜, 質柔愛剛, 體與情反, 質與願違." 是爻者所以明情, 故六爻發散, 旁通萬物之情. 輔嗣之意, 以初爲无用之地, 上爲盡末之境, 其居位者, 唯二·三·四·五, 故繫辭唯論此四爻. 初·上雖无正位, 統而論之, 爻亦始末之位, 故乾彖云"六位時成." 二·四爲陰位, 陰居爲得位, 陽居爲失位. 三·五爲陽位, 陽居爲得位, 陰居爲失位. 略例云"陽之所求者, 陰也, 陰之所求者, 陽也." 一與四, 二與五, 三與上, 若一陰一陽, 爲有應, 若俱陰俱陽, 爲无應. 此其六爻之大略, 其義具於繫辭, 於此略言之.

○ 注의 〔不爲乾元〕에서 〔必性情也〕까지

○ 正義曰 : 乾의 元氣는 그 德이 넓고 크므로 능히 여러 가지 물건의 시작을 두루 통한다. 다른 卦의 元德으로 말하면 비록 만물을 처음 낳으나 德이 두루하고 넓지 못하다. 그러므로 "乾의 元을 하지 않으면 어찌 물건의 시작을 통할 수 있겠는가."라 하였으니,

그 실제는 坤元도 여러 물건의 시작을 통할 수 있으나 이 〈文言傳〉이 乾元의 德을 논하였으므로 注에 乾元을 이어 말한 것이다.

〔不性其情 何能久行其正〕 性은 하늘이 낳은 바탕이니 바루어서 간사하지 않고, 情은 性에서 발생한 욕망이다. 만약 性으로 情을 제재하여 그 情을 性대로 하지 않으면 그 바름을 오랫동안 행할 수 없음을 말한 것이다.

六爻를 발휘한 뜻은, ≪周易略例≫를 살펴보면 "爻는 변함을 말한 것이다. 그러므로 합하고 흩어지고 굽히고 폄이 體와 서로 드리워져서 형체가 조급하면 고요함을 좋아하고 質이 부드러우면 강함을 좋아하여, 體는 情과 반대가 되고 質은 소원과 어긋난다." 하였다. 이 爻는 情을 밝힌 것이므로 六爻의 발산은 만물의 情을 사방으로 통하는 것이다.

王輔嗣의 뜻은, 初를 無用의 자리로 삼고 上을 다하여 끝나는 경지로 삼아서 지위에 거한 것은 오로지 二爻・三爻・四爻・五爻뿐이므로 〈繫辭傳〉에 오직 이 네 爻를 논한 것이라고 생각하였다. 初와 上은 비록 바른 자리가 없으나 통합하여 논하면 이 爻 또한 시작하고 끝마치는 자리이다. 그러므로 乾卦의 〈彖傳〉에 "여섯 자리가 제때에 이루어진다."라고 한 것이다.

二爻와 四爻는 陰의 자리가 되니, 陰이 여기에 거함은 正位를 얻음이 되고 陽이 여기에 거함은 正位를 잃음이 된다. 三爻와 五爻는 陽의 자리가 되니, 陽이 여기에 거함은 正位를 얻음이 되고 陰이 여기에 거함은 正位를 잃음이 된다.

≪周易略例≫에 이르기를 "陽이 구하는 것은 陰이요, 陰이 구하는 것은 陽이다." 하였으니, 一爻와 四爻, 二爻와 五爻, 三爻와 上爻가, 하나가 陰이고 하나가 陽이면 應이 있는 것이 되고, 만약 모두 陰이거나 모두 陽이면 應이 없는 것이 된다. 이는 그 六爻의 대략이니, 그 뜻이 〈繫辭傳〉에 자세히 나와 있으므로 여기에서는 간략히 말한다.

乾始能以美利利天下라 **不言所利**하니 **大矣哉**라 **大哉**라 **乾乎**여 **剛健中正**이 **純粹精也**요 **六爻發揮**는 **旁通情也**라 **時乘六龍**하여 **以御天也**니 **雲行雨施**라 **天下平也**라

乾始가 능히 아름다운 이로움으로써 천하를 이롭게 한다. 이로움을 말하지 않았으니 위대하다.

위대하다, 乾이여. 剛健하고 中正함이 순수하여 精하고, 六爻가 발휘함은 情을 널리 통하는 것이다. 때에 따라 여섯 龍을 타고서 하늘을 제어하니, 구름이 가고 비

가 내려 천하가 화평한 것이다.

【疏】'乾始能以美利'至'天下平也' ○正義曰：'乾始 能以美利利天下 不言所利 大矣哉'者, 此復說始而亨利貞之義. 乾始謂乾能始生萬物, 解元也, 能以美利利天下, 解利也, 謂能以生長美善之道利益天下也. 不復說亨貞者, 前文亨既連始, 貞又連利, 擧始擧利, 則通包亨貞也. '不言所利, 大矣哉'者, 若坤卦云"利牝馬之貞"及"利建侯", "利涉大川", 皆言所利之事, 此直云"利貞", 不言所利之事, 欲見无不利也, 非唯止一事而已, 故云"不言所利 大矣哉." 其實此利爲无所不利, 此貞亦无所不貞, 是乾德大也.

經의 〔乾始能以美利〕에서 〔天下平也〕까지

○正義曰：〔乾始 能以美利利天下 不言所利 大矣哉〕 이는 '시작하여 형통하고 利貞' 한 뜻을 다시 말한 것이다. '乾始'는 乾이 만물을 처음으로 낳을 수 있음을 말한 것이니 元을 해석한 것이요, '能以美利利天下'는 利를 해석한 것이니, 생장시키고 아름다운 道로써 천하를 이롭게 함을 말한 것이다.

亨과 貞을 다시 말하지 않은 것은, 앞글은 亨이 이미 始를 이었고 貞이 또 利를 이었으니, 시작을 들고 이로움을 들었으면 亨과 貞을 통합하여 포괄한 것이다.

〔不言所利 大矣哉〕 坤卦에서 "牝馬의 貞이 이롭다." 하고, "侯를 세움이 이롭다." 하고, "大川을 건넘이 이롭다." 할 적에 모두 이로운 일을 말했으나, 여기서는 곧바로 "利貞"이라고 말하여 이로운 일을 말하지 않았으니, 이롭지 않음이 없어 비단 한 가지 일에 그칠 뿐만이 아님을 나타내고자 한 것이다. 그러므로 "이로움을 말하지 않았으니 위대하다."라 한 것이다. 그 실제는 이 이로움이 이롭지 않은 바가 없음이 되고, 이 貞 또한 貞하지 않는 바가 없음이 되니, 이는 바로 乾의 德이 큰 것이다.

【疏】'大哉乾乎 剛健中正 純粹精'者, 此正論乾德, 不兼通元也, 故直云"大哉乾乎, 剛健中正", 謂純陽剛健, 其性剛强, 其行勁健. 中謂二與五也, 正謂五與二也, 故云"剛健中正". 六爻俱陽, 是純粹也, 純粹不雜, 是精靈, 故云"純粹精"也. '六爻發揮 旁通情'者, 發謂發越也, 揮謂揮散也, 言六爻發越揮散, 旁通萬物之情也. '時乘六龍 以御天'者, 重取乾彖之文, 以贊美此乾之義. '雲行雨施 天下平'者, 言天下普得其利, 而均平不偏陂.

〔大哉乾乎 剛健中正 純粹精〕 이는 乾의 德을 바로 논한 것이요, 元을 겸하여 통하지

않은 것이다. 그러므로 다만 "위대하다, 乾이여. 剛健하고 中正하다."라고 말하였으니, 純陽이 강건하여 그 성질이 剛强하고 그 행실이 굳셈을 말한 것이다. '中'은 二爻와 五爻를 이르고, '正'은 五爻와 二爻를 이른다. 그러므로 "剛健하고 中正하다." 한 것이다. 六爻가 모두 陽임은 바로 순수한 것이요, 순수하여 섞이지 않음은 바로 精靈이다. 그러므로 "순수하여 精하다."라고 한 것이다.

〔六爻發揮 旁通情〕'發'은 發越을 이르고 '揮'는 揮散을 이르니, 六爻가 發越하고 揮散하여 만물의 情을 두루 통함을 말한 것이다.

〔時乘六龍 以御天〕乾卦 〈彖傳〉의 글을 거듭 취하여 이 乾의 뜻을 찬미한 것이다.

〔雲行雨施 天下平〕천하가 널리 그 이로움을 얻어서 두루 화평하고 편벽되거나 기울지 않음을 말한 것이다.

君子以成德爲行하나니 **日可見之行也**라 **潛之爲言也**는 **隱而未見**(현)하며 **行而未成**이라 **是以君子弗用也**니라

君子는 德을 성취하는 것을 행실로 삼으니, 날마다 볼 수 있는 것이 행실이다. 潛이란 말은 숨어서 드러나지 않으며 행하나 아직 이루어지지 못하였다. 이 때문에 君子가 쓰지 않는 것이다.

【疏】'君子以成德爲行'至'君子弗用也' ○正義曰：此一節, 是文言第六節, 更復明六爻之義, 此節明初九爻辭. 周氏云"上第六節乾元者始而亨者也, 是廣明乾與四德之義, 此君子以成德爲行, 亦是第六節, 明六爻之義." 總屬第六節, 不更爲第七節, 義或當然也. '君子以成德爲行'者, 明初九潛龍之義, 故先開此語也. 言君子之人, 當以成就道德爲行, 令其德行彰顯, 使人日可見其德行之事, 此君子之常也, 不應潛隱, 所以今日潛者, 以時未可見, 故須潛也.

經의 〔君子以成德爲行〕에서 〔君子弗用也〕까지

○正義曰：이 한 節은 〈文言傳〉의 여섯 번째 節로 六爻의 뜻을 다시 밝힌 것인데, 이 節은 初九의 爻辭를 밝힌 것이다.

周氏(周宏正)는 "위의 여섯 번째 節의 '乾元은 시작하여 형통한다.'는 것은 乾과 네 가지 德의 뜻을 확대하여 밝힌 것이요, 여기에 '君子는 德을 성취하는 것을 행실로 삼는다.'는 것도 여섯 번째 節이니 六爻의 뜻을 밝힌 것이다."라고 하여, 이를 모두 여섯 번째 節

에 소속시키고 다시 일곱 번째 節로 삼지 않았으니, 의리에 혹 마땅할 듯하다.

〔君子以成德爲行〕 初九의 잠긴 龍의 뜻을 밝힌 것이므로 먼저 이 말을 연 것이다. 君子인 사람은 마땅히 道德을 성취하는 것을 행실로 삼아서 그 덕행이 밝게 드러나 사람들로 하여금 날마다 그 덕행의 일을 볼 수 있게 함을 말한 것이니, 이는 군자의 떳떳함으로서 잠기고 숨어서는 안 되는데, 오늘날 잠기는 所以는 때가 아직 나타날 수 없기 때문에 모름지기 잠겨야 하는 것이다.

【疏】 '潛之爲言也 隱而未見 行而未成', 此夫子解潛龍之義. 此經中潛龍之言, 是德之幽隱而未宣見, 所行之行, 未可成就. '是以君子弗用'者, 德旣幽隱, 行又未成, 是君子於時不用, 以逢衆陰, 未可用也. 周氏云"德出於己, 在身內之物, 故云成. 行被於人, 在外之事, 故云爲行." 下又卽云"行而未成." 是行亦稱成, 周氏之說, 恐義非也. '成德爲行'者, 言君子成就道德, 以爲其行, 其成德爲行, 未必文相對[1].

1) 周氏云……未必文相對 : 周氏는 '成德爲行'의 '爲'를 '행하다'의 뜻으로 보아, 成德과 爲行을 對句로 해석하였다. 그러나 疏에서는 '爲'를 '삼다'의 뜻으로 보았으므로 이렇게 말한 것이다.

〔潛之爲言也 隱而未見 行而未成〕 이는 夫子가 潛龍의 뜻을 해석한 것이다. 이 經 안의 潛龍이란 말은, 德이 그윽하고 숨어서 베풀어 드러나지 않았으니, 행하는 바의 행실을 아직 성취할 수가 없다는 것이다.

〔是以君子弗用〕 德이 그윽하고 숨겨지고 행실이 또 아직 이루어지지 못했으니, 이는 君子가 때에 쓰이지 못한 것이니 여러 陰을 만나서 아직 쓸 수 없기 때문이다.

周氏는 "德은 자기 몸에서 나오니 몸 안에 있는 물건이므로 '成'이라 말하였고, 행실은 남에게 입혀지니 밖에 있는 일이므로 '行을 한다.〔爲行〕'고 말했다." 하였으나, 아래에 또 바로 "행하나 아직 이루어지지 못하였다.〔行而未成〕"고 말하였으니, 이는 行 또한 이루어짐을 말한 것이니, 周氏의 說은 뜻이 잘못된 듯하다.

〔成德爲行〕 君子가 道德을 성취하여 그 행실로 삼음을 말한 것이니, 成德爲行은 반드시 문장을 對句로 쓴 것은 아니다.

君子學以聚之하며 問以辯之하며

君子는 배워서 모으며 물어서 분별하며,

【注】 以君德而處下體하여 資納於物者也라

人君의 德을 가지고 下體에 처해서 남에게 자뢰하여 받아들이는 자이다.

【疏】 正義曰 : 此復明九二之德. '君子學以聚之'者, 九二從微而進, 未在君位, 故且習學以畜其德. '問以辯之'者, 學有未了, 更詳問其事, 以辯決於疑也.

正義曰 : 이는 다시 九二의 德을 밝힌 것이다.

〔君子學以聚之〕 九二가 은미함을 따라 나아가서 아직 人君의 지위에 있지 않다. 그러므로 우선 익히고 배워서 그 德을 쌓는 것이다.

〔問以辯之〕 배움에 아직 끝마치지 못함이 있으면 다시 그 일을 자세히 물어서 의심스러운 것을 분별하고 결단하는 것이다.

寬以居之하며 仁以行之하나니 易曰 見龍在田이니 利見大人이라하니 君德也라하니라

너그러움으로써 거하며 仁으로써 행하니, ≪周易≫에 '나타난 龍이 밭에 있으니 大人을 만나봄이 이롭다.' 하였으니, 人君의 德이다.

【疏】 正義曰 : '寬以居之'者, 當用寬裕之道, 居處其位也. '仁以行之'者, 以仁恩之心行之被物. '易曰見龍在田 利見大人 君德'者, 既陳其德於上, 然後引易本文以結之. 易之所云是君德, 寬以居之, 仁以行之, 是也. 但有君德, 未是君位.

正義曰 : 〔寬以居之〕 마땅히 너그럽고 넉넉한 道를 사용하여 그 지위에 거처하는 것이다.

〔仁以行之〕 仁하고 은혜로운 마음으로 행하여 남에게 입혀주는 것이다.

〔易曰見龍在田 利見大人 君德〕 이미 그 德을 위에 서술하고, 그런 뒤에 ≪易≫의 본문을 인용하여 맺은 것이다. ≪周易≫에서 말한 人君의 德은 '너그러움으로써 거처함'과 '仁으로써 행함'이 이것이다. 다만 人君의 德을 소유했을 뿐이요 아직 人君의 지위는 아니다.

九三은 重剛而不中하여 上不在天하며 下不在田이라 故로 乾乾하여 因其時而惕하면 雖危나 无咎矣리라

九三은 거듭 剛하고 中하지 못하여 위로 하늘에 있지 않으며 아래로 밭에 있지 않다. 그러므로 힘쓰고 힘써서 그 때를 따라 두려워하면 비록 위태로우나 허물이 없을 것이다.

【疏】'九三'至'无咎矣' ○正義曰：此明九三爻辭. 上之初九·九二, 皆豫陳其德於上, 不發首云初九·九二, 此九三·九四, 則發首先言九三·九四, 其九五全不引易文, 上九則發首云"亢之爲言也", 上下不爲例者, 夫子意在釋經, 義便則言. 以潛·見, 須言其始, 故豫張本於上. 三·四俱言重剛不中, 恐其義同, 故竝先云爻位并重剛不中之事. 九五前章已備, 故不復引易, 但云大人也. 上九亦前章備顯, 故此直言"亢之爲言也". 案, 初九云"潛之爲言", 上爻云"亢之爲言", 獨二爻云言者, 褚氏以"初·上居无位之地, 故稱言也, 其餘四爻是有位, 故不云言." 義或然也. '重剛'者, 上下俱陽, 故重剛也. '不中'者, 不在二·五之位, 故不中也. '上不在天', 謂非五位. '下不在田', 謂非二位也. '故乾乾因其時而惕 雖危无咎矣'者, 居危之地, 以乾乾夕惕, 戒懼不息, 得无咎也.

經의 〔九三〕에서 〔无咎矣〕까지

○ 正義曰 : 이는 九三의 爻辭를 밝힌 것이다.

위의 初九와 九二는 모두 미리 그 德을 위에서 서술하고 첫머리에 初九와 九二를 말하지 않았고, 이 九三과 九四는 첫머리에 먼저 九三과 九四를 말하였으며, 九五는 전혀 ≪周易≫의 글을 인용하지 않았고, 上九는 첫머리에 "亢이란 말은"이라 하여, 위아래가 準例가 되지 않는 것은, 夫子의 뜻이 經文을 해석하는 데 있어서 의리상 편하면 말씀하였기 때문이다.

潛과 見은 모름지기 처음을 말해야 하므로 위에 張本을 미리 말하였고, 三爻와 四爻는 모두 '거듭 剛하고 中하지 못하다.〔重剛不中〕'라고 말하여 그 뜻이 똑같을까 염려되므로 모두 먼저 爻의 자리가 모두 거듭 剛하고 中하지 못한 일을 말한 것이다. 九五는 앞장에 이미 갖추어져 있으므로 다시 ≪周易≫의 글을 인용하지 않고 다만 大人이라고 말하였고, 上九 또한 앞장에 자세히 드러냈으므로 여기서는 곧바로 "亢이란 말은"이라고 말한 것이다.

살펴보건대, 初九에 "潛이란 말은〔潛之爲言〕"이라고 하고 上爻에 "亢이란 말은〔亢之爲言〕"이라고 하여 두 爻에만 '言'을 말한 것은, 褚氏가 "初爻와 上爻는 지위가 없는 자리에 있으므로 '言'을 칭한 것이요, 나머지 네 爻는 지위가 있기 때문에 '言'을 말하지 않은 것이다." 하니, 의리상 혹 옳을 듯하다.

〔重剛〕 위아래가 모두 陽이므로 거듭 剛한 것이다.

〔不中〕 二爻와 五爻의 지위에 있지 않으므로 中하지 않은 것이다.

〔上不在天〕 五爻의 자리가 아님을 말한 것이다.

〔下不在田〕 二爻의 자리가 아님을 말한 것이다.

〔故乾乾因其時而惕 雖危无咎矣〕 위태로운 자리에 거하지만 부지런히 힘써서 저녁까지도 두려워하여 경계하고 두려워함을 그치지 않아서 허물이 없을 수 있는 것이다.

九四는 **重剛而不中**하여 **上不在天**하며 **下不在田**하며 **中不在人**이라 **故**로 **或之**하니 **或之者**는 **疑之也**라 **故**로 **无咎**니라

九四는 거듭 剛하고 中하지 못하여 위로 하늘에 있지 않으며 아래로 밭에 있지 않으며 가운데로 사람에 있지 않다. 그러므로 或이라고 하였으니, 或이라는 것은 의심하는 것이다. 그러므로 허물이 없는 것이다.

【疏】'九四'至'故无咎' ○ 正義曰 : 此明九四爻辭也. 其'重剛不中 上不在天 下不在田', 竝與九三同也. '中不在人'者, 三之與四, 俱爲人道, 但人道之中, 人下近於地, 上遠於天, 九三近二, 是下近於地, 正是人道, 故九三不云中不在人. 九四則上近於天, 下遠於地, 非人所處, 故特云中不在人. '故或之'者, 以其上下无定, 故心或之也. '或之者疑之也'者, 此夫子釋經或字. 經稱或, 是疑惑之辭, 欲進欲退, 猶豫不定, 故疑之也. 九三中雖在人, 但位卑近下, 向上爲難, 故危惕, 其憂深也. 九四則陽德漸盛, 去五彌近, 前進稍易, 故但疑惑, 憂則淺也.

經의 〔九四〕에서 〔故无咎〕까지

○ 正義曰 : 이는 九四의 爻辭를 밝힌 것이다.

〔重剛不中 上不在天 下不在田〕 모두 九三爻와 같다.

〔中不在人〕 三爻와 四爻는 모두 人道가 되지만, 다만 人道 중에 사람은 아래로 땅에 가깝고 위로 하늘과 멀다. 그런데 九三이 二爻와 가까우니, 이는 아래로 땅에 가까운 것이어서 바로 人道이므로 九三에서는 '中不在人'이라고 말하지 않은 것이다. 九四는 위로는 하늘에 가깝고 아래로는 땅과 멀어서 사람이 처하는 바가 아니므로 특별히 '中不在人'

이라고 말한 것이다.

〔故或之〕 오르고 내림에 일정함이 없기 때문에 마음에 의혹하는 것이다.

〔或之者 疑之也〕 이는 夫子가 經文의 或字를 해석한 것이다. 經文에 '或'을 칭한 것은 바로 의혹하는 말이니, 나아가고자 하고 물러가고자 하여 猶豫하여 결정하지 못하므로 의심한 것이다.

九三은 가운데로 비록 사람에게 있으나 다만 지위가 낮고 아래와 가까워서 위를 향하기가 어려우므로 위태롭게 여기고 조심하여 그 근심이 깊은 것이요, 九四는 陽의 德이 점점 盛하고 五爻와의 거리가 점점 가까워져서 앞으로 나아가는 것이 다소 쉬우므로 다만 의혹한 것이니 근심이 얕은 것이다.

夫大人者는 **與天地合其德**하며 **與日月合其明**하며 **與四時合其序**하며 **與鬼神合其吉凶**이라 **先天而天弗違**하고 **後天而奉天時**하나니 **天且弗違**온 **而況於人乎**며 **況於鬼神乎**아

大人이란 자는 天地와 그 德이 합하며 日月과 그 밝음이 합하며 四時와 그 차례가 합하며 鬼神과 그 吉凶이 합한다. 하늘보다 먼저 하면 하늘이 어기지 않고 하늘보다 뒤에 하여 天時를 받드나니, 하늘도 어기지 않는데 하물며 사람에 있어서며, 하물며 귀신에 있어서랴.

【疏】 '夫大人者' 至 '況於鬼神乎' ○ 正義曰：此明九五爻辭. 但上節, 明大人與萬物相感, 此論大人之德无所不合, 廣言所合之事. '與天地合其德'者, 莊氏云"謂覆載也." '與日月合其明'者, 謂照臨也. '與四時合其序'者, 若賞以春夏, 刑以秋冬之類也. '與鬼神合其吉凶'者, 若福善禍淫也. '先天而天弗違'者, 若在天時之先行事, 天乃在後不違, 是天合大人也. '後天而奉天時'者, 若在天時之後行事, 能奉順上天, 是大人合天也. '天且弗違 而況於人乎 況於鬼神乎'者, 夫子以天且不違, 遂明大人之德, 言尊而遠者, 尙不違, 況小而近者, 可有違乎, 況於人乎, 況於鬼神乎.

經의 〔夫大人者〕에서 〔況於鬼神乎〕까지

○ 正義曰 : 이는 九五의 爻辭를 밝힌 것이다. 다만 위의 節은 大人이 만물과 서로 감동함을 밝혔고, 여기에서는 大人의 德이 부합하지 않는 바가 없음을 논하여 합하는 바의

일을 널리 말하였다.

〔與天地合其德〕 莊氏가 이르기를 "하늘이 덮어주고 땅이 실어줌을 말한 것이다." 하였다.

〔與日月合其明〕 밝게 임함을 말한 것이다.

〔與四時合其序〕 봄과 여름에 賞을 내리고 가을과 겨울에 형벌하는 것과 같은 따위이다.

〔與鬼神合其吉凶〕 善한 자에게 福을 내리고 惡한 자에게 禍를 내리는 것과 같은 것이다.

〔先天而天弗違〕 天時의 앞에서 일을 행하면 하늘이 마침내 뒤에 있으면서 어기지 않는 것과 같으니, 이는 하늘이 大人에게 합하는 것이다.

〔後天而奉天時〕 天時의 뒤에서 일을 행하여 능히 上天을 받들어 순종하는 것과 같으니, 이는 大人이 하늘에 합하는 것이다.

〔天且弗違 而況於人乎 況於鬼神乎〕 夫子가 '天且弗違'라는 말씀으로써 마침내 大人의 德을 밝힌 것이니, '높고 먼 하늘도 오히려 어기지 않는데 하물며 작고 가까운 것이 어찌 어길 수 있겠는가. 하물며 사람에 있어서며, 하물며 귀신에 있어서랴.'라고 말씀한 것이다.

亢之爲言也는 **知進而不知退**하며 **知存而不知亡**하며 **知得而不知喪**하나니 **其唯聖人乎**아 **知進退存亡**이요 **而不失其正者**는 **其唯聖人乎**인저

亢이라는 말은 나아감만 알고 물러갈 줄을 알지 못하며, 보존함만 알고 망할 줄을 알지 못하며, 얻음만 알고 잃을 줄을 알지 못하는 것이니, 오직 聖人이라야 進退와 存亡을 알 것이요, 그 바름을 잃지 않는 자는 오직 聖人일 것이다.

【疏】 '亢之爲言也' 至 '其唯聖人乎' ○ 正義曰：此明上九之義也. '知進而不知退 知存而不知亡 知得而不知喪'者, 言此上九所以亢極有悔者, 正由有此三事. 若能三事備知, 雖居上位, 不至於亢也, 此設誡辭. 莊氏云"進退據心, 存亡據身, 得喪據位." '其唯聖人乎 知進退存亡'者, 言唯聖人, 乃能知進退存亡也. 何不云得喪者. 得喪輕於存亡, 擧重略輕也. '而不失其正者 其唯聖人乎'者, 聖人非但只知進退存亡, 又能不失其正道, 其唯聖人乎. 此經再稱其唯聖人乎者, 上稱聖人, 爲知進退存亡發文, 下稱其唯聖人乎者, 爲不失其正發文, 言聖人非但知進退存亡, 又能不失其正, 故再發聖人之文也.

經의 〔亢之爲言也〕에서 〔其唯聖人乎〕까지

○ 正義曰 : 이는 上九의 뜻을 밝힌 것이다.

〔知進而不知退 知存而不知亡 知得而不知喪〕 이 上九가 亢極하여 뉘우침이 있는 까닭은 바로 이 세 가지 일을 가지고 있기 때문임을 말한 것이다. 만약 세 가지 일을 자세히 안다면 비록 높은 지위에 거하더라도 亢極에 이르지 않을 것이니, 이는 경계하는 말을 베푼 것이다. 莊氏가 이르기를 "進退는 마음을 가지고 말한 것이요, 存亡은 몸을 가지고 말한 것이요, 得喪은 자리를 가지고 말한 것이다." 하였다.

〔其唯聖人乎 知進退存亡〕 오직 聖人이라야 進退와 存亡을 앎을 말한 것이다. 어찌하여 得喪은 말하지 않았는가? 得喪은 存亡보다 가벼우니, 무거운 것을 거론하여 가벼운 것을 생략한 것이다.

〔而不失其正者 其唯聖人乎〕 聖人은 다만 進退와 存亡을 알 뿐만이 아니요 또 그 正道를 잃지 않으니, 그런 사람은 오직 聖人일 것이다.

이 經에 '其唯聖人乎'라고 두 번 말한 것은, 위에서 말한 聖人은 進退와 存亡을 알기 때문에 글을 쓴 것이고, 아래에 '其唯聖人乎'라고 말한 것은 그 바름을 잃지 않기 때문에 글을 쓴 것이니, 聖人은 다만 進退와 存亡을 알 뿐만이 아니요 또 그 바름을 잃지 않음을 말한 것이다. 그러므로 두 번 聖人이라는 글을 쓴 것이다.

2. 坤䷁ 坤上坤下

坤은 元, 亨하고 利牝馬之貞이라

坤은 元하고 亨하고 암말의 貞함이 이롭다.

【注】 坤은 貞之所利 利於牝馬也라 馬는 在下而行者也요 而又牝焉은 順之至也니 至順而後에 乃亨이라 故로 唯利於牝馬之貞이라

坤은 貞의 이로운 바가 암말이 이로운 것이다. 말은 아래에 있으면서 가는 것이요, 또 암컷은 順함의 지극한 것이니, 지극히 順한 뒤에야 형통하다. 그러므로 오직 암말의 貞함이 이로운 것이다.

【疏】 '坤元亨利牝馬之貞' ○ 正義曰 : 此一節, 是文王於坤卦之下, 陳坤德之辭. (蓋)〔但〕[1]乾·坤, 合體之物, 故乾後次坤, 言地之爲體, 亦能始生萬物, 各得亨通, 故云'元亨', 與乾同也. '利牝馬之貞'者, 此與乾異. 乾之所貞, 利於萬事爲貞, 此唯云"利牝馬之貞", 坤是陰道, 當以柔順爲貞正, 借柔順之象, 以明柔順之德也. 牝對(牝)〔牡〕[2]爲柔, 馬對龍爲順, 還借此柔順, 以明柔道, 故云"利牝馬之貞". 牝馬, 外物自然之象, 此亦聖人因坤元亨利牝馬之貞自然之德, 以垂教也. 不云牛而云馬者, 牛雖柔順, 不能行地无疆, 无以見坤廣生之德, 馬雖比龍爲劣, 所(而)〔行〕[3]亦能廣遠, 象地之廣育.

1) (蓋)〔但〕: 저본에는 '蓋'로 되어 있으나, 宋本에 의거하여 '但'으로 바로잡았다.〔阮刻本 참조〕
2) (牝)〔牡〕: 저본에는 '牝'으로 되어 있으나, 毛本에 의거하여 '牡'로 바로잡았다.〔阮刻本 참조〕
3) (而)〔行〕: 저본에는 '而'로 되어 있으나, 錢本·宋本에 의거하여 '行'으로 바로잡았다.〔阮刻本 참조〕

經의〔坤元亨利牝馬之貞〕

○ 正義曰 : 이 한 節은 文王이 坤卦의 아래에 坤의 德을 진술한 말씀이다. 다만 乾과

坤은 體가 합하는 물건이므로 乾의 뒤에 坤을 다음으로 놓아서 땅의 體가 또한 능히 만물을 처음 낳아 각각 형통함을 얻음을 말하였다. 그러므로 '元亨'을 말한 것이 乾과 같은 것이다.

〔利牝馬之貞〕 이는 乾卦와 다르다. 乾卦의 貞함은 만사에 貞하는 것이 이롭고, 여기서는 "오직 암말의 貞함이 이롭다."고 말하였으니, 坤은 바로 陰道이다. 마땅히 유순함을 貞正함으로 삼아야 하니, 유순한 象을 빌려서 유순한 德을 밝힌 것이다.

암컷은 수컷과 상대하면 유순함이 되고 말은 龍과 상대하면 순함이 되니, 다시 이 유순함을 빌려서 유순한 道를 밝혔다. 그러므로 "암말의 貞함이 이롭다."고 말한 것이다. '牝馬'는 외물의 자연한 象이니, 이 또한 聖人이 '坤은 元하고 亨하고 암말의 貞함이 이롭다.'는 자연의 德을 인하여 가르침을 남기신 것이다.

'소'라고 말하지 않고 '말'이라고 말한 것은, 소가 비록 유순하나 땅을 가기를 끝없이 할 수가 없어서 坤이 넓게 낳는 德을 나타낼 수 없으니, 말은 비록 龍에 비하여 열등하지만 가는 바가 또한 넓고 멀어서 땅이 넓게 길러주는 것을 형상할 수 있다.

【疏】 ○ 注'至順而後乃亨'至'唯利於牝馬之貞' ○ 正義曰：'至順而後乃亨 故唯利於牝馬之貞'者，案，牝馬是至順，牝馬在元亨之下，在貞之上，應云"至順而後乃貞"，今云"至順而後乃亨"，倒取上文者，輔嗣之意，下句旣云"牝馬之貞"，避此貞文，故云"乃亨"。但亨貞相將之物，故云至順之貞，亦是至順之亨。此坤德以牝馬至順，乃得貞也，下文又云"東北喪朋"，去陰就陽，乃得貞吉，上下義反者，但易含萬象，一屈一伸。此句與乾相對，不可純剛敵乾，故利牝馬，下句論凡所交接，不可純陰，當須剛柔交錯，故喪朋吉也.

○ 注의 〔至順而後乃亨〕에서 〔唯利於牝馬之貞〕까지

○ 正義曰：〔至順而後乃亨 故唯利於牝馬之貞〕 살펴보건대, '牝馬'는 바로 지극히 順한 것이다. '牝馬'가 '元亨'의 아래에 있고 '貞'의 위에 있으니, 응당 "지극히 順한 뒤에 비로소 貞하다."고 말해야 하는데, 지금 "지극히 順한 뒤에 비로소 형통하다."고 말하여 위의 글을 거꾸로 취하였으니, 王輔嗣(王弼)의 뜻은 아래 句에 이미 '牝馬之貞'이라고 말하였으므로 이 '貞'자를 피하려 하였기 때문에 '비로소 형통하다.'고 말한 것이다. 다만 亨과 貞은 서로 함께하는 물건이므로 지극히 順한 貞을 말하였으니, 또한 지극히 順한 형통함인 것이다.

이는 坤卦의 德이 암말의 지극히 順함 때문에 비로소 貞함을 얻는 것인데, 아래 글에 또 "東北으로 가면 벗을 잃는다."고 말한 것은 陰을 떠나 陽으로 나가야 비로소 貞吉함을 얻는다는 것으로 위와 아래의 뜻이 반대되니, 이는 다만 ≪周易≫이 萬象을 포함하여 한 번 굽히고 한 번 펴는 것이다.

이 句는 乾卦와 상대가 되어 純剛으로 乾을 대적할 수가 없으므로 암말이 이로운 것이요, 아래 句에서 논한 무릇 교제하는 것은 純陰으로 해서는 안 되고 마땅히 剛과 柔를 교차해야 하므로 벗을 잃는 것이 길한 것이다.

君子有攸往인댄 先迷後得主利하니 西南得朋이요 東北喪朋하니 安貞吉하리라

君子가 갈 바를 둘진대, 먼저 하면 혼미하고 뒤에 하면 얻어서 이로움을 주장하니, 西南으로 가면 벗을 얻고 東北으로 가면 벗을 잃으니, 편안하고 貞하여 길할 것이다.

【注】 西南은 致養之地니 與坤同道者也라 故曰得朋이요 東北은 反西南者也라 故曰喪朋이라 陰之爲物이 必離其黨하여 之於反類而後에 獲安貞吉이라

西南은 길러줌을 지극히 하는 땅이니, 坤과 道를 함께하는 것이므로 '벗을 얻는다.' 하였고, 東北은 西南과 반대되는 것이므로 '벗을 잃는다.' 한 것이다. 陰이란 물건은 반드시 그 무리를 떠나 반대되는 무리로 간 뒤에야 편안하여 貞하고 길함을 얻는 것이다.

【疏】 '君子有攸往' 至 '安貞吉' ○ 正義曰 : '君子有攸往'者, 以其柔順利貞, 故君子利有所往. '先迷後得主利'者, 以其至柔, 當待唱而後和. 凡有所爲, 若在物之先, 卽迷惑, 若在物之後, 卽得主利, 以陰不可先唱, 猶臣不可先君, 卑不可先尊故也. '西南得朋'者, 此假象以明人事. 西南坤位, 是陰也, 今以陰詣陰, 乃得朋, 俱是陰類, 不獲吉也. 猶人旣懷陰柔之行, 又向陰柔之方, 是純陰柔弱, 故非吉也. '東北喪朋 安貞吉'者, 西南旣爲陰, 東北反西南, 卽爲陽也. 以柔順之道, 往詣於陽, 是喪失陰朋, 故得安靜貞正之吉, 以陰而兼有陽故也. 若以人事言之, 象人臣離其黨而入君之朝, 女子離其家而入夫之室. 莊氏云"先迷後得主利者, 唯據臣事君也, 得朋·喪朋, 唯據婦適夫也." 其褊狹, 非復弘通之道.

經의 〔君子有攸往〕에서 〔安貞吉〕까지

○ 正義曰 : 〔君子有攸往〕 유순하고 貞함이 이롭기 때문에 君子가 갈 바를 둠이 이로

운 것이다.

〔先迷後得主利〕 지극히 유순하니, 마땅히 先唱하기를 기다린 뒤에 和答하여야 한다. 무릇 무슨 일을 할 적에 만약 사물의 앞에 있으면 바로 미혹되고, 만약 사물의 뒤에 있으면 곧 '이로움을 주장함'을 얻으니, 陰이 先唱해서는 안 됨은 신하가 人君보다 먼저 해서는 안 되고 낮은 사람이 높은 사람보다 먼저 해서는 안 되는 것과 같기 때문이다.

〔西南得朋〕 이것은 象을 빌려 사람의 일을 밝힌 것이다. 西南은 坤의 자리이니 바로 陰인바, 이제 陰으로서 陰으로 나아가면 벗을 얻으니 모두 陰의 類이기 때문에 길함을 얻지 못하는 것이다. 이는 사람이 이미 陰柔의 행실을 품고 또 陰柔의 방향으로 향하면 이는 純陰이어서 柔弱하기 때문에 길함이 아닌 것과 같다.

〔東北喪朋 安貞吉〕 西南이 이미 陰이면 東北은 西南과 반대여서 바로 陽이 되는 것이다. 유순한 道로 陽에 나아가면 이는 陰의 벗을 잃는 것이므로 安靜하고 貞正한 길함을 얻는 것이니, 陰으로서 陽을 겸하여 소유하기 때문이다. 만약 사람의 일을 가지고 말한다면 신하가 그 무리를 떠나 人君의 조정에 들어가고, 여자가 자기 집을 떠나 남편의 집에 들어가는 것을 형상한 것이다.

莊氏는 "'先迷後得主利'는 오직 신하가 군주를 섬김을 근거로 한 것이요, '得朋'과 '喪朋'은 오직 부인이 남편에게 시집가는 것을 근거로 한 것이다." 하였으니, 이 말은 편협하여서 다시 넓게 통하는 방도가 아니다.

【疏】 ○ 注'西南致養之地'至'後獲安貞吉' ○ 正義曰：坤位居西南. 說卦云"坤也者, 地也. 萬物皆致養焉." 坤旣養物, 若向西南, 與坤同道也. '陰之爲物 必離其黨 之於反類而後 獲安貞吉'者, 若二女同居, 其志不同, 必之於陽, 是之於反類, 乃得吉也. 凡言朋者, 非唯人爲其黨, 性行相同, 亦爲其黨. 假令人是陰柔而之剛正, 亦是離其黨.

○ 注의 〔西南致養之地〕에서 〔後獲安貞吉〕까지

○ 正義曰：坤位는 西南쪽에 있다. 〈說卦傳〉에 "坤이라는 것은 땅이니, 만물이 모두 기름을 받는다." 하였다. 坤이 이미 물건을 길러주니 만약 서남쪽으로 향하면 坤과 道를 함께하는 것이다.

〔陰之爲物 必離其黨 之於反類而後 獲安貞吉〕 만약 두 여자가 함께 살면 그 뜻이 똑같지 아니하여 반드시 陽에게 가는 것과 같으니, 이는 반대되는 무리로 가야 반드시 길함을 얻는 것이다. 무릇 벗이라고 말한 것은 비단 사람만 그 무리가 되는 것이 아니요, 성

품과 행실이 서로 같은 것도 그 무리가 된다. 가령 사람이 陰柔이면서 剛正한 데로 가면 이 또한 그 무리를 떠나는 것이다.

彖曰 至哉라 **坤元**이여 **萬物資生**하나니 **乃順承天**하여 **坤厚載物**이 **德合无疆**이라 **含弘光大**하여 **品物咸亨**하니 **牝馬**는 **地類**라 **行地无疆**하나니라

〈彖傳〉에 말하였다.

"지극하다, 坤의 元이여. 만물이 자뢰하여 생겨나니, 마침내 하늘을 순히 받들어서 坤의 두터움으로 물건을 실어줌은 德이 无疆(끝이 없음)에 합한다. 포용하고 너그러우며 빛나고 위대하여 여러 가지 물건이 다 형통하니, 암말은 땅의 종류라서 땅을 가기를 끝없이 하는 것이다.

【注】 地之所以得无疆者는 以卑順行之故也라 乾은 以龍御天하고 坤은 以馬行地라

땅이 无疆함을 얻는 이유는 낮고 順함으로써 행하기 때문이다. 乾은 龍으로써 하늘을 제어하고 坤은 말로써 땅을 다니는 것이다.

【疏】 '彖曰'至'行(合)〔地〕[1]无疆' ○ 正義曰 : '至哉坤元'至'德合无疆', 此五句, 總明坤義及二德之首也. 但元是坤德之首, 故連言之, 猶乾之元德與乾相通共文也. '至哉坤元'者, 歎美坤德, 故云至哉. 至謂至極也, 言地能生養至極, 與天同也. 但天亦至極, 包籠於地, 非但至極, 又大於地, 故乾言大哉, 坤言至哉. '萬物資生'者, 言萬物資地而生. 初稟其氣謂之始, 成形謂之生. 乾本氣初, 故云資始, 坤據成形, 故云資生. '乃順承天'者, 乾是剛健, 能統領於天, 坤是陰柔, 以和順承(平)〔奉〕[2]於天. '坤厚載物 德合无疆'者, 以其廣厚, 故能載物, 有此生長之德, 合會无疆. 凡言无疆者, 其有二義, 一是廣博无疆, 二是長久无疆也. 自此已上, 論坤元之氣也.

1) (合)〔地〕: 저본에는 '合'으로 되어 있으나, 阮刻本 〈校勘記〉에 의거하여 '地'로 바로잡았다.
2) (平)〔奉〕: 저본에는 '平'으로 되어 있으나, 錢本·宋本에 의거하여 '奉'으로 바로잡았다.〔阮刻本 참조〕

經의 〔彖曰〕에서 〔行地无疆〕까지

○ 正義曰 : '至哉坤元'에서 '德合无疆'까지, 이 다섯 句는 坤의 뜻과 두 德의 머리 부분을 총괄하여 밝힌 것이다. 다만 元은 坤德의 머리이므로 이어서 말하였으니, 乾의 元의 德을 乾과 서로 연결하여 함께 글을 쓴 것과 같다.

〔至哉坤元〕 坤의 德을 탄미하였으므로 '至哉'라고 말한 것이다. '至'는 지극함을 이르니, 땅의 능히 낳고 기름이 지극하여 하늘과 같음을 말한 것이다. 다만 하늘 또한 지극하나 땅을 감싸고 있어서 비단 지극할 뿐만이 아니요, 또 땅보다 크다. 그러므로 乾卦에서는 '大哉'라고 말하고, 坤卦에서는 '至哉'라고 말한 것이다.

〔萬物資生〕 만물이 땅을 자뢰하여 생겨남을 말한 것이다. 처음 그 기운을 받는 것을 '始'라 하고, 형체를 이룸을 '生'이라 한다. 乾卦는 氣의 처음을 근본으로 하였으므로 '資始'라 하였고, 坤卦는 이루어진 형체를 근거로 하였으므로 '資生'이라 한 것이다.

〔乃順承天〕 乾은 剛健하여 하늘을 統領할 수 있고, 坤은 陰柔여서 和順함으로 하늘을 받들 수 있다.

〔坤厚載物 德合无疆〕 땅이 넓고 두텁기 때문에 능히 물건을 실어주어서 이 생장시키는 德이 있어 无疆에 합하는 것이다. 무릇 '无疆'이라고 말하는 것에 두 가지 뜻이 있으니, 하나는 넓어서 끝이 없는 것이고, 두 번째는 장구하여 끝이 없는 것이다.

이로부터 이상은 坤의 元의 氣象을 논하였다.

【疏】 '含弘光大 品物咸亨'者, 包含(以)〔宏〕[1]厚, 光著盛大, 故品類之物, 皆得亨通. 但坤比(元)〔乾〕[2], 卽不得大名, 若比衆物, 其實大也, 故曰含弘光大者也. 此二句釋亨也. '牝馬地類 行地无疆'者, 以其柔順, 故云地類, 以柔順爲體, 終无禍患, (順)〔故〕[3]行地无疆, 不復窮已. 此二句釋利貞也. 故上文云"利牝馬之貞", 是也.

1) (以)〔宏〕: 저본에는 '以'로 되어 있으나, 錢本·宋本에 의거하여 '宏'으로 바로잡았다. 〔阮刻本 참조〕
2) (元)〔乾〕: 저본에는 '元'으로 되어 있으나, 錢本·宋本에 의거하여 '乾'으로 바로잡았다.
3) (順)〔故〕: 저본에는 '順'으로 되어 있으나, 錢本·宋本에 의거하여 '故'로 바로잡았다. 〔阮刻本 참조〕

〔含弘光大 品物咸亨〕 포함하고 넓고 두텁고 빛나고 성대하므로 여러 종류의 물건이 다 형통함을 얻는 것이다. 다만 坤은 乾에 비하면 크다는 이름을 얻을 수 없으나, 만약 여러 물건에 비하면 그 실재가 크다. 그러므로 '含弘光大'라 말한 것이다. 이 두 句는 亨을 해석한 것이다.

〔牝馬地類 行地无疆〕 유순하기 때문에 '地類'라 하였고, 柔順함을 體로 삼아서 끝내 禍患이 없기 때문에 '땅을 가기를 끝없이 하여〔行地无疆〕' 다시 다하지 않는 것이다. 이 두 句는 利貞을 해석한 것이다. 그러므로 위 글에 "암말의 貞함이 이롭다." 한 것이 이것이다.

柔順利貞이 **君子攸行**이니 **先迷失道**하고 **後順得常**이라 **西南得朋**하니 **乃與類行**이요 **東北喪朋**이라야 **乃終有慶**하리니 **安貞之吉**이 **應地无疆**이니라

유순하여 利貞함이 군자의 행하는 바이니, 먼저 하면 혼미하여 道를 잃고 뒤에 하면 順하여 떳떳함을 얻는다. 西南으로 가면 벗을 얻으니 바로 同類와 함께 감이요, 東北으로 가서 벗을 잃어야 마침내 경사가 있을 것이니, 安貞의 길함이 땅의 无疆함에 응하는 것이다."

【注】 地也者는 形之名也요 坤也者는 用地者也라 夫(用)〔兩〕[1]雄必爭하고 二主必危하나니 有地之形하여 與剛健爲耦하여 而以永保无疆하니 用之者 不亦至順乎아 若夫行之不以牝馬하고 利之不以永貞하여 方而又剛하고 柔而又圓이면 求安이 難矣라

1) (用)〔兩〕: 저본에는 '用'으로 되어 있으나, 岳本・監本・毛本에 의거하여 '兩'으로 바로잡았다.〔阮刻本 참조〕

地라는 것은 형체의 이름이요, 坤이라는 것은 땅을 운용하는 것이다. 두 英雄은 반드시 다투고 두 君主는 반드시 위태로우니, 땅의 형체를 가지고 있으면서 剛健과 짝이 되어서 길이 无疆을 보존하니, 운용하는 것이 또한 지극히 順하지 않겠는가.

만약 행하기를 암말로써 하지 않고 이롭게 하기를 永貞으로써 하지 아니하여, 모나면서 또 강하고 부드러우면서 또 둥글다면 편안함을 구하기 어려운 것이다.

【疏】 '柔順利貞' 至 '應地无疆' ○正義曰:'柔順利貞 君子攸行'者, 重釋利貞之義, 是君子之所行, 兼釋前文"君子有攸往". '先迷失道'者, 以陰在(是)〔物〕[1]之先, 失其爲陰之道. '後順得常'者, 以陰在物之後, 陽唱而陰和, 人得主利, 是後順得常. '西南得朋 乃與類行'者, 以陰而造坤位, 是乃與類俱行. '東北喪朋 乃終有慶'者, 以陰而詣陽, 初雖離群, 乃終久有慶善也. '安貞之吉 應地无疆'者, 安謂安靜, 貞謂貞正, 地體安靜而貞正,人若得靜而能正, 卽得其吉, 應合地之无疆, 是慶善之事也.

1) (是)〔物〕: 저본에는 '是'로 되어 있으나, 錢本·宋本에 의거하여 '物'로 바로잡았다.〔阮刻本 참조〕

經의 〔柔順利貞〕에서 〔應地无疆〕까지

○ 正義曰 : 〔柔順利貞 君子攸行〕 '利貞'의 뜻을 해석한 것이니, 이는 君子가 행하는 것인바, 앞글의 "君子가 갈 바를 둔다."를 겸하여 해석한 것이다.

〔先迷失道〕 陰으로서 사물의 앞에 있으면 陰이 된 道를 잃는 것이다.

〔後順得常〕 陰으로서 사물의 뒤에 있어서 陽이 先唱한 뒤에 陰이 화답하면 사람이 이로움을 주장함을 얻으니, 이것이 '뒤에 하면 順하여 떳떳함을 얻는 것〔後順得常〕'이다.

〔西南得朋 乃與類行〕 陰으로서 坤의 자리에 나아가니, 이것이 바로 同類와 함께 가는 것이다.

〔東北喪朋 乃終有慶〕 陰으로서 陽에게 나아가니, 처음은 비록 무리를 떠나나 끝내는 오랫동안 福慶과 좋음이 있는 것이다.

〔安貞之吉 應地无疆〕 '安'은 安靜을 이르고 '貞'은 貞正을 이르니, 땅의 體가 安靜하고 貞正하다. 사람이 만약 고요함을 얻고 능히 바르게 하면 바로 길함을 얻어서 땅의 无疆에 응하고 합하니, 이는 경사스럽고 좋은 일인 것이다.

【疏】 ○ 注 '行之不以牝馬' 至 '求安難矣' ○ 正義曰 : '行之不以牝馬', 牝馬謂柔順也. '利之不以永貞', 永貞謂貞固剛正也. 言坤旣至柔順, 而利之卽不兼剛正也. '方而又剛'者, 言體旣方正, 而性又剛強, 卽太剛也, 所以須牝馬也. '柔而又圓'者, 謂性旣柔順, 體又圓曲, 謂太柔也. 故須永貞也, 若其坤无牝馬, 又无永貞, 求安難矣. 云永貞者, 是下用六爻辭也, 東北喪朋, 去陰就陽, 是利之永貞.

○ 注의 〔行之不以牝馬〕에서 〔求安難矣〕까지

○ 正義曰 : 〔行之不以牝馬〕 '牝馬'는 유순함을 이른다.

〔利之不以永貞〕 '永貞'은 貞固하고 剛正함을 이른다.

坤이 이미 지극히 유순한데 이롭게 함에 剛正을 겸하지 않음을 말한 것이다.

〔方而又剛〕 體가 이미 方正한데 성품이 또 剛強하면 바로 너무 강함을 말한 것이니, 이 때문에 반드시 암말이어야 하는 것이다.

〔柔而又圓〕 성품이 이미 유순한데 體가 또 둥글고 굽음을 이르니, 너무 유순함을 말한

것이다.

그러므로 모름지기 '永貞'해야 하는 것이니, 만약 坤卦가 암말이 없고 永貞함이 없으면 편안함을 구하기 어려운 것이다. '永貞'이라고 말한 것은 아래 用六의 爻辭이니, 東北으로 가면 벗을 잃어서 陰을 버리고 陽에 나아가야 바로 이로움이 永貞한 것이다.

象曰 地勢坤이니

〈象傳〉에 말하였다.

"地勢가 坤이니,

【注】 地形不順이나 其勢順이라

地形은 순하지 않으나 그 형세는 순하다.

【疏】 正義曰：地勢方直, 是不順也, 其勢承天, 是其順也.

正義曰 : 地勢가 네모지고 곧음은 바로 순하지 않은 것이요, 그 형세가 하늘을 받듦은 바로 순한 것이다.

君子以厚德載物하나니라

君子가 이것을 응용하여 후한 德으로 물건을 실어준다."

【疏】 正義曰：君子用此地之厚德, 容載萬物. 言'君子'者, 亦包公卿·諸侯之等, 但厚德載物, 隨分多少, 非如至聖載物之極也.

正義曰 : 君子가 이 땅의 후한 德을 응용하여 만물을 포용하고 실어주는 것이다.

'君子'라고 말한 것은 또한 公卿과 諸侯 등을 포함한 것이나, 다만 후한 德으로 물건을 실어주는 것은 분수의 많고 적음에 따르니, 지극한 聖人이 물건을 실어주는 지극함과는 같지 않다.

初六은 履霜하면 堅冰至하나니라

初六은 서리를 밟으면 단단한 얼음이 이른다.

【注】始於履霜하여 至于堅冰하니 所謂至柔而動也剛이라 陰之爲道는 本於卑弱하여 而後積著者也라 故로 取履霜以明其始요 陽之爲物은 非基於始以至於著者也라 故로 以出處明之하여 則以初爲潛하니라

서리를 밟는 데서 시작하여 단단한 얼음에 이르니, 이른바 '지극히 柔하나 동함이 강하다.'는 것이다. 陰의 道는 낮고 약함을 근본으로 한 뒤에 쌓여 드러난다. 그러므로 서리를 밟음을 취하여 그 처음을 밝혔고, 陽이란 물건은 시작함을 기반으로 하여 드러남에 이르는 것이 아니다. 그러므로 出處를 가지고 밝혀서 〈乾卦의〉 初爻를 潛龍이라 한 것이다.

【疏】'初六履霜堅冰至' ○ 正義曰：初六陰氣之微, 似若初寒之始, 但履踐其霜, 微而積漸, 故堅冰乃至. 義〔取〕[1]所謂陰道, 初雖柔順, 漸漸積著, 乃至堅剛. 凡易者, 象也, 以物象而明人事, 若詩之比喩也. 或取天地陰陽之象以明義者, 若乾之"潛龍"·"見龍", 坤之"履霜堅冰"·"龍戰"之屬, 是也. 或取萬物雜象以明義者, 若屯之六三"卽鹿无虞", 六四"乘馬班如"之屬, 是也, 如此之類, 易中多矣. 或直以人事, 不取物象以明義者, 若乾之九三"君子終日乾乾", 坤之六三"含章可貞"之例, 是也. 聖人之意, 可以取象者, 則取象也, 可以取人事者, 則取人事也. 故文言注云"至於九三, 獨以君子爲目者, 何也. 乾乾夕惕, 非龍德也, 故以人事明之." 是其義也.

1)〔取〕: 저본에는 '取'가 없으나, 錢本·宋本에 의거하여 보충하였다.〔阮刻本 참조〕

經의〔初六履霜堅冰至〕

○ 正義曰：初六은 陰氣가 미약한 것이니, 날씨가 추워지기 시작하는 초기에 다만 그 서리를 밟아서 작은 것이 점점 쌓이므로 단단한 얼음이 마침내 이르는 것과 같은 것이다. 뜻은, 이른바 '陰道는 처음은 비록 유순하나 점점 쌓이고 드러나서 마침내 견고하고 강함에 이름'을 취한 것이다.

무릇 易은 象이니, 物象을 가지고 사람의 일을 밝힌 것은 詩의 比喩와 같다. 혹은 天地陰陽의 象을 취하여 뜻을 밝힌 것은, 乾卦의 "潛龍", "見龍"과 坤卦의 "履霜堅冰", "龍戰"과 같은 등속이 이것이요, 혹은 만물의 여러 가지 象을 취하여 뜻을 밝힌 것은, 屯卦의 六三에 "사슴에 나아가되 虞人이 없다."는 것과, 六四에 "말을 타고서 맴돈다."는 것과 같은 등속이 이것이니, 이와 같은 따위가 ≪周易≫ 가운데에 많다.

혹은 곧바로 사람의 일을 가지고 말하고 물건의 象을 취하여 뜻을 밝히지 않은 것은,

乾卦의 九三에 "君子가 종일토록 부지런히 힘쓴다."는 것과, 坤卦의 六三에 "아름다움을 머금으면 貞할 수 있다."는 例가 이것이다.

聖人의 뜻은 象을 취할 수 있는 것은 象을 취하고, 사람의 일을 취할 수 있는 것은 사람의 일을 취하였다. 그러므로 〈文言傳〉의 注에 "九三에 이르러 유독 君子로써 지목한 것은 어째서인가? 부지런히 힘써서 저녁까지도 두려워함은 龍의 德이 아니다. 이 때문에 사람의 일로써 밝혔다." 하였으니, 이것이 그 뜻이다.

象曰 履霜堅冰은 陰始凝也니 馴致其道면 至堅冰也하나니라

〈象傳〉에 말하였다. "서리를 밟으면 단단한 얼음이 이름은 陰이 처음 응결한 것이니, 길들여 그 道를 이루어서 단단한 얼음에 이른 것이다."

【疏】 '象曰履霜堅冰'至'至堅冰也' ○ 正義曰：夫子所作象辭, 元在六爻經辭之後, 以自卑退, 不敢(于)〔干〕[1]亂先聖正經之辭, 及至輔嗣之意, 以爲象者本釋經文, 宜相附近, 其義易了, 故分爻之(辭象)〔象辭〕[2], 各附其當爻下言之, 猶如元凱注左傳分經之年, 與傳相附. '陰始凝也'者, 釋履霜之義, 言陰氣始凝, 結而爲霜也. '馴致其道 至堅冰也'者, 馴猶狎順也, 若鳥獸馴狎然, 言順其陰柔之道, 習而不已, 乃至堅冰也. 褚氏云"履霜者, 從初六至六三, 堅冰者, 從六四至上六." 陰陽之氣无爲, 故積馴履霜, 必至於堅冰, 以明人事有爲, 不可不制其節度, 故於履霜而逆以堅冰爲戒, 所以防漸慮微, 愼終于始也.

1) (于)〔干〕: 저본에는 '于'로 되어 있으나, 錢本·監本에 의거하여 '干'으로 바로잡았다. 〔阮刻本 참조〕

2) (辭象)〔象辭〕: 저본에는 '辭象'으로 되어 있으나, 錢本·宋本에 의거하여 '象辭'로 바로잡았다.〔阮刻本 참조〕

經의 〔象曰履霜堅冰〕에서 〔至堅冰也〕까지

○ 正義曰：夫子가 지은 〈象傳〉의 글은 원래 六爻의 經文(爻辭) 뒤에 있어서 스스로 자신을 낮추고 겸손하여 감히 先聖의 正經의 글을 침범하여 어지럽히지 못하였는데, 王輔嗣의 뜻에 이르러서는 象이라는 것은 본래 經文을 해석한 것이니 마땅히 서로 가까이 붙어야 그 뜻을 알기 쉽다고 여겼다. 그러므로 爻의 象辭를 나누어서 각각 그 해당된 爻에 붙여 말하였으니, 이는 마치 杜元凱(杜預)가 ≪春秋左氏傳≫에 注를 내면서 經의 연

도를 나누어서 傳과 서로 붙인 것과 같은 것이다.

〔陰始凝也〕'서리를 밟음〔履霜〕'의 뜻을 해석한 것이니, 陰氣가 처음 엉겨서 맺혀 서리가 됨을 말한 것이다.

〔馴致其道 至堅冰也〕'馴'은 길들여 順함을 이르니, 새와 짐승을 길들여 친한 것과 같은바, 陰柔의 道를 順히 하여 익히고 그치지 않아서 마침내 단단한 얼음에 이름을 말한 것이다.

褚氏(褚仲都)는 "'서리를 밟는 것'은 初六으로부터 六三까지이고, '단단한 얼음'은 六四로부터 上六까지이다."라고 하였다. 陰과 陽의 기운은 하는 것이 없다. 그러므로 서리를 밟는 것을 쌓아 길들여 단단한 얼음에 이르는 것이니, 이로써 사람의 일에 있어 어떤 일을 할 적에 그 節度를 제재하지 않으면 안 됨을 밝혔다. 그러므로 서리를 밟을 때에 미리 단단한 얼음이 이르는 것을 가지고 경계하였으니, 점점 불어남을 막고 은미함을 염려하여 시작에서 끝마침을 삼간 것이다.

六二는 直方大라 不習无不利하니라

六二는 곧고 方正하고 크다. 익히지 않아도 이롭지 않음이 없다.

【注】 居中得正하여 極於地質하여 任其自然而物自生하여 不假修營而功自成이라 故로 不習焉而无不利라

中에 거하고 正을 얻어서 땅의 성질을 지극히 하여, 자연에 맡겨도 물건이 저절로 생겨나서, 닦고 경영함을 빌리지 않아도 功이 저절로 이루어진다. 그러므로 익히지 않아도 이롭지 않음이 없는 것이다.

【疏】 '六二'至'无不利' ○ 正義曰：文言云"直, 其正也." 二得其位, 極地之質, 故亦同地也. 俱包三德, 生物不邪, 謂之'直'也, 地體安靜, 是其'方'也, 无物不載, 是其'大'也. 既有三德, 極地之美, 自然而生, 不假修營, 故云"不習无不利". 物皆自成, 无所不利, 以此爻居中得位, 極於地體, 故盡極地之義. 此因自然之性, 以明人事, 居在此位, 亦當如地之所爲.

經의 〔六二〕에서 〔无不利〕까지

○ 正義曰：〈文言傳〉에 이르기를 "直은 바름이다." 하였으니, 六二가 제자리를 얻어서

땅의 성질을 지극히 하였다. 그러므로 또한 땅과 같은 것이다.

〈直・方・大의〉 세 가지 德을 모두 포함하니, 물건을 낳음에 간사하지 않음을 '直'이라 이르고, 땅의 형체가 安靜됨은 바로 '方'이고, 물건을 싣지 않음이 없음은 바로 '大'이다. 이미 세 가지 德을 소유해서 땅의 아름다움을 지극히 하여 자연히 물건을 낳으므로 닦고 경영함을 빌리지 않는다. 그러므로 '익히지 않아도 이롭지 않음이 없다.〔不習无不利〕'라고 말한 것이다.

물건이 모두 스스로 이루어져서 이롭지 않은 바가 없으니, 이 爻가 中에 거하고 正位를 얻어서 땅의 형체를 지극히 하였다. 그러므로 땅의 義를 극진히 한 것이다. 이는 자연의 성질을 인하여 사람의 일을 밝힌 것이니, 〈사람이〉 이 지위에 있으면 또한 마땅히 땅이 하는 바와 같이 해야 한다.

【疏】 ○ 注'居中得正' ○ 正義曰 : '居中得正 極於地質'者, 質謂形質, 地之形質, 直方又大, 此六二居中得正, 是盡極地之體質也. 所以直者, 言氣至卽生物, 由是體正直之性. 其運動生物之時, 又能任其質性, 直而且方, 故象云"六二之動, 直以方也."

○ 注의 〔居中得正〕

○ 正義曰 : 〔居中得正 極於地質〕 '質'은 形質을 이르니, 땅의 형질이 곧고 方正하고 또 크니, 이는 六二가 中에 거하고 正을 얻은 것으로, 이는 땅의 體質을 극진히 한 것이다. 곧은 까닭은 氣가 이르면 즉시 물건을 낳아서 이 體의 정직한 성질을 따름을 말한 것이다. 운동하여 물건을 낳을 때에 또 형질과 성질에 맡겨서 곧고 또 方正하다. 그러므로 〈象傳〉에 "六二의 동함은 곧고 方正하다." 한 것이다.

象曰 六二之動은 直以方也라

〈象傳〉에 말하였다.

"六二의 동함은 곧고 方正하다.

【注】 動而直方은 任其質也라

동하여 곧고 方正함은 그 형질에 맡기는 것이다.

【疏】 '象曰' 至 '直以方也' ○ 正義曰 : 言六二之體, 所有興動, 任其自然之性, 故云'直以方'也.

經의〔象曰〕에서〔直以方也〕까지

○ 正義曰 : 六二의 體는 興動하는 바가 있어서 자연의 성질에 맡김을 말하였다. 그러므로 '곧고 方正하다.〔直以方〕'라고 말한 것이다.

【疏】 ○ 注'動而直方' ○ 正義曰 : 是質以直方, 動又直方, 是質之與行, 內外相副. 物有內外不相副者, 故略例云"形躁好靜, 質柔愛剛." 此之類, 是也.

○ 注의〔動而直方〕

○ 正義曰 : 이 형질이 곧고 方正한데 동하기를 또 곧고 方正하게 하니, 이는 형질과 행실이 안팎으로 서로 부응하는 것이다. 물건은 안과 밖이 서로 부응하지 않는 것이 있다. 그러므로 ≪周易略例≫에 이르기를 "형체가 조급하면 고요함을 좋아하고 質이 부드러우면 강함을 좋아한다." 하였으니, 이러한 따위가 이것이다.

不習无不利는 地道光也라

익히지 않아도 이롭지 않음이 없음은 땅의 道가 빛나는 것이다."

【疏】 正義曰 : 言所以不假修習, 物无不利, 猶地道光大故也.

正義曰 : 닦고 익힘을 빌리지 않고도 물건이 이롭지 않음이 없는 까닭은 땅의 道가 光大하기 때문인 것과 같음을 말한 것이다.

六三은 含章可貞이니 或從王事하여 无成有終이로다

六三은 아름다움을 머금어 貞할 수 있으니, 혹 王의 일에 종사하여 이룸이 없고 끝마침이 있다.

【注】 三處下卦之極이로되 而不疑於陽하여 應斯義者也라 不爲事始하여 須唱乃應하고 待命乃發하여 含美而可正者也라 故로 曰 含章可貞也라하고 有事則從하여 不敢爲首라 故로 曰 或從王事也라하고 不爲事主하여 順命而終이라 故로 曰 无成有終也라하니라

六三이 下卦의 極에 처하였으나 陽에게 의심받지 않아서 이 뜻에 응하는 자이다. 일의

시작이 되지 아니하여 先唱하기를 기다려 비로소 응하고 명령을 기다려 비로소 나와서 아름다움을 머금어 바르게 할 수 있는 자이다. 그러므로 "아름다움을 머금어 貞할 수 있다."고 말하였고, 일이 있으면 따라서(순종하여) 감히 머리가 되지 않는다. 그러므로 "혹 王의 일에 종사한다."고 말하였고, 일의 주체가 되지 않고 명령에 순종하여 끝마친다. 그러므로 "이룸이 없고 끝마침이 있다."고 말한 것이다.

【疏】 '六三' 至 '无成有終' ○ 正義曰:'含章可貞'者, 六三處下卦之極, 而能不被疑於陽. 章, 美也, 旣居陰極, 能自降退, 不爲事始, 唯內含章美之道, 待命乃行, 可以得正, 故曰"含章可貞." '或從王事 无成有終'者, 言六三爲臣, 或順從於王事, 故不敢爲事之首, 主成於物, 故云无成, 唯上唱下和, 奉行其終, 故云有終.

經의 〔六三〕에서 〔无成有終〕까지

○ 正義曰:〔含章可貞〕 六三이 下卦의 極에 처하였으나 능히 陽에게 의심을 받지 않는다. '章'은 아름다움이니, 이미 陰의 極에 처하였으나 능히 스스로 낮추고 물러가서 일의 시작이 되지 않고, 오직 안에 아름다운 道를 머금어서 명령을 기다린 뒤에 비로소 행하여 바름을 얻을 수 있다. 그러므로 "아름다움을 머금어 貞할 수 있다." 한 것이다.

〔或從王事 无成有終〕 六三이 신하가 되어서 혹 王의 일에 순종함을 말하였다. 그러므로 감히 일의 머리가 되어 물건을 주장하여 이루지 않으므로 '无成'이라 말하였고, 오직 위가 先唱하면 아래가 화답하여 그 끝마침을 받들어 행하므로 '有終'이라 한 것이다.

【疏】 ○ 注 '三處下卦之極' ○ 正義曰:'三處下卦之極'者, 欲見三雖陰爻, 其位尊也. '不疑於陽'者, 陰之尊極, 將與陽敵, 體必被陽所忌, 今不被疑於陽, 言陽不害也. '應斯義'者, 斯, 此也, 若能應此義, 唯行含章可貞已下之事, 乃應斯義. 此爻全以人事明之.

○ 注의 〔三處下卦之極〕

○ 正義曰:〔三處下卦之極〕 三이 비록 陰爻이나 그 지위가 높음을 나타내려 한 것이다.

〔不疑於陽〕 陰의 높음이 지극해서 장차 陽과 대등하게 되면 體가 반드시 陽에게 시기를 받지만, 이제 陽에게 의심을 받지 않으니, 陽이 해치지 않음을 말한 것이다.

〔應斯義〕 '斯'는 이것이니, 만약 이 뜻에 능히 응하려면, 오직 '含章可貞' 이하의 일을 행하여야 비로소 이 뜻에 응하는 것이다.

이 爻는 온전히 사람의 일을 가지고 밝혔다.

象曰 含章可貞은 以時發也요 或從王事는 知光大也라

〈象傳〉에 말하였다. "아름다움을 머금어 貞할 수 있음은 때로써 발하는 것이요, 혹 王의 일에 종사함은 智慮(智慧와 思慮)가 光大한 것이다."

【注】 知慮光大라 故로 不擅其美라

智慮가 光大하기 때문에 그 아름다움을 차지하지 않는 것이다.

【疏】 '象曰'至'知光大也' ○ 正義曰 : '含章可貞 以時發'者, 夫子釋含章之義. 以身居陰極, 不敢爲物之首, 但內含章美之道, 待時而發, 是以時發也. '或從王事 知光大'者, 釋无成有終也. 旣隨從王事, 不敢主成物始, 但奉終而行, 是知慮光大, 不自擅其美, 唯奉於上.

經의 〔象曰〕에서 〔知光大也〕까지

○ 正義曰 : 〔含章可貞 以時發〕 夫子가 '含章'의 뜻을 해석하신 것이다. 자신이 陰의 極에 처하였으나 감히 물건의 머리가 되지 않고 다만 안으로 아름다운 道를 머금어서 때를 기다려 발하니, 이것이 '以時發'이다.

〔或從王事 知光大〕 '이룸이 없고 끝마침이 있음'을 해석한 것이다. 이미 王의 일을 따라서 감히 물건의 시작을 주장하여 이루지 않고 다만 끝마침을 받들어 행하니, 이것은 智慮가 光大하여 스스로 그 아름다움을 차지하지 않고서 오직 윗사람을 받드는 것이다.

六四는 括囊이면 无咎며 无譽리라

六四는 주머니 끈을 묶듯이 하면 허물이 없으며 칭찬이 없으리라.

【注】 處陰之卦하여 以陰居陰하고 履非中位하여 无直方之質하고 不造陽事하여 无含章之美하여 括結否閉하여 賢人乃隱하니 施愼則可요 非泰之道라

陰의 卦에 처하여 陰爻로서 陰의 자리에 거하며 밟고 있는 것이 中의 자리가 아니어서 곧고 方正한 형질이 없고, 陽의 일을 하지 않아서 含章하는 아름다움이 없어서 맺히고 폐색되어 賢人이 마침내 은둔하니, 신중함을 베풀면 可할 것이요, 通泰(통하여 편안함)한

道가 아니다.

【疏】 '六四' 至 '无譽' ○ 正義曰 : 括, 結也, 囊, 所以貯物, 以譬心藏知也. 閉其知而不用, 故曰'括囊'. 功不顯物, 故曰'无譽', 不與物忤, 故曰'无咎'.

經의 〔六四〕에서 〔无譽〕까지

○ 正義曰 : '括'은 맺음이요, '囊'은 물건을 저장하는 것이니, 마음에 智慮를 감추고 있음을 비유한 것인데, 智慮를 닫고 쓰지 않으므로 '括囊'이라 한 것이다.

功이 사물에 드러나지 않으므로 '无譽'라 하였고, 물건과 거스르지 않으므로 '无咎'라 한 것이다.

【疏】 ○ 注 '不造陽事' 至 '非泰之道' ○ 正義曰 : '不造陽事 无含章之美'者, 六三以陰居陽位, 是造爲陽事, 但不爲事始, 待唱乃行, 是陽事猶在, 故云含章, 章卽陽之美也. 今六四以陰處陰, 內无陽事, 是不造陽事, 无含章之美, 當括結否閉之時, 是賢人乃隱. 唯施謹愼則可, 非通泰之道也.

○ 注의 〔不造陽事〕에서 〔非泰之道〕까지

○ 正義曰 : 〔不造陽事 无含章之美〕 六三은 陰爻로서 陽의 자리에 있으니, 이는 陽의 일을 하는 것이나 다만 일의 시작이 되지 않고, 先唱하기를 기다려 비로소 행하니, 이는 陽의 일이 그대로 남아 있는 것이다. 그러므로 '含章'이라 하였으니, '章'은 바로 陽의 아름다움이다.

이제 六四가 陰爻로서 陰의 자리에 처하여 안에 陽의 일이 없으니 이는 '陽의 일을 하지 않아서 含章하는 아름다움이 없는 것〔不造陽事 无含章之美〕'이고, 맺히고 폐색되는 때를 당하니 이는 '賢人이 마침내 은둔하는 것〔賢人乃隱〕'이다. 이는 오직 謹愼함을 베풀면 可할 것이요, 通泰한 道가 아니다.

象曰 括囊无咎는 愼不害也라

〈象傳〉에 말하였다. "주머니 끈을 묶듯이 하면 허물이 없다는 것은 삼가면 해롭지 않은 것이다."

【疏】 正義曰 : '愼不害'者, 釋所以'括囊无咎'之義, 曰其謹愼, 不與物競, 故不被害也.

正義曰 : 〔愼不害〕 '주머니 끈을 묶듯이 하면 허물이 없다.'는 뜻을 해석한 것이니, 謹愼하여 물건과 다투지 않기 때문에 해를 입지 않음을 말한 것이다.

六五는 黃裳이면 元吉이라

六五는 누런 치마처럼 하면 크게 길할 것이다.

【注】 黃은 中之色也요 裳은 下之飾也니 坤爲臣道하여 美盡於下라 夫體无剛健이로되 而能極物之情은 通理者也요 以柔順之德으로 處於盛位는 任夫文理者也요 垂黃裳以獲元吉은 非用武者也라 極陰之盛이로되 不至疑陽은 以文在中이니 美之至也라

黃色은 중앙의 색이요 치마는 아래의 꾸밈이니, 坤은 신하의 道가 되어서 아래에서 아름다움을 다하였다. 體가 剛健함이 없으나 물건의 實情을 지극히 함은 이치를 통달한 자요, 柔順한 德을 가지고 盛한 지위에 처함은 文理에 맡기는 것이요, 누런 치마를 드리우고 있으면 크게 길함을 얻음은 武力을 사용하는 것이 아니다. 陰의 성함이 지극하나 陽에게 의심받음에 이르지 않음은 文이 中에 있기 때문이니, 아름다움이 지극한 것이다.

【疏】 '六五黃裳元吉' ○ 正義曰 : 黃是中之色, 裳是下之飾. 坤爲臣道, 五居君位, 是臣之極貴者也. 能以中和, 通於物理, 居於臣職, 故云黃裳元吉. 元, 大也, 以其德能如此, 故得大吉也.

經의 〔六五黃裳元吉〕

○ 正義曰 : 黃色은 바로 중앙의 색이요 치마는 아래의 꾸밈이니, 坤卦는 신하의 道가 되는데 六五가 人君의 자리에 거하였으니, 이는 신하 중에 지극히 귀한 자이다. 능히 中和로써 사물의 이치에 통달하여 신하의 직책에 거하였다. 그러므로 "누런 치마처럼 하면 크게 길할 것이다.〔黃裳 元吉〕"라고 말한 것이다. '元'은 큼이니, 그 德이 이와 같기 때문에 크게 길함을 얻은 것이다.

【疏】 ○ 注 '黃中之色' ○ 正義曰 : '黃 中之色 裳 下之飾'者, 左氏昭十二年傳文也[1], 裳, 下之飾, 則上衣比君, 下裳法臣也. '垂黃裳以獲元吉 非用武'者, 以體无剛健, 是非用威武也. 以內有文德, 通達物理, 故象云"文在中也."

1) 黃……左氏昭十二年傳文也 : 魯나라 季氏의 私邑인 費 땅의 邑宰인 南蒯는, 季平子가

大夫가 되어 자기를 예우하지 않자 반란을 일으킬 마음을 먹었다. 이때 점을 쳤는데 坤卦䷁가 比卦䷇로 간 것을 얻었다.

점을 치는 법에서는 한 爻가 변하였을 경우에는 본래 卦의 變爻의 爻辭로 점을 치는 바, 南蒯는 坤卦 六五의 爻辭인 '黃裳元吉'을 보고 매우 길하다고 생각하고서 반란을 실행하려고 이 일을 子服惠伯에게 물었는데, 惠伯이 답하기를 "忠信의 일이라면 괜찮지만, 그렇지 않다면 반드시 패할 것입니다. 밖은 강하고 안은 온순한 것이 忠이요, 和로써 貞을 따름이 信이니, 그러므로 '黃裳元吉'이라고 말한 것입니다. 黃은 중앙의 色이요, 치마는 아래의 꾸밈이요, 元은 善의 으뜸이니, 中心이 不忠하면 그 色을 얻지 못한 것이요, 아랫사람이 공손하지 않으면 그 꾸밈을 얻지 못한 것이요, 일이 善하지 않으면 그 極을 얻지 못한 것입니다.〔忠信之事則可 不然必敗 外彊內溫 忠也 和以率貞 信也 故曰 黃裳元吉 黃 中之色也 裳 下之飾也 元 善之長也 中不忠 不得其色 下不共 不得其飾 事不善 不得其極〕"라고 하였다.

南蒯는 이 말을 듣지 않고 반란을 일으켰다가 실패하고 齊나라로 도망하였다. ≪春秋左氏傳 昭公 12년≫

○ 注의〔黃中之色〕

○ 正義曰 :〔黃 中之色 裳 下之飾〕≪春秋左氏傳≫ 昭公 12년의 傳文이다. 치마가 아래의 꾸밈이면, 윗옷은 君主에 비유하고 아래 치마는 臣下를 본받은 것이다.

〔垂黃裳以獲元吉 非用武〕 體가 剛健함이 없으니 이는 威嚴과 武力을 쓰는 것이 아니요, 안에 文德이 있어서 사물의 이치를 통달한다. 그러므로 〈象傳〉에 "文이 가운데 있다."고 한 것이다.

象曰 黃裳元吉은 文在中也라

〈象傳〉에 말하였다. "'누런 치마처럼 하면 크게 길함'은 文이 가운데 있는 것이다."

【注】 用黃裳而獲元吉은 以文在中也일새라

黃裳을 사용하여 元吉을 얻음은 文이 가운데에 있기 때문이다.

【疏】 正義曰 : 釋所以黃裳元吉之義, 以其文德在中故也. 旣有中和, 又奉臣職, 通達文理, 故云"文在其中." 言不用威武也.

正義曰 : '누런 치마처럼 하면 크게 길함'의 뜻을 해석한 것이니, 文德이 가운데 있기 때문이다. 이미 中和를 소유하고 또 신하의 직책을 받들어서 文理를 통달하였다. 그러므로

"文이 가운데 있다.〔文在其中〕"고 말하였으니, 威嚴과 武力을 쓰지 않음을 말한 것이다.

上六은 龍戰于野하니 其血玄黃이로다

上六은 龍이 들에서 싸우니, 그 피가 검고 누렇다.

【注】 陰之爲道는 卑順不盈이라야 乃全其美어늘 盛而不已하여 固陽之地면 陽所不堪이라 故로 戰于野라

陰의 道는 낮추고 순히 하여 가득 차지 않아야 비로소 그 아름다움을 온전히 할 수 있는데, 盛하고 그치지 않아서 陽의 자리를 굳게 차지하면 陽이 견디지 못하게 된다. 그러므로 들에서 싸우는 것이다.

【疏】 '上六'至'其血玄黃' ○正義曰：以陽謂之龍, 上六是陰之至極, 陰盛似陽, 故稱龍焉. 盛而不已, 固陽之地, 陽所不堪, 故陽氣之龍, 與之交戰, 卽說卦云"戰乎乾", 是也. 戰於卦外, 故曰"于野." 陰陽相傷, 故其血玄黃.

經의 〔上六〕에서 〔其血玄黃〕까지

○ 正義曰：陽을 龍이라 하니, 上六은 바로 陰이 지극한 것인데, 陰이 盛하여 陽과 같으므로 龍이라 칭한 것이다. 盛하고 그치지 않아서 陽의 자리를 굳게 차지하면 陽이 견디지 못하게 된다. 그러므로 陽氣의 龍이 더불어 서로 싸우는 것이니, 바로 〈說卦傳〉에 "乾에서 싸운다."는 것이 이것이다. 卦 밖에서 싸우므로 "들에서〔于野〕"라고 말하였고, 陰과 陽이 모두 상하므로 '그 피가 검고 누런〔其血玄黃〕' 것이다.

【疏】 ○注'盛而不已' ○正義曰：'盛而不已 固陽之地'者, 固爲占固, 陰去則陽來, 陰乃盛而不去, 占固此陽所生之地, 故陽氣之龍, 與之交戰.

○ 注의 〔盛而不已〕

○ 正義曰：〔盛而不已 固陽之地〕 '固'는 점거하기를 굳게 하는 것이니, 陰이 떠나가면 陽이 오는데 陰이 마침내 盛하고 떠나가지 않아서 이 陽이 생기는 자리를 굳게 점거한다. 그러므로 陽氣의 龍이 더불어 서로 싸우는 것이다.

象曰 龍戰于野는 其道窮也라

〈象傳〉에 말하였다.
"龍이 들에서 싸움은 그 道가 궁극한 것이다.

用六은 利永貞하니라

用六은 永貞함이 이롭다."

【注】 用六之利는 利永貞也라

用六의 이로움은 永貞함이 이로운 것이다.

【疏】 正義曰 : '用六 利永貞'者, 此坤之六爻總辭也. 言坤之所用, 用此衆爻之六, 六是柔順, 不可純柔, 故利在永貞. 永, 長也, 貞, 正也, 言長能貞正也.

正義曰 : 〔用六 利永貞〕 이 坤卦의 여섯 爻를 총괄한 말이다. '坤을 쓰는 것은 여러 爻의 六을 사용하니, 六은 바로 柔順한 것으로, 순수하게 유순해서는 안 되므로 이로움이 永貞함에 있다.'고 말한 것이다. '永'은 길이요, '貞'은 바름이니, 길게 貞正함을 말한 것이다.

象曰 用六永貞은 以大終也라

〈象傳〉에 말하였다. "'用六永貞'은 廣大하여 끝마치는 것이다."

【注】 能以永貞大終者也라

능히 永貞함으로써 크게 끝마치는 것이다.

【疏】 正義曰 : '以大終'者, 釋永貞之義, 旣能用此柔順, 長守貞正, 所以廣大而終也. 若不用永貞, 則是柔而又圓, 卽前注云"求安難矣". 此永貞, 卽坤卦之下"安貞吉", 是也.

正義曰 : 〔以大終〕 '永貞'의 뜻을 해석한 것이다. 이미 능히 이 柔順함을 사용하여 길이 貞正함을 지키니, 이 때문에 廣大하여 끝마치는 것이다. 만약 永貞함을 쓰지 않으면 이는 유순하면서 또 둥근 것이니, 바로 앞 注의 "편안함을 구하기 어렵다."는 것이다. 이 永貞은 바로 坤卦 아래의 "안정하여 길하다."는 것이 이것이다.

文言曰 坤은 至柔而動也剛하고 至靜而德方이라

〈文言傳〉에 말하였다.

坤卦는 지극히 유순하나 動함이 剛하고 지극히 고요하나 德이 方正하다.

【注】 動之方直하여 不爲邪也니 柔而又圓은 消之道也라 其德至靜하니 德必方也라

動하기를 方正하고 곧게 함은 간사함을 하지 않는 것이니, 부드럽고 또 둥근 것은 사라지는 道이다. 그 德이 지극히 고요하니, 德이 반드시 方正해야 하는 것이다.

【疏】 正義曰：此一節, 是第一節, 明坤之德也. 自積善之家以下, 是第二節也, 分釋六爻之義. '坤至柔而動也剛'者, 六爻皆陰, 是至柔也. 體雖至柔, 而運動也剛, 柔而積漸, 乃至堅剛, 則上云"履霜堅冰", 是也. 又地能生物, 初雖柔弱, 後至堅剛而成就. '至靜而德方'者, 地體不動, 是至靜, 生物不邪, 是德能方正.

正義曰：이 한 節은 첫 번째 節이니 坤의 德을 밝힌 것이요, '積善之家' 이하는 두 번째 節이니 여섯 爻의 뜻을 나누어 해석하였다.

〔坤至柔而動也剛〕 여섯 爻가 모두 陰이니 이것이 '至柔'이다. 體가 비록 지극히 유순하나 動함이 剛하니, 부드러우면서 점점 쌓여서 마침내 단단하고 강함에 이르니, 위에서 "서리를 밟으면 단단한 얼음이 이른다."고 말한 것이 이것이다. 또 땅은 물건을 낳을 수 있으니, 처음은 비록 유약하나 뒤에 단단하고 강함에 이르러 성취한다.

〔至靜而德方〕 땅의 體가 동하지 않으니 이는 '至靜'이요, 물건을 낳음이 간사하지 않으니 이는 德이 능히 方正한 것이다.

後得主而有常하여 含萬物而化光하니 坤道其順乎인저 承天而時行하나니라

뒤에 하여 주장함을 얻어서 떳떳함이 있으며 만물을 포함하여 德化가 빛나니, 坤의 道가 순하구나! 하늘을 받들어 때로 행한다.

【疏】 正義曰：'後得主而有常'者, 陰主卑退, 若在事之後, 不爲物先, 即得主也, 此陰之恒理, 故云"有常"[1]. '含萬物而化光'者, 自明彖辭含弘光大, 言含養萬物而德化光大也. '坤道其順乎 承天而時行'者, 言坤道柔順, 承奉於天, 以量時而行, 即不敢爲物之先, 恒相時而動.

1) 後得主而有常者……故云有常 : 孔穎達은 '後得主'를 '陰이 뒤로 물러나서 주장을 얻는 것'으로 풀이하였으나, 일반적으로 주장함이라는 것은 앞으로 나아가 先唱함과 상통하므로 뜻이 순하지 않다. 程伊川과 朱子는 이 說을 따르지 않고, '主'자 뒤에 '利'자가 빠진 것으로 보았다. 程伊川은 "뒤에 거함이 얻음이 되어 만물을 이롭게 함을 주장하니, 이것이 坤의 떳떳함이다.〔居後爲得而主利成萬物 坤之常也〕"라고 하였는바, 이를 따르면 經文은 "後得하여 主而有常이라"고 현토하고 "뒤에 하면 얻어서 이로움을 주장하여 떳떳함이 있다."고 번역해야 한다.

正義曰 : 〔後得主而有常〕 陰은 낮고 물러감을 주장하니, 만약 일의 뒤에 있어서 물건의 먼저가 되지 않으면 바로 주장함을 얻는 것이니, 이는 陰의 떳떳한 이치이다. 그러므로 "떳떳함이 있다.〔有常〕"고 말한 것이다.

〔含萬物而化光〕 〈彖傳〉의 '含弘光大'를 스스로 밝힌 것이니, 만물을 포함하여 길러서 德化가 光大함을 말한 것이다.

〔坤道其順乎 承天而時行〕 坤의 道가 유순하여 하늘을 받들어서 때를 헤아려 행함을 말한 것이니, 이는 바로 감히 물건의 먼저가 되지 아니하여 항상 때를 살펴 동하는 것이다.

積善之家는 **必有餘慶**이요 **積不善之家**는 **必有餘殃**하나니 **臣弑其君**하며 **子弑其父 非一朝一夕之故**라 **其所由來者漸矣**니 **由辯之不早辯也**라 **易曰 履霜堅冰至**라하니 **蓋言順也**라

善을 쌓은 집안은 반드시 남은 경사가 있고, 不善을 쌓은 집안은 반드시 남은 재앙이 있으니, 신하가 군주를 시해하며 자식이 부모를 시해하는 것은 하루아침과 하루저녁의 변고가 아니다. 그 유래가 점차적으로 이루어진 것이니, 〈군주와 부모가〉 分辯하여 밝히기를 일찍 분변하지 않은 데에서 말미암은 것이다.

≪周易≫에 이르기를 "서리를 밟으면 단단한 얼음이 이른다." 하였으니, 아마도 순차적으로 이루어짐을 말한 것이다.

【疏】 '積善之家' 至 '蓋言順也' ○ 正義曰 : 此一節, 明初六爻辭也[1]. '積善之家 必有餘慶 積不善之家 必有餘殃'者, 欲明初六其惡有漸, 故先明其所行善惡事, 由久而積漸,故致後之吉凶. '其所由來者漸矣'者, 言弑君弑父, 非一朝一夕率然而起, 其禍患所從來者, 積漸久遠矣. '由辯之不早辯'者, 臣子所以久包禍心, 由君父欲辯明之事, 不早分辯故也, 此戒君父防臣子之惡. '蓋言順'者, 言此'履霜, 堅冰至', 蓋言順習陰惡之道, 積微而不已, 乃致此弑害. 稱蓋者, 是疑之辭[2]. 凡萬事之起, 皆從小至大, 從微至著, 故上文善惡竝言, 今獨言弑君弑父有漸者, 以陰主柔順, 積柔不已, 乃終至禍亂, 故特於坤之初六言之, 欲戒其防柔弱之初, 又陰爲弑害, 故寄此以明義.

1) 此一節 明初六爻辭也 : 孔穎達은 坤卦 〈文言傳〉의 앞부분은 坤의 德을 서술한 것이고, 이 이하는 여섯 爻의 爻辭를 해설한 것으로 보았으나, 朱子는 앞부분은 〈彖傳〉을 해설한 것으로, 이 이하는 〈象傳〉을 해설한 것으로 보았다.
2) 稱蓋者 是疑之辭 : '疑之辭'는 의심하여 단정하지 않음을 나타나는 것으로, '아마도'의 뜻이다.

經의 〔積善之家〕에서 〔蓋言順也〕까지

○ 正義曰 : 이 한 節은 初六의 爻辭를 밝힌 것이다.

〔積善之家 必有餘慶 積不善之家 必有餘殃〕 初六의 그 惡함이 점진적으로 되었음을 밝히고자 하였으므로, 먼저 그 행한 바의 善한 일과 惡한 일이 오래되어 점진적으로 쌓인 것에 말미암았으므로 뒤의 吉과 凶을 이룸을 밝힌 것이다.

〔其所由來者漸矣〕 군주를 시해하고 부모를 시해하는 것이 하루아침이나 하루저녁에 갑자기 일어난 것이 아니니, 그 禍患의 所從來가 점점 쌓이고 오래됨을 말한 것이다.

〔由辯之不早辯〕 신하와 자식이 오랫동안 禍의 마음을 품고 있는 것은 군주와 부모가 分辯하여 밝혀주기를 바라던 일을 일찍 分辯하지 않았기 때문이니, 이는 군주와 부모가 신하와 자식의 惡을 막아야 함을 경계한 것이다.

〔蓋言順〕 이 '서리를 밟으면 단단한 얼음이 이름'은 아마도〔蓋〕 陰의 惡한 道를 순차적으로 익혀서 작은 것을 쌓아 그치지 아니하여 마침내 이 弑害를 이루게 되었음을 말한 것으로 보인다는 말이다. '蓋'라고 칭한 것은 의문사이다.

무릇 萬事가 일어남은 모두 작은 것으로부터 큰 것에 이르고 隱微한 것으로부터 顯著함에 이른다. 그러므로 위 글에서는 善과 惡을 함께 말하였고, 여기서는 군주를 시해하고 부모를 시해하는 것이 점차적으로 이루어졌음만을 말하였으니, 이는 陰이 유순함을 주장해서 柔를 쌓아 그치지 아니하여 끝내 禍와 亂에 이르기 때문에 坤卦의 初六에서 특별히 이것을 말한 것이다. 이는 柔弱한 처음을 막아야 함을 경계하고자 한 것이요, 또 陰

은 시해가 되므로 여기에 붙여서 뜻을 밝힌 것이다.

直은 **其正也**요 **方**은 **其義也**라 **君子敬以直內**하고 **義以方外**하여 **敬義立而德不孤**하나니 **直方大不習无不利**는 **則不疑其所行也**니라

'直'은 바름이요 '方'은 의로움이다. 君子가 敬하여 안을 곧게 하고 義롭게 하여 밖을 방정하게 해서, 敬과 義가 서면 德이 외롭지 않으니, '곧고 方正하고 커서 익히지 않아도 이롭지 않음이 없다는 것'은 그 행하는 바를 의심하지 않는 것이다.

【疏】 '直其正也' 至 '所行也' ○ 正義曰 : 此一節, 釋六二爻辭. '直 其正'者, 經稱直, 是其正也. '方 其義'者, 經稱方, 是其義也. 義者, 宜也, (故)〔於〕[1]事得宜, 故曰義. '君子敬以直內'者, 覆釋直其正也, 言君子用敬以直內, 內謂心也, 用此恭敬, 以直內理. '義以方外'者, 用此義事, 以方正外物, 言君子法地正直而生萬物, 皆得所宜, (名)〔各〕[2]以方正. 然卽前云"直其正也", "方其義也", 下云"義以方外", 卽此應云"正以直內", 改云"敬以直(正)〔內〕[3]"者, 欲見正則能敬, 故變正爲敬也. '敬義立而德不孤'者, 身有敬義, 以接於人, 則人亦敬, 義以應之, 是德不孤也. 直則不邪, 正則謙恭, 義則與物無競, 方則凝重不躁, 旣不習無不利, 則所行不須疑慮, 故曰"不疑其所行."

1) (故)〔於〕 : 저본에는 '故'로 되어 있으나, 錢本·宋本에 의거하여 '於'로 바로잡았다.〔阮刻本 참조〕
2) (名)〔各〕 : 저본에는 '名'으로 되어 있으나, 錢本·宋本에 의거하여 '各'으로 바로잡았다.〔阮刻本 참조〕
3) (正)〔內〕 : 저본에는 '正'으로 되어 있으나, 阮刻本에 "살펴보건대, '正'은 '內'로 써야 한다."고 한 것에 의거하여 '內'로 바로잡았다.

經의 〔直其正也〕에서 〔所行也〕까지

○ 正義曰 : 이 한 節은 六二의 爻辭를 해석한 것이다.

〔直 其正〕 經文에서 말한 '直'은 바로 바름이다.

〔方 其義〕 經文에서 말한 '方'은 바로 의로움이다. '義'라는 것은 마땅함〔宜〕이니, 일에 마땅함을 얻기 때문에 義라고 말한 것이다.

〔君子敬以直內〕 '直 其正'을 반복하여 해석한 것으로, '君子가 공경을 사용하여 안을 곧게 하니, 안은 마음을 이르니 이 공경함을 사용하여 안의 이치를 곧게 함'을 말한 것이다.

〔義以方外〕 이 의로운 일을 사용하여 외물을 方正하게 하는 것이니, '君子가 땅의 정직함을 본받아서 만물을 낳아 모두 마땅한 바를 얻어서 각각 方正함으로써 함'을 말한 것이다.

그러나 바로 앞에서는 "直其正也", "方其義也"라 하였고, 아래에는 "義以方外"라고 말하였으니, 여기에서는 응당 "正以直內"라고 말하여야 할 터인데 "敬以直內"라고 바꿔 말한 것은, '바르면 능히 공경함'을 나타내고자 하였으므로 '正'을 바꾸어 '敬'이라고 한 것이다.

〔敬義立而德不孤〕 몸에 敬과 義를 소유하여 남을 접하면 남 또한 공경하고 의롭게 대응하니, 이는 '德不孤'이다.

곧으면 간사하지 않고, 바르면 겸손하고 공손하며, 의로우면 남과 다툼이 없고, 방정하면 의젓하고 후중하여 조급하지 않으니, 이미 익히지 않아도 이롭지 않음이 없으면 행하는 바를 굳이 의심하고 생각할 것이 없다. 그러므로 "그 행하는 바를 의심하지 않는다.〔不疑其所行〕"고 말한 것이다.

陰雖有美나 **含之**하여 **以從王事**하면 **弗敢成也**니 **地道也**며 **妻道也**며 **臣道也**라 **地道**는 **無成**하고 **而代有終也**라

陰은 비록 아름다움을 가지고 있으나 이것을 머금어서(감추어서) 王의 일에 종사하면 감히 이루지 못하니, 이는 땅의 道이며 아내의 道이며 신하의 道이다. 땅의 道는 이룸이 없고 대신하여 끝마침이 있는 것이다.

【疏】 '陰雖有美' 至 '有終也' ○ 正義曰：此一節, 明六三爻辭. 言'陰雖有美 含之 以從王事'者, 釋含章可貞之義也. 言六三之陰, 雖有美道包含之德, 苟或從王事, 不敢爲主先成之也. '地道也 妻道也 臣道也'者, 欲明坤道處卑, 待唱乃和, 故歷言此三事, 皆卑應於尊, 下順於上也. '地道無成 而代有終'者, 其地道卑柔, 无敢先唱成物, 必待陽始先唱而後, 代陽有終也.

經의 〔陰雖有美〕에서 〔有終也〕까지

○ 正義曰：이 한 節은 六三의 爻辭를 밝힌 것이다.

〔陰雖有美 含之 以從王事〕 '아름다움을 머금어 貞할 수 있음'의 뜻을 해석한 것이다. 六三의 陰이 비록 아름다운 道를 포함한 德이 있으나 만일 혹 王의 일을 따르면 감히 주체가 되어 먼저 이루지 않음을 말한 것이다.

〔地道也 妻道也 臣道也〕 坤道가 낮은 데에 처하여 陽이 先唱하기를 기다려서 비로소 和答함을 밝히고자 하였다. 그러므로 이 세 가지 일을 차례로 말하였으니, 이는 모두 낮은 이가 높은 이에게 응하고 아랫사람이 윗사람에게 순한 것이다.

〔地道無成 而代有終〕 땅의 道가 낮고 유순해서 감히 先唱하여 물건을 이루지 않고, 반드시 陽이 시작하여 先唱하기를 기다린 뒤에 陽을 대신하여 끝마침이 있는 것이다.

天地變化하면 **草木蕃**하고 **天地閉**하면 **賢人隱**하나니 **易曰 括囊无咎无譽**라하니 **蓋言謹也**라

天地가 변화하면 草木이 번성하고 천지가 막히면 賢人이 은둔하니, ≪周易≫에 이르기를 "주머니 끈을 묶듯이 하면 허물도 없고 칭찬도 없다." 하였으니, 아마도 삼가야 함을 말한 것이다.

【疏】 '天地變化'至'蓋言謹也' ○正義曰：此一節, 明六四爻辭. '天地變化', 謂二氣交通, 生養萬物, 故草木蕃滋. '天地閉 賢人隱'者, 謂二氣不相交通, 天地否閉, 賢人潛隱. 天地通則草木蕃, 明天地閉, 草木不蕃, 天地閉, 賢人隱, 明天地通則賢人出, 互而相通, 此乃括囊无咎, 故賢人隱, 屬天地閉也. '蓋言謹'者, 謹謂謹愼, 蓋言賢人君子於此之時須謹愼也.

經의 〔天地變化〕에서 〔蓋言謹也〕까지

○正義曰： 이 한 節은 六四의 爻辭를 밝힌 것이다.

〔天地變化〕〈陰·陽〉 두 기운이 서로 통하여 만물을 낳고 기름을 말한 것이니, 이 때문에 초목이 번성하는 것이다.

〔天地閉 賢人隱〕〈陰·陽〉 두 기운이 서로 통하지 못하여 천지가 否塞하고 막히면 賢人이 은둔함을 말한 것이다.

천지가 통하면 초목이 번성함은 천지가 닫히면 초목이 번성하지 못함을 밝힌 것이요, 천지가 막히면 현인이 은둔함은 천지가 통하면 현인이 나옴을 밝힌 것이니, 서로 통하는 바, 이것이 바로 '주머니 끈을 묶듯이 하면 허물이 없다는 것〔括囊无咎〕'이다. 그러므로 賢人이 은둔함은 천지가 막힘에 속하는 것이다.

〔蓋言謹〕 '謹'은 謹愼을 이르니, 아마도 賢人과 君子가 이때에 모름지기 謹愼해야 함을 말한 것이다.

君子黃中通理하여 **正位居體**하여 **美在其中**하여 **而暢於四支**하며 **發於事業**하나니 **美之至也**라

君子가 黃으로 中에 있고 이치를 통하여 자리를 바로하고 體에 거해서, 아름다움이 그 가운데 있어 四支에 通暢하며 사업에 발로되니, 아름다움이 지극한 것이다.

【疏】'君子'至'美之至也' ○ 正義曰：此一節, 明六五爻辭也. '黃中通理'者, 以黃居中, 兼四方之色, 奉承臣職, 是通曉物理也. '正位居體'者, 居中得正, 是正位也, 處上體之中, 是居體也. 黃中通理, 是美在其中, 有美在於中, 必通暢於外, 故云"暢於四支". 四支猶人手足, 比于四方物務也. 外內俱善, 能宣發於事業. 所營謂之事, 事成謂之業, 美莫過之, 故云"美之至也".

經의〔君子〕에서〔美之至也〕까지

○ 正義曰：이 한 節은 六五의 爻辭를 밝힌 것이다.

〔黃中通理〕黃으로서 中에 거하여 사방의 색깔을 겸해서 신하의 직책을 받들어 행하니, 이는 사물의 이치를 통달한 것이다.

〔正位居體〕中에 거하고 正을 얻었으니 이는 '正位'요, 上體의 가운데에 처하였으니 이는 '居體'이다.

'黃으로 中에 있고 이치를 통했다.〔黃中通理〕'는 것은 바로 '아름다움이 그 가운데 있다.〔美在其中〕'는 것이니, 아름다움이 그 가운데 있으면 반드시 밖에 通暢한다. 그러므로 "四支에 통창한다.〔暢於四支〕"고 말한 것이다. '四支'는 사람의 손발과 같으니, 사방의 물건과 일에 비유한 것이다.

밖과 안이 모두 善하면 능히 事業에 발로된다. 경영하는 바를 '事'라 이르고, 일이 이루어진 것을 '業'이라 이르니, 아름다움이 이보다 더할 수 없다. 그러므로 "아름다움이 지극하다.〔美之至也〕"고 말한 것이다.

陰疑於陽하면 **必戰**하나니

陰이 陽에게 의심받으면 반드시 싸우니,

【注】辯之不早하여 疑盛乃動이라 故必戰이라

分辯하기를 일찍 하지 않아서 의심이 盛하여 마침내 발동한다. 그러므로 반드시 싸우는 것이다.

【疏】 正義曰：此一節, 明上六爻辭. '陰疑於陽 必戰'者, 陰盛, 爲陽所疑, 陽乃發動, 欲除去此陰, 陰旣强盛, 不肯退避, 故必戰也.

正義曰：이 한 節은 上六의 爻辭를 밝힌 것이다.

〔陰疑於陽 必戰〕 陰이 盛하여 陽에게 의심받으면 陽이 마침내 발동하여 이 陰을 제거하고자 하는데, 陰이 이미 강성해져서 물러가고 피하려 하지 않는다. 그러므로 반드시 싸우는 것이다.

爲其嫌於无陽也라

陽이 없음을 혐의하였다.

【注】 爲其嫌於非陽而戰이라

陽이 아니면서 싸우는 것을 혐의한 것이다.

故로 稱龍焉하며

그러므로 '龍'이라 칭하였으며,

【疏】 正義曰：上六陰盛似陽, 爲嫌純陰非陽, 故稱龍以明之.

正義曰：上六은 陰이 盛하여 陽과 비슷하니, 純陰이어서 陽이 아님을 혐의하였다. 그러므로 '龍'이라 칭하여 밝힌 것이다.

猶未離其類也라

아직 그 종류를 떠나지 않았다.

【注】 猶未失其陰類하여 爲陽所滅이라

아직 陰의 類를 떠나지 않아서 陽에게 멸망당하는 것이다.

故로 稱血焉하니라

그러므로 '피'라고 칭한 것이다.

【注】 猶與陽戰而相傷이라 故稱血이라

아직도 陽과 싸워 서로 상한다. 그러므로 '피'라고 칭한 것이다.

【疏】 正義曰 : 言上六雖陰盛似陽, 然猶未能離其(陽)〔陰〕[1)]類, 故爲陽所傷而見(成)〔血〕[2)]也.

1) (陽)〔陰〕: 저본에는 '陽'으로 되어 있으나, 毛本에 의거하여 '陰'으로 바로잡았다.〔阮刻本 참조〕
2) (成)〔血〕: 저본에는 '成'으로 되어 있으나, 監本·毛本에 의거하여 '血'로 바로잡았다.〔阮刻本 참조〕

正義曰 : 上六은 비록 陰이 盛하여 陽과 비슷하나 아직도 陰의 類를 떠나지 못하였다. 그러므로 陽에게 상함을 당하여 피를 봄을 말한 것이다.

夫玄黃者는 天地之雜也니 天玄而地黃하니라

검고 누름은 하늘과 땅의 색깔이 뒤섞인 것이니, 하늘은 검고 땅은 누르다.

【疏】 正義曰 : 釋其血玄黃之義. 莊氏云"上六之爻, 兼有天地雜氣, 所以上六被傷, 其血玄黃也. 天色玄, 地色黃, 故血有天地之色." 今輔嗣注云"猶與陽戰而相傷." 是言陰陽俱傷也, 恐莊氏之言, 非王之本意, 今所不取也.

正義曰 : '그 피가 검고 누르다.〔其血玄黃〕'는 뜻을 해석한 것이다.

莊氏는 "上六의 爻는 하늘과 땅의 섞인 기운을 겸하여 보유하였으니, 이 때문에 上六이 상함을 당하여 그 피가 검고 누른 것이다. 하늘의 색깔은 검고 땅의 색깔은 누르다. 그러므로 피에 하늘과 땅의 색깔이 있는 것이다." 하였다. 그러나 지금 王輔嗣의 注에 "아직도 陽과 싸워 서로 상한다." 하였는바, 이는 陰과 陽이 모두 상함을 말한 것이니, 莊氏의 말은 王輔嗣의 본뜻이 아닐 듯하므로 이제 취하지 않는 바이다.

3. 屯䷂ 震下坎上

屯은 元亨利貞하니라

屯은 元하고 亨하고 利하고 貞하다.

【注】 剛柔始交라 是以屯也니 不交則否(비)라 故로 屯乃大亨也요 大亨則無險이라 故利貞이라

剛과 柔가 처음 사귀었다. 이 때문에 어려운 것〔屯〕이니, 사귀지 않으면 否塞하므로 屯은 마침내 크게 형통한 것이요, 크게 형통하면 험함이 없으므로 이롭고 貞한 것이다.

【疏】 正義曰：屯, 難也. 剛柔始交而難生, 初相逢遇, 故云"屯, 難也." 以陰陽始交而爲難, 因難, 物始大通, 故元亨也. 萬物大亨, 乃得利益而貞正, 故利貞也. 但屯之四德, 劣於乾之四德[1], 故屯乃元亨, 亨乃利貞. 乾之四德, 無所不包, 此卽"勿用有攸往", 又別言"利建侯", 不如乾之無所不利. 此已上, 說屯之自然之四德, 聖人當法之.

1) 但屯之四德 劣於乾之四德：程伊川과 朱子는 모두 屯의 '元亨利貞'을 '크게 형통하고 貞함이 이롭다.'로 해석하여 이를 四德으로 보지 않았는데, 孔穎達은 이것이 비록 乾卦의 四德만은 못하지만 여전히 四德인 것으로 해석하였다. 王弼의 注에는 '元亨'을 '大亨'으로 풀이하고 있으므로 '元亨利貞'을 四德으로 보지 않은 듯하나, 孔穎達의 疏에 의거하여 經文을 "元하고 亨하고 利하고 貞하다."로 번역하였다.

正義曰：'屯'은 어려움이다. 剛과 柔가 처음 사귀어서 어려움이 생긴 것은 처음으로 서로 만났기 때문이니, 그러므로 "屯은 어려움이다."라고 말한 것이다. 陰과 陽이 처음으로 사귀어서 어려움이 되었고, 어려움으로 인하여 물건이 처음으로 크게 통하였기 때문에 '元亨'한 것이며, 만물이 크게 형통하면 마침내 이익을 얻어서 貞하고 바르기 때문에 '利貞'한 것이다.

다만 屯卦의 四德은 乾卦의 四德보다 못하다. 그러므로 어려워야〔屯〕 비로소 元亨하고, 亨해야 비로소 利貞한 것이다. 乾의 四德은 포함하지 않는 바가 없는데, 이 屯卦는

"가는 바를 둠을 쓰지 말아야" 하고, 또 특별히 "諸侯를 세움이 이롭다."고 말하였으니, 乾卦의 이롭지 않은 바가 없음만 못한 것이다.

이 이상은 屯卦의 자연의 四德을 聖人이 마땅히 본받아야 함을 말하였다.

勿用有攸往이요

가는 바를 둠을 쓰지 말 것이요,

【注】 往이면 益屯也라

가면 더욱 어려워진다.

利建侯하니라

諸侯를 세움이 이롭다.

【注】 得(王)〔主〕[1]則定이라

1) (王)〔主〕: 저본에는 '王'으로 되어 있으나, 岳本·閩本·監本·毛本에 의거하여 '主'로 바로잡았다.〔阮刻本 참조〕

군주를 얻으면 안정된다.

【疏】 正義曰 : '勿用有攸往 利建侯'者, 以其屯難之世, 世道初創, 其物未寧, 故宜利建侯以寧之. 此二句釋人事也.

正義曰 : 〔勿用有攸往 利建侯〕 어려운 세상에 世道가 처음 창립되어서 물건이 아직 편안하지 못하므로 마땅히 諸侯를 세움을 이롭게 여겨 편안하게 하는 것이니, 이 두 句는 사람의 일을 해석하였다.

彖曰 屯은 剛柔始交而難生하며 動乎險中하니 大亨貞이니라

〈彖傳〉에 말하였다.

"屯은 剛과 柔가 처음 사귀어서 어려움이 생겼으며, 험한 가운데에서 동하니, 크게 형통하고 貞하다.

【注】 始於險難하여 至於大亨하여 而後全正이라 故曰 屯은 元亨利貞이라하니라

험난함으로 시작하여 크게 형통함에 이르니, 그런 뒤에야 온전하고 바르다. 그러므로 "屯은 元하고 亨하고 利하고 貞하다."라고 한 것이다.

【疏】 '彖曰' 至 '大亨貞' ○ 正義曰 : '屯 剛柔始交而難生'者, 此一句, 釋屯之名. 以剛柔二氣始欲相交, 未相通感, 情意未得, 故難生也. 若剛柔已交之後, 物皆通泰, 非復難也, 唯初始交時而有難, 故云"剛柔始交而難生." '動乎險中 大亨貞'者, 此釋四德也. 坎爲險, 震爲動, 震在坎下, 是動於險中. 初動險中, 故屯難, 動而不已, 將出於險, 故得大亨貞也. 大亨卽元亨也, 不言利者, 利屬於貞, 故直言大亨貞.

經의 〔彖曰〕에서 〔大亨貞〕까지

○ 正義曰 : 〔屯 剛柔始交而難生〕 이 한 句는 屯의 이름을 해석한 것이다. 剛과 柔 두 기운이 처음으로 서로 사귀고자 함에 아직 서로 感通하지 못해서 情意를 얻지 못하였으므로 어려움이 생긴 것이다. 만약 剛과 柔가 이미 사귄 뒤에 물건이 모두 通泰하면 다시 어려운 것이 아닌데, 오직 처음으로 사귈 때여서 어려움이 있기 때문에 "剛과 柔가 처음 사귀어서 어려움이 생겼다.〔剛柔始交而難生〕"고 말한 것이다.

〔動乎險中 大亨貞〕 이는 四德을 해석한 것이다. 坎은 험함이 되고 震은 동함이 되는데, 震이 坎의 아래에 있으니 이것이 '험한 가운데 동함〔動乎險中〕'인 것이다. 처음 험한 가운데에서 동하므로 어려운 것이요, 동하여 그치지 않아서 장차 험함에서 탈출하게 되므로 '大亨貞'을 얻은 것이다. '大亨'은 곧 '元亨'이니, 利를 말하지 않은 것은 利가 貞에 소속되었으므로 다만 '大亨貞'이라고 말한 것이다.

雷雨之動이 滿盈이라

우레와 비의 동함이 가득하다.

【注】 雷雨之動이 乃得滿盈은 皆剛柔始交之所爲[1]라

1) 雷雨之動……皆剛柔始交之所爲 : 朱子는 여기에서 글을 끊지 않고 "陰과 陽이 사귀어 우레와 비가 일어나서 雜亂하고 어두워 〈하늘과 땅의〉 두 사이에 가득해서 天下가 정해지지 못하고 명분이 바르지 못하니, 마땅히 군주를 세워 통치하여야 하고, 대번에 安寧한 때라고 생각해서는 안 된다.〔陰陽文而雷雨作 雜亂晦冥 冥乎兩間 天下未定 名分未明

宜立君以統治 而未可遽謂安寧之時也〕"라 하여 아래로 이어지는 것으로 보았다. 반면에 程伊川은 經文 자체를 '動乎險中'에서 끊고 '大亨貞 雷雨之動滿盈'을 이어지는 것으로 보아 '이른바 크게 형통하여 貞함은 우레와 비의 動이 가득하기 때문이다.〔所謂大亨而貞者 雷雨之動 滿盈也〕'라 하였다. 그리하여 諺解에도 '大亨貞은 雷雨之動이 滿盈일새'로 되어 있다.

우레와 비의 동함이 마침내 가득한 것은 모두 剛과 柔가 처음 사귀어서 만든 것이다.

【疏】'雷雨之動滿盈' ○ 正義曰：周氏云"此一句, 覆釋亨也." 但屯有二義, 一難也, 一盈也. 上旣以剛柔始交, 釋屯難也, 此又以雷雨二象, 解盈也. 言雷雨二氣, 初相交動, 以生養萬物, 故得滿盈, 卽是亨之義也. 覆釋亨者, 以屯難之世, 不宜亨通, 恐亨義難曉, 故特釋之. 此已下, 說屯之自然之象也.

經의〔雷雨之動滿盈〕

○ 正義曰：周氏(周宏正)는 "이 한 句는 亨을 거듭 해석한 것이다." 하였다. 다만 屯은 두 가지 뜻이 있으니, 하나는 어려움이요 또 하나는 가득함인바, 위에서는 이미 剛과 柔가 처음 사귐을 가지고 어려움을 해석하였고, 여기에서는 또 우레와 비의 두 象을 가지고 가득함을 해석한 것이다.

우레와 비 두 기운이 처음 서로 동하여 만물을 낳고 길러주기 때문에 가득함을 얻은 것이니, 이는 바로 亨의 뜻이다. 亨을 거듭 해석한 것은 어려운 세상에는 형통함이 마땅하지 않으니, 亨의 뜻을 깨닫기 어려울까 염려하였으므로 특별히 이것을 해석한 것이다. 이 이하는 屯의 자연의 象을 말하였다.

【疏】○ 注'雷雨之動 乃得滿盈' ○ 正義曰：'雷雨之動 乃得滿盈'者, 周氏褚氏云"釋亨也, 萬物盈滿則亨通也." '皆剛柔始交之所爲'者, 雷雨之動, 亦陰陽始交也, 萬物盈滿, 亦陰陽而致之, 故云"皆剛柔始交之所爲也." 若取屯難, 則坎爲險, 則上云"動乎險中", 是也. 若取亨通, 則坎爲雨, 震爲動, 此云"雷雨之動", 是也. 隨義而取象, 其(義)〔例〕[1]不一.

1) (義)〔例〕: 저본에는 '義'로 되어 있으나, 錢本·宋本에 의거하여 '例'로 바로잡았다.〔阮刻本 참조〕

○ 注의〔雷雨之動 乃得滿盈〕

○ 正義曰：〔雷雨之動 乃得滿盈〕 周氏와 褚氏(褚仲都)는 "亨을 해석한 것이니, 만물이 가득하면 형통하다." 하였다.

〔皆剛柔始交之所爲〕 우레와 비의 동함이 또한 陰과 陽이 처음 사귄 것이고, 만물이 가득함이 또한 陰과 陽 때문에 이루어졌다. 그러므로 "모두 剛과 柔가 처음 사귀어서 만든 것이다.〔皆剛柔始交之所爲〕"라고 말한 것이다.

만약 '어려움'의 뜻을 취하면 坎은 험함이 되니, 위에서 "험한 가운데에서 동한다.〔動乎險中〕"라고 말한 것이 이것이요, 만약 '형통함'의 뜻을 취하면 坎은 비가 되고 震은 동함이 되니, 여기에서 "우레와 비의 동함〔雷雨之動〕"이라고 말한 것이 이것이다. 뜻을 따라 象을 취하여 그 例가 똑같지 않다.

天造草昧엔 宜建侯요 而不寧이니라

天造가 草昧할 때에는 마땅히 諸侯를 세워야 하고 편안히 여겨서는 안 된다."

【注】 屯體不寧이라 故로 利建侯也라 屯者는 天地造始之時也니 造物之始에 始於冥昧라 故曰草昧也라 處造始之時엔 所宜之善이 莫善建侯也라

屯의 體가 편안하지 못하므로 諸侯를 세움이 이로운 것이다. 屯이라는 것은 하늘과 땅이 처음 만드는 때이니, 물건을 만드는 초기에는 어두움에서 시작하기 때문에 '草昧'라 한 것이다. 처음 만들 때에 처하면 마땅한 바의 좋음이 諸侯를 세우는 것보다 더 좋은 것이 없다.

【疏】 '天造草昧' 至 '不寧' ○ 正義曰：釋利建侯也. 草謂草創, 昧謂冥昧, 言天造萬物於草創之始, 如在冥昧之時也. 于此草昧之時, 王者當法此屯卦, 宜建立諸侯, 以撫恤萬方之物, 而不得安居于事. 此二句, 以人事釋屯之義.

經의 〔天造草昧〕에서 〔不寧〕까지

○ 正義曰：'諸侯를 세움이 이로움'을 해석한 것이다.

'草'는 草創(처음)을 이르고, '昧'는 冥昧(어두움)를 이르니, 하늘이 만물을 草創하는 초기에 만들어서 어두운 때에 있는 것과 같음을 말한 것이다. 이 草昧한 때에는 王者가 마땅히 이 屯卦를 본받아서 諸侯를 세워 만방의 물건(사람)을 어루만지고 구휼하여야 하고, 일에 편안히 머물러서는 안 된다.

이 두 句는 사람의 일을 가지고 屯의 뜻을 해석하였다.

【疏】○ 注'屯體不寧' ○ 正義曰 : '屯體不寧'者, 以此屯邅險難, 其體不寧, 故宜建侯也. '造物之始 始於冥昧'者, 造物之始, 卽天造草昧也, 草謂草創初始之義, 始於冥昧者, 言物之初造, 其形未著, 其體未彰, 故在幽冥闇昧也.

○ 注의 〔屯體不寧〕

○ 正義曰 : 〔屯體不寧〕 어렵고 험난하여 그 體가 편안하지 않기 때문에 諸侯를 세움이 마땅한 것이다.

〔造物之始 始於冥昧〕 '造物之始'는 바로 天造가 草昧한 것이니 '草'는 草創하여 처음 시작하는 뜻을 말한 것이요, '始於冥昧'는 물건이 처음 만들어질 때 그 形이 아직 드러나지 않고 그 體가 아직 밝지 않으므로 그윽하고 어두움에 있음을 말한 것이다.

象曰 雲雷屯이니 君子以經綸하나니라

〈象傳〉에 말하였다. "구름과 우레가 屯卦이니, 君子가 이것을 응용하여 經綸한다."

【注】君子經綸之時라

君子가 經綸하는 때이다.

【疏】正義曰 : 經謂經緯, 綸謂綱綸, 言君子法此屯象有爲之時, 以經綸天下, 約束於物, 故云"君子以經綸"也. 姚信云"綸謂綱也, 以織綜經緯." 此君子之事, 非其義也. 劉表·鄭玄云"以綸爲淪字." 非王本意也.

正義曰 : '經'은 經緯를 이르고, '綸'은 綱綸(벼리)을 이르니, 君子가 이 屯卦의 象에 훌륭한 일을 할 수 있는 때를 본받아서 천하를 經綸하여 물건을 단속한다. 그러므로 "君子가 이것을 응용하여 經綸한다.〔君子以經綸〕"고 말한 것이다.

姚信은 "綸은 벼리〔綱〕를 이르니 날줄과 씨줄을 짜는 것이다." 하였는데, 이 〈象傳〉의 말은 君子의 일이니, 올바른 뜻이 아니다. 劉表와 鄭玄은 "綸은 '淪'자이다." 하였으니, 王輔嗣(王弼)의 본의가 아니다.

初九는 磐桓이니 利居貞이요 利建侯하니라

初九는 磐桓(머뭇거림)함이니, 貞에 거함이 이롭고 諸侯를 세움이 이롭다.

【注】 處屯之初하여 動則難生하여 不可以進이라 故磐桓也라 處此時也엔 其利安在오 不唯居貞建侯乎아 夫息亂以靜이니 守靜以侯요 安民在正이니 弘正在謙이라 屯難之世에 陰求於陽하고 弱求於强하니 民思其主之時也라 初處其首而又下焉하여 爻備斯義하니 宜其得民也라

屯의 처음에 처하여 동하면 어려움이 생겨서 나아갈 수가 없다. 그러므로 磐桓하는 것이다. 이때에 처했을 적에는 그 이로움이 어디에 있는가? 오직 貞에 거하고 諸侯를 세우는 것이 아니겠는가.

亂을 그치게 함은 고요함으로써 하니 고요함을 지킴은 諸侯로써 하며, 백성을 편안히 함은 바름에 달려 있으니 크게 함(어려움을 구제함)은 바로 겸손함에 달려 있는 것이다. 어려운 세상에는 陰이 陽을 찾고 弱者가 强者를 찾으니, 백성들이 그 군주를 그리워하는 때이다. 初九가 처음에 처하고 또 아래에 있어서 爻에 이 뜻을 구비하였으니, 백성을 얻는 것이 당연하다.

【疏】 '初九' 至 '利建侯' ○ 正義曰 : '磐桓', 不進之貌. 處屯之初, 動卽難生, 故磐桓也. 不可進, 唯宜利居處貞正, 亦宜建立諸侯.

經의 〔初九〕에서 〔利建侯〕까지

○ 正義曰 : 〔磐桓〕 나아가지 않는 모양이다. 屯의 처음에 거하여 동하면 어려움이 생긴다. 그러므로 磐桓하는 것이다.

나아갈 수 없으면 오직 마땅히 貞正함에 거처할 것이요, 또한 마땅히 諸侯를 세워야 한다.

【疏】 ○ 注 '息亂以靜' 至 '得民也' ○ 正義曰 : '息亂以靜'者, 解利居貞也. '守靜以侯'者, 解利建侯也. '安民在正'者, 解貞也. '弘正在謙'者, 取象其以貴下賤也. 言弘大此屯, 正在於謙也. '陰求於陽 弱求於强'者, 解大得民也.

○ 注의 〔息亂以靜〕에서 〔得民也〕까지

○ 正義曰 : 〔息亂以靜〕 '貞에 거함이 이로움'을 해석한 것이다.

〔守靜以侯〕 '諸侯를 세움이 이로움'을 해석한 것이다.

〔安民在正〕 '貞'을 해석한 것이다.

〔弘正在謙〕〈象傳〉의 '귀한 사람으로서 천한 사람에게 낮춤'을 취한 것이니, 이 어려움을 구제함〔弘大〕은 바로 겸손함에 달려 있음을 말한 것이다.

〔陰求於陽 弱求於强〕〈〈象傳〉의〉 '크게 백성을 얻음'을 해석한 것이다.

象曰 雖磐桓이나 志行正也라

〈象傳〉에 말하였다.

"비록 磐桓하나 뜻이 바름을 행하려 한다.

【注】 不可以進이라 故로 磐桓也요 非爲宴安棄成務也라 故로 雖磐桓이나 志行正也라

나아갈 수 없으므로 磐桓하는 것이요, 편안해서 이루어야 할 일을 버리는 것이 아니다. 그러므로 비록 磐桓하나 뜻이 바름을 행하려 하는 것이다.

【疏】 '象曰'至'志行正也' ○ 正義曰 : 言初九雖磐桓不進, 非苟求宴安, 志欲以靜息亂, 故居處貞也, 非是苟貪逸樂, 唯志行守正也.

經의 〔象曰〕에서 〔志行正也〕까지

○ 正義曰 : '初九가 비록 磐桓하고 나아가지 않으나 구차히 편안함을 구하는 것이 아니요, 고요함으로써 亂을 그치게 하고자 하므로 貞에 거처하는 것이니, 이는 구차하게 안일과 즐거움을 탐하는 것이 아니요, 오직 뜻이 바름을 지킴을 행하려 하는 것'임을 말한 것이다.

【疏】 ○ 注'非爲宴安棄成務' ○ 正義曰 : '非爲宴安棄成務'者, 言已止爲前進有難, 故磐桓且住, 非是苟求宴安, 棄此所成之務而不爲也, 言身雖住, 但欲以靜息亂也.

○ 注의 〔非爲宴安棄成務〕

○ 正義曰 : 〔非爲宴安棄成務〕 자기가 다만 전진함에 어려움이 있다고 여기기 때문에 磐桓하여 우선 멈추는 것이요, 구차하게 편안함을 구해서 자기가 이루어야 할 일을 버리고서 하지 않는 것이 아님을 말한 것이니, 몸은 비록 머물고 있으나 다만 고요함으로써 亂을 그치게 하고자 함을 말한 것이다.

以貴下賤하니 大得民也로다

귀한 사람으로서 천한 사람에게 낮추니 크게 백성을 얻도다."

【注】 陽貴而陰賤也라

陽은 귀하고 陰은 천한 것이다.

【疏】 正義曰 : 貴謂陽也, 賤謂陰也, 言初九之陽, 在三陰之下, 是以貴下賤. 屯難之世, 民思其主之時, 旣能以貴下賤, 所以大得民心也.

正義曰 : '貴'는 陽을 이르고, '賤'은 陰을 이른다. 初九의 陽이 세 陰의 아래에 있으니, 이것이 "귀한 사람으로서 천한 사람에게 낮추는 것〔以貴下賤〕"임을 말한 것이다. 어려운 세상은 백성들이 군주를 그리워하는 때인데 이미 귀한 사람으로서 천한 사람에게 낮추니, 이 때문에 民心을 크게 얻는 것이다.

六二는 屯如邅如하며 乘馬班如하니 匪寇면 婚媾라 女子貞하여 不字라가 十年乃字로다

六二는 어려워하고 머뭇거리며 말을 타고서 맴도니, 寇賊이 아니면 婚媾이다. 여자가 貞操를 지켜서 사랑받지 않다가 10년이 되어야 비로소 사랑받는다.

【注】 志在乎五하여 不從於初라 屯難之時에 正道未行하니 與初相近而不相得하여 困於侵害라 故로 屯邅이라 屯時에 方屯難하여 正道未通하니 涉遠而行이면 難可以進이라 故로 曰 乘馬班如也라하니라 寇는 謂初也니 无初之難이면 則與五婚矣라 故로 曰 匪寇면 婚媾也라하니라 志在於五하여 不從於初라 故로 曰 女子貞 不字也라하니라 屯難之世엔 勢不過十年者也니 十年則反常이요 反常則本志斯獲矣라 故로 曰 十年乃字라하니라

〈六二의〉 뜻이 九五에 있어서 初九를 따르지 않는다. 어려운 때에는 正道가 행해지지 못하니, 初九와 서로 가까이 있으면서 서로 〈뜻이〉 맞지 못하여 침해를 당해 곤궁하다. 그러므로 어려워하고 머뭇거리는 것이다. 屯의 때에는 막 어려워서 正道가 통하지 못하니, 먼 곳을 건너서 가면 나아가기 어렵다. 그러므로 "말을 타고서 맴돈다."고 한 것이다. '寇'는 初九를 이르니, 初九의 어려움이 없으면 九五와 혼인한다. 그러므로 "寇賊이 아니면 婚媾이다."라고 한 것이다. 뜻이 九五에 있어서 初九를 따르지 않는다. 그러므로 "여자가 貞操를 지켜서 사랑받지 않는다."라고 말한 것이다. 어려운 세상에는 형세가

10년을 넘지 않으니, 10년이 되면 정상으로 돌아오고 정상으로 돌아오면 본뜻을 얻게 된다. 그러므로 "10년이 되어야 비로소 사랑받는다."고 말한 것이다.

【疏】 '六二'至'十年乃字' ○ 正義曰 : '屯如邅如'者, 屯是屯難, 邅是邅迴, 如是語辭也. 言六二欲應於九五, 卽畏初九逼之, 不敢前進, 故屯如邅如也. 乘馬班如者, 子夏傳云"班如者, 謂相牽不進也." 馬季長云"班, 班旋不進也." 言二欲乘馬往適於五, 正道未通, 故班旋而不進也. '匪寇婚媾'者, 寇謂初也, 言二非有初九與己作寇害, 則得其五爲婚媾矣[1]. 馬季長云"重婚曰媾." 鄭玄云"媾, 猶會也." '女子貞 不字'者, 貞, 正也, 女子, 謂六二也, 女子以守貞正, 不受初九之愛. 字, 訓愛也[2]. '十年乃字'者, 十年難息之後, 卽初不害己也, 乃得往適於五, 受五之字愛. 十者, 數之極, 數極則(復)〔變〕[3], 故云十年也.

1) 匪寇婚媾者……則得其五爲婚媾矣 : '匪寇婚媾'를 王弼과 孔穎達, 程伊川은 寇賊인 初九가 해치지 않으면 正應인 九五를 얻어 婚媾가 된다는 뜻으로 풀이하였는데, 朱子는 "初九는 도적이 아니요, 바로 자기와 婚媾가 되기를 구하는 것일 뿐이다.〔初非爲寇也 乃求與己爲婚媾耳〕"라고 하여, '匪寇婚媾'를 모두 初九에 대한 것으로 보았다.

2) 字 訓愛也 : '字'를 程伊川은 字育(아이를 낳아 기름)의 뜻으로 보았고, 朱子는 "字는 시집감을 허락하는 것이니, ≪禮記≫ 〈曲禮 上〉에 이르기를 '여자는 시집가기를 허락하면 비녀를 꽂고 字를 짓는다.' 하였다.〔字 許嫁也 禮曰 女子許嫁 笄而字〕"라고 하였다.

3) (復)〔變〕: 저본에는 '復'으로 되어 있으나, 錢本・宋本에 의거하여 '變'으로 바로잡았다.〔阮刻本 참조〕

經의 〔六二〕에서 〔十年乃字〕까지

○ 正義曰 : 〔屯如邅如〕 '屯'은 어려움이요, '邅'은 맴돎이요, '如'는 어조사이다. 六二가 九五에 응하고자 하나 初九가 핍박함을 두려워하여 감히 전진하지 못하므로 '어려워하고 머뭇거림을 말한 것이다.

〔乘馬班如〕 ≪子夏易傳≫에 이르기를 "'班如'는 서로 당겨서 나아가지 못하는 것이다." 하였고, 馬季長(馬融)은 "'班'은 맴돌고 나아가지 못하는 것이다." 하였으니, 六二가 말을 타고 九五에게 나아가고자 하나 正道가 통하지 못하므로 맴돌고 나아가지 못함을 말한 것이다.

〔匪寇婚媾〕 '寇'는 初九를 이르니, 六二는 初九가 자기와 寇賊이 되어 해롭게 함이 있지 않으면 九五를 얻어 婚媾가 됨을 말한 것이다. 馬季長은 "거듭 혼인하는 것을 媾라 한다." 하였고, 鄭玄은 "媾는 會와 같다." 하였다.

〔女子貞 不字〕 '貞'은 바름이요, '女子'는 六二를 이르니, 여자가 貞正함을 지켜서 初九의 사랑을 받지 않는 것이다. '字'는 사랑한다는 뜻이다.

〔十年乃字〕 10년이 지나 어려움이 그친 뒤에는 이미 初九가 자기를 해치지 않아서 九五에게 나아가 九五의 사랑을 받는 것이다. '十'은 數의 지극함이니, 數가 지극하면 변한다. 그러므로 '十年'이라고 말한 것이다.

象曰 六二之難은 乘剛也요 十年乃字는 反常也라

〈象傳〉에 말하였다. "六二의 어려움은 剛함을 탔기 때문이요, 10년이 되어야 비로소 사랑받음은 정상으로 돌아온 것이다."

【疏】 正義曰 : '六二之難 乘剛也'者, 釋所以屯如邅如也. 有畏難者, 以其乘陵初剛, 不肯從之, 故有難也. '十年乃字 反常'者, 謂十年之後, 屯難止息. 得反常者, 謂反常道, 卽二適于五, 是其得常也. 已前有難, 不得行常, 十年難息, 得反歸於常, 以適五也. 此爻因六二之象, 以明女子婚媾之事, 卽其餘人事亦當法此. 猶如有人逼近於强, 雖遠有外應, 未敢苟進, 被近者所陵, 經久之後, 乃得與應相合. 是知萬事皆象於此, 非唯男女而已. 諸爻所云陰陽男女之象, 義皆倣於此.

正義曰 : 〔六二之難 乘剛也〕 어려워하고 머뭇거리는 까닭을 해석한 것이다. 두려움과 어려움이 있는 것은 初九의 剛을 타고 능멸하여 따르려 하지 않기 때문에 어려움이 있는 것이다.

〔十年乃字 反常〕 10년이 지난 뒤에 어려움이 종식됨을 이른다. '反常'을 얻는 것은 常道로 돌아옴을 이르니, 바로 六二가 九五에게 나아가는 것인바, 이는 常道를 얻는 것이다. 예전에는 어려움이 있어서 常道를 행할 수 없다가 10년이 지나 어려움이 종식되어서 常道로 돌아와 九五에게 갈 수 있는 것이다.

이 爻는 六二의 象을 인하여 여자가 婚媾하는 일을 밝혔으니, 다른 人事(사람의 일) 또한 마땅히 이것을 본받아야 한다. 예컨대 어떤 사람이 强者에게 가까이서 핍박받고 있으면 비록 멀리 밖의 應이 있어도 감히 구차히 나아가지 못하여 가까이 있는 자에게 능멸을 받다가, 오랜 시간이 지난 뒤에는 비로소 應과 서로 합하는 것과 같다. 이는 모든 일이 다 여기에서 象을 취함을 알 수 있는 것이니, 비단 남녀뿐만이 아니다. 여러 爻에서 말한 陰陽과 男女의 象은 뜻이 모두 이와 같다.

六三은 **卽鹿無虞**라 **惟入于林中**이니 **君子幾不如舍**니 **往**하면 **吝**하리라

六三은 사슴에 나아가되 虞官(虞人)이 없어 오직 숲속으로 빠져 들어갈 뿐이니, 君子가 그만두는 것만 못하니, 가면 부끄러우리라.

【注】 三既近五而無寇難하고 四雖比五나 其志在初하여 不妨已路하여 可以進而无屯邅也라 見路之易(이)하고 不揆其志하면 五應在二하여 往必不納이니 何異無虞以從禽乎아 雖見其禽이나 而無其虞면 徒入于林中이니 其可獲乎아 幾는 辭也라 夫君子之動은 豈取恨辱哉리오 故로 不如舍니 往吝은 窮也라

六三은 이미 九五에 가까워 寇難이 없고, 六四가 비록 九五에 가까우나 뜻이 初九에 있어서 자기의 길을 방해하지 아니하여, 나아갈 수 있어서 어려워하고 머뭇거림이 없는 것이다. 길의 평탄함만 보고서 상대방의 뜻을 헤아리지 않으면, 九五의 應이 六二에 있어서 〈九五에게〉 가면 반드시 자기를 받아주지 않을 것이니, 이것이 虞官이 없이 짐승을 따르는 것과 무엇이 다르겠는가. 비록 짐승을 보아도 虞官이 없으면 다만 숲속으로 빠져 들어갈 뿐이니, 어찌 짐승을 잡을 수 있겠는가.

'幾'는 어조사이다. 君子의 동함이 어찌 원한과 치욕을 취하겠는가. 그러므로 그만두는 것만 못하니, 가면 부끄러운 것은 곤궁한 것이다.

【疏】 '六三'至'舍往吝' ○ 正義曰 : '卽鹿無虞'者, 卽, 就也, 虞謂虞官, 如人之田獵, 欲從就於鹿, 當有虞官助已, 商度形勢可否, 乃始得鹿. 若无虞官, 卽虛入于林木之中, 必不得虞, 故云"唯入于林中." 此是假物爲喩. 今六三欲往從五, 如就鹿也. 五自應二, 今乃不自揆度彼五之情納已以否, 是無虞也, 卽徒往向五, 五所不納, 是徒入于林中. '君子幾不如舍'者, 幾, 辭也. 夫君子之動, 自知可否, 豈取恨辱哉. 見此形勢, 卽不如休舍也, 言六三不如舍此求五之心, 勿往也. '往吝'者, 若往求五, 卽有悔吝也.

經의 〔六三〕에서 〔舍往吝〕까지

○ 正義曰 : 〔卽鹿無虞〕 '卽'은 나아감이요, '虞'는 虞官을 이르니, 사람이 사냥할 적에 사슴을 쫓고자 하면 마땅히 자기를 돕는 虞官이 있어서 형세의 可否를 잘 헤아려야 비로소 사슴을 잡을 수 있는 것이다. 만약 虞官이 없으면 바로 숲속으로 헛되이 들어가는 것이니, 반드시 虞官을 얻지 못한다. 그러므로 "오직 숲속으로 빠져 들어갈 뿐이다.〔惟入于林中〕"라고 말하였으니, 이는 바로 물건을 빌려 비유한 것이다.

지금 六三이 九五를 따라가고자 하니, 이는 사슴에 나아가는 것과 같다. 九五는 본래 六二에 응하는데, 지금 마침내 저 九五의 마음이 자기를 받아줄지의 여부를 스스로 헤아리지 않으니, 이것이 '虞官이 없는 것'이며, 한갓 九五를 향하여 가면 九五가 받아주지 않으니, 이것이 '한갓 숲속으로 들어가는 것'이다.

〔君子幾不如舍〕 '幾'는 어조사이다. 君子의 동함은 스스로 可否를 아니, 어찌 원한과 치욕을 취하겠는가. 이러한 형세를 보면 바로 그치고 그만두는 것만 못하니, 六三이 이 九五에게 구하는 마음을 버리고 가지 않음만 못함을 말한 것이다.

〔往吝〕 가서 九五에게 구하면 바로 후회와 부끄러움이 있음을 말한 것이다.

【疏】 ○ 注'見路之易 不揆其志' ○ 正義曰 : '見路之易 不揆其志'者, 三雖比四, 四不害己, 身(夫)〔无〕[1]屯邅, 是路之平易. 卽意欲向五, 而不預先揆度五之情意納己以否, 是無虞也. 獵人先遣虞官, 商度鹿之所有, 猶若三欲適五, 先遣人測度五之情意. 幾爲語辭, 不爲義也, 知此幾不爲事之幾微, 凡幾微者, 乃從无向有, 其事未見, 乃爲幾也. 今卽鹿無虞, 是已成之事, 事已顯者, 故不得爲幾微之義[2].

1) (夫)〔无〕 : 저본에는 '夫'로 되어 있으나, 글 뜻에 의거하여 '无'로 바로잡았다.
2) 故不得爲幾微之義 : 程伊川과 朱子는 모두 '幾'를 '幾微'로 보았다.

○ 注의 〔見路之易 不揆其志〕

○ 正義曰 : 〔見路之易 不揆其志〕 六三이 비록 六四와 가까이 있으나 六四가 자기를 해치지 아니하여 몸에 어려움과 머뭇거림이 없으니, 이것이 길의 평탄함이다. 바로 마음이 九五에게 향하고자 하여 九五의 마음이 자기를 받아줄지의 여부를 미리 헤아리지 않는 것이니, 이는 虞官이 없는 것이다. 사냥하는 사람은 미리 虞官을 보내어서 사슴이 있는 곳을 헤아리니, 마치 六三이 九五에게 가고자 하면 먼저 사람을 보내어 九五의 마음을 헤아리는 것과 같다.

'幾'는 어조사로서, 뜻이 되지 않으니, 이 '幾'자가 일의 幾微가 되지 않음을 알 수 있음은, 무릇 幾微라는 것은 바로 无에서 有를 향해 가서 그 일이 아직 드러나지 않아야 비로소 幾微가 되는 것이다. 지금 '사슴에 나아가되 虞官이 없는 것'은 이미 이루어진 일이니, 일이 이미 드러난 것이다. 그러므로 '幾微'라는 뜻이 될 수 없는 것이다.

象曰 卽鹿无虞는 **以從禽也**요 **君子舍之**는 **往吝窮也**라

〈象傳〉에 말하였다. "사슴에 나아가되 虞官이 없는 것은 짐승을 쫓기 때문이요, 君子가 그만두는 것은 가면 부끄럽고 곤궁하기 때문이다."

【疏】 正義曰 : '卽鹿无虞 以從禽'者, 言卽鹿, 當有虞官, 卽有鹿也, 若无虞官, 以從逐于禽, 亦不可得也. '君子舍之 往吝窮'者, 君子見此之時, 當舍而不往, 若往則有悔吝窮苦也.

正義曰 : 〔卽鹿无虞 以從禽〕 사슴에 나아갈 적에는 마땅히 虞官이 있어야 하니, 〈虞官이 있으면〉 사슴이 있으나, 만약 虞官이 없이 짐승을 쫓아가면 또한 짐승을 얻을 수 없음을 말한 것이다.

〔君子舍之 往吝窮〕 君子가 이러한 때를 보면 마땅히 버리고 가지 않아야 하니, 만약 가면 후회와 부끄러움과 곤궁함이 있는 것이다.

六四는 乘馬班如니 求婚媾하여 往하면 吉하여 无不利하리라

六四는 말을 타고 맴도는 것이니, 婚媾를 구하여 가면 길하여 이롭지 않음이 없으리라.

【注】 二雖比初나 執貞不從하여 不害己志者也니 求與合好하여 往必見納矣라 故로 曰 往하면 吉하여 无不利라하니라

六二가 비록 初九에 가까이 있으나 貞操를 지키고 따르지 않아서 자기(六四)의 뜻을 방해하지 않는 자이니, 함께 합하고 좋아하기를 구하여 〈初九에게〉 가면 반드시 받아준다. 그러므로 "가면 길하여 이롭지 않음이 없다."고 한 것이다.

【疏】 正義曰 : 六四應初, 故乘馬也. 慮二妨己路, 故初時班如旋也. 二旣不從於初, 故四求之爲婚, 必得媾合, 所以往, 吉, 无不利.

正義曰 : 六四가 初九에 應하므로 말을 탄 것이다. 六二가 자기 길을 방해할까 염려되므로 처음에는 주저하여 맴도는 것이다. 六二가 이미 初九를 따르지 않았다. 그러므로 六四가 구하여 혼인하려 하면 반드시 만남을 얻는 것이니, 이 때문에 가면 길하여 이롭지 않음이 없는 것이다.

象曰 求而往은 **明也**라

〈象傳〉에 말하였다. "구하여 감은 밝은 것이다."

【注】見彼之情狀也라

저의 情狀을 본 것이다.

【疏】正義曰：言求初而往婚媾, 明識初與二之情狀, 知初納己, 知二不害己志, 是其明矣.

正義曰：初九를 구하여 가서 혼인함은 初九와 六二의 情狀을 분명하게 알아서 初九가 자기를 받아줄 것을 알고 六二가 자기의 뜻을 방해하지 않을 것을 안 것이니, 이는 밝은 것이다.

九五는 **屯其膏**니 **小貞吉**하고 **大貞凶**하니라

九五는 은택을 어렵게 함이니, 조금 바르게 함은 길하고 크게 바르게 함은 흉하다.

【注】處屯難之時하여 居尊位之上하니 不能恢弘博施하여 无物不與하여 拯濟微滯하여 亨于群小하고 而繫應在二하여 屯難其膏하니 非能光其施者也라 固志同好하여 不容他間하니 小貞之吉이요 大貞之凶이라

어려운 때에 처하여 높은 지위의 위에 있으니, 크게 하고 넓게 베풀어 물건마다 주지 않음이 없어서 미약하고 침체한 자들을 구제하여 여러 작은 사람들을 형통하게 하지 못하고, 繫應이 六二에 있어서 그 은택을 어렵게 하니, 베풂을 光大하게 하는 자가 아니다. 뜻을 굳게 하고 함께 좋아하여 다른 사람이 그 사이에 끼는 것을 용납하지 않으니, 조금 바르게 함은 길하고 크게 바르게 함은 흉한 것이다.

【疏】'九五屯其膏'至'大貞凶' ○ 正義曰：'屯其膏'者, 膏謂膏澤恩惠之類, 言九五旣居尊位, 當恢弘博施, 唯繫應在二, 而所施者褊狹, 是屯難其膏. '小貞吉 大貞凶'者, 貞, 正也, 出納之吝, 謂之有司[1], 是小正爲吉, 若大人不能恢弘博施, 是大正爲凶.

1) 出納之吝 謂之有司：有司는 財政을 담당한 관리로, 財政을 출납할 적에 재물을 아껴 인색하게 함을 有司라 한다는 뜻이다. 이 내용은 ≪論語≫ 〈堯曰〉에 보이는바, 여기서

는 단지 재물을 아껴 은혜를 널리 베풀지 못함을 말한 것이다.

經의 〔九五屯其膏〕에서 〔大貞凶〕까지

○ 正義曰 : 〔屯其膏〕 '膏'는 膏澤과 은혜 따위를 이르니, 九五가 이미 높은 자리에 있으면 마땅히 크고 넓게 베풀어야 하는데, 오직 繫應이 六二에 있어서 베푸는 바가 편협하니, 이것이 은택을 어렵게 하는 것임을 말한 것이다.

〔小貞吉 大貞凶〕 '貞'은 바름이니, 출납하기를 인색하게 하는 것을 有司라 하니, 이는 조금 바르게 함이 길함이 되는 것이요, 만약 大人이 크고 넓게 베풀지 못하면 이는 크게 바르게 함이 흉함이 되는 것이다.

【疏】 ○ 注'固志同好 不容他間' ○ 正義曰 : '固志同好 不容他間'者, 間者, 厠也. 五應在二, 是堅固其志, 在于同好, 不容他人間厠其間也.

○ 注의 〔固志同好 不容他間〕

○ 正義曰 : 〔固志同好 不容他間〕 '間'은 사이에 끼는 것이다. 九五의 應이 六二에 있으니, 이는 뜻을 견고히 하여 〈그 뜻이〉 함께 좋아함에 있어서 다른 사람이 그 사이에 낌을 용납하지 않는 것이다.

象曰 屯其膏는 施未光也라

〈象傳〉에 말하였다. "그 은택을 어렵게 함은 베풂이 光大하지 못한 것이다."

上六은 乘馬班如라 泣血漣如로다

上六은 말을 타고서 맴돈다. 피눈물을 줄줄 흘리도다.

【注】 處險難之極하여 下无應援하여 進無所適이요 雖比於五나 五屯其膏하여 不與相得하여 居不獲安하고 行无所適하여 窮困闉(인)厄하여 无所委仰이라 故로 泣血漣如라

험난함의 極에 처하여 아래에 응원이 없어서 나아가면 갈 곳이 없다. 비록 九五와 가까이 있으나 九五가 은택을 어렵게 하여 자기와 서로 뜻이 맞지 못하므로 거하면 편안함을 얻지 못하고 가면 갈 곳이 없어서 곤궁하고 막혀 우러를 바가 없다. 그러므로 피눈물을 줄줄 흘리는 것이다.

【疏】正義曰：處險難之極，而下无應援，若欲前進，卽无所之適，故乘馬班如，窮困闉厄，无所委仰，故泣血漣如.

正義曰：험난함의 極에 처하여 아래에 응원이 없으니，만약 앞으로 나아가고자 하면 곧 갈 곳이 없으므로 말을 타고서 맴도는 것이요，곤궁하고 막혀서 우러를 바가 없으므로 피눈물을 줄줄 흘리는 것이다.

象曰 泣血漣如니 何可長也리오

〈象傳〉에 말하였다. "피눈물을 줄줄 흘리니 어찌 장구하리오."

【疏】正義曰：'何可長'者，言窮困泣血，何可久長也.

正義曰：〔何可長〕곤궁하여 피눈물을 흘림이 어찌 장구할 수 있겠느냐는 말이다.

4. 蒙䷃ 坎下艮上

蒙은 **亨**하니 **匪我求童蒙**이요 **童蒙求我**니 **初筮**는 **告**(곡)이요 **再三**은 **瀆**이니 **瀆則不告**이니라

蒙은 형통하니, 내가 童蒙을 구하는 것이 아니요 童蒙이 나를 구하는 것이니, 처음 점치면 고해주고 두세 가지로 말하면 瀆함이니, 瀆하면 고하지 않는다.

【注】 筮는 筮者 決疑之物也라 童蒙之來求我는 欲決所惑也니 決之不一하여 不知所從이면 則復惑也라 故로 初筮則告요 再三則瀆이니 瀆蒙也라 能爲初筮는 其唯二乎인저 以剛處中하여 能斷夫疑者也라

'筮'는, ≪周易≫ 점을 치는 자가 의심스러운 것을 결단하는 물건이다. 童蒙이 와서 나를 구함은 의혹하는 바를 해결하고자 해서이니, 해결해주기를 한 가지로 하지 않아서 따를 바를 알지 못하게 하면 더욱 의혹된다. 그러므로 처음 점치면 고하는 것이요, 두세 가지로 말하면 瀆함이니, 몽매한 자를 瀆亂하게 한다. '처음 점침'이 될 수 있는 것은 오직 九二일 것이다. 剛으로서 中에 처하여 의심나는 것을 결단할 수 있는 자이다.

【疏】 '蒙亨'至'瀆則不告' ○正義曰：'蒙'者, 微昧闇弱之名, 物皆蒙昧, 唯願亨通, 故云"蒙亨". '匪我求童蒙 童蒙求我'者, 物旣闇弱而意願亨通, 卽明者不求於闇, 卽匪我師德之高明往求童蒙之闇. 但闇者求明, 明者不諮於闇, 故云"童蒙求我"也. '初筮告'者, 初者, 發始之辭, 筮者, 決疑之物, 童蒙旣來求我, 我當以初始一理剖決告之. '再三瀆 瀆則不告'者, 師若遲疑不定, 或再或三, 是褻瀆, 瀆則不告. 童蒙來問, 本爲決疑, 師若以廣深二義再三之言告之, 則童蒙聞之, 轉亦瀆亂, 故不如不告也[1]. 自此以上, 解蒙亨之義, 順此上事, 乃得亨也, 故亨文在此事之上也. 不云元者, 謂時當蒙弱, 未有元也.

1) 再三瀆……故不如不告也：'再三瀆'을 王弼과 孔穎達은 스승이 제자에게 두세 가지의

말로 고해주는 것으로 보았으나, 程伊川과 朱子는 물으러 온 童蒙이 두세 번 묻는 것으로 보았다. '瀆'은 기본적으로 번거로움(煩瀆)의 의미인데, 어지러움(瀆亂), 不敬함(褻瀆) 등의 의미도 지니는바, 王弼과 孔穎達의 해석에서는 어지러움의 의미가, 程伊川과 朱子의 해석에서는 不敬함의 의미가 조금 더 부각된다고 하겠다.

經의 〔蒙亨〕에서 〔瀆則不告〕까지

○ 正義曰 : 〔蒙〕 작고 어둡고 闇弱한 이름이니, 물건이 모두 몽매하여 오직 형통하기를 바란다. 그러므로 "蒙은 형통하다.〔蒙亨〕"라고 한 것이다.

〔匪我求童蒙 童蒙求我〕 물건이 이미 闇弱하여 마음에 형통하기를 원하면, 이는 바로 밝은 자가 어두운 자를 구하는 것이 아니니, 德이 고명한 스승인 내가 어두운 童蒙에게 가서 구하는 것이 아니다. 어두운 자가 밝은 자를 구할 뿐이요, 밝은 자는 어두운 자에게 자문하지 않으므로 "童蒙이 나를 구한다.〔童蒙求我〕"라고 말한 것이다.

〔初筮告〕 '初'는 시작의 말이요, '筮'는 의심하는 것을 결단하는 물건이다. 童蒙이 이미 와서 나를 구하면 나는 마땅히 처음의 한 가지 이치를 가지고 분석하고 결단하여 고해주어야 하는 것이다.

〔再三瀆 瀆則不告〕 스승이 만약 지체하고 의심하여 결정하지 못해서 혹 두 가지로 하고 혹 세 가지로 말하면 이는 褻瀆(褻慢하고 煩瀆)함이니, 瀆하면 고해주지 않는 것이다. 童蒙이 와서 묻는 것은 본래 의심나는 것을 결단하기 위해서인데, 스승이 만약 넓고 깊은 두 가지 뜻을 가지고 두세 가지의 말로 고해주면 童蒙이 이 말을 듣고 더욱 더 瀆亂해진다. 그러므로 고하지 않음만 못한 것이다.

이로부터 이상은 '蒙亨'의 뜻을 해석하였는데, 이 위의 일을 잘 따라야 비로소 형통할 수 있으므로 '형통하다'는 글이 이 일의 위에 있는 것이다. '元'을 말하지 않은 것은 몽매하고 闇弱할 시기를 당하여 元이 있지 않음을 이른다.

【疏】 ○ 注'初筮告' ○ 正義曰 : '初筮則告'者, 童蒙既來求我, 我當以初心所念所筮之義, 一理而剖告之. '再三則瀆 瀆蒙也'者, 若以棄此初本之意, 而猶豫遲疑, 岐頭別說, 則童蒙之人聞之, 褻瀆而煩亂也, 故再三則瀆, 瀆蒙也. '能爲初筮 其唯二乎'者, 以彖云"初筮告, 以剛中"者, 剛而得中, 故知是二也.

○ 注의 〔初筮告〕

○ 正義曰 : 〔初筮則告〕 童蒙이 이미 와서 나를 구하거든 나는 마땅히 처음 마음에 생

각한 바와 점친 바의 뜻을 가지고 한 가지 이치로 분석하여 고해주어야 한다.

〔再三則瀆 瀆蒙也〕 만약 이 처음 본래의 뜻을 버리고서 猶豫하고 주저하여 갈래를 나누어 따로 말해주면 몽매한 사람이 이 말을 듣고 褻瀆하고 煩亂해진다. 그러므로 두세 가지로 말하면 瀆한 것이니, 몽매한 자를 瀆亂하게 하는 것이다.

〔能爲初筮 其唯二乎〕 〈彖傳〉에 "처음 점치면 고함은 剛中하기 때문이다."라고 한 것은 剛하면서 中을 얻은 것이니, 그러므로 이것이 九二임을 알 수 있는 것이다.

利貞하니라

貞함이 이롭다.

【注】 蒙之所利는 乃利正也라 夫明莫若聖이요 昧莫若蒙이니 蒙以養正은 乃聖功也라 然則養正以明이면 失其道矣라

蒙이 이로운 바는 바로 바름이 이로운 것이다. 밝음은 聖人보다 더한 것이 없고, 어두움은 몽매함보다 더한 것이 없으니, 몽매함으로써 바름을 기름은 바로 聖人의 功이다. 그렇다면 바름을 기르기를 밝음으로써 하면 그 도리를 잃은 것이다.

【疏】 '利貞' ○ 正義曰 : 貞, 正也, 言蒙之爲義, 利以養正, 故彖云"蒙以養正, 乃聖功也." 若養正以明, 卽失其道也.

經의 〔利貞〕

○ 正義曰 : 貞은 바름이니, 蒙卦의 뜻이 바름을 기르는 것이 이로움을 말하였다. 그러므로 〈彖傳〉에 "몽매함으로써 바름을 기름은 바로 聖人의 功이다." 하였으니, 만약 바름을 기르기를 밝음으로써 하면 바로 그 도리를 잃은 것이다.

【疏】 ○ 注 '然則養正以明 失其道' ○ 正義曰 : '然則養正以明 失其道'者, 言人雖懷聖德, 若隱默不言, 人則莫測其淺深, 不知其大小, 所以聖德彌遠而難測矣. 若彰顯其德, 苟自發明, 卽人知其所爲, 識其淺深, 故明夷注云"明夷莅衆, 顯明於外, 巧所避[1)]", 是也. 此卦繫辭皆以人事明之.

1) 明夷注云……巧所避 : 明夷卦 〈象傳〉 "밝음이 땅속으로 들어가는 것이 明夷卦이니, 군자가 보고서 무리에 임한다. 어둠을 사용하여 밝히다.〔明入地中 明夷 君子以莅衆 用晦而

明〕"의 注에, "무리에 임하면서 밝음을 드러내면 백성을 가리고 속이는 것이다. 그러므로 蒙昧함으로 바름을 기르고 明夷로 무리에 임하는 것이다. 안에 밝음을 감춰야 비로소 밝음을 얻고 밝음을 밖으로 드러냄은 공교히 피하는 것이다.〔莅象顯明 蔽僞百姓者也 故以蒙養正 以明夷莅象 藏明於內 乃得明也 顯明於外 巧所辟也〕"라고 보인다.

○ 注의 〔然則養正以明 失其道〕

○ 正義曰 : 〔然則養正以明 失其道〕 사람이 비록 聖人의 德을 간직하고 있으나 만약 숨기고 침묵하여 말하지 않으면 사람들이 그 깊이를 측량할 수 없어서 그 크기를 알 수 없으니, 이 때문에 聖人의 德이 더욱 깊고 클수록 측량할 수 없는 것이다. 만약 그 德을 밝게 드러내어서 스스로 발명하면 사람들이 그 하는 바를 알아서 德의 깊이를 알게 된다. 그러므로 明夷卦의 注에 "明夷로 사람들에게 임하여 밝음을 밖에 드러냄은 공교히 피하는 것이다."라고 한 것이 이것이다. 이 卦는 繫辭(彖辭와 爻辭)에 모두 사람의 일을 가지고 밝혔다.

彖曰 蒙은 山下有險하고 險而止 蒙이라

〈彖傳〉에 말하였다.

"蒙은 山 아래에 험함이 있고 험하고 그치는 것이 蒙卦이다.

【注】 退則困險하고 進則閡山하여 不知所適이 蒙之義也라

물러나면 험함에 곤궁하고 나아가면 山에 막혀서 갈 바를 알지 못하는 것이 蒙卦의 뜻이다.

【疏】 正義曰 : '山下有險'者, 坎在艮下, 是山下有險. 艮爲止, 坎上遇止, 是險而止也. 恐進退不可, 故蒙昧也. 此釋蒙卦之名.

正義曰 : 〔山下有險〕 坎이 艮 아래에 있으니 이것이 山 아래에 험함이 있는 것〔山下有險〕이다.

艮은 그침이 되는데 坎이 위로 그침을 만났으니 이것이 험하고 그치는 것〔險而止〕이다.

나아가고 물러감이 모두 불가할까 염려되므로 몽매한 것이다. 이는 蒙卦의 이름을 해석한 것이다.

蒙亨은 以亨行이니 時中也요

'蒙亨'은 형통함으로써 행함이니 때에 맞는 것이요,

【注】 時之所願은 惟願亨也니 以亨行之하면 得時中也라

때에 원하는 바는 오직 형통함을 원하는 것이니, 형통함으로써 행하면 때에 맞을 수 있는 것이다.

【疏】 正義曰：疊蒙亨之義. 言居蒙之時, 人皆願亨, 若以亨道行之, 于時則得中也, 故云"時中也."

正義曰：蒙亨의 뜻을 거듭 해석한 것이다. 蒙의 때에 거하여 사람들이 모두 형통하기를 원하니, 만약 형통할 방도로써 행하면 때에 中을 얻음을 말하였다. 그러므로 "때에 맞는 것이다.〔時中也〕"라고 말한 것이다.

匪我求童蒙이요 童蒙求我는 志應也라

내가 童蒙을 구하는 것이 아니요 童蒙이 나를 구함은 뜻이 응하는 것이다.

【注】 我는 謂非童蒙者也니 非童蒙者는 卽陽也라 凡不識者는 求問識者하고 識者는 不求所告하며 闇者는 求明하고 明者는 不諮於闇이라 故로 蒙之爲義는 匪我求童蒙이요 童蒙求我也라 童蒙之來求我는 志應故也라

'나'는 童蒙이 아닌 자를 이르니, 童蒙이 아닌 자는 바로 陽이다. 무릇 알지 못하는 자가 아는 자를 찾아가 묻고 아는 자는 고해줄 상대를 구하지 않으며, 어두운 자가 밝은 자를 구하고 밝은 자는 어두운 자에게 자문하지 않는다. 그러므로 蒙의 뜻은 내가 童蒙을 구하는 것이 아니요, 童蒙이 나를 구하는 것이다. 童蒙이 나에게 와서 구함은 뜻이 응하기 때문이다.

【疏】 正義曰：以童蒙闇昧之志, 而求應會明者. 故云"志應"也.

正義曰：童蒙의 어두운 뜻을 가지고 밝은 자를 구하여 응하고 만난다. 그러므로 "뜻이 응하는 것이다.〔志應〕"라고 말한 것이다.

初筮告는 以剛中也요

'처음 점치면 고함'은 剛中하기 때문이요,

【注】 謂二也라 二爲衆陰之主也니 无剛失中이면 何由得初筮之告乎아

九二를 말한 것이다. 九二는 여러 陰의 주체가 되니, 剛이 없고 中을 잃으면 어떻게 처음 점쳐 고해줌을 얻을 수 있겠는가.

再三이면 瀆이니 瀆則不告는 瀆蒙也일새니 蒙以養正이 聖功也라

'두세 가지로 말하면 瀆함이니 瀆하면 고하지 않는다.'는 것은 몽매한 자를 瀆亂하게 하기 때문이니, 몽매함으로써 바름을 기름이 聖人의 功이다."

【疏】 正義曰 : '再三瀆 瀆則不告 瀆蒙'者, 所以再三不告, 恐瀆亂蒙者. 自此以上, 彖辭摠釋蒙亨之義. '蒙以養正 聖功也'者, 能以蒙昧隱默, 自養正道, 乃成至聖之功[1]. 此一句釋經之利貞.

1) 蒙以養正……乃成至聖之功 : '蒙以養正'을 程伊川은 "蒙할 때(개발되지 않았을 때)에 바름을 기르는 것이 배움에 지극히 좋은 것이다.〔養正於蒙 學之至善也〕"라고 풀이하였는데, 孔穎達은 '몽매함으로 바름을 기름'으로 해석하였는바, 이때의 몽매함은 스승이 숨기고 침묵하여 밝게 고해주지 않음을 의미한다. '聖人之功'은 程伊川의 풀이에서는 '聖人이 되는 工夫'의 의미이고, 孔穎達의 해석에서는 '聖人이 하는 일'의 의미이다.

正義曰 : 〔再三瀆 瀆則不告 瀆蒙〕 두세 가지로 말하면 고하지 않는 까닭은 몽매한 자를 瀆亂하게 할까 염려해서이다. 이로부터 이상은 彖辭에 '蒙亨'의 뜻을 총괄하여 해석하였다.

〔蒙以養正 聖功也〕 몽매함으로써 숨기고 침묵하여 스스로 正道를 기름이 지극한 聖人의 功을 이루는 것이다. 이 한 句는 經文의 '利貞'을 해석한 것이다.

(彖)〔象〕[1]曰 山下出泉이 蒙이니

1) (彖)〔象〕 : 저본에는 '彖'으로 되어 있으나, ≪周易集解纂疏≫에 의거하여 '象'으로 바로잡았다.〔北京大本 참조〕

〈象傳〉에 말하였다.

"山 아래에서 물이 나오는 것이 蒙卦이니,

【注】 山下出泉하여 未知所適은 蒙之象也라

山 아래에서 물이 나와 아직 갈 바를 알지 못함은 蒙卦의 象이다.

【疏】 正義曰 : 山下出泉, 未有所適之處, 是險而止, 故蒙昧之象也.

正義曰 : 山 아래에서 물이 나와 아직 갈 곳이 있지 못하니, 이는 험하여 멈추는 것이다. 그러므로 몽매한 象이 되는 것이다.

君子以果行育德하나니라

君子가 이것을 응용하여 행실을 과단성 있게 하며 德을 기른다."

【注】 果行者는 初筮之義也요 育德者는 養正之功也라

'행실을 과단성 있게 하는 것'은 처음 점치는 뜻이요, '德을 기르는 것'은 바름을 기르는 功이다.

【疏】 正義曰 : 君子當發此蒙道, 以果決其行, 告示蒙者, 則初筮之義. '育德', 謂隱默懷藏, 不自彰顯, 以育養其德. '果行育德'者, 自相違錯, 若童蒙來問, 則果行也, 尋常處衆, 則育德, 是不相須也.

正義曰 : 君子가 마땅히 이 몽매한 道를 개발하여 그 행실을 과단성 있게 결단해서 몽매한 자에게 고해주고 보여줌은 처음 점치는 뜻이다.

〔育德〕 숨고 침묵하고 감추어서 스스로 밝게 드러내지 아니하여 그 德을 기름을 이른다.

〔果行育德〕 서로 모순이 되니, 만약 童蒙이 와서 물으면 행실을 과단성 있게 하여야 하고, 평소 여러 사람에게 대처할 때에는 德을 길러야 하니, 이는 서로 필요로 하지 않는 것이다.

初六은 發蒙호되 利用刑人이요 用說(탈)[1]桎梏이니 以往이면 吝하니라

1) 說(탈) : 脫(벗음)과 같다.

初六은 몽매함을 개발하되 사람을 형벌하는 것이 이롭고 질곡을 벗겨줌이 이로우니, 그대로 밀고 나가면 부끄러우리라.

【注】處蒙之初하여 二照其上이라 故로 蒙發也니 蒙發疑明이면 刑說當也라 以往吝은 刑不可長이라

蒙의 처음에 처하여 九二가 그 위에서 비춘다. 그러므로 몽매함이 개발되는 것이니, 몽매함이 개발되고 의심스러운 것이 밝아지면 형벌을 벗겨줌이 마땅하다. '그대로 밀고 나가면 부끄러움'은 형벌을 장구히 해서는 안 되는 것이다.

【疏】'初六'至'以往吝' ○正義曰:'發蒙'者, 以初近於九二, 二以陽處中, 而明能照闇, 故初六以能發去其蒙也. '利用刑人 用說桎梏'者, 蒙旣發去, 无所疑滯, 故利用刑戮于人, 又利用說去罪人桎梏. 以蒙旣發去, 疑事顯明, 刑人說桎梏, 皆得當. 在足曰桎, 在手曰梏, 小雅云"杻謂之梏, 械謂之桎."[1] '以往吝'者, 若以正道而往, 卽其事益善矣, 若以刑人之道出往, 往之, 卽有鄙吝.

1) 小雅云……械謂之桎 : 이 내용은 ≪廣雅≫에 "杽謂之梏 械謂之桎"이라고 보이는바, 孔穎達이 이를 ≪小爾雅≫로 잘못 기록한 것으로 보인다. '杽'와 '杻'는 모두 수갑의 의미로, 통용되는 글자이다.

經의 〔初六〕에서 〔以往吝〕까지

○正義曰:〔發蒙〕初六이 九二에 가까우니, 九二가 陽爻로서 中에 처하여 밝음이 어둠을 충분히 비출 수 있기 때문에 初六이 그 몽매함을 개발하여 제거할 수 있는 것이다.

〔利用刑人 用說桎梏〕蒙이 이미 개발되고 제거되어서 의심나고 막히는 바가 없으므로 사람을 형벌하는 것이 이롭고 또 죄인의 질곡을 벗겨주는 것이 이로운 것이다. 몽매함이 이미 개발되고 제거되어서 의심스러운 일이 밝게 드러나 사람을 형벌하고 질곡을 벗겨줌이 다 마땅함을 얻는 것이다. 발에 있는 것을 '桎'이라 하고, 손에 있는 것을 '梏'이라 하니, ≪小爾雅≫에 "杻을 梏이라 하고, 械를 桎이라 한다." 하였다.

〔以往吝〕만약 正道로써 가면 그 일이 더욱 좋을 것이요, 만약 사람을 형벌하는 道를 가지고 밀고 나가면 감에 바로 鄙吝이 있는 것이다.

象曰 利用刑人은 以正法也라

〈象傳〉에 말하였다. "사람을 형벌하는 것이 이로움은 법을 바로잡는 것이다."

【注】 刑人之道는 道所惡(오)也라 以正法制라 故로 利刑人也라

사람을 형벌하는 道는 道에서 싫어하는 바이다. 법제를 바로잡기 때문에 사람을 형벌함이 이로운 것이다.

【疏】 正義曰：且刑人之道, 乃賊害於物, 是道之所惡, 以利用刑人者, 以正其法制, 不可不刑矣. 故刑罰不可不施於國, 鞭扑不可不施於家. 案, 此經刑人說人二事, 象直云 "利用刑人"一者, 但擧刑重故也.

正義曰：또 사람을 형벌하는 道는 바로 물건을 해치는 것이니, 이것은 道에서 싫어하는 바인데, 사람을 형벌함이 이로운 것은 법제를 바로잡아 형벌하지 않을 수 없기 때문이다. 그러므로 형벌을 나라에 베풀지 않을 수 없고 채찍과 회초리를 가정에 베풀지 않을 수 없는 것이다.

살펴보건대 이 經文에는 사람을 형벌하고 사람의 질곡을 벗겨주는 두 가지 일이 있는데, 〈象傳〉에서는 다만 "사람을 형벌하는 것이 이로운〔利用刑人〕" 한 가지 일만을 말한 것은 다만 형벌이 중함을 들었기 때문이다.

九二는 包蒙吉이요 納婦吉이니 子克家로다

九二는 몽매함을 포용하면 길하고 부인을 받아들이면 길하니, 자식이 집안일을 잘 맡도다.

【注】 以剛居中하여 童蒙所歸니 包而不距면 則遠近咸至라 故로 包蒙吉也라 婦者는 配己而成德者也니 體陽而能包蒙하여 以剛而能居中하니 以此納配면 物莫不應이라 故로 納婦吉也라 處于卦內하여 以剛接柔하고 親而得中하여 能幹其任하여 施之於子는 克家之義라

剛으로 中에 거하여 童蒙이 귀의하는 바이니, 포용하고 막지 않으면 멀고 가까운 사람이 모두 이른다. 그러므로 몽매함을 포용하면 길한 것이다.

'부인'이란 자기의 배필이 되어서 德을 이루는 자인데, 체가 陽이면서 능히 몽매함을 포용하여 剛으로서 中에 거하니, 이로써 배필을 받아들이면 물건이 응하지 않는 것이 없다. 그러므로 부인을 받아들이면 길한 것이다. 卦의 안에 처하여 剛으로 柔를 접하고 친

하여 中을 얻어서 능히 그 임무를 주관하여 자식에게 베풂은 '집안일을 잘 맡는' 뜻이다.

【疏】'九二'至'子克家' ○正義曰：包謂包含, 九二以剛居中, 童蒙悉來歸己, 九二能含容而不距, 皆與之決疑, 故得吉也. 九二以剛居中, 陰來應之. 婦謂配也, 故納此匹配而得吉也. 此爻在下體之中, 能包蒙納婦, 任內理中, 幹了其任, 卽是子孫能克荷家事, 故云"子克家"也.

經의 〔九二〕에서 〔子克家〕까지

○正義曰：'包'는 포용을 이르니, 九二가 剛으로서 中에 거하여 童蒙들이 모두 와서 자기에게 귀의하니, 九二가 능히 포용하고 막지 아니하여 그들과 모두 의심나는 것을 결단한다. 그러므로 길함을 얻는 것이다.

九二가 剛으로서 中에 거하여 陰이 와서 응한다. '婦'는 배필을 이르므로 이 배필을 받아들여 길함을 얻는 것이다. 이 爻가 下體의 中에 있어서 능히 몽매함을 포용하고 부인을 받아들이며 안을 맡고 가운데를 다스려서 그 임무를 주관하니, 이는 자손이 집안일을 잘 맡는 것이다. 그러므로 "자식이 집안일을 잘 맡는다.〔子克家〕"라고 한 것이다.

【疏】○注'親而得中' ○(王氏)〔正義〕[1]曰：'親而得中'者, 言九二居下卦之中央, 上下俱陰, 以己之兩陽, 迎接上下二陰, 陰陽相親, 故云"親而得中"也. '能幹其任'者, 旣能包蒙, 又能納匹, 是能幹其任.

1) (王氏)〔正義〕：저본에는 '王氏'로 되어 있으나, 錢本·宋本에 의거하여 '正義'로 바로잡았다.〔阮刻本 참조〕

○注의 〔親而得中〕

○正義曰：〔親而得中〕 九二가 下卦의 중앙에 거하여 위아래가 모두 陰인데 자기의 두 陽으로써 위아래에 있는 두 陰을 영접하여 陰과 陽이 서로 친함을 말하였다. 그러므로 "친하여 中을 얻었다.〔親而得中〕"라고 한 것이다.

〔能幹其任〕 이미 몽매함을 포용하고 또 배필을 받아들이니, 이것이 능히 그 임무를 주관하는 것〔能幹其任〕이다.

象曰 子克家는 剛柔(節)〔接〕[1]也라

1) (節)〔接〕：저본에는 '節'로 되어 있으나, 아래의 正義(疏)와 ≪周易集解≫ 등에 의거하여

'接'으로 바로잡았다.

〈象傳〉에 말하였다. "자식이 집안일을 잘 맡음은 剛과 柔가 접하는 것이다."

【疏】 正義曰：以陽居於卦內, 接待群陰, 是剛柔相接, 故克幹家事也.

正義曰：陽으로서 卦의 안에 거하여 여러 陰을 접대하니, 이는 剛과 柔가 서로 접하는 것이다. 그러므로 집안일을 잘 주관하는 것이다.

六三은 勿用取女니 見金夫하고 不有躬하여 无攸利하니라

六三은 여자를 취함에 쓰지 말아야 하니, 돈 많은 지아비를 보고 몸을 두지 못하여 이로운 바가 없다.

【注】 童蒙之時에 陰求於陽하고 晦求於明하여 各求發其昧者也라 六三은 在下卦之上하고 上九는 在上卦之上하니 男女之義也어늘 上不求三而三求上하니 女先求男者也라 女之爲體는 正行以待命者也니 見剛夫而求之라 故로 曰 不有躬也라하니라 施之於女하면 行在不順이라 故로 勿用取女하여 而无攸利하니라

童蒙의 때에는 陰이 陽을 구하고 어두운 자가 밝은 자에게 구하여, 각각 그 몽매함을 개발하기를 구하는 것이다. 六三은 下卦의 위에 있고 上九는 上卦의 위에 있으니, 男과 女의 뜻이다. 上九가 六三을 구하지 않는데 六三이 上九를 구하니, 이는 여자가 먼저 남자를 구하는 것이다. 여자의 體는 행실을 바르게 하여 命令을 기다리는 자이니, 강한 지아비를 보고 구하므로 '몸을 두지 못한다.'고 말한 것이다. 이것을 여자에 베풀면 행실이 순하지 않은 것이다. 그러므로 여자를 취함에 쓰지 말아서 이로운 바가 없는 것이다.

【疏】 '六三'至'无攸利' ○ 正義曰：'勿用取女'者, 女謂六三, 言勿用取此六三之女. 所以不須〔取〕[1]者, 此童蒙之世, 陰求於陽, 是女求男之時也. '見金夫'者, 謂上九以其剛陽, 故稱金夫, 此六三之女, 自往求見金夫. 女之爲禮, 正行以待命而嫁, 今先求於夫, 是爲女不能自保其躬, 固守貞信, 乃非禮而動. 行旣不順, 若欲取之, 无所利益, 故云"不有躬, 无攸利"也.

1) 〔取〕: 저본에는 '取'가 없으나 宋本에 의거하여 보충하였다.〔阮刻本 참조〕

經의 〔六三〕에서 〔无攸利〕까지

○ 正義曰 : 〔勿用取女〕 '女'는 六三을 이르니, 이 六三의 여자를 취함에 쓰지 말라고 말한 것이다. 취해서는 안 되는 까닭은 이 몽매한 세상엔 陰이 陽을 구하니, 이는 여자가 남자를 구하는 때이기 때문이다.

〔見金夫〕 上九가 陽剛이기 때문에 '金夫'라고 칭하였으니, 이 六三의 여자가 스스로 가서 金夫를 찾아보는 것이다. 여자의 禮는 행실을 바르게 하여 명령을 기다려서 시집가는 것인데, 지금 먼저 남자에게 구하면 이는 여자가 스스로 자신의 몸을 보존해서 貞操와 信義를 굳게 지키지 못하는 것이니, 바로 禮가 아니면서 동하는 것이다. 행실이 이미 순하지 못한데 만약 그를 취하고자 하면 이로운 바가 없다. 그러므로 "몸을 두지 못하여 이로운 바가 없다.〔不有躬 无攸利〕"라고 한 것이다.

象曰 勿用取女는 行不順也일새라

〈象傳〉에 말하였다. "여자를 취함에 쓰지 말라는 것은 행실이 순하지 않기 때문이다."

【疏】 正義曰 : 釋勿用取女之義. 所以勿用取此女者, 以女行不順故也.

正義曰 : '여자를 취함에 쓰지 말라.〔勿用取女〕'는 뜻을 해석한 것이다. 이 여자를 취함에 쓰지 말아야 하는 이유는 여자의 행실이 순하지 않기 때문이다.

六四는 困蒙이니 吝하도다

六四는 몽매함에 곤궁하니, 鄙吝하도다.

【注】 獨遠於陽하고 處兩陰之中하여 闇莫之發이라 故曰 困蒙也요 困於蒙昧하여 不能比賢以發其志하니 亦以鄙矣라 故曰 吝也라

홀로 陽과 멀리 있고 두 陰의 가운데에 처하여 어두운 것을 개발해주는 이가 없다. 그러므로 '몽매함에 곤궁하다.' 하였고, 몽매함에 곤궁하므로 어진 이를 가까이해서 자기의 뜻을 개발하지 못하니, 또한 비루하다. 그러므로 '鄙吝하다' 한 것이다.

【疏】 正義曰 : 此釋六四爻辭也. 六四在兩陰之中, 去九二既遠, 无人發去其童蒙, 故曰"困于蒙昧而有鄙吝."

正義曰 : 이는 六四의 爻辭를 해석한 것이다.

六四가 두 陰의 가운데에 있고 九二와의 거리가 이미 멀어서 자기의 童蒙을 개발하여 제거해줄 사람이 없다. 그러므로 "몽매함에 곤궁하여 鄙吝함이 있다."고 말한 것이다.

象曰 困蒙之吝은 獨遠實也일새라

〈象傳〉에 말하였다. "困蒙의 鄙吝함은 홀로 實과 멀기 때문이다."

【注】 陽稱實也라

陽을 實이라 칭한다.

【疏】 '象曰'至'獨遠實也' ○ 正義曰 : '獨遠實'者, 實謂九二之陽也, 九二以陽, 故稱實也. 六三近九二, 六五近上九, 又應九二, 唯此六四, 旣不近二, 又不近上, 故云"獨遠實也."

經의 〔象曰〕에서 〔獨遠實也〕까지

○ 正義曰 : 〔獨遠實〕 '實'은 九二의 陽을 이르니, 九二가 陽이기 때문에 '實'이라고 칭한 것이다. 六三은 九二와 가까우며 六五는 上九와 가깝고 또 九二와 응하는데, 오직 이 六四는 이미 九二와 가깝지 않고 또 上九와 가깝지 않다. 그러므로 "홀로 實과 거리가 멀기 때문이다.〔獨遠實也〕"라고 말한 것이다.

【疏】 ○ 注'陽實也' ○ 正義曰 : 陽主生息, 故稱實. 陰主消損, 故不得言實.

○ 注의 〔陽實也〕

○ 正義曰 : 陽은 낳고 번식하는 것을 주장하므로 實이라 칭하고, 陰은 사라지고 減損하는 것을 주장하므로 實이라 칭할 수 없는 것이다.

六五는 童蒙이니 吉하니라

六五는 童蒙이니 길하다.

【注】 以夫陰質로 居於尊位하여 不自任察하고 而委於二하여 付物以能하여 不勞聰明하고 功

斯克矣라 故曰童蒙吉이라하니라

陰의 자질로 높은 지위에 거하여 스스로 맡아 살피지 않고 九二에게 위임해서 사물을 유능한 자에게 맡겨 총명을 수고롭게 하지 않고서 功을 이룬다. 그러므로 "童蒙이니 길하다."라고 한 것이다.

【疏】 正義曰 : 言六五以陰居於尊位, 其應在二, 二剛而得中, 五則以事委任於二, 不勞己之聰明, 猶若童稚蒙昧之人, 故所以得吉也.

正義曰 : '六五가 陰으로서 높은 지위에 거하여 그 응함이 九二에 있고 九二가 剛하면서 中을 얻었는데 六五가 九二에게 일을 위임하여 자기의 총명함을 수고롭게 하지 않으니, 마치 어리고 몽매한 사람과 같다. 그러므로 길함을 얻는다.'는 말이다.

象曰 童蒙之吉은 順以巽也라

〈象傳〉에 말하였다. "童蒙의 길함은 순하고 공손하기 때문이다."

【注】 委物以能하여 不先不爲는 順以巽也라

유능한 이에게 사물을 맡겨서 먼저 하지 않고 스스로 하지 않음은 순하고 공손한 것이다.

【疏】 '象曰' 至 '順以巽也' ○ 正義曰 : '順以巽也', 釋童蒙之吉, 巽以順也, 猶委物於二. 順謂心順, 巽謂貌順. 故褚氏云"順者, 心不違也. 巽者, 外迹相卑下也."

經의 〔象曰〕에서 〔順以巽也〕까지

○ 正義曰 : 〔順以巽也〕 童蒙의 길함이 공손하고 순하기 때문임을 해석한 것이니, 사물을 九二에게 맡기는 것과 같다. '順'은 마음이 순함을 이르고, '孫'은 용모가 순함을 이른다. 그러므로 褚氏(褚仲都)는 "順이란 마음이 어기지 않는 것이요, 巽이란 외모의 자취가 서로 낮추는 것이다." 하였다.

【疏】 ○ 注 '委物以能' 至 '順以巽也' ○ 正義曰 : '委物以能', 謂委付事物, 與有能之人, 謂委二也. '不先不爲'者, 五雖居尊位, 而專委任於二, 不在二先而首唱, 是順於二也. 不爲者, 謂不自造爲, 是委任二也. 不先於二, 是心順也, 不自造爲, 是貌順也.

○ 注의 〔委物以能〕에서 〔順以巽也〕까지

○ 正義曰 : 〔委物以能〕 사물을 맡겨서 유능한 사람에게 줌을 이르니, 九二에게 맡김을 이른다.

〔不先不爲〕 六五가 비록 높은 지위에 있으나 오로지 九二에게 위임하여 九二의 앞에 있으면서 先唱하지 않으니, 이는 九二에게 순한 것이다. '不爲'는 스스로 만들고 하지 않음을 이르니, 이는 九二에게 위임한 것이다. 九二보다 먼저 하지 않음은 마음이 순한 것이요, 스스로 만들고 하지 않음은 용모가 순한 것이다.

上九는 擊蒙이니 不利爲寇요 利禦寇하니라

上九는 몽매함을 공격함이니, 도적질함은 이롭지 않고 도적을 막는 것은 이롭다.

【注】 處蒙之終하여 以剛居上하니 能擊去童蒙하여 以發其昧者也라 故로 曰 擊蒙也라 童蒙願發而己能擊去之하여 合上下之願이라 故로 莫不順也라 爲之扞禦면 則物咸附之요 若欲取之면 則物咸叛矣라 故로 不利爲寇요 利禦寇也라

蒙卦의 끝에 처하여 剛으로서 윗자리에 있으니, 능히 童蒙을 공격하여 제거해서 그 몽매함을 개발하는 자이다. 그러므로 '몽매함을 공격한다.'고 말한 것이다. 童蒙이 개발되기를 원하는데 자기가 능히 몽매함을 공격하여 제거해서 上下의 소원에 부합한다. 그러므로 순하지 않음이 없는 것이다.

몽매한 자를 위하여 막아주면 물건(사람)이 모두 따르고, 만약 몽매한 자를 취하고자 하면 물건이 모두 배반한다. 그러므로 도적질함은 이롭지 않고 도적을 막는 것은 이로운 것이다.

【疏】 正義曰 : 處蒙之終, 以剛居上, 能擊去衆陰之蒙, 合上下之願, 故莫不順從也. 若因物之來, 卽欲取之而爲寇害, 物皆叛矣, 故不利爲寇也. 若物從外來, 爲之扞禦, 則物咸附之, 故利用禦寇也.

正義曰 : 蒙卦의 끝에 처하여 剛으로서 윗자리에 있으니, 능히 여러 陰의 몽매함을 공격하여 제거해서 上下의 소원에 부합한다. 그러므로 순종하지 않음이 없는 것이다. 만약 물건이 옴을 인하여 즉시 그를 취해서 노석실하여 해를 입히고자 하면 물긴이 모두 배반한다. 그러므로 도적질함은 이롭지 않은 것이다. 만약 물건이 밖에서 왔을 적에 그를 위하여 막아주면 물건이 모두 따른다. 그러므로 도적을 막는 것은 이로운 것이다.

象曰 利用禦寇는 上下順也라

〈象傳〉에 말하였다. "도적을 막음이 이로움은 上下가 순종하는 것이다."

【疏】 正義曰：所宜利爲物禦寇者, 由上下順從故也. 言此爻旣能發去衆蒙, 以合上下之願, 又能爲之禦寇, 故上下彌更順從也.

正義曰：마땅히 물건을 위하여 도적을 막아줌이 이로운 것은 상하가 순종하기 때문이다. '이 爻가 이미 능히 여러 몽매함을 개발하여 제거해서 상하의 소원에 부합하고 또 능히 그를 위하여 도적을 막아준다. 그러므로 상하가 더욱 순종한다.'는 말이다.

5. 需䷄ 乾下坎上

需는 **有孚**하여 **光亨貞吉**하니 **利涉大川**하니라

需는 믿음이 있어서 光明하여 亨通하여 正道에 길하니, 大川을 건넘이 이롭다.

【疏】 正義曰 : 此需卦繫辭也. '需'者, 待也. 物初蒙稚, 待養而成, 无信卽不立, 所待唯信也, 故云"需有孚." 言需之爲體, 唯有信也. '光亨貞吉'者, 若能有信, 卽需道光明, 物得亨通, 于正則吉, 故云"光亨貞吉"也. '利涉大川'者, 以剛健而進, 卽不患於險, 乾德乃亨, 故云"利涉大川."

正義曰 : 이는 需卦의 繫辭이다.

〔需〕 기다림이다. 물건이 처음에는 어리니 길러줌을 기다린 뒤에 이루어지고, 信이 없으면 서지 못하니 기다리는 것은 오직 信이다. 그러므로 "需는 믿음이 있다.〔需有孚〕"라 하였으니, 需의 體가 오직 信이 있음을 말한 것이다.

〔光亨貞吉〕 만약 信이 있으면 需의 道가 광명하여 물건이 형통함을 얻어서 正道에 길한 것이다. 그러므로 "광명하여 형통하여 正道에 길하다.〔光亨貞吉〕"라고 말한 것이다.

〔利涉大川〕 剛健함으로 나아가면 험함을 근심하지 않아서 乾의 德이 마침내 형통하다. 그러므로 "大川을 건넘이 이롭다.〔利涉大川〕"라고 한 것이다.

彖曰 需는 **須也**니 **險在前也**요 **剛健而不陷**하니 **其義不困窮矣**라 **需有孚**하여 **光亨貞吉**은 **位乎天位**하여 **以正中也**일새니라

〈彖傳〉에 말하였다.

"需는 기다림이니 험함이 앞에 있기 때문이요, 강건하며 빠지지 않으니 그 義가(義理에 있어) 곤궁하지 않은 것이다. '需는 믿음이 있어서 光明하여 亨通하여 正道에 길하다.'는 것은 天位에 자리하여 正中하기 때문이다.

【注】 謂五也니 位乎天位하여 用其中正하여 以此待物이면 需道畢矣라 故光亨貞吉이라

九五를 말한 것이니, 天位에 자리해서 中正을 사용하여 이로써 물건을 대하면 需의 道가 끝난다. 그러므로 '光明하여 亨通하여 正道에 길하다.' 한 것이다.

【疏】 '彖曰需須也' 至 '以正中也' ○ 正義曰 : 此釋需卦繫辭. '需 須也 險在前'者, 釋需卦之名也, 是需待之義, 故云"需, 須也." 險在前, 釋所以需待, 由險難在前, 故有待乃進也. '剛健而不陷 其義不困窮矣'者, 解需道所以得亨, 由乾之剛健, 前雖遇險, 而不被陷滯, 是其需待之義, 不有困窮矣, 故得光亨貞吉, 由乾之德也.

經의 〔彖曰需須也〕에서 〔以正中也〕까지

○ 正義曰 : 이는 需卦의 繫辭를 해석한 것이다.

〔需 須也 險在前〕 需卦의 이름을 해석한 것이니, 이것이 기다림의 뜻이다. 그러므로 "需는 기다림이다.〔需 須也〕"라고 한 것이다. '險在前'은, 기다리는 까닭은 험난함이 앞에 있기 때문에 기다림이 있은 뒤에 비로소 나아가는 것임을 해석한 것이다.

〔剛健而不陷 其義不困窮矣〕 '需의 道가 형통함을 얻는 까닭은 乾의 剛健함을 말미암아 앞에 비록 험함을 만나나 빠지고 막힘을 당하지 않기 때문임'을 해석한 것이니, 이것이 바로 기다리는 뜻인바 곤궁함이 있지 않은 것이다. 그러므로 光明하여 亨通하여 正道에 길함을 얻으니, 이는 乾의 德 때문인 것이다.

【疏】 '需有孚 光亨貞吉 位乎天位 以正中'者, 此疊出需卦繫辭, 然後釋之也. 言此需體非但得乾之剛彊而不陷, 又由中正之力也. 以九五居乎天子之位, 又以陽居陽, 正而得中, 故能有信, 光明亨通而貞吉也. '剛健而不陷', 只由二象之德, 位乎天位, 以正中, 是九五之德也. 凡卦之爲體, 或直取象而爲卦德者, 或直取爻而爲卦德者, 或以兼象兼爻而爲卦德者, 此卦之例, 是也.

〔需有孚 光亨貞吉 位乎天位 以正中〕 이는 需卦의 繫辭를 거듭 드러내고 그런 뒤에 해석한 것이다. 이 需의 體는 다만 乾의 剛彊함을 얻어 빠지지 않을 뿐만이 아니요 또 中正의 힘을 말미암았음을 말한 것이다. 九五가 천자의 지위에 거하고 또 陽爻로서 陽의 자리에 거하여 正하면서 中을 얻었다. 그러므로 信이 있어서 광명하여 형통하여 正道에 길한 것이다.

〔剛健而不陷〕 다만 두 象의 德에 연유한 것이니, 天位에 자리하여 正中을 씀은 바로

九五의 德이다. 무릇 卦의 體는 혹은 곧바로 象을 취하여 卦의 德으로 삼기도 하고, 혹은 곧바로 爻를 취하여 卦의 德으로 삼기도 하고, 혹은 象과 爻를 겸하여 卦의 德으로 삼기도 하니, 이 卦의 例가 바로 그것이다.

【疏】 ○ 注'謂五也'至'光亨貞吉' ○ 正義曰 : '需道畢矣'者, 凡需待之義, 先須於信, 後乃光明亨通於物而貞吉, 能備此事, 是須道終畢. 五卽居於天位, 以陽居尊, 中則不偏, 正則无邪. 以此待物, 則所爲皆成, 故需道畢矣.

○ 注의 〔謂五也〕에서 〔光亨貞吉〕까지

○ 正義曰 : 〔需道畢矣〕 무릇 기다리는 뜻은 먼저 信을 기다린 뒤에 비로소 광명하여 물건을 형통하게 하여 正道에 길한 것이니, 이 일을 구비하면 기다리는 道가 모두 끝나는 것이다. 九五가 바로 天位에 거하여 陽으로서 높은 지위에 거하였으니, 中하면 편벽되지 않고 正하면 간사함이 없는 것이다. 이로써 물건을 대하면 하는 바가 모두 이루어진다. 그러므로 需의 道가 끝나는 것이다.

利涉大川은 往有功也라

'大川을 건넘이 이로움'은 가면 功이 있는 것이다."

【注】 乾德獲進하여 往輒亨也라

乾의 德이 나아감을 얻어서 가면 곧 형통한 것이다.

【疏】 '利涉大川往有功也' ○ 正義曰 : 釋利涉大川之義, 以乾剛健, 故行險有功也.

經의 〔利涉大川往有功也〕

○ 正義曰 : '大川을 건넘이 이롭다.'는 뜻을 해석한 것이니, 乾으로서 剛健하기 때문에 험한 곳을 감에 功이 있는 것이다.

【疏】 ○ 注'乾德'至'亨也' ○ 正義曰 : 前云"剛健而不陷", 此云"往有功", 剛健卽乾也, 故乾德獲進, 往而有功, 卽是往輒亨通也. 此雖釋利涉大川, 兼釋上光亨之義, 由是光亨, 乃得利涉大川, 故於利涉大川, 乃明亨也.

○ 注의 〔乾德〕에서 〔亨也〕까지

○ 正義曰 : 앞에서는 "剛健하여 빠지지 않는다."고 말하였고, 여기에서는 "가면 功이 있다.〔往有功〕"라고 말하였으니, '剛健'은 바로 乾이다. 그러므로 乾의 德이 나아감을 얻어서 가면 功이 있는 것이니, 이것이 바로 '가면 곧 형통함'인 것이다. 이는 비록 '利涉大川'을 해석한 것이나 위의 '光亨'의 뜻을 겸하여 해석하였으니, 이 '光亨'을 말미암아 비로소 '利涉大川'을 얻는다. 그러므로 '利涉大川'에서 비로소 형통함을 밝게 드러낸 것이다.

象曰 雲上於天이 需니 君子以飮食宴樂하나니라

〈象傳〉에 말하였다. "구름이 하늘로 올라감이 需卦이니, 君子가 이것을 보고서 음식을 먹고 宴樂을 한다."

【注】 童蒙已發하여 盛德光亨하니 飮食宴樂이 其在兹乎인저

童蒙이 이미 개발되어서 성대한 德이 광명하여 형통하니, 음식을 먹고 宴樂하는 것이 바로 이때에 있는 것이다.

【疏】 '象曰'至'飮食宴樂' ○ 正義曰 : 坎既爲險, 又爲雨, 今不言險雨者, 此象不取險難之義也, 故不云險也, 雨是已下之物, 不是須待之義, 故不云雨也. 不言天上有雲, 而言雲上於天者, 若是天上有雲, 无以見欲雨之義, 故云"雲上於天". 若言雲上於天, 是天之欲雨, 待時而落, 所以明需大惠將施而盛德又亨, 故君子於此之時, 以飮食宴樂.

經의 〔象曰〕에서 〔飮食宴樂〕까지

○ 正義曰 : 坎은 이미 험함이 되고 또 비가 되는데 이제 험함과 비를 말하지 않은 것은 이 象이 험난함의 뜻을 취하지 않았으므로 험함을 말하지 않은 것이요, 비는 이미 내려온 물건이니 기다리는 뜻이 아니므로 비라고 말하지 않은 것이다.

'하늘 위에 구름이 있다.〔天上有雲〕'고 말하지 않고 '구름이 하늘로 올라간다.〔雲上於天〕'고 말한 것은, 만약 하늘 위에 구름이 있으면 비가 내리려는 뜻을 볼 수 없으므로 "雲上於天"이라고 말한 것이다. 만약 구름이 하늘로 올라간다고 말하면 이는 하늘이 비를 내리고자 하여 때를 기다려 내리는 것이니, 이는 需가 큰 은혜를 장차 베풀어 성대한 德이 또 형통함을 밝힌 것이다. 그러므로 君子가 이러한 때에 이 象을 보고서 음식을 먹고 宴樂하는 것이다.

初九는 需于郊라 利用恒이니 无咎리라

初九는 郊外에서 기다리는 象이다. 떳떳함을 씀이 이로우니 허물이 없으리라.

【注】居需之時하여 最遠於難하고 能抑其進하여 以遠險待時하니 雖不應幾나 可以保常也라

需의 때에 거하여 험난함과 가장 멀어서 능히 그 나아감을 억제하여 험함을 멀리하고 때를 기다리니, 비록 시기에 응하지는 못하나 떳떳함을 보존할 수 있는 것이다.

【疏】正義曰：但難在於坎, 初九去難既遠, 故待時在於郊. '郊'者, 是境上之地, 亦去水遠也. '利用恒 无咎'者, 恒, 常也, 遠難待時以避其害, 故宜利保守其常, 所以无咎, 猶不能見幾速進, 但得无咎而已.

正義曰：다만 험난함이 坎에 있는데, 初九가 험난함과의 거리가 이미 멀기 때문에 때를 기다려서 교외에 있는 것이다.

〔郊〕 국경 위의 땅이요, 또 물과 거리가 멀다.

〔利用恒 无咎〕 '恒'은 떳떳함이니, 험함을 멀리하고 때를 기다리면서 해로움을 피한다. 그러므로 떳떳함을 보존하여 지킴이 이로운 것이니, 이 때문에 허물이 없으나 아직 기미를 보고 속히 나아가지 못하여 다만 허물이 없음을 얻을 뿐이다.

象曰 需于郊는 不犯難行也요 利用恒无咎는 未失常也라

〈象傳〉에 말하였다. "'교외에서 기다림'은 험난함을 범하여 나아가지 않는 것이요, '떳떳함을 씀이 이로우니 허물이 없다.'는 것은 떳떳함을 잃지 않는 것이다."

【疏】正義曰：'不犯難行'者, 去難既遠, 故不犯難而行. '未失常'者, 不敢速進, 遠難待時, 是未失常也.

正義曰：〔不犯難行〕 험난함과의 거리가 이미 멀기 때문에 험난함을 범하여 가지 않는 것이다.

〔未失常〕 감히 속히 나아가지 못하여 험난함을 멀리하고 때를 기다리니, 이것이 '떳떳함을 잃지 않는 것〔未失常〕'이다.

九二는 需于沙라 小有言이나 終吉하리라

九二는 모래에서 기다리는 象이니, 다소 口舌(꾸짖음과 비방)이 있으나 끝내 길하리라.

【注】 將近於難이라 故로 曰 需於沙也요 不至致寇라 故로 曰 小有言也라 近不逼難하고 遠不後時하며 履健居中하여 以待其會하니 雖小有言이나 以吉終也라

장차 험난함에 가까워지므로 '모래에서 기다린다.'고 말하였고, 도적을 부름에 이르지 않았으므로 '다소 口舌이 있다.'고 말한 것이다. 가까이는 험난함에 핍박하지 않고 멀어도 때에 뒤늦지 않으며 健을 밟고 中에 거하여 기회를 기다리니, 비록 다소 구설이 있으나 길함으로써 끝마치는 것이다.

【疏】 正義曰：沙是水傍之地, 去水漸近, 待時于沙, 故難稍近. 雖未致寇, 而小有言, 以相責讓. 近不逼難, 遠不後時, 但履健居中, 以待要會, 雖小有責讓之言, 而終得其吉也.

正義曰：모래는 본래 물가의 땅으로서 물과의 거리가 점점 가까워지니, 모래에서 때를 기다리므로 험난함이 조금 가까운 것이다. 비록 도적을 부름에 이르지 않았으나 다소 구설이 있어서 서로 꾸짖는 것이다. 가까이는 험난함에 핍박하지 않고 멀어도 때에 뒤늦지 않으며 다만 健을 밟고 中에 거하여 기회를 기다리니, 비록 다소 꾸짖는 말이 있으나 끝내 그 길함을 얻는 것이다.

象曰 需于沙는 衍在中也니 雖小有言이나 以終吉也리라

〈象傳〉에 말하였다. "모래에서 기다림은 너그러움으로 中에 있는 것이요, 비록 다소 口舌이 있으나 길함으로 끝마치리라."

【疏】 正義曰：'需于沙 衍在中'者, 衍謂寬衍, 去難雖近, 猶未逼于難, 而寬衍在其中也, 故雖小有言, 以吉終也.

正義曰：〔需于沙 衍在中〕 '衍'은 너그러움을 이르니, 험난함과의 거리가 비록 가까우나 아직 험난함에 핍박하지 않아서 너그러움으로 中에 있다. 그러므로 다소 구설이 있으나 길함으로 끝마치는 것이다.

九三은 需于泥니 致寇至리라

九三은 진흙에서 기다리는 象이니, 도적이 오도록 만들리라.

【注】以剛逼難하여 欲進其道하니 所以招寇而致敵也로되 猶有須焉하여 不陷其剛이라 寇之來也는 自我所招니 敬愼防備면 可以不敗라

剛으로서 험난함에 핍박하여 道에 나아가고자 하니 이 때문에 도적을 불러 도적을 오게 하는 것이나, 아직 기다림이 있어서 剛함에 빠지지 않는다. 도적이 오는 것은 나로 말미암아 불러온 것이니, 공경하고 삼가 방비하면 패하지 않을 수 있을 것이다.

【疏】正義曰：泥者, 水傍之地, 泥溺之處, 逼近於難, 欲進其道, 難必害己, 故致寇至. 猶且遲疑而需待時, 雖卽有寇至, 亦未爲禍敗也.

正義曰：〔泥〕 물가의 땅이요, 빠지는 곳이다.

험난함에 逼近하여 道에 나아가고자 하면 험난함이 반드시 자신을 해친다. 그러므로 '도적이 오도록 만드는 것'이다. 그래도 지체하고 의심하여 때를 기다리면 비록 도적이 오더라도 또한 禍와 失敗가 되지 않을 것이다.

象曰 需于泥는 災在外也요 自我致寇하니 敬愼不敗也리라

〈象傳〉에 말하였다. "진흙에서 기다림은 재앙이 밖에 있는 것이요, 나로 말미암아 도적을 불러들였으니 공경하고 삼가면 실패하지 않으리라."

【疏】正義曰：'災在外'者, 釋需于泥之義, 言爲需雖復在泥, 泥猶居水之外, 卽災在身外之義, 未陷其剛之義, 故可用需以免. '自我致寇 敬愼不敗'者, 自, 由也, 由我欲進而致寇來, 己若敬愼, 則不有禍敗也.

正義曰：〔災在外〕 '진흙에서 기다린다.'는 뜻을 해석한 것이다. '기다려서 비록 다시 진흙에 있으나 진흙은 오히려 물 밖에 있으니, 바로 재앙이 몸 밖에 있는 뜻인바, 그 강함에 빠지지 않는 뜻이 된다. 그러므로 기다림을 써서 〈禍敗를〉 면할 수 있다.'는 말이다.

〔自我致寇 敬愼不敗〕 '自'는 말미암음이니, 내가 나아가고자 함으로 말미암아 도적이 오도록 만들었으니, 자기가 공경하고 삼가면 禍와 失敗가 있지 않을 것이다.

六四는 需于血이니 出自穴이로다

六四는 피에서 기다림이니, 구멍에서 나오도다.

【注】 凡稱血者는 陰陽相傷者也라 陰陽相近而不相得하여 陽欲進而陰塞之면 則相害也라 穴者는 陰之路也니 處坎之始는 居穴者也라 九三剛進에 四不能距하여 見侵則辟(피)[1]하니 順以聽命者也라 故曰 需于血이니 出自穴也라하니라

1) 辟(피) : '避(피하다)'와 같다.

무릇 '피〔血〕'라고 칭하는 것은 陰과 陽이 서로 상한 것이다. 陰과 陽이 서로 가까이 있으면서 서로 뜻이 맞지 않아 陽이 나아가고자 하는데 陰이 이것을 막으면 서로 해치게 된다. '구멍〔穴〕'이란 陰의 길이니, 坎의 시초에 처함은 구멍에 처한 것이다. 九三이 강하게 나아감에 六四가 막지 못하여 침해를 당하면 피하니, 순함으로써 명령을 따르는 자이다. 그러므로 '피에서 기다림이니 구멍에서 나온다.'고 말한 것이다.

【疏】 '六四需于血出自穴' ○ 正義曰 : '需于血'者, 謂陰陽相傷, 故有血也. 九三之陽而欲上進, 此六四之陰而塞其路, 兩相妨害, 故稱血, 言待時于血, 猶待時於難中也. '出自穴'者, 穴卽陰之路也, 而處坎之始, 是居穴者也. 三來逼己, 四不能距, 故出此所居之穴以避之, 但順以聽命而得免咎也, 故象云"需于血, 順以聽命也."

經의 〔六四需于血出自穴〕

○ 正義曰 : 〔需于血〕 陰과 陽이 서로 상하였기 때문에 피가 있음을 말한 것이다. 九三이 陽으로서 위로 나아가고자 하는데 이 六四의 陰이 그 길을 막아서 둘이 서로 방해한다. 그러므로 '피〔血〕'라고 칭하였으니, 피에서 때를 기다림은 험난한 가운데에서 때를 기다림과 같음을 말한 것이다.

〔出自穴〕 '穴'은 바로 陰의 길이니, 坎의 시초에 처함은 이는 구멍에 거처하는 자이다. 九三이 와서 자기를 핍박할 적에 六四가 막아내지 못한다. 그러므로 이 거처하고 있던 구멍을 나와 피하니, 다만 순함으로써 명령을 따라 허물을 면함을 얻었다. 그러므로 〈象傳〉에 "피에서 기다림은 순함으로써 명령을 따르는 것이다."라고 한 것이다.

【疏】 ○ 注'凡稱血者' 至'出自穴也' ○ 正義曰 : '凡稱血者 陰陽相傷者也', 卽坤之上六'其血玄黃', 是也. '穴者 陰之路也'者, 凡孔穴穿道, 皆是幽隱, 故云"陰之路也." '處坎之

始 居穴'者, 坎是坎險, 若處坎之上, 卽是出穴者也, 處坎之始, 是居穴者也. 但易含萬象, 此六四一爻, 若以戰鬥言之, 其出則爲血也, 若以居處言之, 其處則爲穴也, 穴之與(位)〔血〕[1), 各隨事義也.

1) (位)〔血〕: 저본에는 '位'로 되어 있으나, 宋本에 의거하여 '血'로 바로잡았다.〔阮刻本 참조〕

○ 注의 〔凡稱血者〕에서 〔出自穴也〕까지

○ 正義曰 : 〔凡稱血者 陰陽相傷者也〕 바로 坤卦 上六의 '그 피가 검고 누르다.〔其血玄黃〕'는 것이 이것이다.

〔穴者 陰之路也〕 무릇 구멍을 파서 길을 뚫으면 모두 그윽하고(어둡고) 숨으므로 "陰의 길이다.〔陰之路也〕"라고 말한 것이다.

〔處坎之始 居穴〕 '坎'은 바로 坎險이니, 만약 坎의 위에 처하였으면 이것이 바로 구멍에서 나오는 것이요, 坎의 시초에 처하였으면 이는 구멍에 거처하는 자이다.

다만 ≪周易≫은 만 가지 象을 포함하고 있으니, 이 六四 한 爻를 만약 전투를 가지고 말하면 그 나옴은 피가 되고, 만약 거처를 가지고 말하면 거처함은 구멍이 되니, 구멍과 피는 각각 일의 의리에 따른 것이다.

象曰 需于血은 順以聽也라

〈象傳〉에 말하였다. "피에서 기다림은 순함으로써 명령을 따르는 것이다."

九五는 需于酒食이니 貞吉하니라

九五는 음식에서 기다림이니, 貞하여 길하다.

【注】 需之所須는 以待達也라 已得天位하여 暢其中正하여 无所復須라 故酒食而已獲貞吉也라

需의 기다리는 바는 통달하기를 기다리는 것이다. 이미 天位(천자의 지위)를 얻어서 그 中正함을 통창하여 다시 기다릴 필요가 없으므로 술과 밥을 먹으면서 貞吉함을 얻은 것이다.

【疏】 正義曰 : '需于酒食 貞吉'者, 五旣爲需之主, 已得天位, 无所復需, 但以需待酒食, 以遞相宴樂, 而得貞吉.

正義曰 : 〔需于酒食 貞吉〕 九五가 이미 需卦의 주체가 되어서 이미 天位를 얻었으므로 다시 기다리는 바가 없고, 다만 需로서 술과 밥을 기다려서 번갈아 서로 宴樂하여 貞吉함을 얻은 것이다.

象曰 酒食貞吉은 以中正也라

〈象傳〉에 말하였다. "'酒食貞吉'은 中正하기 때문이다."

【疏】 正義曰 : 釋酒食貞吉之義, 言九五居中得正, 需道亨通, 上下无事也.

正義曰 : '酒食貞吉'의 뜻을 해석한 것이니, 九五가 中에 거하고 正을 얻어서 需의 道가 형통하여 上下가 일이 없음을 말한 것이다.

上六은 入于穴이니 有不速之客三人來하리니 敬之면 終吉이리라

上六은 구멍에 들어가니, 부르지 않은 손님 세 사람이 올 것이니, 공경하면 끝내 길하리라.

【注】 六四所以出自穴者는 以不與三相得而塞其路니 不辟則害라 故로 不得不出自穴而辟之也요 至於上六하여는 處卦之終하니 非塞路者也라 與三爲應하여 三來之己에 乃爲己援이라 故无畏害之辟하여 而乃有入穴之固也라 三陽所以不敢進者는 須難之終也니 難終則至하여 不待召也요 已居難終이라 故自來也라 處无位之地하여 以一陰而爲三陽之主라 故로 必敬之而後終吉이라

六四가 구멍에서 나오는 까닭은 九三과 서로 뜻이 맞지 않아 그 길을 막기 때문이니, 피하지 않으면 해를 입는다. 그러므로 구멍에서 나와 피하지 않을 수 없는 것이다. 그러나 上六에 이르러서는 卦의 끝에 처하였으니, 길을 막는 자가 아니다. 九三과 應이 되므로 九三이 자기에게 와서 마침내 자기의 援助가 되었다. 그러므로 해로움을 두려워하는 피함이 없어서 마침내 구멍에 들어가는 貞固함이 있는 것이다.

세 陽爻가 감히 나아가지 못하는 까닭은 험난함이 끝나기를 기다리기 때문이니, 험난함이 끝나면 곧바로 와서 부르기를 기다리지 않는 것이요, 이미 험난함이 끝난 자리에 거

하였으므로 스스로 온 것이다. 〈上六은〉 지위가 없는 자리에 처하여 한 陰으로서 세 陽의 주체가 되었다. 그러므로 반드시 공경한 뒤에야 끝내 길한 것이다.

【疏】 '上六'至'敬之終吉' ○正義曰：'上六入于穴'者, 上六陰爻, 故亦稱穴也. 上六與三相應, 三來之己, 不爲禍害, 乃得爲己援助, 故上六无所畏忌, 乃入于穴而居也. '有不速之客三人來'者, 速, 召也, 不須召喚之客, 有三人自來. 三人謂初九·九二·九三, 此三陽務欲前進, 但畏于險難, 不能前進, 其難旣通, 三陽務欲上升, 不須召喚而自來, 故云"有不速之客三人來"也. '敬之終吉'者, 上六居无位之地, 以一陰而爲三陽之主, 不可怠慢, 故須恭敬此三陽, 乃得終吉.

經의 〔上六〕에서 〔敬之終吉〕까지

○正義曰：〔上六入于穴〕 上六은 陰爻이므로 또한 '穴'이라고 칭한 것이다. 上六이 九三과 서로 應이 되어서 九三이 자기에게로 올 적에 禍害가 되지 않고 마침내 자기의 援助가 됨을 얻었다. 그러므로 上六은 두려워하거나 꺼리는 바가 없어서 마침내 구멍에 들어가 거처하는 것이다.

〔有不速之客三人來〕 '速'은 부름이니, 부르기를 기다리지 않는 손님 세 사람이 스스로 온 것이다. '三人'은 初九와 九二, 九三을 이르니, 이 세 陽이 힘써 전진하고자 하나 다만 험난함을 두려워하여 전진하지 못하였는데, 험난함이 이미 통하니 세 陽이 힘써 위로 올라가고자 하여 부르기를 기다리지 않고도 스스로 온다. 그러므로 "부르지 않은 손님 세 사람이 올 것이다.〔有不速之客三人來〕"라고 말한 것이다.

〔敬之終吉〕 上六이 지위가 없는 자리에 거하여 한 陰으로서 세 陽의 주체가 되어서 태만할 수가 없다. 그러므로 모름지기 이 세 陽을 공경하면 비로소 '끝내 길함'을 얻는 것이다.

象曰 不速之客來하니 敬之終吉은 雖不當位나 未大失也라

〈象傳〉에 말하였다. "'부르지 않은 손님이 오니, 공경하면 끝내 길하다.'는 것은 비록 지위를 담당하지 않았으나 크게 잘못하지 않은 것이다."

【注】 處无位之地는 不當位者也[1]니 敬之則得終吉이라 故로 雖不當位나 未大失也라

1) 處无位之地 不當位者也 : 王弼은 ≪周易略例≫에서 "初爻와 上爻는 體의 始와 終이고 일의 先과 後이다. 그러므로 자리에 일정한 직분이 없고 일에 일정한 처소가 없어서 陰

과 陽으로 정할 수 없다.〔初上者 體之終始 事之先後也 故位无常分 事无常所 非可以陰陽定也〕"라고 하여 初爻와 上爻가 정해진 자리가 없음을 밝혔다. 따라서 上六을 '不當位'라고 한 것에 대해서도 上爻가 陰位가 아닌 无位이기 때문이라고 注를 내었는데, 孔穎達도 이를 따랐다. 반면 程伊川과 朱子는 初爻와 上爻 역시 陰陽의 정해진 자리가 있다고 보았는데, 이때 初爻는 陽位이고 上爻는 陰位이다. 上爻가 陰位라고 했을 때 上六을 '不當位'라고 하는 것은 맞지 않으므로 程伊川은 이에 대하여 "'不當位'는 陰으로서 위에 있음을 이른다. 爻는 六이 陰에 거하였으니 편안한 바가 되나, 〈象傳〉에서는 다시 그 뜻을 지극히 말하여 陰은 마땅히 아래에 있어야 하는데 위에 있음은 자리에 마땅하지 않음이 됨을 밝힌 것이다.〔不當位 謂以陰而在上也 爻以六居陰 爲所安 象復盡其義 明陰宜在下而居上 爲不當位也〕" 하였고, 朱子는 "陰이 上에 있음은 當位가 되는데 '不當位'라고 한 것은 未詳이다.〔以陰居上 是爲當位 言不當位 未詳〕" 하였다.

지위가 없는 자리에 처함은 지위를 담당하지 않은 것이다. 공경하면 끝내 길함을 얻는다. 그러므로 비록 지위를 담당하지 않았으나 크게 잘못하지 않은 것이다.

【疏】 正義曰 : '雖不當位 未大失'者, 釋敬之終吉之義. 言己雖不當位, 而以一陰爲三陽之主, 若不敬之, 則有凶害, 今由己能敬之, 雖不當位, 亦未有大失, 言初時雖有小失, 終久乃獲吉, 故云"未大失"也. 且需之一卦, 須待難通, 其於六爻, 皆假他物之象, 以明人事待通而亨, 須待之義. 且凡人萬事, 或有去難遠近, 須出須處, 法此六爻, 卽萬事盡矣, 不可皆以人事曲細比之. 易之諸爻之例, 竝皆放此.

正義曰 : 〔雖不當位 未大失〕 '공경하면 끝내 길하다.'는 뜻을 해석한 것이다. 자기가 비록 지위를 담당하지 않았으나 한 陰으로서 세 陽의 주체가 되었으니, 만약 이들을 공경하지 않으면 흉함과 해로움이 있을 것인데, 이제 자기가 능히 이들을 공경함으로 말미암아 비록 지위를 담당하지 않았으나 크게 잘못이 있지 않다고 말한 것이니, 처음에는 비록 약간의 잘못이 있으나 끝내 오래되면 마침내 길함을 얻음을 말하였다. 그러므로 "크게 잘못하지 않은 것이다.〔未大失也〕"라고 말한 것이다.

또 需 한 卦는 기다려서 험난함이 통하니, 여섯 爻에 모두 다른 물건의 象을 빌려 '사람의 일이 통하기를 기다려 형통함'을 밝혔는바, 이것이 기다림의 뜻이다. 또 일반인들의 萬事에 혹 험난함과의 거리가 멀고 가까움의 차이가 있으니, 기다려서 나가고 기다려서 처함에 이 여섯 爻를 본받으면 바로 萬事가 다하니, 모두 사람의 일을 가지고 세세히 견줄 수가 없다. ≪周易≫의 여러 爻의 例가 모두 이와 같은 것이다.

6. 訟䷅ 坎下乾上

訟은 有孚나 窒惕하여 中吉이라

訟은 진실이 있으나 막혀 두려워하여 中道에 그치면 길하다.

【注】 窒은 謂窒塞也니 皆惕然後에 可以獲中吉이라

'窒'은 막힘을 이르니, 모두 두려워한 뒤에 中道에 그치면 길함을 얻을 수 있는 것이다.

【疏】 正義曰 : '窒', 塞也. '惕', 懼也. 凡訟者, 物有不和, 情相乖爭, 而致其訟. 凡訟之體, 不可妄興, 必有信實, 被物止塞, 而能惕懼, 中道而止, 乃得吉也[1].

1) 中道而止 乃得吉也 : 經文의 '中吉'을 王弼의 注에 "可以獲中吉"이라 하였는데, 疏에서는 이것은 부연하여 "中道에 그치면 비로소 길함을 얻는 것이다.〔中道而止 乃得吉也〕"라고 풀이하였다. '中吉'은 中道에 맞아 吉함을 이르는데, 여기의 中道는 뜻이 분명치 않다. 中道는 원래 '편벽되지 않고 기울지 않고 지나치거나 不及함이 없는 것〔不偏不倚 無過不及〕'을 가리키지만 또한 '中途'를 가리키기도 하기 때문이다. 여기에서는 '편벽되지 않은 中'을 가리킨 것으로 보이나 아래 疏에 "'中乃吉'은 이 訟事를 中途에 그쳐야 비로소 吉함을 얻음을 이른 것이다. 앞의 注에 '可以獲中吉'이라고 한 것은 '中止의 吉함'을 얻음을 말한 것이다.〔中乃吉者 謂此訟事 以中途而止 乃得吉也 前注云 可以獲中吉 謂獲中止之吉〕"라고 하여 中途에 爭訟을 포기하는 것으로 설명하기도 하였다. 다만 王弼의 注에 '可以獲中吉'이라 한 것은, 송사를 할 적에 너무 지나치게 하지 않고 中道에 맞으면 中途에 그치는 것으로 보아, '中'에 '中道'와 '中途' 두 가지의 뜻이 모두 포함된 것으로 보아야 할 듯하다.

正義曰 : 〔窒〕 막힘이다.

〔惕〕 두려움이다.

무릇 爭訟이라는 것은 남과 不和함이 있어서 情이 서로 어그러지고 다투어 쟁송을 이루는 것이다. 무릇 쟁송하는 體는 망령되이 일으킬 수가 없어서 반드시 信實이 있어야 하고, 남의 저지와 막힘을 당하고서 두려워하여 中道에 그치면 비로소 길함을 얻는 것이다.

終凶이니 **利見大人**이요 **不利涉大川**하니라

끝까지 하면 흉하니, 大人을 봄이 이롭고 大川을 건넘은 이롭지 않다.

【疏】正義曰 : '終凶'者, 訟不可長, 若終竟訟事, 雖復窒惕, 亦有凶也. '利見大人'者, 物旣有訟, 須大人決之, 故利見大人也. '不利涉大川'者, 以訟不可長, 若以訟而往涉危難, 必有禍患, 故不利涉大川.

正義曰 : 〔終凶〕 爭訟은 장구하게 해서는 안 되니, 만약 쟁송하는 일을 끝까지 하면 비록 다시 막혀 두려워하더라도 또한 흉함이 있는 것이다.

〔利見大人〕 남과 이미 쟁송이 있으면 모름지기 대인이 결단하여야 한다. 그러므로 '대인을 봄이 이로운 것'이다.

〔不利涉大川〕 쟁송은 장구하게 해서는 안 되니 만약 쟁송함으로써 가서 위태로움과 험난함을 건너면 반드시 禍患이 있다. 그러므로 '大川을 건넘은 이롭지 않은 것'이다.

彖曰 訟은 **上剛下險**하여 **險而健**이 **訟**이라 **訟有孚**나 **窒惕中吉**은 **剛來而得中也**요 **終凶**은 **訟不可成也**요 **利見大人**은 **尙中正也**요 **不利涉大川**은 **入于淵也**라

〈彖傳〉에 말하였다. "訟은 위는 강하고 아래는 험하여, 험하고 굳센 것이 訟卦이다. '訟은 진실이 있으나 막혀 두려워하여 中道에 그치면 길함'은 剛이 와서 中을 얻었기 때문이요, '끝까지 하면 흉함'은 쟁송을 이루어서는 안 되는 것이요, '大人을 봄이 이로움'은 〈大人은〉 中正을 숭상하기 때문이요, '大川을 건넘이 이롭지 않음'은 깊은 못으로 들어가기 때문이다."

【注】凡不和而訟하니 无施而可로되 涉難特甚焉이라 唯有信而見塞懼者는 乃可以得吉也로되 猶復不可終하여 中乃吉也라 不閉其源하여 使訟不至니 雖每不枉이나 而訟至終竟이면 此亦凶矣라 故雖復有信이나 而見塞懼하여 猶不可以爲終也라 故로 曰 訟有孚나 窒惕하여 中吉이니 終凶也라하니라 无善聽者면 雖有其實이나 何由得明이리오 而令有信塞懼者로 得其中吉은 必有善聽之主焉이니 其在二乎인저 以剛而來하여 正夫群小하고 斷不失中하니 應斯任也라

무릇 不和하여 爭訟하니, 베푸는 곳마다 可한 데가 없으나 험난함을 건넘이 특히 심하

다. 오직 진실이 있으면서 막힘을 당하여 두려워하는 자는 비로소 길함을 얻을 수 있으나 오히려 다시 끝까지 해서는 안 되므로 中道에 그치면 비로소 길한 것이다.

그 근원을 막아서 송사가 이르지 않도록 하지 못하니, 비록 매번 잘못하지 않으나 송사를 끝까지 함에 이르면 이 또한 흉하므로, 비록 다시 진실이 있으나 막힘을 당하여 두려워해도 오히려 끝까지 해서는 안 되는 것이다. 그러므로 "訟은 진실이 있으나 막혀 두려워하여 중도에 그치면 길하니 끝까지 하면 흉하다."라고 한 것이다.

송사를 잘 다스리는 자가 없으면 비록 진실함이 있다 한들 어떻게 밝힐 수 있겠는가. 진실이 있으면서 막혀 두려워하는 자로 하여금 중도에 그쳐 길함을 얻게 하는 것은 반드시 송사를 잘 다스리는 주체가 있기 때문이니, 이는 九二에 있을 것이다. 剛으로서 와서 여러 小人들을 바로잡고 결단함에 중도를 잃지 않으니, 이 임무에 응하는 것이다.

【疏】 '彖曰訟上剛下險'至'入于淵也' ○ 正義曰：此釋緐(주)辭之義. '訟 上剛下險 險而健 訟'者, 上剛卽乾也, 下險卽坎也, 猶人意懷險惡, 性又剛健, 所以訟也. 此二句因卦之象, 以顯有訟之所由. 案, 上"需須也", 以釋卦之名, 此訟卦, 不釋訟名者, 訟義可知, 故不釋也. 諸卦其名難者則釋之, 其名易者則不釋之, 他皆倣此.

經의 〔彖曰訟上剛下險〕에서 〔入于淵也〕까지

○ 正義曰：이는 緐辭(卦辭)의 뜻을 해석한 것이다.

〔訟 上剛下險 險而健 訟〕 위의 강함은 바로 乾이고 아래의 험함은 바로 坎이니, 사람의 마음에 험악함을 품고 성품이 또 剛健한 것과 같으니, 이 때문에 쟁송하는 것이다. 이 두 句는 卦의 象을 인하여 쟁송이 있는 이유를 드러낸 것이다.

살펴보건대, 위에서는 "需는 기다림이다."라고 하여 卦의 이름을 해석하였는데, 이 訟卦에서는 訟의 이름을 해석하지 않은 것은 訟의 뜻을 알 수 있기 때문에 해석하지 않은 것이다. 여러 卦에 그 이름이 알기 어려운 것은 해석하였고, 그 이름이 알기 쉬운 것은 해석하지 않았으니, 다른 것도 모두 이와 같다.

【疏】 '訟有孚 窒惕中吉 剛來而得中'者, 先疊出訟之緐辭, 以剛來而得中者, 釋所以訟得其有孚窒惕中吉者, 言(中)〔由〕[1]九二之剛來向下體, 而處下卦之中, 爲訟之主, 而聽斷獄訟, 故訟者得其有孚, 窒惕中吉也. '終凶 訟不可成'者, 釋終凶之義, 以爭訟之事, 不可使成, 故終凶也. '利見大人 尙中正'者, 釋利見大人之義, 所以於訟之時, 利見此大人者, 以時方鬥爭, 貴尙居中得正之主而聽斷之. '不利涉大川 入于淵'者, 釋不利涉大川之義, 若以訟事, 往涉于川, 卽必墜于深淵而陷于難也.

1) (中)〔由〕: 저본에는 '中'으로 되어 있으나, 宋本에 의거하여 '由'로 바로잡았다.〔阮刻本 참조〕

〔訟有孚 窒惕中吉 剛來而得中〕 먼저 訟卦의 繇辭를 거듭 드러낸 것이니, '剛이 와서 中을 얻었다.〔剛來而得中〕'는 것을 가지고 쟁송함에 '진실이 있으나 막혀 두려워서 중도에 그치면 길함〔有孚 窒惕中吉〕'을 얻을 수 있는 까닭을 해석한 것이다. 九二의 剛이 下體를 향하여 와서 下卦의 가운데에 처하여 訟卦의 주체가 되어서 獄事와 爭訟을 다스려 결단하므로, 쟁송하는 자가 '有孚 窒惕中吉'을 얻을 수 있음을 말한 것이다.

〔終凶 訟不可終〕 '끝까지 하면 흉함'의 뜻을 해석한 것이니, 쟁송하는 일은 〈끝까지 하여〉 이루어지게 해서는 안 된다. 그러므로 끝까지 하면 흉한 것이다.

〔利見大人 尙中正〕 '大人을 봄이 이로움'의 뜻을 해석한 것이니, 쟁송할 때에 이 대인을 봄이 이로운 까닭은 이때에 막 싸우고 있으므로 中에 거하고 正을 얻은 주체를 높여 송사를 다스리고 결단함을 귀하게 여기기 때문이다.

〔不利涉大川 入于淵〕 '大川을 건넘이 이롭지 않음'의 뜻을 해석한 것이니, 만약 쟁송을 가지고 가서 냇물을 건너려고 하면 반드시 깊은 못에 떨어져 험난함에 빠지는 것이다.

【疏】 ○ 注'凡不和而訟' 至'應斯任也' ○ 正義曰 : '无施而可'者, 言若性好不和, 又與人鬥訟, 卽无處施設而可也, 言所往之處, 皆不可也. '涉難特甚焉'者, 言好訟之人, 習常施爲, 已且不可, 若更以訟涉難, 其不可特甚焉, 故云"涉難特甚焉." '中乃吉'者, 謂此訟事, 以中途而止, 乃得吉也. 前注云"可以獲中吉", 謂獲中止之吉. '不閉其源 使訟不至'者, 若能謙虛退讓, 與物不競, 卽此是閉塞訟之根源, 使訟不至也, 今不能如此, 是不閉塞訟源, 使訟得至也. '雖每不枉 而訟至終竟'者, 謂雖每訴訟, 陳其道理, 不有枉曲, 而訟至終竟, 此亦凶矣.

○ 注의 〔凡不和而訟〕에서 〔應斯任也〕까지

○ 正義曰 : 〔无施而可〕 만약 성품이 不和를 좋아하고 또 남과 싸우고 쟁송하면 베푸는 곳마다 可함이 없음을 말한 것이니, 가는 곳마다 모두 불가함을 말한 것이다.

〔涉難特甚焉〕 쟁송을 좋아하는 사람은 常道에 맞는 일을 시행하더라도 이미 불가한데, 만약 다시 쟁송을 가지고 험난함을 건너면 그 불가함이 특별히 심함을 말하였다. 그

러므로 "험난함을 건넘이 특히 심하다.〔涉難特甚焉〕"라고 말한 것이다.

〔中乃吉〕 이 쟁송을 중도에 그쳐야 비로소 길함을 얻음을 말한 것이니, 앞의 注에 "可以獲中吉"이라고 한 것은 중지하면 길함을 얻음을 말한 것이다.

〔不閉其源 使訟不至〕 만약 겸허하고 사양하여 남과 다투지 않으면 바로 이 쟁송하는 근원을 막아서 쟁송이 이르지 않게 하는 것이니, 이제 이와 같이 하지 못하면 이는 쟁송의 근원을 막지 못하여 쟁송이 이르게 되는 것이다.

〔雖每不枉 而訟至終竟〕 비록 매번 쟁송함에 그 도리를 말하여 잘못함이 있지 않으나 쟁송이 끝까지 이르면 이 또한 흉함을 말한 것이다.

象曰 天與水違行이 訟이니 君子以作事謀始하나니라

〈象傳〉에 말하였다. "하늘이 물과 어겨서 가는 것이 訟卦이니, 君子가 이것을 보고서 일을 할 적에 시작을 잘 도모한다."

【注】 聽訟이 吾猶人也나 必也使無訟乎[1]인저하니 无訟은 在於謀始요 謀始는 在於作制니 契之不明은 訟之所以生也라 物有其分하고 (起契之過)[2]職不相監이면 爭何由興이리오 訟之所以起는 契之過也라 故有德司契而不責於人이라

1) 聽訟……必也使無訟乎 : 孔子의 말씀으로, ≪論語≫〈顔淵〉에 보인다.

2) (起契之過) : 저본에는 '起契之過'가 있으나, 宋本·古本·足利本에 의거하여 衍文으로 처리하였다.〔阮刻本 참조〕

〈孔子가〉 "쟁송을 다스림이 내 남과 같이 하나 반드시 백성들로 하여금 쟁송함이 없게 하겠다." 하셨으니, 쟁송함이 없게 함은 시작을 잘 도모함에 달려 있고, 시작을 잘 도모함은 제도를 잘 만드는 데 달려 있으니, 文契(계약 문서)가 분명하지 않음은 쟁송이 생겨나는 이유이다. 사물마다 그 분수가 있어서 직책을 서로 간섭하지 않으면 쟁송이 어디로 말미암아 일어나겠는가. 쟁송이 일어나는 이유는 文契의 잘못이다. 그러므로 德이 있는 자가 司契하여 남을 독촉하지 않는 것이다.

【疏】 '天與水違行訟' 至 '作事謀始' ○正義曰 : 天道西轉, 水流東注, 是天與水相違而行, 相違而行, 象人彼此兩相乖戾, 故致訟也. 不云水與天違行者, 凡訟之所起, 必剛健在先, 以爲訟始, 故云"天與水違行"也. '君子以作事謀始'者, 物旣有訟, 言君子當防此訟源. 凡欲興作其事, 先須謀慮其始, 若初始分職分明, 不相干涉, 卽終无所訟也.

經의 〔天與水違行訟〕에서 〔作事謀始〕까지

○ 正義曰 : 天道는 서쪽으로 돌고 물은 흘러 동쪽으로 들어가니, 이것이 하늘이 물과 서로 어겨서 가는 것인바, 서로 어겨 감은 사람이 彼此가 서로 어긋나기 때문에 쟁송을 이룸을 형상한 것이다. '물이 하늘과 어겨서 간다.'고 말하지 않은 것은, 무릇 쟁송이 시작되는 바는 반드시 강건함이 앞에 있어서 쟁송의 시초가 되므로 "하늘이 물과 어겨서 간다.〔天與水違行〕"라고 말한 것이다.

〔君子以作事謀始〕 일에 이미 쟁송이 있으면 '君子가 마땅히 이 쟁송의 근원을 막아야 함'을 말한 것이다. 무릇 이 일을 일으키고자 하면 먼저 그 시작을 도모하고 생각하여야 하니, 만약 처음에 직책을 나누기를 분명히 하여 서로 간섭하지 않게 하면 끝내 쟁송하는 바가 없는 것이다.

【疏】 ○ 注'聽訟'至'不責於人' ○ 正義曰 : '訟之所以起 契之過'者, 凡鬥訟之起, 只由初時契要之過, 謂作契要不分明. '有德司契'者, 言上之有德, 司主契要, 而能使分明以斷於下, 亦不須責在下之人有爭訟也. 有德司契之文, 出老子經也[1].

1) 有德司契之文 出老子經也 : ≪道德經≫에 "큰 원한을 풀려고 하면 반드시 남은 원망이 있으니, 어찌 善함이 될 수 있겠는가. 이 때문에 聖人은 左契를 가지고 있어도 남에게 독촉하지 않는 것이다. 德이 있으면 司契하고 德이 없으면 司徹하는 것이다.〔和大怨必有餘怨 安可以爲善 是以聖人執左契 而不責於人 有德司契 無德司徹〕"라고 보인다. 司契는 계약문서에 의거해서 빌려준 것을 자연스럽게 받음을 말하고, 司徹은 채무자를 독촉하여 억지로 받아냄을 말한다. 左契는 계약문서의 왼쪽 부분을 이르니, 옛날 물건을 賣買하거나 借用할 적에 한 장의 계약서를 써서 左右로 나누어 買受人이나 債權者가 왼쪽 부분을 갖고 있다가 계약한 날짜가 되면 계약한 대로 물건을 讓渡하거나 채무를 상환하도록 독촉하였다.

○ 注의 〔聽訟〕에서 〔不責於人〕까지

○ 正義曰 : 〔訟之所以起 契之過〕 무릇 싸우고 쟁송함이 일어남은 단지 처음의 契要(문서의 약속)의 잘못에서 연유하니, '契要를 만들 적에 분명하지 못함'을 말한 것이다.

〔有德司契〕 德이 있는 윗사람이 文契를 맡고 주관하여 분명하게 해서 아래에서 결단할 수 있게 하고, 또한 모름지기 아래에 있는 사람을 독촉해서 쟁송이 있지 않게 함을 말한 것이다. '德이 있는 이가 司契한다.'는 글은 老子의 ≪道德經≫에 보인다.

初六은 **不永所事**면 **小有言**이나 **終吉**이리라

初六은 爭訟하는 일을 길게 하지 않으면, 다소 말(구설)이 있으나 끝내 길하리라.

【注】 處訟之始하니 訟不可終이라 故로 不永所事니 然後에 乃吉이라 凡陽唱而陰和하여 陰非先唱者也니 四召而應하고 見犯乃訟이라 處訟之始하여 不爲訟先하니 雖不能不訟이나 而了訟必辯明矣리라

爭訟의 시초에 처하였으니, 쟁송을 끝까지 해서는 안 된다. 그러므로 쟁송하는 일을 길게 하지 않는 것이니, 그런 뒤에야 비로소 길한 것이다. 무릇 陽이 선창하면 陰이 화답하여 陰은 선창하는 자가 아니니, 九四가 부르면 응하고 침범을 당하면 비로소 쟁송한다. 쟁송의 시초에 처하여 쟁송을 먼저 하지 않으니, 비록 쟁송을 안 하지는 못하나 쟁송을 끝마침에 반드시 分辯하여 밝을 것이다.

【疏】 '初六'至'小有言終吉' ○ 正義曰 : '不永所事'者, 永, 長也, 不可長久爲鬥訟之事, 以訟不可終也. '小有言 終吉'者, 言終吉者, 言初六應于九四, 然九四剛陽, 先來非理犯己, 初六陰柔見犯乃訟, 雖不能不訟, 是不獲已而訟也, 故小有言, 以處訟之始, 不爲訟先, 故終吉.

經의 〔初六〕에서 〔小有言終吉〕까지

○ 正義曰 : 〔不永所事〕 '永'은 길게 하는 것이니, 싸우고 쟁송하는 일을 길게(장구하게) 해서는 안 됨은 쟁송은 끝까지 해서는 안 되기 때문이다.

〔小有言 終吉〕 '終吉'이라고 말한 것은 初六이 九四에 응하나 九四의 剛陽이 먼저 와서 非理(도리가 아닌 것)로 자기를 침범하여, 初六의 陰柔가 침범을 당하고 나서 비로소 쟁송하였으니, 비록 쟁송을 안 하지는 못하나 이는 부득이하여 쟁송한 것이므로 '조금 말이 있는 것'이요, 쟁송의 시초에 처하여 쟁송을 먼저 하지 않았으므로 '끝내 길함'을 말한 것이다.

【疏】 ○ 注'處訟之始'至'必辯明也' ○ 正義曰 : '處訟之始'者, 始入訟境, 言訟事尙微, 故云"處訟之始"也. '不爲訟先'者, 言己是陰柔, 待唱乃和, 故云"不爲訟先"也.

○ 注의 〔處訟之始〕에서 〔必辯明也〕까지

○ 正義曰 : 〔處訟之始〕 처음 쟁송하는 경계에 들어간 것이니, 訟事가 아직 미미함을

말하였으므로 "쟁송의 시초에 처하였다.〔處訟之始〕"라고 한 것이다.

〔不爲訟先〕 자기가 陰柔여서 선창하기를 기다려 비로소 화답함을 말하였으므로 "쟁송을 먼저 하지 않는다.〔不爲訟先〕"라고 한 것이다.

象曰 不永所事는 訟不可長也니 雖小有言이나 其辯明也라

〈象傳〉에 말하였다. "쟁송하는 일을 길게 하지 않음은 쟁송은 길게 해서는 안 되는 것이니, 비록 다소 말이 있으나 그 분변함이 밝은 것이다."

【疏】 正義曰 : '訟不可長'者, 釋不永所事, 以訟不可長, 故不長此鬥爭之事. '其辯明'者, 釋'小有言', 以訟必辯析分明, 四雖初時犯己, 己能辯訟, 道理分明, 故初時小有言也.

正義曰 : 〔訟不可長〕 '쟁송하는 일을 길게 하지 않음'을 해석한 것이니, 쟁송은 길게 해서는 안 되기 때문에, 이 싸우고 다투는 일을 길게 하지 않는 것이다.

〔其辯明〕 '다소 말이 있음'을 해석한 것이니, 쟁송함에 반드시 분변하기를 분명하게 하여야 하니, 九四가 비록 처음에는 자기를 침범하였으나 자기가 변론하고 쟁송함을 잘하여 도리가 분명하기 때문에 처음에는 '다소 말이 있는 것'이다.

九二는 不克訟하여 歸而逋其邑이니 人三百戶면 无眚하리라

九二는 쟁송하여 이기지 못하고서 돌아가 자기 고을에 숨는 것이니, 사람이 300戶쯤 되게 하면 허물이 없으리라.

【注】 以剛處訟하여 不能下物하고 自下訟上하니 宜其不克이니 若能以懼로 歸竄其邑이면 乃可以免災라 邑過三百이면 非爲竄也니 竄而據强이면 災未免也라

剛으로서 訟의 때에 처하여 남에게 낮추지 못하고 아랫사람으로서 윗사람과 쟁송하니, 이기지 못함이 당연하다. 만약 능히 두려움으로써 자기 고을로 돌아가 숨으면 비로소 재앙을 면할 수 있는 것이다. 고을이 300호를 넘으면 도망가는 것이 아니니, 도망가더라도 강한 곳을 점거하면 재앙을 면치 못한다.

【疏】 '九二'至'三百戶无眚' ○ 正義曰 : '不克訟'者, 克, 勝也, 以剛處訟, 不能下物, 自下訟上, 與五相敵, 不勝其訟, 言訟不得勝也. '歸而逋其邑'者, 訟旣不勝, 怖懼還歸, 逋竄其邑, 若其邑强大, 則大都偶國, 非逋竄之道. '人三百戶 无眚'者, 若其邑狹少, 唯三百戶, 乃可也. '三百戶'者, 鄭注禮記云"小國下大夫之制." 又鄭注周禮小司徒云"方十里爲成, 九百夫之地, 溝渠城郭道路三分去其一, 餘六百夫. 又以田有不易, 有一易, 有再易, 定受田三百家, 卽此三百戶者, 一成之地也." 鄭注云"不易之田, 歲種之, 一易之田, 休一歲乃種, 再易之地, 休二歲乃種, 言至薄也. 苟自藏隱, 不敢與五相敵, 則无眚災."

經의 〔九二〕에서 〔三百戶无眚〕까지

○ 正義曰 : 〔不克訟〕 '克'은 이김이니, 剛으로서 訟의 때에 처하여 남에게 낮추지 못하고, 아랫사람으로서 윗사람과 쟁송하여 九五와 서로 맞서나 쟁송을 이기지 못하니, 쟁송을 이길 수 없음을 말한 것이다.

〔歸而逋其邑〕 쟁송하여 이미 이기지 못하면 두려워하고 돌아가서 자기의 고을로 돌아가는 것이니, 만약 그 고을이 강대하여 큰 도시여서 國都와 대등할 만하면 이는 도망하여 숨는 방도가 아니다.

〔人三百戶 无眚〕 고을이 협소하여 오직 300戶가 되는 것과 같게 하여야 비로소 可한 것이다. '三百戶'는 ≪禮記≫의 鄭玄 注에 "작은 나라 下大夫의 제도이다." 하였고, 또 ≪周禮≫ 〈小司徒〉의 鄭玄 注에 "사방 10里가 成이 되니 900夫의 땅인데, 여기에 溝渠와 성곽과 도로로 3분의 1을 제하면 600夫가 남는다. 또 田地에는 不易이 있고 一易이 있고 再易이 있어서 정해진 受田은 300가호이니, 이 300戶라는 것은 一成의 땅이다." 하였다. 鄭玄의 注에 "不易의 田地는 해마다 곡식을 심고, 一易의 田地는 1년을 쉬고서 비로소 곡식을 심고, 再易의 땅은 2년을 쉬고서 비로소 곡식을 심으니, 지극히 척박함을 말한 것이다. 만일 스스로 감추고 은둔하여 감히 九五와 서로 맞서지 않으면 재앙이 없을 것이다." 하였다.

【疏】 ○ 注'以剛處訟'至'災未免也' ○ 正義曰 : '若能以懼 歸竄其邑 乃可免災'者, 如此注意, 則經稱其邑二字, 連上爲句, 人三百戶, 合下爲句[1].

1) 如此注意……合下爲句 : 注에서 "若能以懼 歸竄其邑"이라고 하여 '其邑'을 '歸而逋'에 붙여 해석하였으므로 이렇게 말한 것이다. 程伊川과 朱子는 모두 '歸而逋 其邑人三百戶'로 句를 떼었으며, 程伊川은 "만약 그 義理의 不可함을 알고 물러나 돌아가서 도망하여 피해서 寡約으로 자처하면 허물이 없을 수 있다. 반드시 피하는 것은 敵이 되는 자리를 피하는 것이요, 300戶는 邑 중에 지극히 작은 것이니, 만약 强大함에 처하면 이는 오히

려 다투는 것이다. 허물이 없을 수 있겠는가.〔若能知其義之不可 退歸而逋避 以寡約自處 則得无過眚也 必逋者 避爲敵之地也 三百戶 邑之至小者 若處强大 是猶競也 能无眚乎〕" 하였고, 朱子는 "'邑人三百戶'는 읍 중에 작은 것이니, 자처하기를 낮고 겸손하게 하여 災患을 면함을 말한 것이다.〔邑人三百戶 邑之小者 言自處卑約 以免災患〕"라고 하였다.

○ 注의 〔以剛處訟〕에서 〔災未免也〕까지

○ 正義曰 : 〔若能以懼 歸竄其邑 乃可免災〕 이 注의 뜻과 같이 할 경우, 經文에 칭한 '其邑' 두 글자를 위에 연결하여 句로 삼고, '人三百戶'를 아래에 합쳐 句로 삼아야 한다.

象曰 不克訟은 歸逋竄也니 自下訟上이 患至掇也니라

〈象傳〉에 말하였다. "쟁송을 이기지 못함은 돌아가 숨는 것이니, 아랫사람으로서 윗사람과 쟁송함은 禍患의 이름이 스스로 줍듯이 하는 것이다."

【疏】 正義曰 : '歸逋竄'者, 釋歸而逋邑, 以訟之不勝, 故退歸逋竄也. '患至掇'者, 掇, 猶拾掇也. 自下訟上, 悖逆之道, 故禍患來至, 若手自拾掇其物, 言患必來也, 故王肅云 "若手拾掇物然."

正義曰 : 〔歸逋竄〕 '돌아가서 고을로 도망함'을 해석한 것이니, 쟁송을 이기지 못했기 때문에 돌아가서 도망하여 숨는 것이다.

〔患至掇〕 '掇'은 줍는 것과 같다. 아랫사람으로서 윗사람과 쟁송하는 것은 悖逆하는 길이다. 그러므로 禍患의 옴이 마치 손으로 직접 물건을 줍는 것과 같은 것이니, 禍患이 반드시 옴을 말한 것이다. 그러므로 王肅은 "마치 손으로 물건을 줍는 것과 같다."고 한 것이다.

六三은 食舊德하니 貞厲나 終吉하리니 或從王事면 无成이로다

六三은 옛 德을 먹으니, 바르고 위태롭게 여기나 끝내 길할 것이다. 혹 왕의 일에 종사하면 감히 이루지 못한다.

【注】 體夫柔弱以順於上하여 不爲九二自下訟上하고 不見侵奪하여 保全其有라 故得食其舊德而不失也라 居爭訟之時하고 處兩剛之間하여 而皆近不相得이라 故曰貞厲요 柔體不爭하고 繫應在上하여 衆莫能傾이라 故曰終吉이라 上壯爭勝하여 難可忤也라 故或從王事면

不敢成也라

體가 유약하여 위(上九)를 순히 따라서 九二처럼 아래에서 윗사람과 쟁송하지 않고 침탈을 당하지 않아서 자신의 소유를 보전한다. 그러므로 옛 德을 먹어서 잃지 않을 수 있는 것이다.

쟁송하는 때에 거하고 두 剛의 사이에 처하여, 모두 가까이 있는 자들과 뜻이 맞지 않는다. 그러므로 '바르고 위태롭게 여긴다.'고 하였고, 유순한 體로 쟁송하지 않고 繫應(正應)이 위에 있어서 사람들이 기울게 할 수 없다. 그러므로 '끝내 길하다.'라고 한 것이다. 위가 건장하여 다투면 이기므로 거스르기가 어렵다. 그러므로 혹 왕의 일에 종사하면 감히 이루지 못하는 것이다.

【疏】 '六三食舊德' 至 '王事无成' ○ 正義曰 : '食舊德'者, 六三以陰柔順從上九, 不爲上九侵奪, 故保全已之所有, 故食其舊日之德祿位. '貞厲'者, 貞, 正也, 厲, 危也, 居爭訟之時, 處兩剛之間, 故須貞正自危厲, 故曰"貞厲." 然六三柔體不爭, 係應在上, 衆莫能傾, 故終吉也. '或從王事 无成'者, 三應於上, 上則壯而又勝, 故六三或從上九之王事, 不敢觸忤, 无敢先成, 故云"无成."

經의 〔六三食舊德〕에서 〔王事无成〕까지

○ 正義曰 : 〔食舊德〕 六三이 陰柔로서 上九에게 순종하여 上九에게 침탈을 당하지 않으므로 자기의 소유를 보전한 것이다. 그러므로 옛날의 德과 祿과 地位를 먹는 것이다.

〔貞厲〕 '貞'은 바름이요, '厲'는 위태로움이니, 쟁송의 때에 거하고 두 剛의 사이에 처하였으므로 모름지기 바르고 스스로 위태롭게 여긴다. 그러므로 "바르고 위태롭게 여긴다.〔貞厲〕"라고 말한 것이다.

그러나 六三이 유순한 體로 쟁송하지 않고 係應(繫應)이 위에 있어서 여러 사람들이 기울게 할 수 없다. 그러므로 '끝내 길한 것〔終吉〕'이다.

〔或從王事 无成〕 六三이 上九에 응하니 上九는 건장하고 또 이긴다. 그러므로 六三이 혹 上九의 王事에 종사하면 감히 저촉하거나 거스르지 못하여 감히 먼저 이루지 못하는 것이다. 그러므로 "이루지 못한다.〔无成〕"라고 말한 것이다.

象曰 食舊德은 從上吉也라

〈象傳〉에 말하였다. "옛 德을 먹음은 윗사람을 따르면 길한 것이다."

【疏】 正義曰 : '從上吉'者, 釋所以食舊德以順從上九, 故得其吉, 食舊德也.

正義曰 : 〔從上吉〕 옛 德을 먹을 수 있는 것은 上九에게 순종하기 때문에 그 길함을 얻어서 옛 德을 먹을 수 있는 것임을 해석한 것이다.

九四는 不克訟이라

九四는 쟁송에 이기지 못하였다.

【注】 初辯明也라

初六의 分辯함이 밝은 것이다.

【疏】 正義曰 : 九四既非理陵犯於初, 初能分辯道理, 故九四訟不勝也.

正義曰 : 九四가 이미 非理로 初六을 능멸하고 침범하였는데, 初六이 道理를 分辯하였다. 그러므로 九四가 쟁송에 이기지 못한 것이다.

復卽命渝하여 安貞吉하리라

돌아와 바른 이치에 나아가 命을 고쳐서 貞을 편안히 여기면 길하리라.

【注】 處上訟下는 可以改變者也라 故로 其咎不大하니 若能反從本理하여 變前之命하고 安貞不犯하여 不失其道하면 爲仁猶己[1]라 故로 吉從之라

1) 爲仁猶己 : ≪論語≫에는 "爲仁由己"로 되어 있으며 疏에서도 "爲仁由己"로 인용하였으나, 古字에 由와 猶는 통용되었으므로 校勘하지 않았다.

윗자리에 처하여 아랫사람과 쟁송하는 것은 고치고 변할 만한 일이다. 그러므로 그 허물이 크지 않으니, 만약 돌아와 본래의 이치(도리)를 따라서 예전의 命을 변화시키고 貞을 편안히 하여 범하지 않아서 그 道를 잃지 않으면 仁을 행하는 것이 자기에게 말미암은 것이다. 그러므로 길함이 따르는 것이다.

【疏】 '復卽命渝安貞吉' ○ 正義曰 : '復卽命渝'者, 復, 反也, 卽, 就也, 九四訟既不勝, 若能反就本理, 變前與初爭訟之命, 能自渝變休息, 不與初訟, 故云"復卽命渝." '安貞吉'者, 既能反從本理, 渝變往前爭訟之命, 卽得安居貞吉.

經의 〔復卽命渝安貞吉〕

○ 正義曰 : 〔復卽命渝〕 '復'은 돌아옴이요, '卽'은 나아감이니, 九四가 쟁송에 이미 이기지 못하였으니, 만약 돌아와 본래의 이치에 나아가서 예전에 初六과 쟁송하려던 命을 변화시키고, 스스로 변하고 휴식하여 初六과 쟁송하지 않으므로 "돌아와 바른 이치에 나아가 命을 고친다.〔復卽命渝〕"라고 말한 것이다.

〔安貞吉〕 이미 돌아와 본래의 이치를 따라서 종전의 쟁송하려던 命을 변화시키면 편안히 貞에 거하여 吉함을 얻는 것이다.

【疏】 ○ 注 '處上訟下' 至 '故吉從之' ○ 正義曰 : '若能反從本理'者, 釋復卽之義. 復, 反也, 卽, 從也, 本理謂原本不與初訟之理, 當反從此原本不爭之理, 故云"反從本理." '變前之命'者, 解命渝也. 渝, 變也. 但倒經渝字在命上, 故云"變前之命." 前命者, 謂往前共初相訟之命也, 今乃變之也. '安貞不犯'者, 謂四安居貞正, 不復犯初, 故云"安貞不犯." '爲仁由己 故吉從之'者, 爲仁由己, 論語文[1], 初不犯己, 己莫陵於初, 是爲仁義之道, 自由於己, 故云"爲仁由己."

1) 爲仁由己 論語文 : ≪論語≫ 〈顏淵〉에 "顏淵이 仁을 묻자, 孔子께서 말씀하셨다. '자기의 私慾을 이겨 禮로 돌아감이 仁을 하는 것이니, 하루 동안이라도 私慾을 이겨 禮에 돌아가면 天下가 仁을 허여할 것이다. 仁을 행함은 자기에게 달려 있는 것이니, 남에게 달려 있는 것이겠는가.'〔顏淵問仁 子曰 克己復禮爲仁 一日克己復禮 天下歸仁焉 爲仁由己 而由人乎哉〕"라고 보인다.

○ 注의 〔處上訟下〕에서 〔故吉從之〕까지

○ 正義曰 : 〔若能反從本理〕 '復卽'의 뜻을 해석한 것이다. '復'은 돌아옴이요, '卽'은 따름이요, '本理'는 原本(원래)에 初六과 쟁송하지 않는 이치를 이르니, 마땅히 돌아와 이 原本의 쟁송하지 않는 이치를 따라야 한다. 그러므로 "돌아와 본래의 이치를 따른다.〔反從本理〕"라고 한 것이다.

〔變前之命〕 '命渝'를 해석한 것이다. '渝'는 변함이다. 다만 經文의 '渝'자를 뒤바꾸어 '命'자 위에 두었다. 그러므로 "예전의 命을 변화시킨다.〔變前之命〕"라고 한 것이다. '前命'은 예전에 初六과 서로 쟁송하려던 命을 이르니, 이제 마침내 변화시킨 것이다.

〔安貞不犯〕 九四가 편안히 貞正에 거하여 다시는 初六을 범하지 않음을 이른다. 그러므로 "貞을 편안히 하여 범하지 않는다.〔安貞不犯〕"라고 말한 것이다.

〔爲仁由己 故吉從之〕 '爲仁由己'는 ≪論語≫의 글이다. 初六이 자기를 침범하지 않아

서 자기가 初六을 능멸하지 않으니, 이는 仁義의 道를 행하는 것이 자기에게 말미암는 것이다. 그러므로 "仁을 행함이 자기에게 말미암는다.〔爲仁由己〕"라고 말한 것이다.

象曰 復卽命渝는 安貞하여 不失也라

〈象傳〉에 말하였다. "돌아와 바른 이치에 나아가서 命을 바꿈은 貞을 편안히 하여 道를 잃지 않는 것이다."

【疏】正義曰 : '安貞不失'者, 釋復卽命渝之義. 以其反理變命, 故得安貞之吉, 不失其道.

正義曰 : 〔安貞不失〕'돌아와 바른 이치에 나아가서 命을 바꿈'의 뜻을 해석한 것이다. 이치로 돌아와 命을 변화시켰기 때문에 安貞의 길함을 얻어서 그 道를 잃지 않는 것이다.

九五는 訟에 元吉이라

九五는 쟁송에 크게 길하다.

【注】處得尊位하여 爲訟之主하여 用其中正하여 以斷枉直하니 中則不過하고 正則不邪하며 剛无所溺하고 公无所偏이라 故로 訟에 元吉이라

처함이 높은 지위를 얻어 쟁송을 결단하는 주체가 되어서 자기의 中正함을 사용하여 굽음과 곧음을 결단하니, 中道에 맞으면 지나치지 않고 바르면 간사하지 않으며, 강하면 빠지는 바가 없고 공정하면 편벽되는 바가 없다. 그러므로 쟁송에 크게 길한 것이다.

【疏】'九五訟元吉' ○正義曰 : 處得尊位, 中而且正, 以斷獄訟, 故得元吉也.

經의 〔九五訟元吉〕

○正義曰 : 처함이 높은 지위를 얻고 中하고 또 正하여 獄訟을 결단한다. 그러므로 크게 길함을 얻는 것이다.

【疏】○注'處得尊位'至'故訟元吉' ○正義曰 : '處得尊位 爲訟之主'者, 居九五之位, 當爭訟之時, 是主斷獄訟者也. 然此卦之內, 斷獄訟之人, 凡有二主. 案, 上注云"善聽之主, 其在二乎." 是二爲主也, 此注又云"爲訟之主, 用其中正, 以斷枉直." 是五又爲主也.

○ 注의〔處得尊位〕에서〔故訟元吉〕까지

○ 正義曰:〔處得尊位 爲訟之主〕九五의 자리에 거하여 쟁송하는 때를 당하였으니, 이는 獄訟을 결단하는 것을 주관하는 자이다. 그러나 이 卦의 안에 옥송을 결단하는 사람이 모두 두 주체가 있다. 살펴보건대, 위의 注에 “송사를 잘 다스리는 주체는 九二에 있을 것이다.” 하였으니, 이는 九二가 주체가 된 것이요, 이 注에 또 “쟁송을 결단하는 주체가 되어서 자기의 中正함을 사용하여 굽음과 곧음을 판단한다.” 하였으니, 이는 九五가 또 주체가 된 것이다.

【疏】 一卦兩主者, 凡諸卦之內, 如此者多矣. 五是其卦尊位之主, 餘爻是其卦爲義之主, 猶若復卦初九是復卦之主, 復義在于初九也, 六五亦居復之尊位, 爲復卦尊位之主, 如此之例, 非一卦也. 所以然者, 五居尊位, 猶若天子總統萬機, 與萬物爲主, 故諸卦皆五居尊位, 諸爻則偏主一事, 猶若六卿春官主禮秋官主刑之類, 偏主一事, 則其餘諸爻各主一事也, 卽六卿總歸於天子, 諸卦之爻, 皆以九五爲尊位也. 若卦由五位, 五又居尊, 正爲一主也, 若比之九五之類, 是也. 今此訟卦, 二旣爲主, 五又爲主, 皆有斷獄之德, 其五與二爻, 其義同然也, 故俱以爲主也.

한 卦에 두 주체가 있는 것은, 무릇 여러 卦 안에 이와 같은 경우가 많다. 五爻는 바로 그 卦의 높은 지위의 주체요, 나머지 爻는 그 卦의 뜻의 주체가 된다. 예컨대 復卦의 初九는 바로 復卦의 주체이니 復卦의 뜻은 初九에 있고, 六五 또한 復卦의 높은 지위에 거하여 復卦의 높은 지위의 주체가 되는 것과 같으니, 이와 같은 例가 한두 卦가 아니다.

이렇게 되는 이유는, 五爻가 높은 지위에 거하였으니, 마치 天子가 萬機를 총괄해서, 萬物과의 관계에 있어 주체가 되는 것과 같으므로 여러 卦에 모두 五爻가 높은 지위에 거하는 것이다. 여러 爻는 편벽되이 한 가지 일을 주장하니, 이는 마치 六卿에 春官(禮部)은 禮를 주관하고 秋官(刑部)은 형벌을 주관하는 것과 같은 따위여서 한 가지 일만을 편벽되이 주장하니, 그 나머지 여러 爻는 각각 한 가지 일만을 주장하는 것이다. 이는 바로 六卿이 天子에게 총괄하여 돌아가는 것이니, 여러 卦의 爻는 모두 九五를 높은 지위로 삼는다.

만약 卦가 五爻의 지위로 말미암고 五爻가 또 尊位에 있으면 바로 한 주체가 되니, 比卦의 九五와 같은 따위가 이것이다. 지금 이 訟卦는 九二가 이미 주체가 되었고 九五가 또 주체가 되어서 모두 獄訟을 결단하는 德이 있으니, 五爻와 二爻가 그 뜻이 똑같다. 그러므로 모두 주체로 삼은 것이다.

【疏】 案, 上彖辭"剛來而得中." 今九五象辭云"訟元吉, 以中正也." 知彖辭剛來得中, 非據九五也. 輔嗣必以爲九二者, 凡上下二象, 在於下象者, 則稱來. 故賁卦云"柔來而文剛." 是離下艮上, 而稱柔來, 今此云"剛來而得中." 故知九二也. 且凡云來者, 皆據異類[1]而來. 九二在二陰之中, 故稱來, 九五在外卦, 又三爻俱陽, 不得稱來. 若於爻辭之中, 亦有從下卦向上卦稱來也. 故需上六有"不速之客三人來." 謂下卦三陽來. 然需上六陰爻, 陽來詣之, 亦是往非類而稱來也. '以斷枉直'者, 枉, 曲也, 凡二人來訟, 必一曲一直, 此九五聽訟, 能斷定曲直者, 故云"以斷枉直."

1) 皆據異類 : 異類는 종류가 다른 것으로, 陽爻에서는 陰爻를, 陰爻에서는 陽爻를 가리킨다.

살펴보건대, 위 彖辭에 "剛이 와서 中을 얻었다." 하였는데, 지금 九五의 象辭에는 "쟁송에 크게 길함은 中正하기 때문이다." 하였으니, 彖辭의 "剛이 와서 中을 얻었다."고 한 것은 九五를 근거로 한 것이 아님을 알 수 있다. 王輔嗣(王弼)가 이것을 반드시 九二라고 말한 이유는 무릇 위아래 두 象에서 아래 象에 있는 것을 '來'라고 칭하기 때문이다. 그러므로 賁卦에 "柔가 와서 剛을 문식한다."라고 말한 것이다. 賁卦는 離가 아래에 있고 艮이 위에 있는데 柔가 왔다고 칭하였으니, 지금 여기에서 "剛이 와서 中을 얻었다."고 말하였으므로 剛이 九二임을 아는 것이다.

또 무릇 '來'라고 말한 것은 모두 다른 종류를 근거로 하여 '來'라고 한 것이다. 九二가 두 陰의 가운데 있으므로 來라고 칭한 것이니, 九五가 外卦에 있고 또 세 爻가 모두 陽이므로 來라고 칭할 수 없는 것이다.

爻辭 가운데에 또한 아래 卦에서 위 卦를 향하여 온 것을 來라고 칭한 것이 있다. 그러므로 需卦의 上六에 "부르지 않은 손님 세 사람이 올 것이다."라고 하였으니, 이는 下卦의 세 陽이 옴을 말한 것이다. 그러나 이는 需卦의 上六의 陰爻에게 陽이 와서 찾아옴이니, 또한 같은 종류가 아닌 데로 간 것이므로 來라고 칭한 것이다.

〔以斷枉直〕 '枉'은 굽음이니, 무릇 두 사람이 와서 쟁송할 적에 반드시 한 사람은 굽고 한 사람은 곧으니, 이는 九五가 쟁송을 다스려서 굽음과 곧음을 결단하는 자이다. 그러므로 "굽음과 곧음을 결단한다.〔以斷枉直〕"라 한 것이다.

象曰 訟元吉은 以中正也라

〈象傳〉에 말하였다. "쟁송에 크게 길함은 中正하기 때문이다."

【疏】 正義曰 : '以中正也'者, 釋元吉之義. 所以訟得大吉者, 以九五處中而得正位, 中則不有過差, 正則不有邪曲, 中正爲德, 故元吉.

正義曰 : 〔以中正也〕 '元吉'의 뜻을 해석한 것이다. 쟁송에 크게 길함을 얻는 까닭은 九五가 中에 처하고 正位를 얻었기 때문이니, 중도에 맞으면 지나침이 있지 않고 바르면 간사함과 왜곡이 있지 않아서 中正을 德으로 삼으므로 크게 길한 것이다.

上九는 或錫之鞶帶라도 終朝三褫(체)之하리라

上九는 혹 鞶帶를 하사받더라도 하루아침을 마치는 사이에 세 번 벗으리라.

【注】 處訟之極하여 以剛居上하니 訟而得勝者也라 以訟受錫이면 榮何可保리오 故로 終朝之間에 褫帶者三也라

쟁송의 極에 처하여 剛으로서 위에 거하였으니, 쟁송하여 승리한 자이다. 쟁송으로써 하사를 받으면 영화를 어떻게 보전할 수 있겠는가. 그러므로 하루아침을 마치는 사이에 鞶帶를 벗는 것이 세 번인 것이다.

【疏】 正義曰 : '或錫之鞶帶'者, 上九以剛居上, 是訟而得勝者也. 若以謙讓蒙錫, 則可長保有, 若因訟而得勝, 雖或錫與鞶帶, 不可長久, 終一朝之間, 三被褫脫, 故云"終朝三褫之."

正義曰 : 〔或錫之鞶帶〕 上九가 剛으로서 위에 거하였으니, 이는 쟁송하여 승리한 자이다. 만약 겸양으로 하사를 받았다면 장구하게 보존할 수 있지만, 쟁송을 인하여 승리하였으면 혹 鞶帶를 하사받더라도 장구할 수 없어서 하루아침을 마치는 사이에 세 번 벗김을 당한다. 그러므로 "하루아침을 마치는 사이에 세 번 벗는다.〔終朝三褫之〕"라고 말한 것이다.

象曰 以訟受服은 亦不足敬也라

〈象傳〉에 말하였다. "쟁송으로 官服을 받음은 또한 공경할 것이 못 된다."

【疏】 正義曰 : 釋終朝三褫之義. 以其因訟得勝, 受此錫服, 非德而受, 亦不足可敬, 故終朝之間, 三被褫脫也. 凡言或者, 或之言, 有也, 言或有如此, 故言或, 則上云"或從王事无成", 及坤之六三"或從王事无成"之類, 是也. 鞶帶, 謂大帶也, 故杜元凱桓二年傳"鞶厲旒纓." 注云"鞶, 大帶也."[1] 此訟一卦及爻辭, 竝以人事明之, 唯'不利涉大川', 假外物之象, 以喩人事.

1) 故杜元凱……大帶也 : 현재의 ≪春秋左氏傳≫에는 '鞶厲旒纓'의 '旒'가 '游'로 표기되어 있다.

正義曰 : '하루아침을 마치는 사이에 세 번 벗는다.'는 뜻을 해석한 것이다. 쟁송을 인하여 승리해서 이 하사하는 복식을 받은 것이요 德으로 받은 것이 아니니, 또한 공경할 것이 못 된다. 그러므로 '하루아침을 마치는 사이에 세 번 벗김을 당하는 것'이다.

무릇 '或'이라고 말하는 것은, '或'이란 말은 '있다'는 뜻이니, 혹시라도 이와 같은 경우가 있으므로 '或'이라고 말한 것이다. 위에서 "혹 왕의 일에 종사하면 이룸이 없다."는 것과, 坤卦의 六三에 "혹 왕의 일에 종사하여 이룸이 없다."는 따위가 이것이다.

'鞶帶'는 큰 띠를 이른다. 그러므로 杜元凱(杜預)가 ≪春秋左氏傳≫ 桓公 2년의 "鞶厲旒纓"에 注하면서 "鞶은 큰 띠를 이른다."고 한 것이다.

이 訟 한 卦와 爻辭는 모두 사람의 일을 가지고 밝혔고, 오직 '大川을 건넘이 이롭지 않다.'는 것만 外物의 象을 빌려 사람의 일을 비유하였다.

7. 師䷆ 坎下坤上

師는 貞하니 丈人이라야 吉하여 无咎리라

師는 바르니, 丈人이 통솔하여야 길하여 허물이 없으리라.

【注】 丈人은 嚴莊之稱也니 爲師之正하여 丈人乃吉也요 興役動衆하여 无功은 罪也라 故로 吉乃无咎也라

丈人은 장엄한 칭호이니, 군대의 바름이 되므로 丈人이 통솔하여야 비로소 길한 것이요, 戰役을 일으키고 많은 사람을 동원하여 功이 없는 것은 죄이다. 그러므로 길하여야 비로소 허물이 없는 것이다.

【疏】 '師貞丈人吉无咎' ○ 正義曰 : 師, 衆也, 貞, 正也, 丈人, 謂嚴莊尊重之人. 言爲師之正, 唯得嚴莊丈人監臨主領, 乃得吉无咎. 若不得丈人監臨之, 衆不畏懼, 不能齊衆, 必有咎害.

經의 〔師貞丈人吉无咎〕

○ 正義曰 : '師'는 무리(군대)이고, '貞'은 바름이며, '丈人'은 장엄하고 높고 귀중한 사람을 이른다. 군대의 바름이 됨은 오직 장엄한 丈人이 監臨하여 주관하고 거느려야 비로소 길하여 허물이 없음을 얻음을 말한 것이다. 만약 丈人을 얻어 監臨하지 않으면 군사들이 두려워하지 않아서 여러 사람을 통일할 수 없으므로 반드시 허물과 해로움이 있는 것이다.

【疏】 ○ 注'丈人嚴戒之稱也'至'乃无咎也' ○ 正義曰 : '興役動衆 无功 罪'者, 監臨師旅, 當以威嚴, 則有功勞, 乃得无咎, 若其不以威嚴, 師必无功而獲其罪, 故云"興役動衆, 无功, 罪也."

○ 注의 〔丈人嚴戒之稱也〕에서 〔乃无咎也〕까지

○ 正義曰 : 〔興役動衆 无功 罪〕 師旅(군대)를 監臨할 적에 위엄으로써 해야 하니 이렇

게 하면 공로가 있어서 비로소 허물이 없을 수 있고, 만약 위엄으로써 하지 않으면 군대가 반드시 공이 없어서 그 죄를 얻을 것이다. 그러므로 "戰役을 일으키고 많은 사람을 동원하여 功이 없는 것은 죄이다.〔興役動衆 无功罪也〕"라고 말한 것이다.

彖曰 師는 **衆也**요 **貞**은 **正也**니 **能以衆正**이면 **可以王矣**리라 **剛中而應**하고 **行險而順**하여 **以此毒天下而民從之**하니 **吉又何咎矣**리오

〈彖傳〉에 말하였다. "師는 무리요, 貞은 바름이니, 능히 무리로써 바르게 하면 왕 노릇할 수 있을 것이다. 剛이 中에 있고 응하며 험함을 행하면서 순하여, 이로써 천하를 사역시켜도 백성들이 따르니, 길하고 또 무슨 허물이 있겠는가."

【注】 毒은 猶役也라

'毒'은 使役과 같다.

【疏】 '彖曰' 至 '又何咎矣' ○ 正義曰 : '師 衆也 貞 正也 能以衆正 可以王矣'者, 此釋師卦之名, 并明用師有功之義. 但師訓旣多, 或訓爲法, 或訓爲長, 恐此師名取法之與長, 故特明之師訓爲衆也, 貞爲正也. 貞之爲正, 其義已見, 於此復云(見)〔貞〕[1]正者, 欲見齊衆, 必須以正, 故訓貞爲正也, 與下文爲首引之勢, 故云"能以衆正, 可以王矣." '剛中而應'者, 剛中謂九二, 而應謂六五. '行險而順'者, 行險謂下體坎也, 而順謂上體坤也. 若剛中而无應, 或有應而不剛中, 或行險而不柔順, 皆不可行師得吉也. '以此毒天下而民從之 吉又何咎矣'者, 毒, 猶役也[2], 若用此諸德, 使役天下之衆, 人必從之, 以得其吉, 又何无功而咎責乎. 自剛中以下, 釋丈人吉无咎也, 言丈人能備此諸德也.

1) (見)〔貞〕: 저본에는 '見'으로 되어 있으나, 글 뜻에 의거하여 '貞'으로 바로잡았다.

2) 毒 猶役也 : 王弼과 孔穎達은 '毒'을 사역의 뜻으로 보았으니, 백성을 군대에 동원하는 일을 가지고 말한 것이다. 반면 程伊川과 朱子는 모두 害毒의 뜻으로 보아, 程伊川은 "군대를 일으킴에 재물을 허비하고 人命을 해쳐서 天下에 해독을 끼침이 없지 않으나 民心이 따르는 것은 義에 따라 출동하기 때문이다.〔師旅之興 不无傷財害人 毒害天下 然而民心從之者 以其義動也〕" 하였고, 朱子는 "毒은 害毒이니, 군대를 일으킴에 天下에 弊害가 없지 않으나 이러한 재주와 德이 있기 때문에 백성들이 기뻐하여 따르는 것이다.〔毒害也 師旅之興 不无害於天下 然以其有是才德 是以民悅而從之也〕" 하였다.

經의 〔彖曰〕에서 〔又何咎矣〕까지

○ 正義曰 : 〔師 衆也 貞 正也 能以衆正 可以王矣〕 이는 師卦의 명칭을 해석하고 아울러 군대를 사용함에 功이 있는 뜻을 밝힌 것이다. 다만 師의 訓이 이미 많아서 혹 法으로 訓하기도 하고 혹 長으로 訓하기도 하니, 이 師의 명칭이 法과 長을 취한 것이라고 의심할까 염려하였으므로 특별히 師의 訓이 무리가 되고 貞이 바름이 됨을 밝힌 것이다.

貞이 바름이 됨은 그 뜻이 이미 드러났는데, 여기에 다시 '貞은 바름이다.'라고 말한 것은 무리를 통일시키려면 반드시 바름으로써 해야 함을 나타내고자 하였으므로 貞을 訓하여 바름이라고 한 것이니, 아래 글에 첫 번째로 이끄는 형세가 되었다. 그러므로 "능히 무리로써 바르게 하면 왕 노릇할 수 있을 것이다.〔能以衆正 可以王矣〕"라고 말한 것이다.

〔剛中而應〕 '剛中'은 九二를 이르고, '而應'은 六五를 이른다.

〔行險而順〕 '行險'은 下體의 坎을 이르고, '而順'은 上體의 坤을 이른다.

만약 剛이 中에 있으나 應이 없고, 혹 應이 있으나 剛이 中에 있지 못하며, 혹 험함을 행하면서 유순하지 못하면 모두 군대를 출동하여 길함을 얻을 수 없는 것이다.

〔以此毒天下而民從之 吉又何咎矣〕 '毒'은 사역과 같으니, 만약 이 여러 德을 사용하여 천하의 무리를 사역하면 사람들이 반드시 따라서 그 길함을 얻을 것이니, 또 어찌 功이 없어서 허물과 책망을 받겠는가.

'剛中' 이하는 '丈人이 통솔하여야 길하여 허물이 없음'을 해석한 것이니, 丈人이 능히 이 여러 德을 구비함을 말한 것이다.

象曰 地中有水師니 君子以容民畜衆하나니라

〈象傳〉에 말하였다. "땅 가운데 물이 있는 것이 師卦이니, 君子가 보고서 백성을 용납하고 무리를 기른다."

【疏】 正義曰 : '君子以容民畜衆'者, 言君子法此師卦, 容納其民, 畜養其衆, 若爲人除害, 使衆得寧, 此則容民畜衆也. 又爲師之主, 雖尙威嚴, 當赦其小過, 不可純用威猛於軍師之中, 亦是容民畜衆之義. 所以象稱"地中有水", 欲見地能包水, 水又衆大, 是容民畜衆之象. 若其不然, 或當云"地在水上", 或云"上地下水", 或云"水上有地", 今云"地中有水", 蓋取容畜之義也.

正義曰 : 〔君子以容民畜衆〕 君子가 이 師卦를 본받아서 백성들을 용납하고 무리를 기

름을 말한 것이니, 만약 사람을 위하여 해로움을 제거해서 무리로 하여금 편안함을 얻게 하면 이는 '백성을 용납하고 무리를 기르는 것'이다. 또 〈장수는〉 師(무리)의 주체가 되어서 비록 위엄을 숭상하나 마땅히 작은 허물을 용서할 것이요, 군대의 가운데에서 순수하게 위엄과 사나움을 써서는 안 되니, 이 또한 '백성을 용납하고 무리를 기름'의 뜻이다.

〈象傳〉에 "땅 가운데 물이 있다."고 칭한 까닭은 땅이 능히 물을 포함하고 물이 또 많고 크니, 이것이 '백성을 용납하고 무리를 기르는' 象임을 나타내고자 한 것이다. 만약 그렇지 않다면 혹 "땅이 물 위에 있다."고 하고, 혹 "위가 땅이고 아래가 물이다." 하고, 혹 "물 위에 땅이 있다."고 해야 할 듯한데, 지금 "땅 가운데 물이 있다."고 말하였으니, 이는 용납하고 기르는 뜻을 취한 것이다.

初六은 師出以律이니 否臧에 凶이라

初六은 군대를 출동하기를 법률로써 하는 것이니, 〈법률로써 하지 않으면〉 나쁘든 좋든 흉할 것이다.

【注】 爲師之始하니 齊師者也라 齊衆以律이니 失律則散이라 故로 師出以律하여 律不可失이니 失律而臧이면 何異於否리오 失令有功은 法所不赦라 故로 師出不以律이면 否臧에 皆凶이라

師의 시초가 되니, 군대를 통일시키는 것이다. 군대를 통일시킴은 法律(軍律)로써 해야 하니, 법률을 잃으면 흩어진다. 그러므로 군대를 출동할 적에 법률로써 하여, 법률을 잃어서는 안 되니, 법률을 잃고서 좋으면 어찌 나쁜 것과 다르겠는가. 법령을 잃고 功이 있음은 법에서 용납하지 않는 바이다. 그러므로 군대를 출동하기를 법률로써 하지 않으면 나쁘든 좋든 모두 흉한 것이다.

【疏】 '初六師出' 至 '否臧凶' ○ 正義曰 : '初六師出以律'者, 律, 法也. 初六爲師之始, 是整齊師衆者也, 既齊整師衆, 使師出之時, 當須以其法制整齊之, 故云"師出以律"也. '否臧凶'者, 若其失律行師, 无問否之與臧, 皆爲凶也, 否謂破敗, 臧謂有功[1]. 然否爲破敗, 卽是凶也, 何須更云否臧凶者, 本意所明, 雖臧亦凶. 臧文既單, 故以否配之, 欲盛言臧凶, 不可單言, 故云否之與臧, 皆爲凶也.

1) 否臧凶者……臧謂有功 : 王弼과 孔穎達은 '否臧凶'을 '패전함〔否〕과 공이 있는 것〔臧〕이 모두 흉하다.'의 뜻으로 보았는데, 이렇게 보면 '師出以律'과 '否臧凶'의 사이에 '법률을

따르지 않으면'이라는 조건을 추가하여 해석해야 한다. 程伊川은 "법률대로 하지 않으면 비록 善하더라도 흉하니, 비록 승전을 하더라도 오히려 흉한 道이다.〔不以律 則雖善 亦凶 雖使勝捷 猶凶道也〕"라고 하여 '否'을 '그렇지 않으면'의 뜻으로, '臧'을 善(승전)의 뜻으로 보았으며, 朱子는 "법률에 맞으면 길하고 不善하면 흉하다.〔以律則吉 不臧則凶〕"라고 하여 '否臧'을 하나로 붙여 不善(법률에 맞지 않음)의 뜻으로 보았다.

經의 〔初六師出〕에서 〔否臧凶〕까지

○ 正義曰 : 〔初六師出以律〕 '律'은 법이다. 初六은 師의 시초가 되니, 이는 군대의 무리를 정돈하고 통일하는 것이니, 이미 군대의 무리를 통일하고 정돈하였으면 군대가 출동할 때에 마땅히 그 법제로써 정돈하고 통일하여야 한다. 그러므로 "군대를 출동하기를 법률로써 한다.〔師出以律〕"라고 말한 것이다.

〔否臧凶〕 만약 그 법률을 잃고 군대를 운용하면 나쁨과 좋음을 따지지 않고 모두 흉함이 되는 것이니, '否'는 패전함을 이르고 '臧'은 功이 있음을 이른다. 그러나 '否'가 패전함이 되면 이는 바로 흉함인데 어찌하여 다시 '否臧凶'이라고 말하였는가? 이는 본래의 뜻에 밝힌 것이 '비록 좋더라도 흉하다.'는 것에 있는 것이다. 그런데 '臧'이라는 글자가 이미 한 글자이므로 '否'자와 배합하였으니, 좋아도 흉함을 크게 말하고자 하면 한 글자만 가지고 말할 수가 없다. 그러므로 否와 臧이 모두 흉함이 된다고 한 것이다.

【疏】 ○ 注 '爲師之始' 至 '否臧皆凶' ○ 正義曰 : '爲師之始 齊師者也'者, 以師之初爻, 故云"爲師之始", 在師之首, 先唱發始, 是齊整師衆者也. '失律而臧 何異於否'者, 若棄失法律, 不奉法而行, 雖有功而臧, 何異於否也. '失令有功 法所不赦'者, 解何異於否之義. 令則法律也, 若失此法令, 雖有功勞, 軍法所不容赦, 故云"何異於否." 然閫外之事, 將軍所載. 臨事制宜, 不必皆依君命, 何得有功, 法所不赦者. 凡爲師之體, 理非一端. 量事制宜, 隨時進退, 此則將軍所制, 隨時施行, 若苟順私情, 故違君命, 犯律觸法, 則事不可赦耳.

○ 注의 〔爲師之始〕에서 〔否臧皆凶〕까지

○ 正義曰 : 〔爲師之始 齊師者也〕 師卦의 初爻이므로 "師의 시초가 된다.〔爲師之始〕"라고 말하였고, 師卦의 시초에 있으므로 先唱하여 출발하니 이는 군대를 통일하고 정돈하는 것이다.

〔失律而臧 何異於否〕 만약 법률을 잃어서 법을 받들어 행하지 않으면 비록 功이 있어

좋더라도 나쁜 것과 어찌 다르겠는가.

〔失令有功 法所不赦〕 '어찌 나쁜 것과 다르겠는가.〔何異於否〕'의 뜻을 해석한 것이다. '令'은 법률이니, 만약 이 법령을 잃으면 비록 공로가 있으나 군법에 용서하지 않는 바이다. 그러므로 "어찌 나쁜 것과 다르겠는가."라고 말한 것이다.

그러나 閫外의 일은 장군이 맡아 행한다. 일에 임하여 마땅하게 만들어서 굳이 모두 인군의 명령에 따를 필요가 없으니, 어찌 功이 있는데도 법에 용서하지 않는 일이 있을 수 있겠는가. 무릇 군대의 體는 이치가 한 가지만이 아니다. 일을 헤아려 마땅하게 만들어서 때에 따라 나아가고 물러가니, 이는 장군이 통제하는 바여서 때에 따라 시행하는 것이지만, 만약 구차히 사사로운 情을 따르고 일부러 인군의 命을 어겨서 법률을 범하고 법을 저촉한다면 이 일은 용서할 수 없는 것이다.

象曰 師出以律은 失律이면 凶也라

〈象傳〉에 말하였다. "군대를 출동하기를 법률로써 해야 함은 법률을 잃으면 흉하기 때문이다."

【疏】 正義曰 : '失律凶'者, 釋師出以律之義. 言所以必須以律者, 以其失律則凶. 反經之文, 以明經義.

正義曰 : 〔失律凶〕 '군대를 출동하기를 법률로써 해야 함'의 뜻을 해석한 것이다. '반드시 법률로써 해야 하는 까닭은 법률을 잃으면 흉하기 때문임'을 말한 것이니, 經文을 뒤집어 經文의 뜻을 밝힌 것이다.

九二는 在師中하니 吉이라야 无咎하여 王三錫命이로다

九二는 師에 있어 中道에 맞아서 길하니, 길하여야 허물이 없어서 왕이 세 번이나 명령을 하사할 것이다.

【注】 以剛居中하여 而應於上하니 在師而得其中者也라 承上之寵하여 爲師之主하여 任大役重하니 无功則凶이라 故吉乃无咎也라 行師得吉은 莫善懷邦하니 邦懷衆服이면 錫莫重焉이라 故로 乃得成命이라

剛으로서 中에 거하여 위(九五)와 응하니, 師에 있어서 그 中을 얻은 자이다. 임금의

총애를 얻어 師의 주체가 되어서 책임이 크고 임무가 막중하니, 功이 없으면 흉하다. 그러므로 길하여야 비로소 허물이 없는 것이다. 군대를 출동함에 길함을 얻음은 나라를 회유하는 것보다 더 좋은 것이 없으니, 나라가 회유되고 여러 사람이 복종하면 하사함이 이보다 더 큰 것이 없다. 그러므로 이에 命을 이룰 수 있는 것이다.

【疏】'九二'至'王三錫命' ○正義曰:'在師中吉'者, 以剛居中而應於五, 是在師中吉也. '无咎'者, 承上之寵, 爲師之主, 任大役重, 无功則凶, 故吉乃无咎. '王三錫命'者, 以其有功, 故王三加錫命.

經의 〔九二〕에서 〔王三錫命〕까지

○ 正義曰:〔在師中吉〕 剛으로서 中에 거하여 九五에 응하니, 이것이 '師에 있어 中道에 맞아서 길한 것〔在師中吉〕'이다.

〔无咎〕 임금의 총애를 받아 師의 주체가 되어서 책임이 크고 임무가 막중하니, 功이 없으면 흉하다. 그러므로 길하여야 비로소 허물이 없는 것이다.

〔王三錫命〕 功이 있기 때문에 왕이 세 번 하사하는 명을 가하는 것이다.

【疏】○注'以剛居中'至'故乃得成命' ○正義曰:'在師而得中'者, 觀注之意, 以在師中爲句, 其吉字屬下, 觀象之文"在師中吉, 承天寵"者, 則似吉字屬上. 此吉之一字, 上下兼該, 故注文屬下, 象文屬上. 但象略其无咎之字, 故吉屬師中也[1]. '故乃得成命'者, 案曲禮云"三賜不及車馬", 一命受爵, 再命受服, 三命受車馬. 三賜三命, 而尊之得成, 故乃得成命也.

1) 在師而得中者……故吉屬師中也 : 注는 經文을 '在師中'과 '吉无咎'로 나누어 해석하였는데, 〈象傳〉에는 '在師中吉'을 한 句로 삼아 해석하였으므로, 이 차이를 孔穎達은 吉의 의미가 위아래에 모두 걸쳐 있기 때문이라고 설명한 것이다. 따라서 經文의 현토는 注를 따라 '在師中하니 吉이라야 无咎하여 王三錫命이로다'로 하고, 번역에서는 疏의 해설을 따라 吉을 두 번 해석하였다.

○ 注의 〔以剛居中〕에서 〔故乃得成命〕까지

○ 正義曰:〔在師而得中〕 注의 뜻을 보면 '在師中'을 한 句로 삼아서 '吉'자를 아래에 소속시켰고, 〈象傳〉의 글에 "師에 있어 中하여 길함은 하늘의 총애를 받은 것이다."라고 한 것을 보면 '吉'자를 위에 소속시킨 듯하다. 이 吉이라는 한 글자는 위아래를 모두 포함

한다. 그러므로 注의 글은 아래로 소속시키고 〈象傳〉의 글은 위로 소속시킨 것이다. 다만 〈象傳〉에서는 '无咎'라는 글자를 생략하였다. 그러므로 '吉'이 '師中'에 속한 것이다.

〔故乃得成命〕《禮記》〈曲禮〉를 살펴보면 "세 번 하사함에 수레와 말에 미치지 않는다." 하였으니, 一命에 관작을 받고 再命에 관복을 받고 三命에 수레와 말을 받는다. 세 번 三命을 하사하여 높이는 것이 이루어졌다. 그러므로 이에 命을 이룰 수 있는 것이다.

象曰 在師中吉은 承天寵也요 王三錫命은 懷萬邦也라

〈象傳〉에 말하였다. "師에 있어 中하여 길함은 하늘의 총애를 받은 것이요, 왕이 세 번 명령을 하사함은 萬邦을 회유하기 때문이다."

【疏】 正義曰 : '承天寵'者, 釋在師中吉之義也, 正謂承受五之恩寵, 故中吉也. '懷萬邦也'者, 以其有功, 能招懷萬邦, 故被王三錫命也.

正義曰 : 〔承天寵〕 '師에 있어 中하여 길함'의 뜻을 해석한 것이니, 바로 九五의 은총을 받았으므로 中吉함을 말한 것이다.

〔懷萬邦也〕 功이 있어서 萬邦을 불러 회유하기 때문에 왕에게 세 번 명령을 하사받은 것이다.

六三은 師或輿尸면 凶하니라

六三은 군대가 혹 시신을 수레에 싣고 오면 흉할 것이다.

【注】 以陰處陽하고 以柔乘剛하여 進則无應하고 退无所守하니 以此用師면 宜獲輿尸之凶이라

陰으로서 陽의 자리에 처하고 柔로서 剛을 타고 있어서 나가면 應이 없고 물러가면 지킬 것이 없으니, 이러한 방식으로 군대를 운용하면 마땅히 '시신을 수레에 싣는 흉함'을 얻을 것이다.

【疏】 '六三師或輿尸凶' ○ 正義曰 : 以陰處陽, 以柔乘剛, 進无所應, 退无所守, 以此用師, 或有輿尸之凶[1).

1) 以此用師 或有輿尸之凶 : 王弼과 孔穎達은 '輿尸'에 대하여 별다른 언급 없이 '시신을 수레에 싣는 것'으로 해석한 것으로 보이는바, 이 해석은 朱子와 같다. 반면 程伊川은

"輿尸는 여러 사람이 주장함이니, 六三을 가리킨 것이다. 六三이 下卦의 위에 있으므로 이 뜻을 발명하였으니, 군대의 일은 맡기기를 전일하게 하지 않으면 전복되고 패망할 것이 틀림없다.〔輿尸 衆主也 蓋指三也 以三居下之上 故發此義 軍旅之事 任不專一 覆敗必矣〕" 라고 하였는바, 九二가 이미 군대를 맡고 있는데 六三이 下卦의 위에 있어 지위에 거하여 임무를 맡았다는 것에 근거하여 이렇게 말한 것이다. 이러한 견해의 차이는 六五의 爻辭의 '輿尸'를 해석할 때에도 마찬가지로 나타난다.

經의 〔六三師或輿尸凶〕

○ 正義曰 : 陰으로서 陽의 자리에 처하고 柔로서 剛을 타고 있어서 나가면 應이 없고 물러가면 지킬 것이 없으니, 이러한 방식으로 군대를 운용하면 혹 '시신을 수레에 싣는 흉함'이 있을 것이다.

【疏】 ○ 注'以陰處陽'至'輿尸之凶' ○ 正義曰 : '退无所守'者, 倒退而下, 乘二之剛, 已又以陰居陽, 是退无所守.

○ 注의 〔以陰處陽〕에서 〔輿尸之凶〕까지

○ 正義曰 : 〔退无所守〕 거꾸로 물러나 내려와서 九二의 剛을 타고 있으며 자기는 또 陰으로서 陽의 자리에 거하였으니, 이것이 '물러가면 지킬 것이 없는 것〔退无所守〕'이다.

象曰 師或輿尸는 大无功也라

〈象傳〉에 말하였다. "군대가 혹 시신을 수레에 싣고 옴은 크게 功이 없는 것이다."

【疏】 正義曰 : '大无功也'者, 釋輿尸之義, 以其輿尸, 則大无功也.

正義曰 : 〔大无功也〕 '시신을 수레에 싣고 옴'의 뜻을 해석한 것이니, 시신을 수레에 싣고 오는 까닭은 크게 功이 없기 때문이다.

六四는 師左次하여 无咎리라

六四는 군대가 왼쪽으로 주둔하여 허물이 없으리라.

【注】 得位而无應하니 无應이면 不可以行이요 得位면 則可以處라 故左次之하여 而无咎也라 行師之法은 欲右背高라 故로 左次之[1]라

1) 行師之法……故左次之 : 王弼과 孔穎達은 '左次'를 '군대를 왼쪽에 주둔함'으로 보고, 이것이 병법의 常道이므로 허물이 없는 것이라고 해석하였다. 程伊川과 朱子는 '左次'를 모두 '후퇴하여 머묾〔退舍〕', 즉 戰勢가 不利하여 후퇴하는 것으로 해석하였는바, 六四는 陰爻로서 陰位에 거하였으므로 전진하여 승리할 수 있는 자가 아니기 때문에 후퇴하는 것이 '无咎'가 된다고 설명하였다.

正位를 얻고 應이 없으니, 應이 없으면 갈 수가 없고, 正位를 얻으면 편안히 머물 수가 있다. 그러므로 왼쪽으로 머물러서 허물이 없는 것이다. 군대를 주둔하는 법은 높은 곳을 오른쪽과 등뒤에 두고자 하므로 왼쪽에 머무는 것이다.

【疏】 '六四師左次无咎' ○ 正義曰 : 六四得位而无應, 无應, 不可以行, 得位則可以處, 故云"師左次, 无咎." 故師在高險之左, 以次止, 則无凶咎也.

經의 〔六四師左次无咎〕

○ 正義曰 : 六四가 正位를 얻고 應이 없으니, 應이 없으면 갈 수가 없고 正位를 얻으면 편안히 머물 수가 있다. 그러므로 "군대가 왼쪽으로 주둔하여 허물이 없다.〔師左次 无咎〕"라고 말한 것이다. 이 때문에 군대는 높고 험한 곳의 왼쪽에 두는 것이니, 이러한 방도로 주둔하면 허물이 없는 것이다.

【疏】 ○ 注 '行師之法' 至 '故左次之' ○ 正義曰 : '行師之法 欲右背高'者, 此兵法也. 故漢書韓信云"兵法欲右背山陵, 前左水澤."[1)]

1) 漢書韓信云……前左水澤 : ≪漢書≫ 권34 〈韓彭英盧吳傳〉에 보인다.

○ 注의 〔行師之法〕에서 〔故左次之〕까지

○ 正義曰 : 〔行師之法 欲右背高〕 이는 兵法이다. 그러므로 ≪漢書≫에 韓信이 "兵法에 오른쪽과 뒤에는 산과 구릉을 두고, 앞과 왼쪽에는 물과 늪을 두고자 한다."고 한 것이다.

象曰 左次无咎는 未失常也라

〈象傳〉에 말하였다. "〈군대가〉 왼쪽으로 주둔하여 허물이 없음은 떳떳함을 잃지 않은 것이다."

【注】 雖不能有獲이나 足以不失其常也라

비록 얻음이 있지 못하나 떳떳함을 잃지 않을 수 있는 것이다.

【疏】 正義曰 : '未失常'者, 釋无咎之義, 以其雖未有功, 未失常道.

正義曰 : 〔未失常〕 '허물이 없음'의 뜻을 해석한 것이니, 비록 功이 없으나 떳떳한 道를 잃지 않기 때문이다.

六五는 田有禽하니 利執言하여 无咎라 長子帥師하니 弟子輿尸하면 貞凶하리라

六五는 밭에 짐승이 있으니 꾸짖는 말을 잡는 것이 이로워서 허물이 없을 것이다. 長子가 군대를 거느리니, 子弟들이 시신을 수레에 싣고 오면 貞하나 흉하리라.

【注】 處師之時하여 柔得尊位하며 陰不先唱하고 柔不犯物하고 犯而後應하여 往必得直이라 故로 田有禽也요 物先犯己라 故로 可以執言而无咎也라 柔非軍帥요 陰非剛武라 故로 不躬行하고 必以授也니 授不得(王)〔主〕[1]면 則衆不從이라 故로 長子帥師可也니 弟子之凶은 故其宜也라

1) (王)〔主〕: 저본에는 '王'으로 되어 있으나, 岳本·宋本·古本·足利本에 의거하여 '主'로 바로잡았다.

師의 때에 처하여 柔가 높은 지위를 얻었으며, 陰은 先唱하지 않고 柔는 물건을 범하지 않으며 침범을 당한 뒤에 응하여 가면 반드시 정직함을 얻는다. 그러므로 '밭에 짐승이 있는 것'이요, 물건이 먼저 자기를 침범하였기 때문에 꾸짖는 말을 잡아서 허물이 없을 수 있는 것이다.

柔는 군대의 장수가 아니고, 陰은 강하고 위엄 있는 것이 아니다. 그러므로 몸소 가지 않고 반드시 남에게 맡겨 주는 것이니, 맡겨 줄 적에 주체를 얻지 못하면 무리들이 따르지 않는다. 그러므로 長子가 군대를 거느리는 것이 옳으니, 子弟들이 흉함은 진실로 마땅한 것이다.

【疏】 '六五田有禽' 至 '輿尸貞凶' ○ 正義曰 : '田有禽 利執言'者, 柔得尊位, 陰不先唱, 柔不犯物, 犯而後應, 往必得直, 故往卽有功, 猶如田中有禽而來犯苗, 若往獵之, 則无咎過也. 人之修田, 非禽之所犯, 王者守國, 非叛者所亂, 禽之犯苗, 則可獵取, 叛人亂國, 則可誅之. 此假他象, 以喩人事, 故利執言, 无咎, 己不直則有咎, 己今得直, 故可以執此言, 往問之而无咎也[1]. '長子帥師 弟子輿尸 貞凶'者, 以己是柔, 不可爲軍帥, 己又是陰, 身非剛武, 不可以親行, 故須役任長子弟子之等, 若任役長子, 則可以帥師, 若任用弟子, 則軍必破敗而輿尸, 是爲正之凶. 莊氏云"長子謂九二, 德長於人, 弟子謂六三, 德劣於物." 今案, 象辭云"長子帥師, 以中行也." 是九二居中也, "弟子輿尸, 使不當也." 謂六三失位也.[2]

1) 故可以執此言 往問之而无咎也 : '執言'에 대한 해석은 孔穎達과 程伊川의 견해가 같은 바, 程伊川은 "執言은 말을 받드는 것이니, 그 죄를 밝혀 토벌하는 것이다.〔執言 奉辭也 明其罪而討之也〕"라고 하였다. 반면 朱子는 言을 어조사로 보아 "적이 자기를 침범함에 부득이 대응하므로 밭에 짐승이 있는 象이 되며, 그 점괘는 잡는 것이 이로워 허물이 없는 것이다. 言은 어조사이다.〔敵加於己 不得已而應之 故爲田有禽之象 而其占 利以搏執而无咎也 言 語辭也〕"라고 하였다.

2) 長子帥師……謂六三失位也 : 孔穎達은 '輿尸'를 앞의 六三 爻辭에서와 마찬가지로 '시신을 수레에 싣는 것'으로 보아, '弟子輿尸'를 '弟子인 六三이 시신을 수레에 싣고 옴'으로 해석하였다. 반면 程伊川은 여기에서도 '輿尸'를 '여러 사람이 주장함'으로 보아, '弟子輿尸'를 '長子(九二)가 아닌 다른 사람들 여럿이 주장함'으로 해석하였다. 朱子의 경우, '輿尸'는 孔穎達과 같은 의미로 해석하였으나 '弟子'를 六三과 六四 모두 가리키는 것으로 보았다.

經의 〔六五田有禽〕에서 〔輿尸貞凶〕까지

○ 正義曰 : 〔田有禽 利執言〕 柔가 높은 지위를 얻었으며, 陰은 선창하지 않고 柔는 물건을 범하지 않고 침범을 당한 뒤에 응해서 가면 반드시 정직함을 얻는다. 그러므로 가면 바로 功이 있는 것이니, 마치 밭 가운데에 짐승이 있어서 와서 벼싹(농작물)을 범하면 가서 사냥함에 허물이 없는 것과 같은 것이다. 사람이 밭을 가꿈은 짐승이 범할 수 있는 바가 아니고, 王者가 나라를 지킴은 반란하는 자가 어지럽힐 수 있는 바가 아니니, 짐승이 벼싹을 범하면 사냥하여 잡을 수 있고, 반란자가 나라를 어지럽히면 죽일 수 있는 것이다. 이는 다른 象을 빌려서 사람의 일을 비유하였다. 그러므로 '말을 잡음이 이로워서 허물이 없는 것〔利執言 无咎〕'이니, 자기가 정직하지 못하면 허물이 있는데 자기가 이제 정직함을 얻었으므로 이 말을 잡고 가서 죄를 물어서 허물이 없는 것이다.

〔長子帥師 弟子輿尸 貞凶〕 자기가 柔여서 군대의 장수가 될 수 없고 자기가 또 陰이어서 자신이 강하고 위엄 있는 자가 아니므로 직접 군대를 거느리고 갈 수가 없다. 그러

므로 모름지기 長子와 子弟의 무리를 사역하여 맡기는 것이니, 만약 장자에게 맡겨 사역하면 군대를 거느릴 수 있고, 만약 자제를 임용하면 군대가 반드시 격파되고 패하여 시신을 수레에 싣고 올 것이니, 이는 正道의 흉함이 된다.

莊氏는 "장자는 九二를 이르니 德이 남보다 뛰어나고, 자제는 六三을 이르니 德이 남보다 못하다." 하였다. 이제 살펴보건대, 〈象傳〉의 말에 "長子가 군대를 거느림은 中으로써 행하기 때문이다." 하였으니 이는 九二가 中에 있는 것이요, "자제들이 시신을 수레에 싣고 옴은 부림이 마땅하지 않기 때문이다." 하였으니 六三이 正位를 잃음을 말한 것이다.

【疏】 ○ 注至'往必得直' ○ 正義曰 : '往必得直'者, 見犯, 乃得欲往征之, 則於理正直, 故云"往必得直."

○ 注에서 〔往必得直〕까지

○ 正義曰 : 〔往必得直〕 침범을 당하고서 비로소 가서 정벌하고자 하면 이치에 정직하기 때문에 "가면 반드시 정직함을 얻는다.〔往必得直〕"라고 말한 것이다.

象曰 長子帥師는 以中行也요 弟子輿尸는 使不當也일새라

〈象傳〉에 말하였다. "長子가 군대를 거느림은 中으로써 행하기 때문이요, 子弟들이 시신을 수레에 싣고 옴은 부림이 마땅하지 않기 때문이다."

上六은 大君有命하여 開國承家니 小人勿用이니라

上六은 大君이 명령을 두어서 나라를 창건하고 집안을 받는 것이니, 小人은 쓰지 말아야 한다.

【注】 處師之極은 師之終也요 大君之命은 不失功也요 開國承家는 以寧邦也요 小人勿用은 非其道也라

師의 極에 처함은 군대가 끝난 것이요, 大君의 명령은 功을 잃지 않은 것이요, 나라를 창건하고 집안을 받음은 나라를 편안히 하는 것이요, 小人은 쓰지 말아야 함은 그 道가 아니기 때문이다.

【疏】 '上六大君有命'至'小人勿用' ○ 正義曰 : '大君有命'者, 上六處師之極, 是師之終竟也. 大君謂天子也, 言天子爵命此上六, 若其功大, 使之開國爲諸侯, 若其功小, 使之承家爲卿大夫. '小人勿用'者, 言開國承家, 須用君子, 勿用小人也.

經의 〔上六大君有命〕에서 〔小人勿用〕까지

○ 正義曰 : 〔大君有命〕 上六이 師의 極에 처하였으니, 이는 군대가 끝난 것이다. '大君'은 천자를 이르니, 천자가 이 上六에게 官爵을 명하여 만약 功이 크면 그로 하여금 나라를 창건하여 諸侯가 되게 하고, 만약 功이 작으면 그로 하여금 집안을 받아 卿大夫가 되게 하는 것이다.

〔小人勿用〕 나라를 창건하고 집안을 받을 적에 모름지기 君子를 써야 하고 小人을 쓰지 말아야 함을 말한 것이다.

象曰 大君有命은 以正功也요 小人勿用은 必亂邦也일새라

〈象傳〉에 말하였다. "大君이 명령을 둠은 功을 바루는 것이요, 小人을 쓰지 말라는 것은 小人은 반드시 나라를 어지럽히기 때문이다."

【疏】 正義曰 : '大君有命 以正功也'者, 正此上六之功也. '小人勿用 必亂邦也'者, 若用小人, 必亂邦國, 故不得用小人也.

正義曰 : 〔大君有命 以正功也〕 이 上六의 功을 바르게 하는 것이다.

〔小人勿用 必亂邦也〕 만약 소인을 등용하면 반드시 邦國을 어지럽히므로 소인을 쓸 수 없는 것이다.

8. 比䷇ 坤下坎上

比는 **吉**하니 **原筮**하여 **元永貞**하면 **无咎**리라 **不寧方來**니 **後夫凶**하리라

比는 길하니, 근원하고 점쳐서 元하고 永하고 貞하면 허물이 없으리라. 편안하지 못한 지방의 사람들이 오니, 뒤늦으면 흉하리라.

【疏】 正義曰 : '比吉'者, 謂能相親比而得其吉. '原筮 元永貞 无咎'者, 欲相親比, 必能原窮其情, 筮決其意, 唯有元大永長貞正, 乃得无咎. 元永貞者, 謂兩相親比, 皆須永貞. '不寧方來'者, 此是寧樂之時, 若能與人親比, 則不寧之方, 皆悉歸來[1]. '後夫凶'者, 夫, 語辭也. 親比貴速, 若及早而來, 人皆親己, 故在先者吉, 若在後而至者, 人或疎己, 親比不成, 故後夫凶. 或以夫爲丈夫, 謂後來之人也[2].

1) 不寧之方 皆悉歸來 : 程伊川은 "사람이 스스로 안녕함을 보존하지 못하여야 비로소 와서 親比하기를 구한다.〔人之不能自保其安寧 方且來求親比〕" 하고, 朱子는 "친하지 못하고 불안하게 여기는 사람도 장차 모두 와서 귀의할 것이다.〔其未比而有所不安者 亦將皆來歸之〕" 하여, 모두 '方'을 '바야흐로'의 뜻으로 보았는데, 孔穎達은 王弼이 아래 〈象傳〉의 注에서 "편안하지 못한 지방의 사람들이 오는 까닭은〔不寧方 所以來〕"이라고 한 것을 따라 '方'을 '지방'의 뜻으로 보았다.

2) 或以夫爲丈夫 謂後來之人也 : 朱子 역시 '後夫'를 여기처럼 '뒤에 온 사람'의 의미로 해석하였다. 반면 程伊川은 "夫는 剛立한 자의 칭호이다.〔夫 剛立之稱〕"라고 하여, '後夫凶'을 "만일 홀로 서고 자신만을 믿어 친비하기를 구하는 뜻이 빠르지 못하고 뒤늦으면 비록 剛立한 자라도 흉하다. 강립한 자도 오히려 흉한데 하물며 유약한 자에 있어서랴.〔若獨立自恃, 求比之志 不速而後 則雖夫 亦凶矣 夫猶凶 況柔弱者乎〕"라고 풀이하였다. 이 해석에 따르면, 經文은 '後면 夫라도 凶이리라'로 현토해야 한다.

正義曰 : 〔比吉〕 능히 서로 親比하여 貞吉을 얻음을 이른다.

〔原筮 元永貞 无咎〕 서로 친비하고자 하면 반드시 그 실정을 근원하여 연구하고 그 뜻을 점쳐 결단해서 오직 元大하고 永長하고 貞正함이 있어야 허물이 없을 수 있으니, '元永貞'은 둘이 서로 친비할 적에 모두 모름지기 永貞해야 함을 말한 것이다.

〔不寧方來〕 지금은 편안하고 즐거운 때이니, 만약 능히 남과 친비하면 편안하지 못한 지방의 사람들이 모두 와서 귀의할 것이다.

〔後夫凶〕 '夫'는 어조사이다. 친비함은 빠름을 귀하게 여기니, 만약 早期에 오면 사람들이 모두 자기를 친히 하기 때문에 앞에 있는 것이 길하고, 만약 뒤늦게 이르면 사람들이 혹 자기를 소원히 해서 친비함이 이루어지지 못한다. 그러므로 '뒤늦으면 흉한 것'이다. 혹자는 '夫'를 丈夫라 하니, 뒤에 온 사람을 이른다.

彖曰 比는 **吉也**요 **比**는 **輔也**니 **下順從也**라 **原筮**하여 **元永貞**하면 **无咎**는 **以剛中也**라

〈彖傳〉에 말하였다.

"比는 길하고, 比는 도움이니, 아래가 순종하는 것이다. 근원하고 점쳐서 元하고 永하고 貞하면 허물이 없는 것은 剛하고 中하기 때문이다.

【注】 處比之時하여 將原筮以求无咎인댄 其唯元永貞乎인저 夫群黨相比에 而不以元永貞이면 則凶邪之道也라 若不遇其主면 則雖永貞이나 而猶未足免於咎也니 使永貞而无咎者는 其唯九五乎인저

比의 때에 처하여 장차 근원하고 점쳐서 허물이 없음을 구한다면 오직 元하고 永하고 貞함일 것이다. 여러 黨이 서로 친비할 적에 元·永·貞으로 하지 않으면 흉하고 간사한 道이다. 만약 그 군주를 만나지 못하면 비록 永·貞하더라도 오히려 허물을 면하지 못하니, 친비하는 자들로 하여금 永·貞하여 허물이 없게 하는 것은 오직 九五일 것이다.

【疏】 '彖曰' 至 '以剛中也' ○ 正義曰 : '比 吉也'者, 釋親比爲善, 言相親比而得吉也[1]. '比 輔也'者, 釋比所以得吉, 由比者, 人來相輔助也. '下順從'者, 在下之人, 順從於上, 是相輔助也, 謂衆陰順從九五也. 自此以上, 釋比名爲吉之義. '原筮 元永貞 无咎 以剛中'者, 釋原筮元永貞无咎之義, 所以得如此者, 以九五剛而處中, 故使比者, 皆得原筮元永貞无咎也.

1) 比吉也者……言相親比而得吉也 : 朱子는 '比吉也'를 "衍文인 듯하다."라고 하였다.

經의 〔彖曰〕에서 〔以剛中也〕까지

○ 正義曰：〔比 吉也〕 친비함이 좋음이 됨을 해석한 것이니, 서로 친비하여 길함을 얻음을 말한 것이다.

〔比 輔也〕 比가 길함을 얻는 이유를 해석한 것이니, 比가 되는 까닭은 사람들이 와서 서로 돕기 때문이다.

〔下順從〕 아래에 있는 사람들이 위에 순종하니, 이는 서로 돕는 것인바, 여러 陰이 九五를 순종함을 이른다.

이로부터 이상은 比의 이름이 길함이 된 뜻을 해석하였다.

〔原筮 元永貞 无咎 以剛中〕 '근원하고 점쳐서 元하고 永하고 貞하면 허물이 없음'의 뜻을 해석한 것이니, 이와 같음을 얻은 까닭은 九五가 剛으로서 中에 처했기 때문에 친비하는 자들로 하여금 모두 '근원하고 점쳐서 元하고 永하고 貞하면 허물이 없음'을 얻게 한 것이다.

【疏】 ○ 注'處比之時'至'其唯九五乎' ○ 正義曰：'將原筮以求无咎 其唯元永貞乎'者, 原謂原窮比者根本, 筮謂筮決求比之情, 以求久長无咎. 其唯元永貞乎, 元, 大也, 永, 長也, 爲己有大長貞正, 乃能原筮相親比之情, 得久長而无咎, 謂彼此相親比也. '若不遇其主 則雖永貞 而猶未足免於咎'者, 若不逢遇明主, 則彼此相求, 比者雖各懷永貞, 而猶未足免離於咎. 雖有永貞, 而无明主照察, 不被上知, 相親涉於朋黨, 故不免咎也. '使永貞而无咎者 其唯九五乎'者, 使比者, 得免咎, 保永貞, 久而无咎, 其唯九五乎. 以九五爲比之主, 剛而處中, 能識比者之情意, 故使比者得保永貞, 无凶咎也.

○ 注의 〔處比之時〕에서 〔其唯九五乎〕까지

○ 正義曰：〔將原筮以求无咎 其唯元永貞乎〕 '原'은 친비하는 자들의 근본을 근원하고 연구함을 이르고, '筮'는 친비함을 구하는 情을 점쳐 결단해서 長久하여 허물이 없음을 구하는 것이다. '其唯元永貞乎'에서 '元'은 큼이요 '永'은 긺이다. 자기에게 큼과 긺과 貞正함이 있어야 비로소 서로 친비하는 사람의 실정을 근원하고 점쳐서 長久하여 허물이 없음을 얻으니, 피차가 서로 친비함을 말한 것이다.

〔若不遇其主 則雖永貞 而猶未足免於咎〕 만약 현명한 군주를 만나지 못하면 피차가 서로 구하여, 친비하는 사람들이 비록 각각 永·貞을 품고 있더라도 오히려 허물에 걸림을 면하지 못하는 것이다. 비록 永·貞을 소유하였더라도 현명한 군주가 밝게 살펴줌이 없어서 윗사람의 인정을 받지 못하면 서로 친함이 붕당으로 오해받게 된다. 그러므로 허

물을 면하지 못하는 것이다.

〔使永貞而无咎者 其唯九五乎〕 친비하는 자들로 하여금 허물을 면하고 永・貞을 보존하여 오래도록 허물이 없게 하는 것은 오직 九五일 것이다. 九五는 比의 주체가 되니, 剛하면서 中에 처하여 친비하는 자들의 실정과 뜻을 잘 안다. 그러므로 친비하는 자들로 하여금 永・貞을 보존하여 흉함과 허물이 없게 하는 것이다.

不寧方來는 上下應也라

편안하지 못한 지방의 사람들이 옴은 위아래가 응하는 것이다.

【注】 上下无陽以分其民하고 五獨處尊하여 莫不歸之하여 上下應之하여 既親且安하니 安則不安者託焉이라 故로 不寧方所以來는 上下應故也라 夫无者求有하고 有者不求所與하며 危者求安하고 安者不求所保하나니 火有其炎이면 寒者附之라 故로 已苟安焉이면 則不寧方來矣라

위아래에 陽이 없어 백성을 나눔이 없고 九五가 홀로 높은 지위에 처하여 귀의하지 않는 이가 없어서 위아래가 응하여 이미 친하고 또 편안하니, 편안하면 편안하지 못한 자가 의탁한다. 그러므로 편안하지 못한 지방의 사람들이 오는 까닭은 위아래가 응하기 때문이다.

없는 자가 있는 자를 구하고 있는 자는 줄 곳을 구하지 않으며, 위태로운 자가 편안함을 구하고 편안한 자는 보존해줄 사람을 구하지 않으니, 불이 뜨거움이 있으면 추운 자가 다가가는 것이다. 그러므로 자기가 만일 편안하면 편안하지 않은 지방의 사람들이 오는 것이다.

【疏】 正義曰 : 釋不寧方來之義, 以九五處中, 故上下群陰皆來應之. 於此之時, 陰往比陽, 群陰未得其所, 皆未寧也.

正義曰 : '편안하지 못한 지방의 사람들이 옴'의 뜻을 해석한 것이니, 九五가 中에 처하였으므로 위아래의 여러 陰이 모두 와서 응하는 것이다. 이러한 때에는 陰이 가서 陽을 친비하니, 여러 陰이 제자리를 얻지 못하였으므로 모두 편안하지 못한 것이다.

後夫凶은 其道窮也라

뒤늦으면 흉한 것은 그 道가 궁한 것이다."

【注】 將合和親이어늘 而獨在後하니 親成則誅라 是以凶也라

장차 화합하고 친해야 하는데 홀로 뒤에 있으니, 친비함이 이루어지면 주벌을 받는다. 이 때문에 흉한 것이다.

【疏】 '後夫凶其道窮也' ○ 正義曰：釋後夫凶, 他悉親比, 己獨後來, 比道窮困, 无人與親, 故其凶也. 此謂上六也.

經의 〔後夫凶其道窮也〕

○ 正義曰：'뒤늦으면 흉함'을 해석한 것이다. 다른 사람들은 모두 친비하고 자기만 홀로 뒤늦게 와서 친비하는 道가 곤궁하여 자기와 친할 사람이 없다. 그러므로 흉한 것이다. 이는 上六을 말한 것이다.

【疏】 ○ 注 '將合和親' 至 '是以凶也' ○ 正義曰：'親成則誅'者, 彼此相比, 皆速來爲親, 親道已成, 己獨在後而來, 衆則嫌其離貳, 所以被誅而凶也.

○ 注의 〔將合和親〕에서 〔是以凶也〕까지

○ 正義曰：〔親成則誅〕 피차가 서로 친비함에 모두 속히 와서 친하니, 친하는 道가 이미 이루어져서 자기만 홀로 뒤처져 오면, 사람들이 자기가 떠나고 딴마음을 품음을 혐의한다. 이 때문에 주벌을 받아 흉한 것이다.

象曰 地上有水 比니 先王以建萬國하여 親諸侯하나니라

〈象傳〉에 말하였다. "땅위에 물이 있는 것이 比이니, 先王이 보고서 萬國을 세우고 諸侯를 친애한다."

【注】 萬國以比建하고 諸侯以比親이라

만국은 比로써 건립되고, 제후는 比로써 친해진다.

【疏】 正義曰：'建萬國 親諸侯', 非諸侯以下之所爲, 故特云先王也. 建萬國, 謂割土而封建之, 親諸侯, 謂爵賞恩澤而親友之, 萬國據其境域, 故曰建也, 諸侯謂其君身, 故云親也. '地上有水', 猶域中有萬國, 使之各相親比, 猶地上有水, 流通相潤及物, 故云"地上有水比"也.

正義曰 : [建萬國 親諸侯] 〈이것을〉 제후 이하의 사람이 하는 일이 아니므로 특별히 '先王'이라고 한 것이다. '建萬國'은 땅을 떼어 봉하여 나라를 세움을 이르고, '親諸侯'는 관작과 상과 은택을 내려서 친근히 함을 이르니, 만국은 그 境域(국경)을 점거하고 있으므로 '建'이라 말하였고, 제후는 그 군주의 몸을 말한 것이므로 '親'이라 한 것이다.

[地上有水] 국경 안에 만국이 있어서 그들로 하여금 각각 서로 친비하게 하는 것과 같으니, 땅위에 물이 있어서 유통하여 서로 적셔주어서 물건에 미치는 것과 같다. 그러므로 "땅위에 물이 있는 것이 比이다.[地上有水比]"라고 말한 것이다.

初六은 有孚比之하면 无咎리라 有孚盈缶면 終來有它吉이리라

初六은 孚信을 두어 친비하면 허물이 없으리라. 孚信을 두어 질장구에 가득하면 끝내 물건이 와서 또 다른 길함이 있으리라.

【注】 處比之始하니 爲比之首者也라 夫以不信으로 爲比之首면 則禍莫大焉이라 故로 必有孚盈缶然後에 乃得免比之咎라 故로 曰 有孚比之면 无咎也하니라 處比之首하여 應不在一하여 心无私吝이면 則莫不比之라 著信立誠하여 盈溢乎質素之器하면 則物終來无衰竭也라 親乎天下에 著信盈缶하면 應者豈一道而來리오 故로 必有他吉也라

比의 시초에 처하였으니, 比의 머리가 된다. 성실하지 않음[不信]으로 比의 머리가 되면 禍가 이보다 더 클 수 없다. 그러므로 반드시 孚信이 질장구에 가득하게 한 뒤에야 비로소 親比하는 허물을 면할 수 있는 것이다. 그러므로 "孚信을 두어 친비하면 허물이 없을 것이다."라고 말한 것이다.

比의 머리에 처하여 응함이 한 곳에 있지 않아서 마음에 사사로이 아낌이 없으면 친하지 않은 이가 없다. 信을 드러내고 誠을 세워서 질박한 그릇에 가득 차고 넘치게 하면 물건(사람)이 마침내 와서 쇠하고 다함이 없을 것이다. 천하를 친애함에 信을 드러내어 질장구에 가득하게 하면 응하는 자가 어찌 한 길에서만 오겠는가. 그러므로 반드시 또 다른 길함이 있는 것이다.

【疏】 '初六有孚' 至 '有他吉' ○ 正義曰 : '有孚比之 无咎'者, 處比之始, 爲比之首, 若无誠信, 禍莫大焉, 必有誠信, 而相親比, 終始如一, 爲之誠信, 乃得无咎. '有孚盈缶 終來有他吉'者, 身處比之首, 應不在一, 心无私吝, 莫不比之. 有此孚信, 盈溢質素之缶, 以此待物, 物皆歸向, 從始至終, 尋常恒來, 非唯一人而已, 更有他人竝來而得吉, 故云"終來有他吉"也. 此假外象, 喩人事也.

經의 〔初六有孚〕에서 〔有他吉〕까지

○ 正義曰 : 〔有孚比之 无咎〕 比의 시초에 처하여 比의 머리가 되었으니, 만약 誠信이 없으면 禍가 이보다 더 클 수 없을 것이요, 반드시 誠信이 있고서 서로 친비하여 시종 한결같아서 친비하기를 誠信하게 하여야 비로소 허물이 없을 수 있는 것이다.

〔有孚盈缶 終來有他吉〕 몸이 比의 머리에 처하여 응함이 한 곳에 있지 않아서 마음에 사사로이 아낌이 없으면 친비하지 않는 이가 없다. 이 孚信을 소유하여 질박한 질장구에 가득 차고 넘치게 하니, 이러한 방식으로 남을 대하면 남이 모두 귀의하고 향하여 처음부터 끝까지 평소에 항상 올 것이요, 다만 한 사람뿐만이 아니다. 그리하여 또다시 다른 사람이 함께 와서 길함을 얻는다. 그러므로 "끝내 물건이 와서 또 다른 길함이 있다.〔終來有他吉〕"라고 말한 것이다.

이는 밖의 象을 빌려서 사람의 일을 비유한 것이다.

【疏】 ○ 注'應不在一心无私吝' ○ 正義曰 : '應不在一'者, 初六无應, 是應不在一, 故心无私吝也. 若心有偏應, 卽私有愛吝也, 以應不在一, 故心无私吝也.

○ 注의 〔應不在一心无私吝〕

○ 正義曰 : 〔應不在一〕 初六이 應이 없으니, 이는 응함이 한 곳에 있지 않은 것이므로 마음에 사사로이 아낌이 없는 것이다. 만약 마음에 편벽되이 응함이 있으면 바로 사사로이 아낌이 있는 것이니, 응함이 한 곳에 있지 않기 때문에 마음에 사사로이 아낌이 없는 것이다.

象曰 比之初六은 有它吉也라

〈象傳〉에 말하였다. "比의 初六은 또 다른 길함이 있는 것이다."

六二는 比之自內니 貞吉이로다

六二는 친비함을 안으로부터 하니, 貞吉하다.

【注】處比之時하여 居中得位하고 而繫應在五하여 不能來它라 故로 得其自內貞吉而已라

比의 때에 처하여 中에 거하고 正位를 얻었으며 繫應이 九五에 있어서 다른 것을 오게 하지 못한다. 그러므로 '안으로부터 貞吉함'을 얻을 뿐이다.

【疏】正義曰 : '比之自內 貞吉'者, 居中得位, 係應在五, 不能使它悉來, 唯親比之道, 自在其內, 獨與五應, 但貞吉而已, 不如初六有它吉也.

正義曰 : 〔比之自內 貞吉〕 中에 거하고 正位를 얻었으며 係應이 九五에 있어서 다른 사람을 모두 오게 하지 못하고, 오직 친비하는 道가 스스로 그 안에 있어서 홀로 九五와 응하니, 다만 貞吉할 뿐이요, 初六이 또 다른 길함이 있는 것만은 못한 것이다.

象曰 比之自內는 不自失也라

〈象傳〉에 말하였다. "친비함을 안으로부터 함은 스스로 잃지 않는 것이다."

【疏】正義曰 : '不自失'者, 釋比之自內之義, 不自失其所應之偶, 故云"比之自內, 不自失也."

正義曰 : 〔不自失〕 '친비함을 안으로부터 함'의 뜻을 해석한 것이니, 스스로 그 응할 바의 짝을 잃지 않기 때문에 "친비함을 안으로부터 함은 스스로 잃지 않는 것이다.〔比之自內 不自失也〕"라고 말한 것이다.

六三은 比之匪人이로다

六三은 친하지 않은 사람과 친비하도다.

【注】四自外比하고 二爲五(應)〔貞〕[1)]하여 近不相得하고 遠則无應하여 所與比者 皆非已親이라 故로 曰 比之匪人이라하니라

1) (應)〔貞〕 : 저본에는 '應'으로 되어 있으나, 岳本・宋本・古本・足利本에 의거하여 '貞'으로 바로잡았다.〔阮刻本 참조〕 '應' 역시 의미가 통하지 않는 것은 아니나, ≪易≫에서 內卦를 貞, 外卦를 悔라 하므로 '貞'으로 교감하였다. 그러나 아래 疏에는 별도의 교감이 없으므로, 그대로 두었다.

六四는 밖으로 〈九五와〉 친비하고 六二는 九五의 貞이 되어서 가까이는 서로 뜻이 맞

지 못하고 멀리는 應이 없어 더불어 친비하는 자가 모두 자기와 친한 사람이 아니다. 그러므로 "친하지 않은 사람과 친비한다."고 한 것이다.

象曰 比之匪人이 不亦傷乎아

〈象傳〉에 말하였다. "친하지 않은 사람과 친비함은 슬픈 것이 아니겠는가."

【疏】正義曰 : '比之匪人 不亦傷乎'者, 言六三所比, 皆非己親之人. 四自外比, 二爲五應, 近不相得, 遠又无應, 是所欲親比, 皆非其親, 是以悲傷也[1].

1) 比之匪人……是以悲傷也 : '匪人'을 王弼과 孔穎達은 '친하지 않은 사람'으로 보았고, 程伊川과 朱子는 '나쁜 사람'으로 보았는바, 그 이유를 程伊川은 "六三은 中正하지 못하고 가까이 있는 바가 모두 中正하지 못하다. 六四는 陰柔로서 中하지 못하고, 六二는 應이 있고 初六과 가까워 모두 中正하지 못하니, 匪人이다.〔三不中正 而所比皆不中正 四 陰柔而不中 二 存應而比初 皆不中正 匪人也〕"라고 설명하였다. 〈象傳〉 역시 匪人에 대한 견해의 차이에 의하여 孔穎達과 程伊川의 해석이 다른데, 孔穎達은 '傷'을 '悲傷(슬픔)'으로 본 반면, 程伊川은 '傷'을 '해로움'으로 보아 "사람이 서로 친비함은 편안함과 길함을 구하기 위한 것인데, 마침내 匪人을 가까이한다면 반드시 장차 도리어 후회와 부끄러움을 얻을 것이니, 이 또한 해로울 만한 것이다.〔人之相比 求安吉也 乃比於匪人 必將反得悔吝 其亦可傷矣〕"라고 하였다.

正義曰 : 〔比之匪人 不亦傷乎〕 六三이 친비하는 바가 모두 자기가 친한 사람이 아님을 말한 것이다. 六四는 밖에서 친하고 六二는 九五의 應이 되어서 가까이는 서로 뜻이 맞지 않고 멀리는 또 應이 없으니, 이는 친비하고자 하는 바가 모두 자기가 친한 사람이 아닌 것이다. 이 때문에 슬퍼하는 것이다.

六四 外比之하니 貞吉이로다

六四는 밖에서 친비하니, 貞吉하다.

【注】外比於五하고 復得其位하니 比不失賢하고 處不失位라 故로 貞吉也라

밖에서 九五와 친비하고 다시 正位를 얻었으니, 친비함에 어진 이를 잃지 않고 처함에 正位를 잃지 않았다. 그러므로 貞吉한 것이다.

【疏】 正義曰：六四上比於五，欲外比也，居得其位，比不失賢，所以貞吉．凡下體爲內，上體爲外，六四比五，故云"外比"也．

正義曰：六四가 위로 九五와 친비함은 밖으로 친하고자 하는 것이니，거함에 正位를 얻고 친비함에 어진 이를 잃지 않았으니，이 때문에 貞吉한 것이다．무릇 下體가 內가 되고 上體가 外가 되니，六四가 九五와 친비하기 때문에 "밖에서 친비하다．〔外比〕"라고 말한 것이다．

象曰 外比於賢은 以從上也라

〈象傳〉에 말하였다．"밖에서 어진 이와 친비함은 위를 따르는 것이다．"

【疏】 正義曰：九五居中得位，故稱賢也．五在四上，四往比之，是以從上也．

正義曰：九五가 中에 거하고 正位를 얻었기 때문에 '賢'이라고 칭한 것이요，九五가 六四의 위에 있는데 六四가 와서 九五와 친비하니 이것이 '위를 따르는 것〔以從上也〕'이다．

九五는 顯比니 王用三驅면 失前禽하며 邑人不誡니 吉이로다

九五는 드러나게 친비함이니，왕이 三面에서 짐승을 몰면 앞의 짐승을 잃으며 고을 사람들을 경계하지 않으니，길하리라．

【注】 爲比之主而有應在二는 顯比者也니 比而顯之면 則所親者狹矣[1)]라 夫无私於物하고 唯賢是與면 則去之與來가 皆无失也라 夫三驅之禮는 禽이 逆來趣己則舍之하고 背己而走則射之하니 愛於來而惡於去也라 故其所施가 常失前禽也라 以顯比而居王位하여 用三驅之道者也라 故로 曰 王用三驅면 失前禽也라하니라 用其中正하여 征討有常하여 伐不加邑하고 動必討叛하여 邑人无虞라 故로 不誡也니 雖不得乎大人之吉이나 是顯比之吉也라 此는 可以爲上之使요 非爲上〔之〕道(也)[2)]라

1) 比而顯之 則所親者狹矣：九五의 爻辭에 대한 해석은 王弼·孔穎達과 程伊川·朱子의 견해가 대조적이다．

王弼과 孔穎達은 '顯比'를 '드러나게 친비하는 것'으로 보아，자신과 친한 자만 편애하고 그렇지 않은 자는 공격하는 道로 설명하였다．따라서 '失前禽'은 나를 등지고 달아나는 짐승을 미워하여 쏘아죽이는 것으로 해석하였으며，'邑人不誡'는 자기 고을의 사람에

게는 공격을 가하지 않으므로 굳이 경계하거나 방비할 필요가 없다는 뜻으로 해석하였으며, 이 九五의 길함을 大人의 길함만 못한 것으로 평가하였다.

반면 程伊川은 이 九五를 "친비하는 道의 善함을 극진히 한 자이다.〔盡比道之善者也〕"라고 하였으며, 朱子는 "그 친비함을 드러내어 私가 없다.〔顯其比而无私〕"고 평가하였다. 이러한 친비의 道는 私가 없고 자연스러운 것이므로 '失前禽'은 도망가는 자와 굳이 친비하려 하지 않고 오는 자만을 어루만져 친비하는 뜻이 되고, '邑人不誡'는 자기 읍이라고 하여 다른 읍과 차별하여 경계해주지 않음의 뜻이 되어 모두 至公無私의 사례로 해석된다.

2) 非爲上〔之〕道(也) : 저본에는 '非爲上道也'로 되어 있으나, 아래 疏의 인용에 의거하여 '非爲上之道'로 바로잡았다.〔阮刻本 참조〕

比의 주체가 되어서 應이 六二에 있음은 드러나게 친비하는 자이니, 친비함에 드러나게 하면 친한 자가 좁다. 남에게 사사롭게 하지 않고, 오직 어진 이와 친하면 가고 오는 것이 모두 잃음이 없다. 三驅의 禮는 짐승이 거슬러 와서 자기에게 달려오면 놓아주고, 자기를 등지고 달아나면 쏘아 죽이니, 오는 것을 사랑하고 가는 것을 미워하는 것이다. 그러므로 그 베푸는 바가 항상 앞의 짐승을 잃는 것이다. 顯比로써 왕의 지위에 있으면서 三驅의 道를 쓰는 자이다. 그러므로 "왕이 三面에서 짐승을 몰면 앞의 짐승을 잃는다."고 한 것이다.

그 中正함을 사용하여 정벌하고 토벌함에 떳떳함이 있어서 정벌을 자기 고을에 가하지 않고 출동함에 반드시 반역자를 토벌하여, 고을 사람들이 염려함이 없다. 그러므로 경계하지 않는 것이니, 비록 大人의 길함을 얻지는 못하나 이는 顯比의 길함인 것이다. 이는 윗사람의 부림은 될 수 있지만 윗사람이 된 도리는 아니다.

【疏】 '九五顯比'至'邑人不誡吉' ○正義曰：五應於二, 顯明比道, 不能普徧相親, 是比道狹也. '王用三驅 失前禽'者, 此假田獵之道, 以喩顯比之事. 凡三驅之禮, 禽向己者則舍之, 背己者則射之, 是失於前禽也. 顯比之道, 與己相應者則親之, 與己不相應者則踈之, 與三驅田獵, 愛來惡去相似, 故云"王用三驅, 失前禽"也, 言顯比之道, 似於此也. '邑人不誡吉'者, 雖不能廣普親比, 於自己相親之處, 不妄加討罰, 所以己邑之人, 不須防誡而有吉也. 至于邑人不誡而爲吉, 非是大人弘闊之道, 不可爲大人之道, 但可爲大人之使.

經의 〔九五顯比〕에서 〔邑人不誡吉〕까지

○ 正義曰 : 九五가 六二에 응하여 친비하는 道를 드러내고 밝혀서 널리 서로 친하지 못하니, 이는 친비하는 道가 좁은 것이다.

〔王用三驅 失前禽〕 이는 수렵하는 방도를 빌려서 顯比하는 일을 비유한 것이다. 무릇 三驅의 禮는 짐승이 자기를 향하는 놈은 놓아주고 자기를 등지는 놈은 쏘아 죽이니, 이것이 '앞의 짐승을 잃는 것'이다. 顯比의 道는 자기와 서로 응하는 자는 친애하고 자기와 서로 응하지 않는 자는 소원히 하니, 三驅의 사냥을 할 적에 오는 것을 사랑하고 가는 것을 미워함과 서로 비슷하므로 "왕이 三面에서 짐승을 몰면 앞의 짐승을 잃는다.〔王用三驅失前禽〕"라고 말한 것이니, 顯比의 道가 이와 유사함을 말한 것이다.

〔邑人不誡吉〕 비록 널리 먼 곳까지 친비하지는 못하나 자기와 서로 친한 곳에 함부로 토벌을 가하지 않으니, 이 때문에 자기 고을 사람들이 굳이 방비하고 경계하지 않더라도 길함이 있는 것이다. 고을 사람들이 경계하지 않음에 이르러 길함이 된 것은 大人의 넓고 큰 도량이 아니니, 大人의 道가 될 수 없고 다만 大人의 부림이 될 수 있을 뿐이다.

【疏】 ○ 注 '爲比之主' 至 '非爲上之道' ○ 正義曰 : '去之與來皆无失'者, 若比道弘闊, 不偏私於物, 唯賢是親, 則背己去者與來向己者, 皆悉親附, 无所失也, 言去亦不失, 來亦不失. '夫三驅之禮'者, 先儒皆云"三度驅禽而射之也." 三度則已, 今亦從之, 去則射之. 褚氏諸儒皆以爲"三面著人驅禽." 必知三面者, 禽唯有背己·向己·趣己, 故左右及於後, 皆有驅之. '愛於來而惡於去'者, 來則舍之, 是愛於來也, 去則射之, 是惡於去也. '故其所施, 常失前禽'者, 言獨比所應, 則所比爲失, 如三驅所施, 愛來憎去, 則失在前禽也.[1]

1) 夫三驅之禮者……則失在前禽也 : '三驅'는 고대 왕의 사냥과 관련된 제도인데, '三面說', '三度說' 등이 있는바, 孔穎達은 '三面說'을 취한 것으로 보인다. 程伊川과 朱子도 '三面說'을 따랐으나, 그 내용이 孔穎達과 다르다. 孔穎達은 좌·우·후면의 짐승은 놓아주고 오직 앞으로 도망가는 짐승만을 쏘아 잡는다는 의미로 '三驅'을 해석하였고, 程伊川과 朱子는 좌·우·후면의 짐승은 잡고 앞으로 도망가는 짐승은 놓아준다는 의미로 '三驅'를 해석하였다. 따라서 '失前禽'의 '失'도 程伊川과 朱子는 잡지 않아 놓치는 것으로 해석한 반면, 孔穎達은 쏘아 죽여 해를 입히므로 失이라고 한 것이라고 해석하였다.

○ 注의 〔爲比之主〕에서 〔非爲上之道〕까지

○ 正義曰 : 〔去之與來皆无失〕 만약 친비하는 道가 넓고 커서 남에게 편벽되게 하거나 사사로이 하지 않고, 오직 어진 이를 친애하면 자기를 배반하고 가는 자와 와서 자기를

향하는 자가 모두 다 친히 따라서 잃는 바가 없게 되니, 가도 잃지 않고 와도 잃지 않음을 말한 것이다.

〔夫三驅之禮〕 先儒들이 모두 "세 차례 짐승을 몰아 쏘는 것이다." 하였으니, 세 번 몰았으면 그만인데 지금 또한 쫓아가서 짐승이 도망가면 쏘아 죽이는 것이다. 褚氏(褚仲都) 등 여러 학자들은 모두 "三面에 사람을 두어 짐승을 모는 것이다."라고 하니, 반드시 三面임을 아는 것은 짐승은 오직 〈뒤에 있어〉 자기(사냥꾼)를 등지는 것과 〈앞에 있어〉 자기를 향해 오는 것과 〈左右 측면에서〉 자기에게 달려오는 경우가 있을 뿐이기 때문이다. 그러므로 좌우와 뒤에 있는 짐승에게는 모두 몲이 있는 것이다.

〔愛於來而惡於去〕 오면 놓아주는 것은 바로 '愛於來'이고, 가면 쏘아 죽이는 것은 바로 '惡於去'이다.

〔故其所施常失前禽〕 홀로 친비하는 사람과 응하면 친비하는 바를 잃음이 됨을 말한 것이니, 三驅의 베푸는 바가 오는 이를 사랑하고 가는 이를 미워하면 앞에 있는 짐승을 잃음과 같은 것이다.

【疏】'用其中正 征討有常 伐不加邑 動必討叛'者, 此九五居中得正, 故云"用其中正"也, 心旣中正, 不妄喜怒, 故征伐有常也. 所伐之事, 不加親己之邑, 興師動衆, 必欲討其叛逆, 五以其顯比, 親者, 伐所不加也, 叛者, 必欲征伐也. 云'雖不得乎大人之吉 是顯比之吉'者, 以象云"顯比之吉", 其比狹也, 若大人之吉, 則比道弘通也. '可以爲上之使 非爲上之道'者, 九五居上之位, 若爲行如此, 身雖爲王, 止可爲上使之人, 非是爲王之道, 故云"非爲上之道."

〔用其中正 征討有常 伐不加邑 動必討叛〕 이는 九五가 中에 거하고 正을 얻었으므로 "그 中正함을 사용한다."고 한 것이니, 마음이 이미 中正하여 함부로 기뻐하거나 성내지 않는다. 그러므로 정벌함에 떳떳함이 있는 것이다. 정벌하는 일을 자기를 친애하는 고을에 가하지 않고, 군대를 일으키고 무리를 동원함에 반드시 반역하는 자를 토벌하고자 하니, 九五가 顯比하기 때문에 친애하는 자에게는 정벌을 가하지 않고 반역하는 자는 반드시 정벌하고자 하는 것이다.

〔雖不得乎大人之吉 是顯比之吉〕 〈象傳〉에서 말한 "顯比의 吉"은 그 친비함이 좁은 것이니, 大人의 길함은 친비하는 道가 크게 통하는 것이다.

〔可以爲上之使 非爲上之道〕 九五가 위의(높은) 지위에 있으면서 행하는 바가 이와 같

으면 몸은 비록 왕이 되었으나 다만 위에서 부리는 사람이 될 뿐이요 왕이 된 도리가 아니다. 그러므로 "윗사람이 된 도리가 아니다."라고 말한 것이다.

象曰 顯比之吉은 **位正中也**요 **舍逆取順**은 **失前禽也**요 **邑人不誡**는 **上使中也**라

〈象傳〉에 말하였다. "顯比의 길함은 자리가 中正하기 때문이요, 거스르는 자를 버리고 순함을 취함은 앞의 짐승을 잃는 것이요, 고을 사람들을 경계하지 않음은 위에서의 부림이 中한 것이다."

【疏】'顯比之吉'至'上使中也' ○正義曰:'顯比之吉 位正中'者, 所以顯比得吉者, 以所居之位正而且中, 故云"顯比之吉."'舍逆取順 失前禽也'者, 禽逆來向己者, 則舍之而不害, 禽順去背己而走者, 則射而取之, 是失前禽也.'邑人不誡 上使中也'者, 釋邑人不誡之義. 所以己邑之人, 不須防誡, 止由在上九五之使, 得其中正之人, 伐不加邑, 動必討叛, 不橫加无罪, 止由在上使中也. 中, 謂九五也, 此九五雖不得爲王者之身, 堪爲王者之使, 以居中位, 故云"上使中也."

經의〔顯比之吉〕에서〔上使中也〕까지

○正義曰:〔顯比之吉 位正中〕顯比함이 길함을 얻는 까닭은 거한 바의 자리가 正하고 또 中하기 때문에 "顯比의 길함"이라고 말한 것이다.

〔舍逆取順 失前禽也〕짐승이 거슬러 와서 자기를 향하는 놈은 놓아주어 해치지 않고, 짐승이 순히 떠나 자기를 등지고 달아나는 놈은 쏘아 잡는 것이니, 이것이 '앞의 짐승을 잃는 것〔失前禽也〕'이다.

〔邑人不誡 上使中也〕'고을 사람들을 경계하지 않음'의 뜻을 해석한 것이다. 자기 고을 사람들은 방비하고 경계할 필요가 없는 까닭은, 다만 위에 있는 九五의 부림이 中正한 사람을 얻어서 정벌을 자기 고을에 가하지 않고 출동함에 반드시 반역자를 토벌해서 무죄한 사람을 함부로 공격하지 않기 때문이니, 이는 다만 위에 있는 자의 부림이 中하기 때문이다. '中'은 九五를 이르니, 이 九五가 비록 王者의 몸은 될 수 없으나 다만 王者의 부림은 될 수 있으니, 中位에 거하기 때문에 "위에서의 부림이 中하다.〔上使中也〕"라고 말한 것이다.

上六은 **比之无首**니 **凶**하니라

上六은 친비함에 머리가 없는 것이니, 흉하다.

【注】 无首는 後(已)〔也〕[1)]니 處卦之終하니 是後夫也라 親道已成하여 无所與終하여 爲時所棄하니 宜其凶也라

1) (已)〔也〕: 저본에는 '已'로 되어 있으나, 毛本에 의거하여 '也'로 바로잡았다.〔阮刻本 참조〕

'머리가 없음'은 뒤이다. 卦의 끝에 처하였으니, 이는 〈卦辭의〉 '後夫'인 것이다. 친비하는 道가 이미 이루어져서 함께 끝마치는 이가 없어서 세상에 버려지는 바가 되었으니, 그 흉함이 마땅하다.

【疏】 正義曰 : '无首凶'者, 謂无能爲頭首. 它人皆比, 己獨在後, 是親比於人, 无能爲頭首也. 它人皆比, 親道已成, 己獨在後, 衆人所棄, 宜其凶也.

正義曰 : 〔无首凶〕 머리가 되지 못함을 말한 것이다. 다른 사람들은 모두 친비한데 자기만 홀로 뒤에 있으니, 이는 남과 친비함에 머리가 되지 못하는 것이다. 타인들은 모두 친비하여 친비하는 道가 이미 이루어졌는데, 자기만 홀로 뒤에 있어 여러 사람들에게 버림을 받으니, 그 흉함이 마땅하다.

象曰 比之无首는 无所終也라

〈象傳〉에 말하였다. "친비함에 머리가 없음은 끝마치는 바가 없는 것이다."

【疏】 正義曰 : '无所終'者, 釋比之无首, 既不能爲比之初首, 被人所棄, 故无能與之共終也.

正義曰 : 〔无所終〕 '친비함에 머리가 없음'을 해석한 것이니, 이미 比의 첫머리(첫 번째)가 되지 못하여 사람들에게 버림을 받는다. 그러므로 더불어 함께 끝마칠 수가 없는 것이다.

9. 小畜䷈ 乾下巽上

小畜은 亨이라

小畜은 형통하다.

【注】不能畜大하고 止健剛志라 故로 行是以亨이라

큰 것을 저지하지 못하고 강건한 뜻을 그치게 하므로 행함이 이 때문에 형통한 것이다.

【疏】正義曰：但小有所畜, 唯畜九三而已, 初九·九二猶剛健得行, 是以剛志上得亨通, 故云"小畜亨"也[1). 若大畜, 乾在於下, 艮在於上, 艮是陽卦, 又能止物, 能止此乾之剛健, 所畜者大, 故稱大畜. 此卦則巽在於上, 乾在於下, 巽是陰柔, 性又和順, 不能止畜在下之乾, 唯能畜止九三, 所畜狹小, 故名小畜.

1) 但小有所畜……故云小畜亨也：孔穎達은 小畜의 六四가 九三만을 저지할 수 있고 다른 陽은 저지하지 못한다고 보았지만, 程伊川과 朱子는 六四가 다섯 陽 모두를 저지할 수 있다고 보았다. 그럼에도 불구하고 大畜이 아니라 小畜이라고 이름한 것에 대하여 程伊川은 "巽은 陰이라서 그 體가 유순하니, 오직 巽順함으로 剛健함을 회유한 것이요 힘으로 저지한 것은 아니니, 畜의 道 중에 작은 것이다.〔巽 陰也 其體柔順 唯能以巽順 柔其剛健 非能力止之也 畜道之小者也〕"라고 설명하였고, 朱子는 "陰으로 陽을 저지하여 매어놓았으나 견고하지 못하니, 또한 저지하는 것이 작은 象이 된다.〔以陰畜陽 能係而不能固 亦爲所畜者小之象〕"라고 설명하였다.

正義曰：다만 저지하는 바가 적어서 오직 九三을 저지할 뿐이니, 初九와 九二는 오히려 강건하여 행해질 수 있다. 이 때문에 강한 뜻이 위로 형통할 수 있으므로 "小畜은 형통하다.〔小畜亨〕"라고 말한 것이다.

大畜卦는 乾이 아래에 있고 艮이 위에 있으니, 艮은 바로 陽卦이고 또 물건을 그치게 할 수 있어서 이 乾의 강건함을 저지하여, 저지한 것이 크다. 그러므로 '大畜'이라 이름하였고, 이 小畜卦는 巽이 위에 있고 乾이 아래에 있으니, 巽은 바로 陰柔이고 성질이 또

和順해서 아래에 있는 乾을 저지하여 그치게 하지 못하고, 오직 九三을 저지하여 저지한 바가 협소하다. 그러므로 '小畜'이라 이름한 것이다.

密雲不雨는 自我西郊일새라

빽빽한 구름이 끼고 비가 내리지 않음은 우리 西郊로부터 왔기 때문이다.

【疏】 正義曰 : '密雲不雨'者, 若陽之上升, 陰能畜止, 兩氣相薄, 則爲雨也, 今唯能畜止九三, 其氣被畜, 但爲密雲, 初九·九二猶自上通, 所以不能爲雨也. '自我西郊'者, 所聚密雲, 由在我之西郊, 去我旣遠, 潤澤不能行也, 但聚在西郊而已.

正義曰 : 〔密雲不雨〕 陽이 위로 올라가는 것을 陰이 저지하여 두 기운이 서로 부딪치면 비가 되는데, 지금 오직 九三만을 저지하여 그 기운이 저지를 당해서 다만 빽빽한 구름이 될 뿐이고, 初九와 九二는 그대로 위로 통하니, 이 때문에 비가 되지 못한 것이다.

〔自我西郊〕 모인 바의 빽빽한 구름은 나의 西郊에 있기 때문이니, 나와 거리가 이미 멀어서 윤택함(비로 적셔줌)이 행해지지 못하고, 다만 모여 西郊에 있을 뿐이다.

彖曰 小畜은 柔得位而上下應之할새 曰小畜이라

〈彖傳〉에 말하였다.

"小畜은 柔가 正位를 얻고 위와 아래가 응하므로 小畜이라 하였다.

【注】 謂六四也니 成卦之義 在此爻也라 體无二陰以分其應이라 故로 上下應之也라 旣得其位하고 而上下應之하여 三不能陵하니 小畜之義라

六四를 말한 것이니, 成卦의 뜻이 이 六四爻에 있다. 體에 두 陰이 없어서 그 응함을 나누지 않으므로 위아래가 응하는 것이다. 이미 正位를 얻고 위아래가 응하여 九三이 능멸하지 못하니, 이것이 小畜의 뜻이다.

【疏】 正義曰 : '柔得位', 謂六四也, 以陰居陰, 故稱得位. 此卦唯有一陰, 上下諸陽皆來應之, 故曰"小畜." 此釋小畜卦名也, 言此卦之畜, 六四唯畜其下九三, 初九·九二猶不能擁畜. 而云'上下應之'者, 若細別而言, 小畜之義, 唯當畜止在下三陽, 猶不能畜盡, 但畜九三而已, 若大判而言之, 上下五陽總應六四, 故云"上下應之." 其四雖應, 何妨. 總不能畜止剛健也.

正義曰 : 〔柔得位〕 六四를 이르니, 陰爻로서 陰의 자리에 있기 때문에 '得位'라고 말한 것이다. 이 卦는 오직 한 陰爻가 있어서 위아래의 모든 陽이 모두 와서 응한다. 그러므로 小畜이라 하였다. 이는 小畜卦의 이름을 해석한 것인데, '이 卦의 저지함은 六四가 오직 그 아래의 九三만을 저지할 뿐이요, 初九와 九二는 오히려 막고 저지하지 못함'을 말한 것이다.

〔上下應之〕 만약 세세히 나누어 말하면 小畜의 뜻이 오직 아래에 있는 세 陽을 저지해야 하는데 오히려 다 저지하지 못하고 다만 九三만을 저지할 뿐이지만, 만약 크게 나누어 말하면 위아래의 다섯 陽이 모두 六四에게 응하므로 "위아래가 응한다."고 말한 것이다. 六四가 비록 응하나 〈小畜이라는 이름에〉 무슨 방해가 되겠는가. 총괄하면 강건함을 저지하지 못하는 것이다.

健而巽하고 剛中而志行하여 乃亨하니라 密雲不雨는 尙往也요 自我西郊는 施未行也라

굳세고 공손하며 剛이 中에 있어 뜻이 행해져서 마침내 형통하다. 빽빽한 구름이 끼고 비가 내리지 않음은 위로 가는 것이요, 우리 西郊로부터 옴은 베풂이 행해지지 못하는 것이다."

【注】 小畜之勢 足作密雲이로되 乃自我西郊하여 未足以爲雨也라 何由知未能爲雨오 夫能爲雨者는 陽上薄陰이면 陰能固之하니 然後에 烝而爲雨어늘 今不能制初九之復道하고 固九二之牽復하고 九三更以不能復하여 爲劣也라 下方尙往하니 施豈得行이리오 故로 密雲而不能爲雨는 尙往故也라 何以明之오 (去)〔夫〕[1]陰能固之然後에 乃雨乎인저 上九獨能固九三之路라 故로 九三不可以進하여 而輿說輻也요 能固其路而安於上이라 故로 得旣雨旣處하니 若四五皆能若上九之善畜이면 則能雨明矣라 故로 擧一卦而論之하면 能爲小畜密雲而已라 陰苟不足以固陽이면 則雖復至盛이나 密雲自我西郊라 故로 不能雨也니 雨之未下는 卽施之未行也라 彖은 (至)〔全〕[2]論一卦之體라 故曰密雲不雨요 象은 各言一爻之德이라 故曰旣雨旣處也라

1) (去)〔夫〕 : 저본에는 '去'로 되어 있으나, 글 뜻에 의거하여 '夫'로 바로잡았다.〔阮刻本

참조〕

2) (至)〔全〕: 저본에는 '至'로 되어 있으나, 岳本·監本·毛本에 의거하여 '全'으로 바로잡았다.〔阮刻本 참조〕

小畜의 형세가 충분히 빽빽한 구름을 만들 수 있으나 마침내 우리 西郊로부터 와서 비가 되지 못한 것이다. 어떤 이유로 비가 되지 못함을 아는가? 비가 될 수 있는 것은 陽이 위로 올라가서 陰과 부딪치면 陰이 陽을 굳게 막으니, 그런 뒤에 증기가 되어서 비가 되는 것이다. 그런데 지금 初九의 復道를 제지하지 못하고 九二의 牽復을 굳게 막지 못하며, 九三이 다시 돌아가지 못해서 劣弱함이 되는 것이다. 아래가 막 위로 올라가니, 베풂이 어찌 행해질 수 있겠는가. 그러므로 빽빽한 구름이 끼었으나 비가 되지 못함은 위로 가기 때문인 것이다.

무엇으로 이를 밝힐 수 있는가? 陰이 능히 陽을 굳게 막은 뒤에야 비로소 비가 내릴 수 있는데, 上九만이 홀로 九三의 길을 막고 있다. 그러므로 九三이 나아갈 수가 없어서 수레의 바퀴살이 빠진 것이요, 그 길을 굳게 막아서 위에서 편안하므로 〈上九는〉 이미 비가 내리고 이미 편안히 처함을 얻은 것이니, 만약 六四와 九五가 모두 上九처럼 잘 저지한다면 비가 올 수 있음이 분명하다. 그러므로 한 卦를 들어서 논하면 小畜의 빽빽한 구름이 될 수 있을 뿐인 것이다.

陰이 진실로 陽을 굳게 막지 못하면 비록 다시 지극히 성하나 빽빽한 구름이 나의 西郊로부터 오기 때문에 비가 내리지 못하는 것이니, 비가 내리지 못함은 바로 베풂이 행해지지 못하는 것이다.

〈彖傳〉은 한 卦의 體를 온전히 논하였으므로 "빽빽한 구름이 끼고 비가 내리지 않는다."고 하였고, 〈象傳〉은 한 爻의 德을 말하였으므로 "이미 비가 오고 이미 편안하게 처하였다."고 한 것이다.

【疏】 '健而巽' 至 '施未行也' ○正義曰:'健而巽 剛中而志行 乃亨'者, 內旣剛健而外逢柔順, 剛發於外, 不被摧抑, 而志意得行. 以此言之, 故剛健之志乃得亨通, 此釋亨也. '密雲不雨 尙往'者, 所以密雲不雨者, 不能畜止諸陽, 初九·九二猶得上進, 陰陽氣通, 所以不雨, 釋密雲不雨也. '自我西郊 施未行'者, 釋自我西郊之義, 所以密雲不雨, 從我西郊而積聚者, 猶所施潤澤, 未得流行周徧, 故不覆國都, 但遠聚西郊也. 然雲在國都而不雨, 亦是施未行也. 必云"在西郊"者, 若在國都, 雨雖未落, 猶有覆蔭之施, 不得云

"施未行." 今言在西郊, 去施遠也.

經의 〔健而巽〕에서 〔施未行也〕까지

○ 正義曰 : 〔健而巽 剛中而志行 乃亨〕 안이 이미 강건하고 밖으로 유순함을 만났으니, 강함이 밖에서 발현하여 꺾임을 당하지 않아서 뜻이 행해질 수 있다. 이것을 가지고 말하였으므로 강건한 뜻이 비로소 형통함을 얻는 것이니, 이는 '亨'을 해석한 것이다.

〔密雲不雨 尙往〕 빽빽한 구름이 끼고 비가 내리지 못하는 까닭은 여러 陽을 저지하지 못하여 初九와 九二가 오히려 위로 나아가 陰과 陽의 기운이 통하기 때문이니, 이 때문에 비가 오지 않는 것인바, '빽빽한 구름이 끼고 비가 내리지 않음'을 해석한 것이다.

〔自我西郊 施未行〕 '우리 西郊로부터 옴'의 뜻을 해석한 것이니, 빽빽한 구름이 끼고 비가 내리지 못하는 까닭은, 나의 西郊로부터 모인 것은 오히려 베푸는 바가 윤택하지만 유행함이 두루 넓지 못하므로 國都를 덮지 못하고 다만 멀리 서교에 모여 있을 뿐이기 때문이다. 그러나 구름이 국도에 있으면서 비가 내리지 않는 것도 '베풂이 행해지지 못함'이 된다. 그런데 반드시 "〈구름이〉 西郊에 있다."고 말한 것은, 만약 국도에 있으면 빗방울이 비록 떨어지지 않더라도 오히려 덮어서 그늘을 만들어주는 베풂이 있으므로 "베풂이 행해지지 못한다."고 말할 수가 없다. 그런데 지금 西郊에 있다고 말하였으니, 이는 베풂과의 거리가 먼 것이다.

【疏】 ○ 注'小畜之勢'至'旣雨旣處也' ○ 正義曰 : '九三更以不能復 爲劣'者, 初九旣得復道, 九二可牽以獲復, 皆得剛健上通, 則是陰不能固陽, 而九三劣弱, 又不能自復, 則是陽不薄陰, 是以皆不雨也. 且小畜之義, 貴於上往, 而九三不能自復, 更爲劣弱, 故言"九三更不能復爲劣"也. '能固其路而安於上'者, 謂上九能閉固九三之道路, 不被九三所陵, 得安於上, 所以旣雨旣處也. '故擧一卦而論之 能爲小畜密雲而已'者, 此明卦之與爻其義別也. 但卦總二象, 明上體不能閉固下體, 所以密雲不能爲雨, 爻則止明一爻之事, 上九能固九三, 所以上九而有雨也. 所以卦與爻, 其義異也, 諸卦多然. 若比卦云"比吉", 上六則云"比之无首凶"也, 復卦云"復亨", 上六云"迷復凶"也. 此皆卦之與爻義相違反, 它皆倣此.

○ 注의 〔小畜之勢〕에서 〔旣雨旣處也〕까지

○ 正義曰 : 〔九三更以不能復 爲劣〕 初九는 이미 復道를 얻었고 九二는 연결하여 돌아감을 얻어서 모두 강건함이 위로 통할 수 있으니 이는 陰이 陽을 굳게 저지하지 못한

것이요, 九三은 劣弱하여 또 스스로 돌아가지 못하니 이는 陽이 陰과 부딪치지 못한 것이다. 이 때문에 모두 비가 내리지 못한 것이다. 또 小畜의 뜻은 위로 올라감을 귀하게 여기는데, 九三이 스스로 돌아가지 못해서 다시 劣弱함이 된다. 그러므로 "九三이 다시 돌아가지 못해서 劣弱함이 된다.〔九三更以不能復 爲劣〕"라고 말한 것이다.

〔能固其路而安於上〕 上九가 능히 九三의 길을 굳게 막고 九三에게 능멸을 당하지 아니하여 위에서 편안할 수 있음을 말한 것이니, 이 때문에 이미 비가 내리고 이미 편안히 처한 것이다.

〔故擧一卦而論之 能爲小畜密雲而已〕 이는 卦와 爻가 그 뜻이 다름을 밝힌 것이다. 다만 卦는 두 象을 총괄하므로 上體가 下體를 굳게 막지 못함을 밝혔으니, 이 때문에 구름이 빽빽하나 비가 내리지 못하는 것이요, 爻는 다만 한 爻의 일만을 밝혀서 上九가 능히 九三을 굳게 막으니, 이 때문에 上九에는 비가 있는 것이다. 그러므로 卦와 爻가 그 뜻이 다른 것이니, 여러 卦도 이러한 것이 많다.

예컨대 比卦에 "比는 길하다."고 하였으나 上六에는 "比의 머리가 없으니 흉하다." 하였고, 復卦에는 "復은 형통하다." 하였으나 上六에는 "迷復은 흉하다."고 한 것과 같다. 이는 모두 卦와 爻가 뜻이 서로 위배되는 것이니, 다른 것도 모두 이와 같다.

象曰 風行天上이 小畜이니 君子以懿文德하나니라

〈象傳〉에 말하였다. "바람이 하늘 위에 행하는 것이 小畜卦이니, 君子가 보고서 文德을 아름답게 한다."

【注】 未能行其施者라 故로 可以懿文德而已라

그 베풂을 행하지 못하는 자이므로 文德을 아름답게 할 뿐인 것이다.

【疏】 正義曰 : '君子以懿文德'者, 懿, 美也, 以於其時, 施未得行, 喩君子之人但修美文德, 待時而發. 風爲號令, 若風行天下, 則施附於物, 不得云"施未行"也, 今風在天上, 去物旣遠, 無所施及, 故曰"風行天上." 凡大象, 君子所取之義, 或取二卦之象而法之者, 若"地中有水師, 君子以容民畜衆." 取卦象包容之義, 若履卦象云"上天下澤履, 君子以辯上下." 取上下尊卑之義, 如此之類, 皆取二象, 君子法以爲行也. 或直取卦名, 因其卦義所有, 君子法之, 須合卦義行事者, 若訟卦云"君子以作事謀始", 防其所訟之源, 不取'天與水違行'之象, 若小畜"君子以懿文德", 不取風行天上之象, 餘皆倣此.

正義曰 : 〔君子以懿文德〕 '懿'는 아름다움이니, 제때에 베풂이 행해지지 못하는 것을 가지고 군자인 사람이 다만 文德을 아름답게 닦아서 때를 기다려 발하는 것에 비유하였다.

바람은 號令이 되니, 만약 바람이 하늘 아래에 행해진다면 물건에 베풀어지고 붙으므로 "베풂이 행해지지 못한다."고 말할 수 없는데, 지금 바람이 하늘 위에 있어 물건과의 거리가 이미 멀어서 베풀어 미치는 바가 없으므로 "바람이 하늘 위에 행한다.〔風行天上〕"라고 말한 것이다.

무릇 大象은 군자가 취하는 바의 뜻에 혹 두 卦의 象을 취하여 본받은 것이 있으니, 예컨대 "땅 가운데 물이 있는 것이 師卦이니, 군자가 보고서 백성을 용납하고 무리를 기른다."고 한 것은 卦象의 포용하는 뜻을 취한 것이요, 履卦의 〈象傳〉에 "위는 하늘이고 아래는 못인 것이 履卦이니, 군자가 보고서 상하를 分辯한다."고 한 것은 위아래의 높고 낮은 뜻을 취한 것이니, 이와 같은 따위는 모두 두 象을 취하여 군자가 본받아 행하는 것이다.

혹 곧바로 卦의 이름만을 취해서 그 卦의 뜻에 간직하고 있는 바를 따라 군자가 이를 본받아서 모름지기 卦의 뜻에 맞게 행하는 일이 있으니, 예를 들면 訟卦에 "군자가 보고서 일을 할 적에 시작을 잘 도모한다."는 것은 그 쟁송하는 바의 근원을 막는 것이어서 '하늘이 물과 어겨서 가는' 象을 취하지 않았으며, 小畜卦의 '군자가 보고서 文德을 아름답게 한다.'는 것은 '바람이 하늘 위에 행하는' 象을 취하지 않았으니, 나머지도 모두 이와 같다.

初九는 復自道어니 何其咎리오 吉하니라

初九는 돌아오기를 道대로 하니, 어찌 허물이 있겠는가. 길하다.

【注】 處乾之始하여 以升巽初하니 四爲己應하여 不距己者也라 以陽升陰하고 復自其道하여 順而无違하니 何所犯咎리오 得義之吉이라

乾의 시초(初爻)에 처하여 巽의 시초(四爻)로 올라가니, 六四가 자기의 應이 되어서 자기를 막지 않는 자이다. 陽으로서 陰에 올라가고 復을 그 道로 하여 순하고 어김이 없으니, 어찌 허물을 범하겠는가. 의리상 길함을 얻은 것이다.

【疏】 正義曰 : 處乾之始, 以升巽初, 四爲己應, 以陽升陰, 反復於上, 自用己道, 四則順而无違, 於己无咎, 故云"復自道, 何其咎, 吉."

正義曰 : 乾의 시초에 처하여 巽의 시초로 올라가니, 六四가 자기의 應이 되어서 陽으로서 陰에 올라가고, 위로 돌아감에 스스로 자기의 道를 사용하므로 六四가 순종하고 어김이 없어서 자기에게 허물이 없는 것이다. 그러므로 "돌아오기를 道대로 하니, 어찌 허물이 있겠는가. 길하다.〔復自道 何其咎 吉〕"라고 말한 것이다.

象曰 復自道는 其義吉也라

〈象傳〉에 말하였다. "돌아오기를 道대로 함은 그 義가(意義上) 길한 것이다."

【疏】 正義曰 : '其義吉'者, 以陽升陰, 以剛應柔, 其義於理吉也.

正義曰 :〔其義吉〕 陽으로서 陰에 올라가고 剛으로서 柔에 응하여 그 義가 이치에 길한 것이다.

九二는 牽復이니 吉하니라

九二는 연결하여 돌아감이니, 길하다.

【注】 處乾之中하여 以升巽五하니 五非畜極하여 非固己者也라 雖不能若陰之不違나 可牽以獲復이라 是以吉也라

乾의 가운데에 처하여 巽의 九五로 올라가니, 九五는 지극히 저지함이 아니어서 자기를 굳게 막는 자가 아니다. 비록 陰이 어기지 않는 것만은 못하나 연결하여 돌아감을 얻을 수 있다. 이 때문에 길한 것이다.

【疏】 正義曰 : '牽'謂牽連, '復'謂反復. 二欲往五, 五非止畜之極, 不閉固於己, 可自牽連反復於上而得吉也.

正義曰 : '牽'은 연결함을 이르고, '復'은 반복을 이른다. 九二가 九五로 가고자 할 적에 九五가 지극히 저지함이 아니어서 자기를 굳게 막지 않으므로 스스로 연결하여 위로 돌아가 길함을 얻을 수 있는 것이다.

象曰 牽復在中은 亦不自失也라

〈象傳〉에 말하였다. "牽復이 中에 있음은 또한 스스로 잃지 않는 것이다."

【疏】 正義曰：旣彊牽連, 而復在下卦之中, 以其得中, 不被閉固, 亦於己不自有失, 解牽復吉也.

正義曰：이미 강하게 연결해 끌고 가고, 다시 下卦의 가운데에 있어서 그 中을 얻어 굳게 막음을 당하지 않으므로 또한 자기에게 스스로 잃음이 있지 않으니, 經文의 '연결하여 돌아감이니 길함'을 해석한 것이다.

九三은 輿說(탈)輻이며 夫妻反目이로다

九三은 수레가 바퀴살이 빠졌으며 夫婦가 반목하도다.

【注】 上爲畜盛하여 不可牽征하니 以斯而進이라 故로 必說輻也라 己爲陽極하고 上爲陰長하여 畜於陰長하여 不能自復하니 方之夫妻反目之義也라

위에서 저지함이 성해서 연결하여 갈 수가 없으니, 이러한 방법으로 나아가기 때문에 반드시 바퀴살이 빠지는 것이다. 자기는 陽의 極이 되고 위(上九)는 陰의 우두머리가 되어서 陰의 우두머리에게 저지당하여 스스로 돌아가지 못하니, 부부가 반목하는 뜻에 비유한 것이다.

【疏】 正義曰：九三欲復而進, 上九固而止之, 不可以行, 故車輿說其輻. '夫妻反目'者, 上九體巽, 爲長女之陰, 今九三之陽, 被長女閉固, 不能自復, 夫妻乖戾, 故反目相視.

正義曰：九三이 돌아가 나아가고자 하나 上九가 굳게 저지하여 갈 수가 없다. 그러므로 수레에 바퀴살이 빠지는 것이다.

〔夫妻反目〕 上九의 體가 巽이어서 長女의 陰이 되는데, 지금 九三의 陽이 장녀에게 굳게 막혀서 스스로 돌아가지 못하여 부부가 뜻이 서로 어긋난다. 그러므로 반목하여 서로 보는 것이다.

象曰 夫妻反目은 不能正室也라

〈象傳〉에 말하였다. "부부가 반목함은 아내를 바로잡지 못한 것이다."

【疏】正義曰 : '不能正室'者, 釋夫妻反目之義, 以九三之夫, 不能正上九之室, 故反目也. 此假象以喩人事也.

正義曰 : 〔不能正室〕 '부부가 반목함'의 뜻을 해석한 것이니, 九三의 남편이 上九의 아내를 바로잡지 못하므로 반목한 것이다.

이는 象을 빌려 사람의 일을 비유한 것이다.

六四는 有孚면 血去惕出하여 无咎리라

六四는 孚信이 있으면 피가 제거되고 두려움에서 나와서 허물이 없으리라.

【注】夫言血者는 陽犯陰也니 四乘於三하여 近不相得하고 三務於進이어늘 而己隔之하여 將懼侵克者也라 上亦惡(오)三而能制焉하니 志與上合하여 共同斯誠하여 三雖逼己나 而不能犯이라 故得血去懼除하여 保无咎也라

'피〔血〕'라고 말한 것은 陽이 陰을 범하는 것이니, 六四가 九三을 타고 있어서 가까우면서 뜻이 서로 맞지 않고, 九三은 나아가기를 힘쓰는데 자기(六四)가 막고 있어서 침해와 공격을 두려워하는 자이다. 上九 또한 九三을 미워하여 능히 제재하니, 뜻이 上九와 합하여 이 孚誠이 똑같아서 九三이 비록 자기를 핍박하나 범하지 못한다. 그러므로 피가 제거되고 두려움이 제거되어 허물이 없음을 보존하는 것이다.

【疏】'六四'至'无咎' ○正義曰 : 六四居九三之上, 乘陵於三, 三旣務進, 而己固之, 懼三害己, 故有血也, 畏三侵陵, 故惕懼也. 但上九亦憎惡九三, 六四與上九同志, 共惡於三, 三不能害己(己)[1], 故得其血去除, 其惕出散. 信能血去懼除, 乃得无咎.

1) (己) : 저본에는 '己'가 중복으로 있으나, 錢本·宋本에 의거하여 한 글자는 衍文으로 처리하였다.〔阮刻本 참조〕

經의 〔六四〕에서 〔无咎〕까지

○正義曰 : 六四가 九三의 위에 거하여 九三을 올라타고 능멸하며 九三이 이미 나아가기를 힘쓰는데 자기가 굳게 막고 있으니, 九三이 자기를 해칠까 두려워하므로 피가 있는 것이요, 九三이 자기를 침범하고 능멸할까 염려하므로 두려워하는 것이다. 다만 上九

또한 九三을 미워하니 六四가 上九와 뜻을 함께하여 九三을 똑같이 미워하므로 九三이 자기를 해치지 못한다. 그러므로 피가 제거되고 두려움에서 나와 흩어질 수 있는 것이다. 진실로 피가 제거되고 두려움이 제거될 수 있으면 비로소 허물이 없음을 얻는 것이다.

【疏】○ 注'夫言血者'至'无咎也' ○ 正義曰 : '夫言血者 陽犯陰也'者, 謂此卦言血, 陽犯陰也. 夫者, 發語之端, 非是總凡之辭. 故需六四云"需於血", 注云"凡稱血者, 陰陽相傷也", 則稱血者, 非唯陽犯陰也.

○ 注의 〔夫言血者〕에서 〔无咎也〕까지

○ 正義曰 : 〔夫言血者 陽犯陰也〕 이 卦에서 피를 말함은 陽이 陰을 범함을 말한 것이다. '夫'라는 것은 말을 시작하는 단서이지, 총괄하는 '무릇'이란 말이 아니다. 그러므로 需卦의 六四에 "피에서 기다린다." 하였는데, 注에 "무릇 피라고 칭한 것은 陰과 陽이 서로 상하게 하는 것이다." 하였으니, 그렇다면 〈需卦에서〉 피를 말한 것은 비단 陽이 陰을 범한 것뿐만이 아닌 것이다.

象曰 有孚惕出은 上合志也라

〈象傳〉에 말하였다. "孚信이 있어서 두려움에서 나옴은 위(上九)와 뜻이 합하기 때문이다."

【疏】正義曰 : 釋惕出之意, 所以惕出者, 由已與上九同合其志, 共惡(오)於三也[1].

1) 由已與上九同合其志 共惡(오)於三也 : 程伊川은 '上合志也'를 六四가 九五와 뜻이 같음으로 해석하여, "六四가 孚誠이 있으면 九五가 그를 신임하여 더불어 뜻이 합하는 것이다.〔旣有孚 則五信任之 與之合志〕" 하였다.

正義曰 : '두려움에서 나옴'의 뜻을 해석한 것이니, 두려움에서 나오는 까닭은 자기가 上九와 그 뜻을 합하여 九三을 함께 미워하기 때문이다.

九五는 有孚攣如라 富以其隣이로다

九五는 孚信을 두어 연결하여 그 이웃을 부유하게 하도다.

【注】處得尊位하고 不疑於二하여 來而不距라 二牽已攣하여 不爲專固하니 有孚攣如之謂

也라 以陽居陽은 處實者也니 居盛處實而不專固는 富以其隣者也라

처함이 높은 지위를 얻고 九二를 의심하지 않아서 와도 막지 않는다. 九二가 끌려오고 자기(九五)가 당겨가서 독점〔專固〕하지 않으니, '孚信을 두어 연결함'을 이른다. 陽爻로서 陽의 자리에 거함은 實에 처한 것이니, 盛에 거하고 實에 처하면서 독점하지 않음은 이웃을 부유하게 하는 자이다.

【疏】 正義曰 : '有孚攣如'者, 五居尊位, 不疑於二, 來而不距. 二旣牽挽而來, 己又攀攣而迎接, 志意合同, 不有專固相逼, 是有信而相牽攣也. 如, 語辭, 非義類. '富以其隣'者, 五是陽爻, 卽必富實, 心不專固, 故能用富以與其隣. 隣謂二也[1].

1) 有孚攣如者……隣謂二也 : 九五의 爻辭에 대한 해석은 孔穎達·程伊川·朱子의 해석이 모두 다르다. 孔穎達은 '有孚攣如'를 九五에게 孚信이 있어 九二와 연결되는 것으로 보아 '富以其隣'을 九五가 자신의 부유함을 그 이웃인 九二에게 나누어주는 것으로 해석하였고, 程伊川은 '有孚攣如'를 九五가 尊位에 거하여 다른 모든 陽爻를 끌어 구제하는 것으로 보아 '富以其隣'을 富者인 九五가 자신의 재력을 미루어 이웃인 여러 陽爻를 도와주는 것으로 해석하였다. 반면에 朱子는 九五의 爻辭를 해석함에 있어서 上卦와 下卦를 나누어 보는 방법을 주로 하여 해석하였는바, '有孚攣如'는 九五가 巽卦의 다른 爻들, 즉 六四·上九와 연결되는 것으로 보았으며, '富以其隣'을 九五가 中에 거하고 尊位에 거하여 자신의 부유함으로써 그 이웃인 六四와 上九를 좌지우지함으로 해석하였다. 朱子의 해석에서 '以'는 '좌지우지함'의 의미이다.

正義曰 : 〔有孚攣如〕 九五가 높은 지위에 거하고 九二를 의심하지 않아서 와도 막지 않는다. 九二가 이미 끌려왔고 자기가 또 당겨가 영접해서 뜻이 합하고 마음이 같아서 독점하여 서로 핍박하지 않으니, 이는 孚信이 있어서 서로 연결하여 가는 것이다. '如'는 어조사이니, 뜻이 있는 類가 아니다.

〔富以其隣〕 九五는 陽爻이니 반드시 富實한 것인데, 마음이 독점하려 하지 않기 때문에 부유함을 써서 그 이웃에게 주는 것이다. 이웃은 九二를 이른다.

象曰 有孚攣如는 不獨富也라

〈象傳〉에 말하였다. "孚信을 두어 연결함은 홀로 부유하지 않은 것이다."

【疏】 正義曰 : '不獨富也'者, 釋攣如之義, 所以攀攣於二者, 以其不獨自專固於富, 欲分與二也.

正義曰 : 〔不獨富也〕 '攣如'의 뜻을 해석한 것이니, 九二에 연결되어 가는 까닭은 홀로 부유함을 독점하지 않아서 九二에게 나누어주고자 하기 때문이다.

上九는 旣雨旣處하고 尙德載하니 婦貞厲하고 月幾望이니 君子征凶이리라

上九는 이미 비가 내리고 이미 편안히 처하여 德이 실어짐을 숭상하니, 부인이 貞하면 위태롭고, 달이 거의 보름에 가까우니 君子라도 가면 흉하리라.

【注】 處小畜之極하니 能畜者也라 陽不獲亨이라 故旣雨也요 剛不能侵이라 故旣處也라 體巽處上하여 剛不敢犯하니 尙德者也요 爲陰之長하여 能畜剛健하니 德積載者也라 婦制其夫하고 臣制其君은 雖貞近危라 故로 曰 婦貞厲也요 陰之盈盛이 莫盛於此라 故로 曰 月幾望也라 滿而又進이면 必失其道요 陰疑於陽이면 必見戰伐하니 雖復君子나 以征必凶이라 故로 曰 君子征凶이라하니라

小畜의 極에 처하였으니, 저지할 수 있는 자이다. 陽이 형통함을 얻지 못하였으므로 이미 비가 내렸고, 剛이 침범할 수 없으므로 이미 편안히 처한 것이다. 體가 巽이면서 위에 처하여 剛이 감히 범하지 못하니 德을 높이는 자요, 陰의 우두머리가 되어서 강건함을 저지하니 德이 쌓여 실어진 자이다.

부인이 그 남편을 제재하고 신하가 그 군주를 제재함은 비록 貞하나 위태로움에 가깝다. 그러므로 "부인이 貞하면 위태롭다."고 말한 것이요, 陰의 가득하고 성함이 이보다 더 성함이 없으므로 "달이 거의 보름에 가깝다."고 한 것이다. 가득한데 또 나아가면 반드시 그 道를 잃고, 陰이 陽에게 의심받으면 반드시 정벌을 당하니, 비록 다시 君子라도 이대로 가면 반드시 흉하다. 그러므로 "군자라도 가면 흉하다."고 한 것이다.

【疏】 '上九旣雨旣處' 至 '君子征凶' ○ 正義曰 : '旣雨旣處'者, 九三欲進, 已能固之, 陰陽不通, 故已得其雨也. 旣處者, 三不能侵, 不憂危害, 故已得其處也. '尙德載'者, 體巽處上, 剛不敢犯, 爲陰之長, 能畜(正)〔止〕[1]剛健, 慕尙此德之積聚而運載也, 故云"尙德載"也, 言慕尙此道德之積載也[2]. '婦貞厲'者, 上九制九三, 是婦制其夫, 臣制其君, 雖復貞正, 而近危厲也. '月幾望'者, 婦人之制夫, 猶如月在望時盛極以敵日也. 幾, 辭也, 已從上釋, 故於此不復言也[3]. '君子征凶'者, 陰疑於陽, 必見戰伐, 雖復君子之行, 而亦凶也.

1) (正)〔止〕: 저본에는 '正'으로 되어 있으나, 閩本·毛本에 의거하여 '止'로 바로잡았다. 〔阮刻本 참조〕
2) 尙德載者……言慕尙此道德之積載也 : 經文의 '德載'를 孔穎達은 道法이 가득히 쌓이고 실린 것으로 해석하였으나, 程伊川과 朱子는 '陰의 德이 가득히 쌓인 것'으로 보아 부정적인 의미로 해석하였다. 程伊川은 '尙德載'를 "九四의 陰의 柔巽한 德을 사용하여 가득히 쌓여 이룸에 이른 것이다.〔四用柔巽之德 積滿而至於成也〕"라 하였고, 朱子는 "陰의 德을 높이고 숭상하여 가득히 쌓임에 이르러 그러한 것이다.〔蓋尊尙陰德 至於積滿而然也〕" 하였다.
3) 幾辭也……故於此不復言也 : 앞에 나온 屯卦 六三의 爻辭에서 이미 설명하였으므로 이렇게 말한 것이다.

經의 〔上九旣雨旣處〕에서 〔君子征凶〕까지

○ 正義曰 : 〔旣雨旣處〕 九三이 나아가고자 하는데 자기가 능히 굳게 막아서 陰과 陽이 통하지 못하므로 자기가 그 비를 얻는 것이다. '旣處'는 九三이 침범하지 못해서 위험과 해로움을 근심하지 않으므로 자기가 그 편안히 처함을 얻는 것이다.

〔尙德載〕 體가 巽이면서 위에 처하여 剛이 감히 침범하지 못하고 陰의 우두머리가 되어서 剛健함을 저지하니, 이 德이 쌓이고 모여서 운반하여 실림을 사모하고 숭상한다. 그러므로 "德이 실어짐을 숭상한다.〔尙德載〕"라 하였으니, 이 道德이 쌓여 실어짐을 사모하고 숭상함을 말한 것이다.

〔婦貞厲〕 上九가 九三을 제재하니, 이는 아내가 그 남편을 제재하고 신하가 그 군주를 제재하는 것이니, 비록 다시 貞正하나 위태로움에 가깝다.

〔月幾望〕 부인이 남편을 제재함은 마치 달이 보름 때에 있어서 성함이 지극하여 해와 대등한 것과 같다. '幾'는 어조사이니, 이미 위에서 해석하였기 때문에 여기에서는 다시 말하지 않았다.

〔君子征凶〕 陰이 陽에게 의심받으면 반드시 정벌을 당하니, 비록 다시 군자의 행함이라도 또한 흉한 것이다.

【疏】 ○ 注'處小畜之極'至'君子征凶' ○ 正義曰 : '處小畜之極 能畜者也'(又)〔者〕[1], 已處小畜盛極, 是閉畜者也. '陽不獲亨 故旣雨也'者, 陽若亨通, 則不雨也, 所以卦係辭云"小畜亨, 密雲不雨." 今九三之陽, 被上九所固, 不獲亨通, 故旣雨也.

1) (又)〔者〕: 저본에는 '又'로 되어 있으나, 宋本에 의거하여 '者'로 바로잡았다.〔阮刻本 참조〕

○ 注의 〔處小畜之極〕에서 〔君子征凶〕까지

○ 正義曰 : 〔處小畜之極 能畜者也〕 자기가 小畜의 성함이 지극함에 처하였으니, 이는 굳게 저지하는 자이다.

〔陽不獲亨 故旣雨也〕 陽이 만약 형통하면 비가 내리지 않는다. 그러므로 卦에 글을 달기를 "小畜은 형통하니, 빽빽한 구름이 끼고 비가 내리지 않는다."라 하였다. 지금 九三의 陽이 上九에게 굳게 가로막힌 바가 되어서 형통하지 못하였으므로 이미 비가 내린 것이다.

象曰 旣雨旣處는 **德積載也**요 **君子征凶**은 **有所疑也**라

〈象傳〉에 말하였다. "이미 비가 내리고 이미 편안히 처함은 德이 쌓여 가득히 실려 있는 것이요, 君子라도 가면 해로움은 의심하는 바가 있는 것이다."

【注】 夫處下하여 可以征而无咎者는 唯泰也則然이라 坤本體下하고 又順而弱하여 不能敵剛이라 故로 可以全其類하여 征而吉也요 自此以往은 則其進各有難矣라 夫巽雖不能若艮之善畜이나 猶不肯爲坤之順從也라 故로 可得少進이요 不可盡陵也라 是以로 初九九二는 其復則可요 至於九三하여는 則輿說輻也라 夫大畜者는 畜之極也니 畜而不已하여 畜極則通하니 是以로 其畜之盛이 在於四五요 至于上九하면 道乃大行이라 小畜은 積極而後에 乃能畜이라 是以四五可以進이요 而上九는 說征之輻이라

아래에 처하여 가도 허물이 없을 수 있는 것은 오직 泰卦만 그러하니, 坤은 본래 體가 아래에 있고 또 순하면서 약하여 강함에 맞서지 못한다. 그러므로 그 同類를 온전히 하여 가면 길한 것이요, 이로부터 이외는 그 나아감이 각각 어려움이 있는 것이다. 巽이 비록 艮의 잘 저지함만은 못하나 오히려 坤의 순종함을 하려 하지 않는다. 그러므로 조금 나아갈 수 있고 다 능멸할 수 없는 것이다. 그러므로 初九와 九二는 그 돌아옴이 가능하고, 九三에 이르러서는 수레가 바퀴살이 빠지는 것이다.

大畜은 저지함이 지극한 것이다. 저지하고 그치지 않아서 저지함이 지극하면 통하니, 이 때문에 저지함의 성함이 六四와 六五에 있고, 上九에 이르면 그 道가 크게 행해지는 것이다.

小畜은 쌓임이 지극한 뒤에 비로소 저지할 수 있다. 이 때문에 六四와 九五에서는

〈初九와 九二가〉 나아갈 수 있고, 上九에서는 〈九三의〉 가는 수레의 바퀴살이 빠지는 것이다.

【疏】 '象曰既雨既處' 至 '有所疑也' ○ 正義曰 : '既雨既處 德積載'者, 釋既雨既處之義, 言所以得既雨既處者, 以上九道德積聚, 可以運載, 使人慕尙, 故云"既雨既處"也. '君子征凶 有所疑'者, 釋君子征凶之義, 言所以征凶者, 陰氣盛滿, 被陽有所疑忌, 必見戰伐, 故征凶也.

經의 〔象曰既雨既處〕에서 〔有所疑也〕까지

○ 正義曰 : 〔既雨既處 德積載〕 '이미 비가 내리고 이미 편안히 처함'의 뜻을 해석한 것이니, 이미 비가 내리고 이미 편안히 처할 수 있는 까닭은 上九가 道德을 쌓고 모아서 운반하여 실어서 사람들로 하여금 사모하고 숭상할 수 있게 하므로 "이미 비가 내리고 이미 편안히 처했다.〔既雨既處〕"라고 말한 것이다.

〔君子征凶 有所疑〕 '군자라도 가면 흉함'의 뜻을 해석한 것이니, '가면 흉한 까닭은 陰氣가 성하고 가득하여 陽에게 의심과 시기를 받아서 반드시 정벌을 당하므로 가면 흉한 것임'을 말한 것이다.

【疏】 ○ 注 '夫處下' 至 '說征之輻' ○ 正義曰 : '夫巽雖不能若艮之善畜'者, 謂雖不能如大畜艮卦在上, 善畜下之乾也, 巽雖不能如艮之善畜, 故其畜小也. '猶不肯爲坤之順從'者, 謂猶不肯如泰卦坤在於上, 順從乾也. '故可得少進'者, 謂初九·九二得前進也. '不可盡陵'者, 九三欲陵上九, 被上九所固, 是不可得盡陵也.

○ 注의 〔夫處下〕에서 〔說征之輻〕까지

○ 正義曰 : 〔夫巽雖不能若艮之善畜〕 비록 大畜의 艮卦가 위에 있으면서 아래의 乾卦를 잘 저지함만 못함을 말한 것이니, 巽이 비록 艮의 잘 저지함만 못하기 때문에 그 저지함이 작은 것이다.

〔猶不肯爲坤之順從〕 오히려 泰卦의 坤이 위에 있으면서 乾을 순종하는 것처럼 하려 하지 않음을 말한 것이다.

〔故可得少進〕 初九와 九二가 앞으로 나아갈 수 있음을 말한 것이다.

〔不可盡陵〕 九三이 上九를 능멸하고자 하나 上九에게 굳게 막힘을 당하니, 이는 다 능멸하지 못하는 것이다.

【疏】'畜而不已 畜極則通 是以其畜之盛 在于四·五 至于上九 道乃大行'者, 此論大畜義也. 大畜, 畜而不已, 謂之大畜. 四爻·五爻是畜之盛極, 而不休已, 畜極則通. 四·五畜道既極, 至於上九, 无可所畜, 故上九道乃大行, 无所畜也. '小畜積極而後乃能畜'者, 小畜之道既微, 積其終極, 至於上九, 乃能畜也, 謂畜九三也. '是以四·五可以進'者, 四雖畜初, 五雖畜二, 畜道既弱, 故九二可以進. '上九說征之輻'者, 上九畜之積極, 故能說此九三征行之輻.

〔畜而不已 畜極則通 是以其畜之盛 在丁四五 至于上九 道乃大行〕 이는 大畜의 뜻을 논한 것이다. 大畜은 저지하여 그치지 않음이니, 그것을 大畜이라고 이른다. 六四爻와 六五爻는 바로 저지함의 성함이 지극한 것이니, 그치지 않아서 저지함이 지극하면 통한다. 六四와 六五의 저지하는 道가 이미 지극하니, 上九에 이르면 저지할 바가 없으므로 上九에서는 道가 크게 행해져서 저지하는 바가 없는 것이다.

〔小畜積極而後乃能畜〕 小畜의 道가 이미 미미하나 그 終極에 쌓여서 上九에 이르면 비로소 저지할 수 있는 것이니, 九三을 저지함을 이른다.

〔是以四五可以進〕 六四가 비록 初九를 저지하고 九五가 비록 九二를 저지하나 저지하는 방도가 이미 약하기 때문에 九二가 나아갈 수 있는 것이다.

〔上九說征之輻〕 上九는 저지함이 쌓여 지극하므로 이 九三의 가는 수레의 바퀴살이 빠지게 할 수 있는 것이다.

【疏】案, 九三但有說輻, 无征之文, 而王氏言"上九說征之輻"者, 輿之有輻, 可以征行, 九三爻有征義. 今輿輻既說, 則是說征之輻, 因上九"征凶"之文, 征則行也. 文雖不言, 於義必有. 言輻者, 鄭注云"謂輿下縛木, 與軸相連, 鉤心之木." 是也. 子夏傳云"輻, 車劇也."

살펴보건대, 九三에는 다만 '說輻'이 있고 '征'이란 글이 없는데, 王氏(王弼)가 "上九에서는 〈九三의〉 가는 수레의 바퀴살이 빠지는 것이다.〔上九說征之輻〕"라고 말한 것은, 수레는 바퀴살이 있어야 갈 수가 있으니, 九三爻에 '간다'는 뜻이 있는 것이다. 지금 수레의 바퀴살이 이미 빠졌으면 이는 가는 수레의 바퀴살이 빠진 것이니, 上九의 "가면 흉하다.〔征凶〕"는 글을 따른 것인바, '征'은 곧 감이다. 九三의 爻辭에는 비록 〈'征'을〉 말하지 않았으나 뜻에는 〈'감'의〉 뜻이 반드시 있다.

'輻'이라고 말한 것은 鄭玄의 注에 "수레 아래에 나무를 묶어서 바퀴축과 서로 연결하여 가운데에 건 나무를 이른다."고 한 것이 이것이다. ≪子夏易傳≫에는 "輻은 車劇이다." 하였다.

10. 履䷉ 兌下乾上

履虎尾라도 不咥人이라 亨하니라

범의 꼬리를 밟더라도 사람을 물지 않아서 형통하다.

【疏】 正義曰 : 履卦之義, 以六三爲主. 六三以陰柔履踐九二之剛, 履危者也[1], 猶如履虎尾, 爲危之甚. '不咥人 亨'者, 以六三在兌體, 兌爲和說(열), 而應乾剛. 雖履其危, 而不見害, 故得亨通, 猶若履虎尾不見咥齧于人. 此假物之象, 以喩人事.

1) 六三以陰柔履踐九二之剛 履危者也 : 王弼과 孔穎達은 '履虎尾'를 六三이 九二를 밟고 있는 것으로 보아 〈彖傳〉의 '柔履剛也' 역시 '柔가 剛을 밟고 있다.'로 해석하였다. 반면에 程伊川은 履卦를 上卦와 下卦로 나누어 보아 乾卦의 아래에 兌卦가 있는 것으로 '履虎尾'를 해석하여 "하늘은 위에 있고 못은 아래에 처하였으니, 柔가 剛에게 밟히고 깔려서 上下가 각각 그 義를 얻었다.〔天在上而澤處下 以柔履藉於剛 上下各得其義〕"고 풀이하였다.

正義曰 : 履卦의 뜻은 六三을 주체로 삼는다. 六三이 陰柔로서 九二의 강함을 밟고 있어서 위태로움을 밟고 있는 자이니, 마치 범의 꼬리를 밟는 것과 같아서 위태로움의 심함이 된다.

〔不咥人 亨〕 六三이 兌의 體에 있으니, 兌는 和說함이 되어서 乾의 剛에 응한다. 비록 위태로움을 밟고 있으나 傷害를 당하지 않으므로 형통함을 얻는 것이니, 마치 범의 꼬리를 밟으나 사람을 물지 않는 것과 같다. 이는 물건의 象을 빌려서 사람의 일을 비유한 것이다.

彖曰 履는 柔履剛也니 說而應乎乾이라 是以로 履虎尾라도 不咥人하여 亨이라

〈彖傳〉에 말하였다.

"履는 柔가 剛을 밟고 있는 것이니, 기뻐하면서 乾에게 응한다. 이 때문에 범의 꼬리를 밟더라도 사람을 물지 않아서 형통한 것이다.

【注】凡彖者는 言乎一卦之所以爲主也니 成卦之體 在六三也라 履虎尾者는 言其危也니 三爲履主하여 以柔履剛하니 履危者也라 履虎尾라도 有不見咥者는 以其說而應乎乾也니 乾은 剛正之德者也라 不以說行夫佞邪하고 而以說應乎乾하니 宜其履虎尾라도 不見咥而亨이라

모든 彖은 한 卦의 주체가 된 이유를 말한 것이니, 成卦의 주체가 六三에 있다. 범의 꼬리를 밟음은 그 위태로움을 말한 것이니, 六三이 履卦의 주체가 되어서 柔로서 剛을 밟고 있으니, 위태로움을 밟고 있는 자이다. 범의 꼬리를 밟더라도 물림을 당하지 않는 것은 기뻐하여 乾에 응하기 때문이니, 乾은 剛正의 德을 가진 자이다. 기뻐함으로써 아첨하고 간사한 사람에게 행하지 않고 기뻐함으로써 乾에 응하니, 범의 꼬리를 밟더라도 물림을 당하지 않아 형통한 것이 당연하다.

【疏】'彖曰履柔履剛也'至'不咥人亨' ○正義曰:'履 柔履剛'者, 言履卦之義, 是柔之履剛, 六三陰爻, 在九二陽爻之上, 故云"柔履剛"也. 履謂履踐也, 此釋履卦之義. '說而應乎乾 是以履虎尾 不咥人 亨'者, 釋不咥人亨之義, 六三在兌體, 兌爲和說, 應於上九, 上九在乾體, 兌自和說, 應乎乾剛, 以說應剛, 无所見害, 是以履踐虎尾, 不咥害于人, 而得亨通也. 若以和說之行, 而應於陰柔, 則是邪佞之道, 由以說應於剛, (无)〔故〕[1]得吉也.

1) (无)〔故〕: 저본에는 '无'로 되어 있으나, 阮刻本 〈校勘記〉에 "살펴보건대, 无는 '故'자의 譌字이다."라고 한 것에 의거하여 '故'로 바로잡았다.

經의 〔彖曰履柔履剛也〕에서 〔不咥人亨〕까지

○正義曰:〔履 柔履剛〕 履卦의 뜻이 바로 柔가 剛을 밟고 있는 것임을 말한 것이니, 陰爻인 六三이 陽爻인 九二의 위에 있으므로 "柔가 剛을 밟고 있다.〔柔履剛〕"라고 말한 것이다. '履'는 밟음을 이르니, 이는 履卦의 뜻을 해석한 것이다.

〔說而應乎乾 是以履虎尾 不咥人 亨〕 '사람을 물지 않아서 형통함'의 뜻을 해석한 것이다. 六三이 兌의 體에 있으니 兌는 和說함이 되어서 上九에 응하고, 上九는 乾의 體에 있는데 兌가 스스로 和說하여 乾의 剛에 응하니, 기뻐함으로써 剛에 응하여 傷害를 받는 바가 없다. 이 때문에 범의 꼬리를 밟더라도 사람을 물어 해치지 않아서 형통함을 얻는 것이다. 만약 和說의 행실을 가지고 陰柔에 응하면 이는 간사하고 아첨하는 방도인데, 기뻐함을 가지고 剛에 응하기 때문에 길함을 얻은 것이다.

剛中正으로 **履帝位**하여 **而不疚**는 **光明也**라

剛中正으로 황제의 지위를 밟아서 하자가 없음은 光明한 것이다."

【注】 言五之德이라

九五의 德을 말한 것이다.

【疏】 正義曰：'剛中正 履帝位'者, 謂九五也. 以剛處中, 得其正位, 居九五之尊, 是剛中正, 履帝位也. '而不疚光明'者, 能以剛中而居帝位, 不有疚病, 由德之光明故也. 此一句, 贊明履卦德義之美, 於經无所釋也.

正義曰：〔剛中正 履帝位〕 九五를 말한 것이다. 剛으로서 中에 처하여 正位를 얻었고 九五의 높은 지위에 거하였으니, 이것이 '剛中正으로 황제의 지위를 밟는 것〔剛中正 履帝位〕'이다.

〔而不疚光明〕 剛中으로서 황제의 지위에 거하여 하자와 병폐가 있지 않음은 德이 光明하기 때문이다.

이 한 句는 履卦의 德義의 아름다움을 찬양하고 밝혔으니, 經文에는 해석한 바가 없다.

象曰 上天下澤이 **履**이니 **君子以辯上下**하여 **定民志**하니라

〈象傳〉에 말하였다. "위는 하늘이고 아래는 못인 것이 履卦이니, 君子가 보고서 上下를 分辯하여 백성의 뜻(마음)을 안정시킨다."

【疏】 正義曰：天尊在上, 澤卑處下, 君子法此履卦之象, 以分辯上下尊卑, 以定正民之志意, 使尊卑有序也. 但此履卦名合二義, 若以爻言之, 則在上履踐於下, 六三履九二也, 若以二卦上下之象言之, 則履禮也, 在下以禮承事於上. 此象之所言, 取上下二卦卑承尊之義, 故云"上天下澤履." 但易(合)〔含〕[1]萬象, 反覆取義, 不可定爲一體故也.

1) (合)〔含〕: 저본에는 '合'으로 되어 있으나, 毛本에 의거하여 '含'으로 바로잡았다.〔阮刻本 참조〕

正義曰：하늘은 높게 위에 있고 못은 낮게 아래에 있으니, 군자가 이 履卦의 象을 본받아서 上下의 높고 낮음을 分辯하여 백성의 意志를 안정시켜 그들로 하여금 높고 낮음

에 차례가 있게 하는 것이다.

다만 이 履卦는 卦의 이름에 두 가지 뜻이 합해 있어서, 만약 爻를 가지고 말하면 위에 있으면서 아래를 밟는 것이니 六三이 九二를 밟는 것이요, 만약 두 卦의 상하의 象을 가지고 말하면 履는 禮이니 아래에 있으면서 禮로써 윗사람을 받들어 섬기는 것이다.

이 〈象傳〉에서 말한 것은 위아래에 있는 두 卦가 낮은 이가 높은 이를 받드는 뜻을 취하였다. 그러므로 "위는 하늘이고 아래는 못인 것이 履卦이다."라고 말한 것이다. 다만 ≪周易≫은 만 가지 象을 포함하고 있어서 반복하여 뜻을 취하니, 정하여 한 가지 體로 삼을 수 없기 때문이다.

初九는 素履往이면 无咎리라

初九는 검소한 행함으로 가면 허물이 없으리라.

【注】 處履之初하여 爲履之始하니 履道惡(오)華라 故로 素乃无咎라 處履以素면 何往不從이리오 必獨行其願하여 物无犯也라

履의 처음에 처하여 履의 시초가 되니, 履의 道는 화려함을 싫어하므로 검소하면 마침내 허물이 없는 것이다. 履에 처하기를 검소함으로써 하면 어디로 간들 따르지 않겠는가. 반드시 홀로 그 소원을 행하므로 남들이 범하지 않는 것이다.

【疏】 正義曰 : 處履之始, 而用質素, 故往而无咎. 若不以質素, 則有咎也.

正義曰 : 履의 시초에 처하여 질박함과 검소함을 사용한다. 그러므로 가면 허물이 없는 것이다. 만약 질박함과 검소함을 사용하지 않으면 허물이 있을 것이다.

象曰 素履之往은 獨行願也라

〈象傳〉에 말하였다. "검소한 행함으로 감은 홀로 자기가 원하는 것을 행하는 것이다."

【疏】 正義曰 : '獨行願'者, 釋素履之往, 它人尙華, 己獨質素, 則何咎也. 故獨行所願, 則物无犯也.

正義曰 : 〔獨行願〕 '검소한 행함으로 감'을 해석한 것이니, 다른 사람은 화려함을 숭상

하더라도 자기가 홀로 질박하고 검소하면 무슨 허물이 있겠는가. 그러므로 홀로 자기가 원하는 바를 행하면 남이 범하지 않는 것이다.

九二는 履道坦坦하니 幽人은 貞하여 吉하니라

九二는 이행하는 道가 평탄하니, 幽人은 貞하여 길할 것이다.

【注】 履道尙謙하여 不喜處盈하고 務在致誠하니 惡(오)夫外飾者也어늘 而二以陽處陰하니 履於謙也라 居內履中하여 隱顯同也니 履道之美 於斯爲盛이라 故로 履道坦坦하여 无險厄也요 在幽而貞하니 宜其吉이라

履의 道는 겸손함을 숭상하여 가득함에 처하는 것을 좋아하지 않고 힘씀이 정성을 다하는 데에 있으니, 밖으로 꾸밈을 싫어하는 자이다. 그런데 九二가 陽으로서 陰의 자리에 처하였으니, 겸손함을 행하는 것이다. 안에 거하고 가운데를 밟고 있어서 숨음과 드러남이 똑같으니, 履의 道의 아름다움이 이에 성함이 된다. 그러므로 履의 道가 평탄하여 험함과 곤액이 없는 것이요, 幽에 있으면서 貞하니 길함이 마땅하다.

【疏】 '九二' 至 '幽人貞吉' ○ 正義曰 : '履道坦坦'者, 坦坦, 平易之貌. 九二以陽處陰, 履於謙退, 已能謙退, 故履道坦坦 (者)〔平〕[1]易(이), 无險難也. '幽人貞吉'者, 既无險難, 故在幽隱之人, 守正得吉.

1) (者)〔平〕: 저본에는 '者'로 되어 있으나, 阮刻本 〈校勘記〉에 "살펴보건대, 위 글의 '坦坦'은 平易한 모양이니, 이 '者'자는 '平'이 되어야 한다."라고 한 것에 의거하여 '平'으로 바로잡았다.

經의 〔九二〕에서 〔幽人貞吉〕까지

○ 正義曰 : 〔履道坦坦〕 '坦坦'은 평이한 모양이다. 九二가 陽으로서 陰의 자리에 처하여 겸손함을 이행하니, 자기가 능히 겸손하기 때문에 履의 道가 평탄하고 평이해서 험난함이 없는 것이다.

〔幽人貞吉〕 이미 험난함이 없기 때문에 그윽하고 숨겨진 곳에 있는 사람이 正道를 지켜 길함을 얻는 것이다.

【疏】 ○ 注 '履道尙謙' 至 '宜其吉' ○ 正義曰 : '履道尙謙'者, 言履踐之道, 貴尙謙退, 然後乃能踐物, 履又爲禮, 故尙謙也. '居內履中 隱顯同'者, 履道尙謙, 不喜處盈然, 以陽處陰, 尙於謙德. 居內履中, 以信爲道, 不以居外爲榮, 處內爲屈, 若居在外, 亦能履中謙退, 隱之與顯, 在心齊等, 故曰"隱顯同也." '在幽而貞 宜其吉'者, 以其在內卦之中, 故云"在幽"也, 謙而得中, 是貞正也, 在幽能行此正, 故曰"宜其吉."

○ 注의 〔履道尙謙〕에서 〔宜其吉〕까지

○ 正義曰 : 〔履道尙謙〕 이행하는 道는 겸손함을 귀하게 여기고 숭상함을 말한 것이니, 이렇게 한 뒤에야 물건을 밟을 수 있는 것이요, 履는 또 禮가 되기 때문에 겸손함을 숭상하는 것이다.

〔居內履中 隱顯同〕 履의 道가 겸손함을 숭상하여, 가득한 자리에 처함을 좋아하지 않으니, 陽으로서 陰의 자리에 처함은 겸손한 德을 숭상하는 것이다. '居內履中'은 信을 道로 삼아서 밖에 있는 것을 榮華로 삼지 않고 안에 있는 것을 굽힘으로 삼지 않아서, 만약 거처함이 밖에 있더라도 中을 밟고 겸손하여 숨음과 드러남을 자기 마음속에 똑같이 생각하므로 "숨음과 드러남이 똑같다.〔隱顯同〕"라고 말한 것이다.

〔在幽而貞 宜其吉〕 內卦의 中에 있기 때문에 "幽에 있다.〔在幽〕"라고 말한 것이요, 겸손하면서 中을 얻음이 바로 貞正한 것이니, 幽에 있으면서 능히 이 바름을 행하기 때문에 "길함이 마땅하다.〔宜其吉〕"라고 말한 것이다.

象曰 幽人貞吉은 中不自亂也라

〈象傳〉에 말하였다. "幽人이 貞하여 길함은 中에 있어서 스스로 어지럽지 않기 때문이다."

【疏】 正義曰 : '中不自亂'者, 釋幽人貞吉, 以其居中, 不以危險而自亂也. 旣能謙退幽居, 何有危險自亂之事.

正義曰 : 〔中不自亂〕 '幽人이 貞하여 길함〔幽人貞吉〕'을 해석한 것이니, 中에 거하였기 때문에 위험으로써 스스로 어지럽지 않은 것이다. 이미 겸손하여 그윽히 거처하면 어찌 위험하여 스스로 어지러운 일이 있겠는가.

六三은 眇能視며 跛能履라 履虎尾하여 咥人하여 凶이니 武人爲于大君이로다

六三은 애꾸눈이 잘 본다고 여기며 절름발이가 잘 걷는다고 여기는 것이다. 범의 꼬리를 밟아서 사람을 물어 흉하니, 武人이 大君이 된 것이다.

【注】 居履之時하여 以陽處陽도 猶曰不謙이온 而況以陰居陽하고 以柔乘剛者乎아 故로 以此爲明은 眇目者也요 以此爲行은 跛足者也요 以此履危는 見咥者也라 志在剛健하여 不修所履하고 欲以陵武於人하여 爲于大君하여 行未能免於凶하고 而志存于五하니 頑之甚也라

履의 때에 거하여 陽으로서 陽의 자리에 처하여도 오히려 겸손하지 않다고 말하는데, 하물며 陰으로서 陽의 자리에 거하고 柔로서 剛을 탄 자에 있어서랴. 그러므로 이것을 밝다고 여김은 애꾸눈이고, 이것을 잘 걷는다고 여김은 절름발이이며, 이로써 위태로움을 밟음은 물림을 당하는 자인 것이다.

뜻이 강건함에 있어서 이행하는 바를 닦지 않고 남에게 능멸과 무력을 가하여 大君이 되려고 해서 행실이 흉함을 면치 못하고 뜻이 九五에 있으니, 이는 완악함이 심한 것이다.

【疏】 '六三眇能視' 至 '武人爲于大君' ○正義曰 : '眇能視 跛能履'者, 居履之時, 當須謙退, 今六三以陰居陽, 而又失其位, 以此視物, 猶如眇目, 自爲能視, 不足爲明也, 以此履踐, 猶如跛足, 自爲能履, 不足與之行也. '履虎尾 咥人凶'者, 以此履虎尾, 咥齧於人, 所以凶也. '武人爲于大君'者, 行此威武, 加陵於人, 欲自爲於大君, 以六三之微, 欲行九五之志, 頑愚之甚.

經의 〔六三眇能視〕에서 〔武人爲于大君〕까지

○正義曰 : 〔眇能視 跛能履〕 履의 때에 거하여 모름지기 겸손해야 하는데, 지금 六三이 陰으로서 陽의 자리에 거하여 또 正位를 잃었으니, 이러한 방도로써 물건을 보면 마치 애꾸눈이 스스로 잘 본다고 여기지만 밝음이 되지 못하는 것과 같고, 이러한 방도로써 걸어가면 마치 절름발이가 스스로 잘 간다고 여기지만 그와 함께 갈 수 없는 것과 같은 것이다.

〔履虎尾 咥人凶〕 이러한 방도로써 범의 꼬리를 밟으면 사람을 무니, 이 때문에 흉한 것이다.

〔武人爲于大君〕 이 위엄과 무력을 행하여 남에게 능멸을 가해서 스스로 大君(帝王)이 되고자 하는 것이니, 六三의 미천함으로서 九五의 뜻을 행하고자 하면 이는 완악하고 어리석음이 심한 것이다.

象曰 眇能視는 **不足以有明也**요 **跛能履**는 **不足以與行也**라 **咥人之凶**은 **位不當也**요 **武人爲于大君**은 **志剛也**라

〈象傳〉에 말하였다. "애꾸눈이 잘 본다고 여김은 밝음이 되지 못하고, 절름발이가 잘 걷는다고 여김은 함께 갈 수 없는 것이요, 사람을 물어 흉함은 자리가 마땅하지 않기 때문이요, 武人이 大君이 됨은 뜻이 강한 것이다."

【疏】'象曰眇能視'至'武人爲于大君志剛也' ○ 正義曰 : '不足以有明'者, 釋眇能視物, 目旣隆眇, 假使能視, 无多明也. '不足以與行'者, 解跛能履, 足旣蹇跛, 假使能履, 行不能遠, 故云"不足以與行也." '位不當'者, 釋咥人之凶, 所以被咥見凶者, 緣居位不當, 爲以陰處陽也. '志剛'者, 釋武人爲于大君, 所以陵武加人, 欲爲大君, 以其志意剛猛, 以陰而處陽, 是志意剛也.

經의 〔象曰眇能視〕에서 〔武人爲于大君志剛也〕까지

○ 正義曰 : 〔不足以有明〕 '애꾸눈이 물건을 잘 본다고 여김'을 해석한 것이니, 눈이 이미 애꾸가 되었으면 가령 잘 보더라도 많이 밝지 못한 것이다.

〔不足以與行〕 '절름발이가 잘 걷는다고 여김'을 해석한 것이니, 발을 이미 절면 가령 잘 가더라도 감이 멀리 가지 못한다. 그러므로 "함께 갈 수 없는 것이다.〔不足以與行〕"라고 말한 것이다.

〔位不當〕 '사람을 물어 흉함'을 해석한 것이니, 물려서 흉함을 당한 까닭은 거한 자리가 마땅하지 않아서 陰으로서 陽의 자리에 처하였기 때문이다.

〔志剛〕 '武人이 大君이 됨'을 해석한 것이니, 능멸과 무력을 남에게 가하여 대군이 되고자 하는 것은 그 뜻이 강하고 사납기 때문이니, 陰으로서 陽의 자리에 처함은 바로 뜻이 강한 것이다.

九四는 **履虎尾**니 **愬愬**(색색)이면 **終吉**이리라

九四는 범의 꼬리를 밟은 것이니, 조심하고 조심하면 끝내 길하리라.

【注】 逼近至尊하고 以陽承陽하여 處多懼之地라 故로 曰 履虎尾니 愬愬也라하니라 然以陽居陰하고 以謙爲本하니 雖處危懼나 終獲其志라 故終吉也라

至尊의 자리에 매우 가깝고 陽으로서 陽을 받들고 있어서 두려움이 많은 자리에 처하였다. 그러므로 "범의 꼬리를 밟으니 조심하고 조심한다." 한 것이다. 그러나 陽으로서 陰의 자리에 처하고 겸손함을 근본으로 삼아서 비록 위태롭고 두려운 자리에 처하였으나 끝내 그 뜻을 얻는다. 그러므로 끝내 길한 것이다.

【疏】 正義曰 : '履虎尾 愬愬'者, 逼近五之尊位, 是履虎尾, 近其危也, 以陽承陽, 處嫌隙之地, 故愬愬危懼也. '終吉'者, 以陽居陰, 意能謙退, 故終得其吉也.

正義曰 : 〔履虎尾 愬愬〕 九五의 尊位에 매우 가까우니, 이는 범의 꼬리를 밟아서 그 위태로움에 가까운 것이요, 陽(九四)으로서 陽(九五)을 받들어서 혐의스러운 자리에 처하였으므로 조심하고 조심하여 위태롭게 여기고 두려워하는 것이다.

〔終吉〕 陽(九)으로서 陰의 자리(四)에 거하여 마음이 겸손하기 때문에 끝내 그 길함을 얻는 것이다.

象曰 愬愬終吉은 志行也라

〈象傳〉에 말하였다. "조심하고 조심하면 끝내 길함은 뜻이 행해지는 것이다."

【疏】 正義曰 : '志行'者, 釋愬愬終吉, 初雖愬愬, 終得其吉, 以謙志得行, 故終吉也.

正義曰 : 〔志行〕 '조심하고 조심하면 끝내 길함'을 해석한 것이니, 처음에는 비록 조심하고 조심하나 끝내 그 길함을 얻는 까닭은 겸손한 뜻이 행해질 수 있기 때문에 끝내 길한 것이다.

九五는 夬履니 貞厲라

九五는 결단하여 이행하니, 바르더라도 위태롭다.

【注】 得位處尊하여 以剛決正이라 故로 曰 夬履貞厲也라하니라 履道는 惡(오)盈이어늘 而五處尊하니 是以危라

正位를 얻고 높은 지위에 처하여 剛으로써 바름을 결단한다. 그러므로 "쾌하게 이행하니 바르더라도 위태롭다."고 말한 것이다. 履의 道는 가득한 것을 싫어하는데 九五가 尊位에 처하였으니, 이 때문에 위태로운 것이다.

【疏】 正義曰 : '夬履'者, 夬者, 決也. 得位處尊, 以剛決正, 履道行正, 故夬履也. '貞厲'者, 厲, 危也. 履道惡盈, 而五以陽居尊, 故危厲也.

正義曰 : 〔夬履〕 '夬'는 결단함이다. 正位를 얻고 높은 지위에 처하여 剛으로써 바름을 결단하여 이행하는 道가 바름을 행한다. 그러므로 '결단하여 이행하는〔夬履〕' 것이다.
〔貞厲〕 '厲'는 위태로움이다. 이행하는 道는 가득한 것을 싫어하는데, 九五가 陽으로서 尊位에 거하였기 때문에 위태로운 것이다.

象曰 夬履貞厲는 位正當也라

〈象傳〉에 말하였다. "'결단하여 이행하니 바르더라도 위태로움'은 자리가 바로 그 지위에 당했기 때문이다."

【疏】 正義曰 : '位正當'者, 釋夬履貞厲之義, 所以夬履貞厲者, 以其位正當處在九五之位, 不得不決斷其理, 不得不有其貞厲, 以位居此地故也.

正義曰 : 〔位正當〕 '결단하여 이행하니 바르더라도 위태로움'의 뜻을 해석한 것이니, 결단하여 이행해서 바르더라도 위태로운 까닭은 그 지위가 바로 九五의 지위에 처해 있어서 그 이치를 결단하지 않을 수 없고 '바르더라도 위태로움'이 없을 수 없기 때문이니, 이는 지위가 이러한 자리에 거하였기 때문이다.

上九는 視履하여 考祥이니 其旋이면 元吉이리라

上九는 이행하는 것을 살펴보아 상서로움을 상고하는 것이니, 돌아오면 크게 길하리라.

【注】 禍福之祥은 生乎所履니 處履之極하여 履道成矣라 故로 可視履而考祥也라 居極應說(열)하여 高而不危하니 是其旋也라 履道大成이라 故로 元吉也라

禍·福의 徵祥(징조)이 이행하는 바에서 생겨나니, 履의 極에 처하여 履의 道가 이루어졌다. 그러므로 이행하는 바를 살펴보아 徵祥을 상고할 수 있는 것이다. 履의 極에 거하여 和悅함에 응하므로 높아도 위태롭지 않으니, 이것이 '돌아오는 것'이다. 履의 道가 크게 이루어졌으므로 '크게 길한 것'이다.

【疏】 正義曰 : '視履考祥'者, 祥謂徵祥, 上九處履之極, 履道已成, 故視其所履之行善惡得失, 考其禍福之徵祥. '其旋元吉'者, 旋謂旋反也[1], 上九處履之極, 下應兌說, 高而不危, 是其不墜於履, 而能旋反行之, 履道大成, 故元吉也.

1) 旋謂旋反也 : 注에는 '是其旋也'라 하여 旋의 뜻이 분명하지 않는데, 孔穎達은 '旋反'이라 하여 돌아오는 것으로 해석하였다. 한편 程伊川과 朱子는 모두 '周旋'으로 보아, 程伊川은 "旋은 周旋함이 완비하여 지극하지 않음이 없는 것이다.〔旋 謂周旋完備 无不至也〕"라 하였고, 朱子는 "周旋함이 이지러짐이 없는 것〔周旋无虧〕"으로 註를 내었다. 여기에서의 '周旋'은 행동거지를 말한다.

正義曰 : 〔視履考祥〕 '祥'은 祥瑞를 이르니, 上九가 履의 極에 처하여 이행하는 道가 이미 이루어졌다. 그러므로 이행하는 바의 행실의 善惡과 得失을 살펴보아 그 禍·福의 徵祥을 상고하는 것이다.

〔其旋元吉〕 '旋'은 돌아옴을 이른다. 上九가 履의 極에 처하고 아래로 兌의 기뻐함에 응하여 높아도 위태롭지 않으니, 이는 이행함을 실추하지 않아서 능히 돌아와 행하여 이행하는 道가 크게 이루어진 것이다. 그러므로 '크게 길한 것'이다.

象曰 元吉在上은 大有慶也라

〈象傳〉에 말하였다. "크게 길함으로 위에 있음은 크게 福慶이 있는 것이다."

【疏】 正義曰 : '大有慶'者, 解元吉在上之義, 既以元吉而在上九, 是大有福慶也. 以有福慶, 故在上元吉也.

正義曰 : 〔大有慶〕 '크게 길함으로 위에 있음'의 뜻을 해석한 것이니, 이미 크게 길함으로서 上九의 자리에 있으면, 이는 크게 福慶이 있는 것이다. 福慶이 있기 때문에 위에 있어 크게 길한 것이다.

11. 泰䷊ 乾下坤上

泰는 **小往大來**하니 **吉亨**하니라

泰는 小가 가고 大가 오니, 길하여 형통하다.

【疏】 正義曰 : 陰去, 故小往, 陽長, 故大來, 以此吉而亨通. 此卦亨通之極, 而四德不具者, 物既太通, 多失其節, 故不得以爲元始而利貞也, 所以象云"財成"·"輔相", 故四德不具.

正義曰 : 陰이 가기 때문에 '小往'이고, 陽이 자라기 때문에 '大來'이니, 이 때문에 길하여 형통한 것이다. 이 卦는 형통함이 지극하나 〈元·亨·利·貞의〉 네 德이 갖추어지지 않은 것은, 물건이 이미 너무 통하면 대부분 그 절도를 잃으므로 元始하여 利貞함이 될 수 없는 것이니, 이 때문에 〈象傳〉에 "財成", "輔相"이라고 말하였다. 그러므로 네 德이 갖추어지지 않은 것이다.

彖曰 泰小往大來吉亨은 **則是天地交而萬物通也**요 **上下交而其志同也**라 **內陽而外陰**하며 **內健而外順**하며 **內君子而外小人**하니 **君子道長**하고 **小人道消也**라

〈彖傳〉에 말하였다. "'泰는 小가 가고 大가 오니, 길하여 형통하다.'는 것은, 이는 天地가 사귀어 만물이 통하고, 上下가 사귀어 그 뜻이 같은 것이다. 陽이 안에 있고 陰이 밖에 있으며, 굳셈이 안에 있고 순함이 밖에 있으며, 君子가 안에 있고 小人이 밖에 있으니, 君子의 道가 자라고 小人의 道가 사라지는 것이다."

【疏】 '彖曰泰小往大來'至'小人道消也' ○正義曰 : '泰小往大來吉亨 則是天地交而萬物通'者, 釋此卦小往大來吉亨, 名爲泰也. 所以得名爲泰者, (止)〔正〕[1]由天地氣交而生養萬物, 物得大通, 故云"泰"也. '上下交而其志同'者, 此以人事象天地之交. 上謂君也, 下謂臣也, 君臣交好, 故志意和同. '內陽而外陰 內健而外順', 內健則內陽, 外順則外陰, 內陽外陰, 據其象, 內健外順, 明其性, 此說泰卦之德也. 陰陽言爻, 健順言卦, 此就卦爻, 釋小往大來吉亨也. '內君子而外小人 君子道長 小人道消'者, 更就人事之中, 釋小往大來吉亨也.

1) (止)〔正〕: 저본에는 '止'로 되어 있으나, 宋本에 의거하여 '正'으로 바로잡았다.〔阮刻本 참조〕

經의 〔彖曰泰小往大來〕에서 〔小人道消也〕까지

○ 正義曰 : 〔泰小往大來吉亨 則是天地交而萬物通〕 이 卦가 小가 가고 大가 와서 길하여 형통하므로 이름을 '泰'라 함을 해석한 것이니, 泰라는 이름을 얻은 까닭은 바로 하늘과 땅의 기운이 사귀어 만물을 낳고 길러서 물건이 크게 통함을 얻었기 때문에 "泰"라고 한 것이다.

〔上下交而其志同〕 이는 사람의 일을 가지고 하늘과 땅의 사귐을 형상한 것이다. '上'은 군주를 이르고 '下'는 신하를 이르니, 군주와 신하가 서로 좋아하기 때문에 뜻이 화합하고 같은 것이다.

〔內陽而外陰 內健而外順〕 굳셈이 안에 있음은 陽이 안에 있는 것이고 순함이 밖에 있음은 陰이 밖에 있는 것이니, 陽이 안에 있고 陰이 밖에 있음은 그 象을 근거로 한 것이고, 굳셈이 안에 있고 순함이 밖에 있음은 그 성질을 밝힌 것이니, 이는 泰卦의 德을 말한 것이다. 陰과 陽은 爻를 말하고 健과 順은 卦를 말한 것이니, 이는 卦와 爻에 나아가 '小가 가고 大가 오니 길하여 형통함'을 해석한 것이다.

〔內君子而外小人 君子道長 小人道消〕 다시 사람의 일 가운데에 나아가 '小가 가고 大가 오니 길하여 형통함'을 해석한 것이다.

象曰 天地交 泰니 后以財成天地之道하고 輔相天地之宜하여 以左右民하나니라

〈象傳〉에 말하였다. "하늘과 땅이 사귐이 泰卦이니, 임금이 이것을 보고서 天地의 道를 裁斷하여 이루고 天地의 마땅함을 輔相하여 백성을 돕는다."

【注】 泰者는 物大通之時也니 上下大通이면 則物失其節이라 故로 財成而輔相하여 以左右民也[1]라

1) 泰者……以左右民也 : 王弼과 孔穎達은 泰를 '물건이 크게 통하는 때여서 절도를 잃으므로 이것을 억제해야 함'으로 해석하였으나, 程伊川과 朱子는 군주가 이 泰를 체행해

야 하는 것으로 보았다. 그리하여 程伊川은 "天地가 사귀어 陰陽이 화합하면 만물이 무성하게 이루어지니, 이 때문에 泰가 된 것이다. 인군은 天地가 通泰하는 象을 체행하여 天地의 道를 財成하고 天地의 마땅함을 輔相하여 生民을 左右하여야 한다. '財成'은 天地가 사귀어 通泰하는 道를 체행하여 財制해서 시행하는 방법을 이루는 것이다. 天地의 마땅함을 輔相함은 天地가 通泰하면 만물이 무성하게 이루어지니, 인군이 이것을 체행하여 법제를 만들어서 백성들로 하여금 天時(春・夏・秋・冬)를 쓰고 地利를 따라서 化育의 功을 보조해서 풍성하고 아름다운 이로움을 이루게 하는 것이다. 예를 들면, 봄 기운이 만물을 발생시키면 播種하는 법을 만들고, 가을 기운이 만물을 성숙하고 영글게 하면 수확하는 법을 만드는 것과 같으니, 이것이 바로 天地의 마땅함을 輔相하여 백성들을 左右하고 보조하는 것이다.〔天地交而陰陽和 則萬物茂遂 所以泰也 人君當體天地通泰之象 而以財成天地之道 輔相天地之宜 以左右生民也 財成 謂體天地交泰之道而財制 成其施爲之方也 輔相天地之宜 天地通泰 則萬物茂遂 人君體之而爲法制 使民用天時 因地利 輔助化育之功 成其豊美之利也 如春氣發生萬物 則爲播植之法 秋氣成實萬物 則爲收斂之法 乃輔相天地之宜 以左右輔助於民也〕" 하였다. 한편 朱子는 "財成하여 過함을 억제하고 輔相하여 不及함을 보충하는 것이다.〔財成以制其過 輔相以補其不及〕" 하였다.

泰는 물건이 크게 통하는 때이니, 上下가 크게 통하면 물건이 그 절도를 잃는다. 그러므로 裁斷하여 이루고 輔相하여 백성을 돕는 것이다.

【疏】 '象曰天地交泰' 至 '以左右民' ○ 正義曰 : '后以財成天地之道'者, 由物皆通泰, 則上下失節. 后, 君也. 於此之時, 君當翦財, 成就天地之道. '輔相天地之宜'者, 相, 助也, 當輔助天地所生之宜. '以左右民'者, 左右, 助也, 以助養其人也.

經의 〔象曰天地交泰〕에서 〔以左右民〕까지

○ 正義曰 : 〔后以財成天地之道〕 물건이 모두 通泰하면 상하가 절도를 잃게 된다. '后'는 군주이다. 이때에 군주가 마땅히 자르고 마름질하여 天地의 道를 성취해야 하는 것이다.

〔輔相天地之宜〕 '相'은 도움이니, 마땅히 天地가 낳는 바의 마땅함을 도와야 하는 것이다.

〔以左右民〕 '左右'는 도움이니, 人民을 돕고 기르는 것이다.

【疏】 '天地之道'者, 謂四時也, 冬寒·夏暑·春生·秋殺之道. 若氣相交通, 則物失其節, 物失其節, 則冬溫·夏寒·秋生·春殺, 君當財節成就, 使寒暑得其常, 生殺依其節, 此天地自然之氣, 故云"天地之道"也. '天地之宜'者, 謂天地所生之物, 各有其宜. 若大司徒云其"動物"·"植物"及職方云"楊州其(貢)〔穀〕[1]宜稻麥"[2]·"雍州其(貢)〔穀〕宜黍稷". 若天氣大同, 則所宜相反, 故人君輔助天地所宜之物, 各安其性, 得其宜, 據物言之, 故稱宜也. 此卦言后者, 以不兼公卿大夫, 故不云君子也, 兼通諸侯, 故不得直言先王, 欲見天子諸侯俱是南面之君, 故特言后也.

1) (貢)〔穀〕: 저본에는 '貢'으로 되어 있으나, ≪周禮≫에 의거하여 '穀'으로 바로잡았다. 아래도 같다.〔阮刻本 참조〕
2) 職方云楊州其(貢)〔穀〕宜稻麥 : ≪周禮≫ 〈職方〉의 원문에는 揚州의 설명에 "其穀宜稻"라 하여 '麥'자가 없다.

〔天地之道〕 四時를 이르니, 겨울에 춥고 여름에 더우며 봄에 낳고 가을에 죽이는 道이다. 만약 기운이 서로 통하면 물건이 절도를 잃으니, 물건이 절도를 잃으면 겨울에 따뜻하고 여름에 춥고 가을에 낳고 봄에 죽인다. 그러니 군주는 마땅히 裁斷하고 성취해서 추위와 더위가 떳떳함을 얻고, 낳고 죽임이 절도를 따르게 해야 하니, 이는 天地의 자연의 기운이므로 "天地의 道〔天地之道〕"라고 말한 것이다.

〔天地之宜〕 天地가 낳는 바의 물건이 각기 마땅함이 있음을 이른다. 예컨대 ≪周禮≫ 〈大司徒〉에 "動物", "植物"이라는 것과, ≪周禮≫ 〈職方〉에 "揚州에는 곡식이 벼와 보리가 마땅하다.(잘 자란다.)", "雍州에는 곡식이 기장과 피가 마땅하다."는 것과 같다. 만약 하늘의 기운이 크게 같으면 마땅한 바가 서로 반대된다. 그러므로 군주가 하늘과 땅의 마땅한 물건을 도와서 각각 그 성질을 편안하게 하고 그 마땅함을 얻게 하는 것이니, 물건에 근거하여 말했으므로 '宜'라고 칭한 것이다.

이 卦에서 '后'를 말한 것은 公卿과 大夫를 겸하지 않았기 때문에 君子라고 말하지 않은 것이고, 諸侯를 겸하여 통하였기 때문에 곧바로 先王이라고 말할 수 없는 것이니, 天子와 諸侯가 모두 南面한 군주임을 나타내고자 하였으므로 특별히 '后'라고 말한 것이다.

初九는 拔茅茹니 以其彙征이면 吉이리라

初九는 띠풀의 뿌리를 뽑음에 뿌리가 연결된 것이니, 그 무리와 함께 가면 길하리라.

【注】 茅之爲物은 拔其根而相牽引者也니 茹는 相牽引之貌也라 三陽同志하여 俱志在外하니

初爲類首하여 己擧則從이니 若茅茹也라 上順而應하여 不爲違距하여 進皆得志라 故로 以其類征吉이라

띠풀이란 물건은 그 뿌리를 뽑으면 서로 연결되어 있으니, '茹'는 서로 연결된 모양이다. 세 陽이 뜻을 함께하여 모두 뜻이 밖에 있는데, 初九는 그 동류(陽)의 첫 번째가 되므로 자기가 일어나면 모두 따라오니, 띠풀의 뿌리가 연결되는 것과 같다. 위가 순히 응하여 어기지 않으므로 나아가면 모두 뜻을 얻는다. 그러므로 그 동류로써 나아가면 길한 것이다.

【疏】 正義曰 : '拔茅茹'者, 初九欲往於上, 九二·九三皆欲上行, 己去則從, 而似拔茅, 擧其根, 相牽茹也. '以其彙'者, 彙, 類也, 以類相從. '征吉'者, 征, 行也, 上坤而順, 下應於乾, 己去則納, 故征行而吉.

正義曰 : 〔拔茅茹〕 初九가 위로 나아가고자 하는데 九二와 九三이 모두 위로 가고자 하여 자기가 가면 따라오니, 띠풀을 뽑음에 뿌리를 들면 서로 연결되는 것과 같은 것이다.

〔以其彙〕 '彙'는 동류(무리)이니, 동류로써 서로 따르는 것이다.

〔征吉〕 '征'은 감이니, 위가 坤이어서 순종하고 아래로 乾에 응하므로 자기가 가면 받아준다. 그러므로 가면 길한 것이다.

象曰 拔茅征吉은 志在外也라

〈象傳〉에 말하였다. "拔茅征吉은 뜻이 밖에 있는 것이다."

【疏】 正義曰 : '志在外'者, 釋拔茅征吉之義. 以其三陽志意皆在於外, 己行則從, 而似拔茅, 征行而得吉. 此假外物以明義也.

正義曰 : 〔志在外〕 '拔茅征吉'의 뜻을 해석한 것이다. 세 陽의 뜻이 모두 밖에 있기 때문에 자기가 가면 따라오니, 띠풀을 뽑는 것과 같아서 가면 길함을 얻는 것이다. 이는 밖의 사물을 빌려서 뜻을 밝힌 것이다.

九二는 包荒하여 用馮河하며 不遐遺하며 朋亡이면 得尙于中行이리라

九二는 거칢을 포용하여 黃河를 맨몸으로 건너려는 〈미련한 자를〉 쓰며 먼 것을

버리지 않으며 朋黨을 없애면 中行에 배합하리라.

【注】 體健居中而用乎泰하니 能包含荒穢하여 受納馮河者也라 用心弘大하여 无所遐棄라 故로 曰 不遐遺也요 无私无偏하여 存乎光大라 故로 曰 朋亡也라 如此면 乃可以得尙于中行이니 尙은 猶配也요 中行은 謂五라

體가 굳세면서 中에 거하여 泰를 쓰니, 거칠고 더러움을 포함(포용)하여 黃河를 맨몸으로 건너는 〈미련한 자를〉 받아줄 수 있다. 마음 씀이 크고 넓어서 먼 것을 버리는 바가 없기 때문에 "먼 것을 버리지 않는다."고 말하였고, 사사로움이 없고 편벽됨이 없어서 光大함을 보존하기 때문에 "붕당을 없앤다."고 말한 것이다. 이와 같으면 中行(中道)에 배합할 수 있으니, '尙'은 配와 같고, '中行'은 六五를 이른다.

【疏】 正義曰 : '包荒 用馮河'者, 體健居中, 而用乎泰, 能包含荒穢之物, 故云"包荒"也. '用馮河'者, 无舟渡水, 馮陵于河, 是頑愚之人, 此九二能包含容受, 故曰"用馮河"也[1]. '不遐遺'者, 遐, 遠也, 遺, 棄也, 用心弘大, 无所疎遠棄遺於物[2]. '朋亡'者, 得中无偏, 所在皆納, 无私於朋黨之事, 亡, 无也, 故云"朋亡"也. '得尙於中行'者, 中行謂六五也. 處中而行, 以九二所爲如此. 尙, 配也, 得配六五之中也.

1) 包荒……故曰用馮河也 : 程伊川은 '用馮河'를 용감하고 과단성 있게 결행함을 뜻하는 것으로 보아, "예로부터 태평하게 다스려지는 세상은 반드시 점점 쇠하고 침체함에 이르니, 이는 안일함에 익숙해짐으로 말미암아 因循하여 그렇게 된 것이다. 만일 剛斷이 있는 군주와 英烈한 보필이 아니면 뛰쳐나와 분발하여 폐단을 개혁하지 못한다. 그러므로 '用馮河'라고 말한 것이다.〔自古泰治之世 必漸至於衰替 蓋由狃習安逸 因循而然 自非剛斷之君 英烈之輔 不能挺特奮發 以革其弊也 故曰用馮河〕"라고 하였는바, 朱子 역시 이러한 견해를 따랐다.

이에 반해 王弼과 孔穎達은 '用馮河'를 '包荒'과 같은 맥락으로 이해하여 미련한 사람을 포용함의 뜻으로 해석하였는데, 이러한 해석이 程伊川의 해석에 비해 일관성을 갖는다고 할 수 있을 것이다. 그러나 程伊川은 "혹자는 '위에서 말한 包荒은 포함해주고 관용해주는 것이고, 여기서 말한 用馮河는 분발하여 개혁하는 것이니, 상반된 듯하다.'고 의심하니, 이는 포함하고 관용해주는 도량을 지니고서 강하고 과단성 있음을 쓰는 것을 베풂이 바로 聖賢의 행위임을 알지 못한 것이다.〔或疑 上云包荒 則是包含寬容 此云用馮河 則是奮發改革 似相反也 不知以含容之量 施剛果之用 乃聖賢之爲也〕"라고 하여, 注疏와 같은 해석을 반박하였다.

2) 不遐遺者……无所疎遠棄遺於物 : '不遐遺'를 王弼과 孔穎達은 '마음 씀이 크고 넓어 소원히 하거나 버리는 사람이 없음'으로 해석하였는데, 朱子 역시 "멀리 있는 사람을 버리지 않음〔不遺遐遠〕"이라 하여 맥락이 통하는바, 이러한 해석은 '不遐遺'를 '朋亡'과 연결시켜 이해한 것이다.

반면 程伊川은 이를 '먼 일도 버리지 않음'으로 해석하여 "泰를 다스리는 자는 마땅히 여러 일에 두루 미쳐서 비록 먼 것이라도 버려서는 안 되니, 일이 은미한 것과 賢才가 僻陋한 곳에 있는 것이 모두 먼 것이다.〔治夫泰者 當周及庶事 雖遐遠 不可遺 若事之微隱 賢才之在僻陋 皆遐遠者也〕" 하였다. 經文의 "包荒 用馮河 不遐遺 朋亡"을 程伊川은 네 가지로 본 반면, 朱子는 "거칢을 포용하면서도 황하를 맨몸으로 뛰어드는 용맹을 쓰고, 먼 것을 버리지 않으면 서로 붕당을 없애야 하는 것으로 보아 두 句씩 연결하여 해석하였다.

正義曰 : 〔包荒 用馮河〕 體가 굳세면서 中에 거하여 泰를 쓰니, 거칠고 더러운 물건을 포함할 수 있다. 그러므로 "거칢을 포용한다.〔包荒〕"라고 말한 것이다.

〔用馮河〕 배가 없이 물을 건너서 황하를 능멸하는 것이니, 이는 완악하고 미련한 사람인데, 이 九二가 능히 포용하여 받아들인다. 그러므로 "黃河를 맨몸으로 건너려는 자를 쓴다.〔用馮河〕"라고 말한 것이다.

〔不遐遺〕 '遐'는 멂이고 '遺'는 버림이니, 마음을 씀이 크고 넓어서 남을 疏遠히 하거나 버리는 바가 없는 것이다.

〔朋亡〕 中을 얻어 편벽됨이 없어서 있는 곳마다 모두 받아들여 朋黨에 사사롭게 하는 일이 없는 것이니, '亡'은 없음이다. 그러므로 "붕당을 없앤다.〔朋亡〕"라고 말한 것이다.

〔得尙於中行〕 '中行'은 六五를 이른다. 中에 처하여 행하니, 九二의 하는 바가 이와 같다. '尙'은 배합함이니, 六五의 中에 배합할 수 있는 것이다.

象曰 包荒得尙于中行은 以光大也라

〈象傳〉에 말하였다. "거칢을 포용하여 中行에 배합함은 光大하기 때문이다."

【疏】 正義曰 : 釋得尙中行之義. 所以包荒, 得配此六五之中者, 以无私无偏, 存乎光大之道, 故此包荒. 皆假外物以明義也.

正義曰 : '中行에 배합할 수 있음'의 뜻을 해석한 것이다. 거칢을 포용하여 이 六五의 中에 배합할 수 있는 까닭은, 사사로움이 없고 편벽됨이 없어서 光大한 道를 보존하기

때문에 이렇게 거칢을 포용하는 것이다. 모두 밖의 사물을 빌려서 뜻을 밝힌 것이다.

九三은 **无平不陂**며 **无往不復**이니 **艱貞**이면 **无咎**리라 **勿恤其孚**면 **于食有福**이리라

九三은 평탄하기만 하고 기울지 않음이 없으며 가기만 하고 돌아오지 않음이 없으니, 어렵게 여기고 바르게 하면 허물이 없으리라. 그 믿음을 근심하지 않으면 먹음에 福이 있으리라.

【注】乾은 本上也요 坤은 本下也로되 而得泰者는 降與升也어늘 而三處天地之際하여 將復其所處하니 復其所處면 則上守其尊하고 下守其卑라 是故로 无往而不復也요 无平而不陂也라 處天地之將閉와 平路之將陂하여 時將大變하고 世將大革이로되 而居不失其正하고 動不失其應하여 艱而能貞하여 不失其義라 故로 无咎也라 信義誠著라 故로 不恤其孚而自明也라 故로 曰 勿恤其孚면 于食有福也라하니라

乾은 본래 위에 있고 坤은 본래 아래에 있는데, 泰를 얻은 것은 〈陰과 陽이〉 내려가고 올라가기 때문이다. 그런데 九三이 하늘과 땅의 경계에 처하여 장차 자기가 처하던 곳으로 돌아가게 되었으니, 처하던 곳으로 돌아가면 위는 그 높음을 지키고 아래는 그 낮음을 지킨다. 그러므로 가기만 하고 돌아오지 않음이 없고, 평탄하기만 하고 기울지 않음이 없는 것이다.

하늘과 땅이 장차 막히려 할 때에 처하여 평탄한 길이 장차 기울게 되어서 때가 장차 크게 변하고 세상이 장차 크게 개혁할 것인데, 거함이 正位를 잃지 않고 동함이 應을 잃지 않아서 어렵게 여기고 능히 바르게 하여 그 義를 잃지 않았다. 그러므로 허물이 없는 것이다. 信義가 정성으로 드러났기 때문에 그 믿음을 근심하지 않아도 저절로 밝아진 것이다. 그러므로 "그 믿음을 근심하지 않으면 먹음에 福이 있다."고 말한 것이다.

【疏】'九三无平不陂'至'于食有福' ○正義曰：'无平不陂'者, 九三處天地相交之際, 將各分復其所處. 乾體初雖在下, 今將復歸於上, 坤體初雖在上, 今欲復歸於下, 是初始平者, 必將有險陂也, 初始往者, 必將有反復也. 无有平而不陂, 无有往而不復者, 猶若(元)〔无〕[1]在下者而不在上, (元)〔无〕在(下)〔上〕[2]者而不歸下也. '艱貞 无咎'者, 已居變革之世, 應有危殆, 只爲己居得其正, 動有其應, 艱難貞正, 乃得无咎. '勿恤其孚 于食有福'者, (憂恤)〔恤, 憂〕[3]也, 孚, 信也, 信義先以誠著, 故不須憂其孚信也, 信義自明, 故於食祿之道, 自有福慶也.

1) (元)〔无〕: 저본에는 '元'으로 되어 있으나, 錢本·宋本에 의거하여 '无'로 바로잡았다. 아래도 같다.〔阮刻本 참조〕
2) (下)〔上〕: 저본에는 '下'로 되어 있으나, 글 뜻에 의거하여 '上'으로 바로잡았다.〔北京大本 참조〕
3) (憂恤)〔恤憂〕: 저본에는 '憂恤'로 되어 있으나, 宋本에 의거하여 '恤憂'로 바로잡았다.〔阮刻本 참조〕

經의 〔九三无平不陂〕에서 〔于食有福〕까지

○ 正義曰 : 〔无平不陂〕 九三이 하늘과 땅이 서로 사귀는 즈음에 처하여 장차 각각 자기들이 처하던 곳으로 나누어 돌아가게 되었다. 乾體가 처음에는 비록 아랫자리에 있었으나 이제 장차 다시 위로 돌아가게 되고, 坤體가 처음에는 비록 윗자리에 있었으나 이제 장차 다시 아래로 돌아가게 되니, 이는 처음에 평탄한 것이 반드시 장차 험하고 기욺이 있는 것이요, 처음에 갔던 것이 반드시 장차 되돌아옴이 있는 것이다. '평탄하기만 하고 기울지 않음이 없고, 가기만 하고 돌아오지 않음이 없다.'는 것은, 아래에 있는 것이 다시 위에 있지 않음이 없고, 위에 있는 것이 아래로 돌아가지 않음이 없는 것과 같은 것이다.

〔艱貞 无咎〕 자기가 변혁하는 세상에 처하여 응당 위태로움이 있을 것이나, 다만 자기의 거함이 正位를 얻고 동함이 應을 얻어서 어렵게 여기고 바르게 하면 비로소 허물이 없을 수 있는 것이다.

〔勿恤其孚 于食有福〕 '恤'은 근심함이고, '孚'는 믿음이니, 信義가 먼저 정성으로 드러났으므로 그 믿음을 근심하지 않는 것이요, 信義가 저절로 밝아졌기 때문에 祿을 먹는 방도에 있어 절로 福慶이 있는 것이다.

【疏】 ○ 注'將復其所處'至'于食有福也' ○ 正義曰 : '將復其所處'者, 以泰卦乾體在下, 此九三將棄三而向四, 是將復其乾之上體所處也. 泰卦坤體在上, 此六四今將去四而歸向初, 復其坤體所處也. '處天地之將閉 平路之將陂'者, 天將處上, 地將處下, 閉而不通, 是天地之將閉也. 所以往前通泰, 路无險難, 自今已後, 時既否閉, 路有傾危, 是平路之將陂也. 此因三之向四, 是下欲上也, 則上六將歸於下, 是上欲下也, 故云"復其所處"也. '信義誠著'者, 以九三居不失正, 動不失應, 是信義誠著也. '故不恤其孚而自明'者, 解於食有福, 以信義自明, 故飮食有福.

○ 注의 〔將復其所處〕에서 〔于食有福也〕까지

○ 正義曰 : 〔將復其所處〕 泰卦의 乾體가 아래에 있는데 이 九三이 三位를 버리고 四位로 향하려 하니, 이는 장차 乾의 上體가 처하던 곳으로 돌아가는 것이요, 泰卦의 坤體가 위에 있는데 이 六四가 지금 四位를 버리고 初位로 향하여 돌아가려 하니, 坤體가 처하던 곳으로 돌아가는 것이다.

〔處天地之將閉 平路之將陂〕 하늘이 장차 위에 처하고 땅이 장차 아래에 처하여 막히고 통하지 않게 되었으니, 이는 '하늘과 땅이 장차 닫히는 것'이다. 이 때문에 지난번에는 通泰하여 길에 험난함이 없었는데, 지금 이후로는 때가 이미 비색하고 막혀서 길에 기울고 위태로움이 있는 것이니, 이는 '평탄한 길이 장차 기우는 것'이다. 이는 九三이 四位로 향하기 때문이니, 이는 아래가 위로 올라가고자 하는 것이요, 上六이 장차 아래로 돌아오려 하니, 이는 위가 아래로 내려오고자 하는 것이다. 그러므로 "자기가 처하던 곳으로 돌아간다.〔復其所處〕"라고 말한 것이다.

〔信義誠著〕 九三의 처함이 正位를 잃지 않고 동함이 應을 잃지 않았으니, 이는 信義가 정성으로 드러나는 것이다.

〔故不恤其孚而自明〕 '먹음에 福이 있음'을 해석한 것이니, 信義가 저절로 밝아지기 때문에 마시고 먹음에 福이 있는 것이다.

象曰 无往不復은 天地際也라

〈象傳〉에 말하였다. "가기만 하고 돌아오지 않음이 없다는 것은 하늘과 땅이 교제하는 것이다."

【注】 天地將各分復之際라

하늘과 땅이 장차 각각 나누어 돌아가는 즈음이다.

【疏】 正義曰 : '天地際'者, 釋无往不復之義, 而三處天地交際之處, 天體將上, 地體將下, 故往者將復, 平者將陂.

正義曰 : 〔天地際〕 '가기만 하고 돌아오지 않음이 없음'의 뜻을 해석한 것이니, 九三이 하늘과 땅이 교제하는 곳에 처하여 하늘의 體는 장차 올라가려 하고 땅의 體는 장차 내려가려 한다. 그러므로 간 것은 장차 돌아오고 평탄한 것은 장차 기우는 것이다.

六四는 翩翩하여 不富以其隣하며 不戒以孚로다

六四는 翩翩하여 富하지 않으면서도 그 이웃을 쓰며 경계하지 않아도 믿는다.

【注】 乾樂上復하고 坤樂下復하니 四處坤首하여 不固所居하고 見命則退라 故로 曰 翩翩也라 坤爻皆樂下하여 已退則從이라 故로 不待富而用其隣也요 莫不與己同其志願이라 故로 不待戒而自孚也라

乾은 위로 돌아가는 것을 좋아하고, 坤은 아래로 돌아가는 것을 좋아하니, 六四가 坤의 첫 번째에 처하여 거처하는 것을 견고히 하지 않고, 명령하는 것을 보면 물러간다. 그러므로 "翩翩"이라고 말한 것이다. 坤卦의 爻가 모두 아래를 좋아하여 자기가 물러가면 따라온다. 그러므로 富하기를 기다리지 않고도 이웃을 쓰는 것이요, 자기와 志願을 함께 하지 않는 이가 없다. 그러므로 경계함을 기다리지 않고도 스스로 믿는 것이다.

【疏】 正義曰 : '六四翩翩'者, 四主坤首, 而欲下復, 見命則退, 故翩翩而下也. '不富以其隣'者, 以, 用也, 隣, 謂五與上也. 今已下復, 衆陰悉皆從之, 故不待財富而用其隣. '不戒以孚'者, 隣皆從已, 共同志願, 不待戒告, 而自孚信以從已也.

正義曰 : 〔六四翩翩〕 六四가 坤의 첫 번째를 주관하여 아래로 돌아가고자 해서 명령하는 것을 보면 물러간다. 그러므로 翩翩히 아래로 내려가는 것이다.

〔不富以其隣〕 '以'는 씀이요, '隣'은 六五와 上六을 이른다. 지금 자기가 아래로 돌아감에 여러 陰이 모두 따른다. 그러므로 재물이 풍부하기를 기다리지 않고도 그 이웃을 쓰는 것이다.

〔不戒以孚〕 이웃이 모두 자기를 따라서 志願을 함께하므로 경계함을 기다리지 않고도 스스로 믿고서 자기를 따르는 것이다.

象曰 翩翩不富는 皆失實也요 不戒以孚는 中心願也라

〈象傳〉에 말하였다. "翩翩하여 富하지 않은 것은 모두 實을 잃었기 때문이요, 경계하지 않아도 믿는 것은 중심에 원하기 때문이다."

【疏】 正義曰 : '皆失實'者, 解翩翩不富之義, 猶衆陰皆失其本實所居之處, 今旣見命, 翩翩樂動, 不待財富, 竝悉從之. 故云"皆失實也." '不戒以孚 中心願'者, 解不戒以孚之義, 所以不待六四之戒告, 而六五·上六皆以孚信者, 由中心皆願下復, 故不待戒而自孚也.

正義曰 : 〔皆失實〕 '翩翩하여 富하지 않음'의 뜻을 해석한 것이니, 여러 陰이 모두 본래 실제로 거처하던 곳을 잃었다가 지금 이미 命하는 것을 보고서 翩翩히 동하기를 즐거워하여 재물이 풍부하기를 기다리지 않고도 모두 함께 따른다. 그러므로 "모두 實을 잃었다.〔皆失實也〕"고 말한 것이다.

〔不戒以孚 中心願〕 '경계하지 않아도 믿음'의 뜻을 해석한 것이다. 六四의 경계함을 기다리지 않고도 六五와 上六이 모두 믿는 까닭은 중심에 모두 아래로 돌아가기를 원하기 때문에 경계함을 기다리지 않고도 스스로 믿는 것이다.

六五는 帝乙歸妹니 以祉元吉이리라

六五는 帝乙이 누이를 시집보냄이니, 福을 받아 크게 길하리라.

【注】 婦人謂嫁曰歸라 泰者는 陰陽交通之時也니 女處尊位하여 履中居順하고 降身應二하여 感以相與하고 用中行願하여 不失其禮하니 帝乙歸妹에 誠合斯義라 履順居中하여 行願以祉하여 盡夫陰陽交配之宜라 故로 元吉也라

부인이 시집가는 것을 歸라 한다. 泰는 陰과 陽이 서로 통하는 때이니, 여자가 높은 지위에 처하여 中을 밟고 順에 거하며 몸을 낮추어 九二에 응해서 감동하여 서로 함께하고, 中情을 쓰고 志願을 행하여 그 禮를 잃지 않으니, 帝乙이 누이를 시집보낼 적에 진실로 이 義理에 합하였다. 順을 밟고 中에 거해서 志願을 행하여 복을 받아서 陰과 陽이 서로 짝하는 마땅함을 다하였다. 그러므로 크게 길한 것이다.

【疏】 '六五'至'以祉元吉' ○ 正義曰 : '帝乙歸妹'者, 女處尊位, 履中居順, 降身應二, 感以相與, 用其中情, 行其志願, 不失於禮, 爻備斯義者, 唯帝乙歸嫁于妹而能然也[1]. 故作易者, 引此帝乙歸妹以明之也. '以祉元吉'者, 履順居中, 得行志願, 以獲祉福, 盡夫陰陽交配之道, 故大吉也.

1) 唯帝乙歸嫁于妹而能然也 : 帝乙은 殷나라의 王으로, 제27대 왕이라 하나 확실하지 않다. 程伊川은 "帝乙이라고 칭한 자가 누구인지 알 수 없으나 爻의 뜻으로 살펴보면, 帝乙을 王姬(공주)를 下嫁시키는 禮法을 제정한 자일 것이다. 예로부터 帝王의 딸을

모두 下嫁시켰으나 帝乙에 이른 뒤에야 禮法을 제정해서 그 尊貴함을 낮추어 남편에게 순종하게 했다.〔稱帝乙者 未知誰是 以爻義觀之 帝乙 制王姬下嫁之禮法者也 自古帝女雖皆下嫁 至帝乙然後 制爲禮法 使降其尊貴 以順從其夫也〕"라고 하였다. 한편 朱子는 "帝乙이 여동생을 시집보낼 때에도 일찍이 점을 쳐서 이 爻를 얻었으니 점치는 자가 이와 같이 하면 福이 있어서 元吉할 것이다.〔帝乙歸妹之時 亦嘗占得此爻 占者如是 則有祉而元吉矣〕"라고 하였다.

經의 〔六五〕에서 〔以祉元吉〕까지

○ 正義曰 : 〔帝乙歸妹〕 여자가 높은 지위에 처하여 中을 밟고 順에 거하며 몸을 낮추어 九二에 응해서 감동하여 서로 함께하고, 中情을 쓰고 志願을 행하여 禮를 잃지 않으니, 爻에 이 意義를 구비한 것은 오직 帝乙이 누이를 시집보내면서 능히 그러하였다. 그러므로 ≪周易≫을 지은 자가 이 帝乙이 누이를 시집보낸 것을 인용하여 밝힌 것이다.

〔以祉元吉〕 順을 밟고 中에 거하여 志願을 행할 수 있어서 福을 얻어 陰과 陽이 서로 짝하는 道를 다하였다. 그러므로 크게 길한 것이다.

【疏】 ○ 注'婦人謂嫁曰歸' ○ 正義曰 : '婦人謂嫁曰歸', 隱二年公羊傳文也.

○ 注의 〔婦人謂嫁曰歸〕

○ 正義曰 : 〔婦人謂嫁曰歸〕 ≪春秋公羊傳≫ 隱公 2년의 글이다.

象曰 以祉元吉은 中以行願也라

〈象傳〉에 말하였다. "福을 받아 크게 길한 것은 中順으로써 志願을 행하기 때문이다."

【疏】 正義曰 : '中以行願'者, 釋以祉元吉之義, 正由中順, 行其志願, 故得福而元吉也.

正義曰 : 〔中以行願〕 '福을 받아 크게 길함'의 뜻을 해석한 것이니, 바로 中과 順을 따라 그 志願을 행하기 때문에 福을 얻어 크게 길한 것이다.

上六은 城復于隍이니 勿用師요 自邑告命이니 貞吝이리라

上六은 城의 土石이 해자로 돌아감이니, 군대를 쓸 것이 없고 자기 고을에 告命하는 것이니, 바르더라도 부끄러우리라.

【注】 居泰上極하여 各反所應하여 泰道將滅하고 上下不交하여 卑不上承하고 尊不下施라 是故로 城復于隍하여 卑道崩也라 勿用師는 不煩攻也요 自邑告命이니 貞吝은 否道已成하여 命不行也라

〈上六이〉 泰의 上極에 거하여 각각 응하는 바로 돌아가서 泰의 道가 장차 멸하려 하고, 上下가 사귀지 못하여 낮은 사람이 윗사람을 받들지 않고 높은 사람이 아랫사람에게 베풀지 않는다. 이 때문에 城의 土石이 해자로 돌아가서 낮은 道가 무너지는 것이다. '군대를 쓸 것이 없음'은 번거롭게 공격하지 않는 것이요, '자기 고을에 告命하는 것이니 바르더라도 부끄러움'은 비색한 道가 이미 이루어져서 命이 행해지지 않는 것이다.

【疏】 '上六城復于隍' 至 '自邑告命貞吝' ○ 正義曰 : '城復于隍'者, 居泰上極, 各反所應, 泰道將滅, 上下不交, 卑不上承, 尊不下施, 猶若城復于隍也. 子夏傳云"隍, 是城下池也." 城之爲體, 由基土陪扶, 乃得爲城. 今下不陪扶, 城則隕壞, 以此崩倒, 反復於隍. 猶君之爲體, 由臣之輔翼, 今上下不交, 臣不扶君, 君道傾危, 故云"城復于隍." 此假外象以喩人事. '勿用師'者, 謂君道已傾, 不煩用師也. '自邑告命 貞吝'者, 否道已成, 物不順從, 唯於自己之邑而施告命, 下旣不從, 故貞吝.

經의 〔上六城復于隍〕에서 〔自邑告命貞吝〕까지

○ 正義曰 : 〔城復于隍〕 上六이 泰의 上極에 거하여 각각 응하는 바로 돌아가서 泰의 道가 장차 멸하려 하고, 上下가 사귀지 못하여 낮은 사람이 윗사람을 받들지 않고 높은 사람이 아랫사람에게 베풀지 않아서 마치 城의 土石이 해자로 돌아가는 것과 같은 것이다.

≪子夏易傳≫에 이르기를 "隍은 城 아래의 못이다." 하였으니, 城의 형체는 기반의 흙이 붙들어줌을 말미암아야 비로소 城이 될 수 있다. 그런데 지금 아래에서 붙들어주지 않으면 城은 무너지니, 이 때문에 무너지고 뒤집어져서 다시 해자로 돌아가는 것이다. 이는 군주의 體裁는 신하의 輔翼을 말미암는 것인데, 지금 上下가 서로 사귀지 않아서 신하가 군주를 붙들어주지 않아 군주의 道가 기울고 위태롭게 되는 것과 같다. 그러므로 "城의 土石이 해자로 돌아갔다." 한 것이다. 이는 밖의 象을 빌려서 사람의 일을 비유한 것이다.

〔勿用師〕 군주의 道가 이미 기울었으니, 번거롭게 군대를 쓸 것이 없음을 말한 것이다.

〔自邑告命 貞吝〕 비색한 道가 이미 이루어져서 물건이 순종하지 않으므로 오직 자기의 고을에만 告命을 베푸는 것이니, 아랫사람들이 따르지 않으므로 '바르더라도 부끄러운 것'이다.

【疏】○ 注'卑道崩也' ○ 正義曰 : '卑道崩也'者, 卑道向下, 不與上交, 故卑之道崩壞, 不承事於上也.

○ 注의 〔卑道崩也〕

○ 正義曰 : 〔卑道崩也〕 낮은 道가 아래로 향해서 위와 서로 사귀지 않는다. 그러므로 낮은 道가 붕괴되어 윗사람을 받들어 섬기지 않는 것이다.

象曰 城復于隍은 其命亂也라

〈象傳〉에 말하였다. "城의 土石이 해자로 돌아감은 그 명령이 혼란한 것이다."

【疏】正義曰 : '其命亂'者, 釋城復于隍之義, 若敎命不亂, 臣當輔君, 猶土當扶城. 由其命錯亂, 下不奉上, 猶土不陪城, 使復于隍, 故云"其命亂也."[1)]

1) 其命亂者……故云其命亂也 : 城의 土石이 무너져 해자로 돌아가는 까닭은 아래의 흙이 城을 붙들어주지 않기 때문이니, 이는 아랫사람이 윗사람을 받들지 않는 것을 비유한 것이다. 명령이 혼란한 것은 윗사람의 잘못이지만 이러한 잘못으로 인하여 아랫사람이 윗사람을 받들지 않게 된 것이므로 城이 무너져 해자로 돌아감의 원인이 윗사람의 명령이 혼란하기 때문이라고 말할 수 있는데, 孔穎達은 이런 의미로 〈象傳〉을 해석하였다. 朱子 역시 이러한 의미로 '其命亂也'를 해석하여 "명령이 혼란하기 때문에 비색함으로 돌아간 것이다.〔命亂故復否〕"라고 하였다.

반면 程伊川은 "비록 명령을 내리나 어지러워 그치지 못하는 것이다.〔雖其命之亂不可止也〕"라고 하였는데, 이에 대하여 華西(李恒老)는 "만약 ≪程傳≫을 따른다면 諺解에 마땅히 '其命이라도 亂也리라'라고 해야 하지 '其命이 亂也라'고 해서는 안 된다.(≪華西集 권29 周易傳義同異釋義上≫)" 하였다. 沙溪(金長生)는 "≪程傳≫과 ≪本義≫의 말이 같지 않다. ≪程傳≫은 명령을 요란스럽게 내려 말하더라도 그칠 수 없음은 亂이 많기 때문이라고 해석한 반면, ≪本義≫는 명령을 혼란스럽게 내리기 때문에 否로 돌아간 것으로 해석하여, '告命'의 '命'과 같지 않다.(≪沙溪全書 권15 經書辨疑 周易≫)" 하였다.

正義曰 : 〔其命亂〕 '城의 土石이 해자로 돌아감'의 뜻을 해석한 것이니, 만약 敎命이 혼란하지 않으면 신하가 마땅히 군주를 도울 것이니, 이는 아래의 흙이 마땅히 城을 붙드는 것과 같다. 그러나 명령이 어그러지고 혼란함으로 말미암아 아랫사람이 윗사람을 받들지 않으니, 이는 윗사람이 城을 붙들어주지 않아 해자로 돌아가게 하는 것과 같다. 그러므로 "그 명령이 혼란하다.〔其命亂也〕"고 말한 것이다.

12. 否䷋ 坤下乾上

否之匪人이니 **不利君子貞**하니 **大往小來**로다

否는 人道가 아니니, 君子의 貞이 이롭지 못하니 大는 가고 小는 온다.

【疏】 正義曰 : '否之匪人'者, 言否閉之世, 非是人道交通之時, 故云"匪人." '不利君子貞'者, 由小人道長, 君子道消, 故不利君子爲正也. 陽氣往而陰氣來, 故云"大往小來." 陽主生息, 故稱大, 陰主消耗, 故稱小.

正義曰 : 〔否之匪人〕 비색하여 막힌 세상은 人道가 서로 통하는 때가 아니다. 그러므로 "人道가 아니다.〔匪人〕"라고 말한 것이다.

〔不利君子貞〕 小人의 道가 자라고 君子의 道가 사라지기 때문에 君子가 正道를 행함이 이롭지 못한 것이다.

陽氣가 가고 陰氣가 오기 때문에 "大는 가고 小는 온다.〔大往小來〕"라고 말한 것이다. 陽은 生息을 주장하므로 '大'라 칭하고, 陰은 消耗를 주장하므로 '小'라 칭한 것이다.

彖曰 否之匪人이니 **不利君子貞**하니 **大往小來**는 **則是天地不交**하여 **而萬物不通也**요 **上下不交**하여 **而天下无邦也**라 **內陰而外陽**하며 **內柔而外剛**하며 **內小人而外君子**하니 **小人道長**하고 **君子道消也**라

〈彖傳〉에 말하였다.

"'否는 人道가 아니니, 君子의 貞이 이롭지 못하니 大는 가고 小는 옴'은 바로 天地가 사귀지 못하여 만물이 통하지 못하며, 상하가 사귀지 못하여 天下에 나라가 없는 것이다. 陰이 안에 있고 陽이 밖에 있으며, 柔가 안에 있고 剛이 밖에 있으며, 小人이 안에 있고 君子가 밖에 있으니, 小人의 道가 자라고 君子의 道가 사라지는 것이다.

【疏】正義曰：'上下不交而天下无邦'者，與泰卦反也．泰卦云"上下交而其志同．" 此應云"上下不交則其志不同也"，非但其志不同，上下乖隔，則邦國滅亡，故變云"天下无邦"也．'內柔而外剛'者，欲取否塞之義，故內至柔弱，外禦剛彊，所以否閉．若欲取通泰之義，則云"內健外順"，各隨義爲文，故此云"剛柔"，不云"健順"．

正義曰：〔上下不交而天下无邦〕 泰卦와 정반대이다. 泰卦에 "上下가 사귀어 그 뜻이 같다." 하였으니, 여기에서는 응당 "上下가 사귀지 못하면 그 뜻이 같지 않다."고 말해야 하는데, 다만 그 뜻이 같지 않을 뿐만이 아니라 상하가 어그러지고 막히면 나라가 멸망하므로 "天下에 나라가 없다.〔天下无邦〕"라고 바꾸어 말한 것이다.

〔內柔而外剛〕 否塞한 뜻을 취하고자 하였기 때문에 안으로는 유약함에 이르고 밖으로는 剛彊함에 막히니, 이 때문에 비색하고 막힌 것이다. 만약 通泰의 뜻을 취하고자 한다면 "굳셈이 안에 있고 순함이 밖에 있다.〔內健外順〕"라고 말해야 하는데, 각각 뜻을 따라 글을 만들었으므로 여기에서는 "剛柔"를 말하고 "健順"은 말하지 않은 것이다.

象曰 天地不交 否니 君子以儉德辟(피)難하고 不可榮以祿이니라

〈象傳〉에 말하였다. "天地가 사귀지 않는 것이 否卦이니, 君子가 보고서 검소한 德으로 難을 피할 것이요, 祿으로써 영화롭게 해서는 안 된다."

【疏】正義曰：'君子以儉德辟難'者，言君子於此否塞之時，以節儉爲德，辟其危難，不可榮華其身，以居(倖)〔祿〕[1]位．此若據諸侯公卿言之，辟其群小之難，不可重受官賞，若據王者言之，謂節儉爲德，辟其陰陽(已)〔厄〕[2]運之難，不可重自榮華而驕逸也．

1) (倖)〔祿〕：저본에는 '倖'으로 되어 있으나, 錢本·宋本에 의거하여 '祿'으로 바로잡았다.〔阮刻本 참조〕

2) (已)〔厄〕：저본에는 '已'로 되어 있으나, 宋本·集解에 의거하여 '厄'으로 바로잡았다.〔阮刻本 참조〕

正義曰：〔君子以儉德辟難〕 君子가 이 비색한 때에 節儉을 德으로 삼아서 위태로움과 어려움을 피해야 하고, 그 몸을 영화롭게 해서 祿과 地位에 거해서는 안 됨을 말한 것이다. 이를 만약 諸侯와 公卿을 근거로 하여 말하면 여러 小人들의 환란을 피하고 거듭 관직과 賞을 받아서는 안 되는 것이요, 만약 王者를 근거로 하여 말하면 節儉을 德으로 삼아서 陰陽의 厄運의 어려움을 피할 것이요 거듭 스스로 영화롭게 해서 교만하고 안일해서는 안 된다고 말한 것이다.

初六은 拔茅茹라 以其彙니 貞하면 吉亨하니라

初六은 띠풀의 뿌리를 뽑음에 뿌리가 연결된 것이다. 그 무리와 함께하니, 貞하면 길하여 형통하다.

【注】 居否之初하고 處順之始하여 爲類之首者也라 順은 非健也니 何可以征이리오 居否之時하여 動則入邪하니 三陰同道하여 皆不可進이라 故로 茅茹以類요 貞而不諂이면 則吉亨이라

否의 처음에 거하고 順의 시초에 처하였으니, 同類 중에 우두머리가 되는 자이다. 順은 굳셈이 아니니 어찌 갈 수 있겠는가. 否의 때에 거하여 동하면 간사함으로 들어가니, 세 陰이 道를 함께하여 모두 나아갈 수가 없다. 그러므로 띠풀의 뿌리와 같아서 同類와 함께함이 되는 것이요, 貞하여 아첨하지 않으면 길하여 형통한 것이다.

【疏】 正義曰 : '拔茅茹'者, 以居否之初, 處順之始, 未可以動, 動則入邪, 不敢前進. 三陰皆然, 猶若拔茅牽連其根相茹也. 已若不進, 餘皆從之, 故云"拔茅茹"也. '以其彙'者, 以其同類, 共皆如此. '貞吉亨'者, 守正而居, 志在於君, 乃得吉而亨通.

正義曰 : 〔拔茅茹〕 否의 처음에 거하고 順의 시초에 처하여 동해서는 안 되니, 동하면 간사함으로 들어가므로 감히 앞으로 나아가지 못하는 것이다. 세 陰이 모두 그러하니, 마치 띠풀을 뽑을 적에 그 뿌리가 이어져서 서로 연결된 것과 같다. 자기가 만약 나아가지 않으면 나머지가 모두 따른다. 그러므로 "띠풀의 뿌리를 뽑음에 뿌리가 연결된 것이다.〔拔茅茹〕"라고 말한 것이다.

〔以其彙〕 그 同類로써 모두 함께 이와 같이 하는 것이다.

〔貞吉亨〕 正道를 지키고 거하여 뜻이 군주에게 있으면 마침내 길함을 얻어 형통한 것이다.

象曰 拔茅貞吉은 志在君也라

〈象傳〉에 말하였다. "'띠풀의 뿌리를 뽑음에 뿌리가 연결된 것이니, 貞하면 吉함〔拔茅貞吉〕'은 뜻이 군주에게 있는 것이다."

【注】 志在於君이라 故로 不苟進이라

뜻이 군주에게 있기 때문에 구차히 나아가지 않는 것이다.

【疏】 正義曰：'志在君'者, 釋拔茅貞吉之義. 所以居而守正者, 以其志意在君, 不敢懷諂苟進, 故得吉亨也. 此假外物以明人事.

正義曰：〔志在君〕 '띠풀의 뿌리를 뽑음에 뿌리가 연결된 것이니, 貞하면 吉함'의 뜻을 해석한 것이다. 은거하여 正道를 지키는 것은 뜻이 군주에게 있어서 감히 아첨하여 구차히 나아가지 않기 때문에 길함을 얻어 형통한 것이다.

이는 外物을 빌려 人事를 밝힌 것이다.

六二는 包承이니 小人은 吉하고 大人은 否라야 亨하니라

六二는 포용하여 받듦이니, 小人은 길하고 大人은 〈小人의 길함을〉 막아야 형통하다.

【注】 居否之世하여 而得其位하고 用其至順하여 包承於上이라 小人路通하여 內柔外剛하니 大人否之라야 其道乃亨이라

否의 세상에 거하여 正位를 얻고 지극히 순함을 써서 윗사람을 포용하고 받든다. 小人의 길이 통하여 안은 유순하고 밖은 강하니, 大人이 이를 막아야 그 道가 비로소 형통한 것이다.

【疏】 正義曰：'包承'者, 居否之世, 而得其位, 用其(志)〔至〕[1]順, 包承於上. '小人吉'者, 否閉之時, 小人路通, 故於小人爲吉也. '大人否, 亨'者, 若大人用此包承之德, 能否閉小人之吉, 其道乃亨[2].

1) (志)〔至〕 : 저본에는 '志'로 되어 있으나, 阮刻本 〈校勘記〉에 "살펴보건대, '志'는 注에 의거하여 '至'가 되어야 한다."고 한 것에 의거하여 '至'로 바로잡았다.

2) 大人否亨者……其道乃亨 : 王弼과 孔穎達은 '大人否'를 大人이 小人의 길함을 막는다는 뜻으로 보았다. 반면 程伊川과 朱子는 모두 大人이 자신의 비색함을 지킴의 뜻으로 풀이하여, 程伊川은 "大人이 否를 당하면 道로써 자처하니, 어찌 몸을 굽히고 道를 굽혀서 윗사람을 받들어 순종하려 하겠는가. 오직 스스로 비색함을 지킬 뿐이니, 몸이 비색

함은 바로 道가 형통하는 것이다.〔大人當否 則以道自處 豈肯枉己屈道 承順於上 唯自守其否而已 身之否 乃其道之亨也〕" 하였고, 朱子는 "점치는 자가 小人일 경우에는 이와 같이 하면 길하고, 大人일 경우에는 마땅히 비색함을 편안히 지킨 뒤에야 道가 형통할 것이니, 저 소인이 나를 포용하고 받든다 하여 스스로 지킴을 잃어서는 안 된다.〔占者小人 如是則吉 大人則當安守其否而後道亨 蓋不可以彼包承於我而自失其守也〕" 하였다.

正義曰 : 〔包承〕 좀의 세상에 거하여 正位를 얻고 지극히 순함을 써서 윗사람을 포용하고 받드는 것이다.

〔小人吉〕 비색하고 막힌 때에 小人의 길이 통하기 때문에 小人에게는 길함이 되는 것이다.

〔大人否 亨〕 만약 大人이 이 포용하고 받드는 德을 사용하여 능히 小人의 길함을 막으면 그 道가 비로소 형통한 것이다.

象曰 大人否亨은 不亂群也라

〈象傳〉에 말하였다. "'大人은 〈小人의 길함을〉 막아야 형통함'은 〈小人이〉 무리를 어지럽히지 못하는 것이다."

【疏】 正義曰 : 此釋所以大人否亨之意. 良由否閉小人, 防之以得其道, 小人雖盛, 不敢亂群, 故言"不亂群也."

正義曰 : 이는 '大人은 〈小人의 길함을〉 막아야 형통함'이 되는 뜻을 해석한 것이다. 진실로 小人을 막아서, 막음에 그 道를 얻었기 때문이니, 小人이 비록 성하나 감히 무리를 어지럽히지 못한다. 그러므로 "무리를 어지럽히지 못한다.〔不亂群也〕"라고 말한 것이다.

六三은 包羞로다

六三은 포용하여 받듦이 부끄럽도다.

【注】 俱用小道하여 以承其上이로되 而但不當하니 所以包羞也[1)]라

1) 俱用小道……所以包羞也 : '包羞'를 王弼과 孔穎達은 六三이 윗사람을 포용하고 받드는 것이 부끄럽고 치욕스러운 일이라는 의미로 보았다.

반면 程伊川은 '包羞'를 '속에 품고 있는 것이 부끄러움'으로 보아, "六三은 陰柔로 中

正하지 못하면서 否에 거하고 또 上卦와 매우 가까우니, 道를 지키고 命을 편안히 여기는 자가 아니다. 궁하면 이에 넘칠 것이니, 小人의 情狀을 지극히 한 자이다. 마음속에 품고 있는 智謀와 생각이 사특하고 넘쳐서 이르지 않는 바가 없으니, 수치스러울 만하다.〔三以陰柔 不中不正而居否 又切近於上 非能守道安命 窮斯濫矣 極小人之情狀者也 其所包畜謀慮邪濫 无所不至 可羞恥也〕" 하였다.

朱子는 '부끄러움을 품고 있음'의 의미로 보아 "陰으로서 陽位에 거하여 中正하지 못하니, 小人이 善人을 해치려는 데 뜻을 두고 있으나 결행하지 못하는 것이다. 그러므로 '包羞'의 象이 된다. 그러나 아직 발하지 않았기 때문에 凶咎의 경계가 없는 것이다.〔以陰居陽而不中正 小人志於傷善而未能也 故爲包羞之象 然以其未發 故无凶咎之戒〕" 하였다.

함께 小人의 道를 써서 윗사람을 받드나 다만 자리가 마땅하지 않으니, 이 때문에 포용하여 받듦이 부끄러운 것이다.

象曰 包羞는 位不當也라

〈象傳〉에 말하였다. "'포용하여 받듦이 부끄러움'은 자리가 마땅하지 않은 것이다."

【疏】正義曰：'包羞'者, 言群陰俱用小人之道, 包承於上, 以失位不當, 所包承之事, 唯羞辱已.

正義曰：〔包羞〕 여러 陰이 함께 小人의 道를 써서 윗사람을 포용하고 받드나 자리를 잃어 마땅하지 않아서 포용하여 받드는 일이 오직 수치와 치욕임을 말한 것이다.

九四는 有命이면 无咎하여 疇離祉리라

九四는 命이 있으면 허물이 없어서 무리가 福에 걸리리라.

【注】夫處否而不可以有命者는 以所應者小人也니 有命於小人이면 則消君子之道者也라 今初志在君하여 處乎窮下라 故로 可以有命无咎하여 而疇麗(리)福也니 疇는 謂初也라

否에 처해 있으면서 命이 있어서는 안 되는 것은 응하는 자들이 小人이기 때문이니, 小人에게 命이 있으면 이는 君子의 道를 사라지게 하는 것이다. 지금 初六의 뜻이 군주에게 있어 곤궁한 아랫자리에 처해 있으므로 命이 있으면 허물이 없어서 무리가 복에 걸

릴 수 있는 것이니, '무리'는 初六을 이른다.

【疏】 正義曰：'有命 无咎'者, 九四處否之時, 其陰爻皆是小人, 若有命於小人, 則君子道消也. 今初六志在於君, 守正不進, 處于窮下, 今九四有命命之, 故无咎. '疇離位'者, 疇, 謂疇匹, 謂初六也. 離, 麗也, 麗, 謂附著也. 言九四命初, 身旣无咎, 初旣被命, 附依祉福, 言初六得福也[1].

1) 有命无咎者……言初六得福也：王弼과 孔穎達은 經文을 '九四가 命을 소유하여 初六에게 命을 내리면 허물이 없어서 初六이 복을 받는다.'의 의미로 해석하였다.

이에 반해 程伊川은 經文을 '九四가 자신이 功을 차지하지 않고 군주의 명령에 맡기면 허물이 없어서 君子들이 모두 복을 누린다.'의 의미로 보고, "君道가 막 비색한 때를 당하여 군주와 너무 가까운 자리에 처하였으니, 꺼려야 할 것은 功을 차지하여 남의 시기를 취함에 있을 뿐이다. 만일 動함이 반드시 군주의 명령에서 나오게 하여 위엄과 권세가 한결같이 윗사람에게 돌아가게 한다면 허물이 없어 그 뜻이 행해질 것이다. 일이 모두 군주의 명령에서 나오게 한다면 때의 비색함을 구제하여 무리들이 모두 복을 누릴 것이다.〔當君道方否之時 處逼近之地 所惡在居功取忌而已 若能使動必出於君命 威柄一歸於上 則无咎而其志行矣 能使事皆出於君命 則可以濟時之否 其疇類皆附離其福祉〕" 하였다.

朱子는 무리〔疇〕를 程伊川과 마찬가지로 君子인 세 陽爻로 보았으나 '命'은 程伊川과 달리 天命으로 보아 "否가 中을 지났으니, 장차 구제될 때이다. 九四는 陽爻로 陰位에 거하여 剛함을 지극하게 하지 않는다. 그러므로 占(占卦)이 天命이 있고 허물이 없어서 그 무리인 세 陽이 모두 복을 얻음이 되는 것이다. '命'은 天命을 이른다.〔否過中矣 將濟之時也 九四以陽居陰 不極其剛 故其占爲有命无咎 而疇類三陽皆獲其福也 命謂天命〕" 하였다.

正義曰：〔有命 无咎〕 九四가 否의 때에 처하여 그 陰爻가 모두 小人이니, 만약 小人에게 命이 있으면 君子의 道가 사라지는 것이다. 그런데 지금 初六의 뜻이 군주에게 있어 正道를 지키고 나아가지 않아 곤궁한 아랫자리에 처하였는데, 이제 九四가 命을 소유하여 初六에게 命을 내린다. 그러므로 '허물이 없는 것'이다.

〔疇離位〕 '疇'는 같은 짝〔疇匹〕을 이르니 初六을 이른다. '離'는 걸림〔麗〕이니 '麗'는 붙음을 이른다. 九四가 初六에게 命을 내림에 자신이 이미 허물이 없고 初六이 이미 命을 받아서 복에 붙고 의지함을 말한 것이니, 初六이 복을 얻음을 말한 것이다.

象曰 有命无咎는 志行也라

〈象傳〉에 말하였다. "'命이 있으면 허물이 없음'은 뜻이 행해지는 것이다."

【疏】正義曰：釋'有命无咎'之義. 所以九四有命, 得无咎者, 由初六志意得行, 守正而應於上, 故九四之命得无咎[1].

1) 所以九四有命……故九四之命得无咎：孔穎達은 '志行'을 初六의 뜻이 행해지는 것으로 보았으나, 程伊川은 "군주의 命에 맡기면 허물이 없을 수 있으니, 비로소 비색함을 구제하여 그 뜻이 행해지는 것이다.〔有君命 則得无咎 乃可以濟否 其志得行也〕" 하여 九四의 뜻이 행해지는 것으로 보았다.

正義曰：'命이 있으면 허물이 없음'의 뜻을 해석한 것이다. 九四가 命을 소유하여 허물이 없을 수 있는 까닭은, 初六의 뜻이 행해져서 正道를 지키고 위에 응하기 때문에 九四의 命이 허물이 없을 수 있는 것이다.

九五는 休否라 大人吉이니 其亡其亡이라야 繫于苞桑이리라

九五는 비색함을 아름답게 한다. 大人이라야 길하니, 망할까 망할까 염려해야 뽕나무 뿌리에 매어놓듯 견고하리라.

【注】居尊得位하여 能休否道者也니 施否於小人은 否之休也니 唯大人而後能然이라 故로 曰 大人吉也라 處君子道消之時하여 己居尊位하니 何可以安이리오 故로 心存將危라야 乃得固也라

尊位에 거하고 正位를 얻어서 비색한 道를 아름답게 하는 자이다. 비색함을 小人에게 베풂은 비색함이 아름다운 것이니, 오직 大人인 뒤에야 그렇게 할 수 있다. 그러므로 "大人이라야 길하다."고 한 것이다. 君子의 道가 사라지는 때에 처하여 자기가 높은 지위에 거하였으니, 어찌 편안할 수 있겠는가. 그러므로 마음에 장차 위태로움을 보존하여야 비로소 견고함을 얻는 것이다.

【疏】'九五休否' 至 '繫于苞桑' ○ 正義曰：'休否'者, 休, 美也, 謂能行休美之事於否塞之時, 能施此否閉之道, 遏絶小人, 則是否之休美者也, 故云"休否."[1] '大人吉'者, 唯大人乃能如此而得吉也, 若其凡人, 則不能. '其亡其亡 繫于苞桑'者, 在道消之世, 居於尊位, 而遏小人, 必近危難. 須恒自戒愼其意, 常懼其危亡, 言丁寧戒愼如此也. '繫于苞桑'者, 苞, 本也, 凡物繫于桑之苞本, 則牢固也. 若能其亡其亡, 以自戒愼, 則有繫于苞桑之固, 无傾危也.

1) 休否者……故云休否 : 王弼과 孔穎達은 '休否'의 休를 '아름다움'으로 보았으나, 程伊川과 朱子는 '그치게 함'의 뜻으로 보아, '休否'를 '비색함을 그치게 함'으로 해석하였다.

經의 〔九五休否〕에서 〔繫于苞桑〕까지

○ 正義曰 : 〔休否〕 '休'는 아름다움이니 능히 아름다운 일을 비색할 때에 행함을 이르니, 능히 이 비색하고 막힌 道를 행하여 小人을 막고 끊으면 이는 비색함이 아름다운 것이다. 그러므로 "비색함을 아름답게 한다.〔休否〕"라고 말한 것이다.

〔大人吉〕 오직 大人이라야 비로소 이와 같이 하여 길함을 얻는 것이니, 만약 보통 사람이면 이와 같이 하지 못한다.

〔其亡其亡 繫于苞桑〕 道가 사라지는 세상에 있으면서 尊位에 거하여 小人을 막으면 반드시 위태로움과 환란에 가깝게 된다. 모름지기 항상 스스로 그 마음을 경계하고 삼가서 항상 위태로움과 멸망함을 두려워하여야 하니, 丁寧히 경계하고 삼감이 이와 같음을 말한 것이다.

〔繫于苞桑〕 '苞'는 뿌리이니, 모든 물건이 뽕나무 뿌리에 매어 있으면 견고한 것이다. 만약 망할까 망할까 염려해서 스스로 경계하여 삼가면 뽕나무 뿌리에 매어놓은 견고함이 있어서 기울거나 위태로움이 없는 것이다.

【疏】 ○ 注 '心存將危' ○ 正義曰 : '心存將危', 解其亡其亡之義, 身雖安靜, 心意常存將有危難, (但)〔恒〕[1]念其亡其亡. '乃得固'者, 卽繫于苞桑也. 必云"苞桑"者, 取會韻之義, 又桑之爲物, 其根衆也, 衆則牢固之義.

1) (但)〔恒〕 : 저본에는 '但'으로 되어 있으나, 錢本·宋本에 의거하여 '恒'으로 바로잡았다.〔阮刻本 참조〕

○ 注의 〔心存將危〕

○ 正義曰 : 〔心存將危〕 '망할까 망할까 염려함'의 뜻을 해석한 것이니, 몸은 비록 편안하나 마음으로는 항상 장차 위태로움과 환란이 있을 것이라는 생각을 보존하여 항상 망할까 망할까 염려하는 것이다.

〔乃得固〕 바로 '뽕나무 뿌리에 매어놓듯 견고함〔繫于苞桑〕'이니, 굳이 "苞桑"이라고 말한 것은 韻에 맞추는 뜻을 취하였고, 또 뽕나무란 물건은 그 뿌리가 많으니, 뿌리가 많음은 견고함의 뜻이다.

象曰 大人之吉은 位正當也라

〈象傳〉에 말하였다. "大人의 길함은 자리가 바로 그 자리에 당하였기 때문이다."

【疏】 正義曰 : 釋大人吉之義. 言九五居尊得位, 正所以當遏絶小人, 得其吉.

正義曰 : '大人이라야 길함'의 뜻을 해석한 것이다. 九五가 尊位에 거하고 正位를 얻었으니, 바로 小人을 막아서 그 길함을 얻을 때를 당하였음을 말한 것이다.

上九는 傾否니 先否後喜로다

上九는 비색함을 기울게 하니, 먼저는 비색하다가 뒤에는 기뻐한다.

【注】 先傾後通이라 故로 後喜也니 始以傾爲否라가 後得通乃喜라

먼저는 기울다가 뒤에는 통하므로 뒤에 기뻐하는 것이니, 처음에는 기울어 비색함이 되었다가 뒤에 통하여 마침내 기쁨을 얻는 것이다.

【疏】 正義曰 : 處否之極, 否道已終, 此上九能傾毁其否, 故曰"傾否"也. '先否後喜'者, 否道未傾之時, 是先否之道, 否道已傾之後, 其事得通, 故曰"後有喜"也.

正義曰 : 否의 極에 처하여 비색한 道가 이미 끝나니, 이는 上九가 능히 비색함을 기울게 하고 무너지게 하므로 "비색함을 기울게 한다.〔傾否〕"라고 말한 것이다.

〔先否後喜〕 비색한 道가 아직 기울지 않았을 때는 이것이 '먼저는 비색한' 道이고, 비색한 道가 이미 기울고 난 뒤에는 그 일이 통함을 얻는다. 그러므로 "뒤에 기쁨이 있다.〔後有喜〕"고 말한 것이다.

象曰 否終則傾이니 何可長也리오

〈象傳〉에 말하였다. "비색이 끝나면 기우니, 어찌 長久하겠는가."

【疏】 正義曰 : 釋傾否之義. 否道已終, 通道將至, 故否之終極, 則傾損其否, 何得長久, 故云"何可長也."

正義曰 : '비색함을 기울게 함'의 뜻을 해석한 것이다. 비색한 道가 이미 끝나니 통하는

道가 장차 이른다. 그러므로 비색의 종극에는 그 비색함이 기울고 줄어드니, 어찌 장구할 수 있겠는가. 그러므로 "어찌 長久하겠는가.〔何可長也〕"라고 말한 것이다.

13. 同人䷌ 離下乾上

同人于野면 **亨**하리니 **利涉大川**이며 **利君子貞**하니라

사람과 함께하기를 들에서 하면 형통할 것이니, 大川을 건넘이 이롭고 君子의 貞함이 이롭다.

【疏】正義曰 : '同人', 謂和同於人. '于野亨'者, 野是廣遠之處, 借其野名, 喻其廣遠, 言和同於人, 必須寬廣, 无所不同. 用心无私, 處非近狹, 遠至于野, 乃得亨進, 故云"同人于野亨." 與人同心, 足以涉難, 故曰"利涉大川"也, 與人和同, 義涉邪僻, 故利君子貞也. 此利涉大川, 假物象以明人事.

正義曰 : 〔同人〕 남과 和同함을 이른다.

〔于野亨〕 '野'는 바로 廣遠한 곳인바 野의 이름을 빌려서 廣遠함을 비유하였으니, 사람과 和同함을 반드시 넓게 하여 함께하지 않는 바가 없게 해야 함을 말한 것이다.

마음을 씀에 사사로움이 없고 처함이 가깝거나 좁지 않아서 멀리 들에 이르러야 형통하게 나아갈 수 있다. 그러므로 "사람과 함께하기를 들에서 하면 형통하다.〔同人于野亨〕"라고 한 것이다.

사람과 마음을 함께하면 충분히 患難을 건널 수 있다. 그러므로 "大川을 건넘이 이롭다.〔利涉大川〕"라고 하였고, 사람과 和同함은 뜻이 사벽함에 해당될 수 있으므로 '君子의 貞함이 이로운〔利君子貞〕' 것이다. 여기의 '大川을 건넘이 이로움'은 물건의 象을 빌려서 사람의 일을 밝힌 것이다.

彖曰 同人은 **柔得位得中而應乎乾**할새 **曰同人**이라

〈彖傳〉에 말하였다.

"同人은 柔가 지위를 얻고 中을 얻고 乾에 응하므로 同人이라 하였다.

【注】二爲同人之主라

六二가 同人의 주체가 된다.

【疏】正義曰：此釋所以能同於人之義. '柔得位得中'者, 謂六二也, 上應九五, 是應於乾也.

正義曰：이는 남과 함께할 수 있는 뜻을 해석한 것이다.

〔柔得位得中〕六二를 이르니, 위로 九五에 응하는 것이 바로 '乾에 응하는 것'이다.

同人曰 同人于野면 亨하리니 利涉大川은 乾行也요

同人卦에 말하기를 '사람과 함께하기를 들에서 하면 형통할 것이니, 大川을 건넘이 이롭다.〔同人于野亨 利涉大川〕' 한 것은 乾의 행함이요,

【注】所以乃能同人于野면 亨하리니 利涉大川은 非二之所能也요 是乾之所行이라 故로 特曰同人曰이라하니라

'마침내 사람과 함께하기를 들에서 하여 형통할 것이니, 大川을 건넘이 이로운' 까닭은 六二가 능히 할 수 있는 것이 아니요, 이는 乾이 행하는 바이다. 그러므로 특별히 '同人曰'이라고 말한 것이다.

【疏】'同人曰'至'乾行也' ○正義曰：釋同人于野亨利涉大川之義, 所以能如此者, 由乾之所行也. 言乾能行此德, 非六二之所能也, 故特云"同人曰", 乃云"同人于野亨", 與諸卦別也[1].

1) 言乾能行此德……與諸卦別也：王弼과 孔穎達은 '同人曰'이 한 번 더 나오는 이유를, '同人于野亨 利涉大川'의 주체가 이 卦의 主爻인 六二가 아니라 上卦인 乾卦이기 때문에 특별히 한 번 더 말한 것이라고 하였으나, 程伊川과 朱子는 모두 이 글자를 衍文이라 하여 해석하지 않았다.

經의〔同人曰〕에서〔乾行也〕까지

○正義曰：'사람과 함께하기를 들에서 하면 형통할 것이니, 大川을 건넘이 이로움'의 뜻을 해석한 것이니, 능히 이와 같이 할 수 있는 까닭은 乾이 행하는 바이기 때문이다. 乾이 이 德을 행할 수 있는 것이요, 六二가 능히 할 수 있는 것이 아님을 말하였다. 그러

므로 특별히 '同人曰'이라고 말하고서 이에 "사람과 함께하기를 들에서 하면 형통하다." 하였으니, 여러 卦와 다른 것이다.

【疏】○ 注'故特曰同人曰' ○ 正義曰 : '故特曰同人曰'者, 謂卦之彖辭, 發首卽疊卦名, 以釋其義, 則以例言之, 此發首應云"同人于野亨", 今此同人于野亨之上(爲主)[1], 別云"同人曰"者, 是其義有異. 此同人卦名, 以六二爲主, 故同人卦名繫屬六二, 故稱同人曰, 猶言同人卦曰也. '同人于野亨, 利涉大川', 雖是同人卦下之辭, 不關六二之義, 故更疊'同人于野亨'之文, 乃是乾之所行也.

1) (爲主) : 저본에는 '爲主'가 있으나, 錢本·宋本에 의거하여 衍文으로 처리하였다.〔阮刻本 참조〕

○ 注의 〔故特曰同人曰〕

○ 正義曰 : 〔故特曰同人曰〕 卦의 彖辭에, 첫 번째에 곧바로 卦의 이름을 중첩하여 그 뜻을 해석하였음을 말한 것이니, 準例로 말하면 이 첫머리에 마땅히 "同人于野亨"이라고 말해야 하는데, 지금 여기에 '同人于野亨' 위에 별도로 "同人曰"이 있는 것은 그 뜻이 다름이 있는 것이다.

이 同人卦의 이름은 六二를 위주로 하므로 同人卦의 이름을 六二에 소속시킨다. 그러므로 '同人曰'이라고 하였으니, '同人卦曰'이라고 말한 것과 같다. '同人于野亨 利涉大川'은 비록 同人卦 아래에 있는 卦辭이나 六二의 뜻과는 관련이 없다. 그러므로 '同人于野亨'의 글을 중첩한 것이니, 이것이 바로 乾이 행하는 바이다.

文明以健하고 中正而應이 君子正也라

文明하여 굳세고 中正하여 응함이 君子의 正道이다.

【注】行健不以武하고 而以文明用之하며 相應不以邪하고 而以中正應之하니 君子正也라 故로 曰 利君子貞이라하니라

행하기를 굳세게 하되 武力으로써 하지 않고 文明을 사용하며, 서로 응하되 간사함으로써 하지 않고 中正으로써 응하니, 君子의 正道이다. 그러므로 "君子의 貞함이 이롭다." 한 것이다.

【疏】 正義曰：此釋君子貞也. 此以二象明之, 故云"文明以健." '中正而應', 謂六二·九五皆居中得正, 而又相應, 是君子之正道也, 故云"君子正也." 若以威武而爲健, 邪僻而相應, 則非君子之正也.

正義曰：이는 '君子의 貞함'을 해석한 것이다. 이는 두 象을 가지고 밝혔으므로 "文明하여 굳세다.〔文明以健〕"라고 한 것이다.

〔中正而應〕 六二와 九五가 모두 中에 거하고 正位를 얻었으며 또 서로 응함을 말하였으니, 이는 君子의 正道이다. 그러므로 "君子의 正道이다.〔君子正也〕"라고 말한 것이다. 만약 위엄과 무력으로 굳셈을 행하고 간사함과 사벽함으로 서로 응하면 이는 군자의 正道가 아니다.

唯君子라야 爲能通天下之志하나니라

오직 君子라야 천하 사람의 뜻을 능히 통할 수 있는 것이다."

【注】 君子는 以文明爲德이라

君子는 文明을 德으로 삼는다.

【疏】 '唯君子爲能通天下之志' ○ 正義曰：此更贊明君子貞正之義. 唯君子之人, 於同人之時, 能以正道通達天下之志, 故利君子之貞[1].

1) 唯君子之人……故利君子之貞：程伊川은 이에 대하여 보다 구체적으로 설명하였다. "천하 사람들의 마음이 만 가지로 다르나 이치는 하나이다. 군자는 이치를 밝게 알므로 천하의 마음을 통할 수 있는 것이니, 聖人이 억조 만백성의 마음 보기를 한 마음처럼 하는 것은 이치에 통달하기 때문일 뿐이다. 文明하면 이치를 밝게 알므로 大同의 뜻을 밝힐 수 있고, 剛健하면 자신의 私慾을 이길 수 있으므로 大同의 道를 다하는 것이니, 이렇게 한 뒤에야 中正하여 乾의 행실에 합한다.〔天下之志萬殊 理則一也 君子明理 故能通天下之志 聖人視億兆之心 猶一心者 通於理而已 文明則能燭理 故能明大同之義 剛健則能克己 故能盡大同之道 然後能中正 合乎乾行也〕"

經의 〔唯君子爲能通天下之志〕

○ 正義曰：이는 다시 '君子貞正'의 뜻을 찬양하여 밝힌 것이다. 오직 군자인 사람만이 同人의 때에 正道로써 천하 사람의 뜻을 통달할 수 있다. 그러므로 '군자의 貞함이 이로운' 것이다.

【疏】 ○ 注 '君子以文明爲德' ○ 正義曰 : 若非君子, 則用威武, 今卦之下體爲離, 故彖云"文明." 又云"唯君子能通天下之志." 是君子用文明爲德也, 謂文理通明也.

○ 注의 〔君子以文明爲德〕

○ 正義曰 : 만약 군자가 아니면 위엄과 무력을 쓸 것인데, 지금 卦의 下體가 離가 되므로 〈彖傳〉에 "文明"이라고 말하였고, 또 "오직 君子라야 천하 사람의 뜻을 능히 통할 수 있다.〔唯君子能通天下之志〕"라고 하였으니, 이는 군자가 文明을 사용하여 德으로 삼는 것이니, 〈文明은〉 文理가 通明함을 이른다.

象曰 天與火 同人이니

〈象傳〉에 말하였다.

"하늘과 불이 同人卦이니,

【注】 天體在上이어늘 而火炎上이 同人之義也라

하늘의 體가 위에 있는데 불이 타 올라감이 同人의 뜻이다.

【疏】 正義曰 : 天體在上, 火又炎上, 取其性同, 故云"天與火同人."

正義曰 : 하늘의 體는 위에 있는데, 불이 또 타 올라가니, 그 성질이 같음을 취하였다 그러므로 "하늘과 불이 同人卦이다.〔天與火同人〕"라고 말한 것이다.

君子以類族辨物하나니라

군자가 보고서 같은 類로 모여 물건을 분별한다."

【注】 君子小人이 各得所同이라

君子와 小人이 각각 같은 바를 얻는 것이다.

【疏】 正義曰 : '族', 聚也, 言君子法此同人, 以類而聚也. '辨物', 謂分辨事物, 各同其黨, 使自相同, 不間雜也[1].

1) 族聚也……不間雜也 : 孔穎達은 '類族'을 군자 자신이 같은 類끼리 모이는 것으로, '辨物'을 사물을 분별하여 물건들도 각각 같은 것끼리 모이도록 하는 것으로 구분하여 보

았다.

朱子도 '類族'과 '辨物'을 두 가지로 보아, 전자는 사람을 가지고 말한 것으로, 후자는 물건을 가지고 말한 것으로 보았으나, 孔穎達처럼 군자 자신과 사물로 나누지는 않고 이 둘을 모두 '서로 다른 것을 분별해서 같은 것끼리 모음'의 뜻으로 보았다.

반면 程伊川은 '類族辨物'을 '類族으로 辨物함, 즉 같은 부류와 종족으로 사물을 분별함'의 뜻으로 보았다.

正義曰 : 〔族〕 '모임'이니, 君子가 이 同人卦를 본받아서 같은 類끼리 모임을 말한 것이다.

〔辨物〕 사물을 분별하여 각각 그 黨을 함께해서, 스스로 같게 하여 떨어져 있거나 뒤섞이지 않게 함을 이른다.

初九는 同人于門이니 无咎리라

初九는 남과 함께하기를 門 밖에서 하니, 허물이 없으리라.

【注】 居同人之始하니 爲同人之首者也라 无應於上하여 心无係吝하여 通夫大同하여 出門皆同이라 故로 曰 同人于門也라 出門同人이면 誰與爲咎리오

同人의 시초에 거하였으니, 同人의 첫머리가 되는 자이다. 위에 應이 없어서 마음에 매이거나 인색함이 없으므로 大同과 통하여 문을 나가면 모두 함께한다. 그러므로 "남과 함께하기를 문 밖에서 한다."고 말한 것이다. 문을 나가 남과 함께하면 누구와 함께한들 허물이 되겠는가.

【疏】 正義曰 : '同人于門'者, 居同人之首, 无應於上, 心无係吝, 含弘光大, 和同於人, 在於門外, 出門皆同, 故云"无咎"也.

正義曰 : 〔同人于門〕 同人의 첫머리에 거하여 위에 應이 없어서 마음에 매이거나 인색함이 없고, 포용하고 너그러우며 光大하여 남과 和同하며 문 밖에 있어서 문을 나가면 모두 함께한다. 그러므로 "허물이 없다.〔无咎〕"라고 말한 것이다.

象曰 出門同人을 又誰咎也리오

〈象傳〉에 말하였다. "문을 나가 남과 함께하는 것을 또 누가 허물하겠는가."

【疏】正義曰：'又誰咎'者，釋出門同人无咎之義. 言旣心无係吝，出門逢人皆同，則誰與爲過咎.

正義曰：〔又誰咎〕'문을 나가 남과 함께하니 허물이 없음'의 뜻을 해석한 것이다. '이미 마음에 매이거나 인색함이 없고 문을 나가 사람을 만나서 모두 함께하면 누구와 함께한들 허물이 되겠는가.'라고 말한 것이다.

六二는 同人于宗이니 吝하니라

六二는 남과 함께하기를 宗族(집안)끼리 하니, 부끄럽다.

【注】應在乎五하여 唯同於主하고 過主則否하여 用心扁[1]狹하니 鄙吝之道라

1) 扁：褊(좁다)과 같다.

應이 九五에 있어서 오직 주인과 함께하고, 주인을 지나면 함께하지 않아서 마음을 씀이 편협하니, 鄙吝한 방도이다.

【疏】正義曰：係應在五，而和同於人，在於宗族，不能弘闊，是鄙吝之道，故象云"吝道"也.

正義曰：係應이 九五에 있어서 남과 和同함이 宗族에게만 있으므로 넓고 크지 못하니, 이는 鄙吝한 방도이다. 그러므로 〈象傳〉에 "吝道"라고 말한 것이다.

象曰 同人于宗은 吝道也라

〈象傳〉에 말하였다. "남과 함께하기를 宗族들끼리 함은 鄙吝한 방도이다."

九三은 伏戎于莽하고 升其高陵하여 三歲不興이로다

九三은 군대를 풀 속에 매복시키고 높은 언덕에 올라가서 〈관망하나〉 3년이 되어도 일어나지(출동시키지) 못한다.

【注】居同人之際하여 履下卦之極하여 不能包弘上下하여 通夫大同하고 物黨相分이어늘 欲乖其道하여 貪於所比하여 據上之應이나 其敵剛健하여 非力所當이라 故로 伏戎于莽하니 不敢

顯亢也라 升其高陵하여 望不敢進하고 量斯勢也하여 三歲不能興者也라 三歲不能興이면 則五道亦以成矣리니 安所行焉이리오

同人의 즈음(때)에 거하여 下卦의 極을 밟고 있어서 上下를 넓게 포용하여 大同을 통하지 못하고, 물건의 黨이 서로 나뉘는데 同人의 道를 어겨 가까이 있는 바(六二)를 탐해서 위(九五)의 應을 점거(차지)하고자 한다. 그러나 그 상대가 강건하여 자기의 힘으로 감당할 바가 아니므로 군대를 풀 속에 매복하였으니, 감히 드러나게 항거하지 못하는 것이다.

높은 언덕에 올라가서 멀리서 바라보며 감히 나아가지 못하고, 이러한 형세를 헤아려서 3년이 되어도 출동시키지 못한다. 3년이 되어도 출동시키지 못하면 九五의 道가 또한 이루어질 것이니, 어찌 행할 수 있겠는가.

【疏】'九三伏戎于莽'至'三歲不興' ○ 正義曰：'伏戎于莽'者, 九三處下卦之極, 不能包弘上下, 通夫大同, 欲下據六二, 上與九五相爭也. 但九五剛健, 九三力不能敵, 故伏潛兵戎於草莽之中. '升其高陵 三歲不興'者, 唯升高陵, 以望前敵, 量斯勢也, 縱令更經三歲, 亦不能興起也.

經의 〔九三伏戎于莽〕에서 〔三歲不興〕까지

○ 正義曰：〔伏戎于莽〕 九三이 下卦의 極에 처해서 上下를 넓게 포용하여 大同을 통하지 못하고, 아래로 六二를 점거하고자 위로 九五와 서로 다툰다. 다만 九五가 강건하여 九三의 힘이 상대하지 못하므로 군대를 풀 속에 잠복시키는 것이다.

〔升其高陵 三歲不興〕 오직 높은 언덕에 올라가 앞의 적을 바라보면서 이러한 형세를 헤아릴 뿐이니, 가령 3년이 지나더라도 출동시키지 못할 것이다.

【疏】○ 注'不能包弘上下'至'安所行焉' ○ 正義曰：'不能包弘上下 通夫大同'者, 初九出門皆同, 无所係著, 是包弘上下, 通夫大同. 今九三欲下據六二, 奪上之應, 是不能包弘也. '物黨相分'者, 謂同人之時, 物各有黨類而相分別也, 二則與五相親, 與三相分別也. '欲乖其道 貪於所比 據上之應'者, 言此九三欲乖其同人之道, 不以類相從, 不知二之從五, 直以苟貪, 與二之比近而欲取之, 據上九五之應也.

○ 注의 〔不能包弘上下〕에서 〔安所行焉〕까지

○ 正義曰：〔不能包弘上下 通夫大同〕 初九는 문을 나가 모두 함께해서 매이거나 집착

하는 바가 없으니, 이는 상하를 크게 포용하여 大同을 통하는 것이다. 그런데 지금 九三은 아래로 六二를 점거하여 위(九五)의 應을 빼앗고자 하니, 이는 넓게 포용하지 못하는 것이다.

〔物黨相分〕同人의 때에는 물건이 각각 黨類가 있어서 서로 분별됨을 말한 것이니, 六二는 九五와 서로 친하고 九三과는 서로 분별된다.

〔欲乖其道 貪於所比 據上之應〕'이 九三이 同人의 道를 어겨 같은 類끼리 서로 따르지 않고, 六二가 九五를 따름을 알지 못하고서 다만 구차히 탐욕을 부려 가까이 있는 六二를 취해서 위의 九五의 應을 점거하고자 함'을 말한 것이다.

象曰 伏戎于莽은 敵剛也요 三歲不興이어니 安行也리오

〈象傳〉에 말하였다. "군대를 풀 속에 매복함은 敵(상대)이 강하기 때문이요, 3년이 되어도 출동시키지 못하니 어찌 갈 수 있겠는가."

【注】 安은 辭也라

'安'은 어조사이다.

【疏】 正義曰 : '伏戎于莽 敵剛'者, 釋伏戎于莽之義, 以其當〔敵〕[1]九五之剛, 不敢顯亢, 故伏戎于莽. '三歲不興 安行'者, 釋三歲不興之義. 雖經三歲, 猶不能興起也. 安, 語辭也, 猶言何也. 既三歲不興, 五道亦已成矣, 何可行也, 故云"安行也." 此假外物以明人事.

1) 〔敵〕: 저본에는 缺字로 되어 있으나, 阮刻本 〈校勘記〉에 의거하여 보충하였다.

正義曰 : 〔伏戎于莽 敵剛〕'군대를 풀 속에 매복함'의 뜻을 해석한 것이니, 九五의 강함을 상대하여 감히 드러나게 항거하지 못하므로 군대를 풀 속에 매복하는 것이다.

〔三歲不興 安行〕'3년이 되어도 출동시키지 못함'의 뜻을 해석한 것이니, 비록 3년이 지나더라도 출동시키지 못하는 것이다. '安'은 어조사이니, '어찌〔何〕'라고 말하는 것과 같다. 이미 3년을 출동시키지 못하여 九五의 道가 또한 이미 이루어졌으니, 어찌 갈 수 있겠는가. 그러므로 "어찌 갈 수 있겠는가.〔安行也〕"라고 말한 것이다.

이것은 밖의 물건을 빌려 사람의 일을 밝힌 것이다.

九四는 乘其墉하되 弗克攻이니 吉하니라

九四는 담에 올라가되 능히 공격하지 못하니, 길하다.

【注】 處上攻下하여 力能乘墉者也라 履非其位하여 以與人爭하니 二自五應하고 三非犯己어늘 攻三求二하여 尤而效之하니 違義傷理하여 衆所不與라 故로 雖乘墉이나 而不克也라 不克則反이니 反則得吉也라 不克乃反은 其所以得吉이니 困而反則者也라

위에 있으면서 아래를 공격하여 힘이 담을 오를 수 있는 자이다. 밟은 것이 正位가 아니면서 남과 다투니, 六二는 본래 九五와 응하고 九三은 자기를 침범하지 않는데, 九三을 공격하고 六二를 구하여 〈九三의〉 잘못을 본받으니, 義를 어기고 이치를 손상하여 사람들이 도와주지 않는다. 그러므로 담에 올라가나 이기지 못하는 것이다. 이기지 못하면 돌아오니, 돌아오면 길함을 얻는다. 이기지 못하여 비로소 돌아옴은 길함을 얻는 까닭이니, 곤궁하여 법칙으로 돌아온 자이다.

【疏】 正義曰 : '乘其墉'者, 履非其位, 與人鬥爭, 與三爭二, 欲攻於三. 既是上體, 力能顯亢, 故乘上高墉, 欲攻三也. '弗克攻吉'者, 三欲求二, 其事已非, 四又效之, 以求其二, 違義傷理, 衆所不與, 雖復乘墉, 不能攻三也. 吉者, 既不能攻三, 能反自思愆, 以從法則, 故得吉也. 此爻亦假物象也.

正義曰 : 〔乘其墉〕 밟고 있는 것이 正位가 아니면서 남과 다투니, 九三과 더불어 六二를 다투어 九三을 공격하고자 하는 것이다. 〈六四는〉 이미 上體여서 힘이 드러나게 항거할 수 있으므로 높은 담에 올라가서 九三을 공격하고자 하는 것이다.

〔弗克攻吉〕 九三이 六二를 구하고자 하니 그 일이 이미 잘못되었는데, 九四가 또 이것을 본받아서 六二를 구하니, 義를 어기고 이치를 손상하여 사람들이 도와주지 않으므로 비록 다시 담에 올라가나 九三을 공격하지 못하는 것이다. '吉'은 이미 九三을 공격하지 못하고 능히 돌이켜 스스로 잘못을 생각해서 법칙을 따르기 때문에 길함을 얻는 것이다.

이 爻도 물건의 象을 빌렸다.

象曰 乘其墉은 義弗克也요 其吉은 則困而反則也라

〈象傳〉에 말하였다. "담에 올라감은 의리상 이기지 못하는 것이요, 길함은 곤궁

하여 법칙으로 돌아왔기 때문이다."

【疏】 正義曰 : '乘其墉 義弗克也'者, 釋不克之義. 所以乘墉攻三, 不能克者, 以其違義, 衆所不從, 故云"義不克也." '其吉則困而反則'者, 釋其吉之義. 所以得其吉者, 九四則以不克, 困苦而反歸其法則, 故得吉也.

正義曰 : 〔乘其墉 義弗克也〕 '이기지 못함'의 뜻을 해석한 것이다. 담에 올라가서 九三을 공격해도 이기지 못하는 까닭은 의리를 어겨서 사람들이 따르지 않기 때문이다. 그러므로 "의리상 이기지 못한다.〔義不克也〕"라고 말한 것이다.

〔其吉則困而反則〕 '길함'의 뜻을 해석한 것이다. 길함을 얻는 까닭은 九四가 이기지 못해서 곤궁하여 법칙으로 돌아왔기 때문에 길함을 얻는 것이다.

九五는 **同人先號咷**라가 **而後笑**하니 **大師克**이라야 **相遇**리라

九五는 同人이 먼저 울부짖다가 뒤에 웃으니, 큰 군대로 이겨야 서로 만나리라.

【注】 彖曰 柔得位得中하여 而應乎乾할새 曰同人이라하니 然則體柔居中은 衆之所與요 執剛用直은 衆所未從이라 故로 近隔乎二剛하여 未獲厥志라 是以로 先號咷也요 居中處尊하여 戰必克勝이라 故로 後笑也라 不能使物自歸하고 而用其强直이라 故로 必須大師克之니 然後相遇也라

〈彖傳〉에 "〈同人은〉 柔가 지위를 얻고 中을 얻고 乾에 응하므로 '同人'이라 한다." 하였으니, 그렇다면 體가 柔하고 中에 거함은 사람들이 함께하는 바이고, 강함을 잡아 지키고 정직함을 씀은 사람들이 따르지 않는 바이다. 그러므로 가까이 두 剛(九三과 九四)에게 막혀서 자신의 뜻을 얻지 못하니, 이 때문에 '먼저 울부짖는 것'이요, 中에 거하고 尊位에 처하여 싸우면 반드시 이기므로 '뒤에 웃는 것'이다. 물건(사람)이 스스로 자기에게 돌아오게 하지 못하고, 그 강함과 정직함을 사용한다. 그러므로 반드시 큰 군대로 이기는 것이니, 이렇게 한 뒤에야 서로 만나는 것이다.

【疏】 正義曰 : '同人先號咷'者, 五與二應, 用其剛直, 衆所未從, 故九五共二, 欲相和同, 九三·九四與之競二也. 五未得二, 故志未和同於二, 故先號咷也. '而後笑'者, 處得尊位, 戰必克勝, 故後笑也. '大師克相遇'者, 不能使物自歸己, 用其剛直, 必以大師與三·四戰克, 乃得與二相遇. 此爻假物象以明人事[1].

1) 同人先號咷者……此爻假物象以明人事 : 程伊川은 이에 대하여 다음과 같이 해석하였다. "九五는 六二와 함께하나 九三과 九四 두 陽爻에게 막히는 바가 되었으니, 九五는 스스로 義理가 곧고 이치가 우세하다고 여기기 때문에 분함과 억울함을 이기지 못해서 울부짖음에 이른 것이다. 그러나 邪는 正을 이기지 못하므로 비록 막히는 바가 되었더라도 끝내는 반드시 합함을 얻는다. 그러므로 뒤에는 웃는 것이다. '큰 병력으로 이겨야 서로 만난다.'는 것은 九五가 六二와 正應인데, 九三과 九四의 두 陽이 도리가 아닌 방법으로 막고 빼앗으니, 반드시 큰 병력을 동원하여 이겨야 비로소 서로 만남을 얻는 것이다. '大師'라 말하고 '克'이라고 말한 것은 두 陽이 강함을 나타낸 것이다. 九五는 군주의 자리인데, 爻에서 人君이 남과 함께하는 뜻을 취하지 않은 것은 九五가 오로지 사사로이 친함으로 六二에 응하여 中正의 德을 잃었기 때문이다. 人君은 마땅히 천하와 大同을 하여야 하는데, 홀로 한 사람과 사사로이 함은 군주의 도리가 아니며, 또 먼저 막혔을 때에는 울부짖다가 뒤에 만나면 웃는 것은 私昵의 情이요 大同의 體가 아니다. 六二는 아래에 있는데도 오히려 宗族과 함께한다 하여 부끄러움이 되었는데, 하물며 人君에게 있어서랴.〔九五同於二 而爲三四二陽所隔 五自以義直理勝 故不勝憤抑 至於號咷 然邪不勝正 雖爲所隔 終必得合 故後笑也 大師克相遇 五與二正應 而二陽非理隔奪 必用大師克勝之 乃得相遇也 云大師云克者 見二陽之强也 九五君位 而爻不取人君同人之義者 蓋五專以私暱應於二 而失其中正之德 人君當與天下大同 而獨私一人 非君道也 又先隔則號咷 後遇則笑 是私暱之情 非大同之體也 二之在下 尙以同於宗爲吝 況人君乎〕"

正義曰 :〔同人先號咷〕九五가 六二와 응하는데 剛直함을 써서 사람들이 따르지 않는다. 그러므로 九五가 六二와 함께하여 서로 和同하고자 하는데, 九三과 九四가 九五와 더불어 六二를 다투는 것이다. 九五가 六二를 얻지 못하였으므로 뜻이 六二와 和同하지 못한다. 그러므로 '먼저 울부짖는 것'이다.

〔而後笑〕처함이 尊位를 얻어서 싸우면 반드시 승리한다. 그러므로 '뒤에 웃는 것'이다.

〔大師克相遇〕물건(남)이 스스로 자기에게 돌아오게 하지 못하고 그 剛直함을 써서 반드시 큰 군대를 동원하여 九三·九四와 싸워 승리하여야 비로소 六二와 서로 만날 수 있는 것이다.

이 爻는 물건의 象을 빌려 사람의 일을 밝혔다.

象曰 同人之先은 以中直也요 大師라야 相遇는 言相克也라

〈象傳〉에 말하였다. "同人이 먼저 울부짖음은 中正하고 剛直하기 때문이요, 큰 군대로 서로 만남은 서로 이김을 말한 것이다."

【疏】正義曰 : '同人之先 以中直'者, 解先號咷之意. 以其用中正剛直之道, 物所未從, 故先號咷也. 但象略號咷之字, 故直云"同人之先以中直"也. '大師相遇 言相克'者, 釋相遇之義. 所以必用大師, (力)〔乃〕[1]能相遇也, 以其用大師, 與三·四相伐, 而得克勝, 乃與二相遇, 故言相克也.

1) (力)〔乃〕: 저본에는 '力'으로 되어 있으나, 宋本에 의거하여 '乃'로 바로잡았다.〔阮刻本 참조〕

正義曰 : 〔同人之先 以中直〕 '먼저 울부짖음'의 뜻을 해석한 것이다. 中正하고 剛直한 道를 써서 물건이 따르지 않는 바이므로 먼저 울부짖은 것이다. 다만 〈象傳〉에는 '號咷'라는 글자를 생략하였으므로 단지 "同人이 먼저 울부짖음은 中正하고 剛直하기 때문이다.〔同人之先 以中直〕"라고 한 것이다.

〔大師相遇 言相克〕 '서로 만남'의 뜻을 해석한 것이다. 반드시 큰 군대를 사용하여야 서로 만날 수 있는 까닭은, 큰 군대를 사용해서 九三·九四와 서로 공격하여 승리를 얻어야 六二와 서로 만난다. 이 때문에 '서로 이김을 말한 것〔言相克〕'이다.

上九는 同人于郊니 无悔니라

上九는 남과 함께하기를 郊外에서 하니, 뉘우침이 없다.

【注】郊者는 外之極也니 處同人之時하여 最在於外하여 不獲同志나 而遠於內爭이라 故로 雖无悔吝이나 亦未得其志라

郊外는 밖의 지극함이니, 同人의 때에 처하여 가장 밖에 있어서 同志를 얻지 못하나 안에서 다투는 것과 멀다. 이 때문에 비록 뉘우침과 부끄러움이 없으나 또한 그 뜻을 얻지 못하는 것이다.

【疏】'上九同人于郊无悔' ○正義曰 : '同人于郊'者, 處同人之極, 最在於外, 雖欲同人, 人必疎己, 不獲所同, 其志未得. 然雖陽在于外, 遠於內之爭訟, 故无悔吝也[1].

1) 同人于郊者……故无悔吝也 : 程伊川은 뉘우침이 없는 이유에 대하여 다음과 같이 설명하였다.

"郊는 밖에 있고 먼 지역이다. 함께하기를 구하는 자는 반드시 서로 친하고 서로 함께하는데, 上九는 밖에 거하고 應이 없어서 끝내 더불어 함께하는 자가 없다. 처음에 함께하는 이가 있으면 종말에 혹 괴리되어 뉘우침이 있을 것인데, 먼 곳에 처하고 함께하는 자가 없으므로 비록 함께하는 이가 없으나 또한 뉘우침이 없으며, 비록 함께하고자 하는 志願을 이루지 못하나 종말에 뉘우치는 바가 없는 것이다.〔郊 在外而遠之地 求同者 必相親相與 上九居外而无應 終无與同者也 始有同 則至終 或有睽悔 處遠而无與 故雖无同 亦无悔 雖欲同之志不遂 而其終无所悔也〕"

經의 〔上九同人于郊无悔〕

○ 正義曰 : 〔同人于郊〕 同人의 極에 처하여 가장 밖에 있으니, 비록 남과 함께하고자 하나 사람들이 반드시 자기를 소원히 해서 함께하려는 바를 얻지 못하여 그 뜻을 얻지 못한다. 그러나 비록 陽이 밖에 있더라도 안의 다툼과 멀기 때문에 뉘우침과 부끄러움이 없는 것이다.

【疏】 ○ 注'不獲同志'至'未得其志' ○ 正義曰 : '不獲同志'者, 若彼此在內相同, 則獲其同志意也, 若已爲郊境之人, 而與相同, 人未親己, 是不獲同志也. '遠于內爭'者, 以外而同, 不於室家之內, 是遠于內爭也. 以遠內爭, 故无悔吝. 以在外郊, 故未得志也.

○ 注의 〔不獲同志〕에서 〔未得其志〕까지

○ 正義曰 : 〔不獲同志〕 만약 피차가 안에 있으면서 서로 함께하면 그 뜻이 같은 사람을 얻을 수 있는데, 만약 자기가 교외의 국경에 있는 사람이 되어서 서로 함께하려 하면 사람들이 자기와 친하지 않으니, 이것이 '동지를 얻지 못함〔不獲同志〕'이다.

〔遠于內爭〕 밖에 있으면서 함께하려 하여 室家의 안에서 하지 않으니, 이것이 '안에서 다투는 것과 멂'이다. 안에서 다투는 것과 멀기 때문에 뉘우침과 허물이 없고, 교외에 있기 때문에 뜻을 얻지 못하는 것이다.

象曰 同人于郊는 志未得也라

〈象傳〉에 말하였다. "남과 함께하기를 교외에서 함은 뜻을 얻지 못하는 것이다."

【注】 凡處同人而不泰焉이면 則必用師矣니 不能大通이면 則各私其黨而求利焉이라 楚人亡弓에 不能(亡)〔忘〕[1]楚하니 愛國愈甚하여 益爲它災라 是以로 同人不弘이니 剛健之爻는 皆至用師也라

1) (亡)〔忘〕: 저본에는 '亡'으로 되어 있으나, 監本·毛本에 의거하여 '忘'으로 바로잡았다.〔阮刻本 참조〕

무릇 同人에 처하여 通泰하지 못하면 반드시 군대를 사용하게 되니, 크게 通泰하지 못하면 각각 자기 黨을 사사로이 하여 이로움을 구한다. 楚나라를 사람이 활을 잃자 초나라를 잊지 못하였으니, 나라 사랑하기를 더욱 심하게 하여 더욱 다른 재앙이 된 것이다. 이 때문에 남과 함께하되 넓게 하지 못하니, 강건한 爻는 모두 군대를 사용함에 이르는 것이다.

【疏】'象曰同人于郊志未得也' ○ 正義曰 : 釋同人于郊之義. 同人在郊境遠處, 與人疎遠, 和同之志, 猶未得也.

經의 〔象曰同人于郊志未得也〕

○ 正義曰 : '남과 함께하기를 교외에서 함'의 뜻을 해석한 것이다. 同人이 교외의 국경인 먼 곳에 있어서 사람과 소원하여 和同하려는 뜻을 아직도 얻지 못한 것이다.

【疏】○ 注'凡處同人'至'用師也' ○ 正義曰 : '凡處同人而不泰焉 則必用師矣'者, 王氏注意非止上九一爻, 乃總論同人一卦之義. 去初上而言, 二有同宗之吝, 三有伏戎之禍, 四有不克之困, 五有大師之患, 是處同人之世, 无大通之志, 則必用師矣.

○ 注의 〔凡處同人〕에서 〔用師也〕까지

○ 正義曰 : 〔凡處同人而不泰 則必用師矣〕 王氏(王弼) 注의 뜻은 上九 한 爻에 그치는 것이 아니고, 바로 同人 한 卦의 뜻을 총론한 것이다. 初九와 上九를 제외하고 말하면, 六二는 종족과 함께하는 鄙吝함이 있고, 九三은 군대를 잠복시키는 禍가 있고, 九四는 이기지 못하는 곤궁함이 있고, 九五는 큰 군대를 동원하는 患難이 있으니, 이는 同人의 세상에 처하여 크게 通泰하는 뜻이 없으면 반드시 군대를 사용하는 것이다.

【疏】'楚人亡弓 不能(亡)〔忘〕[1]楚 愛國愈甚 益爲它災'者, 案, 孔子家語弟子好生篇[2]云"楚昭王出游, 亡烏號之弓, 左右請求之, 王曰'楚人亡(之)〔弓〕[3], 楚得之, 又何求焉.' 孔子聞之, 曰'惜乎, 其志不大也. 不曰人亡弓, 人得之, 何必楚也.'" 昭王名軫, 哀六年, 吳伐陳, 楚救陳, 在城父(보)卒, 此愛國而致它災也. 引此者, 證同人不弘, 皆至用師矣.

1) (亡)〔忘〕: 저본에는 '亡'으로 되어 있으나, 監本·毛本에 의거하여 '忘'으로 바로잡았

다.〔阮刻本 참조〕

2) 孔子家語弟子好生篇 : ≪呂氏春秋≫ 〈孟春紀 貴公〉과 ≪說苑≫ 〈至公〉에도 이와 유사한 내용이 보인다.

3) (之)〔弓〕: 저본에는 '之'로 되어 있으나, 閩本·監本·毛本·≪孔子家語≫에 의거하여 '弓'으로 바로잡았다.〔阮刻本 참조〕

〔楚人亡弓 不能(亡)〔忘〕楚 愛國愈甚 益爲它災〕 살펴보건대, ≪孔子家語≫ 〈弟子好生〉篇에 이르기를 "楚 昭王이 나가 유람하다가 烏號라는 名弓을 잃었는데 좌우에서 찾을 것을 청하자, 왕이 '楚나라 사람이 활을 잃음에 楚나라 사람이 이것을 얻을 것이니, 또 어찌 찾을 것이 있겠는가.'라고 하였다. 孔子는 이 말을 듣고 말씀하시기를 '애석하다, 그 뜻이 크지 못함이여. 「사람이 활을 잃음에 사람이 얻을 것이다.」라고 하지 않고 하필 楚나라라고 하는가.'라고 하셨다." 하였다.

昭王은 이름이 軫이니, 哀公 6년에 吳나라가 陳나라를 정벌하자 楚나라가 陳나라를 구원하다가 〈昭王이〉 城父에서 죽었으니, 이는 나라를 사랑하여 다른 재앙을 불러온 것이다. 이것을 인용한 것은 남과 함께하기를 넓게 하지 못하면 반드시 군대를 씀에 이름을 증명한 것이다.

14. 大有☲ 乾下離上

大有는 元亨하니라

大有는 크게 형통하다.

【注】 不大通이면 何由得大有乎아 大有면 則必元亨矣[1]리라

1) 不大通……則必元亨矣 : 程伊川은 "王弼은 이르기를 '크게 형통하지 않으면 어떻게 大有를 얻을 수 있겠는가. 크게 소유하면 반드시 크게 형통한다.' 하였는데, 이는 卦의 뜻을 알지 못한 것이다. 離와 乾이 大有의 뜻을 이루었으니, 大有의 뜻에 곧 元亨이 있는 것이 아니요, 그 재질로 말미암아 元亨을 얻은 것이니, 크게 소유하고도 善하지 못한 자와 형통하지 못한 자가 있는 것이다.〔王弼云 不大通 何由得大有乎 大有則必元亨矣 此不識卦義 離乾成大有之義 非大有之義 便有元亨 由其才 故得元亨 大有而不善者與不能亨者有矣〕" 하였다. 大有卦의 재질은 乾의 剛健함과 離의 文明함이다.

크게 형통하지 않으면 어떻게 大有를 얻을 수 있겠는가. 크게 소유하면 반드시 크게 형통한 것이다.

【疏】 正義曰 : 柔處尊位, 群陽竝應, 大能所有, 故稱大有. 旣能大有, 則其物大得亨通, 故云"大有元亨."[1]

1) 旣能大有……故云大有元亨 : 孔穎達은 '元亨'을 '크게 형통함을 얻음'으로 해석하였다. 이는 '元亨'을 元과 亨 두 가지의 德으로 보지 않은 것인데, 이를 따라 經文을 '크게 형통하다.'로 번역하였다. 朱子는 "乾은 굳세고 離는 밝으며 尊位에 거하고 하늘에 응하니, 형통할 道가 있는 것이다. 점치는 자가 이러한 德이 있으면 크게 善하고 형통할 것이다.〔乾健離明 居尊應天 有亨之道 占者有其德 則大善而亨也〕"라고 하여, '元'을 크게 선함의 뜻으로 해석하였다. ≪周易傳義大全≫의 언해에는 이를 "元코 亨하니라."라고 풀이하였으나, 沙溪(金長生)는 "乾卦와 坤卦만을 四德으로 해석하는데, 이 大有卦 역시 '元하고 亨하니라.'라고 해석한 것은 잘못이다.(≪沙溪全書 권15 經書辨疑 周易≫)" 하였다.

正義曰 : 柔가 尊位에 처하여 여러 陽이 모두 응해서 크게 소유하였으므로 '大有'라 칭

한 것이다. 이미 크게 소유하였으면 물건이 크게 형통함을 얻는다. 그러므로 "大有는 크게 형통하다.〔大有元亨〕"라 한 것이다.

彖曰 大有는 柔得尊位大中하여 而上下應之할새 曰大有라

〈彖傳〉에 말하였다.
"大有는 柔가 尊位와 大中을 얻어 上下가 응하므로 大有라 하였다.

【注】 處尊以柔하고 居中以大하며 體无二陰以分其應[1]하여 上下應之하여 靡所不納이 大有之義也라

1) 體无二陰以分其應 : 陰과 陽이 應이 있으면 각기 자기의 應을 따르는 것이 원칙이나, 이 大有卦는 오직 六五 한 爻만이 陰이어서 모든 陽이 六五를 따른다. 그러므로 '두 陰으로 그 應을 나눔이 없다.'고 말한 것이다.

尊位에 처하기를 柔로써 하고 中에 거하기를 大로써 하며 體에 두 陰으로 그 應을 나눔이 없어서 상하가 응하여 받아들이지 않는 바가 없는 것이 大有의 뜻이다.

【疏】 正義曰 : 釋此卦稱大有之義. '大中'者, 謂六五處大以中, 柔處尊位, 是其大也, 居上卦之內, 是其中也.

正義曰 : 이 卦를 大有라고 칭하는 뜻을 해석한 것이다.
〔大中〕 六五가 大에 처하기를 中으로써 함을 말한 것이니, 柔가 尊位에 처함이 바로 '大'이고, 上卦의 안에 거함이 바로 '中'이다.

其德이 剛健而文明하고 應乎天而時行이라 是以元亨하니라

그 德이 剛健하고 文明하며 하늘에 응하여 때에 맞게 행한다. 이 때문에 크게 형통한 것이다."

【注】 德應於天이면 則行不失時矣라 剛健不滯하고 文明不犯하며 應天則大하고 時行無違라 是以元亨이라

德이 하늘에 응하면 행함이 때를 잃지 않을 것이다. 剛健하여 막히지 않고 文明하여 범하지 않으며, 하늘에 응하면 크고 때에 맞게 행하여 어김이 없다. 이 때문에 크게 형통

한 것이다.

【疏】 '其德剛健'至'是以元亨' ○ 正義曰：釋元亨之義. '剛健', 謂乾也. '文明', 謂離也. '應乎天而時行'者, 褚氏·莊氏云"六五應乾九二, (亦與五爲體)〔九二在乾體〕[1], 故云'應乎天'也." 德應於天, 則行不失時, (與時無違雖萬物皆得亨通)〔以時而行, 則萬物大得亨通〕[2], 故云"是以元亨."

1) (亦與五爲體)〔九二在乾體〕: 저본에는 '亦與五爲體'로 되어 있으나, 錢本·宋本에 의거하여 '九二在乾體'로 바로잡았다.〔阮刻本 참조〕

2) (與時無違雖萬物皆得亨通)〔以時而行 則萬物大得亨通〕: 저본에는 '與時無違雖萬物皆得亨通'으로 되어 있으나, 錢本·宋本에 의거하여 '以時而行 則萬物大得亨通'으로 바로잡았다.〔阮刻本 참조〕

經의 〔其德剛健〕에서 〔是以元亨〕까지

○ 正義曰：'크게 형통함'의 뜻을 해석한 것이다.

〔剛健〕 乾卦를 이른다.

〔文明〕 離卦를 이른다.

〔應乎天而時行〕 褚氏(褚仲都)와 莊氏는 "六五가 乾의 九二와 응하는데 九二가 乾體에 있으므로 '하늘에 응한다.〔應乎天〕'라고 말한 것이다." 하였다.

德이 하늘에 응하면 행함이 때를 잃지 않으니, 때에 맞게 행하면 만물이 크게 형통함을 얻는다. 그러므로 "이 때문에 크게 형통하다.〔是以元亨〕"라고 말한 것이다.

【疏】 ○ 注'剛健不滯'至'是以元亨' ○ 正義曰：'剛健不滯'者, 剛健則物不擁[1]滯也. '文明不犯'者, 文則明粲而不犯於物也. '應天則大'者, 能應於天則盛大也. '時行無違'者, 以時而行, 物无違也. 以有此諸事, 故大通而元亨也.

1) 擁：壅(막히다)과 같다.

○ 注의 〔剛健不滯〕에서 〔是以元亨〕까지

○ 正義曰：〔剛健不滯〕 剛健하면 물건이 막히지 않는다.

〔文明不犯〕 文을 하면 밝고 찬란하여 물건을 범하지 않는다.

〔應天則大〕 능히 하늘에 응하면 성대하게 된다.

〔時行無違〕 때로써 행하면 물건이 어김이 없게 된다.

이 여러 가지 일을 소유하였으므로 크게 형통하여 元亨한 것이다.

象曰 火在天上이 大有니 君子以遏惡揚善하여 順天休命하나니라

〈象傳〉에 말하였다. "불이 하늘 위에 있는 것이 大有卦이니, 君子가 보고서 惡을 막고 善을 드날려 하늘의 아름다운 命을 순종한다."

【注】 大有는 包容之象也라 故로 遏惡揚善하여 成物之性하고 順天休命하여 順物之命이라

大有는 포용하는 象이다. 그러므로 惡을 막고 善을 드날려서 물건의 性을 이루고, 하늘의 아름다운 命을 순종하여 물건의 命을 순히 하는 것이다.

【疏】 正義曰 : '君子以遏惡揚善'者, 大有包容之義, 故君子象之, 亦當包含, 遏匿其惡, 褒揚其善, 順奉天德, 休美物之性命, 巽順含容之義也. 不云"天在火下", 而云"火在天上"者, 天體高明, 火性炎上, 是照耀之物而在於天上, 是光明之甚, 无所不照, 亦是包含之義, 又爲揚善之理也.

正義曰 : 〔君子以遏惡揚善〕 大有는 포용하는 뜻이므로 君子가 이것을 본받아서 또한 마땅히 포용하여 그 惡을 막고 숨겨주며 그 善을 칭찬하고 드날리며 하늘의 德을 순종하여 받들어 물건의 性命을 아름답게 하니, 巽順하고 포용하는 뜻이다.

"하늘이 불 아래에 있다."고 말하지 않고, "불이 하늘 위에 있다.〔火在天上〕"라고 말한 것은, 하늘의 體는 높고 밝으며, 불의 성질은 타오르니, 이는 환하게 비추는 물건으로서 하늘의 위에 있는 것인바, 光明함이 심하여 비추지 않는 바가 없는 것이니, 또한 포용하는 뜻이요, 또 善을 드날리는 이치가 된다.

初九는 无交害니 匪咎인댄 艱則无咎리라

初九는 긴박한 해로움은 없으니, 허물이 없고자 할진댄 어렵게 여기면 허물이 없으리라.

【注】 以夫剛健으로 爲大有之始하여 不能履中하여 滿而不溢하니 術斯以往이면 後害必至리니 其欲匪咎인댄 艱則无咎也라

剛健함으로써 大有의 시초가 되어서 中을 밟아 가득하여도 넘치지 않게 하지 못하니,

이것을 따라가면(행하면) 뒤에 害가 반드시 이른다. 허물이 없고자 한다면 어렵게 여기면 허물이 없을 것이다.

【疏】'初九至艱則无咎' ○ 正義曰：以夫剛健爲大有之始, 不能履中謙退, 雖无交切之害[1), 久必有凶. 其欲匪咎, 能自艱難其志, 則得无咎, 故云"无交害, 匪咎, 艱則无咎"也.

1) 雖无交切之害：經文의 '无交害'를 王弼은 분명하게 설명하지 않았고, 孔穎達은 '交切의 해로움'으로 해석하였는바, 交切은 급박하고 간절한 것을 이른다. 그러나 程伊川과 朱子는 '交'를 '交涉'으로 보아 '해로움에 해당됨'이 없는 것으로 보았다.

經의 〔初九至艱則无咎〕

○ 正義曰：강건함으로써 大有의 시초가 되어서 中을 밟아 겸손하지 못하니, 비록 긴박한 해로움은 없으나 오래되면 반드시 흉함이 있을 것이다. 허물이 없고자 한다면, 능히 스스로 자기 뜻을 어렵게 하면 허물이 없을 수 있다. 그러므로 "긴박한 해로움은 없으니, 허물이 없고자 할진댄 어렵게 여기면 허물이 없으리라.〔无交害 匪咎 艱則无咎〕"라고 한 것이다.

【疏】○ 注'不能履中'至'无咎也' ○ 正義曰：'不能履中 滿而不溢'者, 初不在二位, 是不能履中, 在大有之初, 是盈滿, 身行剛健, 是溢也. (注)〔故〕[1)云"不能履中, 滿而不溢"也.

1) (注)〔故〕：저본에는 '注'로 되어 있으나, 錢本·宋本에 의거하여 '故'로 바로잡았다.〔阮刻本 참조〕

○ 注의 〔不能履中〕에서 〔无咎也〕까지

○ 正義曰：〔不能履中 滿而不溢〕 初九가 二爻의 자리에 있지 않으니 이것이 '中을 밟지 못함'이요, 大有의 처음에 있으니 이것이 가득함이요, 몸이 강건함을 행하니 이것이 '넘침'이다. 그러므로 "中을 밟아 가득하여도 넘치지 않게 하지 못한다.〔不能履中 滿而不溢〕"라고 말한 것이다.

象曰 大有初九는 无交害也라

〈象傳〉에 말하였다. "大有의 初九는 긴박한 해로움이 없는 것이다."

九二는 大車以載니

九二는 큰 수레에 짐을 싣는 것이니,

【注】 任重而不危라

무거운 짐을 실어도 위태롭지 않은 것이다.

【疏】 '九二大車以載' ○ 正義曰 : '大車以載'者, 體是剛健, 而又居中, 身被委任, 其任重也. 能堪受其任, 不有傾危, 猶若大車以載物也. 此假外象以喩人事.

經의 〔九二大車以載〕

○ 正義曰 : 〔大車以載〕 體가 강건하고 또 中에 거하였으니, 몸이 위임을 받아서 그 임무가 중한 것이다. 능히 그 중한 임무를 감당하여 받아서 기울거나 위태로움이 있지 않으니, 마치 큰 수레에 물건을 싣는 것과 같다.

이는 밖의 象을 빌려서 사람의 일을 비유한 것이다.

【疏】 ○ 注 '任重而不危' ○ 正義曰 : 釋大車以載之意. 大車謂牛車也. 載物旣多, 故云 "任重." 車材彊壯, 故不有傾危也.

○ 注의 〔任重而不危〕

○ 正義曰 : '큰 수레에 짐을 실음'을 해석한 것이다. 큰 수레는 소가 끄는 수레를 이르니, 물건을 실음이 이미 많으므로 "任重"이라 말하였고, 수레의 재질이 강하고 튼튼하기 때문에 기울거나 위태로움이 있지 않은 것이다.

有攸往하여 无咎리라

갈 바를 두어 허물이 없으리라.

【注】 健不違中하여 爲五所任하여 任重不危하고 致遠不泥라 故로 可以往而无咎也라

굳세면서 中을 떠나지 않아 六五에게 信任을 받아서 무거운 짐을 실어도 위태롭지 않고 먼 곳에 갈 수 있어서 빠지지 않는다. 그러므로 가서 허물이 없을 수 있는 것이다.

【疏】 正義曰 : 堪當重任, 故有所往. '无咎'者, 以居失其位[1], 嫌有凶咎, 故云"无咎"也.

1) 以居失其位 : 陽爻가 陽의 자리에 있는 것을 正位를 얻었다고 하는바, 陰의 자리인 二位에 陽爻가 있으므로 '거함이 正位를 잃었다.'고 말한 것이다.

正義曰 : 무거운 짐을 감당할 수 있으므로 갈 바를 두는 것이다.

〔无咎〕 거함이 正位를 잃어서 허물이 있다는 혐의가 있으므로 "허물이 없다."고 말한 것이다.

象曰 大車以載는 積中不敗也라

〈象傳〉에 말하였다. "큰 수레에 짐을 실음은 가운데에 짐을 많이 쌓아도 패하지(무너지지) 않는 것이다."

【疏】 正義曰 : '積中不敗'者, 釋大車以載之義. 物旣積聚, 身有中和, 堪受所積之聚在身上, 上不至於敗也.

正義曰 : 〔積中不敗〕 '큰 수레에 짐을 실음'의 뜻을 해석한 것이다. 물건이 이미 많이 쌓였는데, 자신에게 中和의 德이 있어서 몸 위에 쌓인 물건을 감당하여 받으므로 위로 패함에 이르지 않는 것이다.

九三은 公用亨于天子니 小人弗克이니라

九三은 公(諸侯)이 〈이 지위를〉 사용하여 天子를 형통하게 하는 것이니, 小人은 능히 하지 못한다.

【注】 處大有之時하여 居下體之極하고 乘剛健之上하여 而履得其位하여 與五同功하니 威權之盛이 莫此過焉이라 公用斯位하여 乃得通乎天子之道也라 小人不克은 害可待也일새라

大有의 때에 처하여 下體의 極에 거하였고, 강건함의 위를 타고 있으면서 밟음이 正位를 얻어 六五와 功이 같으니, 권위의 성함이 이보다 더한 것이 없다. 公이 이 지위를 사용하여 마침내 天子를 형통하게 하는 道를 얻었다. 小人이 능히 하지 못함은 해로움이 기다릴 수 있기 때문이다.

【疏】 '九三'至'小人弗克' ○ 正義曰 : '公用亨于天子'者, 九三處大有之時, 居下體之極, 乘剛健之上, 履得其位, 與五同功. 五爲王位, 三旣與之同功, 則威權之盛, 莫盛於此, 乃得通乎天子之道, 故云"公用亨于天子."[1] '小人弗克'者, 小人德劣, 不能勝其位, 必致禍害, 故云"小人不克也."

1) 公用亨于天子者……故云公用亨于天子 : 王弼과 孔穎達은 '公用亨于天子'를 '九三이 자신의 권위를 이용하여 天子를 형통하게 하는 것'으로 해석하였다. 程伊川 역시 "九三이 大有의 때를 당하여 諸侯의 지위에 거해서 풍부하고 성함을 소유하였으면 반드시 이로써 天子를 형통하게 하여야 한다. 이는 자기의 소유를 天子의 소유로 여김을 말한 것이니, 이것이 신하의 떳떳한 의리이다.〔三當大有之時 居諸侯之位 有其富盛 必用亨通乎天子 謂以其有爲天子之有也 乃人臣之常義也〕"라는 말로 '公用亨于天子'를 풀이하였다.
　반면 朱子는 "亨은 ≪春秋傳≫에 '享'으로 되어 있으니, 조회하여 물건을 올림을 이른다.〔亨 春秋傳作享 謂朝獻也〕"라고 하여, 經文을 "公이 天子께 물건을 올림"으로 해석하였다. 이 내용은 ≪春秋左氏傳≫ 僖公 25년조에 "遇公用亨于天子"라고 보인다.

經의 〔九三〕에서 〔小人弗克〕까지

○ 正義曰 : 〔公用亨于天子〕 九三이 大有의 때에 처하여 下體의 極에 거하였고, 강건함의 위를 타고 있어서 밟음이 正位를 얻어 六五와 功이 같다. 五爻는 왕의 자리가 되는데 九三이 이미 그와 功이 같으면 권위의 성대함이 이보다 성한 것이 없으니, 바로 天子를 형통하게 하는 道를 얻은 것이다. 그러므로 "公이 〈이 지위를〉 사용하여 天子를 형통하게 한다.〔公用亨于天子〕"라고 말한 것이다.

〔小人弗克〕 소인은 德이 용렬하여 그 지위를 감당하지 못해서 반드시 禍害를 부른다. 그러므로 "小人은 능히 하지 못한다.〔小人弗克〕"라고 말한 것이다.

【疏】 ○ 注'與五同功' 至'莫此過焉' ○ 正義曰 : '與五同功'者, 繫辭云"三與五同功." 此云"與五同功", 謂五爲王位, 三旣能與五之同功, 則威權與五相似, 故云"威權之盛, 莫此過焉."

○ 注의 〔與五同功〕에서 〔莫此過焉〕까지

○ 正義曰 : 〔與五同功〕 〈繫辭傳〉에 이르기를 "三과 五는 功이 같다." 하였는데, 여기에서 "五와 功이 같다."고 말한 것은, 五爻가 왕의 자리가 되는데 九三이 이미 六五와 功이 같다고 말하였으면, 권위가 六五와 서로 비슷한 것이다. 그러므로 "권위의 성함이 이보다 더한 것이 없다.〔威權之盛 莫此過焉〕"라고 말한 것이다.

象曰 公用亨于天子는 小人은 害也라

〈象傳〉에 말하였다. "公이 〈이 지위를〉 사용하여 天子를 형통하게 함은, 小人은 해로운 것이다."

九四는 **匪其彭**(방)[1]이면 **无咎**리라

1) 彭(방) : 傍(곁)과 같다.

九四는 그 곁에 마음을 두지 않으면 허물이 없으리라.

【注】 既失其位하여 而上近至尊之威하고 下比分權之臣하니 其爲懼也 可謂危矣라 唯夫有聖知者라야 乃能免斯咎也라 三雖至盛이나 五不可舍하니 能辯斯數하여 專心承五하고 常匪其旁이면 則无咎矣리니 旁은 謂三也라

이미 正位를 잃고서 위로는 至尊의 위엄과 가깝고 아래로는 권력을 나누어 가진 신하(九三)와 가까우니, 그 두려움이 위태롭다고 이를 만하다. 오직 聖스러움과 지혜를 소유한 자라야 이 허물을 면할 수 있을 것이다. 九三이 비록 지극히 성하나 六五를 버릴 수 없으니, 능히 이 數를 분별하고 마음을 오로지하여 六五를 받들어서 항상 그 곁에 마음을 두지 않으면 허물이 없으리니, '곁'은 九三을 이른다.

【疏】 '九四匪其彭无咎' ○正義曰 : '匪其彭 无咎'者, 匪, 非也, 彭, 旁[1]也, 謂九三在九四之旁. 九四若能專心承五, 非取其旁(九四)[2], 言不用三也, 如此, 乃得无咎也[3]. 既失其位, 上近至尊之威, 下比分權之臣, 可謂危矣. 能棄三歸五, 故得无咎也.

1) 旁 : 傍(곁)과 같다.
2) (九四) : 저본에는 '九四'가 있으나 盧文弨가 "九四 두 글자는 衍文이다."라고 한 것에 의거하여 연문으로 처리하였다.〔阮刻本 참조〕
3) 匪其彭……乃得无咎也 : 王弼과 孔穎達은 '匪其彭'을 '그 옆에 마음을 두지 않음'으로 보아, 九四가 九三에게 마음을 두지 않고 六五만을 받듦의 의미로 해석하였다.

반면 程伊川은 '彭'을 盛多의 뜻으로 보고 "九四는 大有의 때에 거하여 이미 中을 지났으니, 이는 大有가 성한 것이니, 지나치게 성하면 凶咎가 이로 말미암아 생긴다. 그러므로 이에 대처하는 道는 지나치게 성하게 하지 않으면 허물이 없는 것이다.〔九四居大有之時 已過中矣 是大有之盛者也 過盛則凶咎所由生也 故處之之道 匪其彭 則得无咎〕" 하였으며, 朱子는 "彭字는 음과 뜻이 未詳이다. ≪程傳≫에 '성한 모양이다.' 하였으니, 이치상 혹 마땅할 듯하다.〔彭字 音義未詳 程傳曰 盛貌 理或當然〕" 하였다.

經의 〔九四匪其彭无咎〕

○ 正義曰 : 〔匪其彭 无咎〕 '匪'는 아님이고, '彭'은 곁이니, 九三이 九四의 곁에 있음을 말한 것이다. 九四가 만약 마음을 전일하게 하여 六五를 받들면 그 곁을 취하는 것이 아니니, 九三에 〈마음을〉 쓰지 않음을 말한 것인바, 이와 같이 하면 비로소 허물이 없을 수 있는 것이다.

이미 正位를 잃고서 위로는 至尊의 위엄과 가깝고 아래로는 권력을 나누어 가진 신하와 가까우니, 위태롭다고 이를 만하다. 능히 九三을 버리고 六五에게 돌아가므로 허물이 없을 수 있는 것이다.

象曰 匪其彭无咎는 明辯晢(제)也라

〈象傳〉에 말하였다. "그 곁에 마음을 두지 않으면 허물이 없음은 재주가 분별하고 밝은 것이다."

【注】 明은 猶才也라

'明'은 才와 같다.

【疏】 正義曰 : '明辯晢也'者, 釋匪其彭无咎之義. 明, 猶才也. 九四所以能去其旁之九三者, 由九四才性辯而晢知, 能斟酌事宜, 故云"明辯晢也."[1)]

1) 明辯晢也者……故云明辯晢也 : 王弼과 孔穎達은 '明'을 재주의 뜻으로 보아 '明辯晢也'를 '재주가 분별하고 밝음'으로 해석하였다.

반면 程伊川은 '晢'를 밝은 지혜의 뜻으로 보아, "지나치게 성함에 처하지 않아 허물이 없는 것은 明辨의 지혜가 있기 때문이니, 晢는 밝은 지혜이다. 어질고 지혜로운 사람은 사물의 이치를 밝게 분변하여 성할 때를 당하면 허물이 장차 이를 줄을 안다. 그러므로 덜고 억제하여 감히 가득하고 지극함에 이르지 않는 것이다.〔能不處其盛而得无咎者 蓋有明辨之智也 晢 明智也 賢智之人 明辨物理 當其方盛 則知咎之將至 故能損抑 不敢至於滿極也〕" 하였다.

朱子는 "晢는 밝은 모양이다.〔晢 明貌〕"라고 하여, '明辯晢也'를 '밝게 분별함이 분명함'의 뜻으로 해석하였다.

正義曰 : 〔明辯晢也〕 '그 곁에 마음을 두지 않으면 허물이 없음'의 뜻을 해석한 것이다. '明'은 才와 같다. 九四가 그 곁의 九三을 버릴 수 있는 까닭은 九四의 재주가 분별하고

밝게 알아서 일의 마땅함을 헤아릴 수 있기 때문에 "재주가 분별하고 밝은 것이다.〔明辯哲也〕"라고 말한 것이다.

六五는 厥孚交如니 威如면 吉하리라

六五는 그 믿음이 사귀니, 위엄이 있으면 길하리라.

【注】君尊以柔하고 處大以中하여 无私於物하여 上下應之하여 信以發志라 故로 其孚交如也라 夫不私於物이면 物亦公焉이요 不疑於物이면 物亦誠焉이니 既公且信이면 何難何備리오 不言而教行하니 何爲而不威如리오 爲大有之主하여 而不以此道면 吉可得乎아

人君이 높으면서 유순함으로써 하고 大에 처하기를 中으로써 하여 남에게 사사로움이 없어서 上下가 응하여 믿음으로써 뜻을 개발한다. 그러므로 그 믿음이 사귀는 것이다. 남에게 사사롭게 하지 않으면 남도 공정하고, 남을 의심하지 않으면 남도 誠信하니, 이미 공정하고 誠信하면 무슨 어려움이 있으며 무슨 대비할 것이 있겠는가. 말하지 않아도 교화가 행해지니 무엇을 행한들 위엄이 없겠는가. 大有의 주체가 되어서 이 道를 쓰지 않으면 길함을 얻을 수 있겠는가.

【疏】正義曰：'六五 厥孚交如'者, 厥, 其也, 孚, 信也, 交, 謂交接也, 如, 語辭也. 六五居尊以柔, 處大以中, 无私於物, 上下應之, 故其誠信, 物來交接, 故云"厥孚交如"也. '威如吉'者, 威, 畏也, 既誠且信, 不言而教行, 所爲之處, 人皆畏敬, 故云"威如." 以用此道, 故得吉也.

正義曰：〔六五 厥孚交如〕 '厥'은 그〔其〕이고, '孚'는 믿음이고, '交'는 交接함을 이르고, '如'는 어조사이다. 六五가 尊位에 거하기를 柔로써 하고 大에 처하기를 中으로써 하여 남에게 사사로움이 없어서 상하가 응하기 때문에 그 誠信함에 물건(남)이 와서 교접한다. 그러므로 "그 믿음이 사귄다.〔厥孚交如〕"라고 말한 것이다.

〔威如吉〕 '威'는 두려움이니, 이미 성실하고 또 신실하면(믿으면) 말하지 않아도 교화가 행해져서 행하는 곳에 사람들이 모두 두려워하고 공경한다. 그러므로 "위엄이 있다.〔威如〕"라고 말한 것이니, 이 道를 쓰기 때문에 길함을 얻는 것이다.

象曰 厥孚交如는 信以發志也요 威如之吉은 易而无備也라

〈象傳〉에 말하였다. "그 믿음이 사귐은 믿음으로써 뜻을 개발하는 것이요, 위엄이 있으면 길함은 쉽게 하여 대비함이 없기 때문이다."

【疏】正義曰:'信以發志'者, 釋厥孚交如之義. 由己誠信, 發起其志, 故上下應之, 與之交接也. '威如之吉 易而无備'者, 釋威如之吉之義. 所以威如得吉者, 以己不私於物, 唯行簡易, 无所防備, 物自畏之, 故云"易而无備"也.

正義曰:〔信以發志〕'그 믿음이 사귐'의 뜻을 해석한 것이다. 자기가 誠信하여 그 뜻을 개발하고 일으키므로 상하가 응하여 자기와 서로 접하는 것이다.

〔威如之吉 易而无備〕'위엄이 있으면 길함'의 뜻을 해석한 것이다. 위엄이 있어 길함을 얻는 까닭은 자기가 남에게 사사롭게 하지 않고 오직 간략하고 쉬움을 행하므로 방비하는 바가 없는데도 남들이 스스로 자기를 두려워하기 때문이다. 그러므로 "쉽게 하여 대비함이 없기 때문이다.〔易而无備〕"라고 말한 것이다.

上九는 自天祐之라 吉无不利로다

上九는 하늘로부터 이하가 도와주어서 길하여 이롭지 않음이 없다.

【注】大有는 豐富之世也라 處大有之上하여 而不累於位하니 志尙乎賢者也라 餘爻皆乘剛이로되 而己獨乘柔順也라 五爲信德이어늘 而己履焉은 履信之謂也요 雖不能體柔나 而以剛乘柔는 思順之義也요 居豐有之世하여 而不以物累其心하고 高尙其志는 尙賢者也라 爻有三德하여 盡夫助道라 故로 繫辭具焉[1)]하니라

1) 五爲信德……繫辭具焉:'三德'은 履信과 思順과 尙賢을 이른다. 〈繫辭傳〉에 "易에 이르기를 '하늘로부터 도와주어서 길하여 이롭지 않음이 없다.' 하니, 孔子께서 말씀하시기를 '祐는 도움이니, 하늘이 돕는 것은 順함이요, 사람이 돕는 것은 信이니, 信을 밟고 順을 생각하며 또 賢者를 높인다. 이 때문에 하늘로부터 도와서 길하여 이롭지 않음이 없는 것이다.' 하였다.〔易曰 自天祐之 吉无不利 子曰 祐者 助也 天之所助者順也 人之所助者信也 履信思乎順 又以尙賢也 是以自天祐之吉无不利也〕"라고 보인다.

이를 程伊川은 아래의 〈象傳〉을 해석하면서 인용하였는데, 다음과 같은 설명을 덧붙였다.

"履信은 六五를 밟음을 이르니 六五가 中(마음)을 비움이 信이요, 思順은 겸손하여 자처하지 않음을 이르고, 尙賢은 뜻이 六五를 따름을 이른다. 大有의 세상엔 가득해서

는 안 되니, 풍성한데 다시 가득함에 처함은 마땅한 바가 아니다. 여섯 爻 가운데 모두 권세와 지위를 점거하는 것을 좋아하나 오직 初九와 上九는 그 지위에 처하지 않는다. 그러므로 初九는 허물이 없고 上九는 이롭지 않음이 없는 것이다. 上九가 위에 있어 誠信을 이행하고 순함을 생각하므로 위에 있으면서 吉함을 얻는 것이니, 이는 하늘로부터 돕는 것이다.〔履信謂履五 五虛中 信也 思順謂謙退不居 尙賢謂志從於五 大有之世 不可以盈 豐而復處盈焉 非所宜也 六爻之中 皆樂據權位 唯初上不處其位 故初九无咎 上九无不利 上九在上履信思順 故在上而得吉 蓋自天祐也〕"

大有는 풍부한 세상이다. 大有의 위에 처하여 지위에 얽매이지 않으니, 이는 뜻이 賢者를 높이는 것이니, 다른 爻는 모두 剛을 타고 있으나 자기만 유순함을 타고 있다. 六五가 신실한 德이 되는데 자기가 이를 밟고 있음은 신실함을 밟음을 이르고, 비록 體가 유순하지는 못하나 剛으로서 柔를 밟음은 순종함을 생각하는 뜻이요, 풍부히 소유하는 세상에 거하여 물건으로써 그 마음을 얽매지 않고 그 뜻을 고상히 함은 賢者를 높이는 것이다. 爻에 이 세 가지 德이 있어서 도와주는 道를 다하였다. 그러므로 〈繫辭傳〉에 구비한 것이다.

【疏】'上九'至'无不利' ○正義曰：釋所以大有上九而得吉者, 以有三德. 從天已下, 悉皆祐之[1], 故云自天祐之.

1) 從天已下 悉皆祐之：經文의 '自天祐之'를 王弼은 분명히 해석하지 않았으나, 孔穎達은 '하늘로부터 이하가 모두 도와주는 것'으로 해석하였다. 반면 程伊川과 朱子는 모두 '已下'라는 말을 빼버렸는데, 이는 '自天祐之'를 '하늘에서 도와주는 것'으로 해석한 것으로 보인다.

經의 〔上九〕에서 〔无不利〕까지

○正義曰：大有卦의 上九가 길함을 얻는 까닭은 세 가지 德을 소유하여 하늘로부터 이하가 모두 자기를 도와주기 때문임을 해석하였다. 그러므로 "하늘로부터 이하가 도와준다.〔自天祐之〕"라고 말한 것이다.

【疏】○注'不累於位'至'盡夫助道' ○正義曰：'不累於位 志尙乎賢'者, 旣居豐富之時, 應須以富有爲累也, 旣居无位之地, 不以富有縈心, 是不繫累於位. 旣能淸靜高絜, 是慕尙賢人行也. '爻有三德'者, 五爲信德, 而己履焉, 履信之謂, 是一也, 以剛乘柔, 思順之義, 是二也, 不以物累於心, 高尙其志, 尙賢者, 是三也. '爻有三德 盡夫助道'者,天尙祐之, 則无物不祐, 故云"盡夫助道"也.

○ 注의 〔不累於位〕에서 〔盡夫助道〕까지

○ 正義曰 : 〔不累於位 志尙乎賢〕 이미 풍부한 때에 거하였으면 응당 풍부히 소유함에 마음이 얽매이게 되는데, 이미 지위가 없는 자리에 거하여 풍부히 소유함으로써 마음을 얽매지 않으니, 이는 지위에 얽매이지 않는 것이다. 이미 깨끗하고 고요하고 고결하면 이는 賢人의 행실을 사모하고 숭상하는 것이다.

〔爻有三德〕 '六五가 신실한 德이 되는데 자기가 이를 밟고 있음은 신실함을 밟음을 이름'이 첫 번째이고, '剛(陽爻)으로서 柔(陰의 자리)를 밟음은 순종함을 생각하는 뜻임'이 두 번째이고, '물건으로써 그 마음을 얽매이지 않고 그 뜻을 고상히 함은 賢者를 높이는 것임'이 세 번째이다.

〔爻有三德 盡夫助道〕 하늘도 오히려 도와주면 돕지 않는 물건이 없으므로 "도와주는 道를 다했다.〔盡夫助道〕"라고 말한 것이다.

象曰 大有上吉은 自天祐也라

〈象傳〉에 말하였다. "大有의 上이 吉함은 하늘로부터 이하가 도와주는 것이다."

15. 謙䷎ 艮下坤上

謙은 **亨**하니 **君子有終**이니라

謙은 형통하니, 君子가 끝마침이 있다.

【疏】 正義曰：'謙'者, 屈躬下物, 先人後己, 以此待物, 則所在皆通, 故曰"亨"也. 小人行謙, 則不能長久, 唯君子有終也. 然案謙卦之象, 謙爲諸行之善, 是善之最極, 而不言元與利·貞及吉者, 元是物首也, 利·貞是幹正也, 於人旣爲謙退, 何可爲之首也. 以謙下人, 何以幹正於物, 故不云元與利·貞也. 謙必獲吉, 其吉可知, 故不言之. (況)〔凡〕[1] 易經之體, 有吉理可知而不言吉者, 卽此謙卦之繇, 及乾之九五'利見大人', 是吉理分明, 故不云吉也.

1) (況)〔凡〕: 저본에는 '況'으로 되어 있으나, 宋本에 의거하여 '凡'으로 바로잡았다.〔阮刻本 참조〕

正義曰 :〔謙〕 자기 몸을 굽히고 남에게 낮추어서 남을 먼저하고 자기를 뒤에 하니, 이런 방식으로 남을 대하면 있는 곳마다 모두 통한다. 그러므로 "亨"이라고 말한 것이다. 小人이 謙을 행하면 長久하지 못하고, 오직 君子만이 끝마침이 있다.

그러나 謙卦의 象을 살펴보면 謙은 여러 행실의 善이 되니, 이는 善의 가장 지극한 것이다. 그런데 元과 利, 貞과 吉을 말하지 않은 까닭은, 元은 물건의 머리이고 利와 貞은 근간이고 바름이니, 남에게 이미 謙退하였으면 어찌 머리가 될 수 있겠는가. 또 謙으로써 남에게 낮추면 어찌 남에게 근간이 되고 남을 바로잡을 수 있겠는가. 그러므로 元과 利와 貞을 말하지 않은 것이다. 謙은 반드시 길함을 얻으니, 그 길함을 알 수 있다. 그러므로 吉을 말하지 않은 것이다.

무릇 ≪易經≫의 體裁에 길한 이치를 알 수 있으면 吉을 말하지 않은 경우가 있는데, 바로 이 謙卦의 卦辭와 乾卦 九五의 '大人을 만나봄이 이롭다.'는 것이니, 이는 길한 이치가 분명하기 때문에 吉을 말하지 않은 것이다.

【疏】諸卦言吉者, 其義有嫌者, 爻兼善惡也. 若行事有善, 則吉乃隨之, 若行事有惡, 則不得其吉, 諸稱吉者, 嫌其不言, 故稱吉也. 若坤之六五, 及泰之六五, 竝以陰居尊位, 若不行此事, 則无吉, 若行此事, 則得其吉, 故竝稱元吉[1]. 其餘皆言吉, 事亦倣此. 亦有大人爲吉, 於小人爲凶, 若否之九五云"休否, 大人吉", 是也. 或有於小人爲吉, 大人爲凶, 若屯之九五"小貞吉, 大貞凶", 及否之六三"包承, 小人吉"之類, 是也. 亦有其吉灼然而稱吉者, 若大有上九"自天祐之, 吉无不利"之類, 是也. 但易之爲體, 不可以一爲例, 今各隨文解之, 義具諸卦之下, 今謙卦之繇, 其吉可知也. 旣不云吉, 何故初六·六二及九三竝云吉者. 謙卦是總諸六爻, 其善旣大, 故不須云吉也. 六爻各明其義, 其義有優劣, 其德旣不嫌其不吉, 故須吉以明之也.

1) 若坤之六五……故竝稱元吉 : 坤卦 六五의 爻辭는 "누런 치마처럼 하면 크게 길할 것이다.〔黃裳 元吉〕"이고, 泰卦 六五의 爻辭는 "帝乙이 누이를 시집보냄이니, 福을 받아 크게 길하리라.〔帝乙歸妹 以祉元吉〕"이다.

여러 卦에 吉을 말한 것에는 그 뜻이 혐의스러운 것이 있으니, 爻에 善과 惡을 겸한 경우이다. 만약 행하는 일이 善함이 있으면 길함이 마침내 따르고, 만약 행하는 일이 惡함이 있으면 길함을 얻지 못하는 것이니, 여러 卦辭와 爻辭에서 길함을 말한 것은 그 말하지 않음을 혐의하기 때문에 吉을 말한 것이다. 예컨대 坤卦의 六五와 泰卦의 六五는 모두 陰으로서 尊位에 거하였으니 만약 이 일을 행하지 않으면 길함이 없고, 만약 이 일을 행하면 길함을 얻는다. 그러므로 모두 '元吉'이라 칭한 것이다. 그 나머지 모두 吉을 말한 것도 일이 또한 이와 같다.

또한 大人은 길함이 되고 小人에게는 흉함이 되는 경우가 있으니, 否卦의 九五에 "비색함을 아름답게 하는 것이니, 大人이라야 길하다."라고 말한 것이 이것이다.

혹 小人에게 길함이 되고 大人에게 흉함이 되는 경우가 있으니, 屯卦의 九五에 "조금 바르게 함은 길하고 크게 바르게 함은 흉하다."와, 否卦의 六三에 "포용하여 받듦이니, 小人은 길하다."와 같은 따위가 이것이다.

또한 그 길함이 분명한데도 吉을 말한 경우가 있으니, 大有卦 上九에 "하늘로부터 이하가 도와주어서 길하여 이롭지 않음이 없다."와 같은 따위가 이것이다.

다만 ≪周易≫의 體裁는 한 가지로 準例를 삼을 수가 없어서 지금 각각 글에 따라 해석하여 뜻이 여러 卦의 아래에 갖추어져 있으니, 지금 謙卦의 卦辭는 그 길함을 알 수 있다.

이미 吉을 말하지 않았는데 무슨 이유로 初六과 六二와 九三에는 모두 吉을 말하였는가? 謙卦는 여섯 爻를 총괄하므로 善이 이미 크기 때문에 그 吉을 굳이 말할 필요가 없는 것이요, 여섯 爻는 각각의 뜻을 밝혔으므로 그 뜻에는 優劣이 있고 그 德은 이미 길하지 않음을 혐의하지 않는다. 이 때문에 吉을 밝힐 필요가 있는 것이다.

彖曰 謙은 **亨**하니 **天道下濟而光明**하고 **地道卑而上行**이라 **天道**는 **虧盈而益謙**하고 **地道**는 **變盈而流謙**하고 **鬼神**은 **害盈而福謙**하고 **人道**는 **惡盈而好謙**하니 **謙**은 **尊而光**하고 **卑而不可踰**니 **君子之終也**라

〈彖傳〉에 말하였다. "謙은 형통하니, 天道가 아래로 구제하여 광명하고, 地道가 낮추어 위로 행한다. 天道는 가득한 것을 이지러지게 하여 겸손한 것을 보태주고, 地道는 가득한 것을 변하여 겸손함으로 흐르게 하고, 鬼神은 가득한 것을 해치고 겸손함에 복을 주고, 人道는 가득한 것을 싫어하고 겸손함을 좋아하니, 謙은 높은 사람은 빛나고 낮은 사람은 넘을 수가 없으니, 君子의 끝마침이다."

【疏】'彖曰'至'君子之終也' ○ 正義曰：'謙亨 天道下濟而光明 地道卑而上行'者, 釋亨義也. 欲明天地上下交通, 坤體在上, 故言"地道卑而上行"也. 其地道旣上行, 天地相對, 則天道下濟也, 且艮爲陽卦, 又爲山, 天之高明, 今在下體, 亦是天道下濟之義也. 下濟者, 謂降下濟生萬物也[1], 而光明者, 謂三光垂耀而顯明也. 地道卑而上行者, 地體卑柔而氣上行, 交通於天, 以生萬物也.

1) 下濟者 謂降下濟生萬物也：孔穎達은 '天道下濟'를 하늘이 아래로 내려가 땅과 交通하여 만물을 구제하고 낳음의 뜻으로 보았는데, 程伊川은 '濟'를 '際'로 보고 다음과 같이 풀이하였다.

"濟는 際가 되어야 하니, 이는 겸손하여 형통하는 뜻을 밝힌 것이다. 하늘의 道는 氣가 아래로 사귀기 때문에 萬物을 化育하여 그 道가 광명하니, '下際'는 아래로 사귐을 이른다.〔濟 當爲際 此明謙而能亨之義 天之道 以其氣下際 故能化育萬物 其道光明 下際 謂下交也〕"

經의 〔彖曰〕에서 〔君子之終也〕까지

○ 正義曰：〔謙亨 天道下濟而光明 地道卑而上行〕'亨'의 뜻을 해석한 것이다. 하늘과 땅이 上下로 交通하여 坤의 體가 위에 있음을 밝히고자 하였으므로 "地道가 낮추어 위로

행한다.〔地道卑而上行〕"라고 말한 것이다.

地道가 이미 위로 행하였으면 하늘과 땅이 서로 짝하니, 天道가 아래로 구제하는 것이요, 또 艮은 陽卦가 되고 또 山이 되는데 하늘의 높고 밝음이 지금 下體에 있으니, 이 또한 天道가 아래로 구제하는 뜻이다. '下濟'는 내려가서 萬物을 구제하고 낳음을 이르고, '而光明'은 〈해와 달과 별의〉 三光이 광채를 드리워 밝힘을 이른다. '地道卑而上行'은 땅의 體가 낮고 유순한데 氣가 위로 행해서 하늘과 서로 通하여 만물을 낳는 것이다.

【疏】 '天道虧盈而益謙'者, 從此已下, 廣說謙德之美, 以結君子能終之義也. 虧, 謂減損, 減損盈滿, 而增益謙退. 若日中則昃, 月盈則食, 是虧減其盈, 盈者虧減, 則謙者受益也. '地道變盈而流謙'者, 丘陵川谷之屬, 高者漸下, 下者益高, 是改變盈者, 流布謙者也. '鬼神害盈而福謙'者, 驕盈者被害, 謙退者受福, 是害盈而福謙也. '人道惡盈而好謙'者, 盈溢驕慢, 皆以惡之, 謙退恭巽, 悉皆好之. '謙 尊而光 卑而不可踰'者, 尊者有謙而更光明盛大, 卑謙而不可踰越, 是君子之所終也[1]. 言君子能終其謙之善事, 又獲謙之終福, 故云"君子之終也."

1) 謙尊而光……是君子之所終也 : '尊而光 卑而不可踰'를 孔穎達은 '높은 사람이 겸손하면 더욱 광명해지고 낮은 사람이 겸손하면 남들이 그를 함부로 넘을 수 없다.'는 뜻으로 보았는바, 朱子 역시 이렇게 해석하였다.

반면 程伊川은 '謙의 道가 높고 빛나며, 낮게 자처하나 실제로는 德이 높아 넘을 수가 없다.'의 뜻으로 보고 다음과 같이 풀이하였다.

"謙은 낮추고 공손히 하는 것이나 그 道가 尊大하고 光顯하며, 자처하기를 비록 비굴하게 하나 그 德이 실제로 높아서 더할 수 없으니, 이는 넘을 수가 없는 것이다. 君子가 謙巽함을 至誠으로 하여 항상 하고 변치 않는다면 끝마침이 있는 것이다. 그러므로 높고 빛나는 것이다.〔謙爲卑巽也 而其道尊大而光顯 自處雖卑屈 而其德實高 不可加尙 是不可踰也 君子至誠於謙 恒而不變 有終也 故尊光〕"

〔天道虧盈而益謙〕 이로부터 이하는 謙德의 아름다움을 널리 말하여 君子가 능히 끝마치는 뜻을 끝맺은 것이다. '虧'는 減損을 이르니, 가득한 것을 減損하여 겸손함에 보태주는 것이다. 예컨대 해가 중천에 있으면 기울고 달이 가득하면 먹히는 것과 같은 것이 바로 가득한 것을 이지러지게 하고 減損하는 것이니, 가득한 것이 이지러지고 減損하면 겸손한 자가 이익을 받는다.

〔地道變盈而流謙〕 구릉과 냇물, 골짝 같은 등속이, 높은 것은 점점 낮아지고 낮은 것

은 점점 높아지니, 이는 가득한 것을 바꾸고 변하여 겸손함으로 流布하는 것이다.

〔鬼神害盈而福謙〕 가득하고 교만한 자는 해를 당하고 謙退한 자는 복을 받으니, 이것이 '가득한 것을 해치고 겸손한 것에 복을 주는 것〔害盈而福謙〕'이다.

〔人道惡盈而好謙〕 교만하고 가득한 자를 사람들이 모두 싫어하고, 謙退하고 恭巽한 자를 사람들이 모두 좋아하는 것이다.

〔謙 尊而光 卑而不可踰〕 높은 자가 겸손함을 보유하면 더욱 광명하고 성대하며 낮은 자가 겸손하면 넘을 수 없으니, 이는 君子가 끝마치는 바이다.

君子가 능히 겸손의 좋은 일을 끝마치고 또 겸손이 끝내 복을 얻음을 말하였다. 그러므로 "君子의 끝마침이다.〔君子之終也〕"라고 말한 것이다.

象曰 地中有山이 謙이니 君子以裒多益寡하여 稱物平施하나니라

〈象傳〉에 말하였다. "땅 가운데 산이 있는 것이 謙卦이니, 君子가 이것을 보고서 많은 자는 모으고 적은 자는 보태어 물건에 맞추어 공평하게 베푼다."

【注】 多者는 用謙以爲裒하고 少者는 用謙以爲益하여 隨物而與하여 施不失平也라

많은 자는 겸손함을 사용하여 모으고 적은 자는 겸손함을 사용하여 보태어서 물건에 따라 주어서 베풂에 공평함을 잃지 않는 것이다.

【疏】 '象曰'至'稱物平施' ○ 正義曰 : '裒多'者, 君子若能用此謙道, 則裒益其多, 言多者得謙, 物更裒聚, 彌益多也, 故云"裒多." 卽謙尊而光也, 是尊者得謙而光大也. '益寡'者, 謂寡者得謙, 而更進益, 卽卑而不可踰也, 是卑者得謙而更增益, 不可踰越也[1). '稱物平施'者, 稱此物之多少, 均平而施, 物之先多者而得其施也, 物之先寡者而亦得其施也, 故云"稱物平施"也. 此謙卦之象, 以山爲主, 是於山爲謙, 於地爲不謙. 應言"山在地中", 今乃云"地中有山"者, 意取多之與少皆得其益. 似地中有山, 以包取其物, 以與於人, 故變其文也[2).

1) 裒多者……不可踰越也 : '裒多益寡'에 대해, 王弼과 孔穎達은 '裒多'와 '益寡'를 두 가지로 보아 '많은 자는 모으고 적은 자는 더함'의 뜻으로 보았다. 반면 程伊川과 朱子는 뒤의 '稱物平施'와 연계하여 '많은 것을 덜어서 적은 것에 더해줌'의 뜻으로 보았다.

2) 此謙卦之象……故變其文也 : '地中有山'이라고 한 이유에 대하여, 程伊川은 다음과 같

이 설명하였다.

"땅의 體가 卑下하니, 山이 高大하면서 땅 가운데 있음은 밖은 卑下하면서 안에 高大함을 쌓은 象이다. 그러므로 謙이라 한 것이다. '산이 땅 가운데 있다.'고 말하지 않고, '땅 가운데 산이 있다.'고 말한 것은 卑下한 가운데에 崇高함을 쌓음을 말한 것이다. 만약 '崇高함이 卑下한 가운데에 쌓여 있다.'고 말한다면 文理가 순하지 못하니, 여러 象이 모두 그러하니 글을 보면 이를 알 수 있다.〔地體卑下 山之高大而在地中 外卑下而內蘊高大之象 故爲謙也 不云山在地中 而曰地中有山 言卑下之中 蘊其崇高也 若言崇高蘊於卑下之中 則文理不順 諸象皆然 觀文可見〕"

經의 〔象曰〕에서 〔稱物平施〕까지

○ 正義曰 : 〔裒多〕 君子가 만약 이 謙의 방도를 쓰면 그 많음을 모아 더하니, 많은 자가 겸손함을 얻으면 물건이 더욱 모여서 더욱 더 많아짐을 말한 것이다. 그러므로 "많은 자는 모은다.〔裒多〕"라고 말한 것이니, 바로 '謙은 높은 사람은 빛난다.'는 것이니, 이는 높은 자가 겸손함을 얻어 光大한 것이다.

〔益寡〕 적은 자가 겸손함을 얻으면 더욱 보태짐을 이르니, 바로 '낮은 사람은 넘을 수 없다.'는 것이니, 이는 낮은 자가 겸손함을 얻어 더욱 보태져서 넘을 수 없는 것이다.

〔稱物平施〕 이 물건의 많고 적음에 걸맞게 하여 공평하게 베풀어서, 물건이 먼저 많았던 자는 그 베풂을 얻고, 물건이 먼저 적었던 자도 그 베풂을 얻는 것이다. 그러므로 "물건에 맞추어 공평하게 베푼다.〔稱物平施〕"라고 말한 것이다.

이 謙卦의 象은 산을 위주로 하니, 이는 산에게는 겸손함이 되고 땅에게는 겸손하지 않음이 되기 때문이다. 응당 "산이 땅 가운데 있다."고 말해야 하는데, 지금 도리어 "땅 가운데 산이 있다."고 말한 것은, 많은 자와 적은 자가 모두 그 유익함을 얻음의 뜻을 취한 것이다. 이는 마치 땅 가운데 산이 있어서 그 땅의 물건을 포함해 취해서 남에게 주는 것과 유사하기 때문에 그 글을 바꾼 것이다.

【疏】 ○ 注 '多者用謙' 至 '不失平也' ○ 正義曰 : '多者用謙以爲裒'者, 爾雅釋詁云"裒, 聚也." 於先多者, 其物雖多, 未得積聚, 以謙故, 益其物更多而積聚, 故云"多者用謙以爲裒"也. '少者用謙以爲益'者, 其物先少, 今旣用謙而更增益, 故云"用謙以爲益"也. '隨物而與'者, 多少俱與, 隨多隨少, 而皆與也. '施不失平'者, 多者亦得施恩, 少者亦得施恩, 是施不失平也. 言君子於下, 若有謙者, 官之先高, 則增之榮秩, 位之先卑, 亦加以爵祿, 隨其官之高下, 考其謙之多少, 皆因其多少而施與之也.

○ 注의 〔多者用謙〕에서 〔不失平也〕까지

○ 正義曰 : 〔多者用謙以爲裒〕 ≪爾雅≫ 〈釋詁〉에 "裒는 모임이다." 하였으니, 먼저 많았던 자에게는 그 물건이 비록 많으나 쌓이고 모일 수가 없었는데, 겸손하기 때문에 그 물건이 더욱 많아져서 모이는 것이다. 그러므로 "많은 자는 겸손함을 사용하여 모은다.〔多者用謙以爲裒〕"라고 한 것이다.

〔少者用謙以爲益〕 그 물건이 먼저는 적었는데 이제 이미 겸손함을 사용하여 더욱 보태졌기 때문에 "겸손함을 사용하여 보탠다.〔用謙以爲益〕"라고 한 것이다.

〔隨物而與〕 많고 적은 이에게 모두 주어서 많고 적음에 따라 모두 주는 것이다.

〔施不失平〕 많은 자도 은혜를 베풂을 얻고 적은 자도 은혜를 베풂을 얻으니, 이것이 '베풂에 공평함을 잃지 않는 것'이다.

君子가 아랫사람을 대함에 있어 만약 겸손한 자가 있을 경우, 벼슬이 먼저 높았으면 榮華와 品階를 더해주고, 지위가 먼저 낮았으면 또한 爵祿을 가해주어서, 그 벼슬의 높고 낮음에 따르고 그 겸손함의 많고 적음을 상고해서 모두 많고 적음에 따라 베풀어줌을 말한 것이다.

初六은 謙謙君子니 用涉大川이 吉하니라

初六은 겸손하고 겸손한 君子이니, 大川을 건넘이 길하다.

【注】 處謙之下하니 謙之謙者也라 能體謙謙은 其唯君子니 用涉大難이라도 物无害也라

謙의 아래에 처하였으니, 겸손하고 겸손한 자이다. 능히 겸손하고 겸손함을 體行하는 것은 오직 君子이니, 큰 어려움을 건너더라도 물건이 해를 당하지 않는다.

【疏】 正義曰 : '謙謙君子'者, 能體謙謙, 唯君子者能之, 以此涉難, 其吉宜也. '用涉大川', 假象言也.

正義曰 : 〔謙謙君子〕 겸손하고 겸손함을 능히 體行하는 것은 오직 君子만이 이에 능하니, 이로써 어려움을 건너면 그 길함이 마땅하다.

〔用涉大川〕 象을 빌려 말한 것이다.

象曰 謙謙君子는 卑以自牧也라

〈象傳〉에 말하였다. "'겸손하고 겸손한 君子'는 낮춤으로써 스스로 기르는 것이다."

【注】 牧은 養也라

'牧'은 기름이다.

【疏】 正義曰 : '卑以自牧'者, 牧, 養也, 解謙謙君子之義. 恒以謙卑, 自養其德也.

正義曰 : 〔卑以自牧〕 '牧'은 기름이니, '겸손하고 겸손한 君子'의 뜻을 해석한 것이다. 항상 겸손함과 낮춤으로써 자기의 德을 스스로 기르는 것이다.

六二는 鳴謙이니 貞吉하니라

六二는 명성이 난 겸손함이니, 貞하여 길하다.

【注】 鳴者는 聲名聞之謂也라 得位居中하여 謙而正焉이라

'鳴'은 명성이 알려짐을 이른다. 正位를 얻고 中에 거하여 겸손하고 바르다.

【疏】 正義曰 : '鳴謙'者, 謂聲名也, 處正得中, 行謙廣遠, 故曰"鳴謙."[1] 正而得吉也.

1) 鳴謙者……故曰鳴謙 : '鳴謙'의 '鳴'을 王弼과 孔穎達은 '알려짐'의 뜻으로 보았는데, 이는 朱子도 마찬가지이다. 반면 程伊川은 '鳴'을 '울림'의 뜻으로 보아 "六二는 柔順함으로 中에 거하였으니, 이는 謙德이 가운데에 쌓인 것이다. 謙德이 가운데에 쌓였으므로 밖으로 발하여 聲音과 顔色에 나타나기 때문에 '鳴謙'이라 한 것이다.〔二以柔順居中 是爲謙德積於中 謙德充積於中 故發於外 見於聲音顔色 故曰鳴謙〕" 하였다.

正義曰 : 〔鳴謙〕 '이름이 알려짐'을 이르니, 正位에 처하고 中을 얻어서 겸손함을 행함이 넓고 멀기 때문에 "명성이 난 겸손〔鳴謙〕"이라 하였으니, 바르므로 길함을 얻는 것이다.

象曰 鳴謙貞吉은 中心得也라

〈象傳〉에 말하였다. "'명성이 난 겸손이니 貞하여 길함'은 中心을 얻은 것이다."

【疏】 正義曰 : '中心得'者, 鳴聲中吉, 以中和爲心, 而得其所, 鳴謙得中吉也.

正義曰 : 〔中心得〕 명성이 나고 中을 얻어 길하여 中和로써 마음을 삼아 제자리를 얻으니, 鳴謙이 中吉을 얻은 것이다.

九三은 勞謙이니 君子有終하여 吉하니라

九三은 겸손함에 수고로우니, 君子가 끝마침이 있어 길하다.

【注】 處下體之極하여 履得其位하고 上下无陽以分其民하여 衆陰所宗하니 尊莫先焉이라 居謙之世하니 何可安尊이리오 上承下接하여 勞謙匪解라 是以吉也라

下體의 極에 처하여 밟은 자리가 正位를 얻었고 위아래에 백성을 나누어 가질(소유할) 陽이 없어서 여러 陰이 높이는 바이니, 높음이 이보다 앞서는 것이 없다. 謙의 세상에 거하였으니, 어찌 편안하고 높을 수 있겠는가. 위로 받들고 아래로 접하여 겸손함에 수고로워 게으름이 없다. 이 때문에 길한 것이다.

【疏】 正義曰 : '勞謙 君子'者, 處下體之極, 履得其位, 上下无陽以分其民, 上承下接, 勞倦於謙也[1], 唯君子能終而得吉也.

1) 勞謙君子者……勞倦於謙也 : 經文의 '勞謙'을 王弼과 孔穎達은 '겸손함에 수고로운 것'으로 해석하였으나, 程伊川은 "九三이 陽剛의 德으로 下體에 居하여 여러 陰의 높이는 바가 되고 밟음이 제자리를 얻어 아래의 위가 되었으니, 이는 위로는 군주에게 신임을 받고 아래로는 여러 사람에게 따르는 바가 되어서 功勞가 있으면서 겸손한 德을 간직한 자이다. 그러므로 '勞謙'이라 했다.〔三以陽剛之體而居下體 爲衆陰所宗 履得其正 爲下之上 是上爲君所任 下爲衆所從 有功勞而持謙德者也 故曰勞謙〕"라고 하여 '功勞가 있으면서 겸손한 것'으로 보았으며, 朱子 역시 "功勞가 있으면서 능히 겸손한 것〔有功勞而能謙〕"으로 해석하였다.

正義曰 : 〔勞謙 君子〕 下體의 極에 처하여 밟은 자리가 正位를 얻었고 위아래에 백성을 나누어 가질 陽이 없어서 위로 받들고 아래로 접하여 겸손함에 수고로우니, 오직 君子만이 능히 끝마쳐서 길함을 얻는 것이다.

象曰 勞謙君子는 萬民服也라

〈象傳〉에 말하였다. "'겸손함에 수고로운 君子'는 萬民이 복종한다."

【疏】正義曰 : '萬民服'者, 釋所以勞謙之義. 以上下群陰, 象萬民皆來歸服, 事須引接, 故疲勞也.

正義曰 : 〔萬民服〕 '겸손함에 수고로움'이 되는 뜻을 해석한 것이다. 위아래의 여러 陰을 가지고 萬民이 모두 와서 귀의하여 복종함을 형상하였으니, 일을 모름지기 引接(사람들을 引見하고 접대함)해야 하므로 피로한 것이다.

六四는 无不利하니 撝謙하니라

六四는 이롭지 않음이 없으니, 지휘함이 겸손하다.

【注】處三之上하여 而用謙焉이면 則是自上下下之義也요 承五而用謙順이면 則是上行之道也니 盡乎奉上下下之道라 故로 无不利니 指撝皆謙[1]하여 不違則也라

1) 指撝皆謙 : 經文의 '撝謙'을 王弼과 孔穎達은 모두 '지휘함이 겸손함'으로 보았으나, 程伊川과 朱子는 '謙을 발휘함'으로 보아, ≪程傳≫에는 "撝는 베푸는 모양이니, 사람이 손으로 휘두르는 것과 같다.〔撝 施布之象 如人手之撝也〕" 하였고, ≪本義≫에는 "九三의 위에 거하였으므로 다시 謙을 발휘하라고 경계하여 감히 스스로 편안히 여겨서는 안 되는 뜻을 보인 것이다.〔居九三之上 故戒以更當發揮其謙 以示不敢自安之意也〕" 하여 '撝'를 발휘하는 것으로 보았다.

九三의 위에 처하여 겸손함을 사용하면 이는 위에서 아랫사람에게 낮추는 뜻이요, 六五를 받들어서 겸손함과 順함을 사용하면 이는 위로 행해지는 道이니, 윗사람을 받들고 아랫사람에게 낮추는 道를 다하였다. 그러므로 이롭지 않음이 없는 것이니, 지휘가 모두 겸손하여 법칙을 어기지 않은 것이다.

【疏】正義曰 : '无不利'者, 處三之上而用謙焉, 則是自上下下之義, 承五而用謙順, 則是上行之道, 盡乎奉上下下之道, 故无所不利也.

正義曰 : 〔无不利〕 九三의 위에 처하여 겸손함을 사용하면 이는 위에서 아랫사람에게 낮추는 뜻이요, 六五를 받들어서 겸손함과 順함을 사용하면 이는 위로 행해지는 道이니, 윗사람을 받들고 아랫사람에게 낮추는 道를 다하였다. 그러므로 이롭지 않은 바가 없는

것이다.

象曰 无不利撝謙은 不違則也라

〈象傳〉에 말하였다. "'이롭지 않음이 없으니 지휘함이 겸손함'은 법칙을 어기지 않는 것이다."

【疏】正義曰 : '指撝皆謙 不違則'者, 釋无不利撝謙之義, 所以指撝皆謙者, 以不違法則, 動合於理, 故无所不利也[1].

1) 指撝皆謙……故无所不利也 : 여기의 疏는 비록 〈象傳〉의 아래에 있으나 "指撝皆謙 不違則"을 인용한 것으로 보아, 위 六四 爻辭의 王弼 注에 대한 주석으로 다루어야 할 듯하다. 이는 王弼의 注가 〈象傳〉에 대한 해석을 겸하고 있기 때문에 이렇게 편집된 것으로 보인다.

正義曰 : 〔指撝皆謙 不違則〕 '이롭지 않음이 없으니 지휘함이 겸손함'의 뜻을 해석한 것이니, 지휘가 모두 겸손한 까닭은 법칙을 어기지 않아서 동함이 이치에 부합하기 때문에 이롭지 않은 바가 없는 것이다.

六五는 不富以其隣이니 利用侵伐하여 无不利하니라

六五는 富하지 않으면서 그 이웃을 사용하니, 침략과 정벌을 씀이 이로워서 이롭지 않음이 없다.

【注】居於尊位하여 用謙與順이라 故로 能不富而用其隣也라 以謙順而侵伐이면 所伐皆驕逆也라

尊位에 거하여 겸손함과 順함을 사용한다. 그러므로 부유하지 않으면서도 그 이웃을 사용할 수 있는 것이다. 겸손함과 순함으로써 침략하고 정벌하면 정벌하는 대상이 모두 교만한 자와 逆心을 품은 자인 것이다.

【疏】正義曰 : '不富以其隣'者, 以, 用也, 凡人必將財物, 周贍隣里, 乃能用之. 六五居於尊位, 用謙與順, 隣自歸之, 故不待豐富, 能用其隣也. '利用侵伐 无不利'者, 居謙履順, 必不濫罰无罪, 若有驕逆不服, 則須伐之, 以謙得衆, 故利用侵伐, 无不利者也.

正義曰 : 〔不富以其隣〕 '以'는 사용함이니, 凡人들은 반드시 재물을 가지고 이웃과 마을 사람들을 구휼하여야 비로소 그 이웃을 사용할 수 있는데, 六五는 尊位에 거하여 겸손함과 順함을 사용하기 때문에 이웃들이 저절로 귀의한다. 그러므로 풍부하기를 기다리지 않고도 이웃을 사용할 수 있는 것이다.

〔利用侵伐 无不利〕 겸손함에 거하고 순함을 이행하면 반드시 죄 없는 사람을 함부로 벌주지 않고, 만약 교만함과 逆心을 품어 복종하지 않는 자가 있으면 모름지기 정벌하여야 하니, 겸손함으로써 무리를 얻기 때문에 '침략과 정벌을 씀이 이로워서 이롭지 않음이 없는 것'이다.

象曰 利用侵伐은 征不服也라

〈象傳〉에 말하였다. "'침략과 정벌을 씀이 이로움'은 복종하지 않는 자를 정벌하는 것이다."

上六은 鳴謙이니 利用行師征邑國이니라

上六은 헛된 명성만 알려진 겸손함이니, 군대를 운용하여 邑國을 정벌함이 이롭다.

【注】 最處於外하여 不與內政이라 故로 有名而已요 志功未得也라 處外而履謙順이면 可以邑一國而已라

가장 밖에 처하여 內政에 관여하지 않는다. 그러므로 명성만 있을 뿐이요, 뜻과 功을 얻지 못하는 것이다. 밖에 처하여 겸손함과 順함을 이행하면 한 나라를 고을로 삼을 수 있을 뿐이다.

【疏】 正義曰 : '鳴謙'者, 上六最處於外, 不與內政, 不能於實事而謙, 但有虛名聲聞之謙, 故云"鳴謙."[1] 志欲立功, 未能遂事, 其志未得. 旣在外而行謙順, 唯利用行師, 征伐外旁國邑而已, 不能立功在內也[2].

1) 鳴謙者……故云鳴謙 : 王弼과 孔穎達은 上六의 '鳴謙'을 '실제 겸손하지는 못하고 헛된 명성만 알려진 겸손함만 가지고 있음'의 뜻으로 보아, 六二의 '鳴謙'과는 다른 뜻으로 해석하였다.

반면 程伊川과 朱子는 上六의 '鳴謙'과 六二의 '鳴謙'을 같은 뜻으로 보았는바, 程伊川은 모두 '겸손함을 울림'으로 보아, "上六은 柔爻로서 柔位에 처하였으니, 순함이 지극하고 또 謙의 극에 처하였으니 겸손이 지극한 자이다. 지극한 겸손으로 도리어 높은 곳에 거하여 겸손한 뜻을 이루지 못하므로 聲音에 발로함에 이르며, 또 柔爻가 謙의 極에 처하여 또한 반드시 〈겸손함이〉 목소리와 얼굴빛에 나타나기 때문에 '鳴謙'이라 한 것이다.〔六以柔處柔 順之極 又處謙之極 極乎謙者也 以極謙而反居高 未得遂其謙之志 故至發於聲音 又柔處謙之極 亦必見於聲色 故曰鳴謙〕" 하였고, 朱子는 모두 '겸손함이 알려짐'의 뜻으로 보아, "謙이 지극하여 알려짐이 있어서 사람들이 친애하는 바이다.〔謙極有聞 人之所與〕" 하였다.

2) 志欲立功……不能立功在內也 : '利用行師征邑國'을 王弼과 孔穎達은 '上六이 밖에 처해 있으므로 안에서는 功을 세우지 못하고, 밖에 있는 邑國을 정벌하는 것이 이로울 뿐임'의 뜻으로 해석하였다.

반면 程伊川과 朱子는 邑國을 자기 사유의 邑國을 말하는 것으로 보았는바, ≪程傳≫에는 "上六은 겸손함이 지극하니, 너무 심함에 이르면 도리어 過함이 된다. 그러므로 이로움이 剛武로써 스스로 다스림에 있는 것이니, '邑國'은 자기의 私有이다. '行師'는 剛武를 씀을 이르고, '征邑國'은 스스로 사사로움을 다스림을 이른다.〔上 謙之極也 至於太甚 則反爲過矣 故利在以剛武自治 邑國 己之私有 行師 謂用剛武 征邑國 謂自治其私〕" 하였고, ≪本義≫에는 "재질이 柔順하고 지위가 없기 때문에 자기의 邑國을 정벌할 뿐인 것이다.〔以其質柔而无位 故可以征己之邑國而已〕" 하였다.

正義曰 : 〔鳴謙〕 上六이 가장 밖에 처하여 內政에 관여하지 못하므로 실제 일에 있어 겸손하지는 못하고, 다만 헛된 명성이 알려진 겸손함만 가지고 있다. 그러므로 "鳴謙"이라 한 것이니, 뜻은 功을 세우고자 하나 일을 이루지 못하여 그 뜻을 얻지 못하는 것이다. 이미 밖에 있으면서 겸손함과 順함을 행하면 오직 군대를 운용하여 밖에 있는 國邑을 정벌함이 이로울 뿐이요, 안에서 功을 세우지는 못한다.

象曰 鳴謙은 志未得也니 可用行師하여 征邑國也라

〈象傳〉에 말하였다. "'鳴謙'은 뜻을 얻지 못하니, 군대를 운용하여 邑國을 정벌할 수 있다."

【注】 夫吉凶悔吝은 生乎動者也니 動之所起는 興於利者也라 故로 飮食必有訟이요 訟必有衆起하니 未有居衆人之所惡而爲動者所害하고 處不競之地而爲爭者所奪이라 是以로 六爻雖有失位하고 无應乘剛이나 而皆无凶咎悔吝者는 以謙爲主也일새라 謙은 尊而光하고 卑

而不可踰가 信矣哉라

吉과 凶, 후회와 부끄러움은 動함에서 생기는 것이니, 동함이 일어남은 이익에서 시작된다. 그러므로 음식에는 반드시 爭訟이 있고 爭訟에는 반드시 여러 사람이 일어남이 있는 것이니, 衆人이 싫어하는 바에 있으면서 動하는 자에게 해를 당하는 자는 있지 않고, 다투지 않는 자리에 처하고서 다투는 자에게 빼앗김을 당하는 경우는 있지 않다. 그러므로 〈謙卦의〉 여섯 爻에는 비록 正位를 잃고 應이 없고 剛을 탄 경우가 있으나, 모두 흉함과 허물과 뉘우침과 부끄러움이 없는 것은 겸손을 위주로 했기 때문이다. '謙은 높은 사람은 빛나고 낮은 사람은 넘을 수 없다.'는 것이 참으로 옳다.

【疏】 '象曰鳴謙' 至 '征邑國也' ○ 正義曰 : '志未得'者, 釋鳴謙之義也. 所以但有聲鳴之謙, 不能實爭立功者, 以其居在於外, 其內立功之志, 猶未得也. '可用行師 征邑國'者, 釋行師征邑國之意. 經言"利用", 象改利爲可者, 言內志雖未得, 猶可在外, 興行軍師, 征邑國也.

經의 〔象曰鳴謙〕에서 〔征邑國也〕까지

○ 正義曰 : 〔志未得〕 '鳴謙'의 뜻을 해석한 것이다. 다만 명성이 난 겸손함만 있고, 실제로 다투어 功을 세우지 못하는 것은, 처한 자리가 밖에 있어서 안에서 功을 세우려는 뜻을 아직도 얻지 못했기 때문이다.

〔可用行師 征邑國〕 '군대를 운용하여 邑國을 정벌함'의 뜻을 해석한 것이다. 經文에는 "利用"이라고 말하였는데 〈象傳〉에서 利를 바꾸어 可라고 한 것은, 안의 뜻을 비록 얻지 못하나 오히려 밖에 있으면서 군대를 일으켜서 邑國을 정벌할 수 있음을 말한 것이다.

【疏】 ○ 注 '動之所起 興於利者也' ○ 正義曰 : '動之所起 興於利'者, 凡人若不見利, 則心无所動, 今動之所以起者, 見利乃動, 故云"興於利"也. '飮食必有訟 訟必有衆起'者, 欲明爲利乃有動, 動而致訟, 訟則起兵. 故序卦需爲飮食, 飮食必有訟, 故需卦之後, 次訟卦也, 爭訟必興兵, 故訟卦之後, 次師卦也[1].

1) 故序卦需爲飮食……次師卦也 : 〈序卦傳〉의 내용은 다음과 같다.

"需는 음식의 道이니 음식은 반드시 爭訟이 있으므로 訟卦로써 받았고, 쟁송은 반드시 여럿이 일어남이 있으므로 師卦로써 받았다.〔需者 飮食之道也 飮食必有訟 故受之以訟 訟必有衆起 故受之以師〕"

○ 注의 〔動之所起 興於利者也〕

○ 正義曰：〔動之所起 興於利〕 모든 사람이 만약 이익을 보지 않으면 마음에 動하는 바가 없는데, 지금 동함이 일어나는 이유는 이익을 보고 비로소 動한 것이다. 그러므로 "이익에서 시작된다.〔興於利〕"라고 말한 것이다.

〔飮食必有訟 訟必有衆起〕 이익이 되면 마침내 動함이 있고, 動하면 爭訟을 이루고, 爭訟하면 군대를 일으킴을 밝히고자 한 것이다. 그러므로 〈序卦傳〉에 需는 음식이 되니 음식은 반드시 爭訟이 있기 때문에 需卦의 뒤에 訟卦를 차례한 것이요, 爭訟은 반드시 군대를 일으키기 때문에 訟卦의 뒤에 師卦를 차례한 것이다.

16. 豫䷏ 坤下震上

豫는 **利建侯行師**하니라

豫는 侯(諸侯)를 세우고 군대를 출동함이 이롭다.

【疏】正義曰：謂之豫者，取逸豫之義，以和順而動，動不違衆，衆皆說(열)豫，故謂之豫也. 動而衆說，故可利建侯也，以順而動，不加无罪，故可以行師也. 无四德者，以逸豫之事，不可以常行，時有所爲也，縱恣寬暇之事，不可長行以經邦訓俗，故无元亨也，逸豫非幹正之道，故不云利貞也. 莊氏云“建侯卽元亨也，行師卽利貞也.” 案屯卦，元亨利貞之後，別云“利建侯”，則建侯非元亨也，恐莊氏說非也.

正義曰：‘豫’라고 말한 것은 편안함과 즐거움(기쁨)의 뜻을 취한 것이니, 和順으로 動하여, 동함에 무리를 어기지 않아서 무리가 모두 즐거워한다. 그러므로 ‘豫’라 한 것이다. 동하여 무리가 즐거워하기 때문에 侯를 세움이 이로울 수 있는 것이요, 順함으로써 동하여 죄 없는 사람에게 벌을 가하지 않기 때문에 군대를 출동할 수 있는 것이다.

〈元亨利貞의〉 네 德이 없는 까닭은, 편안하고 즐거운 일을 항상 행할 수가 없고, 때에 따라 행해야 하니, 멋대로 방종하여 한가로운 일은 장구히 행해서 나라를 다스리고 풍속을 가르칠 수가 없으므로 元亨이 없는 것이요, 편안함과 즐거움은 幹正의 道가 아니기 때문에 利貞을 말하지 않은 것이다.

莊氏가 말하기를 “侯를 세움은 바로 元亨이요, 군대를 출동함은 바로 利貞이다.” 하였는데, 屯卦를 살펴보면 元亨利貞의 뒤에 별도로 “侯를 세움이 이롭다.”고 말하였으니, 侯를 세움이 元亨이 아닌바, 莊氏의 說은 틀린 듯하다.

彖曰 豫는 **剛應而志行**하고 **順以動**이 **豫**라 **豫順以動**이라 **故**로 **天地如之**온 **而況建侯行師乎**아 **天地以順動**이라 **故**로 **日月不過而四時不忒**(특)하고 **聖人以順動**이라 **則刑罰淸而民服**하나니 **豫之時義大矣哉**라

〈彖傳〉에 말하였다.

"豫는 剛이 응하여 뜻이 행해지고 順함으로써 動함이 豫이다. 豫는 순함으로써 동하므로 하늘과 땅도 같이 하는데, 하물며 侯를 세우고 군대를 출동함에 있어서랴.

하늘과 땅이 순함으로써 동하기 때문에 해와 달이 지나치지 않아서 四時가 어긋나지 않으며, 聖人이 순함으로써 동하므로 형벌이 깨끗해져서 백성이 복종하는 것이니, 豫의 때와 義가 크다."

【疏】 '彖曰豫剛應而志行' 至 '大矣哉' ○ 正義曰 : '豫 剛應而志行 順以動 豫'者, 剛, 謂九四也, 應, 謂初六也, 旣陰陽相應, 故志行也. 此就爻明豫義. 順以動, 坤在下, 是順也, 震在上, 是動也. 以順而動, 故豫也, 此以上下二象, 明豫義也. 自此已上, 釋豫卦之理也.

經의 〔彖曰豫剛應而志行〕에서 〔大矣哉〕까지

○ 正義曰 : 〔豫 剛應而志行 順以動 豫〕 '剛'은 九四를 이르고, '應'은 初六을 이르니, 이미 陰과 陽이 서로 응하였기 때문에 '뜻이 행해지는 것'이다. 이는 爻에 나아가 豫의 뜻을 밝힌 것이다. '順以動'은, 坤卦가 아래에 있는 것이 바로 '順'이고, 震卦가 위에 있는 것이 바로 '動'이다. 순함으로써 동하기 때문에 즐거운 것인바, 이는 위아래 두 象을 가지고 豫의 뜻을 밝힌 것이다.

이로부터 이상은 豫卦의 이치를 해석하였다.

【疏】 '豫順以動 故天地如之 而況建侯行師乎'者, 此釋利建侯行師也. 若聖人和順而動, 合天地之德, 故天地亦如聖人而爲之也. 天地尊大而遠, 神之難者, 猶尙如之, 況於封建諸侯, 行師征伐乎. 難者旣從, 易者可知. 若建侯能順動, 則人從之, 行師能順〔動〕[1], 則衆從之. '天地以順動 故日月不過而四時不忒', 自此以下, 廣明天地聖人順動之功也. 若天地以順而動, 則日月不有過差, 依其晷度, 四時不有忒變, 寒暑以時. '聖人以順動 則刑罰淸而民服'者, 聖人能以理順而動, 則不赦有罪, 不(監)〔濫〕[2]无辜, 故刑罰淸也, 刑罰當理, 故人服也.

1) 〔動〕 : 저본에는 '動'이 없으나, 錢本 · 宋本에 의거하여 보충하였다. 〔阮刻本 참조〕

2) (監)〔濫〕 : 저본에는 '監'으로 되어 있으나, 毛本에 의거하여 '濫'으로 바로잡았다. 〔阮刻本 참조〕

〔豫順以動 故天地如之 而況建侯行師乎〕 이는 '侯를 세우고 군대를 출동함이 이로움'을 해석한 것이다. 만약 聖人이 和順으로 동하면 하늘과 땅의 德에 합하므로 하늘과 땅이 또한 聖人과 같이 하는 것이다. 하늘과 땅은 높고 크면서 머니 신묘함의 어려움도 오히려 이와 같은데, 하물며 제후를 세우고 군대를 출동하여 정벌함에 있어서랴. 어려운 것이 이미 따르면 쉬운 것은 알 수 있다. 만약 侯를 세울 적에 능히 순함으로 동하면 사람들이 따르고, 군대를 출동할 적에 능히 순함으로 동하면 군사들이 따른다.

〔天地以順動 故日月不過而四時不忒〕 이로부터 이하는 하늘과 땅과 聖人이 순함으로 동하는 功效를 널리 밝힌 것이다. 만약 하늘과 땅이 순함으로써 동하면 해와 달의 운행이 지나치거나 어긋남이 없어서 그 궤도를 따르므로, 四時가 어긋나거나 변하지 않아 춥고 더움이 때에 맞는 것이다.

〔聖人以順動 則刑罰淸而民服〕 聖人이 능히 이치로써 순히 하여 동하면 죄가 있는 자를 용서하지 않고, 無辜(無罪)한 자에게 함부로 벌을 가하지 않는다. 그러므로 '형벌이 깨끗해지는 것'이니, 형벌이 이치에 합당하기 때문에 사람들이 복종하는 것이다.

【疏】 '豫之時義大矣哉'者, 歎美爲豫之善. 言於逸豫之時, 其義大矣, 此歎卦也. 凡言不盡意者, 不可煩文其說, 且歎之以示情, 使後生思其餘蘊, 得意而忘言也. 然歎卦有三體, 一直歎時, 如'大過之時大矣哉'之例, 是也, 二歎時幷用, 如'險之時用大矣哉'之例, 是也, 三歎時幷義, '豫之時義大矣哉'之例, 是也.[1] 夫立卦之體, 各象其時, 時有屯夷, 事非一揆. 故爻來適時, 有凶有吉. 人之生世, 亦復如斯, 或逢治世, 或遇亂時, 出處存身, 此道豈小. 故曰"大矣哉"也. 然時運雖多, 大體不出四種者, 一者治時, 頤養之世, 是也, 二者亂時, 大過之世, 是也, 三者離散之時, 解緩之世, 是也, 四者改易之時, 革變之世, 是也, 故擧此四卦之時爲歎, 餘皆可知.

1) 然歎卦有三體……是也 : 〈彖傳〉에서 '大矣哉'라고 하여 卦를 탄미한 것은 총 12卦이고, 탄미하는 내용은 時, 時用, 時義 세 가지이다. 정리하면, 時만을 말한 것은 頤卦・大過卦・解卦・革卦이고, 時用을 말한 것은 坎卦・睽卦・蹇卦이고, 時義를 말한 것은 豫卦・遯卦・姤卦・旅卦・隨卦이다.

〔豫之時義大矣哉〕 豫의 善(좋음)이 됨을 감탄하고 찬미한 것이다. 편안하고 즐거운 때에 그 意義가 큼을 말한 것이니, 이는 卦를 탄미한 것이다.

무릇 말로 뜻을 다할 수 없는 것은 번거롭게 그 말을 글로 늘어놓지 않고, 우선 감탄하여 情을 보여주어서 後生들로 하여금 깊이 쌓인 의미를 생각하여 뜻을 얻고 말을 잊게 한 것이다. 그러나 卦를 탄미한 것에 세 가지 體가 있으니, 첫 번째는 다만 때를 탄미한 것으로, 〈大過卦에〉 '大過의 때가 크다.'와 같은 例가 이것이요, 두 번째는 때와 함께 用을 탄미한 것으로, 〈坎卦에〉 '險의 때와 用이 크다.'와 같은 例가 이것이요, 세 번째는 때와 함께 義를 탄미한 것으로, '豫의 때와 義가 크다.'와 같은 例가 이것이다.

卦를 세운 體는 각각 그 때를 형상하니, 때에는 어려움과 평탄함이 있고, 일은 同一한 법도가 아니다. 그러므로 爻의 옴이 때에 맞아서 흉함이 있고 길함이 있는 것이다. 사람이 세상을 살아감 또한 이와 같아서 혹 治世를 만나고 혹 亂世를 만나서 출세하거나 은둔하여 몸을 보존하니, 이 道가 어찌 작겠는가. 그러므로 "크다"고 말한 것이다.

그러나 時運이 비록 많더라도 대체는 네 가지를 벗어나지 않는다. 첫 번째는 다스려지는 때이니 頤養〔頤卦〕의 세상이 이것이요, 두 번째는 어지러운 때이니 大過〔大過卦〕의 세상이 이것이요, 세 번째는 흩어지는 때이니 解緩〔解卦〕의 세상이 이것이요, 네 번째는 바뀌는 때이니 革變〔革卦〕의 세상이 이것이다. 그러므로 이 네 卦의 때를 들어 탄미하였으니, 나머지를 모두 알 수 있다.

【疏】 言用者, 謂適時之用也, 雖知居時之難, 此事不小, 而未知以何而用之耳, 故坎·睽·蹇之時, 宜用君子, 小人勿用. 用險取濟, 不可爲常, 斟酌得宜, 是用時之大略. 擧險難等三卦, 餘從可知矣. 又言義者, 姤卦注云"凡言義者, 不盡於所見, 中有意謂者也." 是其時皆有義也. 略明佚樂之世, 相隨相遇之日, 隱遯羈旅之時, 凡五卦其義不小, 則餘卦亦可知也. 今所歎者十二卦, 足以發明大義, 恢弘妙理者也.

用을 말한 것은 때에 알맞은 쓰임을 말한 것이니, 비록 때에 대처함이 어려워서 이 일이 작은 일이 아님을 알지만 어떻게 써야 할지를 알지 못한다. 그러므로 坎卦와 睽卦와 蹇卦의 때에는 마땅히 君子를 쓰고 小人은 쓰지 말아야 하는 것이다. 험함을 사용하여 구제함을 취할 때에는 이를 떳떳함으로 삼을 수 없고 斟酌하여 떳떳함을 얻으니, 이것이 때를 씀의 대략이다. 險難 등의 세 卦를 들었으니, 나머지는 따라 알 수 있다.

또 義를 말한 것은 姤卦의 注에 "무릇 義를 말한 것은 보이는 것으로는 다할 수가 없고 중간에 意謂(意義)가 있는 것이다." 하였으니, 이는 때에 모두 義가 있는 것이다. 편안하고 즐거운(豫卦) 세상과 서로 따르고(隨卦) 서로 만나는(姤卦) 날과 은둔하고(遯卦) 나그네살이하는(旅卦) 때의 모두 다섯 卦에 그 뜻이 작지 않음을 대략 밝혔으니, 나머지 卦를 또한 알 수 있다. 이제 탄미한 열두 卦는 충분히 大義를 발명하고 오묘한 이치를 넓힌 것들이다.

【疏】凡于彖之末, 歎云"大哉"者, 凡一十二卦. 若豫·旅·遯·姤凡四卦, 皆云"時義", 案姤卦注云"凡言義者, 不盡於所見, 中有意謂." 以此言之, 則四卦卦各未盡其理, 其中更有餘意, 不可盡申, 故總云"義"也. 隨之一卦亦言義, 但與四卦, 其文稍別, 四卦皆云"時義", 隨卦則"隨時之義"者, 非但其中別有義意, 又取隨逐其時, 故變云"隨時之義大矣哉". 睽·蹇·坎此三卦, 皆云"時用", 案睽卦注云"睽離之時, 非小人之所能用." 蹇卦亦云"非小人之所能用." 此二卦言"大矣哉"者, 則是大人能用, 故云"大矣哉", 其中更无餘義, 唯大人能用, 故云用, 不云義也.

무릇 〈彖傳〉의 끝에 탄미하며 "大哉"라고 말한 것은 모두 열두 卦이다. 豫卦와 旅卦와 遯卦와 姤卦의 무릇 네 卦에는 모두 "時義"라고 말하였으니, 살펴보건대 姤卦의 注에 "무릇 義를 말한 것은, 보이는 것으로는 다할 수가 없고 중간에 意謂가 있는 것이다." 하였으니, 이것을 가지고 말하면 이 네 卦는 卦에 각각 그 이치를 다 말할 수가 없고 그 가운데에 다시 남은 뜻이 있어서 다 펼 수가 없기 때문에 총괄하여 "義"라고 한 것이다.

隨의 한 卦도 義를 말하였으나 다만 네 卦와 그 글이 약간 다르다. 네 卦에는 모두 "時義"라고 말하였으나 隨卦에는 "隨時之義"라고 하였으니, 이는 비단 이 가운데에 따로 義意가 있을 뿐만이 아니요, 때를 따름을 취하였기 때문에 "隨時之義 大矣哉"라고 바꾸어 말한 것이다.

睽卦와 蹇卦와 坎卦의 이 세 卦에는 모두 "時用"이라 하였으니, 살펴보건대 睽卦의 注에 "睽離하는 때는 小人이 쓸 수 있는 바가 아니다." 하였고, 蹇卦에도 "小人이 쓸 수 있는 바가 아니다." 하였다. 이 두 卦에 "大矣哉"라고 말한 것은 바로 大人만이 쓸 수 있으므로 "大矣哉"라고 말한 것이니, 이 가운데 다시 남은 뜻은 없고 오직 大人만이 쓸 수 있기 때문에 用을 말하고 義를 말하지 않은 것이다.

【疏】坎卦時用, 則與睽·蹇稍別, 故注云"非用之常, 用有時也." 謂坎險之事, 時之須用, 利益乃大, 與睽·蹇時用, 文同而義異也. 解之時, 革之時, 頤之時, 大過之時, 此四卦直云時, 不云義與用也, 案解卦注, "難解之時, 非治難時, 故不言用, 體盡於解之名, 无有幽隱, 故不曰義." 以此注言之, 直云時者, 尋卦之名, 則其意具盡, 中間更无餘義,故不言義, 其卦名之事, 事已行了, 不須別有所用, 故解·革及頤事已行了, 不須言用. 唯大過稱時, 注云"君子有爲之時." 與解·革·頤, 其理稍別. 大過是有用之時, 亦直稱時者, 取大過之名, 其意卽盡, 更无餘意, 故直稱時, 不云義, (又)〔文〕[1]略不云用也.

1) (又)〔文〕: 저본에는 '又'로 되어 있으나, 毛本에 의거하여 '文'으로 바로잡았다.〔阮刻本 참조〕

坎卦의 "時用"은 睽卦·蹇卦와 약간 다르다. 그러므로 注에 "씀〔用〕의 떳떳한 것이 아니니 씀에 때가 있는 것이다." 한 것이니, 坎險의 일은 때를 기다려서 써야 이익이 비로소 커짐을 말한 것인바, 睽卦·蹇卦의 時用과 글은 같으나 뜻이 다르다.

解卦의 때와 革卦의 때와 頤卦의 때와 大過卦의 때, 이 네 卦에 다만 時를 말하고 義와 用을 말하지 않은 것은, 살펴보건대 解卦의 注에 "어려움이 풀리는 때는 어려움을 다스릴 때가 아니므로 用을 말하지 않았고, 體가 解의 이름(卦名)에 다 드러나서 그윽하고 숨겨진 의미가 있지 않으므로 義를 말하지 않았다." 하였다. 이 注를 가지고 말하면, 다만 時를 말한 것은 卦의 이름을 찾아보면 그 뜻이 모두 다하여 중간에 다시 남은 뜻이 없기 때문에 義를 말하지 않은 것이고, 卦名의 일이 이미 행해져서 굳이 별도로 쓰는 바가 없는 것이다. 그러므로 解卦·革卦·頤卦에는 일이 이미 행해져서 굳이 用을 말할 필요가 없는 것이다.

오직 大過卦에서 時를 말한 것은, 注에 "君子가 훌륭한 일을 할 때이다."라고 하여, 解卦·革卦·頤卦와 그 이치가 조금 다르다. 大過卦는 用(씀)이 있는 때인데도 또한 다만 時를 칭한 것은 大過의 이름을 취하면 그 뜻이 곧 다하여 다시 남은 뜻이 없기 때문에 다만 時라고 칭하고 義를 말하지 않은 것이며, 글을 생략하여 用을 말하지 않은 것이다.

象曰 雷出地奮이 **豫**이니 **先王以作樂崇德**하여 **殷薦之上帝**하여 **以配祖考**하니라

〈象傳〉에 말하였다. "우레가 땅에서 나와 분발함이 豫卦이니, 先王이 보고서 음악을 만들어 德을 높이며 성대한 음악으로 上帝에게 제향을 올려 선조와 아버지로 配享하였다."

【疏】正義曰 : 案諸卦之象, 或云"雲上于天", 或云"風行天上", 以類言之, 今此應云"雷出地上", 乃云"雷出地奮豫"者, 雷是陽氣之聲, 奮是震動之狀, 雷旣出地, 震動萬物, 被陽氣而生, 各皆逸豫, 故曰"雷出地奮豫"也. '先王以作樂崇德'者, 雷是鼓動, 故先王法此鼓動而作樂, 崇盛德業, 樂以發揚盛德故也. '殷薦之上帝'者, 用此殷盛之樂, 薦祭上帝也, 象雷出地而向天也. '以配祖考'者, 謂以祖考配上帝, 用祖用考, 若周夏正郊天, 配靈威仰, 以祖后稷配也, 配祀明堂五方之帝, 以考文王也, 故云"以配祖考"也[1].

1) 以配祖考者……故云以配祖考也 : '靈威仰'은 五帝의 하나인 青帝로, 東方의 神이며 봄의 神이라 한다. 赤帝는 赤熛怒로 南方의 神이자 여름의 神이며, 白帝는 白招拒로 西方의 神이자 가을의 神이며, 黑帝는 汁光紀로 北方의 神이자 겨울의 神이며, 黃帝는 含樞紐로 중앙의 神이다.

≪禮記≫ 〈大傳〉에 "禮에 王者가 아니면 禘제사를 지내지 않으니, 王者는 그 始祖가 부터 나온 조상을 禘제사하고 그 先祖로써 배향한다.〔禮 不王 不禘 王者禘其祖之所自出 以其祖配之〕" 하였는데, 鄭玄의 注에 "蒼帝(青帝)는 靈威仰이고 赤帝는 赤熛怒이고 黃帝는 含樞紐이고 白帝는 白招拒이고 黑帝는 汁光紀이니, 모두 正歲의 正月을 사용하여 이들에게 郊祭를 지내는바, 특별히 높이는 것이다. ≪孝經≫에 '郊祀에 后稷을 하늘에 배향한다.'는 것은 靈威仰에 배향한 것이고, '文王을 明堂에 제사하여 上帝에 배향한다.'는 것은 무릇 五帝에 배향한 것이다.〔蒼則靈威仰 赤則赤熛怒 黃則含樞紐 白則白招拒 黑則汁光紀 皆用正歲之正月郊祭之 蓋特尊焉 孝經曰 郊祀後稷以配天 配靈威仰也 宗祀文王於明堂以配上帝 泛配五帝也〕" 하였다. 그러나 茶山은 鄭玄의 說을 일축하고 五帝는 伏羲, 神農, 黃帝, 堯, 舜이라고 하였다.

正義曰 : 살펴보건대, 여러 卦의 〈象傳〉에 혹은 "구름이 하늘로 올라간다."고 말하고, 혹은 "바람이 하늘 위로 간다."고 말하였으니, 이런 類로써 말하면 지금 여기에서는 응당 "우레가 땅 위로 나온다."고 말해야 한다. 그런데 도리어 "우레가 땅에서 나와 분발함이 豫卦이다.〔雷出地奮豫〕"라고 말한 것은, '雷'는 陽氣의 소리이고 '奮'은 진동하는 모양이니, 우레가 이미 땅에서 나와 萬物을 진동시킴에 〈萬物이〉 陽氣를 입고 태어나 각각 모두 편안하고 즐겁기 때문에 "우레가 땅에서 나와 분발함이 豫卦이다."라고 말한 것이다.

〔先王以作樂崇德〕 우레는 바로 鼓動하는 것이므로 先王이 이 고동함을 본받아 음악을 만들어서 德業을 높이고 성대하게 하였으니, 음악으로 盛德을 발양하기 때문이다.

〔殷薦之上帝〕 이 성대한 음악을 사용하여 上帝에게 제사를 올리는 것이니, 우레가 땅에서 나와 하늘을 향함을 형상한 것이다.

〔以配祖考〕 선조와 아버지를 上帝에게 配享함을 이른다. 선조를 사용하고 아버지를 사용함은, 예컨대 周나라의 夏正에 하늘에 郊제사를 지낼 적에는 靈威仰으로 배향하고 선조인 后稷을 여기에 배향하며, 明堂의 五方의 帝에 配祀할 적에는 아버지인 文王으로써 배향하는 것과 같다. 그러므로 "선조와 아버지로 配享하였다.〔以配祖考〕"라고 말한 것

이다.

初六은 鳴豫니 凶하니라

初六은 즐거움을 울림이니 흉하다.

【注】 處豫之初하여 而特得志於上하니 樂過則淫하고 志窮則凶하니 豫何可鳴이리오

豫의 처음에 처하여 특별히 위에서 뜻을 얻었으니, 즐거움이 지나치면 음탕하고 뜻이 다하면 흉하다. 즐거움을 어찌 울릴 수 있겠는가.

【疏】 正義曰 : '鳴豫'者, 處豫之初, 而獨得應於四, 逸豫之甚, 是聲鳴于豫. 但逸樂之極, 過則淫荒, 獨得於樂, 所以凶也.

正義曰 : 〔鳴豫〕 豫의 처음에 처하여 홀로 九四에게 應을 얻어서 편안함과 즐거움이 심하니, 이는 즐거움을 소리로 울리는 것이다. 다만 편안함과 즐거움이 지극하니, 지나치면 음탕하고 황폐하니, 홀로 즐거움을 얻음은 흉한 이유이다.

象曰 初六鳴豫는 志窮凶也라

〈象傳〉에 말하였다. "初六이 즐거움을 울림은 뜻이 다하여 흉한 것이다."

【疏】 正義曰 : 釋鳴豫之義, 而初時鳴豫, 後則樂志窮盡, 故爲凶也.

正義曰 : '즐거움을 울림'의 뜻을 해석하였으니, 처음에는 즐거움을 울리다가 뒤에는 즐거운 뜻이 다 없어지기 때문에 흉함이 되는 것이다.

六二는 介于石이라 不終日이니 貞吉하니라

六二는 절개가 돌과 같다. 하루를 마치기를 기다리지 않으니 貞하여 길하다.

【注】 處豫之時하여 得位履中하여 安夫貞正하여 不求苟豫者也라 順不苟從하고 豫不違中이라 是以로 上交不諂하고 下交不瀆이라 明禍福之所生이라 故로 不苟說이요 辯必然之理라 故로 不改其操하여 介如石焉하니 不終日이 明矣라

豫의 때에 처하여 正位를 얻고 中을 밟고 있어서 貞正함을 편안히 여겨 구차히 즐거움

을 구하지 않는 자이다. 순하면서 구차히 따르지 않고, 즐거워하면서 中道를 어기지 않는다. 이 때문에 윗사람과 사귈 적에 아첨하지 않고 아랫사람과 사귈 적에 煩瀆하지 않는 것이다. 禍와 福이 생겨나는 이유를 밝게 알기 때문에 구차하게 즐거워하지 않고, 필연의 이치를 분별하기 때문에 그 지조를 바꾸지 않아서 절개가 돌과 같으니, 하루를 마치지 않음이 분명하다.

【疏】 正義曰 : '介于石'者, 得位履中, 安夫貞正, 不苟求逸豫, 上交不諂, 下交不瀆. 知幾事之初始, 明禍福之所生, 不苟求逸豫, 守志耿介, 似於石. 然見幾之速, 不待終竟一日[1], 去惡修善, (相)〔恒〕[2]守正得吉也.

1) 上交不諂……不待終竟一日 : 〈繫辭傳 下〉에 "孔子께서 말씀하셨다. '幾微를 앎이 그 神妙하다. 君子는 윗사람과 사귈 적에 아첨하지 않고 아랫사람과 사귈 적에 煩瀆하지 않으니, 기미를 아는 것이다. 幾는 動함의 은미함으로 吉이 먼저 나타난 것이니, 君子는 기미를 보고 떠나가서 하루가 마치기를 기다리지 않는다. ≪易≫에 이르기를 「절개가 돌과 같다. 하루를 마치기를 기다리지 않으니, 貞하여 길하다.」 하였다. 절개가 돌과 같으니, 어찌 하루를 마치겠는가. 결단함을 알 수 있다.'" 한 내용을 원용한 것이다.
2) (相)〔恒〕 : 저본에는 '相'으로 되어 있으나, 錢本·宋本에 의거하여 '恒'으로 바로잡았다.〔阮刻本 참조〕

正義曰 : 〔介于石〕 正位를 얻고 中을 밟고 있어서 貞正함을 편안히 여겨 구차히 편안하고 즐거움을 구하지 않는다. 그리하여 윗사람과 사귈 적에 아첨하지 않고 아랫사람과 사귈 적에 煩瀆하지 않는다. 幾事(幾微의 일)의 처음을 알고 禍福이 생겨나는 이유를 밝게 알아서 구차히 편안함과 즐거움을 구하지 않고 뜻을 지켜 꼿꼿함이 돌과 같은 것이다. 그러나 幾微를 봄이 신속하여 하루를 마침을 기다리지 않고, 惡을 제거하고 善을 닦아 항상 바름을 지켜 길함을 얻는 것이다.

象曰 不終日貞吉은 以中正也라

〈象傳〉에 말하였다. "'하루를 마치기를 기다리지 않으니 貞하여 길함'은 中正하기 때문이다."

【疏】 正義曰 : 釋貞吉之義. 所以見其惡事, 卽能離去, 不待終日, 守正吉者, 以比六二居中守正, 順不苟從, 豫不違中, 故不須待其一日終, 守貞吉也.

正義曰 : '貞하여 吉함'의 뜻을 해석한 것이다. 惡한 일을 보면 즉시 떠나가서 하루를 마치기를 기다리지 않고 바름을 지켜 길한 까닭은, 六二가 中에 거하고 바름을 지켜서 순하면서도 구차히 따르지 않고 즐거워하면서도 中道를 어기지 않음을 비유하였다. 그러므로 하루를 마치기를 기다리지 않고 바름을 지켜 길한 것이다.

六三은 盱豫니 悔요 遲하면 有悔리라

六三은 눈웃음치며 즐거워하는 것이니 후회할 것이요, 더디면 후회가 있으리라.

【注】 居下體之極하고 處兩卦之際하여 履非其位하고 承動豫之主하니 若其睢(휴)盱而豫면 悔亦生焉이요 遲而不從이면 豫之所疾이요 位非所據하여 而以從豫하니 進退離悔 宜其然矣라

下體의 極에 거하고 두 卦의 사이에 처하여, 밟고 있는 것이 正位가 아니고 動豫의 주체를 받들고 있으니, 만약 눈웃음치면서 즐거워하면 후회가 또한 생길 것이요, 더디게 하여 따르지 않으면 즐거움을 빨리 해야 하며, 자기 자리가 아닌 곳을 차지하고서 즐거움을 따르니, 나아가거나 물러남에 후회에 걸림이 당연한 것이다.

【疏】 正義曰 : '盱豫 悔'者, 六三履非其位, 上承動豫之主. 盱, 謂睢盱, 睢盱者, 喜說之貌, 若睢盱之求豫, 則悔吝也. '遲有悔'者, 居豫之時, 若遲停不求於豫, 亦有悔也[1].

1) 盱豫悔者……亦有悔也 : 王弼과 孔穎達은 '盱豫'의 '盱'를 睢盱, 즉 눈웃음치는 것으로 보았는데, 程伊川과 朱子는 올려다봄의 의미로 풀이하여 '盱豫'를 六三이 九四를 올려다보고 기뻐함의 뜻으로 해석하였다.

'遲 有悔'를 王弼과 孔穎達은 더디게 나아가면 후회가 있음으로 보았는바, 六三이 正位를 잃고 動豫의 주체인 九四를 받들고 있어 제자리를 얻지 못했으므로 나아가거나 물러남에 모두 후회가 있다고 설명한 것으로, 이러한 해석은 程伊川도 비슷하다.

이에 반해 朱子는 '遲'를 나아감에 더딤의 의미가 아니라 뉘우침에 더딤으로 보고, "그 占(占卦)은 일을 함에 속히 뉘우쳐야 하니, 만약 뉘우치기를 더디게 하면 반드시 후회가 있을 것이다.〔其占爲事當速悔 若悔之遲 則必有悔也〕" 하였다.

正義曰 : 〔盱豫 悔〕 六三이 밟고 있는 것이 正位가 아니고 위로 動豫의 주체를 받들고 있다. '盱'는 睢盱를 이르니, 睢盱는 기뻐하는 모양이다. 만약 눈웃음치면서 즐거움을 구하면 후회하고 부끄러워할 것이다.

〔遲有悔〕 豫의 때에 거하여 만약 더디게 하고 멈춰서 즐거움을 구하지 않으면 또한 후

회가 있는 것이다.

象曰 盱豫有悔는 位不當也라

〈象傳〉에 말하였다. "'눈웃음치고 즐거워하니 〈더디면〉 후회가 있음'은 자리가 마땅하지 않기 때문이다."

【疏】 正義曰：解其盱豫有悔之義. 以六三居不當位, 進退不得其所, 故盱豫有悔. 但象載經文, 多從省略, 經有"盱豫有悔"·"遲有悔", 兩文具載, 象唯云"盱豫有悔", 不言"遲"者, 略其文也, 故直云"盱豫", 擧其欲進, 略云"有悔", 擧其遲也.

正義曰：'눈웃음치고 즐거워하니 〈더디면〉 후회가 있음'의 뜻을 해석한 것이다. 六三이 거한 것이 자리에 마땅하지 않아서 나아가거나 물러남에 제자리를 얻지 못하기 때문에 '눈웃음치며 즐거워하여 후회가 있는 것〔盱豫有悔〕'이다. 다만 〈象傳〉은 經文을 기재할 적에 대부분 생략을 따랐으니, 經文에는 "盱豫有悔"와 "遲有悔"가 있어서 두 글이 모두 실려 있는데, 〈象傳〉에는 오직 "盱豫有悔"만을 말하고 "遲"는 말하지 않았으니, 이는 글을 생략한 것이다. 그러므로 다만 "盱豫"만을 말하였으니 나아가고자 함을 든 것이요, 생략하여 "有悔"라고 말하였으니 더딤을 든 것이다.

九四는 由豫라 大有得이니 勿疑면 朋盍簪(합잠)하리라

九四는 말미암아 즐거워하므로 크게 얻음이 있으니, 의심하지 않으면 벗이 빨리 모일 것이다.

【注】 處豫之時하고 居動之始하여 獨體陽爻로 衆陰所從하여 莫不由之以得其豫라 故로 曰 由豫라 大有得也라하니라 夫不信於物이면 物亦疑焉이라 故로 勿疑則朋合疾也라 盍은 合也요 簪은 疾也라

豫의 때에 처하고 動의 시초에 거하여, 홀로 하나의 陽爻로 여러 陰이 따르는 바여서 이로 말미암아 즐거움을 얻지 않음이 없다. 그러므로 "말미암아 즐거워하므로 크게 얻음이 있다."고 말한 것이다. 남을 믿지 못하면 남들도 의심한다. 그러므로 의심하지 않으면 벗의 모임이 빠른 것이다. '盍'은 모임이요, '簪'은 빠름이다.

【疏】正義曰：'由豫 大有得'者，處豫之時，居動之始，獨體陽爻，爲衆陰之所從，莫不由之以得其豫，故云"由豫"也．大有得者，衆陰皆歸，是大有所得．'勿疑 朋盍簪'者，盍，合也，簪，疾也．若能不疑於物，以信待之，則衆陰群朋合聚而疾來也[1]．

1) 簪疾也……則衆陰群朋合聚而疾來也：王弼과 孔穎達은 '簪'을 빠름으로 해석하여，'朋盍簪'을 '벗들이 모여 빨리 옴'으로 풀이하였다．그러나 程伊川은 簪도 盍과 마찬가지로 '모임'으로 풀이하고，그 이유로，"簪은 모임이니，簪을 비녀라고 이름한 것은 머리털을 모음을 취한 것이다．〔簪 聚也 簪之名簪 取聚髮也〕"라고 설명하였다．한편 朱子는 "簪은 모임이요，또 빠름이다．〔簪 聚也 又速也〕" 하여，두 說을 모두 취하였다．

正義曰：〔由豫 大有得〕 豫의 때에 처하고 動의 시초에 거하여，홀로 하나의 陽爻로 여러 陰이 따르는 바가 되어서 이로 말미암아 즐거움을 얻지 않음이 없다．그러므로 "말미암아 즐겁다．〔由豫〕"라고 한 것이다．'大有得'은 여러 陰이 모두 귀의하니，이것이 크게 얻는 바가 있는 것이다．

〔勿疑 朋盍簪〕 '盍'은 모임이고 '簪'은 빠름이다．만약 남을 의심하지 않고 誠信으로써 대하면 여러 陰과 여러 벗들이 모여 빠르게 올 것이다．

象曰 由豫大有得은 志大行也라

〈象傳〉에 말하였다．"말미암아 기쁘므로 크게 얻음이 있음은 뜻이 크게 행해지는 것이다．"

【疏】正義曰：釋由豫大有之意．衆陰旣由之而豫，大有所得，是志意大同也．

正義曰：'말미암아 기쁘므로 크게 얻음이 있음'의 뜻을 해석하였다．여러 陰이 이미 이로 말미암아 즐거워해서 크게 얻은 바가 있으니，이는 뜻이 크게 같은 것이다．

六五는 貞疾하여 恒不死니라

六五는 항상 앓는 고질병이 있어 항상 죽지 않는다．

【注】四以剛動으로 爲豫之主하여 專權執制하여 非己所乘이라 故로 不敢與四爭權이요 而又居中處尊하여 未可得亡이라 是以로 必常至于貞疾하여 恒不死而已라

九四가 剛의 동함으로서 豫의 주체가 되어 권력을 독점하고 制裁하고 있어서 자기(六

五)가 탈 수 있는 바가 아니다. 그러므로 감히 九四와 권력을 다투지 못한다. 그런데 또 中에 거하고 尊位에 처하여 망하게 할 수가 없다. 이 때문에 반드시 항상 고질병에 이르러서 항상 죽지 않는 것이다.

【疏】 正義曰：四以剛動爲豫之主, 專權執制, 非己所乘, 故不敢與四專權. 而又居中處尊, 未可得亡滅之. 是以必常至於貞疾, 恒得不死而已[1].

1) 四以剛動爲豫之主……恒得不死而已：王弼과 孔穎達이 經文의 '貞疾'과 '恒不死'의 관계를 역접으로 보았는지 확실하지 않아 經文을 위와 같이 懸吐·飜譯하였다. 朱子는 "豫의 때를 당하여 柔로서 尊位에 거해서 즐거움에 빠지고, 또 九四의 剛을 타서 무리가 따르지 않아 처한 형세가 위태롭다. 그러므로 貞疾의 象이 된다. 그러나 中을 얻었기 때문에 또 항상 죽지 않는 象이 되니, 象을 가지고 관찰하면 占이 이 가운데 들어있다.〔當豫之時 以柔居尊 沈溺於豫 又乘九四之剛 衆不附而處勢危 故爲貞疾之象 然以其得中 故又爲恒不死之象 卽象而觀 占在其中矣〕"고 하여, '貞疾'과 '恒不死'의 역접관계를 분명하게 밝혔다.

반면 程伊川은 貞에서 句를 떼고, "거함이 君位를 얻음은 貞이며, 아래에게 제재를 받음은 疾苦가 있는 것이다. 六이 尊位에 거하여 비록 권력을 잃었으나 지위는 잃지 않았기 때문에 '貞疾恒不死'라고 말한 것이니, 貞하되 병이 있으나 항상 앓고 죽지 않음을 말한 것이다.〔居得君位 貞也 受制於下 有疾苦也 六居尊位 權雖失 而位未亡也 故云貞疾恒不死 言貞而有疾 常疾而不死〕" 하였다.

正義曰：九四가 剛의 동함으로서 豫의 주체가 되어 권력을 독점하고 制裁하고 있어서 자기(六五)가 탈 수 있는 바가 아니다. 그러므로 감히 九四와 권력을 다투지 못한다. 그런데 또 中에 거하고 尊位에 처하여 멸망하게 하지 못한다. 이 때문에 반드시 항상 고질병에 이르러서 항상 죽지 않음을 얻을 뿐이다.

象曰 六五貞疾은 乘剛也요 恒不死는 中未亡也라

〈象傳〉에 말하였다. "六五의 貞疾은 剛을 탔기 때문이요, 항상 죽지 않음은 아직 中이 없어지지 않았기 때문이다."

【疏】 正義曰：'六五貞疾 乘剛'者, 解貞疾之義. 以乘九四之剛, 故正得其疾, 恒不死也. '中未亡'者, 以其居中處尊, 未可亡滅之也.

正義曰 : 〔六五貞疾 乘剛〕 '貞疾'의 뜻을 해석한 것이다. 九四의 剛을 타고 있기 때문에 바로 그 병을 얻어서 항상 죽지 않는 것이다.

〔中未亡〕 中에 거하고 尊位에 처하여 멸망하게 할 수 없기 때문이다.

上六은 冥豫成하니 有渝면 无咎리라

上六은 어두운 즐거움이 이루어지니, 변함이 있으면 허물이 없으리라.

【注】 處動豫之極하여 極豫盡樂이라 故로 至于冥豫成也라 過豫不已면 何可長乎리오 故로 必渝變然後에 无咎라

動豫의 極에 처하여 기쁨을 지극히 하고 즐거움을 다하였다. 그러므로 어두운 즐거움이 이루어지는 것이다. 지나치게 즐거워함을 그치지 않으면 어찌 장구할 수 있겠는가. 그러므로 반드시 변한 뒤에야 허물이 없는 것이다.

【疏】 正義曰 : 處動豫之極, 極豫盡樂, 乃至於冥昧之豫而成就也. 如俾晝作夜, 不能休已, 滅亡在近. '有渝 无咎'者, 渝, 變也. 若能自思改變, 不爲冥豫, 乃得无咎也.

正義曰 : 動豫의 極에 처하여 기쁨을 지극히 하고 즐거움을 다하여 마침내 어두운 즐거움을 성취하는 데 이른 것이다. 예컨대 낮을 밤으로 삼아 〈즐기기를〉 그치지 않으면 멸망이 가까이 있는 것이다.

〔有渝 无咎〕 '渝'는 변함이다. 만약 능히 스스로 고치고 변할 것을 생각하여 어두운 즐거움을 하지 않으면 마침내 허물이 없을 수 있는 것이다.

象曰 冥豫在上하니 何可長也리오

〈象傳〉에 말하였다. "어두운 즐거움으로 위에 있으니 어찌 장구할 수 있겠는가."

譯註者 略歷

成百曉

忠南 禮山 出生
家庭에서 父親 月山公으로부터 漢文 修學
月谷 黃璟淵, 瑞巖 金熙鎭 先生 師事
民族文化推進會 國譯研修院 修了
高麗大學校 教育大學院 漢文教育科 수료
韓國古典飜譯院 부설 고전번역교육원 名譽漢學教授(現)
傳統文化研究會 副會長(現) 해동경사연구소 소장(現)
古典國譯賞 受賞

論文 및 譯書
〈艮齋의 性理說小考〉〈燕岩의 學問思想研究〉
四書集註 ≪詩經集傳≫ ≪書經集傳≫ ≪周易傳義≫
≪古文眞寶≫ ≪牛溪集≫ 등 數十種 國譯
≪宣祖實錄≫ ≪宋子大全≫ ≪茶山集≫ ≪退溪集≫ 등 共譯

申相厚

梨花女子大學校 哲學科 졸업
梨花女子大學校 대학원 철학과 석사과정 졸업
梨花女子大學校 대학원 철학과 박사과정 재학
韓國古典飜譯院 부설 교육원 연수과정 졸업
韓國古典飜譯院 부설 교육원 전문과정(구 상임연구원) 졸업
誠信女子大學校 古典研究所 연구원

論文 및 譯書
〈朱熹의 未發 知覺論 연구〉
共譯 ≪陶谷集≫, ≪梅山集≫

十三經注疏

譯註 周易正義 1

39,000원

2013년 12월 30일 초판 발행
2024년 02월 15일 초판 7쇄

責任飜譯 成百曉
共同飜譯 申相厚

企劃編輯 東洋古典飜譯編輯委員會

發 行 人 金 炫
發 行 處 社團法人 傳統文化硏究會

서울 종로구 삼봉로 81 두산위브파빌리온 1332호
전화 : (02)762-8401 전송 : (02)747-0083
전자우편 : juntong@juntong.or.kr
홈페이지 : juntong.or.kr
사이버書院 : hm.cyberseodang.or.kr
온라인서점 : book.cyberseodang.or.kr
등록 : 1989. 7. 3. 제1-936호
총판 : 한국출판협동조합(070-7119-1750)

ISBN 979-11-85856-09-4 94140
978-89-91720-93-0 (세트)

※ 이 책은 2013년도 교육부 고전문헌 국역지원사업 지원비에 의해 초판(비매품) 간행.

전통문화연구회 도서목록

범례 : ① 毛詩正義 1~8〔全15〕- 전체 15책 계획, 현재 1~8책만 간행된 경우. 별도 표시 없는 경우는 완간.
② 저자명 우측에 별도 표시 없는 경우는 '역주'를 의미함.(예시 - 원주용 편역, 함현찬 등)

신편 기초한문교재

신편 사자소학·추구 고전교육연구실 편역 11,000원
신편 계몽편·동몽선습 고전교육연구실 편역 11,000원
신편 명심보감 이지곤·원주용 15,000원
신편 격몽요결 함현찬 12,000원
신편 주해천자문 이충구 12,000원
신편 원문으로 읽는 故事成語 원주용 편역 15,000원
신편 당음주해선 권경상 22,000원

한문독해첩경시리즈

(개정판) 漢文독해기본패턴 이지곤 外 저 20,000원
한문독해첩경 - 문학편 박상수·이화춘 外 저 17,000원
한문독해첩경 - 사학편 박상수·이화춘 外 저 17,000원
한문독해첩경 - 철학편 박상수·이화춘 外 저 17,000원
논어독해 첫걸음 이지곤 外 저 17,000원
맹자독해 첫걸음 이지곤 外 저 17,000원

오서오경독본

논어집주 上·下 정태현 合 49,000원
맹자집주 上·下 전병수·김동주 合 60,000원
대학·중용집주 이광호·전병수 15,000원
소학집주 上·下 이충구 外 合 50,000원
시경집전 上·中·下 박소동 合 90,000원
서경집전 上·中·下 김동주 合 90,000원
주역전의 元·亨·利·貞 최영진 外 合 120,000원
상설 고문진보대전후집 上·下 이상하 外 合 64,000원
춘추좌씨전 上·中·下 허호구 外 合 109,000원
예기 上·中·下 성백효 外 合 90,000원

동양고전국역총서

대학·중용집주 - 개정증보판 성백효 12,000원
논어집주 - 개정증보판 성백효 30,000원
맹자집주 - 개정증보판 성백효 30,000원
시경집전 上·下 성백효 合 70,000원
서경집전 上·下 성백효 合 66,000원
주역전의 上·下 성백효 合 80,000원
소학집주 성백효 32,000원
고문진보 후집 성백효 32,000원

동양고전역주총서

〈經部〉

〔십삼경주소〕

주역정의 1~4 성백효 外 合 147,000원
상서정의 1~7 김동주 合 241,000원
모시정의 1~8〔全15〕 박소동 外 合 288,000원
예기정의 1~3, 中庸·大學〔全20〕 이광호 外 合 117,000원
논어주소 1~3 정태현 外 合 117,000원
맹자주소 1~5 최채기 外 合 157,000원
효경주소 정태현 外 35,000원
주례주소 1~4〔全15〕 김용천 外 合 132,000원
춘추좌전정의 1~2〔全18〕 허호구 外 合 59,000원
춘추공양전주소 1〔全7〕 송기채 外 合 37,000원

춘추좌씨전 1~8 정태현 合 262,000원
예기집설대전 1~6〔全10〕 신승운 外 合 211,000원
동래박의 1~5 정태현 外 合 172,000원
한시외전 1~2 허경진 外 合 65,000원
설문해자주 1~6〔全20〕 이충구 外 合 207,000원

〈史部〉

사정전훈의 자치통감강목 1~23〔全39〕 신승운 外 合 719,000원
통감절요 1~9 성백효 合 316,000원
당육선공주의 1~2 심경호 外 合 88,000원
정관정요집론 1~4 이충구 外 合 109,000원
열녀전보주 1~2 최병준 外 合 68,000원
역대군감 1~4 홍기은 外 合 140,000원

〈子部〉

공자가어 1~2 허경진 外 合 79,000원
관자 1~4〔全5〕 이석명 外 合 130,000원
근사록집해 1~3 성백효 合 122,000원
노자도덕경주 김시천 45,000원
대학연의 1~5〔全7〕 신승운 外 合 151,000원
묵자간고 1~7 이상하 外 合 282,000원
설원 1~2 허호구 合 50,000원
세설신어보 1~5 김진옥 外 合 181,000원
순자집해 1~7 송기채 合 247,000원
심경부주 성백효 46,000원
안씨가훈 1~2 정재서 外 合 59,000원
양자법언 1~2 박승주 52,000원
열자권재구의 최병준·공근식·권헌준 40,000원
이정전서 1~7〔全8〕 최석기 외 合 253,000원
장자 1~4 안병주·전호근 合 143,000원
정경·목민심감 홍기은·전백찬 27,000원
한비자집해 1~5 허호구 外 合 202,000원

〔무경칠서직해〕

손무자직해·오자직해 성백효 外 45,000원
육도직해·삼략직해 성백효 外 26,000원
울료자직해·이위공문대직해 성백효 外 26,000원
사마법직해 성백효 外 26,000원

〈集部〉

고문진보 전집	성백효	30,000원
당시삼백수 1~3	송재소 外	合 127,000원

〔당송팔대가문초〕

한유 1~3	정태현	合 78,000원
유종원 1~2	송기채	合 44,000원
구양수 1~7	이상하 外	合 220,000원
왕안석 1~2	신용호·허호구	合 45,000원
증공	송기채	25,000원
소순	이장우·노장시·장세후	25,000원
소식 1~5	성백효	合 110,000원
소철 1~3	김동주	合 64,000원

〔명청팔대가문초〕

1 귀유광·방포	이상하 外	35,000원
2 유대괴·요내	이상하 外	35,000원
3 매증량·증국번	이상하 外	38,000원
4 장유소·오여륜	이상하 外	50,000원

동양고전신역

당시선	송재소·최경렬·김영죽 편역	24,000원
손자병법	성백효	14,000원
장자	안병주·전호근·김형석	15,000원
고문진보 후집	신용호	28,000원
노자도덕경	김시천	17,000원
고문진보 전집 上·下	신용호	合 44,000원
신식 비문척독	박상수	25,000원
쉽게 배우는 안씨가훈	김창진 편역	23,000원

문화문고

경전으로 본 세계종교	그리스도교	이정배 편저	10,000원
〃	도교	이강수 편역	13,000원
〃	천도교	윤석산 외 편저	10,000원
〃	힌두교	길희성 편역	10,000원
〃	유교	이기동 편저	10,000원
〃	불교	김용표 편저	22,000원
〃	이슬람	김영경 편역	13,000원
논어·대학·중용		조수익·박승주	13,000원
맹자		조수익·박승주	10,000원
소학		박승주·조수익	10,000원
십구사략 1~2		정광호 저	合 24,000원
무경칠서 손자병법·오자병법		성백효	13,000원
〃 육도·삼략		성백효	10,000원
〃 사마법·울료자·이위공문대		성백효	10,000원
당시선		송재소·최경렬·김영죽 편역	10,000원
한문문법		이상진 저	20,000원
한자한문전통교재		조수익·이성민	18,000원
士小節 선비 집안의 작은 예절		이동희 편역	13,000원
儒學이란 무엇인가		이동희 저	18,000원
동아시아의 유교와 전통문화		이동희 저	13,000원
현대인, 동양고전에서 길을 찾다		이동희 저	10,000원
100자에 담긴 한자문화 이야기		김경수 저	12,000원
우리 설화 1~2		김동주 편역	合 20,000원
대한민국 국무총리		이재원 저	10,000원
백운거사 이규보의 문학인생		신용호 저	14,000원

한자한문교육총서

수진본 기초한문교재	편집부	15,000원
수진본 논어·대학·중용	편집부	15,000원
수진본 맹자	편집부	15,000원
수진본 시경	편집부	15,000원
수진본 서경	편집부	15,000원
수진본 주역	편집부	15,000원
원문 논어집주	편집부	27,000원
원문 맹자집주	편집부	29,000원
원문 대학·중용장구	편집부	11,000원
임용전공어휘완전정복 -고전산문편	원주용 外 저	25,000원
한문正譚 -교과서 속의 단문 산문 한문	원주용 外 저	25,000원
알쏭달쏭한자	박상수 편저	25,000원

※도서구입문의 : 02-762-8401